“**大学堂**”开放给所有向往知识、崇尚科学，对宇宙和人生有所追问的人。

“**大学堂**”中展开一本本书，阐明各种传统和新兴的学科，导向真理和智慧。既有接引之台阶，又具深化之门径。无论何时，无论何地，请你把它翻开……

后浪出版公司
大学堂032
主编：李峰
副主编：张跃明 郭力 执行主编：吴兴元

PRINCIPLES OF SERVICES MARKETING 5E

服务营销原理

（第5版）

（英）艾德里安·帕尔默（Adrian Palmer）著
刘安国 谢献芬 译

世界图书出版公司
北京·广州·上海·西安

简　目

序　言

今天，在西方世界，更多的人是通过生产服务而非制成品来谋生。对于消费者来说，财富的增加为他们创造了各种购买服务的机会，这些机会在从前是可望而不可及的。对于企业来说，服务已不再是可有可无的点缀，俨然成为必不可少的投入——因为企业越来越专注于各自的核心业务并从外部购入各种专业服务。服务已经成为几乎所有产品的组成部分，从这种意义上来说，所有企业都可以算作服务企业。

服务行业的发展过程呈现出诸多未必确凿的悖论。服务组织努力不断地提高其服务标准，但由于某些公司未能及时满足不断增长的客户预期，人们对于不少服务部门的不满却日渐增长。悖论之一：在服务流程工业化的过程中，许多服务公司“增进客户关系”的营销计划反而恶化了其与客户的关系。对于此类似是而非的悖论，人们的一种解释是：服务利益是纯粹主观的，只能依客户的心意而定。由于几无有形线索可供依循，不同客户对于同一服务的感受可能判若云泥。

本书构建了一个理解服务并予以有效营销和推广的框架。无形性、不可分性、易朽性及易变性等特点构成这一框架的核心部分，这些特点对于服务行业的营销主管们开发、推广和交付服务的方式有深刻的影响。适用于制成品的传统营销组合框架对于服务并不怎么奏效。服务既有关于“服务的结果”，也有关于“服务的过程”——往往涉及相当多的客户与作业人员之间的互动。自然而然地，不能将营销视为一项孤立的组织内部职能。成功的服务企业必须确保其一线员工能够完全兑现营销人员向客户做出的承诺。服务营销不能与服务管理相分离。

本书首先尽力界定各式各样的服务，并对核心的服务特征对于营销活动的影响做出评估。在营销的某些方面——例如定价和促销，对某些一般性原则稍加改造就可以满足服务行业的需要。在其他一些方面，则有必要创立新的原则。因此，本书给出了一章的篇幅专门研究服务际遇——客户正是在服务际遇当中涉入服务的生产过程的。另有一章专门研究人力资源管理与营销之间的结合部，这对于以人为本的服务的成功至关重要。本书着力的其他论题包括信息技术作为服务的生产、分销和促销的手段的重要性以及买方—卖方关系本身作为一项服务利益的日益上升的重要性。最后一章考察向海外扩张的公司在竞争越来越激烈的全球服务市场上可能要面对的各种问题和机会。

为阐明服务营销的若干一般性原则，本书每一章都包含了从一些成功的服务组织的实际做法中借鉴过来的时新例证。散布于书中各处的小短文则向我们表明了将理论应用于实践时可能碰到的某些操作上的挑战。本书将各种材料组织为 14 章,这种章节划分从某种程度上来说是武断的,欲使营销活动获得成功,必须对本书所涉及的各个主题之间的内在关联有足够的体认。正因如此,本书各章的末尾处都给出了一段总结性的文字,以表明本章内容与其他章节内容之间的主要关联;此外,各章还给出了一些延伸阅读的建议。

这一新的版本在修订时考虑到了服务营销领域的最新进展。由于注意到 Web 2.0 在演化过程中融入了更多的点对点互动，本书对以互联网为基础的服务交付进行了广泛的讨论。人们最近燃起了对客户体验这一概念的研究兴趣,本书将就其理论依据以及现实意义展开探讨。

艾德里安·帕尔默

英国斯旺西大学营销学教授

章节导读

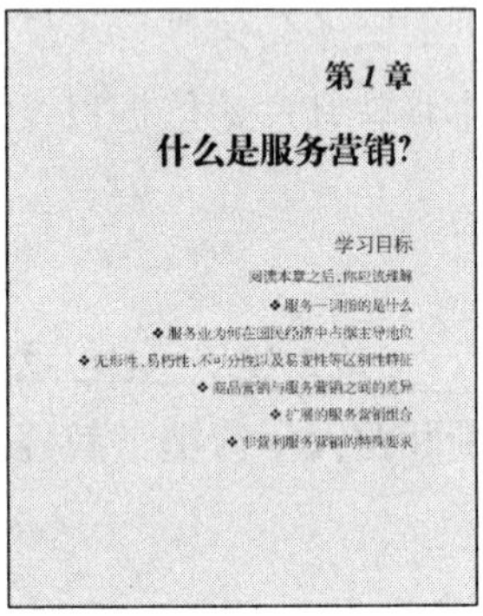
第1章

什么是服务营销?

学习目标

阅读本章之后，你应该理解

❖服务一词指的是什么

❖服务业为何在国民经济中占据主导地位

❖无形性、易腐性、不可分性以及易变性等区别性特征

❖商品营销与服务营销之间的差异

❖扩展的服务营销组合

❖非营利服务营销的特殊要求

学习目标

每一章开头都列有若干学习目标，总结读者应该从每一章习得的知识、技能或理解。引言部分将进一步谈及这些主题。

图　表

每一章都提供一些图片、图示和照片，帮助你形象化地理解服务营销的例子。一些描述性文字概括重要的概念和解释图示的相关性。

丰富的例子

每一章都提供了一些短小精悍的例子。通过提供服务的例子并展示客户如何使用和对服务做出反应，向你显示相关概念或想法是如何在实践中应用的。

案例研究

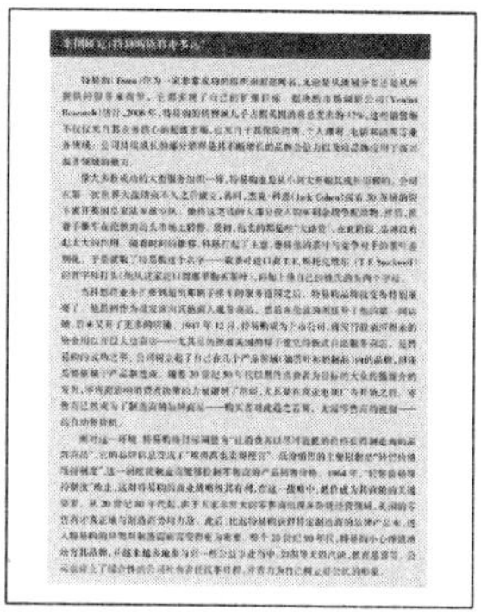

每一章的最后附有案例研究，检验你可以多好地应用学习到的主要理念。在书的末尾还有一个篇幅更长的案例，它可以将你读到的一些服务理念串起来。

章总结

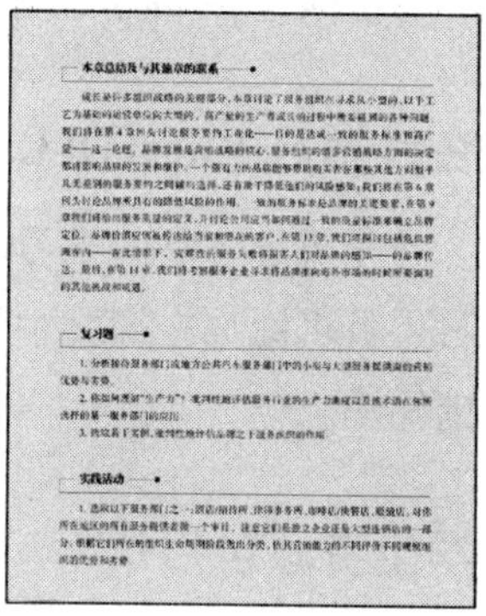

本章总结及与其他章的联系

复习题

实践活动

章总结简短地回顾和巩固你在每一章阅读的主要话题，确保你已经获得对关键话题的可靠理解。可以将它用作一个便捷的参考，检查你对每一章的理解。

复习题

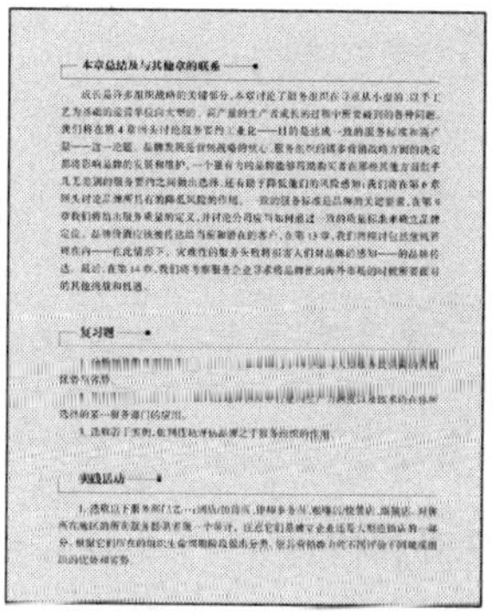

本章总结及与其他章的联系

复习题

实践活动

这些问题鼓励你回顾和运用从每一章习得的知识。它们是很有用的复习工具，也可以被导师用作课外作业或考试题。

实践活动

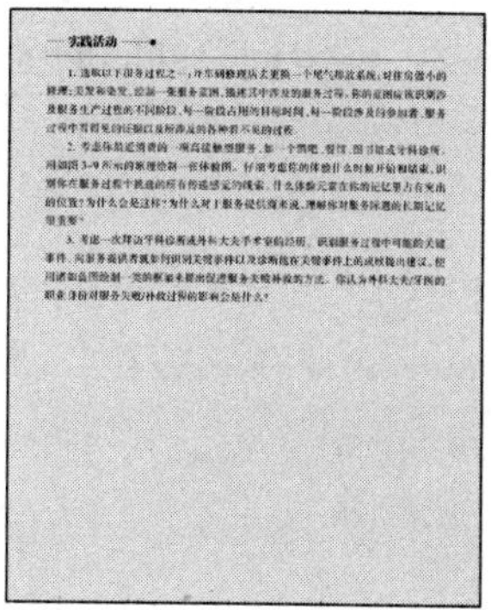

实践活动

每一章的末尾都有实践活动。它们是检验你的学习效果的机会，比复习题更深了一层。它们可能要求你做进一步的网上研究，或者要求你思考本章出现的理念，并得出你自己对相关营销概念的看法和见解。

教学资源

访问 www.mcgraw-hill.co.uk/textbooks/palmer

在线学习中心(OLC)

完成每一章的学习之后,登录进入支持性的在线学习中心网站。利用所提供的学习工具巩固你在课文中阅读过的材料,并以轻松愉快而又卓有成效的方式提升你的营销知识。

学生资源包括:

- 多项选择自测题,检验你的知识准备以应对各种测验和考试。
- 每一章的"学习结果"帮助你温习学习过的内容。
- 带有定义的关键词汇表,帮助你复习重要的概念。
- 与有用的在线营销资源和公司网站的网络链接。

还为教师提供:

- 概述每一章的关键话题的讲义材料。
- 供授课使用或作为分发给学生的资料的每章 PPT,可以编辑和修改。
- 各章复习题的参考答案。
- 案例研究问题的参考答案。

目　录

第一部分　服务环境

STAGE DOOR

第三部分 理解消费者和开发新服务

第6章 理解服务购买者行为 175

第7章 关系、伙伴和网络 207

TIMPSON
The Quality Service People
Est 1903
WATCH REPAIRS

第12章　管理需求和能力　403

第13章　管理沟通　425

CIGURIANG
26

第1章

什么是服务营销?

学习目标

阅读本章之后,你应该理解

- ❖ 服务一词指的是什么
- ❖ 服务业为何在国民经济中占据主导地位
- ❖ 无形性、易朽性、不可分性以及易变性等区别性特征
- ❖ 商品营销与服务营销之间的差异
- ❖ 扩展的服务营销组合
- ❖ 非营利服务营销的特殊要求

1.1 引　言

服务业不再是现代西方经济中的一个微不足道的组成部分，它已经进入现代经济的核心领域。当然，服务业并不是什么新东西，圣经中提到小旅馆老板、放债者以及其他业者就是证明。今天，我们所购买的大多数产品当中都包含某些服务成分在内。我们可以很容易地识别诸如会计、银行、理发等服务为基础的行业。除此之外，有很多的商品依赖以服务为基础的活动来给予它们使用价值以及相对于竞争对手的营销优势。许多“纯”产品如电视机和洗衣机通常伴随有为满足客户的送货、融资、保险和维修等方面的利益需求而提供的服务。对许多人来说，汽车购买已经从偶有的大宗采购行为转变成一种持续性的服务关系，在这一关系中，融资、保险和保养等服务有助于增益拥有汽车所带来的好处——运动。尽管近年来，人们对服务业的关注度有很大的提高，但学术著述并不总是承认它的价值。早期的一些经济学家认为服务业不具备生产性，不为国民经济增加任何价值，因而对此并不十分关注。在18世纪中期著书立说的亚当·斯密就对产出有形产品的生产——如农业和制造业——与产出无形产品的生产加以区别。他将包含中间商、医生、律师、士兵等人的努力的后者描述为“不具有任何价值生产性”(Smith，1977，p. 430)。30年后，萨伊使用“非物质的”一词来描述服务，又过了60年，卡尔·马克思将服务描述为商品的延伸。19世纪后期，阿尔弗雷德·马歇尔主张服务供应者能够像有形产品供应者一样给接收者以效用，从那时起，人们对服务的认识开始转变。事实上，马歇尔认为，如果没有一系列为了生产有形产品的目的并使之为客户获得的服务，可能根本就不会有有形产品存在。对马歇尔来说，一个配送农产品的人所从事的工作如同农民本人从事的工作一样的价值。没有运输服务和中间服务，农产品过剩地区的农产品可能一钱不值。

今天，尽管仍然还有人认为服务行业在某种程度上只是国民经济中的一个“劣等”部门，但对服务行业的直接和间接影响的关注却不在少数。在新近的一篇讨论“服务本位”组织的重要文章中，服务被视为国民经济中所有价值创造活动(法戈和鲁什[Vargo and Lusch]，2004)背后的驱动力。事实上，服务对商品“使用价值”的创造至关重要，商品已然成为服务的从属部分。

关于“什么是服务”这一问题，存在许多定义。“服务”的现代定义关注这一事实：服务本身并不生产有形产品，尽管它可能会促进有形产品的生产。“服务”的一个最简单的定义也许是由《经济学人》(*The Economist*)所给出的,它将“服务”描述为“任何不会掉下来砸到你的脚的东西”。

用以界定本书研究范围的“服务”的定义是:

> 任何无形利益——要么作为利益本身，要么作为有形产品的一个重要成分——的生产,通过某种形式的交换满足某种已被识别的需要。

这一定义承认大多数商品事实上是产品要素和服务要素的结合。在某些情形下,服务要素可能是服务(如理发和管理咨询)的核心要素;在另外一些情形下,服务只不过支持有形产品的提供(如提供贷款以支持新汽车的销售)。

在服务营销著述的演化过程中,人们对应该在多大程度上将服务视为营销研究中的一个独特领域这一问题存有争议。一方面,有些人主张,服务包含许多共通于商品的重要元素,这使得服务营销不适宜作为一个独立的学科。因此,列维特(Levitt,1972)写到:

> ……并不存在服务业这样的东西。只存在其服务成分比其他产业更多或更少的产业。

另一方面，许多人指出了传统营销原则应用到服务营销时的局限性。格鲁诺斯(Grönroos,1978)、拉夫洛克(Lovelock,1981)、休斯塔克(Shostack,1977)、贝里(Berry,1980)和拉斯梅尔(Rathmell,1974)是其中最早的批评家,他们认为,商品和服务之间的差异意味着不能简单地将商品营销手段移植到服务营销领域。

在现实当中,服务营销涉及对基本营销理念的改进或微调,以使其能更有效地应用于服务领域。很多商品营销的原则——如理解客户需要的重要性——可以几乎不经微调就应用于服务领域。但某些情形——如服务际遇分析——则亟待新的营销思想的开辟。

在纯商品与纯服务之间的灰色地带，还存在一些很难适用于这一区分标尺的营销活动。已经吸引了越来越多关注的这些营销活动中的第一类是理念营销,无论这些理念是政治党派、宗教教派的理念还是某一特定的论题(如道路安全)。第二类——相关于第一类——是动机(如缓解非洲饥饿,或阻止修建新的道路)营销。由于生产者与营销努力所指向的个人或组织之间不存在价值交换，这两类活动都有别于常规的商品营销或服务营销。举例来说,交通运输服务的客户进入某种交换关系并为所接受的服务付费——要么是直接地、心甘情愿地付费(如支付火车票费用),要么是以缴纳一般税的方式间接地(或许是不情愿的)付费(如道路使用的情形)。与此相对照,当一个压力集团发起一项活动以阻止修建新道路的时候，价值交换的理念将变得极其牵强，只有在——比方说——某公众成员以资金的或实际行动的方式为这项活动出力时才会真正发生。一般来说，服务理念并不能为分析理念营销与动机营销提供合适的框架，在这一分析框架中,这些理念和动机并不构成以市场交换为基础的服务过程的一部分。当然,在很多情形下，服务消费者在消费服务的同时也就“买入”了服务提供者所倡导的理念，或者认同了服务提供者所倡导的事业。例如，许多 Fairtrade 咖啡的顾客正是出于对第三世界生产者事业动机的认同而选择去他们的咖啡店；此种情形下，市场基础的交易传达出了对理念的支持。在其他时候，服务交换也许几乎完全以某个理念为基础。撰稿人和咨询师也许无非是在兜售某个理念，但再说一次，这里还是存在双方之间的交换（付费以换取一个创意）。我们将在本章稍后部分重提理念——或基于知识的服务——这一论题。

服务型经济的成长

很少有人怀疑服务业已经成为许多国家经济的主导力量。2005 年，在欧盟（EU）的 25 个成员国当中，服务业（包含公共管理）占了欧盟经济总增加值的 71.6%（Eurostat, 2006）。有些服务行业成长得特别快，在 1995 与 2005 年之间，配送、通信和运输服务按经济增加值衡量增长了 32%，按就业衡量增长了 12%。这与制造业形成鲜明对照，同期制造业按经济增加值衡量增长 18%，但制造业就业反倒下降了 12%。

一个经济体的发展水平（由其人均 GDP 所体现）与其服务业的实力似乎存在紧密的相关性。更高的（国民）经济发展水平与高比率的服务行业就业相关。欧盟各国服务业增长比率围绕 71.6%这个平均数字上下波动，更为发达的成员国高出这一数字（如英国为 75%，法国为 76%），不那么发达的成员国低于这一数字（如立陶宛为 55%，斯洛伐克为 63%）（Eurostat, 2006）。据国际劳工组织（2006）统计，在大多数西方发达国家，3/4 以上的工人受雇于服务行业（如美国为 75.3%，英国为 72.6%，德国为 69.2%，日本为 68.1%）。许多亚洲发展中经济体只得到更低的数字，例如，印度尼西亚为 39.9%，印度为 51.2%，菲律宾为 53.2%。最低水平的服务业就业出现于欠发展国家，例如，墨西哥为 30%，孟加拉国为 28%，埃塞俄比亚为 9%。图 1-1 表明了人均国内生产总值与服务行业就业之间所存在的紧密相关性。

毫无疑问，尽管一个国家的经济发展水平与该经济体的服务业发展水平存在紧密的相关关系，但问题是：哪个是因，哪个是果呢？服务业的产生和发展导致经济增长？抑或服务业的产生和发展只是经济增长的一个结果？为回答这一问题，我们需要在“企业对企业服务”与“企业对客户服务”之间做一个区分。“企业对企业服务”为一国提供生产过程所需投入。“企业对企业服务”对一国的国民经济往往有重大影响，许多服务产业还有助于提高制造行业和农产品行业的生产率。例如，交通运输和配送服务往往具有刺激地方经济、国家经济发展的效果（例如：随着铁路或道路服务的改善）。在某些发展中国家，农业资源未能被充分开发利用的一个原因在于，面向食品生产者的以服务为基础的配送系统缺乏效能。另一方面，“消费者服务”则是消费财富而非创造财富。随着一国经济的日益繁荣，人们倾向于增加对各种消费者服务（如度假、娱乐、外出就餐）的消费。

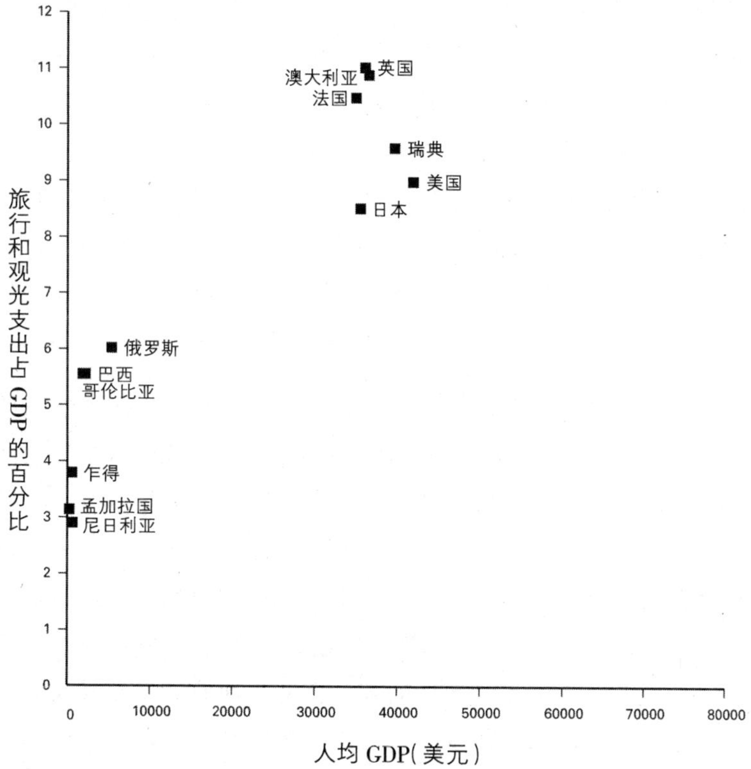

图 1–1　图示为所选取的某些国家的人均国内生产总值(GDP)与其旅行、观光行业占国内生产总值的比率之间的关系。各数字系指 2005 年的数据或可获得的最近数据。(来源：根据世界银行，2006 年)

尽管众人皆知服务行业近年来增长强劲，但我们也还是需要通过进一步论证来支持这一观察。

- 国家统计资料编撰方式的改变导致某些原先归类为制造业或农业的服务活动现在被归类于服务行业。近几十年来的一个通常做法是，制造业公司将其许多支持性服务(如会计、配送、清洁和饮食)"外包"。许多原先受雇于制造业的员工转而受雇于新的外包服务供应商。尽管现在仍然雇用同样人员提供与原来完全相同的服务，但国家统计资料将此记录为制造行业就业人数的减少以及服务行业就业人数的增加。关键的差异在于，服务活动现在主要通过市场中介，而非由内部生产。
- 服务行业统计记录的精确程度一般低于制造业与初级产业部门统计记录的精确程度。长期以来，标准产业分类系统(SICs)无法以分割制造业与农业所能达到的详细程度分割服务行业。许多服务行业不能被干净利落地归属到分类体系中的某一类别当中，这就使得人们难以窥见该行业的全貌。
- 不同国家测度服务业所用的方法也不同，这也为某些国家的服务行业观察到的规模变动提供了解释。2006年,中国政府修正了它对2004年国家GDP数字的估计,突然"发现"了价值400亿美元的服务,以前从未被记录,而归类为20世纪80年代在中央计划经济体系下发展起来的国家物质产品体系。由于这一变动,服务业所所占的国家GDP份额由31.9%上升到40.7%。

- 服务的无形性也使其相对难于测度,尤其是在对外贸易的情形。通过港口流入的有形产品可以相对容易地记录,而服务相关贸易流则很难识别和测度。此外,政府统计汇总时所做的一些修正也增加了许多系列数据的不准确度。例如,英国与旅游和金融服务相关的贸易数字常常不得不刚刚公布又加以修改。

服务对地方和国家经济有多重影响,其原因在于,一家服务生产者的初始支出会引致进一步的支出。这便是服务乘数的作用原理。第一家生产者花钱从其他供应商处购买供应品(包含劳务),而这些供应商又依次购买更多的投入品。初始支出的乘数效应将导致一个比初始支出大得多的家庭收入的总增加。辅助连带服务活动的地方乘数效应将取决于某局部地区保有的后续支出的份额。人们将伦敦成功申办2012年奥林匹克运动会作为乘数效应的绝好例证。除了许多其他的乘数效应之外,对新的交通运输与食宿服务设施的支出将为伦敦东区一些相对落后的部分带来长期效益,奥林匹克运动会的许多主要赛事将在那里举行。从国际范围来看,许多政府都支持申办大型体育活动的努力,以获得由此而来的乘数效益。

理解服务业对经济活动其他方面的贡献的一个好方法便是分析生产投入—产出表以及劳动和资本投入数据。伍德(Wood,1987)曾经使用这些数据估计所有服务业的直接与间接供应部门生产力改进对于所有其他部门生产力水平的影响。研究表明,有些明显高生产效率的部门的发展因为某些投入(包括服务投入)的低效率而受到制约;另一方面,某些服务(如交通运输和配送)的效率改进对于其他部门的生产效率有广泛的积极影响。

西方发达国家经济应该致力于成为服务型经济,即使牺牲其制造业也在所不惜吗?这听上去也许很诱人,但这一论调的逻辑也许会走得太远,尤其是:

- 近年来服务行业增长的大部分反映了制造行业的繁荣兴旺。随着制造业提升其产业活动水平,对诸如会计、法律服务和商务旅游之类的企业对企业服务的需求上升。20世纪90年代许多英国金融服务行业的急剧萎缩都反映了制造业活动的衰退,这一衰退导致对商业贷款和出口信贷等的需求走低。
- 在英国,需要对这个国家具备服务生产的比较成本优势的假设进行仔细验证。英国许多制造行业在20世纪60与70年代失去了自己对发展中国家的竞争优势,与这一情形相同的是,有证据表明,英国在某些服务行业的不容置疑的霸主地位正在受到挑战。一直是英国主要出口项目的软件支持行业越来越受到印度

图 1–2　植物栽培传统上主要与农业部门相联系。但 crocus.co.uk 表明，即使像这样的基本农业活动也可以转型为服务业。该公司并不仅仅培植和销售各种植物，它们还向买家提供包括发货和种植以及继续给予与植物照料相关的咨询建议在内的全套服务。（重印经 crocus.co.uk 许可）

竞争对手的挑战。一些竞争国家的高水平培训也使得这些国家得以先发展他们自己的本土服务，然后转而发展其出口服务。银行服务一度为日本的净进口项目，现在，日本人却在向全世界出口银行服务。电信技术的改善也为以印度为基地的呼叫中心提供商向以英国为基地的呼叫中心挑战提供了机会。

- 对服务行业的过度依赖可能为英国带来战略上的问题。国家经济只有具备了一个多样化的基础，才能在世界贸易条件的变化面前表现出更强的适应能力。
- 有人认为，许多更新型的服务业务，如呼叫中心，可能会使地方经济变得不稳定，因为它们的建立、关闭都很容易，这与制造业大不一样：制造业必须对固定的和不可移动的能力进行投资。就服务生产可以与服务消费相分离的情形而言，这一说法尤其如此。但与此论点相反，我们在本章后续部分可以看到，服务的不可分性一般会降低其区位灵活性。

1.2 服务的区别性特征

服务具有多项区别性特征，这些特征使得服务与商品相区别，并且对服务的营销方式产生一定影响。这些特征常常被人们描述为服务的无形性、不可分性、易变性、易朽性以及不可拥有性。这些特征是本书中反复谈及的论题，下面介绍的是它们的性质。

主题思考——工业革命还是服务革命?

各类教科书都将19世纪早期英国所发生的一切描述为“工业革命”。对涉及蒸汽动力、工厂体制和金属生产等新技术的考察导致了这样的主流观点:英国的经济进步主要归功于制造业的进步。但没有服务业,工业革命会发生吗? 工业革命时期见证了许多服务业的发展,这些服务业的产生对于经济发展至关重要。没有铁路运输的发展,商品将无法从集中式工厂配送到分布于不同地域的客户手中,许多人也不会有办法到达他们的工作地点。投资于新的工厂要求建立起能够在国家层次而非纯地域层次的融通资金的银行系统。一个包含中介业在内的全新服务行业应运而生,以满足制造业的需要——中介业在将制造商的产品配送到越来越分散的市场地域的过程中起着极其重要的作用。今天,我们继续依赖服务业来挖掘制造行业的发展潜力。那么,我们应该重写历史并讨论19世纪英格兰的“服务革命”而非工业革命吗?

无形性

纯粹的服务不能以任何物质性的意义来估计——它只不过是一种抽象,人们没有办法在购买之前直接对它进行检验。大多数商品的潜在购买者能够就商品的形态完整性、外观美学特点、味道、气味等进行检验。许多涉及这类可感知特性的广告诉求都可以通过购买前的正规检验来加以验证。与此相反,纯粹的服务却不具备此类属性,以使客户在实施购买前就能验证各种相关广告诉求。定义服务的无形的过程性属性,诸如可靠性、个人关怀、员工殷勤、员工友好等等,只有在服务被购买以及被消费之后才能得到验证。

无形的服务要约展现出来的有形性有以下三个主要来源:

- 有形商品:包含在服务要约中,并为使用者所消费(如餐馆的食物);
- 物理环境:服务生产/消费过程在该环境中发生(如餐馆的建筑);
- 服务的绩效表现的有形证据(看到厨师在厨房工作)。

若商品构成服务要约的重要组成部分,则此部分服务要约适用许多与传统商品营销相关的做法。餐馆代表了有形要素与无形要素的混合;单就食物要素而论,则很少适用服务营销的特质。食物的生产可以与其消费相分离,潜在客户有机会事先品尝食物,或者查看食物样品。有形组分的出现会为客户提供一个据以判断服务质量的可视化基础。服务要约的有形组分不仅包含那些被交换的商品,而且包含服务际遇所发生的物理环境,在这个环境下,建筑的设计、卫生清洁、员工风貌都提供了重要的有形证据,它们也许是购买者据以区别一个服务提供者与另一个服务提供者的唯一基础。有些服务包

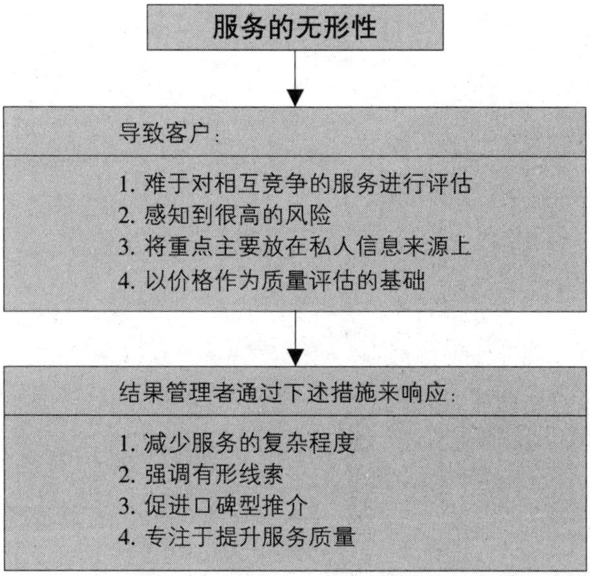

图 1-3　服务无形性的某些含意

含的这类有形线索（如餐馆、商店）很丰富，其他服务要约的有形证据（如人寿保险）则相对较少。

服务的生产方式可以为有形性提供进一步的证明。某些服务为购买者提供许多机会来考察生产过程；的确，服务的全部目的可能是观看生产过程（如流行音乐会）本身。这类有形的证据往往可以在服务购买的决定形成之前为人们所看到——要么通过直接观察他人所实施的服务（如观察一位建筑师的作品），要么借助对服务生产过程的描述（服务说明书承担这个角色，对服务生产过程做出阐述和说明）间接地观察。与此相反，有些服务则对服务生产过程的性质只提供了非常有限的有形线索。例如，资产组合管理服务的生产过程一般不仅不为客户所见，而且，人们也难以通过服务说明书事先规定这类服务的结果。

由无形性产生出几个重要的营销含意，在后续的章节中我们将对这些含意展开详细讨论。由无形性所隐含的物理证据的缺乏增加了顾客在竞争的服务之间进行选择之时所面临的不确定性。因此，服务营销计划的一个重要部分涉及通过诸如添加物理证据以及塑造强有力的品牌之类的手段来降低客户所感知到的风险。有意思的是，我们注意到，就有形性问题的一般处理方法而论，纯粹的商品和纯粹的服务两者表现出背道而驰的倾向——服务营销人员寻求向其产品添加有形证据，而纯商品营销人员往往寻求通过增加诸如贷款融通和售后服务之类的无形成分来提升其产品。

不可分性

有形商品的生产和消费是两项分离的活动。公司通常会在某个中心地生产商品，然

图 1-4 近年来,越来越多的人意识到健康和健美的重要性,各种健身房和健康中心迅速发展起来。在许多地区,潜在的健身房会员会发现向他们开放的选择多种多样;然而,就到底加入哪一家健身房这一问题,他们又是如何做决定的呢?健身房提供的服务基本上是无形的,在许多情形下,参加健身活动的结果——一个更健壮、更苗条的身段——与服务过程的乐趣本身同样重要。在这一则广告里,健美至上(Fitness First)公司在向人们强调加入其服务过程所能获得的可喜成果。健身房面临的挑战便是如何让潜在的会员进得它的门来,去体验其所提供的无形服务过程的质量。许多健身房意识到,买者充分评价一项无形服务的能力很有限,因此,它们向买者提供试用会员期。客户共同生产构成由健身中心提供的服务的一个必不可少的部分,客户只有通过持续的个人努力才能从服务过程获得所欲求的成果。英国的健身中心一般会在圣诞节之后招收大量的新会员,但半数订了年卡的新会员一般在 6 个月之后就不再定期参加健身活动。服务的不可分性要求客户为服务的生产——不仅消费——负责。(重印经健美至上公司许可)

后将商品运送到客户最想购买的地方。如此,制造企业将通过集中生产和质量集中控制实现规模经济。制造商也能够在最适宜的时间制造商品,并在最为便利的时间内将商品配送给客户。这就是说,生产和消费是可分的。与此相反,我们说服务的消费与其生产方式是不可分的。为了实现服务的利益,生产者和消费者必须相互作用——双方一般都必须在相互便利的时间和地点相见,以便生产者能够直接向客户转移服务利益。在个人护理服务这种极端情形中,客户必须出现在生产的全过程——没有病人的加入,一个外科大夫一般不能施行手术。对于服务而言,营销乃是促进复杂的生产者—客户互动的一个手段,而非仅仅是一个交流媒介。

无论生产者是人——保健服务的情形——还是机器(如银行 ATM 机),都会有不可分性出现。ATM 机的服务只有在生产者和消费者相互作用的情形下才能够实现。在某些

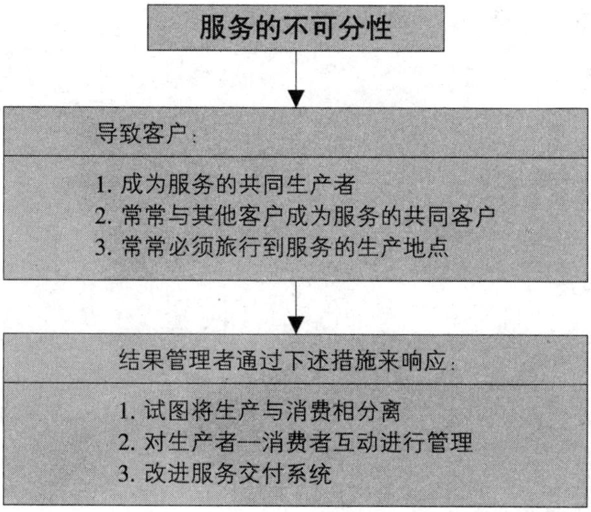

图 1–5　服务不可分性的某些含意

情形下，不可分性的影响有可能减小，尤其是在不太需要个人联系的情形下。银行客户不再需要进入银行营业点并与银行职员互动就能够获得自己的账户信息。现在，使用一个也许是坐落在数千英里以外的地方的呼叫中心就可以轻而易举地做到这一点。当然，不可分性仍然要求生产者和消费者相互作用；不过，技术则为互动建立了一个更为灵活且更不受个人情感影响的基础。

就服务而论，不可分性具有几个重要的营销含意。首先，尽管商品一般是先生产，再标价销售，最后卖出并被消费；但对于服务而言，不可分性却会导致这一过程的修改。服务一般首先被卖出，然后被同时生产和消费。其次，尽管商品的生产方式在很大程度上（尽管并非总是）对客户来说没有太大的重要性，但就服务的享受而言，生产过程却是至关重要的。

在商品的情形，客户通常不构成生产过程的一部分；而且，一般而论，只要交付给他们的产品满足他们的预期，他们就会得到满足（当然也会存在例外，例如，生产方式的伦理问题引起社会关注的情形，或者，只能以生产阶段的知识评估质量、而生产阶段又不为客户的视线所及的情形）。在服务的情形，客户积极参与生产过程如此重要，以致这一过程就定义了服务过程的结果。在某些情形下，服务生产方式上的一个看似很小的改变可能会完全毁掉所提供的服务的价值。一个购买克利夫·理查德（Cliff Richard）的演唱会门票的人可能从演唱会得不到任何益处，如果该演唱会后来由“北极之猴”（Artic Monkeys）来代替的话。

易变性

易变性在两个方面与服务相联系：

图 1–6 我们对于购买在诸如中国和印度等国生产的服装和鞋子都不会感到陌生，这些国家生产成本很低。商品在低成本国家的生产可以与其在高收入国家的消费相分离。对于服务来说，这一分离的机会一般很渺茫，因为客户和生产者们通常需要相互作用。电信技术的发展正为缓解服务不可分性的影响提供新的机会。许多服务企业将其呼叫中心设置在如印度这样的低成本国家，客户们也许根本没有意识到他们的电话是在数千英里以外的地方得到响应的。（重印经 Iserve Systems 有限公司许可）

- 在结果和生产过程两个方面，生产绩效无意中偏离标准的幅度；
- 为满足个别客户的具体需要，服务被有意改变的幅度。

就服务而言，易变性对客户的影响不仅在于结果，而且在于生产过程；相较于商品，正是生产过程的易变性对服务构成一个比结果的易变性大得多的问题。由于客户通常在消费服务的同时也涉入了生产服务的过程，因此很难实施监督和控制以保证一致的标准。商品制造者所能有的交付前检验和拒绝的机会在服务的情形一般是不会出现的。服务一般必须在有客户在场、但无从涉入质量管理的情形下生产。在工作人员必须在一对一基础上提供服务——如理发——的情形，没有容易的方法进行监督和控制，就可能出现某些特定问题。

生产标准的易变性对服务组织来说是最大的问题，在这些组织中，客户高度涉入生产过程，尤其是在生产方式使监督服务生产变得不可行的情形。对于许多在一对一情形下提供的劳动密集型个人服务——如保健——而言，确乎如此。生产过程当中，有些服务可以在更大的范围内实施质量管理检查，这就使得组织能够提供始终如一的高水平服务。对于以机器为基础提供的服务来说，尤其如此。例如，电信服务一般能以很低的故障率运行（英国电信宣称，在所有旨在获得服务的尝试中，超过 99%的客户都能够在第一次尝试的当时接通其所要拨打的号码）。

将以设备为基础提供的服务与那些在生产过程中要求很高程度员工参与的服务相比，当今的倾向是将前者视为不那么易变。许多服务组织采用以设备为基础的生产方式，以寻求降低易变性、进而打造更强大的品牌。以计算机语音系统替代人工电话接线员的做法以及许多银行服务的自动化都是这类倾向的代表。有时，正如自助式服务加油站不再受加油处服务员工易变性的影响所表明的那样，通过向客户转移部分生产过程也可以取得降低人员易变性影响的效果。

易变性的第二个维度涉及服务能在多大的程度上被量身定制，以满足个体客户的特定需要。由于服务的创造同时于服务的消费，而且，由于客户往往是服务生产过程的一部分，服务定制的潜力一般要大于制造品定制的潜力。服务能被定制的程度取决于所使用的生产方式。为大量客户同时生产的服务可能提供的个人定制范围非常有限。铁路运输服务的生产方式使其无法像那些生产方式更为简单的出租车运营商一样满足个体客户的需要。

服务能被定制的程度部分取决于向一线服务员工委派权力的管理决策。虽然某些服务企业寻求给予一线人员以灵活处理权，但各类服务企业将其与客户的际遇“工业化”却是时下的趋势。这就意味着在每一际遇当中都要遵循规定明确的标准化程序。尽管工业化常常使得生产者满足客户需要的灵活性下降，但它也具有降低服务过程和服务结果的易变性的效果。我们将在第 4 章重拾工业化论题。

服务产出的易变性会使得塑造强大的服务品牌比塑造强大的商品品牌的难度更大。对于后者来说，将监督和质量管理程序纳入生产过程，以确保品牌体现出产出的一致性通常会相对容易一些。服务行业为降低易变性所做的尝试主要集中在挑选、培训、激励和管理人员所使用的各种方法上，这些问题将在第 10 章作仔细考察。在某些情形下，为降低人力因素上的易变性，各种服务要约都被简化，各类作业被“去技能化”，作业人员则被机器替代。

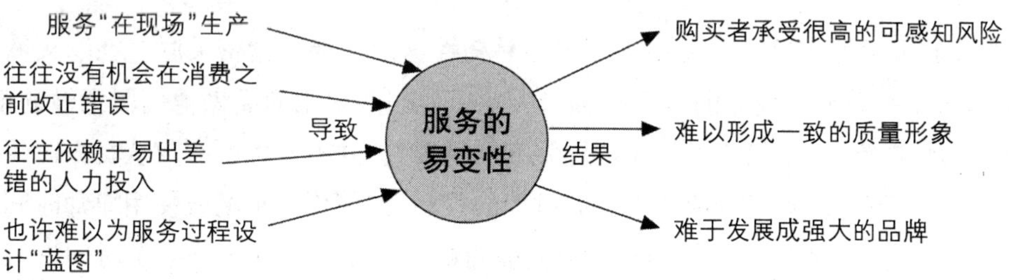

图 1-7　服务易变性的原因与后果

易朽性

服务有别于商品还在于它们不能够被储存。一家在当期不能销售其所有产出的汽

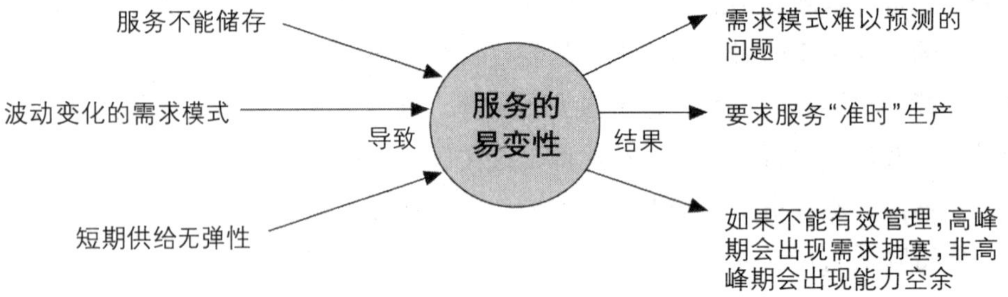

图 1-8 服务易朽性的原因与后果

车生产商会将存货结转至下一期销售。涉及的主要成本仅仅是仓储成本、资金成本和可能因商品逐渐过时而遭受的损失。与此相对照,不能销售其当期所有产出的服务生产商却没有机会将服务结转至下一期销售。对于一家销售上午9点从伦敦到巴黎的航班上的座位的航空公司来说,一旦飞机在上午9点离开空港,它就不可能卖出任何空出的座位。服务要约不再存在,空余的座位也不能被储存下来满足也许会在上午10点出现的激增的需求。

很少有哪种服务所面对的需求模式是在所有时间内一成不变的。多数需求都会表现出相当大的变动,这种变动也许是以日(如午餐时间城市中心三明治店)、以星期(铁路旅行在星期五傍晚的需求高峰)、以季节(圣诞节期间的酒店业、商店等等)、以既定周期(如住房抵押贷款)而论,也许表现为某种不可预测的需求模式(如大风暴过后的紧急建筑修理服务)。

服务的易朽性迫使人们将关注的重点放在需求管理上——熨平需求峰谷以及规划服务生产时间,从而尽可能匹配于相应需求模式。定价和促销是处理这一问题时常用的两项工具,这些将在第11章予以讨论。

所有权问题

服务的不可拥有性与服务的无形性和易朽性这两项特征紧密关联。在购买商品的情形,购买者一般取得商品的所有权,而且,此后他们能够用商品做他们愿意做的事情,包括向其他某个人出售商品。但在提供服务的情形,却并不发生所有权从卖方向买方的转移。买方只不过购买了一项使用服务过程的权利,如使用停车场或使用律师时间的权利。在服务行为的不可拥有性与买方可能获得的让一项服务在未来某个时间进行的权利(例如,一张戏票)之间必须做一个分别。对某些人(如拉夫洛克和冈默森[Lovelock and Gummesson],2004)来说,在没有其他途径通过一项交换交易转移产品所有权的情形下,租赁/使用权的概念就定义了服务。

服务的不可拥有性对于配送渠道的设计具有一定含意,与商品配送的情形一样,服务批发商或零售商不能取得服务的所有权;取而代之的是,直接配送的方法更为常见——中间人一般充当服务提供者的共同生产者。

1.3 服务的分类

本章早些时候曾经提到,服务一般占到发达国家经济规模的 3/4 左右。服务行业的规模意味着构成现代经济的重要部分的服务活动具有很高程度的多样性。简单的本地窗户清洁服务企业与复杂的国际银行公司之间的巨大差异就能够清楚地表明这一多样性。由于多样性的存在,除非能够识别较小的服务类别,并将其置于一个特别适合这一服务类别的分析框架之下,否则,对服务行业所做的任何分析都将被证明是牵强乏力的。

最通用的服务分类基础是所从事活动的类别。统计资料在诸如银行业、航运业和酒店业的条目之下记录服务活动,大体上以生产方式的相似性为基础。按照这一方法,航运业依主要从事海上运输活动的组织来定义——尽管在英国和中国之间的货物运输与在英国和法国之间的汽车轮渡的运作大不相同。

这一简单的分类体系对于营销人员而言并没有太大的帮助。首先,某单一服务生产部门可能覆盖具有相当不同的营销需要的多种活动。小型宾馆和国际酒店可能归类于同一部门,但它们的营销需要可能大为不同。其次,大多数服务事实上属于服务的混合。例如,铁路仓储服务常常会超出传统的部门边界而进一步提供银行服务。第三,一个特定的以生产为基础的子服务行业的营销需要可能与别个不相干的子部门而非其本部门的其他领域有更多的共同点。

营销人员应该更加关心如何按照营销要求的相似性去识别子部门。这样的话,从客户的购买决策过程、商家的定价方法和促销策略等角度衡量,旅馆服务的提供可能与某些航运业的经营活动有不少共同之处。

与定义制造品门类相比,定义服务门类可能更为复杂,在制造品的情形,诸如快速消费品、选购商品、特色商品、白色商品、棕色商品之类的术语被广泛使用,它们都传达出大量相关于某类产品的营销要求的信息。服务的高度多样性使得将所有服务归纳于少数几个门类的努力很难成功。相反,许多分析者们寻求沿几个连续体来对服务分类,它反映了这样一个事实:产品从一开始就不能两分地归纳为商品类和服务类。

服务分类的很多基础源于本章早些时候所描述的服务的五项重要特征。例如,诸如商业银行业务和心理分析之类如此相异的服务组类也表现出相似程度的无形性，这导致了购买过程中的高度不确定性等结果。以下部分将讨论据以归纳服务组类——从而使不同营销人员识别共同营销需求——的更进一步基础。

可销售服务与不可销售服务

第一项分类将服务分为可销售的服务和利益应该由不以市场为基础的机制来分

配——而且，当前的社会和经济环境视此种分配方式为可取——的服务。在后一组类服务的范畴之下，许多政府服务出于公共利益的目的而提供，政府并不打算向服务的使用者收取费用。这出现在无法将某些个人或个人群体排除在外，从而使之无法受益于服务的情形。例如，在现实当中，地方政府不可能向使用当地人行道的个人收取费用。由于不可能将利益的分配局限在那些进入某种形式的交换关系的人们身上，所以公共服务提供的利益基本上是外向的。还有一点就是，许多公共服务据说会导致消费上的非竞争现象，即一个人享受一项服务并不妨碍另一个人享受同样的服务。一个人使用人行道一般不会妨碍另一个人使用同一人行道。

并不被许多文化视之为“可销售”的第二个主要服务组类是那些通常在家庭范围内提供的服务，如照看孩子、烹调和做清洁等等。尽管在西方社会，许多此类服务现在一般都有销售（如儿童看护服务），但许多其他社会——以及许多社会群体——视这类服务的内部提供为家庭单位的核心职能。在有很强家庭传统的文化中，西方公司尝试发起以家庭为基础的服务的努力可能会因为市场不存在而招致失败。

如所有服务分类的情形一般，在这两个极端之间存在着广泛多样的服务，而且，任何服务分类都是动态的，反映政治、经济、社会和技术环境的变化。有很多努力尝试将公共服务的许多外向利益内向化，即将公共服务转化为可销售服务。因为前述原因，英国道路设施的提供直到最近都一直被视为完全不可销售的。然而，近年来，营销原则被引入实践当中，伦敦中央区的道路使用者现在要为使用稀缺的高峰期道路能力支付“拥堵费”。类似地，米德兰西部的 M6 汽车道的使用者现在也可以选择道路，有些道路使用者情愿为使用一条相对不拥堵的收费汽车道付费。针对“哪些家庭生产的服务应该被视为可销售的”这一问题，人们的态度已经随着时间的推移发生了变化，政府的社会政策（例如，与为老年亲属购买照料服务相关的政策）具有催促人们平衡家庭生产服务与从市场购入服务的效力。

企业对企业服务与消费者服务

消费者服务是面向个人的，人们为了自己的享受或利益而使用服务，服务消费不会产生进一步的经济利益。按照此种定义，理发师的服务就可归为消费者服务。与此相对照，企业对企业服务是企业为生产某种其他的经济利益而购买的服务。公路货运公司向工业客户销售服务，使其产品能够及时运抵有市场需求的地方，为工业客户的产品增值。

许多服务既向消费者市场供应，又向企业市场供应。这里的挑战是调整营销计划以满足使用者群体各不相同的需要。这样一来，虽然航空公司向消费者和企业提供基本上相似的服务，但其营销计划可能向前者强调低廉价格，而向后者强调服务质量和更高程度的即时响应。

图 1–9　在许多西方国家，儿童保育已经发展成为重要的新型服务行业。家庭结构的变化和妇女群体日益增长的职业倾向导致许多人开始寻求外部保姆服务，不再完全局限于在家庭单位之内照料孩子。有些文化可能视儿童保育为家庭生活的中心职能，因此，对将孩子放在一边不由自己照料这一观念的憎恶导致商业性儿童保育服务基本不可销售。在西方国家，人们的态度已经发生变化，越来越多的人视购买职业帮助来照料他们的孩子为相当正常的事情。许多服务提供者（就像这一家一样）应运而生，以满足这一新兴市场的需求。（重印经儿童基地保育机构[Child Base Nurseries]许可）

尽管这是分类服务行业时所依凭的惯常基础，但也有人会争辩说，私人家庭也可以作为生产单位而行事，在这样的生产单位中，服务所以被购买不是因为它们的固有价值，而是因为它们能产生某种其他利益。按照这一论点，一项住房抵押货款不是被人消费，恰恰相反，它是被用来生产“家的好处”。有证据表明，服务的企业购买者并不仅仅依其可获利地增值生产过程的能力判断一项服务，组织内个人自身的、非组织的目标有可能导致某些企业以个人消费准则为基础作出服务购买决策。对移动互联网服务的判断就既要考虑到它所提供的个人身份价值，也要考虑到它的生产性价值。

服务在产品总供给中的地位

大多数产品都是商品和服务要素的组合。我们可以根据服务要素在产品总供给中的作用来对服务业进行分类；可以为我们所识别的三项服务作用为：

- 纯粹服务业，几乎不存在有形商品证据（例如，一份保险单或一项管理咨询服务）。就这一组类而言，有形要素即使的确存在，其主要功能也只不过是支持无形服务，一如有形飞机支持基本无形的运输服务。

- 第二组类的服务业着眼于为有形商品注入附加价值。商品制造商以附加服务利益（如产品售后保证）扩展其核心有形商品的价值就属此类情形。有时候，服务被当作单独的产品销售，客户购买这一产品是为了给自己的商品增值——人们购买汽车清洗服务就是为了增加二手车的转售价值。
- 第三组类的服务业通过促成客户购买的方式从根本上提升产品价值。这类服务要么为有形商品从生产地点向有客户需求的地点的配送提供便利，要么以信贷安排的方式为人们购买有形商品提供资金。这样一来，按揭促进了住房购买，公路货运公司促进了货物的配送。

客户参与度

“客户参与度”是一项由来已久的营销概念，它指的是个人对产品的涉入程度。对于参与度高的产品而言，购买者与之联系密切，产品的使用方式能够深刻地影响购买者的幸福程度。许多个人医疗服务可归于这一类。参与度低的产品对个人心理愉悦的影响会小一些；如果错误地选择了不合适的产品，我们不会过分为之不安。我们通常会接受将自己的车停放在一个不方便的停车场所导致的后果；然而，在理发店里选择了一个错误的发型可能会大大地影响我们的自我形象。

参与度与风险密切相关。就后果而论，参与度高的购买决策被认为更具风险，因此，我们可能会花更多时间和精力去尽力避免错误购买此类服务。

在服务行业，参与度亦指客户亲身与服务生产过程相互作用的程度。有些服务只有在客户完全涉入的情形下才能提供，而另外一些服务则要求客户启动服务过程即可，其他什么都不用做。在第一个类别中，顾名思义，个人护理服务几乎要求客户完全涉入服务的生产和交付过程。这通常有明显的互动性质，理发师提出一连串有关成型的头发的长度和式样的征询，顾客则依次作答。对于这一顾客来说，服务的生产过程与结果的质量都是极其重要的。其他服务，则可能不需要顾客如此充分地涉入生产过程；为了服务利益的交付，收听广播音乐的顾客并不需要积极地涉入生产过程——他们完全可以被动地接受服务。

在服务不直接针对客户的身心、而针对其拥有物的情形，客户涉入程度通常较低。货物运输、汽车清洁保养或银行账户的运作等服务并不直接针对客户本身，客户的主要任务是启动服务和监督服务绩效。监督可以采取检查服务绩效的有形证据的形式，如检查地毯的清洁是否达到要求的标准；或者，检查服务绩效的无形证据，如有关某项代表客户而做的投资的陈述。

服务交付模式

这里对服务交付的两个方面加以区别：

- 服务是连续提供还是作为一系列分开的交易提供；
- 服务是临时性提供还是在一个连续的买方—卖方关系框架中提供。

通过供给的持续性，可以识别第一组服务：这一组服务只有当人们需要它们的时候才会被购买，服务表现为一系列的一次性交易。这一组类的典型情形往往是那些低价值、不做细分的服务，人们也许会在一时冲动或几乎未经任何刻意搜寻比较的情形下就加以购买（如出租车与咖啡店）。那些只在需要时才被购买的专业化高价值服务也属此类情形；例如，殡葬服务一般只当需要时才被临时购买。

对于其他服务而言，临时提供是不切实际的。这往往发生在由于生产方式所限，服务难于临时——被人需要时——提供的情形（如只当需要时才向一所房子提供电话线路就不切实际——线路本身却是连续提供的），或者服务利益（如保险单）被连续地要求的情形。

持续的服务供给与某种买方—卖方关系（正式的或非正式的）相关联。在下述几种情形中，与供应商的长期关系对于客户来说是非常重要的：生产/消费过程发生在很长时期的情形（如药物治疗计划）；服务利益在很长时期之后才能收到的情形（如诸多金融服务）；购买者面临很高的可感知风险的情形。通过一种持续性的交易关系、而非一系列分开的交易来供应服务还可以削减因重新搜寻和下订单而发生的交易成本（如订立了国产设备年度维护合同，就不用在每次发生故障后临时寻找工程师）。

有时，服务的核心部分通过持续性的关系提供，而附加服务利益则按照客户要求临时提供也不失为一种明智的做法。按照此种思路，电话线路由一种持续性的关系框架提供，但个人通话服务则只在需要的时候临时提供。

如图 1–10 所示，服务可以根据其供给特性来分类。

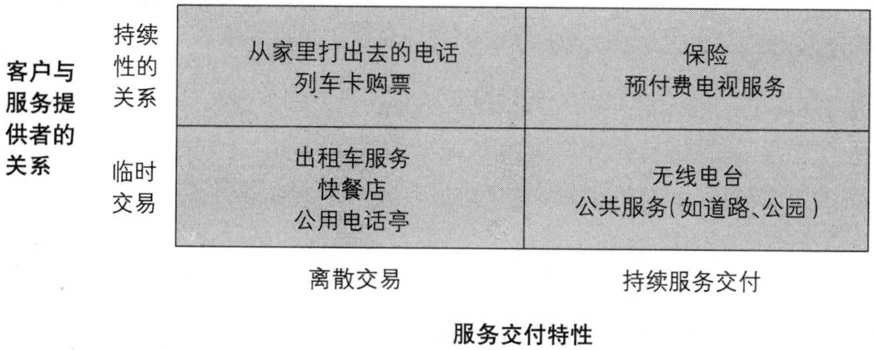
客户与服务提供者的关系
持续性的关系
临时交易
从家里打出去的电话
列车卡购票
保险
预付费电视服务
出租车服务
快餐店
公用电话亭
无线电台
公共服务（如道路、公园）
离散交易
持续服务交付
服务交付特性

图 1–10 生产者与消费者关系的特性

服务营销人员一般试图将客户转化为这样的类别:他们持续性地,而非零散、间断地接受服务,并与营销人员保持一种持续性、而非临时性的关系。前者可以通过对购买一连串的服务利益提供奖励来实现(如提供价格诱人的年度旅行保险单而非在客户要求时卖给他单份的短期保险单)。后者可以通过一系列其他策略来实现,这些策略将在第7章进一步讨论。就最简单的形式而论,可以通过一个沟通计划来发展关系,该计划向现有客户定期通报各种新的服务发展。通过提供长期供应合同,上述计划还可以发展成将客户吸引到单独某家服务提供商的方法。按照这一方法,一家公共汽车公司可以通过提供季票的办法将客户的选择限制在某个特定服务提供商身上,以寻求个人客户的定期光顾。

以人为基础的服务和以设备为基础的服务

有些服务要求采用劳动非常密集的生产方法。算命先生采用几乎完全以人的行为为基础的生产方法。在另一极端情形,很多服务的交付极少需要人的涉入——一个设有自助泊车系统的停车场只需要最低限度的人力投入:验票和保持停车场洁净。

管理以人为基础的服务与管理以设备为基础的服务大不相同。设备一般可以通过程序控制来保证一致的行为,而人员却需要小心谨慎地招募、培训和监督。以人为基础的服务通常使得更大程度的服务定制及个人客户需求的满足成为现实。这些问题将放在第4章进一步考虑。

基于过程的服务和基于结果的服务

我们已经谈到,服务基本上是与过程相关联的。不过,在某些情形下,过程的结果比过程本身更为重要。这尤其适用于为个人维护有形或无形资产的服务情形。对于汽车修理厂而言,修理客户的汽车可能涉及许许多多的无形过程;然而,除了在汽车交付和接收时间发生的短暂际遇之外,客户看到的服务过程中的东西少之又少。他们可能更关心他们接收的车是否能够令人满意地工作。类似地,在持有一个无形金融资产组合的情形,客户可能更关心资产组合的绩效表现而非服务提供者可能代表客户于无形之中实施的许多投资管理过程。

将高度结果导向的服务与高度关注过程的服务做一个对照。造访电影院不会有清楚的结果(除了可能获得与影片有关的知识以及获得向朋友表达自己的相关看法的能力之外,别无其他结果)。自然而然,与金融资产组合管理服务的评价标准相比,对电影院的评价标准会相当不同,在前一种情形,结果左右最终评价。

高知识含量的服务和低知识含量的服务

有时,服务提供者除了向其购买者提供知识外,必须采取的其他行动很少。在某一特定种类的知识处于稀缺供应的情形下，该知识的可靠性也许会使得所有外围服务活动——例如，知识交付方式和售后问询——相形见绌。

高度以知识为基础的服务的例子包括向人们提供某狭窄领域的法律专业知识的顶级律师和专业于某狭窄医学领域、以观察到的症状为基础进行诊断的会诊医师。如果只有几个会诊医师专业于某些罕见热带疾病，则他们的相关知识很可能构成该服务要约的最重要成分。对专家宣称的知识的估评可能成为人们评价该服务要约的主要基础。传统服务活动中相对少的那些成分，如服务交付的方法，可能反而恰是客户评价服务的重要依据。可能存在于很多医疗服务中的信息不对称，将赋予医生相当的主导作用（霍格、莱英和温克尔曼［Hogg，Laing and Winkelman］，2003）。如纽伯格（Neuberger，2000，p.7）所述，传统的医患关系是一种“敬重、遵从和命令”的关系。

当然，从某种程度上来说，所有服务都包含一定的知识成分。餐馆对外提供其厨师和服务生掌握的知识，这些知识有助于为客户营造惬意的环境，安排可口的美餐。为客户做例行财务审计的会计师可能将其掌握的税法知识运用到服务过程——对客户账簿做全面分析并最终产生一个报告。在这两个案例当中，知识是服务要约中的隐含成分，它与服务结果、服务过程一道被用来评估各商家间相互竞争的服务。

在以知识为基础的服务的极端情形中，本书构建的许多框架只具相对意义。在以专家意见交换为唯一际遇的情形，服务际遇概念（第 3 章）的重要性将有所下降。

服务对购买者的重要性

有些服务会被频繁地购买，价值又低，并且很快被服务接收者消费，人们很可能在很少做购前准备的情形下因一时冲动而购买。这类服务可能只构成购买者总支出中的很小部分，对应于商品营销中快速消费品的定义。在老虎机上偶然进行的一次赌博可归于这一类别。在区分标尺的另一端，长时效服务可能只偶尔被人购买；而当它们果真被购买时，决策过程需要花更长的时间，需要更多的人参与。养老保险和度假套餐可归于这一类别。

服务的复合分类

至此我们已经介绍了几个互有重叠的服务分类基础。在实践当中，有必要同时根据多项标准对服务进行分类，以便我们识别类型相似的服务组群。有几位研究人员寻求使用多维度方法识别类似服务聚类。研究过消费者对 16 种不同个人和家庭服务的理解的所罗门和古尔德（Solomon and Gould，1991）提供了一个范例。聚类分析揭示出了两类具有重要统计意义的服务分组基础。第一类——称为服务轨迹（service locus）——依循一个从个人（如医生的服务）到环境（对个人拥有物而非其人身所实施的服务）的标尺而定义。第二类——服务策动因素（service instigation）——指导致服务被购买的内在动因。在一个极端,购买服务是为了基本的生存目的(如定期造访牙医);在另一个极端,购买服务是为了发展的目的(如保健和健身俱乐部)。

如果服务类型分组恰当,可以推断:该聚类中的所有服务将会受益于一个大致相似方法的营销策略。在图 1-11 中,一个简化的、设想的聚类模型将服务置于三个分类标尺上:客户涉入程度、需求模式随时间不规则变化的程度以及生产过程相对于标准的变动程度。在由高客户涉入程度、恒定的需求模式和中等生产易变性定义的区域,可以识别出三种服务:语言实验室中的语言教学、视力检查服务以及干洗服务。基于这一分析,该类组的所有服务都有望因大致相似的营销计划而获益。这些营销计划也许包括强调能够有效降低易变性的服务设备给予潜在客户的重大利益, 打造强有力的品牌和鼓励口碑推荐。事实上,以上各领域的三大英国营运商——灵格风(Linguaphone)、杜兰德和艾奇逊(Dolland and Aitchison)以及勃隆清洁服务(Bollom Cleaners)——的营销计划似乎都在这些点上相似。

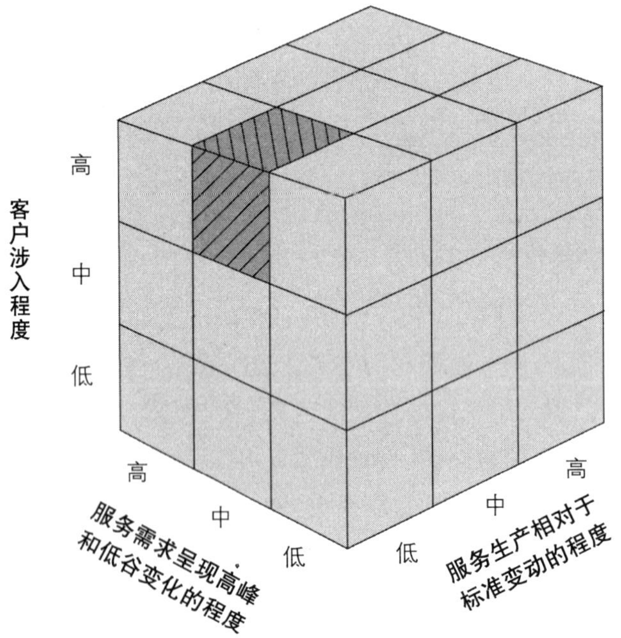

图 1-11 本章识别了若干服务分类基础。在现实中,通常可以同时根据多个标准对服务分类。这一服务三维分类图显示了三项标准:客户涉入程度、服务需求呈现高峰和低谷变化的程度以及服务生产易变程度。阴影方格部分所示的服务具有以下特征:高水平的客户涉入程度、低水平的生产易变性和中等峰值型的需求模式(例如,付费足球赛节目)。

最后,值得一提的是,尽管以基本营销需要为基础的服务分类更为可取,但很少有数据在这一基础上公布。为了打造服务市场的规模和特性,营销人员通常不得不依赖生产导向测度基础上收集而来的数据。图 1-12 表明了标准产业分类系统(SICs)的多样

SIC	说 明	SIC	说 明
6610	餐馆、咖啡店，等等	7500	空运
6620	小酒店和酒吧	7700	旅行社
6630	夜总会和俱乐部	8150	信用卡公司
6650	酒店	8490	租车公司
6670	其他旅游或短期逗留住所	9690	旅游服务处，等等
7100	铁路	9770	图书馆、博物馆，等等
7210	城市铁路、公共汽车，等等	9791	体育和其他娱乐设施
7400	海运		

图 1-12 标准产业分类系统的旅游部门适用示例

性，这里只将它适用于一个部门——旅游部门。尽管这一体系被广泛使用，但营销人员务必问这样一个问题：这些组别之间的相似性是否有时更多于组内的相似性？

1.4 服务要约

“产品”一词用来描述有形商品的提供以及相对而言无形的服务的提供。理解产品特性的起点是接受由迪布（Dibb，2000）等所提供的一个一般性的定义，他们将产品定义为：

> ……有形和无形特征的复合体，包括功能、社会和心理效用或利益。产品可以是一个理念、一项服务、一件物品或这三者的任意组合。

大多数产品通常表现为商品和服务的组合，这一事实在服务营销著述的演化过程中已经得到强调。拉斯梅尔（Rathmell，1974）将服务要约中的支持性产品与促进性产品做了区分。前者为服务的有形方面（例如，教育产品中的教科书），有助于服务的提供；而促进性产品必须先于被提供的服务而存在（例如，汽车是提供租车服务的先决条件）。在现实中，客户并不购买诸如此类的产品，而是购买产品所提供的各种利益。因此，任何组织的营销组合中的最重要因素便是其“要约”，本章所考察的主要内容便是组织的“服务要约”。

从买者和卖者的观点出发理解服务要约的构成是绝对必要的。塞瑟（Sasser，1978）等根据以下三个要素来定义“购买束”或“服务概念”：

1. 有形项目：促进或支持产品的有形/物质要素，例如，餐馆所提供的食物或饮料；
2. 感官利益：可由五个感官中的一个或多个定义的利益，如餐馆提供的饭食的味道和芳香，或餐馆的环境；
3. 心理利益：不能被清楚地定义，只能由顾客主观判定的利益。这类利益的存在使得服务要约的管理困难至极。

可以通过服务的不可分性将服务要约与商品要约区分开来。服务通常既不能与提供服务的人、也不能与提供服务的地点相分离这一事实导致服务一经生产就被“消费”，这就意味着存在很高程度的买者/卖者相互作用。“产品增加值”概念亦有了新的含意。在生产和营销中，增加值指供应方在各个层次上的产出和投入之间的差额；由于服务不可转售，拉斯梅尔认为只存在一个层次的增加值，“投入”概念被再定义为仅指所消耗掉的供应品以及在服务生产过程中所耗尽的资本品折旧。

服务要约分析

可以对服务产品的几个要素加以识别，有些要素定义了产品的基本属性，而其他要素则改良或细分产品。对于广义的产品，科特勒等（Kotler，2004）所做的分析区分了产品的三个不同层次：

1. *核心产品*：根据产品所能满足的基本需要定义。
2. *有形产品*：核心产品以某种有形的形态为客户获得——这一有形形态以产品的特征、风格、包装、品牌名称以及质量水准来表达。
3. *扩展产品*：为有形产品加上附加服务和利益，后者被用来满足客户的附加需要和/或进一步将产品与竞争对手的产品差异化。一般许多附加特征都是服务，如售前和售后服务、产品保证等等。

图 1-13 所示为这一多层次研究方法应用于分析汽车产品的提供的情形。

尽管这一分析就一般产品而言是没有问题的，但还是有人对它能否应用于服务要约提出了质疑。能够识别客户感知的自身需求并要求获得满足的代表此种需求的本质的核心服务吗？如果存在这样的核心服务，它能否以“客户友好”的形式为人们所获得；如果能够的话，会有些什么要素涵盖在此种形式当中？最后，有没有一个与“扩展产品”相对应的服务层次，服务提供者能否据此将自己的服务要约与竞争对手差异化，就像汽车制造商将其扩展产品与其竞争对手差异化一样？

有一些作者寻求对这一基本框架加以修正，以识别不同层次的服务要约。塞瑟（Sasser，1978）等对“实质服务”与“外围服务”作出区分。格鲁诺斯（Grönroos，1984）对“服务的概念”与他所称“互动式营销功能”诸要素做了区分。

当代大多数服务要约分析承认，不可分性、无形性问题使得将产品要约的三个一般层次应用于服务要约意义不大。因此，此处将服务要约分成两个部分加以分析：

- 核心服务，代表核心利益；
- 次级服务，代表有形层次和扩展产品层次。

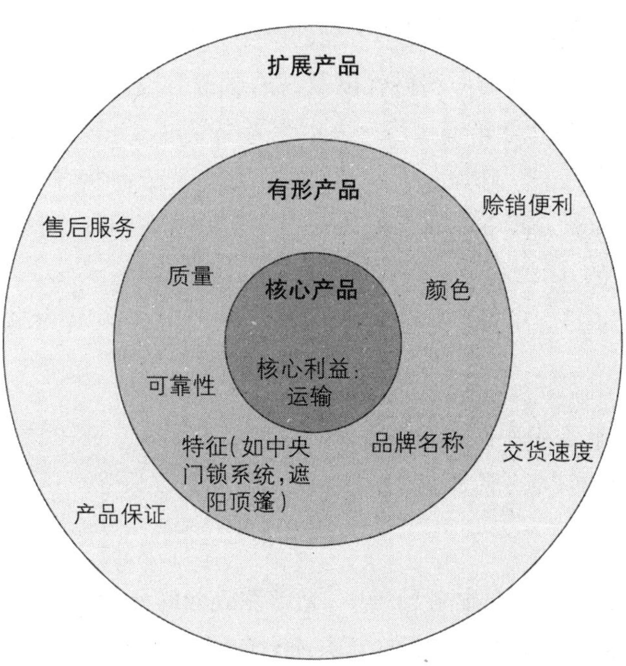

图 1-13 汽车产品提供的核心、有形和扩展成分分析

核心服务层次

塞瑟(Sasser,1978)等将此称之为“实质”服务,最好将它理解为服务的基本功能。格鲁诺斯(Grönroos,1984)使用“服务概念”一语来指称服务要约的内核。格鲁诺斯指出,服务要约的内核既可以是一般性的,如提出交通问题解决方案(如租车);也可以是更为具体的,如在餐馆中提供中国美食。

无论如何,当考察到企业要约的这一根本层次时,服务与有形商品之间几乎没有区别。所有客户的需要和欲求都是无形的——它们既看不见也摸不着。塑造、生产和管理要约时必须谨记客户利益,要让客户感到要约成功地满足了他们的需要和欲求。要约可以是有形商品,可以是服务,也可以是二者的组合。自然而然,理解客户的需要和欲求至为关键。

次级服务

上面曾经讨论到,服务要约的次级层次可以被视为既代表着产品的有形层次,又代表着产品的扩展层次。在扩展层次,服务提供者向客户提供超出有形证据范围之外的附加利益。这要么通过满足附加的客户需要,要么通过进一步差异化自己的产品与竞争对手的产品,要么通过二者并举来实现。

由于不存在服务的“有形”层次——就像这一术语在商品环境中所被理解的那样,

有人可能会争辩说,定义扩展服务是不可能的。但许多通常被认为属于扩展产品的一部分的成分,如安装、交付、信贷可获得性以及售后服务等等,都与产品如何被配送/交付相联系。无形性这一概念意味着当客户决定购买服务时,没有办法保证他/她能够在购买服务之前体验(用手去摸、用眼去看、用耳去听、用舌头去品味、用鼻子去嗅)服务。鲁斯顿和卡尔逊(Rushton and Carson,1985)亦注意到,在许多情形下,从心智角度考察,服务也有可能是无形的,因为它们是很难让人捉摸的概念。

休斯塔克(Shostack,1977)更深入地研究了无形性问题。她认为服务远远不只是"无形"的产品:

> ……认为服务除了其无形性之外,在其他方面跟产品一模一样的观点是错误的。按照这一逻辑,苹果除了其"苹果性"之外,其他方面跟橙子一模一样。无形性不是一个修饰语,它是一种状态。

对于休斯塔克来说,在一项要约当中,无形性成分的分量越大,背离商品营销研究方法的程度就越大。服务知识和商品知识并不以同样的方法获得;物质产品的客户可以通过物理检验和/或数量测度来"知道"他们的产品,服务的现实则应由使用者通过体验来定义,因此,这一现实的版本会有多种多样。

因此,对于服务来说,为使客户实现其核心利益,服务要约的次级层次涉及到有形要素与无形要素的结合。但在决定这些有形要素与无形要素的具体结合方面也存在一

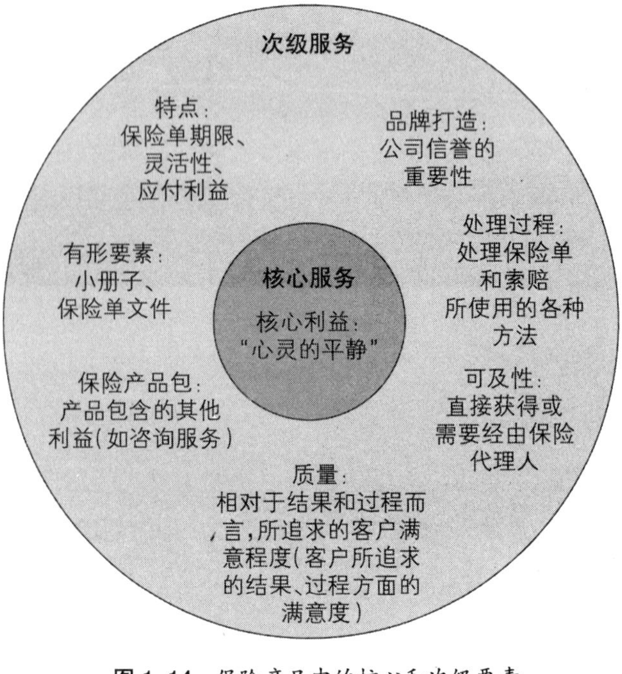

图 1-14 保险产品中的核心和次级要素

些特定的困难。一个主要的困难便是这些要素的实际表达——通常,表达各有形方面比生成和展示无形要素要容易得多。此外,无形要素相对而言更难于控制,因此,服务经理倾向于突出可控的、亦即有形的要素而非更难于掌控的无形要素。休斯塔克(Shostack,1977)认为,服务越具有无形性,对有形性证据的需求就会越大,经营有形证据越显重要性。

定义服务要约的另一个主要的概念性问题是,由于存在生产和消费的不可分性,次级服务层次中的某些要素实际上不由服务提供者而由客户本身提供,例如,学生在参加某个讨论会之前会阅读相关论题。

尽管存在上述困难,仍然可以经由若干要素去分析服务要约的次级层次,其中某些要素还可以与分析有形商品的提供所使用到的要素相比较。下面将讨论其中一些主要要素,有些要素通过图 1-14 来说明,此处,以一个保险产品为例。

1.5 那么,商品营销不同于服务营销吗?

在实践中,要区分服务和商品是非常困难的,因为,当商品被人购买时,其中几乎总是包含有服务的成分;同理,附加在服务当中的有形商品常常会使服务得到提升。如此一来,尽管人们通常视汽车为商品而非服务,但汽车的销售经常伴随着大量由无形要素(如产品保证或融资便利)产生的利益。另一方面,一项看似无形的服务(如打包旅游)却有有形成分包含在其购买项目里面——如飞机、宾馆客房和交通车辆的使用。在这两者之间存在着大范围的、结合着有形商品和无形服务的产品。餐馆的用餐就是有形商品(食物及有形的用餐环境)和无形服务(食物的准备和交付使用,订餐服务等等)的结合。拉夫洛克和冈默森(Lovelock and Gummesson,2004)以及许多研究者都指出,事实上,许多服务都是有形的而不是无形的,可分的而不是不可分的,同质的而不是易变的,耐久的而不是易朽的。例如,就易变性这一话题而论,有些“非服务”产业——如热带水果业——很难取得高度一致的产出,而诸如停车场经营之类的服务产业却能在可获得性及整洁程度等方面达到一致的服务标准。类似地,许多有形商品同样面临无形服务碰到的问题,即在消费之前不能够充分检查。例如,在一家超级市场,通常不可以在购买和(至少是部分地)消费之前判断一瓶酒的味道。服务营销人员从商品部门的营销活动中学习到很多东西,反过来,情形也是如此。一些趋同点在图 1-15 中给出。

图 1-16 简要地表明了服务行业存在着的相当程度的多样性。事实上,讨论服务导向的程度比将服务行业作为同质活动群组讨论要更为合适。所有生产性活动都可以置于一个标尺上的某个位置,该位置将处于纯服务(无有形产出)和纯商品(无无形服务添入有形商品中)之间。在现实当中,作为商品和服务之组合的大多数产品都落在两个极

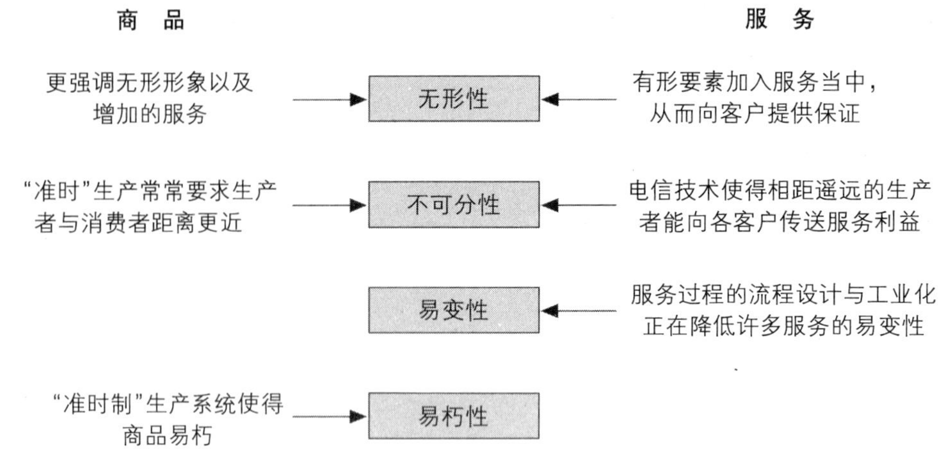

图 1–15 从所采用的战略与战术来衡量，商品和服务的营销正在趋同。此图表明了某些趋同点。

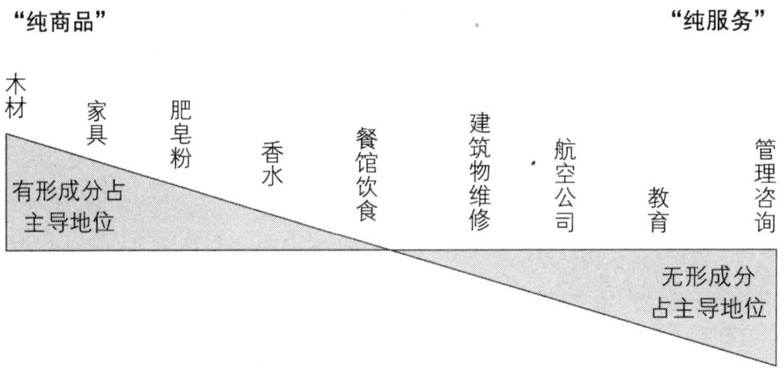

图 1–16 商品和服务连续体。我们所购买的一切产品基本上都是商品成分与服务成分的组合，视总产品要约所包含的服务成分的重要性之不同，讨论"服务导向"的程度比将商品和服务作为两个不同的产品类别来讨论要更为现实。

端之间。

可以在直接由组织向客户交付的服务与经由所购商品向客户交付的服务之间做一个区分。从概念上来讲，许多商品购买活动实质上导致客户购买一系列内部产生的服务。结合下列实例，思考商品及其所产生的服务型利益：

- 洗衣机提供在其他情形下要由洗衣店提供的间接服务利益。
- 汽车提供在其他情形下要由出租车和公共交通工具提供的利益。
- 意式咖啡制造商提供在其他情形下要由外卖咖啡店提供的咖啡。

随着商品和服务的相对生产成本发生变化，"替代"在经济中发生。一般而论，随着生产和配送效率的提高，商品的实际成本趋于下降。商品制造商向低成本国家转移生产的能力加速了这一趋势。另一方面，实际服务成本趋于上升，尤其对于劳动密集型服务业而言——它们面临支付不断上涨的工资以及遵守更加严格的就业法律的要求（尽管有些新近被解除管制的服务行业和诸如电信业之类的设备密集型服务行业的成本出现快速下降）。

尽管某些类型服务的实际成本的上升可能导致由商品生产型服务发起的替代，但实际收入的上升会对这一效应予以补偿：更大的财富导致大多数服务消费增长。当增加的需求被导入劳动密集型服务业（如餐馆业、个人保健业）时，结果往往是这些部门出现了劳动力奇缺现象。

最近，法戈和鲁什（Vargo and Lusch，2004）发表了一篇讨论营销的新"服务主导的逻辑"的论文，这篇文章将有关商品与服务的区别因素或关联因素的辩论明朗化。他们认为，营销理论原本是建立在工业革命时期发展起来的以商品为中心、以制造业为基础的经济交换模式的基础上的；然而，在考虑扩展范围从而将服务包含在内的时候，这一理论就受到制造品营销语言和模式的限制。工厂中的隐喻——如投入、加工、产出和生产力等等之类的术语——常常被应用到服务领域（古德温［Goodwin］，1996）。早期的服务研究有意将有形商品的生产与无形服务的交付做对照性比较。早期著述将客户置于工厂的背景下考察，要么视之为生产过程中的贡献者（拉夫洛克和扬格［Lovelock and Young］，1979），要么视之为有待尽快处理的潜在瓶颈（蔡斯［Chase］，1978）。但当营销人员被迫承认作为服务生产过程的消费者投入与无生命投入相比较具某些独一无二的特性时，工厂中的隐喻就无能为力了。无生命的投入品可以在库房内一次库存数月，而客户只要排队等候几分钟就可能变得不满意。法戈和鲁什认为，为我们所识别、用以区分服务和商品的一些特征——无形性、不可分性、异质性与易朽性——只从制造业的视角看来有意义，本身并不能将服务与商品加以区分。他们指出，服务研究人员的研究进展可为"一切交换更为服务主导"的视点提供理论基础。他们的基本观点是，客户永远是价值的共同创造者，并非仅仅是销售所指向的目标以及厂商努力的被动接受者。这一"共同创造"的观点对于理解商品和服务交换发生的方式极为重要。且看一个例子，即使是最基本的农产品也必须借助服务类活动才能为客户所及，针对产品如何以及在何时、何地被交换，生产者和消费者在这一交换中扮演什么角色这些问题，也必须有相关决策做出。法戈和鲁什认为，事实上，从客户的观点来看，营销的焦点（主导逻辑）已经从产品（商品和/或服务）方面转移到产品为消费者所做的事情方面（Vargo and Lusch，2004）。

无形性、不可分性、易变性与易朽性等区别性特征受到拉夫洛克和冈默森（2004）的进一步挑战。他们指出，并不导致所有权从卖方向买方转移的营销交换与导致所有权从卖方向买方转移的营销交换存在根本区别。他们认为，服务通过使用权或临时占有权而非通过所有权来提供利益，付款则采取租金的形式或使用费的形式。这一租赁/使用权

图 1-17 近年来，汽车业在营销领域的巨大成功之一便是将汽车的销售转化为实际上连续不断的服务供给。对于许多私人购买者来说，传统的购车方式是为车付一笔钱（要么用现金，要么用贷款），保有汽车大概 3 或 4 年，然后用它换一辆新车，再重新为新车付一笔款。今天，多种多样的以关系为基础的服务合约向私人购买者开放，这就给他们以使用汽车达一段规定时间的权利以及——同样重要的是——各种服务利益，从而使他们能够最大限度地利用汽车。以服务为基础的销售汽车的方法一般包括：偿还期为 2 或 3 年的贷款、扩展的产品保证以及故障支持服务。就向购车人提供的利益而论，有些故障支持服务已经变得越来越精致，以保证购车人时时刻刻有车可用（例如，许多一揽子支持计划包括提供临时替代用车和过夜膳宿招待，如果必要的话）。许多协议还向购车人提供建议，购车人可以在规定的时期末了返回他们的汽车，并用它换一辆新款车。用不着每三年就为一个有形的物品花上 15,000 英镑，购车人现在一般只需为一种与汽车公司及其经销商建立的以服务为基础的关系每月付上 200 或 300 英镑。

的视角为研究服务提供了不同视角。由此而来的一个含意便是：这为以服务的形式营销商品提供了机会。

1.6 服务环境下的营销定义

营销的一个传统定义是由英国皇家特许营销学院（Chartered Institute of Marketing）给出的：

> 以有效的和有利可图的方式识别、预见和提供客户所要求的东西的管理过程。

商品的营销导向最先出现于相对富裕的国家，在这些国家，供应商之间的竞争已经变得最为激烈。由于显著的公共部门垄断的影响以及职业行为准则（这些准则直到最近都在限制着许多服务组织的营销活动）的存在，服务行业采用营销做法一般是晚些时候发生的事情。

许多人试图定义营销导向到底意味着什么。纳佛和斯莱特(Narver and Slater,1990)的研究寻求定义和测度营销导向程度。他们的分析对三类重要成分加以识别：

- 客户导向：一家组织对其目标客户有充分的了解，这一了解能为他们创造更高的价值。这将通过增加购买者的利益(对照购买者的成本)或减少购买者的成本(对照购买者的利益)的方式来实现。客户导向要求组织不仅了解客户眼中的当下价值，而且了解客户眼中的价值演化。
- 竞争对手导向：组织对当前与潜在竞争对手的短期优势、劣势以及长期能力与战略的把握。
- 部门间协调：组织使用其资源为目标客户创造更高价值的方式。不止是营销人员，组织中的很多个人都肩负着创造价值的责任，营销导向要求组织有效地集聚与整合其人力资源与物质资源，并对其进行调配以满足客户的需要。围绕公司培养营销导向的内部妨碍因素开展的研究非常多（如哈里斯[Harris],2002；摩根[Morgan],2002)。营销的这一方面对于生产和消费不可分的服务行业来说至关重要。后续章节将强调有效整合营销、人力资源管理与运营管理对于公司满足客户需要的重要性。

营销导向被用来描述组织的基本宗旨及组织所使用的各种技术：

- 作为一门商业哲学，营销将客户置于组织所有考虑的中心。一些基本价值理念——如识别现有客户不断变化的需求以及充分认识不断寻找新市场机会的必要性的要求——将被灌输到真正表现出营销导向的组织的所有成员的心中，覆盖组织活动的所有方面。对于一家快餐零售店，对服务生的培训将强调以下事项——如着装标准和服务速度——研究表明现有和潜在的客户特别看重这些事项。人事经理应该有这样的人员选拔政策：这一政策寻求招募满足客户需要的员工，而非仅仅最小化工资成本。会计师在决定通过削减存货水平——因而有可能缩小客户的选择面——来为公司节省开支之前，应首先分析其对客户的影响。对于一个组织而言，仅仅委任一名营销经理或建立一个营销部门是不够的——被视为商业哲学的营销是心目中的一种态度，它在组织中无处不在。
- 营销导向相关于多种技术。例如，市场调研是一种发现客户需要的技术，而广告是一种向潜在客户传达服务要约的技术。但如果使用这些技术的组织并不彻底信奉营销哲学的话，这些技术的价值将会大打折扣。营销技术亦包含定价、配送渠道设计以及新产品开发。这些技术在服务行业的应用将在以后的章节中讲述。

当然，有许多服务组织是在竞争压力很小的环境下运营的，因此奉行产品导向而非营销导向对于他们来说不会有什么损失。有时，服务提供者的局部或临时的短缺也可能

你能识别营销导向的公司吗?

服务组织往往宣称自己是营销导向的,并且它会将客户放在首位。但表面文章总是易于露出马脚。思考以下"泄密"迹象:

- 办公时间的设计只迎合员工的利益而非客户的利益(在许多公共服务机构非常常见);
- 管理程序便利公司而非客户的生活(如要求客户与组织的好几个部门打交道,不提供"一站式"便利);
- 将好的停车空间留给员工而非客户;
- 广告只迎合公司经理的主观臆断,而非指向潜在购买者的需要和愿望。

你能想到任何其他"泄密"迹象吗?

造成这种情况。2000—2002年的英国房地产价格暴涨期间,建筑师的服务供给不足,尤其是英格兰东南部。有关建筑师"挑选"客户并延期完工——因为他们知道客户的选择很少——的事件屡见不鲜。

公共部门与非营利部门营销的区别性特征

将营销应用于服务会碰到的进一步挑战产生于这样的事实:许多服务是由公共组织或非营利组织提供的。它们的营销环境甚至更远离制造品环境:在制造品环境,营销常常被假设为公司利润最大化的工具。许多人都曾尝试将营销理念应用到这一部门(如萨金特[Sargeant]等,2002)。

非营利组织的范围覆盖地方机关、慈善机构和各种非部门形式的公共团体(或"准非政府组织"),这些组织是为管理保健服务、学校、博物馆和其他一些事务而成立的。这里,营销经理的财务目标和满足客户需要的要求必然进一步受到更为广泛的社会目标的规限。这样一来,一家公共参考书图书馆设立的目标之一可能是为社会公众提供多种多样的资料,以帮助人们提升知识和技能。因此,尽管客户的偏好可能要求采购通俗小报,但"高质量报刊"可能是图书馆采购的仅有报纸。这一明显集权化的方法与营销理念没有什么不相容之处——图书馆可以在其发展知识和技术的目标框架内寻求最大化其高质量报刊的读者数目。为实现这一目标,可能被使用的营销战略包括:开展读者促进活动,培养友好、热情的服务态度,为读者提供便利的开放时间等等。

大多数非营利部门服务如博物馆和休闲服务越来越被赋予定义清晰的商业性目标,这使得官员们越来越难不顾目标受众的需求,我行我素、固执己见了。那些公共服务行业很快采行营销导向,他们提供市场性的商品和服务,如游泳池和市政公共汽车服务。公共部门成为一项法定服务的垄断提供者时，更难采行营销导向。

在学校场地提供方面，英国政府已经偏离集权化资源配置的传统基础，正在向一个具有准市场基础特点的体制靠近，在这一体制之下，资金——从理论上来说——跟着家长的选择走。那些受家长欢迎、以有竞争优势的成本向地方和中央政府出资者提供服务的学校将获得成长，而那些不这样做的学校将逐渐失去资源。从理论上来说，为公共服务塑造一个营销框架听起来不错，但也有可能产生新的问题。如果服务消费者表现出他们对某提供者的偏好，就无法保证政府会提供额外的资金来满足客户对额外能力的需求。在满足客户偏好短期变化的基础上，政府出资机构究竟能够对长期资金投入考虑多少呢？为了给予客户选择的空间，诸如学校和医院之类的公共服务已经开始采行营销理念。然而，客户常常表现出对"好"学校或医院的压倒性偏好，引入市场机制的一个后果便是学校或医院到头来面临选择接受谁作为学生或病人的难题。至少在短期，"客户选择"的理念并不切合实际。

向某些公共服务领域引入营销理念甚至更加困难。警察、消防员和军人所从事的工作内容的核心就不能轻易置于市场力量的考验之下。客户就谁来为他们的城市维持治安行使任何选择权都会是很困难的；在实践当中，地方当局通过竞争性投标转包提供品会同样困难。在这种情形下，营销可能被局限于公共品提供活动的外围（如在足球赛中，英国警察为提供人群控制服务相互竞争，并与私人保安公司竞争）。或者，营销活动可能被局限于围绕外包合同展开的周期性谈判，合同内容涉及向服务过程提供关键性的投入，其中有些过程可能会直接接触用户。其中一个例子是，在英国，监狱与警察局之间的犯人转移交通服务经由市场为基础的竞争性投标外包程序提供。

上述讨论表明，我们不能因为非营利部门服务和公共部门服务涵盖诸多反映相似营销诉求的同类营销活动，就将二者混为一谈。事实上，纯粹对公服务与纯粹对私服务之间存在着大片的中间服务活动，而且，纯粹公共服务的营销诉求与私人服务行业的营销诉求明显不同。其中一些更重要的差异总结如下：

- 营销的传统定义是以市场存在的假设为基础的——在市场中，买者与卖者可以就与谁做交易进行自由选择。在公共部门，"选择"事实上既不可行也不可能；事实上，公共部门营销意味着在市场不存在的环境中营销。社会服务的客户通常不能选择从一个非指定提供者那里接受他们所需要的服务。类似地，许多公共部门服务的提供者在选择他们所能指向的客户方面也受到限制。尽管政府政策希望以市场替代中央计划，但实际进展的取得往往会受到许许多多的限制。
- 大多数私营部门组织的目标是为其所有者挣得利润。与这些可量化的目标相对照，许多非营利部门提供服务活动的目标相对更加多样和非量化，例如，除了更为可量化的收益目标之外，一家博物馆可能还有学术目标。

- 由于利益通常内在于组织，私营部门通常能够监控营销活动的结果。与此相对照，非营利组织寻求达到的许多目标是外在的，因而不可能以运营私营部门组织的方式产生损益表或资产负债表——私营部门组织可以在缩小内部财务目标的基础上运营。
- 给予公共部门营销经理的灵活决定权的程度通常低于给予私营部门的营销经理。有人认为，法定标准对公共部门组织的影响比对私营部门的影响更大——例如，在英国，学校营销受到遵从国民教育课程大纲的制约。即使地方当局有相当范围的灵活决定权，但对许多公共部门营销经理所施加的制约反映了这一事实：与典型的私营部门组织相比，地方当局要对更为广泛的利益群体负责。
- 营销组合的不少成分可为私人组织所裁剪以满足特定用户群体的需要，而对非营利型的营销人员来说则不大可能。对于非交易型的公共服务活动，价格——如果它被使用的话——也许是以集权方式决定的社会价值而非客户给予服务的市场价值的反映。
- 非交易型公共服务营销可能很难识别客户是谁。有人认为，不同于绝大多数私营部门服务，非交易型公共服务的接收者往往不是客户。在公共学校教育的情形下，客户可以是接受教育的孩子，可以是孩子的父母，也可以是为未来培训工作大军进行投资的整个社会。

1.7 扩展的服务营销组合

营销组合是一家组织为塑造其面向客户的服务要约的性质所能够运用的工具的集合。商品营销人员熟悉由产品（Product）、价格（Price）、促销（Promotion）和渠道（Place）构成的 4P。早期由伯顿（Borden，1965）所做的营销组合要素分析是在一个服务之于国民经济被视为相对不重要的时代进行的，以对制造业的研究为基础。近来，人们发现 4P 营销组合应用到服务领域时大有局限性。限制其对于服务的适用性的具体问题包括：

- 在多数营销组合分析中，服务的无形性被忽视——例如，产品组合常常依照有形设计特征来分析，而有形设计特征对服务来说也许是不相干的。同样，物理性的配送管理也许不是渠道组合决策中的重要元素。
- 价格要素没有考虑到这样一个事实：许多服务是由公共部门生产的，并不对最终客户索要成本价格。
- 传统 4P 中的促销组合不承认生产人员在消费地点所做的服务促销活动，这与大多数快速消费品所处的情形不同：快速消费品通常在远离客户的地方生产，因此，生产者不直接涉入向最终客户促销商品的活动。对于银行职员、理发师或歌手们来说,服务的生产方式是整个服务促销过程中的一项重要因素。

放下营销组合四要素中某些要素的意义上的模棱两可不论，这一简单的清单亦不承认服务行业的营销经理设计服务产出时所使用的几项关键因素。具体的问题集中在:

- 定义无形服务的质量概念,识别和测度可管理的营销组合以创造高质量服务;
- 既作为生产者、又作为共同消费者的人在服务产品诸要素中的重要性;
- 对无形服务的配送要素的过度简化。

这些不足使得很多人尝试重新定义营销组合,以更适用于服务行业。许多人出于一般性应用的目的寻求重新定义营销组合,布姆斯和比特纳(Booms and Bitner,1981)所做的扩展提供了一个有用的分析框架——尽管这仍然不是以经过经验性检验的理论为基础的。在四个传统的营销组合要素之外,布姆斯和毕特纳还增加了人、过程和物理要素作为附加要素。

扩展的营销组合的工作原理(正如传统营销组合一样)是将服务要约分解为若干组成部分,然后将其归入几个可管理的主题区域,以便据此制订战略、战术决策。为了给出一个可持续的产品定位，有关营销组合中的任一个要素所做的决策唯有以组合中的其他要素为参考才能制订。扩展的营销组合中的每一要素所具有的重要性依服务之不同而不同。相对于人力密集型的业务活动(如餐馆服务)而言,在高度自动化的服务如自动售货机售货的情形下,人这一要素就不那么重要。

下面给出对这些营销组合要素的一个简短概述,更详细的讨论将在后续章节进行。

产　品

产品即组织寻求满足客户需求时所使用的手段。如我们早些时候在本章中看到的,这一意义上的产品是组织向潜在客户提供的任何东西,无论它是有形的还是无形的。在最初的踌躇之后,大多数营销经理们现在都乐于将无形服务作为产品来讨论。因此,银行账户、保险单和度假常常被称为产品,这有时会让非营销人员忍俊不禁,如当流行歌星、甚至是政治家们都被称为待售产品时。

服务经理面对的产品组合决策可能非常不同于商品相关决策。最根本的区别是,纯粹的服务最好经由过程描述而非有形结果描述来定义。产品组合中的要素如式样、可靠性、品牌形象以及产品范围等,商品营销人员可能听着很熟悉,但扮演着不同于商品情形的角色。还存在一项不同于商品的显著差异,那就是新服务开发不能受到专利保护。

价　格

定价组合决策包括关于平均价格水平、折扣结构、付款条件以及在不同客户群体之间的价格差别程度的战略和战术决策。这些问题与商品营销人员碰到的非常相似。然而，差异在于服务的无形性意味着价格本身可能成为质量的重要指标。服务的个人性和不可转移性为服务市场上的差别定价提供了额外的机会，而许多服务被公共部门以补贴或免费的方式销售也使服务定价复杂化了。

促 销

传统的促销组合包括向潜在客户传递产品利益相关信息的各种方法。此外，服务促销往往需要特别强调增强服务外在的有形性。服务促销组合比商品促销组合宽泛，原因在于服务生产人员本身可能是促销组合的重要元素。

渠 道

渠道决策系指潜在客户接近一项服务的难易程度。渠道决策因此涉及物理区位决策（如决定在何处开一家酒店的情形），关于使用哪一家中介以使服务为客户所及的决策（如一家旅游运营商是经由旅行代理向客户销售还是直接向客户销售其度假产品计划），使服务可获得的非区位决策（如基于互联网的交付系统）。对于纯粹的服务，如何以物理方式转移某商品的决策并无多大战略干系。但大多数服务涉及某种形式的商品转移。这可能是某些用以生产服务的物质材料（如旅游小册子和快餐包装材料）；要不，服务本身就是以商品的位置移动为其全部的目的（如道路货运、植物租赁）。对于服务而言，可及性的概念比传统定义的渠道概念更为重要。可及性问题不仅包括服务网点的区位，更为重要的是，它还包括如何设计服务生产—消费过程以便客户参与服务过程，以及谁将涉入这一过程。我们将在第 5 章再次讨论这一问题。

人

对于大多数服务来说，人都是营销组合中的重要元素。在生产能与消费分离的场合——如大多数制造品的情形——管理者通常可以采取措施减少人的因素对客户所接收的最后产出的直接影响。因此，一个购买汽车的人并不会太在意生产工人穿着不整齐、在工作场所口吐脏话或工作迟到，只要存在质量管理措施排除这类懒散行为的结果，使之不至于达到客户那里。在服务行业，每一个人都是冈默森（Gummesson，2001）所称的"兼职推销员"，他们的行为会直接影响客户所接收的产出。

在制造业企业，人的管理在增进质量方面的重要性正不断上升——如发展质量管理小组，而在服务行业，人员计划具有更大的重要性。对于存在很高的员工与客户间接触水平的服务业而言，尤其如此。由于这一原因，清楚地规定组织期望员工在与客户互动时应该做些什么非常有必要。为达到规定的标准，招募方法、培训、激励以及奖励员工不被认为是单纯的人事决定——它们也是重要的营销组合决策。

在营销组合中的人员规划也涉及客户本身之间的互动模式的塑造，在服务消费公开发生的场合,这是非常重要的。饮酒者判断一家小酒馆的一条重要途径便是光顾小酒馆的人的类型。一家空空如也的小酒馆没有人气,而一家吵吵嚷嚷的小酒馆则可能使重要客户产生不好的看法。在计划公司本身的人力投入的同时,营销管理也应该制订各种战略来生成对自己有利的客户间互动——例如,排除特定的群体,塑造影响客户行为的物理环境。

有形证据

服务的无形性意味着在服务被消费之前潜在的客户无从评判服务，这就增加了购买决策中固有的可感知风险。营销计划中的一个重要部分便是通过展现服务特性的有形证据来降低这一类风险水平。其最简单的形式就是,一份小册子可以说明服务产品的重要成分并给出重要成分的图片——一份度假服务的小册子可以给出有关旅馆和旅游地的图片证明。员工风貌可以给出关于服务性质的证明——航空公司的一位衣着整洁的售票员将给出某些证明:航空公司的运营总体上是体贴谨慎的。建筑常常被当作服务性质的证据。19 世纪末,铁路运输公司竞相建造最为精致的车站建筑。对于想从伦敦旅行去苏格兰的人们,比较伦敦优士敦路的三个站点的辉煌气派,就可以获得一些有关铁路运输公司提供大量服务的能力的线索。今天,服务窗口的清洁、明亮有助于让潜在客户在服务点做出服务购买决策时感到放心。出于这一原因,快餐与照片冲印服务网点常常使用红黄色彩组合来传递快捷服务的形象。

过　程

格鲁诺斯曾经写道:“……服务企业没有产品,只有互动过程”(Grönroos,2001)。生产过程通常不为制造品消费者所关心,但它们却是“高接触”型服务——在这一场合,客户是服务的共同生产者——的客户最为关心的。员工服务方式以及生产过程中涉及的延时量可能会深刻地影响餐馆的客人。在生产功能的配置方面,往往产生一个生产者和客户之间边界的问题——例如,一家餐馆可能要求客户到柜台去取他们的食物,或者期望他们倒自己的残羹剩汁。在服务的情形,营销与运作管理之间很难做出一个清楚的区分。服务架构应该关注服务过程以及服务过程中的服务员工与客户的互动方式。不少人尝试对服务过程进行定义和分类(如迈耶[Mayer]等,2003),我们将在第 3 章回头讨论这一点。服务过程架构的方法之一是休斯塔克的“蓝图绘制”法(在第 3 章讨论)。

到目前为止,我们讨论了扩展的营销组合中的七项要素,非常便利地,它们都以字母 P 开始。不幸的是,表述的便利也许会以牺牲对特定服务业的适用性为代价。正如 4P 营销组合模型可能并不适用于整个服务业一样,亦不能指望 7P 营销组合模型适用于早前描述过的各式各样的服务。对于一个服务组织,真正重要的是,根据特定营销环境列举出相应的战略、战术决策适用影响因素的“P 清单”。就某些公共部门服务而言,如果它们不对使用者直接收费，代表价格因素的 P 一般就不适合列为营销决策"P 清单"名目。另一方面，也可能存在其他一些 7P 名目清单所未能妥帖涵盖的问题。它们包括：

- *研究和开发*。对于许多涉及高新技术的服务企业来说，决定投资哪项新技术对增进客户利益和/或降低成本从而赢得竞争优势也许是至关重要的。许多基于互联网的服务提供商已经将高新技术创新提到其营销日程的很高位置。
- *卖点促售*。对于零售商来说，其竞争优势的基础可能是以尽可能低的成本获得商品，然后通过供应链将商品迅速、灵活和可靠地销售出去的能力。卖点促售的技能本身也许是非常重要的，不能仅仅将其归类为"促销"组合的一个要素。
- *质量/客户满意*。这是如此重要的一个话题，以至于它本身就有必要成为营销组合下的要素名目之一。透彻理解客户如何评估服务质量能使服务企业更明了于服务应具备何种服务规格以及如何更清晰地向潜在客户传达该种待售服务的规格信息。鉴于质量在服务要约整体中的重要性，定义、测度、计划、实施以及监督质量标准等等话题将在第 9 章更详细地讨论。
- 最后，许多公司的管理日程已经将发展与客户的紧密关系提升到很高位置，这些公司视关系而非一次性的交易为竞争优势之源。我们将在第 7 章回头讨论这一点。

1.8 服务与自然环境

在这一引导性章节的最后，我们注意到，人们越来越担心服务对自然环境的影响。曾几何时，人们认为服务是一种相对"清洁"的经济活动形式。我们认为，人类就业从传统的煤炭采掘或制造业转向各式各样的服务业将会带来自然环境方面的改善。然而，最近以来，人们对某些服务行业可能造成的重大环境威胁的忧虑也在与日俱增。服务业的环境影响并不总像工厂排放的可见污染那样及时和明显，但其长远后果也许同样严重。我们且考察一下以下的案例：

- 由于管制解除以及飞机与航空公司运营效能的增进，客户已从低成本的空中旅行中获得莫大的实惠。但牛津大学环境变化研究所提出的一项报告（2006）预测：2050 年以后，如果无节制的需求继续增长，即使将技术和空中交通管理改进纳入考虑，航空业二氧化碳排放仍将占到英国排放目标总量的 2/3。这对气候变化具有潜在的严重后果。
- 以不断下降的实际价格向客户提供种类比以往任何时候都更广泛的商品，零售部门显现出惊人的效率改善。但后果之一便是"食品英里"的激增，因为商品在相互遥远的生产商、大型集中式加工工厂、库房以及最后超级市场之间来回转运。据英国环境、食品和农村事务部(Defra)估计,“食品英里”在1992年到2002年之间上升了15%。食品运输的环境、社会和经济成本估计为每年90亿英镑,其中50亿英镑是由于道路阻塞,20亿英镑是由于道路事故,10亿英镑是由于污染,10亿英镑是由于其他因素。英国食品运输业在2002年产生了1900万吨二氧化碳,估计占英国年度二氧化碳排放总量的1.8%。此外,大型超级市场的效率也被购物者所必需的增加的购物路程部分抵消。据估计,一般英国成人每年驱车大约135英里以采购食品,更经常的是去造访那些大型的、偏远的超级市场(Defra,2005)。

- 旅游业的发展在许多国家导致当地居民用水短缺。通过每日向客人提供新洗的毛巾和大型游泳池,旅馆的营销状况可能会因此改善,但旅游部门作为一个整体可能发现自己面临滥用宝贵自然资源的指责。

更加具有深意的是,商业组织对更多消费的穷追不舍从根本上有悖于生态利益吗?将这一逻辑推向极端,大多数商品和服务消费都可能导致某种形式的生态破坏。例如,最为生态友好的运输方式是一开始就回避运输需求;最为生态友好的度假方式是让任何人都待在家里。

很少有服务企业敢于说不受生态变化——尤其是气候变化——的影响。其中一个例子是,气候变化导致的恶劣天气——如暴风雨、洪水和狂风——已经影响到了一些公司——当他们去保险公司续保险的时候。2000年横扫英国的暴风雨估计花去英国保险商10亿英镑以上,这些成本最终以更高保费的形式转嫁给企业或消费者。由风暴造成的财产损失可能让一家工厂关闭设施,从而影响其服务供给的可靠性。由于不能储存产品,服务企业尤其易受恶劣天气的影响,这可以从反常天气发生时铁路与航空公司运营的混乱不堪中看出来。

生态环境对服务企业既能带来挑战,也能带来机遇。积极应对的公司可以通过减少成本和/或改进其组织形象而从生态问题获得好处:

- 许多人愿意为以符合生态的方式生产的产品支付溢价,诸多细分市场即以此为特征。有些零售商——如美体小铺(Body Shop)——已经以此为基础发展出有价值的利基(niches)。起步时的“深绿”利基很快会扩展为更大的“浅绿”客户细分市场——他们更喜好生态友好的产品,但他们也许不愿意支付那么高的溢价。
- 成为“绿色”公司实际上可以为公司省钱。改变现有对环境有害的做法往往主要涉及摒弃有关“事情应该如何做”的传统思维定式(如快餐连锁店使用再循环包装材料,并通过回收利用废弃材料来摒弃一次性物流的思维定式)。
- 在西方发达经济体,有关强制使用环境敏感型生产方法的立法越来越多。一家先于强制期限采用环境敏感型服务过程的公司可以获得竞争优势。

我们将在第 13 章回头讨论服务组织“绿色”证书的客户评价问题以及被认定为“好公民”的重要性。

主题思考：一次度假几分“绿”？

旅游往往被视为清洁产业。但旅游业中的营销人员们却必须正视人们对旅游导致的环境破坏与日俱增的担心。据估计，每年有 1.2 亿份锃光发亮的小册子是为英国的旅游相关公司而生产的，其中有 3800 万份未被使用就被扔掉了。低成本航空公司的增长也使得客户能够轻易地从工作中走开去度一个短假。大多数人也许觉得他们付低价是一件非常好的事情，但他们对由他们搭乘的飞机所排放到大气中的二氧化碳却想得不多。在旅游热点，旅游开发常常导致废弃物和污水处理问题，而地方居民发现他们在为稀缺的水供给而竞争。英国的旅游者也许担心旅游导致对环境的破坏，但最近的调查表明，他们中有 10% 的人喜欢在不被破坏或环境敏感的地区度假。国际绿色旗帜（Green Flag International）——一家非营利组织——矢志于促进生态环境保护和以“成为‘绿色’公司实际上可以为公司省钱”来说服旅游经营者。除了其他一些事情，它还倡导人们使用小型的、私人经营的招待所和旅馆、商店和公共交通工具，雇用当地人做导游。酒店被给予诸如“不要每天更换房间内的毛巾”的建议，从而节约用水用电。该组织亦寻求教育游客在预订旅游之前评价其环境影响，并促请旅游经销商在其小册子中写上一句表明他们的环境政策的话。为什么为数极少的、自称为“绿色”的人也在追求最便宜的包价旅游，而置生态影响于不顾呢？而且，如果成为“绿色”并不总是让人花钱的话，为什么还有如此之多的旅游经销商似乎仍我行我素、安之若素呢？

本章总结及与其他章的联系

服务正成为发达经济中越来越重要的元素，本章回顾了服务的发展及与其营销相关的理论和思想。本章传递出一个重要信息：服务不是同质活动的群组，我们应该视之为从纯商品到纯服务的产品连续体。无形性、不可分性、易朽性以及易变性被引介为服务的重要定义性特征。这些特征对于服务营销的影响亦被关注。尽管营销的一般原理可以应用于所有的产品，但一个针对于服务的扩展性营销组合仍然被提出来，这一扩展的组合考虑到了员工与客户互动以及服务的无形过程特征。在非营利部门服务的情形，其他的相关营销管理限制亦被讨论。

本章为后续各章的展开预设了场景。这里介绍的服务定义还将在后面详加讨论。第 3 章将分析服务的客户—服务提供者际遇。在第 5 章，我们回到“渠道”问题，考察“可及性”如何转化成为服务架构极其重要的一部分。购买者行为、关系发展以及开发新服务的需要将在第 6、第 7 和第 8 章进一步讨论。第 9 章的“服务质量”概念将对营销活动的各要素综合讨论，而扩展的营销组合管理工具——人、定价和促销——将在后续各章中讨论。第 12 章通过审查“服务能力”管理，回过头来讨论易朽性话题。最后一章就服务企业如何将其成功复制于海外市场提出了一个综合性的视角。

复习题

1. 讨论一国国内生产总值与其服务行业规模之间的关系。识别其中关键性的因果关系。

2. 批判性评价营销组合的概念。扩展的 7P 组合在多大程度上适用于服务营销；或者，考虑到服务的多样性，扩展的营销组合本身是否过于一般化？

3. 批判性评价商品营销在多大程度上有别于服务营销。识别关键的异同点。

实践活动

1. 请制作一个要点清单，这些要点在你看来构成判断一家服务组织是否营销导向的重要指标。你为什么选择这些指标？然后从以下清单中选择 2 家或 3 家服务组织：一家快餐零售店，一家银行，一所学院或大学，一家酒店。使用你制作的要点清单评估你所选择的组织是否真正是营销导向的。如果它们不是，请分析它们为什么不是。为变得更加具有营销导向，该组织能够或者应该做些什么？

2. 查阅一本企业电话号码簿（如黄页），从服务行业门类中随机选择 20 个企业分类细目。分别分析各门类细目所涵盖的组织提供的服务要约的性质。然后尝试依据其营销需要上的类似性将你所选择的各细目服务组织组合起来。你是在什么基础上归结出相关类似性的？各细目所涵盖组织外表看来相当不同，却具备诸多潜在类似性，由此可以得出哪些教益？

3. 检视以下制造品的促销材料：汽车、数码照相机和办公设备。通过考察服务为这些产品创造“使用价值”的程度探讨法戈和鲁什所提出的“服务主导的逻辑”的观点。

案例研究:老麦克唐纳有农场——也有服务业务?

作者:保罗·卡斯滕斯(Paul Custance),哈珀亚当斯大学学院(Harper Adams University College)

孩子们关于老麦克唐纳的农场的摇篮歌讲述了农民养奶牛、猪、马和绵羊的故事,但对农场的服务什么也没有说。西方国家的农作已经从压倒一切地强调生长食物改变为管理越来越多的服务。

在20世纪最后的年月,做一名英国的农民一般并不是一场幸福的经历。20世纪80年代中期鸡沙门氏病菌导致的大恐慌,20世纪90年代的"疯牛病",以及2001年手足口病爆发让农民背负沉重的额外负担,公众中的怀疑情绪亦与日俱增。此外,农民们发现自己处在夹缝之中进退维谷:业务运行成本与遵守健康和安全法及最低工资法的成本与日俱增,大型杂货零售商施加的减价压力似乎永无止境——他们想得到与能够从东欧、非洲或其他地区的低成本国家获得的价格相称的价格。下降的农业收入以及锐减的农业从业人员数目——由1901年占总就业的12%下降到2003年的仅仅1.3%——是对农民坎坷岁月的真实写照。

客户似乎不情愿支付足够高的价格以使得农民觉得种庄稼、饲养动物、生产牛奶和蛋类是有吸引力的事情。必须承认的是,在寻求改善利润率的过程中也有一些亮点,农作业自20世纪60年代以来甚至变得更为集约化,更大的农场实现了土地、机器和化学农药的集约使用。不过,到了2000年,出于环境和健康考虑,公众越来越担心这一方法。即使是有机农作——它被视为20世纪90年代的希望——也风光渐失,因为竞争已经把农民的毛利挤压得很低了。

到2002年,58.3%的英国农民受雇于某种形式的多样化活动当中,几乎每五块多样化经营的土地中就有一块土地不从事传统的农业生产(农村研究中心[Centre for Rural Research],2003)。增加价值的想法对农民而言一点也不新奇。毕竟,许多人已经开始了一些对他们自己生产的食品的加工,如将牛奶加工为奶酪。更有许多人进入服务领域冒险,通过他们自己的农场商店销售自己生产的农产品。这些活动一开始只是在收获季节经营的简单路边摊,现在已经发展成为羽翼丰满、像模像样的服务活动。光有对路的水果和蔬菜已经远远不够了,还要有对路的营业时间、停车场地和满足购买者增长的期望的客户服务设施。有些农场商店甚至发展成微型的郊游者目的地,许多家庭到这里来参观,在这里吃、购物以及为孩子们提供娱乐消遣。

与客户走得更近的想法也通过在农户市场上出售农场自产的农产品实现了。自20世纪90年代以来,这样的市场在许多城镇都如雨后春笋般地出现。"小小农庄"为我们提供了一个小规模直接营销活动的好例子:它在坎布里奇郡生产火腿、果脯和泡菜,然后将它们拿到农户市场出售——业务是传统业务,以客户为中心,而且公司并不向客户提供塑料忠诚卡。

通过尝试为其农产品得到更高的价格，有些农民发展了创造性的以服务为基础的交付方式。蔬菜盒计划在某些食品购买者群体中已经变得非常受欢迎，这些购买者群体情愿为新送来的当地农产品支付溢价。萨塞克斯郡刘易斯市的巴康姆有机苗圃(Barcombe Organic Nurseries)是许多发展了蔬菜盒计划的农民中的典型，这些农民向购买者提供以互联网为基础的订货服务、送货上门服务以及食品烹制咨询建议。

农民们越来越多地通过多样化进入范围更广的服务行业，这也反映了消费者需求的特性。许多农民通过多样化进入旅游业的各个方面，其范围涵盖旅行车停车场、彩蛋射击运动、床位加早餐服务、4×4驾驶课程和流行音乐聚会地点等等。有些人打开家门创办来访者中心，让城市来访者见识农场的生活。大多数农场旅游景点提供标准的“无主题”活动，如动物观赏、乡间溜达、博物馆/展出活动、艺术品和工艺品玩赏、儿童娱乐、零售和饮食服务等等。有些活动在主题上与农场的活动——如苹果酒农场和葡萄园——相对接。几乎1/4的多样化农场都向大众提供膳宿招待服务。这些日子，老麦克唐纳的夫人可能正在打点这些服务业务，并即将成为农村企业妇女协会（Women in Rural Enterprise，WIRE）的一名会员。

英国马术协会公布的《2003年国家马术调查报告》发现，25亿英镑的马术业现在是乡村经济中的第二大雇主，而且正在迅速扩张。2003年，英国有大约90万匹成年马和小马，两百万骑手，购买骑术课程的金额达到5亿英镑。

看到了农业向服务业多样化的结果的不仅是消费者。在画面的背后，一个广泛的新的企业对企业服务已经发展起来。随着专门服务供应商的介入，农民保有员工和设备由自己从事所有农作的日子正在一天天消失。的确，农民一直总是依赖购入的管理服务(如那些由会计师和律师提供的服务)。今天，即使是诸如庄稼喷药与收割之类的基本农业经营活动都有可能从专业服务供应商那里购入。许多农民已经意识到让一家承包商收割他们的小麦和大麦比保有一台供自己使用的联合收割机更为成本有效。由于许多农民依靠就业代理机构的服务来帮自己寻找一帮工人对付水果和蔬菜的收获，农场劳动也越来越临时化了。

即使是施肥和洒农药的活也转化为服务活动。例如，有些农药制造商会向农民提供“一体化的杀虫管理”服务。他们宣称在节约50%杀虫剂成本的同时可以因及时洒药而增加收成。在一个更为发达的服务类型中，杀虫剂提供者甚至可以提供作物保险服务，向农民保证一定的害虫和病害不会影响收成，整个洒药作业将由服务提供商进行。就拿有些农民来说，他们的农场的所有运作现在都由合同服务提供商打点。农民只不过是企业对企业服务(如庄稼喷药)的购买者。许多人发现了为其他农民干活的机会，进而放弃他们自己的农活而成为农场服务供应商。老麦克唐纳也许会认不出今天的农场了，但服务供应商肯定能够从中找到机会。

问 题

1. 在多大程度上，一个发展成熟的农业服务行业的出现是农业部门有效并有利可图的先决条件？或者农业服务行业的发展只能是先进农作方法的结果？

2. 当农民为了辅助其基本的农业产出而发展新的消费者服务行业时，他们将面对哪些主要挑战？

3. 现代西方农民处于什么行业？他们能够/应该处于什么行业？

第 2 章

服务品牌的成长和发展

学习目标

阅读本章之后，你应该理解

- ❖ 组织规模对服务组织营销活动的影响
- ❖ 成长的原因和实现成长的方法
- ❖ 作为可持续增长基础的品牌发展

2.1 引 言

我们在第 1 章看到，服务业主导着现代发达经济体。服务行业本身由小型企业主导，至少从企业单位的数量来看是如此。不可分性和易变性是服务的两项特征，它们促成了小规模服务提供者的持续繁荣。且想一想你上次理发、乘出租车旅行或咨询律师的经历，你很可能是在与一家小型企业打交道。与此同时，大多数服务行业都存在小型企业与大型国内或国际连锁企业同时并存的现象，例如，大量的小律师事务所与诸如安永实律师事务所（Eversheds）之类的大企业竞争。

在这一章，我们将探讨组织规模对服务营销的影响。我们将从回溯服务的关键特征开始，说明为什么许多服务行业都由小型企业占据主导地位。基本的营销原理是类似的——无论企业大小，但小型企业营销的许多做法与其身形庞大的竞争对手相比有很大的不同。事实上，许多企业也许并不开展营销活动，当然也没有大型服务组织中常见的营销专家团队。

许多小型服务企业保持着它们的老样子——营业点唯一，客户忠诚且为数不多，并且大多是本地人。其所有者有可能没有意愿或能力使自己的企业成长到本地以外；在企业活动基本上属于某种生活方式范畴之内的情形下，企业也许不会有营销任务。然而，许多小型企业已经成功地转型为具有众多营业点的企业，往往雇用成千上万的员工，其客户遍布世界各地。许多最大的服务企业（如麦当劳餐馆、星巴克咖啡店和谷歌）中有许多都是从小型企业成长起来的。

有些人可能会说，成长是一种自然的人类状态，有进取心的企业所有者会不断地追求企业的成长——业务范围、销售额以及盈利能力的成长。在这一章，我们将集中讨论那些追求成长的企业以及成长当中的服务企业所面临的挑战。他们面临的挑战通常要比扩张当中的制造企业所面临的挑战大得多。一家提供不可分的面对面服务，并倡导个性化服务的劳动密集型服务企业很难将其经验复制到大型服务企业当中。考虑到服务的不可分性以及员工与客户关系的易变性，服务企业的质量管理问题要比制造业公司多得多。制造商可以通过各种各样的控制系统来解决质量管理问题，但对服务提供者而言，服务的不可分性和易变性使之成为一个更加困难的任务。通过采用多种质量管理措施，一家饮料制造商可以对其所有工厂生产的每一瓶软饮料有一致的味道和一致的成分抱有合理的信心。然而，对于一家服务提供商（如餐馆）而言，要保证服务际遇在所有时间、所有场合都完全一样则困难得多。许多专业性的或以手工技艺为基础的服务企业都无法成功地管理从小型的、个性化的运营单位向大型的、"管理有素"的运营单位过渡；正是按照一致的标准管理多种服务际遇方面的困难解释了小型企业在许多服务行业的主导地位。实现这一"可复制性"的关键在于提高服务流程的工业化水平——以减少服务流程及其产出的易变性的起因。我们将在第 4 章回头讨论服务的工业化这一论题。

在本章中，我们将集中讨论服务企业成长的另一个关键的相关方面——创建强有力的品牌。我们在上一章看到，服务的无形性可能会使潜在的购买行为看起来非常有风险，而品牌则是这样一个手段——它可以降低潜在购买者的风险感知。

小型企业可能会因为其所有者的个人信誉而生存下去。但随着企业的成长，企业所有者与个人客户的面对面接触可能会少很多，个人客户因而需要一个更为非个人的媒介对其所接受的服务过程的水准和一致性予以再保证。品牌即能向客户提供这一再保证，但服务品牌的发展比商品部门品牌的发展更具有挑战性。服务过程的易变性以及保持一致的质量标准导致服务领域的"大品牌"要比商品领域少得多。本章将探讨打造服务品牌的战略。

服务营销和中小型企业

到目前为止，大多数国家的大多数企业组织都是小型组织，服务部门尤其如此。很难给"小型企业"(或中小型企业)一词下定义。在诸如铁路运营之类的行业，一家拥有 100 名员工的公司会被视为很小的公司；而在律师行业，同样规模的运营组织会被视为大型企业。小型企业一词因而是一个相对概念，通常是参照员工人数或启动资金额度等指标加以测度。欧盟国家通用欧盟统计局(Eurostat)的小型企业定义常被使用：

微型组织：　0~9 名雇员
小型组织：　10~99 名雇员
中型组织：　100~499 名雇员
大型组织：　500 名以上雇员

在英国，贸易与产业部的中小型企业统计突出小型企业部门的几个特征：

1. 在英国，商业企业数目有显著的增长，从 1980 年的大约 240 万家增加到 2003 年的大约 400 万家。
2. 在这 400 万家企业当中，290 万家是"零规模类"的企业，即由个体业主或没有使用任何雇员的合伙人组成的企业。
3. 雇员少于 50 人的企业占企业总量的 99.2%。只有 0.2%的企业雇用了 250 人以上的员工。

4. 在英国，中小型企业占全部就业岗位的58.2%，占营业额的52.4%。
5. 雇员数少于50人的企业的比重在酒店业相对较高（47.0%），在金融业相对较低（14.7%）。（资料来源：DTI，2006）

小型企业的支持者们认为，由于几方面的原因，小型企业对经济很重要：大多数大企业都是从小型企业成长起来的，因此，不断地有新的公司成长起来以取代那些死掉的大公司对于经济的健康发展是至关重要的。根据小型企业服务局发布的报告——《新的小公司创造的工作机会》，在1995年到1999年之间，中小型企业贡献了几乎3/4的就业增长，同期创造的工作岗位占总量（230万）的85%。有人指出，英国的许多竞争对手（如一些远东国家）获得增长的原因正在于其发展强劲的小型企业部门。近年来，发达国家的小型企业的数目显著增加——尤其是在扩展中的服务行业。

工业和商业部门的结构与组织方面的变化以及人们对于服务的专业化、新技术的应用的日益强调已经倾向于鼓励小型企业的发展。与先前相比，技术越来越使得各类企业能够在更低生产力水平的基础上运营。例子之一是，在印刷服务业当中，新的生产工艺让企业主得以用不怎么昂贵的设备开展小批量的印刷业务。许多小型地方印刷服务企业现在能够提供先前只有大型印刷商才有能力提供的设计和印刷服务。印量更小、交货周期更短的小企业用户激增，这进一步鼓励了小型印刷商的成功。

大公司外包诸如清洁和餐饮服务之类的职能以专心经营其核心业务的趋势也为小型企业提供了新的机会。例如，许多餐饮企业得以建立，就是因为某公司的员工买断了其前雇主的餐饮业务，并以分包的形式运营。

许多小型企业的创立是为了满足多种多样的个人目标。英国国民西敏寺银行（NatWest Bank）开展的一项调查报告的结果描绘了人们创业的各种原因。45%的调查对象称，他们创业的主要原因是对独立性的憧憬；只有不足1/4的人的主要动机是“挣钱”或“创造更好的未来”。大约15%的人是因为被裁员才想到了建立自己的企业。许多新企业的所有者还寻求将商业与某种个人爱好、保持个人积极心态的愿望以及友好的客户际遇结合起来。调查报告还表明，尽管一定的成长是大多数公司的目标，但大多数最小的企业将其目标设定为保持现有规模，或者说以“零增长”为目标（NatWest，2006）。

尽管近年来人们看到了小型企业的复兴，但也应该承认，小型企业的失败率非常高。我们很难获得确凿的失败率，尤其是考虑到某些企业可能并不是第一次注册登记的问题。不过，一项对增值税（VAT）登记的分析可以为我们揭示失败率。分析表明：在20世纪90年代，只有大约1/3十年前建立的企业仍然登记在册。巴克莱银行提供了进一步的高失败率证明。它注意到，2003年英格兰和威尔士有423,100家新企业开张。依据其企业客户记录，巴克莱银行估计，半数以上的企业倒闭于创立之初的头3年之内（Barclays，2004）。并且，年龄在50至55岁的人创办的企业比由20多岁的人创办的企业更有可能生存下去。

小型服务企业的营销优势

乍一看,服务行业存在小型企业似乎很令人吃惊,该部门似乎处在大型国内或国际组织的控制之下。小型企业之所以能够生存和繁荣兴旺,是因为它们能够发挥其“小”的营销优势。以下竞争优势常常被人提及:

- 小型企业的适应能力通常要比大企业大得多。由于官僚主义更少,沟通渠道更少,小型企业可以迅速做出并执行决策。更大的组织也可能受到某些延滞决策进程的限制性因素的拖累,如需要与工会代表就工作上的一些新条例进行协商,或者,重大决策需要获得董事会的批准。不断发展壮大之后,组织往往会建立各种各样的控制机制,适应业务环境变化的速度随之变慢,因而表现出一种更为厌恶风险的内在倾向。有时,内部流程不灵活的大型组织会创立新的小型子公司(或者收购现成的小型企业),以作为公司主体的榜样。在英国公共汽车行业,许多大型的、高度工会化的公司收购或创建了小型公共汽车运营企业,以获得必要的进入某些市场的业务灵活性。此外,他们还期望小型企业的灵活文化能够反渗入母公司。
- 有人认为,小型企业往往会成为优秀的创新者。之所以如此,是因为其更强的适应能力,尤其是在不需要大量资金的情形下。互联网使小企业主获得了众多建立新业务模式的机会,这可以从旅行社行业看到。在这个行业当中,小型企业不断创新其以网络为基础的销售渠道,而大型连锁旅行社则需要花上好长时间才能建立自己的网络销售渠道。在少数几家大公司占主导的市场当中,小公司有可能成为优秀的创新者,并且,小型企业进入市场的唯一办法就是瞄准小的利基市场不断创新服务。
- 从政治上看来,小企业主可能是一个喜欢大嚷大叫的群体,政府不得不尽力对其妥协、安抚。众多小型企业的市场存在对于促进市场竞争也是有用的,这有助于实现政府的两项目标——更灵活的经济以及更低的通货膨胀。英国政府对年营业额低于 61,000 英镑(2006/2007 年)的小型企业给予免收增值税的政策。在英国,增值税免除实质上给予了客户 17.5%的减价幅度,这使得给予小型服务企业的优惠要多于小型制造企业。一家被免予增值税登记的小型制造企业会失去其部分免税好处,因为它无法收回为购买品——一般是原材料和部件——而支付的增值税。对于“纯”服务行业,企业成本主要在于劳动力与融资,这一般不是应税项目,免税的不利成本因而会低于制造业企业。小型企业常常被免除对大公司适用的法定税收,尤其是那些与就业权相关的税收。为鼓励新企业的发展,中央政府还会采取很多支持性创新举措,包括区域发展署发起的各式各样的培训计划。

对于通常只与数量不多的客户打交道并且只在当地经营或者分销点很少的中小型企业而言，赢得和保有客户的基本任务甚至都根本不被视为营销。例如，在其对“隐身的冠军”——那些“悄然胜出”的小型企业——的研究中，西蒙注意到，大多数小型企业并没有专门的营销部门或员工。但他发现，与规模庞大的竞争对手相比，这些企业有更大比例的员工定期地花更多的时间与客户待在一起。尽管“隐身的冠军”并非专业的营销人员，但他们可以被称为“离客户最近的专业人员”(Simon，1996)。在中小型企业当中，一个人通常要做出各式各样的决策——从客户询问、财务管理和生产事务一类的日常问题到不那么日常的员工招聘、租金审核等问题。斯坦沃思和格雷（Stanworth and Gray，1991)注意到，小企业主——管理者——多为“通才”，因此，建议他们成为“营销专家”很可能是不对的。这一观察似乎与新近的一种见解——组织(无论大小)中的所有个人都应该是疆界跨越者并担当“兼职营销员”的角色(Gummesson，2002)——相当一致。许多营销理论对中小型企业的实用性常常被人质疑。中小型企业的管理者过去经常因为疏于战略规划以及抵制常规的营销工具和技术而备受批评（如兰开斯特和威德罗[Lancaster and Waddelow]，1998)。他们能够生存下来有时让那些认为其理论和条例对于增进企业绩效至为关键的学术人员大跌眼镜。

增长的驱动因素

许多小型企业——尤其是由无雇员的所有者经营的微型企业——的所有者相当满足于保持小的规模。的确，许多这样的所有者可能将其业务视为他们原先受雇于一家大型企业时所承担的各种责任的缩减。前述 NatWest/SERT 小型企业调查报告中的发现表明，绝大多数的最小型企业都满足于他们的当前规模(NatWest，2006)。但观察也表明，许多企业希望获得成长。在某些服务行业，成长到某个临界规模对于企业的长期生存可能是必不可少的。在这一节，我们将探讨许多小型服务企业寻求成长的原因。

1. 某些服务行业的生产过程中存在显著的规模经济现象。对于生产的固定成本占总成本很高比例的行业，情形尤为如此。因此，在诸如民用航空部门，大型企业可以将高额的资本设备成本摊薄进更为巨大的产量，从而实施波特(Porter，1980)所描绘的成本领先战略。在使用高技术或者要求由很高程度的培训获得劳动技能的部门，“学习曲线”效应是显而易见的(亦称“成本—经验曲线”)。通过在一个比竞争对手更大的规模上运作，一家公司可以更多地受益于“学习曲线”，从而实现更低的单位成本。一家具备良好知识管理体系的大型连锁餐饮公司可以从某些店面或者世界其他地方观察到的变化中学习，并迅速将新的营销方法运用到所有连锁店的营销当中去。服务网点单一的小型餐馆则不具备这一宽广视界，它不

图 2-1　在许多部门，公众对大的主导型组织的感知与大量小型企业占主导的现实形成对照。这对于接待型服务行业来说尤其如此，在那里，相对于每一家大型希尔顿酒店或假日酒店连锁店，都会有成百上千的小招待所所有者、床位和早餐服务以及自助餐服务的经营者。由于好几个原因，在与大型连锁酒店的竞争中，许多像这家招待所一样的小型企业能够努力坚守住自己。小招待所的接待方式比大型连锁店更为个性化和更为友好，尤其是在那些腻烦了品牌连锁店的老套做派的客人看来。招待所的管理费用较低，因为其所有者常常并不雇用任何员工，而这一节省就转化为了更低的价格。许多招待所所有者也许根本不将自己视为商人，他们所做的不过是把人们带到自己“家”里，然后挣些额外收入而已。不过，招待所也多少有自满的本钱。诸如 Premier 旅行酒店之类的廉价连锁酒店的成长已经吸引了许多客人——出于价格的考虑，他们原本会选择招待所。招待所所有者也应该对不断变化的客户预期(例如，与房内娱乐设备种类相关)有所警觉。

可能将最初只在一个小样本的经销点试行的新服务模式推而广之。

除了能够高效率地将投入转换为产出之外，大企业也可以一开始就以更有利的条件取得投入。设有中央采购机构的大型连锁宾馆能够与其食品、维护服务和会计师服务供应商谈判，从而获得比小的单家宾馆更低的价格。有些小型企业通过加入一个互助采购集团来摆脱不利的采购地位。在许多地区，代表小旅馆与小旅游点的行业协会也为其成员与银行和保险公司就低价进行谈判。较低的投入成本可以通过更低的价格转化为竞争优势。

2. 由于能够提供广泛的商品和服务，大规模运营可以实现范围经济。其形式可能是提供额外的设计特征——这些额外的特征在小规模生产的情形下无法实现(如小型快餐店可能不会像其规模庞大的竞争对手那样花大价钱设计引人注目的包装),也可能是提供额外服务(例如,与小型竞争对手相比,建房互助协会有能力提供更多种类的投资服务)。

3. 面向大容量的国内(甚至国际)市场——而非单纯的地方市场——的促销努力会更加高效。对于大型公司而言,全国性的电视或报刊也许是高效的广告媒体,这使其获得了相对于只能依赖当地或区域性媒体的小规模生产者的促销优势。
4. 投资者一般更喜欢有可被证明的稳定记录的公司。通过进入不同的产品和市场细分领域,许多公司得以具备这样的稳定性,从而成为能够以比竞争对手更低的成本获得股本和信贷资金的"蓝筹股"公司。有了充足的资金来源,在新服务方面的投资机会也随之增加。

随着关系营销成为许多服务组织的重要营销策略,销售相关服务的能力变得至关重要。由于能够在更大规模的基础上经营更多样化的产品组合,向老客户销售附加的补充性服务变得更容易了。

尽管政府希望通过前一节所描述的措施刺激小型企业部门,但政府干预常常也会产生反面效果——偏袒大型组织。小型企业所承受的监管成本尤其重。英国商会的年度负担晴雨表寻求评估政府监管造成的企业成本(BBC, 2005)并将增值税——它实质上使未纳税的企业成为了政府的收税员——列为一项特别负担。大公司可以负担得起专业化的会计部门,而许多小公司所有者却只好将提交增值税返回表的任务增加到指望他们亲自去做的核心业务当中。还有,许多小型企业发现,遵从政府的就业法律(例如,关于产假权利的法律)越来越困难,先前对小型企业的免税优惠近年来已经被逐渐取消。当有数百名员工的队伍中有一位成员休产假的时候,大型企业可能有调度空间;但对于小型企业而言,这可能正好是一位关键员工,公司很难招募一名临时人员顶替。

5. 由于能够促进员工的职业提升,企业增长本身被视为增进员工士气的好事。扩张当中的公司能够给员工带来更大的期望:只要工作努力,他们就将获得因公司成长进入新的服务或市场领域而生成的新管理职位。相反,收缩中的公司的情形是导致员工幻想破灭,他们在与客户的际遇中将表现出糟糕的积极性。

有些组织通过收购竞争对手、限制目标市场竞争对手的数量来实现成长。大型跨国服务组织以及纯粹的地方性服务组织都有可能这么做。在某个小镇上开业的一家眼镜商面对另一家眼镜商的竞争,很可能会想加以收购,以限制本地区的竞争。英国许多地方公共汽车经营者出于这一目的从竞争对手手中收购运行线路。不过,一旦严重威胁到公众利益的情形,欧洲竞争法律(英国 1998 年开始实施《竞争法案》)会对这类接管和并购活动施加各种限制。

成长中的服务企业面临的管理挑战

公司的管理架构响应业务成长的能力对中小型企业提出了挑战。许多公司在快速成长期间因为其充满活力的领导者而受益,但一旦企业成长超过了临界规模,它们就会发现大型组织需要有宽广得多的管理基础。如果公司不能在成长的过程中重组自己,规模经济就不会出现。一个常见的经验便是,小型企业的所有者花更多的精力关注服务的细节能够创造很高的客户忠诚度;但当他们扩张到多个地域经营时,对细节的关注也许会随着所有者注意力的分散而逐渐消失。更糟糕的是,他们可能拒绝向分支公司经理下放权力,后者则因为企业主似乎毫无章法的干涉行为变得垂头丧气。

如果某服务行业是突然诞生的,企业必须迅速扩张、赢取临界客户群体才能生存下去。公司也许会投入巨量的资源,通过咄咄逼人的定价、服务创新以及收购小的竞争对手等手段抢夺市场份额。"有机"成长是以企业长时间积累(在客户以及金融支持者当中)的信誉为基础的,这将促进公司的进一步发展。在这一意义上,成功孕育着成功。在快速形成的市场上——如 20 世纪 90 年代的移动电话零售业务和 2000 年以来的在线博彩业——有机成长并不足以保证一家公司获得临界客户群体;因此,它可能寻求通过收购更小的竞争对手来实现成长。在收购的主要资产是员工的技能和生产过程的情形下,通过收购实现成长会对提供无形服务的企业主造成特别的问题:如果关键员工对新雇主不满意,他们很可能离开公司,并将其技能带给竞争对手。在以知识为基础的咨询服务业,这个问题特别突出。在 2000/2001 年的.com 行业并购时期,有人认为,当关键人员带着他们的联系人以及专业知识离开的时候,收购公司的并购投资大部分都打了水漂。

许多小型企业由个人使用其所收到的一次性资本建立(如遗产继承或裁员费)起来的。这种人当中有不少将一次性资本投入其认为相对令人愉快的企业,如古玩店、茶室和餐馆等等。由于激烈的市场竞争,许多人都失败了——在这种环境中,不付出极大的牺牲,个人目标就无法实现。另有不少人的失败原因是低估了将爱好变成一项商务活动时他们所必须承受的乏味又耗时的幕后活动。据估计,由于这两方面的压力,大约 3/4 的新餐馆都在开业两年之内倒闭(帕莎[Parsa]等,2005)。

许多小型专业服务提供者发现,由一个专业性环境转向一个管理性的环境很有挑战。一家小规模的律师事务所、牙科诊所或会计师事务所可能只需要对其合伙人以及职业行为规范负责。许多专业人士可能会对商业目标以及绩效测评嗤之以鼻,而更看重其专业价值。在社会服务部门(如保健和教育)当中,相对于严格的职业价值理念来说,甚至市场竞争的观念都是低俗的。但在许多国家,专业性服务行业正面临变化,先前的限制性条例正在消解当中,某些原先相对封闭的职业正在向外来者开放(例如,原先由英国律师行垄断的房产转让业务已经向特许房产转让师开放)。在此环境下,由一个人或一群合伙人从事的小规模专业性服务面临着大型商业组织的挑战。小律师事务所越来越多地与规模庞大的全能型律师事务所（如 Eversheds）、国内专业法律服务企业（如 Hammonds Direct，专业的房产转让服务提供商）展开竞争。管理这样的大型专业性服务组织要求专业人士承担不止一种商业角色，这有可能引致各角色之间的矛盾和对立。从公司运作的角度来看，大型律师事务所可能寻求简化运作以及减少单位成本，企业的品牌价值某些时候看上去可能比员工的个人专业价值更为重要。尽管专业价值和公司价值并不必然对立，但当专业人士被要求承担在他们看来与其核心专业背景格格不入的绩效监督、品牌发展等任务的时候，矛盾也许就无可避免。许多大型专业服务企业开始雇用并不具备专业资质的职业经理人，他们最好是其管理对象——专业性很强的员工——眼中的"可靠的人"。通过专业背景与新培养起来的管理技能的结合，许多专业人士成为了"混合型"管理人员。

组织的生命周期

人们通常认为产品一般会经历一个导入、成长、成熟直到衰落的生命周期。不少人指出，组织也要经历一个类似的生命周期。有证据表明，组织的目标可能随时间的推移而变化。格伦纳（Grenier，1972）认为，在稳定的渐进型成长期之后会继之以一段突破性的发展期。各阶段的稳定状态之间会间杂以危机时期。组织生命周期中的不同阶段可由诸多因素触发：可能是外部威胁和机遇（例如，强有力竞争对手的出现或新技术的运用）或者是内部优势和劣势（例如，一位进取型管理者的任命或某些高层人物的退休）。

为了在竞争激烈的市场环境中求得生存，商业服务行业的新企业总是让人联想起传教士般的热忱。随着时间的推移，企业可能会逐渐建立起自己的利基市场，从而获得更大的市场掌控。这对于某些管理者的满意度行为来说可能是一个鼓励，对于这些管理者来说，其社会目标可能是取得比正式的公司目标更高的知名度（西亚特和马奇[Cyert and March]，1963；克拉邦拉特和费尔普斯[Krabuanrat and Phelps]，1998）。这反过来为那些积极进取的新公司提供了充分利用那些固步自封的成熟公司所开放出来的机会。这一事件周期构成了"零售之轮"理论的基础（McNair，1958）——尽管这一周期在大范围的服务行业是显而易见的。这将在本章稍后部分再次讨论。

塞瑟（Sasser，1978）等人对服务组织所做的分析确认了几种典型的生命周期阶段：

1. *创业阶段*。在此阶段，个人识别出市场需要，并向少部分人提供产品，通常只在一个区位经营。尽管大多数企业家至此停滞不前，有些人却开始考虑成长，这通常意味着转向更大和/或更多的经营场所。
2. *多场所合理化经营阶段*。在这一阶段，成功的企业家扩充营业点，其多点经营技能也在这期间获得提升，并开始考虑特许经营的做法。在这一阶段末期，组织在临界规模水平上获得一定程度的稳定性。

主题思考：巨无霸，大企业，大问题？

年轻人加入抗议世界资本主义的游行队伍的画面成为最近电视屏幕的特色。在某些人看来，大银行是世界各地财富分布严重不均的根源，大型连锁快餐店导致了发达国家的肥胖问题，而千百万贫穷国家的人们却饱受营养不良之苦。有些人开始憎恶微软公司垄断软件销售的做法，甚至对互联网服务也日益憎恨。必须接受这一现实：成功的大公司大概绝不会曲意讨好那些认为大公司要为人类的所有问题负责的人。但外界对于那些面目漠然的大型商业组织到底心怀多少敌意？

未来基金会（Future Foundation）发布的一份报告对“年轻人正在变得对大企业更为敌视”的观点提出质疑。根据该组织 2001 年的一项研究，与其父母以及最早的“叛逆一代”相比，眼下的 16~24 岁的年轻人对跨国公司抱有更加正面的情感——20 世纪 60 年代的“叛逆一代”对跨国公司毫无信任感。

紧跟着针对最近召开的世界贸易组织会议的激烈抗议之后展开的研究表明，与其父母或祖父母相比，年轻一代并不那么愿意采取直接行动。几乎一半的 16~34 岁的年轻人宣称：如果一家跨国公司做了某件错事，他们不会去示威。统计数字——只有不到 5%的人认为他们“坚决不会买做了某件错事的大型跨国公司的产品”——则使得“年轻人想要改变世界”的神话变得更加扑朔迷离。10%的十几二十岁的年轻人相信，“跨国公司最终是对客户有益的”，应该鼓励它们发展壮大。与此形成鲜明对照的是，其祖父母辈——那些 55 岁以上的人——中有 2/3 的人宣称他们会抵制那些他们认为违反了公司法的公司。

这一研究是否表明了大型企业至高无上的地位？麦当劳的金色拱门和微软的商标象征着其全球统治权？获知这一研究结论之后，他们是应该高枕无忧还是居安思危？即便有很高比例的年轻人支持资本主义和大型企业，大型服务组织——其经营过程始终暴露在公众的眼皮底下——真能够对那些大叫大嚷而又好走极端的少数人视而不见吗？这些人的直接行动和抵制可能对大型服务组织的形象造成惨重而又长久的损害。

3. 成长阶段。在这一阶段，公司开始践行赢利的观念。公司开始通过并购竞争对手、特许/许可经销、新增营业点或以上三种手段相结合等方式积极扩张。公司成长不仅受缔造者的成功欲望的驱动，也受来自金融界的各种压力的驱动。
4. 成熟阶段。新服务网点的增幅下降，单个经销点的收入保持稳定，在某些情形下甚至有所下降。这一般是由以下四因素的联合作用而致：公司所在市场的人口结构的变化、客户需要和偏好的变化、竞争加剧以及本公司的新产品“吃掉”老产品。
5. 衰退 / 复兴阶段。公司变得骄傲自满，除非开发新产品或发现新市场，业务衰退和经营状况恶化必将来临。

2.2 成长战略

对于那些寻求扩张的组织，其扩张应该如何引导呢？企业家们通常要面对的取舍是：继续之前的业务（并承受市场饱和导致的逐渐衰退的风险），还是冒险进入新的服务/市场领域？越是远离其传统的服务和市场，企业家因为不熟悉所冒险进入的领域而面临的风险也越大。

可以从两个关键的发展维度——市场和产品——来分析组织的成长。这一概念分析方法形成了安索夫（Ansoff，1957）所提出的产品/市场扩展方格的基础。产品和市场二者中的每一个都根据它们各自对于组织的新颖度来分析，成长战略亦依这两个维度来识别。这样一来，我们可以确认四类成长战略：

1. 市场渗透战略。这一类战略以实现既有服务范围基础上的成长为核心，鼓励更高比例地占有既定的目标市场。这样，在其他条件不变的情形下，某度假市场的成长性区块内的一家专业旅游经营者就可以在保持其企业战略不变的前提下实现自然成长。如果想要加速成长，它首先应该寻求向现有的客户销售更多的度假服务，其次才是从直接竞争对手那里将客户吸引过来。如果事实上市场在走下坡路，公司就只有通过实施更为咄咄逼人的营销政策和/或成本削减计划来争抢客户了。由于产品是熟悉的，客户也是熟悉的，对于组织来说，市场渗透战略的风险水平最低。
2. 市场拓展战略。此类战略以组织的既有产品范围为基础，但寻求为产品发展新的客户群体。这样，当前市场已经饱和的专业滑雪旅游区域经销商可能会寻求将其销售扩张到新的地域，或将其营销重点集中于吸引当前年龄/收入群体之外的客户群体。在运营层面，组织对它所提供的产品也许颇为熟悉，但它可能要面对它寻求进入的市场的不同购买者行为模式缺少了解而导致的风险。许多英国零售商寻求在海外推广他们的英国店铺模式，结果却发现那些吸引英国客户的特征在其他国家并无吸引力，此即为市场发展战略相关潜在问题的示例之一。
3. 服务创新计划。作为向新市场销售现有产品之外的替代方案，组织可能会为其现有客户开发新的产品。例如，某滑雪旅游经销商可能对特定细分市场（如18~35岁的富裕的、有朝气的细分市场）的度假需求有着深刻的了解，然后，寻求向他们提供更广泛的服务而不仅仅是滑雪度假。它甚至可能附带地提供暑期度假活动安排服务。尽管公司最小化了新市场的不确定性相关风险，但它也因而面临着由于不了解新产品而带来的风险。这类成长战略的一个特点通常是与产品专家合作——他们会帮助组织生产服务，然后放手让它向客户有效地推销。一家百货商店希望在其服务要约中增加咖啡店，虽然其组织内部不具备有效经营新营业点的技能和资源，但也许可以向一家外部服务专家分包业务，由后者决定它应该采取何种总体政策。

4. *多样化战略*。在这里，一家企业通过为新市场开发新产品来实现扩张。多样化可以有好几种形式。公司可以留在同一个产品/市场大区，但通过多样化进入分销链的新节点。例如，一家建立了自己的旅行社的航空公司可以进入（对这家企业而言为）新的服务提供活动，并且直接与一个其原来也许很少有交易的细分市场打交道。另一种方案是，航空公司可能通过实施多样化战略——例如，收购一个高尔夫球场或汽车经销商——进入完全不相干的服务领域，瞄准完全不同的客户群体。由于公司正在涉入的既是未知的市场又是未知的产品领域，该种成长形式的风险水平最高。通过减少对狭小产品/市场领域的依赖，多样化可能有助于组织的长期风险管理。

图 2-2 给出了这一框架的示意图，描绘的是海滨假日酒店所能选择的具体选项。

现实当中所发生的成长大多为产品开发和市场开发的结合。在竞争非常激烈的市场中，组织也许不得不对其产品稍加调整——如果它们想对新的细分市场有吸引力的话。对于寻求抓住新企业客户的休闲酒店，仅仅推销现有营业点是不够的；为了满足企业客户的需要，也许还需要提供革新之后的营业点，使之更能为企业客户所接受，同时还要创立新的营业点（比如允许客人赊购的营业点）。

有人认为，大多数成功的成长举措出现在与一家公司的现有业务相邻近的市场（祖克[Zook]，2004）。如果企业操之过急——例如，通过新渠道向新客户提供新产品——就很有可能出现问题。但即使是向邻近市场扩展，也有可能遇到麻烦：管理者的注意力脱离了核心业务，陷阱往往不可避免。例如，20 世纪 90 年代，福特汽车公司扩张进入金

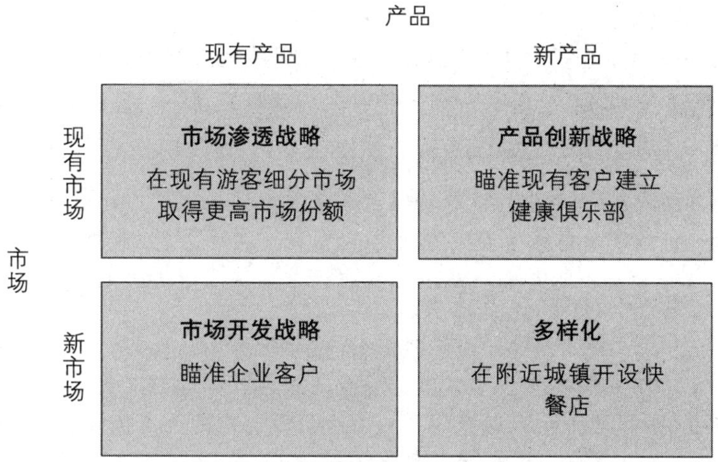

图 2-2　某酒店经营者的安索夫成长矩阵

融、保险一类的汽车服务业，但批评者称，这一举动使其忽视了核心的世界级车型开发业务。

2.3 服务品牌发展

随着服务企业的成长，品牌可能成为其营销战略中越来越重要的部分。品牌化一般与销售商的信誉有关。经年日久之后，即便是非全日经营的、自雇型的服务提供商也会逐渐地树立起自己的品牌。这常常是在没有任何形式的营销战略的帮助下实现的——服务提供者的名字事实上就是他的品牌。如果个人和品牌等同，品牌也许很容易管理。因此，本地管子工约翰·史密斯的所有品牌化手段就掌握在自己手中，他的个人服务水平越高，他的品牌也就越有响亮。但如果约翰·史密斯寻求通过另外雇用一个人来实现成长——也许是在不同的地区，创建一个强大品牌的任务就更加复杂了。一位打电话找约翰·史密斯服务的客户可能无法确定是否确实约翰·史密斯本人提交服务，约翰·史密

主题思考：涉足全新领域？

一家公司应该“固守原有业务”、做它擅长做的事情，还是不断搜索新的产品和新的市场？数不清的公司在扩张到他们知之甚少的领域之后遭遇到了灾难性的结果。20 世纪 80 年代，许多英国清算银行通过实施多样化战略进入房地产中介业，但后来对这一举动追悔莫及。英国 WH 史密斯集团在 20 世纪 90 年代中期经历了一段糟糕的光景，那时这家书业公司通过实施多样化战略进入 DIY 零售和电视等其他业务，结果却不能如愿以偿。布茨医药零售集团（Boots the Chemists）收购了哈尔福兹（Halfords）汽车部件和修理工厂，但当它发现哈尔福兹与布茨医药零售集团的其他业务无法相融，而且无法获得强大的竞争优势的时候，又在 2002 年将它卖掉了。

扩张进入新的市场对于许多公司，尤其是那些面对停滞的或衰退的市场的公司，不是必不可少的么？要不是联合牛奶品公司——那时是一家牛奶生产商——冒险建立零售业务，英国的一家主要杂货零售商阿斯达（Asda）——现在是沃尔玛的子公司，将不会陷入它目前的境地。安全服务企业斯克里科（Securicor）知道，当它与英国电信投资兴办合资企业以创建成功的 Cellnet 移动电话网络（现在称为 O2）的时候，它其实正在冒险。一家被称为 WPP 的小公司，在成为世界上最主要的广告代理机构之一智威汤逊广告公司的所有者的过程中冒了巨大的风险。

做“事后诸葛亮”——回过头去点评一家公司的成长方向决策——固然很“安全”。但在这个不确定的世界里，冒风险是无可避免的。一个全面而透彻的公司优势、劣势及其外部环境分析固然有用，但成功的成长多少还要仰仗于运气。

1. 可口可乐	11. 梅塞德斯—奔驰
2. 微软	12. 花旗银行
3. IBM	13. 惠普
4. 通用电气	14. 美国运通
5. 英特尔	15. 吉列
6. 诺基亚	16. 宝马
7. 迪士尼	17. 思科
8. 麦当劳	18. 酩悦·轩尼诗—路易·威登
9. 丰田	19. 本田
10. 万宝路	20. 三星

图 2-3　世界品牌 20 强。注：排名以全球品牌的资产价值为基础，其 20%或以上的销售在母国之外的国家产生的品牌为全球品牌。纳入的品牌均需要有作为品牌评估的基础、能够公开获得的营销和财务数据。（资料来源：Business Week/Interbrand Top 100 Global Brands Scoreboard，2005）

斯因而必须让客户相信：员工将提交与他本人的标准、风格一致的服务。

品牌对于以商品和服务为基础的组织的相对重要性的证据并不明朗（克瑞希南和哈特林[Krishnan and Hartline]，2001）。一方面，有证据表明，无形性加强了品牌在买方眼中的重要性——有助于降低可感知的风险（布雷迪[Brady]等，2005）。另一方面，与制造行业相比，服务行业的品牌创建工作反而相对缓慢。如图 2-3 所示，服务行业的品牌在世界品牌 20 强榜单中显然比例偏低。尽管服务行业在大多数西方国家都贡献了大约 3/4 的 GDP，世界品牌 20 强榜单中只有 4 个是以服务业为基础的（迪士尼、麦当劳、花旗银行以及美国运通）。当然，其余 16 个顶级品牌至少要部分地将其成功归功于服务，IBM 和微软等品牌越来越被指称为服务流程基础的而非制造品基础的。不过，服务品牌开发不足，大概是非常明确的。为什么会这样呢？

1. 我们看到，服务行业的成果与制造品相比易变性通常要强得多。很少有客户会遭遇到一瓶有问题的可口可乐，因为在成品到达客户手中之前制造商有多个机会实行质量管理。然而，火车旅行或银行服务业务的际遇却非如此——它们都是当着客户的面现场生产，几乎没有质量管理的机会。强大的品牌有关于一致性的信誉，而火车或银行服务际遇的一致性几率则要比一瓶软饮料的一致性低得多。
2. 打造成功的品牌要求大投入：不仅要改进质量管理的流程，还要提升品牌所代表的价值。小公司在打造全球品牌方面拥有较少的资源，这对于服务行业尤其是一个问题，因为我们已经看到，服务行业一般是由小公司所主导的。有趣的是，我们注意到，在上述世界品牌 20 强的 4 个服务品牌中，有两个（花旗银行和美国运通)都属于金融服务业,而金融服务业倾向于拥有最小比例的小型企业。

3. 世界性品牌都是建立在全球贸易的基础上的。我们在第 1 章注意到,由于服务的不可分性(服务一般要求生产者或客户跨越国际边界从而使他们能够相遇以及服务能够被生产/消费),再加上服务贸易壁垒的消除速度通常更慢,服务业的全球贸易发展得相对更缓慢。
4. 直到最近,服务行业都是国有供应商占主导的,这种情形目前仍然存在于许多国家。在国家垄断或管制的市场上,服务提供者既无必要也无意愿打造强大的品牌。

服务品牌战略

从历史上来看，规模经济意味着生产者不再能够与数量不断增长的客户保持直接的和个人的联系——因而无法提供对产品质量的个人保证，品牌的重要性就显露无遗了。在管理买方所面临的风险方面,品牌具有替代个人关系的作用。人们发现,在与供应商的个人关系缺位的情况下,品牌能够通过安全感和一致性的提供简化决策的过程(巴威斯和罗伯逊[Barwise and Robertson],1992)。对于高风险、满足重要需求和提供重要价值的产品而言,品牌的价值可能更高。作为限制潜在购买者的搜寻范围的一种手段,品牌对于服务行业正变得越来越重要。品牌鼓励购买者不去考虑所有可能的选项,不去考虑与本品牌所主张的价值陈述不相符的其他产品。

品牌为人们提供了一个快速识别服务要约或服务提供者的市场定位的标识。当客户需要在其他方面大致相似的若干竞争性服务之中做出选择时，品牌能够提供重要的向导作用。让我们考察以下案例：

- 养老金计划的购买者一般并不了解养老金,但成千上万的英国人已经将其养老金供应委托给了维珍集团,这主要归功于其诚实、公开的品牌信誉,尽管该公司是养老金行业的后入者,而且提供不了已经证实的业绩记录。
- 在预定国外酒店时，尽管当地也许有一些能以更低的价格提供更好服务的酒店,但许多旅行者仍然情愿从有限的几家熟悉品牌中选一家。
- 英国的包价旅游客户往往情愿为汤普森品牌支付溢价,也不看好那些不怎么知名的竞争品牌,这些品牌对显然完全相同的度假服务收取更低的费用。

人们对于品牌的独一无二的特质及其如何影响客户的购买决策过程有许多构想。这些构想通常有别于那些能够被客观测度的成分(如新闻报道中某航空公司的可靠性)以及那些只能在客户心目中定义的主观价值（如人们所感受到的维珍航空公司的品牌个性)。嘉德纳和列维(Gardner and Levy,1955)将品牌的“实用性”与其“个性”做出了区分，其他区分包括功利主义的或价值表达的（孟森和斯皮维［Munson and Spivey］,

主题思考：一所全新的大学，抑或仅仅是一个新的品牌？

品牌似乎正在“侵蚀”一些似乎对品牌管理的语汇都还很陌生的产品领域。你怎么看促销一所大学？曾几何时，“好”大学已经知道他们应该维护自己的声誉，但现在许多大学却开始谈论如何管理本校的品牌价值。英国的大学申请者对学校的膳宿、图书馆设施以及教学质量等往往了解不多。但总有某些大学的排名比其他大学更高，而这一排名往往以一些非常次要的附带信息——如大学的运动队或所在城市的夜生活——为根据。对于许多“现代型”大学来说，打造强大的品牌形象并据此挑战那些老牌大学，已被视为首要任务。学生们也觉得属于一所有“好”名声的大学非常重要，不管其好名声的依据多么没有道理。德蒙特福德大学一直是大学品牌建设的先行者之一，它以电视广告支持其品牌建设工作。该校在当前学生中展开的调研表明，不少人更乐见有限的大学基金花在创建品牌的广告上而非图书馆设施的改善上，这也许有些令人吃惊。上一所有名——而非默默无名——的大学被视为大学教育的重要部分。一些“愤世嫉俗”的人们很快就批评这些努力。如果一所大学的建筑全都摇摇欲坠了，其品牌又如何能够长期维持下去呢？

1981)、需求满足型的或形象管理型的(所罗门[Solomon],1983)以及实用型的或代言型的(德·钱纳托尼和麦克唐纳[de Chernatony and McDonald],2003)。品牌的“实用性”是为了让购买者相信:某服务要约的重要元素将依照既定承诺交付;例如,一家航空公司因为运行可靠、一家旅游经销商因为不超额预订其房间、一家储蓄机构因为在客户有需求时迅速向储户返还资金而深受信任。

人们越来越富裕,对品牌的非实用性期望因此日益成为更加重要的品牌定位工具。对于有形证据很少的服务,品牌的情感维度在引导购买者的评价方面尤其重要。品牌的情感魅力的几个方面已为人们所识别,包括信任、喜好和精致。客户购买产品的时候,他们开始欣赏它们的附加价值并形成情感性偏好。虽然有许多公司提供银行账户和信用卡,但维珍和美国运通等公司却创造了情感品牌,它们凭借着一个在其他方面都属一般的产品主导着市场、使客户对其趋之若鹜。

在客户逐渐培养起其所感知或追求的个性与品牌之间的情感联系方面,存在大量的资料。当品牌创造的形象与购买者的需要、价值观和生活方式相匹配的时候,品牌就会被选择。个人通过社会化过程形成自我感知,他们试图通过与特定的群体、产品和品牌产生联系来强化或改变这种感知(所罗门和布坎南[Solomon and Buchanan],1991)。有证据表明,在产品的炫耀性购买与使用的情形下以及在社群接纳驱动的情形下(米尼亚德和柯亨[Miniard and Cohen],1983;莫希斯[Moschis],1976),品牌在购买决策过程中所起的作用尤其重要。虽然炫耀性消费通常与制造品相联系(例如,训练鞋的品牌、名牌服装标签以及汽车品牌),但炫耀性品牌的概念在服务的情形下也有意义。就像戴劳力士(Rolex)手表或使用耐克(Nike)训练用品一样,人们也许会通过高档健身房的会员身份或信用金卡来显示自己的身份或品味。

有些作者认为,品牌对于社群价值观的形成已经变得越来越重要。过去那些通过教堂、工作或地理区位等联系在一起的、具有共同价值观的社会群体发现,要在当前这个越来越个体主义的、流动性日益增强的社会里发现上述诸种认同感的来源越来越难,而品牌也许恰恰是一个共享的社区价值观的来源(科瓦[Cova],1997)。有些人将“品牌景观”(Brandscape)作为越来越重要的社群类型来加以讨论,在这类社群当中,客户相互能够感受到一种正式的或非正式的情感联结(谢里[Sherry],1998)。一家健身房或高档时装零售商的会员可能对这一联结感深有体会,而互联网也越来越多地被用来发展在线品牌社区,如 YouTube 和 Bebo.com 等。

品牌对于增强组织之于员工的吸引力也是非常重要的。唯有赢得员工认同的品牌价值才能吸引客户;在劳动密集型服务组织当中,人们常常谈到“经由员工交付他们的‘品牌承诺’”(诺克斯和弗里曼[Knox and Freeman],2006)。

随着服务组织成长,他们的品牌也许成为了其最大资产。在客户感知到的风险很高且有形证明很少的情形下,品牌所包含的信誉对于招徕新客户、留住现有客户至关重要。

然而,服务型企业到底应该怎样打造品牌呢?而且,它应该打造多少品牌?品牌打造相关著述已经指认了诸多品牌打造战略,但在这里我们只着重讨论其中两项:第一项,个别产品品牌战略,每一种或每一组产品都具备不同的品牌形象;第二项,强势公司品牌战略,公司所有产品都以同一品牌名称销售。在这两种战略之间,是多种品牌打造方法的排列组合(如在一个强大的公司品牌伞之下将相关联的品牌组合在一起的系列品牌)。

与特定服务要约或服务要约组合相关联的单一品牌战略在服务行业往往未能充分落实,它们更可能被那些旗下运营单元相互分立的公司采用,这些经营单元要为相当不同的细分市场服务——例如,英国的餐饮经销商贡多拉(Gondola)经营着三种品牌的餐饮连锁店:Pizza Express,Ask 和 Zizi。根据食品范围、餐馆环境以及价格水平的不同,每一品牌都有截然不同的市场定位。有时候,一些服务企业会着力开发子品牌(一如麦当劳开发巨无霸)。此类情形之下,通常有重要的有形成分帮助其塑造独特身份(尽管也有非常无形的子品牌,例如某些银行和信用卡公司就有名头响亮的白金账户服务)。

单一的、强势品牌战略已经被服务行业广泛实施,实施该战略的公司得以通过多样化进入新的服务领域。通过这一做法,公司使用其品牌声誉克服购买者的风险感知,从而加深与购买者之间的信任关系。品牌实质上成为了公司的品牌,并向购买者传达出这样的信息:如果公司能被信任提供某项服务,它也能被信任提供其他的、也许是完全不相关的服务。公司信誉在简化购买者的选择方面非常重要,这些购买者或者对新的复杂的服务知之不多，或者不愿意相信一家相对不知名的公司。在服务行业，使用强大的公司信誉来将他们的品牌扩张到全新的服务领域的例子很多。维珍集团就凭借其品牌从音乐领域扩张到航空、金融服务和移动电话领域。布茨医药零售集团——另一个声誉卓著的公司品牌，扩张到了眼镜商与牙医服务领域。为获得成功，维珍集团、布茨医药零售集团所实施的单一公司品牌战略要求其坚持不懈地维护公司声誉。任何层面的有违商业伦理的或不可靠的组织服务都将损害公众对于公司的整体信任感，还将影响可能与问题服务没有业务联系的服务的销售。就维珍集团而言，其频频见于报道的英国铁路服务的不可靠性（或者，至少是关于不可靠性的感知）是否会损害客户对其金融服务的可靠性的感知呢？

品牌命名战略

鉴于强大的集中式品牌对于深化和扩展客户关系的重要性，成长导向型服务企业选取一个能够被应用到新市场上的品牌名称也就至关重要了。那什么才是一个好的服务品牌名称呢？对于很小的服务企业来说，所有者姓名可以向客户提供强有力的担保。许多大型服务组织成功地成长并且保持了奠基人的名字——这样的例子包括麦当劳餐厅、森宝利连锁超市和巴克莱银行。不过，家族名号也可能成为限制性因素。以姓命名新成立的银行、航空公司或电信公司等行业公司的品牌会给人地域主义的印象，而原产国效应也可能成为一项限制性因素。品牌名称在国外市场显其神通的必要性日益增长，但冠以一个外国名字却有可能被视为“异域的”（尽管如此，冠以一个外国姓名也许能通过增进品牌感知而产生正面的原产国效应——在国外市场上，一家使用意大利名字的连锁比萨饼店听上去可能更加正宗）。

随着组织的成长，其原始品牌名称也许会让人觉得太局限于其最初提供的服务范围。例如，一家被称为 Radio Rentals 的公司在停止无线电业务很久之后仍然沿用，它现在主要销售而非租赁电视产品。这家公司逐渐走向衰落，离消失也不远了。服务组织通常会改换名号以反映其当前更为宽泛的服务范围，但这一做法的危险在于，对旧品牌忠心耿耿的客户很可能不会认同新的品牌。许多服务企业采用的方法之一是将原先的品牌名称按首字母缩写。这样，英国机场管理局就成了一个过于拘泥的品牌。它本身并不特别“英国”（它在英国之外也拥有机场，且其本身也为西班牙公司所有）；它也拥有机场之外的利益（酒店经营以及希思罗捷运公司[Heathrow Express]），自私有化之后，它就不再是一个管理机构，而是一家私人的、实施市场化运作的公司。有时，在失去了原有的良好声誉时，服务组织会被迫改变品牌名称。亚瑟·安德森会计和咨询公司在 21 世纪早期被一系列丑闻所拖累，因而决定将其剩下的业务部门改名为埃森哲公司。

并购活动经常会遇到以下问题：一个被收购的品牌是应该保留其原有名称还是代之以收购者的名称？惯常思维是，如果服务企业是在全球范围内运作的（这在航空、酒店和电信等领域是很有可能的),那么,经营一个现成的世界性品牌名称是有好处的——例如,汇丰银行和 T-mobile 将其品牌名称应用于各自收购的大部分品牌上。近来,观察者们注意到一种偏好更具地方色彩的品牌形象的倾向。德国旅游经销商 TUI 对其在世界各地收购的各种品牌——如英国的汤普森和德国的哈帕格—劳埃德(Hapag-Lloyd)——就是这样做的。

早些时候我们讨论过,在需要以相当不同的服务要约面向不同的细分市场的情形,就有必要使用不同的品牌名称以及不同的品牌形象。在时新性被视为很重要的部门,品牌战略可能是创建一些被视为激动人心的新品牌;不过,这些激动人心的品牌也会随着时间的推移而逐渐成熟,并最终被新的品牌替代、走向消亡。这一现象常见于餐饮连锁店,例如,英国的 Whitbread 公司就创立了这么一种新的品牌管理模式:在收购老牌的高成长品牌(如 Costa Coffee)的同时,让相对成熟的 Beefeater 品牌自行消亡。在这一市场上,培育一个激动人心的新品牌的成本被认为低于重振一个形象过时、让人腻烦的老品牌的成本。

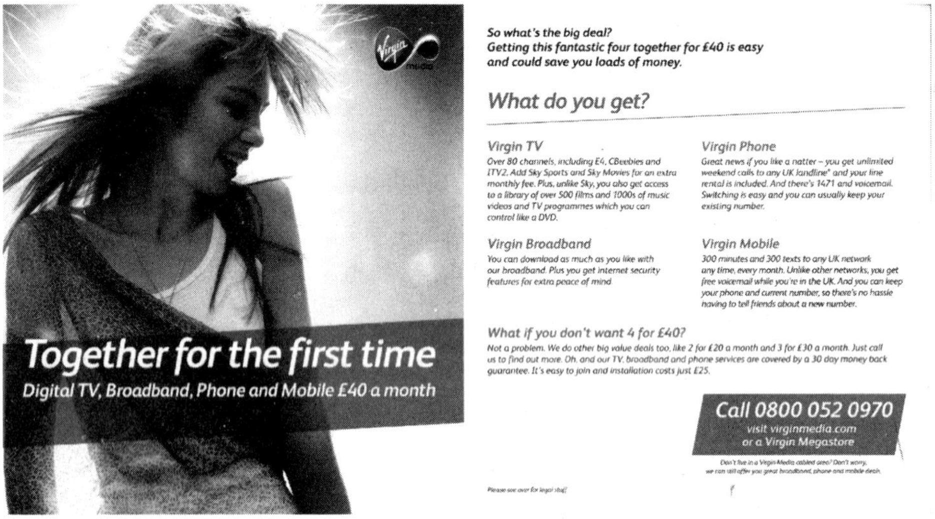

图 2-4 面对在消费之前无法做出评估的无形产品,许多服务购买者将品牌作为对于某服务提供者所能够达到的服务标准的期望的指针。在制造行业,品牌一般表明一致的产出标准;例如,一块吉百利巧克力的味道与另一块的味道通常会非常相似,不同种类的吉百利巧克力就其总体质量而言应当是一致的。然而,对于服务而言,品牌倾向于表明过程而非结果的一致性。将此过程的一致性应用于好几种服务活动的公司之一便是维珍集团。该公司在初创阶段原本是一家音乐企业,它在与客户打交道的过程中形成的维珍风格后来被应用到空中旅行、铁路运输、互联网接入和移动电话以及其他业务当中。尽管从其服务过程的技术特点来看,这些服务部类可能大不相同,但维珍集团已经开始代表一种一致的服务风格,其特点是:诚实沟通、稍显前沿、有趣以及偶尔有些古怪。许多人认为维珍品牌是其最重要的资产,它一直都被小心地管理着。在某些情形下,品牌由旗下运营单元使用,而维珍集团只是这些单元的一个小股东;例如,在航空与铁路旅行之间维持着品牌价值的一致性,尽管维珍大西洋公司由新加坡航空公司部分拥有,而维珍铁路由维珍集团与 Stagecoach 集团联合拥有。

主题思考:黑色以及其他颜色的出租车

人们是怎样选择出租车的?通过比较驾照制度严格的区域(如伦敦)以及管制相对较少的区域(在伦敦以外的许多英国城市极为常见)的购买者行为,我们可以看到法律影响客户的品牌选择的实例。在伦敦,著名的黑色出租汽车在司机、车辆本身以及收费等方面的标准受到严格管制。司机必须通过一个"知识"测验才能获准运营;除非属于明文规定的情形,司机不能拒载乘客。很少有人愿意花太多的精力在车与车之间做选择——它们已经被转化为一种商品,其服务标准的一致性由发照部门——公共运输处——严格确保。

将伦敦与其他城市相对照——后者监管会少一些,而购买者对他们走进的汽车的"诚信"或者司机的可靠性知之甚少。这是出租汽车经营者创立品牌、获得独一无二的市场地位,从而简化购买者的选择过程的极好机会。尽管许多地方当局控制所有出租汽车经营者的收费标准,但各经营者仍然可以培育与可靠、安全和礼貌相联系的品牌。如此一来,客户下一次要出租汽车的时候,就知道应该躲开哪一家出租汽车公司,哪一家出租汽车公司令人放心。

辩论已在乐见出租汽车业的自由市场经济的人们与那些认为管制对于公共利益极其重要的人们之间展开。你所在的地区有什么样的经验?品牌在指导出租车用户的选择方面有什么价值?

一致的品牌交付

到目前为止,品牌建设的最重要组分就是一致的服务交付标准。但一致的服务标准在实践中意味着什么呢?与制造公司生产一瓶瓶软饮料或有着一致的可靠性的 DVD 播放器不一样,服务交付标准的一致性通常并不指均匀的产出;因为我们已经注意到,服务往往注重过程而非产出。此外,定制化服务往往要求对一位客户的服务过程不同于对另一位客户的但又基本上类似。

服务环境下的品牌一致性概念可以理解为客户心目中的品牌定位一致性。因此,一致性主要集中于诸如正直、忠诚和可靠之类相对抽象的概念。正是此类品牌质量使得马莎百货(Marks and Spencer)逐渐培养起了客户对于其作为服装零售商的信任,并借此进入金融服务业;而对吉百利品牌的信任使这家杂货零售商得以进入银行业与能源供应业。许多金融服务企业都意识到了增进实用性的品牌战略的局限性,转而专注于增进品牌的情感元素。维珍集团在这方面一直做得很成功,它所吸引的是那些看重其"简洁利落"的运营风格的群体;而施罗德集团(Schroders)则强调其悠久的历史和全方位的便利。

我们在本章早些时候看到,服务交付的一致性可以如何通过流程的工业化来促进。

通过简化服务流程,公司可以减少在复杂的、多阶段的过程中失败的可能性。员工培训有助于进一步确保一线员工在客户眼中的"熟悉品牌承诺并有能力实现品牌承诺"的印象。在第 9 章,我们将回过头来讨论服务质量这一论题,以及组织应当如何寻求理解客户期望并将其作为服务交付的参照和评估的基准。一个承诺有余、交付不足的品牌可能让人们觉得服务质量很糟糕,最终丧失品牌信任。

品牌定位

品牌定位战略将一个品牌与其他品牌相区别，从而使品牌所有者获得市场竞争优势。品牌定位将一家公司置于其选定市场的细分市场之内,因此,一家选择以"可靠/高价"为基础进行产品定位的公司将吸引那些对可靠性有欲求、且愿意为之付款的细分市场。对于某些营销人员而言,品牌定位基本上等同于沟通问题:他们认为服务是既定的,品牌定位的目标因而就是操纵客户感知。但我们应当记住,品牌定位必须涉入品牌主张的核心——即先前所述品牌的功能性以及情感性因素。

服务组织应该在市场竞争中审视其品牌的机会并为之定位。市场定位可以参照多种维度来定义。提供给客户的服务的质量以及索要的价格是服务业品牌定位战略中的两个最基本的维度。图 2–5 所示为这两个维度在英国超级市场零售业务的应用,该概念化分别从价格和质量两个维度由高向低展开。在这一案例中,质量可被视为产品范围、服务速度、员工品质、购买环境质量等等的复合。价格可以是相对于竞争对手而言的一般收费水平。图中显示了几家英国零售商的定位。这一图表清楚地表明,大多数超级市场都处在马莎百货所选择的"高质/高价"区位与 Netto 所选择的"低质/低价"区位之间的

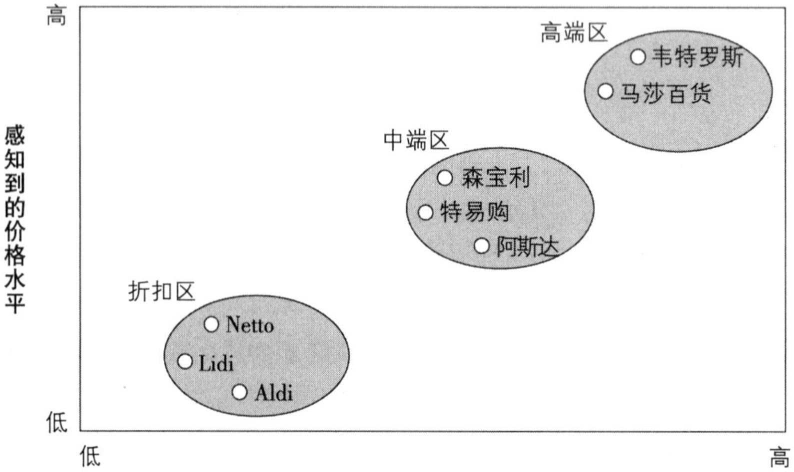

图 2–5 一个简化的英国超级市场服务定位图,表明两个简化的定位分析维度——感知到的价格和感知到的质量

对角线上。这一对角线之上的点代表超市营业者的可行定位战略。左上角的战略(高价/低质)可被表述为“牛仔”战略,一般是不可持续的,尽管它在某些情形下是一个吸引人的定位——如某些与旅游相关的活动，在这种情形下，旅游者不太可能再回到该旅游区。右下角的定位(高质/低价)可能表明某组织无法实现公平的价值交换。

服务品牌要么单独定位，要么作为服务组织的总体品牌的一部分定位——事实上是服务组织而非个别服务选择了定位。客户可能像评价一项特定服务一般评价服务提供者这一事实使得这一定位分析方法很吸引人。休斯塔克(Shostack,1987)指出,在由组织(或者“服务族”)提供的服务范围之内,营销人员可以考虑以结构复杂性和结构多样性为基础的定位战略。结构复杂性是指服务生产过程中的步骤数目;多样性则是指服务产出的变动程度。如此,就诊疗或手术所涉及的流程数目而论,医生的服务是高度复杂的;它也是高度可变的——因为就医疗结果的有意或无意的偏离而论,医疗服务的成果可能是多种多样的。旅馆则能在提供全套服务过程的同时呈现相对较低水平的多样性。歌手则可作为服务复杂程度较低、但多样性较高的样板。

休斯塔克将品牌定位视为服务提供者如何从客户的立场出发,“安置”自身的总体服务种类或范围的决策过程——复杂性和多样性是用来为组织定位的两个关键维度。这一方法与服务工业化的概念紧密联系,我们将在下一章进一步讨论。工业化系指服务企业采用结果不那么复杂和多样的服务过程,以此作为打造强大的、一致的品牌的先招。

休斯塔克框架的一个例子是牙科诊所。牙科诊所可以通过增加与健康事务相关的一般性诊疗业务而使其品牌定位更加发散；也可以通过只承担诊断作业来使其品牌定位更加收敛。它可以通过增加各供应的零售业务增加复杂性;或者通过只提供范围有限的牙科诊疗业务降低复杂性。这些选择如图 2-6 所示。组织所选择的市场定位受其相对于寻求涉入的市场而言的优势和劣势的影响。大型牙科诊所最好将自己定位为复杂服务的提供者，但它应当确保服务结果的多样性最小化，以免对其品牌声誉造成不利影响。小型牙科诊所可能会发现,它最可能实现的服务定位是:提供简单但可以产生多个结果的服务。

许多服务组织发现，低复杂性/低多样性定位可以为拓展利基市场提供良好机会。按照这一方法,一些律师在专业化的房产转让业务领域树立起了强大的品牌,他们提供的系列服务变动范围很少。通过提升专门技能和降低管理费用,这样的公司可以满足那些需求并不复杂、但更加多样的全能型律师服务的客户。

随着时间的推移,一家组织可能需要对其服务品牌进行再定位。这样做的原因在于:

- 原先的定位战略不再适宜。一家组织对其竞争优势的高估或对其定位意欲吸引的子细分市场的规模的高估将迫使自己重新评估定位战略。

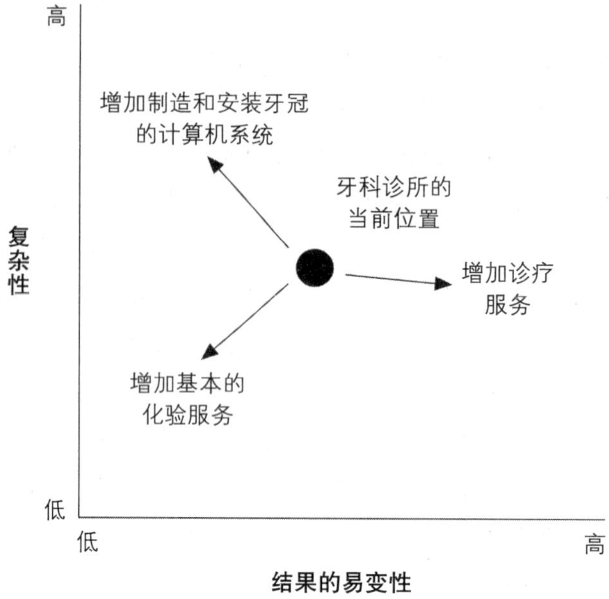

图 2-6 服务组织可以根据过程的复杂性以及结果的易变性来为自己定位。我们将在以下的章节看到，服务企业中的一个常见倾向是服务过程的简化以及服务结果的一致化。这一做法由图中所示的向左下方的移动来代表，并且，它通常与塑造强大的品牌相联系。本图展示了牙科服务的所有可能选择。作为对向左下方区域移动以简化服务的替代，也可以提供多种更为多样化的服务，这对服务过程的更高复杂性提出了要求，并向图形的上方移动。如果企业想将自己定位于本图形的右上方区域，由于服务结果的易变性增加以及按照一致的标准管理复杂服务过程的难度增加，打造品牌的任务也许会更加困难。

- 客户需求的性质可能发生了变化。且看一个例子，自 20 世纪 90 年代晚期起，许多全能型航空公司的品牌面临一些“无虚饰”航空公司的挑战。有些航空公司，如英国航空公司和荷兰皇家航空公司，另外建立了自己的低价/朴素定位的品牌（分别为 Go 和 Buzz）；而其他航空公司，包括爱尔兰航空公司和泽西欧洲航空公司（Jersey European，现在改组为 FlyBe 航空公司），则对其品牌再定位，以满足客户对相对低的价格和相对少的附加利益的需要。
- 服务提供者寻求在强化品牌声誉的基础上再定位，以满足更加有利可图的子细分市场的需要。在许多服务行业，组织从一个简单的、“无虚饰”的低价经营模式开始启动其成长历程，然后逐步获得对自己有利的形象，并借助这一形象“转换”到相对高质/高价的定位上。这一现象在零售领域屡见不鲜，麦克内尔（McNair，1958）正是在这一领域发现了“零售之轮”现象。它表明，许多零售企业从一个低价、低成本、薄利的经营活动开始其成长历程，然后，随着陈列的改进、经营场所的升级、广告活动和服务交付以及客户服务品种的增加——这些活动将提高成本、价格和边际利润。最终，一家家零售商成长为高成本的、保守的和“臃肿”的机构，其销售政策不再是以价格方面的吸引力而是以优质的产品和服务为基础。这又为下一代搜寻成熟公司留出来的空位的低成本创新型零售商开辟了道路。

本章总结及与其他章的联系

成长是许多组织战略的关键部分，本章讨论了服务组织在寻求从小型的、以手工艺为基础的运营单位向大型的、高产量的生产者成长的过程中所要碰到的各种问题。我们将在第 4 章回头讨论服务要约工业化——目的是达成一致的服务标准和高产量——这一论题。品牌发展是营销战略的核心，服务组织的诸多营销战略方面的决定都将影响品牌的发展和维护。一个强有力的品牌能够帮助购买者在那些其他方面似乎几无差别的服务要约之间做出选择，还有助于降低他们的风险感知；我们将在第 6 章回头讨论品牌所具有的降低风险的作用。一致的服务标准是品牌的关键要素，在第 9 章我们将给出服务质量的定义，并讨论公司应当如何通过一致的质量标准来确立品牌定位。品牌价值应该被传达给当前和潜在的客户，在第 13 章，我们将探讨包括危机管理在内——在此情形下，灾难性的服务失败将损害人们对品牌的感知——的品牌传达。最后，在第 14 章，我们将考察服务企业寻求将品牌推向海外市场的时候所要面对的其他挑战和机遇。

复习题

1. 分析接待服务部门或地方公共汽车服务部门中的小型与大型服务提供商的营销优势与劣势。

2. 你如何理解“生产力”？批判性地评估服务行业的生产力测度以及该术语在你所选择的某一服务部门的应用。

3. 选取若干实例，批判性地评估品牌之于服务组织的作用。

实践活动

1. 选取以下服务部门之一：酒店/招待所、律师事务所、咖啡店/快餐店、眼镜店。对你所在地区的所有服务提供者做一个审计，注意它们是独立企业还是大型连锁店的一部分。根据它们所在的组织生命周期阶段做出分类。依其营销能力的不同评价不同规模组织的优势和劣势。

2. 假设你正计划开一家小型餐馆,雇用一名全职员工和三名兼职员工。弄清楚开业前后必须满足的监管要求。在英国,你可以从英国商会的“商业晴雨表”网站(http://www.britishchambers.org.uk)了解可能的监管成本。面对这些监管,你如何建议小型餐馆的所有者在应对满足客户需求的挑战的同时遵守你已经知道的监管要求?你认为商业环境正在对小型服务型企业的创建造成不必要的困难吗?抑或不断增长的监管成本对于保护弱势的客户、员工和社会大众的利益是必要的?

3. 考察你熟悉的某些银行或金融服务组织的品牌建设战略。审视那些品牌向受众传达了哪些信息。品牌着力指向哪些细分市场?存在任何可能被品牌信息所疏远的重要细分市场吗?服务提供商在多大程度上通过品牌和子品牌来细分其市场?

案例研究:特易购能够走多远?

特易购(Tesco)作为一家非常成功的组织而遐迩闻名,无论是从地域分布还是从所提供的服务来衡量,它都实现了自己的扩张目标。据决断市场调研公司(Verdict Research)估计,2006 年,特易购的销售额几乎占据英国消费总支出的 12%,这些销售额不仅仅来自其业务核心的超级市场,也来自于其保险销售、个人理财、电话和能源等业务领域。公司持续成长的部分解释是其不断增长的品牌公信力以及将品牌应用于新兴服务领域的能力。

像大多数成功的大型服务组织一样,特易购也是从小到大开始其成长历程的。公司在第一次世界大战结束不久之后成立,其时,杰克·科恩(Jack Cohen)揣着 30 英镑的资本离开英国皇家陆军航空队。他将这笔钱的大部分投入购买剩余战争配给物,然后,推着手推车在伦敦的街头市场上转售。最初,他卖的都是些“大路货”,在此阶段,品牌没有起太大的作用。随着时间的推移,科恩打起了主意,想将他的茶叶与竞争对手的茶叶差别化,于是就取了特易购这个名字——取茶叶进口商 T. E. 斯托克维尔 (T E Stockwell)的首字母打头(他从这家进口商那里购买茶叶),再加上他自己的姓氏的头两个字母。

当科恩将业务扩张到超出那辆手推车的服务范围之后,特易购品牌就变得特别重要了。他最初作为批发商向其他商人批发商品,然后在伦敦的图廷开了他的第一间店铺,后来又开了更多的店铺。1947 年 12 月,特易购成为上市公司,将发行股票所得来的资金用以开设大型商店——尤其是仿照着美国的样子建立的新式自助服务商店,是特易购的成功之举。公司树立起了自己在几个产品领域(如茶叶和奶制品)内的品牌,但还是要依赖于产品制造商。随着 20 世纪 50 年代以最终消费者为目标的大众传播媒介的发展,零售商影响消费者决策的力量遭到了削弱,尤其是在商业电视广告开始之后。零售商已然成为了制造商的品牌商品——购买者对此趋之若鹜,无需零售商的说服——的自动售货机。

面对这一环境,特易购将目标调整为“让消费者以尽可能低的价格获得制造商的品牌商品”,它的品牌信息变成了“堆得高也卖得便宜”。低价销售的主要限制是“转售价格维持制度”,这一制度使制造商能够控制零售商的产品销售价格。1964 年,“转售价格维持制度”废止,这对特易购的商业战略极其有利,在这一战略中,低价成为其营销的关键要素。从 20 世纪 80 年代起,由于五家非常大的零售商出现在杂货经营领域,英国的零售商才真正地与制造商势均力敌。此后,比起特易购获得特定制造商的品牌产品来,进入特易购的货架对制造商而言变得更为重要。整个 20 世纪 90 年代,特易购小心谨慎地培育其品牌,并越来越多地参与到一些公益事业当中,如倡导无铅汽油、教育慈善等。公司也建立了综合性的公司社会责任议事日程,并着力为自己树立好公民的形象。

1997年,特易购超过森宝利成为英国最大的杂货零售商;2007年,它在全世界范围内经营2500家商店,2006年的总利润为22亿英镑。为了实现成长,特易购品牌必须具备某种独一无二的、胜于竞争对手的优势。早期,这一优势主要体现为低价,一直到1977年,这一价格导向都被强调为高于一切;打那时起,特易购就着力寻求通过提供更好的服务质量来差别化其品牌,服务质量则参照顾客从商店内获得的便利、商店销售的产品以及与客户关系等加以衡量。

随着公司发展出具有多个子品牌的新的商店模式——销售多种多样的非食品类商品的巨型远郊商店运营“特大店”(Tesco Extra)、提供城市中心便利购物服务的“城市店”(Tesco Metro),特易购品牌似乎已经成为不可抗拒的力量。特易购在线(Tesco Online)创立于2001年,很快成为英国最大的在线零售商。特易购意识到,因为每周购物经验而信任其品牌的客户们也可能会因为公司有广泛的其他服务而信任特易购公司。因而开展了广泛的银行、保险、电话和能源服务,这吸引了那些相信特易购品牌、面对五花八门的服务提供商时首先寻找那些他们知晓而且信任的组织的客户。为了更好地鼓励客户将其更大比例的总支出花在该公司,特易购开发了各式各样的沟通工具,这使其能够更好地了解个人客户的需求,客户亦可以收到目标更加明确、具有直接关联的产品。公司成为推行“会员卡”(Club Card)忠诚计划的先驱,该计划根据客户的支出额度给予相应的奖励;然而,更为重要的是,它让特易购获知了宝贵的个人客户相关人口学特点及其支出模式的信息。公司还开发出指向特定群体的、目标定位更为狭窄的服务,如为年轻母亲建立母婴俱乐部以及提供网上饮食建议服务等等。

公司认识到,尽管占有英国消费者总支出的12%这一事实令人刮目相看,但国内成长显然也有极限。因而通过新建企业、合资企业以及收购等积极地向国外扩张其品牌。截至2007年,公司已经在11个海外市场(包括泰国、波兰、日本、中国和爱尔兰)展开了经营活动。不可避免地,特易购品牌在这些市场常常必须从零开始——在英国管用的品牌价值在国外市场上并不一定奏效。

英国的特易购会不会变得过于强大,以至于遭到市场支配者常常会承受的贬损而受伤?当特易购宣布其超纪录的2005年年度利润的时候,它对其下一年度的利润前景只做了轻描淡写的表述,似乎在刻意避免招惹那些人数显然在不断增加的、憎恨英国“特易购化”的人们的怨恨。公司已经因为低价而与农民阶层发生过一些小冲突:特易购被控以低价收购农民的牛奶,同时却以很高的加价幅度将同样的牛奶转卖给客户。环境保护活动者抗议,公司的载货汽车不必要地在全国各地运输商品——如此一来,离特易购的商店只有几英里的农民种植的土豆可能要在配送中心之间旅行数百英里之后才能到达商店。有人怀疑,特易购正尽力通过占有大的“储备土地”来扭曲市场竞争,这将预防竞争对手开设新的商店。在公司收购了“一站店”(One Stop)、并四处扩张其“便捷店”(Tesco Express)运营模式之后,小店主们也变得惶恐不安了,他们感受到了特易购对于便利店领域的威胁。即使是政府机构也似乎对特易购的“威吓”感到无能为力。据报道,在英格兰北部一个城市,公司建了一家新商店,新商店的规模比既定的规划要大,但地方当局却对花大笔纳税人的金钱来与特易购所聘请的最好的律师辩论踌躇不已。与此同时,当局惩罚一家未经许可就在其店铺前面安装百叶窗的小零售商显然会毫不犹豫。

已经取得了支配地位的公司所面临的问题之一是:其以前的高层管理人员从来没有面对过“支配整个市场”这样一个现实。现在,当一家公司成为市场领袖的时候,它不仅要担心自己因为规模庞大而遭人怨恨,而且更有可能成为反全球化的抗议者们、绿色运动人士、劳工运动积极分子以及政府监管机构的靶子。特易购已经引起了竞争委员会的注意,反映了政府越来越关注占据着支配地位的公司。在工作的过程中学习如何管理企业并使之成长的高级经理们越来越被要求成为政客,这是一个要求多种技能的角色,而这些高级经理们可能根本不适合扮演那样的角色。面对“成长诅咒”,公司可以朝麻烦砸钱——雇用大批公关人员和信誉管理咨询团队,让他们去浇灭各种批评、通过企业社会责任议程来保护品牌。但更好的做法是,他们一开始就通过做一名成为关键利益相关者群体眼中的“好公民”来避免问题的发生。

问 题

1. 请评价特易购品牌得以成功发展的各方面因素。

2. 如果你认为特易购一类的大的支配型公司恃强凌弱、擅长幕后操纵,那你又如何解释它们在一个竞争激烈的市场环境中持续受客户欢迎这一事实?让成功的公司成长到“支配市场”的地步,这符合公众利益吗?

3. 讨论特易购进入新的海外市场之后,其品牌建设工作可能面临的挑战和机遇。

第3章

服务际遇

学习目标

阅读本章之后,你应该理解

- ❖ 服务的“现场”生产对服务营销人员提出的问题
- ❖ 生产者—消费者际遇的性质
- ❖ 服务际遇分析的概念框架
- ❖ 服务际遇中其他客户的角色
- ❖ 服务失败以及服务提供商寻求补救的方法

3.1 引　言

不可分性在第 1 章被引介为服务的定义性特征。服务生产通常不能与其消费相分离的事实导致生产者—消费者互动在服务要约中占有极其重要的地位。服务过程本身可以定义客户所接收到的利益；例如，旅行团的导游提供服务的方式构成客户所接收到的利益中的很大一部分。与此相对照，生产制造品的公司通常只在商品的交换点与客户有极短暂的接触。在很多情形下，制造商甚至并不与其客户进行任何直接接触，所有联系都通过中介进行。此外，客户通常并不怎么关心商品的制造过程。

本章将集中讨论公司与客户之间发生的面对面服务际遇。不过，许多服务组织认识到，通过电话或互联网来与客户打交道会极大地提高生产力。我们将在第 4 章回头讨论使服务际遇更具效率的一般性问题——尤其是通过互联网的使用。

本章将首先考察生产者—消费者互动的本质和类型及其对于营销战略的影响。

3.2 服务际遇

在消费者不得不与生产者见面，以接受后者通过资源的利用而提供的各种利益时，服务际遇因此发生。休斯塔克（1985）将其广义地定义为“消费者与服务提供商直接互动的一段时间”。该定义涵盖了与消费者发生互动的服务提供商的所有方面，包括工作人员和物质资产。在某些情形下，整个服务都是在该际遇过程中生产和消费的。这类服务可被描述为高接触型服务，服务际遇成为消费者评价服务质量的最主要手段。在其他情形下，服务际遇只不过是总体生产和消费过程中的一个组分。对于该类低接触型服务，生产过程的某些部分可以在没有消费者直接参与的情况下进行。

通过计算某特定组织的员工（包括营销人员和非营销人员）与其客户的互动总量，我们可以发现组织与客户进行多样化接触的重要性。这些互动有时被称为“真相时刻”，在对斯堪的纳维亚航空公司的研究中，卡尔琛（Carlzon，1987）估计，互动总量为每年大约 5 千万次。

从消费者的观点来看，互动可以是多种形式的，这取决于两个主要因素：

- 第一，际遇的重要性受服务接收者是客户本人还是客户的所有物的影响；
- 第二，际遇的性质受有形因素在服务要约中出现水平的影响。

服务际遇的这两个维度可以用图 3-1 中的矩阵表示。接下来将讨论该归类方式的某些影响：

1. 高涉入度个人服务：最重要的服务际遇类型出现在图 3-1 的左上角，客户是服务的直接接收者，服务要约呈现很高水平的有形性。这些可以被描述为高接触型际遇。大多数医疗服务可以为我们提供例子，客户身体物理意义上的出现是一系列相当有形的外科手术得以实施的先决条件。公共交通服务提供了该类别的进一步例子。客运列车服务的利益主要是旅客的转移，他们不在场，利益就无法接收。在该象限中的服务代表了最密集的一类服务际遇。客户和生产者必须亲自见面，以使服务得以实施。这对服务交付过程将造成以下几方面的影响：

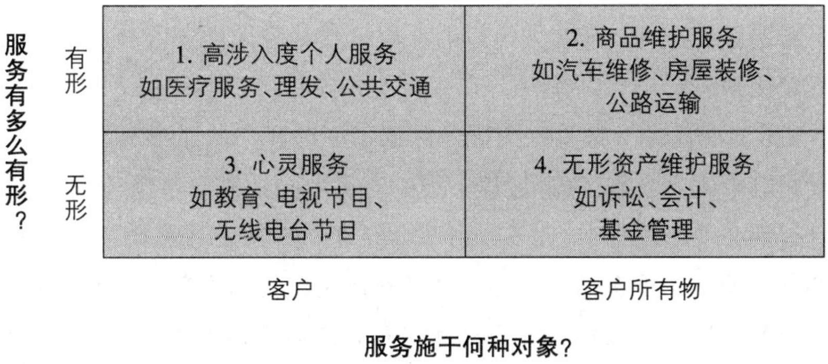

服务有多么有形？
有形
无形
1. 高涉入度个人服务
如医疗服务、理发、公共交通
2. 商品维护服务
如汽车维修、房屋装修、
公路运输
3. 心灵服务
如教育、电视节目、
无线电台节目
4. 无形资产维护服务
如诉讼、会计、
基金管理
客户
客户所有物
服务施于何种对象？

图 3-1　服务际遇分类

- 质量管理成为主要问题，因为客户对服务的生产过程和服务的最终结果会同等程度地重视（不仅仅是“手术会使我更好吗”，而且是“在手术过程中我会感到舒服吗”）。此外，该类别中的许多服务是在一对一情形下生产的，这对服务提供商的个人判断力提出了要求，因此，很难在服务被消费之前实施质量管理检查。
- 由于客户必须参与到服务的生产过程当中，服务际遇的区位非常重要。一位地理不便的医生或一位拒绝上门服务的医生可能根本无法获得任何客户互动。
- 需求模式的管理问题对该组服务也至关重要，因为服务生产的滞后不仅会对服务的结果、而且会对客户对服务过程的判断产生不利的影响。

2. 商品维护服务。该类别的服务实施于客户的财物而非客户的身体，例子之一是设备维修或商品运输。生产过程的很大部分不为人们所见，没有任何客户涉入，客户要做的只是发起服务过程（如向修理工厂交付一辆汽车）和取得结果（一旦修理完成就去取车）。只要最终结果令人满意，客户可能对修理汽车的过程——实质性服务——毫不关心。但他们在服务前期与服务后期被对待的方式也颇为重要。自然,技术性技能对于涉入实质性服务生产过程的员工来说是必不可少的,但与客户打交道的技能也极其重要。在实质性的服务生产过程中,由于客户人身并不出现,服务组织获得了时间安排和区位选择方面的极大灵活性。如此,汽车修理商可以在客户的家门口取车(这对于客户是最便利的)然后在自己的集中车间修理(这对于服务生产者来说是最便利的)。只要服务作业及时完成,与在服务生产过程中客户亲身经历延误的情形相比较,在实质性生产过程中的延误对客户而言并不那么重要。

3. *心灵服务*。这里,客户是服务的直接接收者,但他并不需要亲身出现以接受一项基本上为无形的利益。利益的无形性意味着服务的生产在很多时候下可以与服务的消费在空间上相分离。因此,观看无形的电视节目的观众在接收利益时并不需要与电视台的员工互动。类似地,在一次教育服务际遇中,服务的接收者往往不需要亲自在场。开放大学广播课程以及其他远程学习项目也可以包含很少的直接接触。
4. *无形资产维护服务*。最后一类服务际遇由面向客户的无形资产实施的无形服务组成。对于该类服务,生产过程中很少有有形的证据。自然,客户通常并不需要亲身出现在生产过程中,大多数由基金经理和律师提供的服务都是如此。这时,大部分实质性的服务生产过程(如房屋转让契约的准备)可以通过极少的客户与组织间直接接触来完成。服务际遇对客户而变得不那么重要,而且可以远距离发生,无需亲自会面。客户主要不是依据服务际遇的质量,而是服务结果来判断交易(如一个资产组合的绩效)。

将客户嵌入服务

服务的不可分性意味着客户自始至终是服务生产过程的重要组分,尤其是在高接触型服务的情形下。客户不是被动的服务消费者(正如商品消费的情形),而是积极主动的服务共同生产者。服务际遇必须将客户当做服务生产过程的一部分而非仅仅当做服务结果的一部分来对待。客户进入生产者的“工厂”,由此开始的服务过程的设计与客户所要求的服务水平及其愿意为服务和生产效率支付的价格之间的权衡有关,这又反过来对服务提供商的服务水准以及收费水平造成影响。那么,服务提供商是应该将自己的服务定位为优质服务——在此情形下,它要从客户那里承担更多的共同生产责任(如杂货商送货上门),还是应该提供更为基本的服务?在此情形下,客户自身被期望投入更多努力,但通常可以换取一个更低的价格。

一些评论者使用“服务便利”一词来描述生产者在多大程度上免除了客户亲自实施一部分服务生产过程的必要,从而更好地满足客户的需求。贝里(Berry,2002)等识别出五类服务便利：

- 决策便利：指客户对选择服务所需要的时间和精力的感受（服务提供商是不是以对我来说为最好的选项指引我？）
- 获取便利：指客户对于获取一项服务所需要的时间和精力的感受（餐馆的最近的营业点有多远？）
- 交易便利：客户完成一项交易所需要的时间和精力（我必须去银行开一个账户吗？）
- 利益便利：客户经历某项服务的核心利益所需要的时间和精力支出（火车直接到达我的目的地还是我必须等候一趟中转列车？）
- 后利益便利：客户在消费之后的时间和精力支出（如，服务失败相关时间和精力支出）。

我们将在以后的章节回头讨论将客户嵌入服务过程的问题。在该章，我们将探讨将客户嵌入进服务过程的概念体系。在下一章，我们将在服务生产力环境中讨论生产者—消费者边界（例如，某餐馆可以通过客户自取——而非服务生端送——食物来提高服务效率）。在其他时间，客户愿意为额外的便利付费，生产者—消费者边界将朝生产者一方移动，这就意味着客户被免于承担生产过程中的部分职责（例如，某快餐店可能提供送餐服务，因此客户就不用承担从餐馆领取食物的职责）。

服务际遇中其他客户的角色

上述讨论暗示出，在服务用户个人购买的情形下，许多服务要约必须大批量生产才是明智的。而很大一部分服务是被公开消费的——乘火车旅行、在餐馆用餐以及去剧院看戏都是在其他客户在场的情形下消费的。在此情形下，发生了服务利益的“联合消费”。一场戏剧不能为一个看戏者生产，一列火车不能只为一位乘客运行——通常是若干客户联合消费一个单位的服务产出。这就创造了这样一种环境：服务过程中任何客户的行为模式都会影响其他客户的服务享受。在剧院里，在表演过程中说话的客户会破坏戏剧表演带给他人的享受。

联合消费者的行为通常是重要的服务际遇因素，服务企业因而寻求管理“客户对客户互动”。组织努力通过各种办法来消除服务际遇中的不良因素，强化那些能够增进所有客户的乐趣的因素。以下给出的是一些常见的客户际遇管理办法：

- 根据其与其他客户积极互动的能力选择客户。在服务的享受非常受其他客户的性质影响的情形下，可以使用正式的与非正式的标准来尽力确保只有那些有可能对服务际遇做出积极贡献的客户才被接受。正式的选择标准的例子包括旅游公司

图 3–2 随着客户收入增加，他们有可能购买更多的“奢侈型”服务。这通常意味着客户本人更少地执行服务的生产过程，服务提供商则执行更多的服务生产过程。该现象可以在便利食品市场清楚地看到。近年来，英国便利食品批发店的数量已经有所增长，这些批发店很好地利用了客户购买加工好的熟食的欲望。随着财富的增加，客户能够习惯性地购买熟食，而不只是偶尔地购买。随着财富的进一步增加，许多客户决定，他们不再亲自去取食物，而是让服务提供商将食物送上门。熟食的递送（如由这家比萨饼公司提供的服务）已经成为一个成长性服务领域，它实际上代表了消费者—生产者边界的转移，该转移减小了客户的投入。（重印经多米诺比萨饼公司许可）

为一定的度假服务设定年龄范围——预订面向 18~30 岁年龄段的度假服务的人们可以得到保证：他们不会被提供与孩子们或老人们共享的度假服务，孩子或老人对于喧闹的音乐的态度可能妨碍他们享受他们自己的生活方式。非正式的选择标准例如，检查潜在客户的外部特征——许多夜总会和餐馆会设定着装标准，以保证服务际遇在一个高质量的环境中发生。非正式的选择标准旨在鼓励那些能够提升服务环境的客户满意度的群体，同时抑制那些与此背道而驰的人。色调设计、服务范围、广告和定价都可以用来打消某些类型客户的积极性。在索要高酒价的同时提供舒适环境的酒吧就是为了将那些想买些廉价酒喝个一醉方休的人群非正式地排除在外。

- 设定客户行为规则。一位客户的行为可能大大地影响其他客户的服务享受。有关例子包括在餐馆内抽烟（这在如今的英国当然是违法的），在电影院高谈阔论以及在公司交通工具上播放喧嚣的音乐。影响客户行为的最简单的策略是公开客户行为标准，并指望客户自愿遵从。在规则得不到遵守的情形，可能需要服务人员的介入。否则可能导致受影响的一方持续经历负面服务际遇，服务组织甚至可能因此被视为不负责任。不过，过于严厉的介入也有可能疏远冒犯者，尤其是在规则并不被很多公众支持的情形之下。善意的提醒以及有意义的修正行为有助于催生效果积极的服务际遇。

- *倡导积极的客户对客户互动*。许多服务的总体利益的一个重要部分源自于与客户之间的积极互动。度假者、与会者以及大学生们可能从与其伙伴群体的互动中获得很大的利益。一个人们互不交谈的度假群体可能使其分享乐趣的机会大为受限。服务提供商要寻求通过——比如——介绍客户相互认识或安排社交活动等来促进客户之间的联系。

服务际遇中第三方生产者的作用

不由服务组织雇用的服务人员也可能对重要的服务际遇负有责任，从而影响客户所感受到的服务际遇的质量。此类人员包括以下三种：

- 服务公司的中介可能主导服务际遇(或服务际遇的特定阶段)。许多客户与某组织的第一次接触是通过其营业点实现的。以航空公司为例,旅游代理商对待客户的方式可能是相当关键的,其结果可能影响客户对于其他服务的享受(比如,在机票代理商给出不正确的出发时间或订错机票的情形)。中介涉入的各种小事情的影响可能会一直持续到消费阶段以及后消费阶段。在通过中介交付服务的情形(如大多数特许经营者的情形),它们可能会支配整个服务际遇。在此情形下,质量管理也即中介管理。
- 服务提供商本身也从其他子分包组织购买服务。购买分包服务的服务组织必须确保,其质量管理程序既应用到了子分包商的诸多服务过程当中,又应用到服务过程的结果当中。航空公司向子分包商购买许多服务。在某些情形下,这些服务并不导致涉及航空公司乘客的关键事件产生。班机用餐是从外部餐饮服务商购入服务的情形,子分包商与航空公司的客户很少发生服务际遇,质量可以通过及时交付该有形证据来评估。另一方面,某些购入服务涉及在服务提供商与客户之间发生的多种多样的际遇。航空公司往往将其乘客登机核查程序分包给专业服务公司,对于它们来说,质量不能简单地通过诸如等候队列长度或丢失行李的数目之类的可量化因素来评估。子分包商的员工对待客户的方式及其解决诸如超额订票、机票丢失和通常问询之类问题的方式都极为重要。
- 有时，不由服务组织或其直属子分包商雇用的人员也会对服务际遇有所贡献。例如,在某些机场就有可能发生这样的情形:机场员工、空中管制人员以及机场商店员工的服务表现都会成为乘客对航空公司的总体服务感受的一部分。在许多情形下,航空公司对这些人员的行为很少施加有效的控制。有时,也有可能改换服务际遇发生的环境——如更换航班始发机场,但仍然难以控制某些关键性

图 3–3 服务的生产和消费通常是在公开的环境中进行的。实际上,由一群伙伴客户所提供的周围环境也会成为服务利益之一。尽管赛马的电视直播与在线赌博活动越来越发达,但马会的观众接待率仍然持续居高不下,原因之一在于成千上万的赛马迷们同时为他们的马呐喊助威时所形成的气氛。不过,为了使该气氛不至于与总服务要约相悖,应当小心谨慎地对它加以管理。赛马机构希望避免足球俱乐部曾经经历过的各种问题。后者开始越来越多地管理支持者的某些预期行为,他们注意到这一事实——现场足球赛越来越多地瞄准妇女和家庭群体,已不再像过去一样由男人们一统天下。在抑制各种反社会行为——如种族敏感的喧闹行为,使用影响其他球迷观看球赛的旗帜与标语横幅——以及控制酒后行为和骚乱方面,足球俱乐部变得越来越具有警惕性。(Copyright Cheltenham Tourism/David Sellman)

公开提供的服务,如移民和护照管理。在此情形下,服务组织能够做的至多是对客户表示同情。在时间延误是由空中管制人员所导致的情形下,如果航空公司能够向客户解释延误的原因,并在其能力范围内尽一切努力消除由此而产生的问题,航空公司也能获得某些同情。

我们将在第 7 章回头讨论服务提供商之间的网络与关系这一重要问题。

3.3 服务际遇分析的概念框架

服务基本上是与过程相关的,无法很容易地转化为大多数有形商品情形通常的目标描述。通常可以对某糖果店做相当精确的描述,购买者可以据此加以评判,制造商可以据此复制。在诸如餐馆用餐之类的服务际遇情形,做这样的描述要困难得多,大部分服务结果只能由客户主观地评判,服务过程很难定义和复制。对服务际遇问题的研究导致好几种方法的产生,这些方法基本上是为服务过程"绘制蓝图"。在本节,我们将从为服务"绘制蓝图"的基本过程开始,该过程已经被精心设计为"服务场景"开发和"服务生产"方法学。我们也对研究服务际遇的剧作学方法加以考察,该方法从角色扮演的角度来定义服务际遇。近来有许多研究人员和业内人士在谈论"服务体验”分析框架，该框架有助于我们理解公司与客户之间的一个特别令人满意的际遇通常由什么构成。

服务蓝图

在服务生产过程非常复杂的情形下，组织对服务的各个元素如何相互联系有一个全面了解是非常重要的。“蓝图绘制”法是由京曼—布隆迪奇（Kingman-Brundage，1989）提出的示意图方法，它被用来解决在发起了新的服务却没有合适地识别必要的支持功能的情形下出现的问题。该方法实质上是在尝试绘制一张服务过程图。

一张客户蓝图有三个主要成分：

- 识别负有责任的公司部门与人员以及生产和配送服务需要的所有主要功能；
- 用图形描述各个功能之间的时间关系和顺序关系；
- 对于每一功能，识别相对于服务标准的变动允差，当然，该变动幅度必须不至于影响客户的质量感受。

服务蓝图的实质是如何处理客户、资产和信息，其内在含意即是：客户可被视为一种不确定的资源投入。通过相关框架在从咖啡馆买便餐的情形之下的简单运用，图 3-4 展示了服务蓝图的若干基本原理。

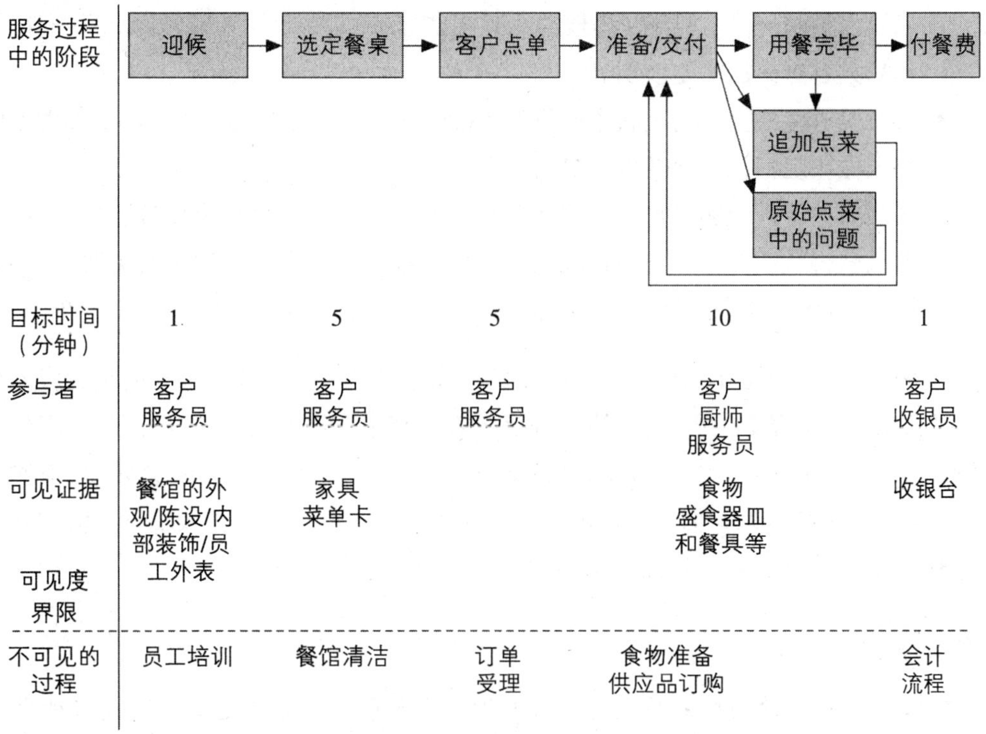

图 3-4　客户服务蓝图——在咖啡馆购买便餐情形下的简单应用

客户蓝图务必清楚地识别出服务过程中的所有步骤,即所有的客户接触或互动。这些步骤从左到右依时间次序表示。蓝图还进一步划分为两个“区域”:一个可见区域(对客户来说可见的过程,客户亦有可能参与这些过程)和一个不可见区域(不为客户所见的过程与互动,尽管它们对于客户服务活动本身是必不可少的)。

服务蓝图还识别出客户有可能感知到的服务生产过程中的失败细节——一些关键事件,客户根据这些关键事件感受服务的质量。识别出特定的潜在互动失败有助于管理者和质量管理人员将其注意力集中于那些最可能招致糟糕评价的服务步骤。

最后,服务蓝图注明对服务过程中每一事件的允差大小,并注明在服务失败的情形下所要采取的行动;例如,重复该事件直到获得令人满意的结果为止。

蓝图绘制并不是一个新的创意,在关键路径分析中有许多这样的先例。在这里,重要的是营销、经营管理和人力资源管理务必重视给出利益的过程,该过程对于客户而言是有实际效果的,对于公司而言是有效率的。高涉入度的个人服务只有通过其生产过程而非其结果才能被有意义地理解,因此,绘制蓝图具有特别重要的意义。

图 3-4 所示的蓝图示例当然是非常简单的。在实践中,服务过程复杂的公司会制作冗长的说明书为过程的不同组成部分做程序描述。结合例子来解释,一幅蓝图可以用来识别员工在任何以下情形中应该做的事情:

- 当牙医因病必须取消预约时,谁去通知他的病人?替代性的安排应该何时做出以及由谁做出?在重新安排预约的时候,应该为某些病人考虑,以使得他们比其他病人有更高的优先级别吗?
- 某餐馆的客户投诉一次制作得非常糟糕的膳食。谁有权就是否应该给投诉者以补偿做决定?补偿额度应该根据什么做出评估?
- 某酒店向客人超额订出了客房。值班经理应该首先与哪一家顶替酒店接洽,为客人获得替代客房?它应该通过积极发放在未来某个场合使用的免费券以“收买”客人吗?如果应该的话,优惠券应该由谁授权,其价值应该如何计算?

服务蓝图是以流程示意图还是以文字的形式来表述并不重要。重要的是它应该构建一个公认的行动基础,其核心是有效地满足客户需求。当然,服务蓝图不可能事先想到所有应当对其做出反应的突发事件(例如,餐馆发生爆炸或银行职员遭绑架)。有时还会运用风险管理技术来评估某些特定类型事件的发生概率。不过,主要识别了流程问题的一般性质,就可以很容易地制订可能的下一步行动方案。

剧作学方法

在以社会心理学的某些原理解释服务生产者与服务消费者之间的互动(所罗门[Solomon]等,1985)的时候,人们常常用到角色扮演的概念。该概念将人们视为可以扮演与其人格殊为不同的各种角色的行为者。在社会学文献中，角色(role)被认为是某成员受其所处社会或文化“调节”的结果。不同的个人在其一生中常常要扮演多重角色，比如，家庭成员、上班族、足球队员等等，与各种角色相伴的是一整套作为社会调节之结果的角色期望。作为社会调节的结果，一个扮演上班族角色的人的行为通常要具有可靠、忠诚和值得信赖的特征。期望分析是角色分析的核心。个人同时扮演的诸多角色可能导致角色期望冲突；例如，“父亲”的家庭角色会导致一系列与其作为企业管理者所肩负的角色期望不相容的其他角色期望。与每一角色相联系的闲暇时间配置期望之间很可能相互竞争。

服务际遇可以被视为一台舞台剧。际遇发生的场所就是舞台，它本身又影响买者和卖者的角色行为。一个邋遢的服务营业点可能会降低客户的期望，这又反过来会导致服务人员降低服务的交付水平(参见比特纳[Bitner]，1990)。际遇双方的行为生成了一个由各自的角色期望所“写就”的剧本——一位空姐通过照料乘客的需求而演绎一个剧本。剧本可能包含何时以及由谁来采取什么行动等相关准确细节，甚至包含口头沟通所使用的语言。在现实中，可能存在如下情形：空姐可能愿意做除了向其不好对付的客户致问候之外的任何事情。这里的舞台模拟扩展到服务人员的着装。当一位医生身穿白大褂或一位银行经理身穿西服套装的时候，他们其实是在向其客户强调他们正在扮演的角色。与演员使用服装来让观众相信他事实上就是亨利八世一样，身穿套装的银行经理是要让客户相信他能够做出一位优秀的银行经理所能做的各种决定。

在服务际遇中，客户和服务人员都在扮演与各自的基本人格有分别的各种角色。组织通常雇用不依其个人人格行事、而是扮演规定角色的员工(尽管人格有助于有效的角色行为)。自然而然，经过社会化的银行员工会扮演小心谨慎的建议者角色，并在与客户打交道的过程中体现银行的价值观念。类似地，客户在与服务提供商打交道的过程中也在扮演各种角色。当一位银行客户为获得小额商业贷款去接触银行经理的时候，他可能会尽力扮演谨慎的借款人角色，尽管这也许与其作为家庭成员而扮演的爱说爱笑的角色大不相同。

买者和卖者都会将角色期望带进互动过程。就个人客户而言，也许有着明确的服务提供商角色期望。多数人期望银行经理穿着得体，能够有效地扮演其角色，或期望店员彬彬有礼，殷勤有加。营销人员十分关心某些社会群体所持有的特定角色期望。例如，大多数年轻人很乐于让问询处的工作人员给他们一份火车时刻表，然后自己查阅。而许多老年人的角色期望可能是：工作人员应该帮他们查阅时刻表并念给他们听。类似地，角色期望的差异也可能存在于不同的国家之间。美国一家超级市场的客户可能会期望付款台的工作人员能够帮助他包装好购物袋，而这一般并不在英国购物者的角色期望之内。

将角色期望带进互动过程中的不止是客户。服务生产者对他们的客户在共同生产过程中应该扮演的角色也有自己的想法。以理发师为例，他们也存有对客户角色的期望，包括一开始就给出明确的指示、按时赴约以及（在有些国家）支付适当的小费。如果客户未能执行其角色期望，就将影响一线员工的服务热情。在角色行为方面接受过良好培训的零售店销售员可以迁就忍让那些不顾体统出言不逊的客户，而其他人则很可能采取与客户对骂的做法。

也可以将服务际遇视为一个构建动态关系的同时性角色扮演过程。在该过程中，双方都主动适应对方所持有的角色期望。服务际遇的质量反映了双方的角色期望被满足的程度。要求其员工扮演行业内"最贴心"机组人员角色的航空公司可能会使乘客将其对机组人员的角色期望提高到机组人员无法实现的程度。结果，客户看到的是质量低劣的服务。与此相对照的是，同样的服务标准可能被另一家航空公司——该航空公司并不着力为自己的机组人员塑造"最贴心"的角色——的客户视为优秀。因此，服务际遇的质量可以被视为客户的服务期望与其感受到的服务交付之间的差别。在服务交付超出服务期望的情形，人们感受到的就是高质量的服务（尽管超出角色期望行事有时候反而可能引起顾客的反感，例如餐馆的服务生不停地向顾客提供免费建议，而后者却不想被人打扰）。

服务人员及其客户的角色期望都会随着时间的推移而变化。有时候，客户对服务人员的期望会有所提升（比如对许多公共服务的期望）。有时候，期望会逐渐下降；例如，加油站的客户已经不再指望服务人员来照料他们的汽车，情愿自己动手加油，自己动手清洁挡风玻璃。客户期望的变化往往始于一些创新性的早期接受者群体，然后逐渐扩散到其他群体。一开始，愿意接受快餐店员工简单、刻板和冷淡的角色扮演的主要是一些年轻人，许多老年人后来也就将该种角色当做快餐店员工的样板来接受了。

古德温（Goodwin，1996）曾经描述过服务际遇的戏剧是如何基于博弈型策略而与对手斗智的。服务提供商有时会操纵客户对于现实的感受（例如，隐瞒等候队列的长度）。有些客户也会玩各种游戏，以获得比他们有权获得的层次更高的服务（如航空公司的客户寻求服务升级）。客户还可能滥用保证与投诉处理政策并就不存在的问题进行投诉和要求赔偿。

服务场景

服务场景的概念由布姆斯和比特纳创建，该概念强调服务过程所处环境的影响。如果你想描述某位客户进入麦当劳的某分店时所感受到的差异——与某小型家庭拥有的餐馆相比，服务场景的概念就很有用了。布姆斯和比特纳将服务场景定义为，"服务被'组装'的环境，在该环境中，生产者与消费者相互作用，无形的服务与有形的商品相结合以促进服务表现或服务传递"（Booms and Bitner，1981，p.36）。在服务际遇

图 3-5 人们通常将一线服务人员与剧场中的演员做类比。一般来说,他们都力求在观众的眼中创造一个幻觉。在莎士比亚的名剧《罗密欧与朱丽叶》中扮演罗密欧的演员可以使用服装和舞台布景来将他的观众带回到中世纪的意大利。观众中的每一位成员暂且收起他们对现实世界的信念,而一旦他们走出剧场,16 世纪的意大利忽然间再次变成了 21 世纪的曼彻斯特。类似地,许多服务提供商也试图通过使用服装和"舞台"道具来暂时"中止"人们的信念。许多人走进咖啡店是为了暂时逃避日常生活的喧嚣,举例来说,一些英国的连锁店甚至力图创造一种典型的维也纳式或巴黎式消遣幻觉。不过,剧场演员与一线服务人员之间的类比是否有效?比起舞台上的演员,一线服务人员可能面临着更加困难的任务。与演员不同的是,他/她必须与"观众"互动,将每一位顾客当做不同的个体来对待,与他们进行一场对话;而与此相对的是,舞台剧演员通常并不与观众直接互动,几无例外。不过,许多服务组织开始将"试演"一类的活动作为员工招募的基础,应聘者在试演过程中展示出来的"表演"能力与其他正式的资格要求同样重要。

中,客户身处"工厂"之内,并成为服务生产过程的一部分。服务的生产和消费是同时进行的。

设计一个合适的服务环境应该明确地考虑目标客户可能的情感状态和期望。布姆斯和比特纳在"高负荷"与"低负荷"环境之间做了一个区别,这两者分别适用于不同类型的情感状态和客户。他们认为:

> 高负荷也即高信息率;低负荷也即低信息率。不确定性、新鲜感和复杂性都与高负荷环境相联系;与此相反,低负荷环境传递的信息代表着自信、同质和简洁明了。明亮的色彩、明亮的灯光、喧闹声、拥挤的人群、车来人往等等通常为高负荷环境的典型要素,而其反面则为低负荷环境的特征。人们在某特定时间内的情感需求以及反应将决定他们是更喜欢高负荷环境还是低负荷环境。(Booms and Bitner,1981,p.39)

服务场景应该首先鼓励目标客户进入服务环境,然后还要能够留住客户。布姆斯和比特纳讨论了所谓的"导入行为",导入行为包括以物理方式移动客户以使其探索陌生的环境、通过目光接触开始与环境中的其他人的交往以及在环境中执行大量的任务等等。规避行为则是指与此相反的行为。导入行为的发生可能与两个维度——乐趣和唤起——直接相关,而一个激发人、愉悦人的环境则是最能够吸引客户的。采光良好的橱窗陈列,显眼的、敞开的前门以及大楼前的问候人员等都属于典型的为促成导入而设计的行为。一个人们很难发现或很难打开的门更可能取得相反的效果。促成导入之后,服务场景应该鼓励进一步的探索(例如,银行的分支机构也许可以尝试设计有吸引力的信息告示栏和视频来向客户推销相关的金融服务)。最后,服务场景有时候也许应当鼓励客人离开(那些指望客户快速进出的餐馆和咖啡馆可能设计这样的座位:客人坐了一段时间之后会变得不舒服,这自然不会鼓励客户待得太久,以至于下一位付费客户无桌子可用)。

在进入服务生产系统之后,服务场景必须使得服务提供商能够有效地获得客户在生产系统中的合作。以友好的方式表达的、表述清晰的客户角色将促使该客户遵从角色安排。环境的氛围,如灯光、楼面布局、符号标示等等,都构成了服务场景的一部分。员工行为会为环境的有形方面带来生气;例如,员工在现场帮助那些在服务过程中感到不知所措的客户。最终,服务场景应该鼓励客户重复其访问行为。环境不得留下任何糟糕服务的迹象(如令人不愉快的列队等候),这可能会使客户产生对服务提供商的负面感受。服务场景也可以包括那些便利业务重复开展的有形线索,例如,剧院可能为消

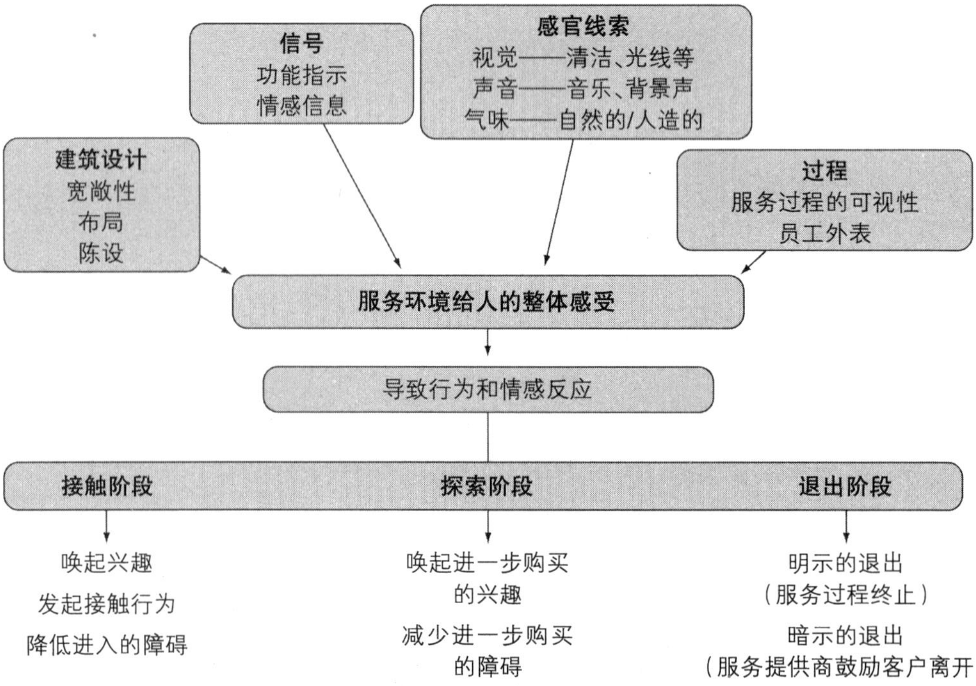

图 3-6 服务场景——一个概念性框架

图 3-7 服务消费通常发生在由服务提供商提供的建筑物内(当然,也有许多服务发生在客户自己家中)。服务场景一词被用来描述服务的交付环境。为保证服务的成功,服务场景必须做到以下几件事情。首先,它必须能够吸引客户。如在咖啡店能够看到的一些引人注目的展示物,能够抓住路过的潜在客户的注意力。应该鼓励潜在客户做进一步的探索,因此,餐馆会将其菜单放在橱窗中展示;并且要么通过透明的窗子,要么通过图片来表现楼上的餐桌或因其他原因而看不见的餐桌来向客户很好地展示餐馆的内部。必须减小客户进一步探索的障碍;因此,许多服务机构有意让他们的前门敞开——即使推门一类的小事也有可能成为障碍,让某些人止步不前。许多餐馆设有专门的问候人员,他们力求很快地将潜在客户延入咖啡馆,并启动服务过程。在咖啡馆内,对于员工而言服务场景应该功能正常,并能够营造出对目标客户而言适宜的氛围。有时,可以对服务场景做一些微妙的改变,以适应某种环境方面的变化;例如,在晚间,可以使用柔和的灯光营造出一个闲适的氛围;明亮的灯光则用于营造更为仓促的午餐氛围。在特别的场合,也可以创建全新的服务场景;例如,餐馆通常在圣诞节前后营造节庆环境。可以被管理的不仅是服务场景的有形方面——餐馆对背景音乐也非常关注,午间的音乐节奏通常较快,晚间的音乐节奏则较慢。餐馆亦使用气味——如新鲜的烤面包味或咖啡味——来引诱潜在客户的进入。尽管鼓励客户进入和探索破费周章,但服务场景还需要劝退待了太长时间的客户。例如,在打烊时间,员工通常想尽快回家并开始做清洁工作,种种微妙或非微妙的暗示会被用来督促客户快一点离开。

费者提供一个未来节目时间表。

服务生产

到目前为止,我们所考察的框架采用了一个颇具操作性的服务际遇定义——尤其是从服务提供商的视角来看。服务生产则集中讨论客户对服务际遇的感受,它所采取的是一个稍有不同的视角。埃利尔和兰吉尔德(Eiglier and Langeard,1987)所建立的框架强调服务消费的体验方面,它以组织向客户提供复杂的“利益束”的理念为基础。由服务组织所提供的服务的特点被分为两个部分——有形的和无形的。有形部分由发生服务体验的物理环境以及在服务体验过程中与客户互动的服务提供商或联络人构成。组织的有形部分由无形部分来支持,后者由支持性基础设施构成,这些支持性基础设施使得组织的有形部分得以发挥作用。其他客户的引入标志着这一系统的完善,在该系统模型之内,每一位客户都可能与其他客户发生互动。这一点非常重要,因为在许多服务际遇(如旅游和购物)中,伙伴客户的行为往往构成极重要的贡献。

客户所能接触到的每一个人和每一件事实质上都是在提供服务。贝特森(Bateson,1989)注意到,由于服务提供商与客户之间大量的接触往往会被人们大大低估,识别服务生产系统因而成为了一件颇为困难的事情。

服务生产方式对于那些涉及伙伴客户或第三方生产者的高投入型服务尤其重要。通过对服务要约作出贡献,客户实质上是在创造他们自己的"利益束"。服务生产模型被应用于旅游和购物目的地的城市营销(瓦纳比和戴维斯[Warnaby and Davies],1997),在该模型中,客户应该基本上根据城市中多家组织提供的设施的复杂程度来定义他们自己的"利益束"。某人对在巴黎休闲旅游的利益的定义可能与另一个人大为不同——只有客户才能够定义对他们来说何种服务际遇是有意义的。

客户体验

许多公司越来越多地使用"客户体验"框架来定义他们提供给客户的东西。尽管该术语被广泛使用,但对于"什么是客户体验"这一问题,人们还是众说纷纭。一个包罗一切的定义由古普达和瓦吉克(Gupta and Vajic,2000)提供;他们指出,当客户"与服务提供商创造的环境中的不同成分进行一定水平的互动并因此而获得任何感受或知识"时,体验就产生了。有些作者将该客户体验概念加以扩展,有时其间似乎还包含某种循环定义,如:"总的客户体验强调客户与某组织的所有接触以及客户的总体经验的重要性"(哈里斯[Harris],2003)。不过,这类宽泛的定义也使我们联想到阿波特的一个早期定义,他这样写道:

> ……人们真正想得到的东西不是产品,而是令人满意的体验。体验通过各种活动而获得。为了实施各种活动,通常需要有为人们服务的有形物……人们想得到产品是因为他们想得到他们指望产品能够带给他们的某种体验。(Abbott,1955,cited in Holbrook,2006,p.40)

不幸的是,由于通常与产品的享乐价值(hedonistic value)而非阿波特所定义的更通常的实用价值(utilitarian value)相联系,"体验"一词的用法也非常混乱。正是由于该种混乱,其用法与许多消费者行为文献相背离,后者强调客户对于某现象的重复体验如何会导致习得性反应。尽管反复置身于某一情境可能导致与之相应的某种习得性反应,但享乐型的客户体验定义却暗示:"体验"的价值正在于习得性反应的缺乏。真正的利益也

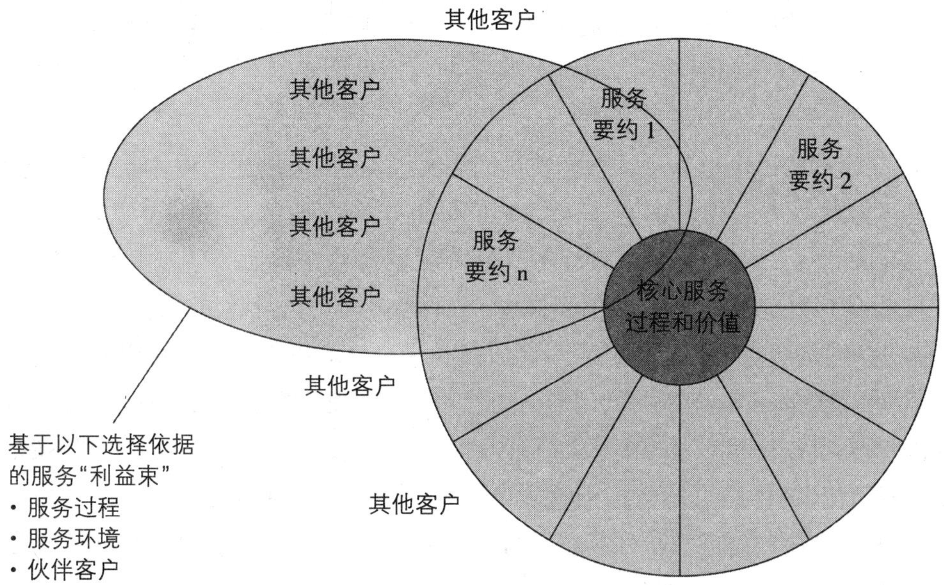

图3-8 服务生产——一个概念性框架

许以“吃惊”、“快乐”和“激动”之类态度方面的结果来呈现。与某种刺激的首次遭遇会因为其新奇性而让人感觉其具有很高的价值,但也是由于新奇价值的缺乏,这样的刺激到以后可能不被人们所企望。

创造客户体验所做的一切要大于该活动的各个组成部分之和，这些组成部分通常包括：

- 物理背景与关系背景(格罗夫[Grove]等,1992;古普达和瓦吉克[Gupta and Vajic],2000);
- 参照客户对于服务质量的期望进行以客户为中心的产品设计（普莱斯[Price]等,1995);
- 服务交付的过程(哈里斯[Harris]等,2001);
- 抱负型品牌或实用型品牌（德·钱纳托尼和麦克唐纳［de Chernatony and McDonald],2003)与支持关系(冈默森[Gummersson],1997)。

有一些著者认识到了顺序安排(sequencing)对于塑造令人难忘的客户体验的重要性（如蔡斯和达苏［Chase and Dasu],2001；潘恩和吉尔莫尔［Pine and Gilmore],1998,1999)。据查特曼(Chatman,1978)的研究,服务体验应当内含一种情节顺序和结构,就像音乐作品一样。在体验设计中创造一个如故事情节一般的时间格局能够提供类似于人类生活经历的情感序列(戴顿[Deighton],1992)。潘恩和吉尔莫尔注意到,对一个新兴客户体验的设计应当确保其将随着时间的流逝而不断自我强化。体验设计中的一系列事件应该能够不断地获得改进，并以一种积极的调子终结。因为一个不愉快的结尾会支配客户的整体体验回味。不妨回忆一下前面所做的戏剧类比——歌舞剧无一例外地以高音符结尾。

“流”(flow)的讨论也提及了顺序安排问题，“流”被用来描述一种体验状况，此种体验状况 “如此令人向往，以至于人们希望尽可能经常地重复它”(奇克森特米哈依[Csikszentmihalyi]，1988)。为了保持“流”的状况，必须在个体面前呈现挑战性逐渐升级的情景，以确保复杂性水平与其动机和技能水平相一致。有人针对几项休闲服务展开过流研究，这些服务包括博彩、奇遇游乐园以及让人全身心投入的计算机媒介环境(霍夫曼和诺瓦克[Hoffman and Novak]，1996；奇克森特米哈依[Csikszentmihalyi]，1990；特雷维诺和韦伯斯特[Trevino and Webster]，1992)。有人指出，在个人对结果感到不确定的情形，关于“流”的体验可能会特别强烈(阿诺德和普莱斯[Arnould and Price]，1993)。如我们在下一章将要看到的，许多在线博彩服务的经营者都已经认识到理解“流”的重要性。

定义成功客户体验的一个关键方面在于理解服务际遇发生之前、之中以及之后的个人情感状况。当对于某一事项或某一服务的情感涉入程度很高时，客户将经历对刺激的强烈情感反应。情感具有信息源的作用，这些信息可以用来评估刺激，并导致态度的形成。当情感与正在消费的产品或服务有关联时，它更有可能在态度形成和变化中起到重要作用(霍耶和麦克尼斯[Hoyer and Mclnnis]，2001；普莱斯[Price]等，1995)。例如，某个又累又饿的人可能将某餐馆主要看作食物的来源，而餐馆管理人员提供的体验环境的努力可能就无法吸引这个人的情感。自然而然，客户的选择性感觉被引向食物而非环境，因此，保留在记忆中的体验将集中于食物部分。对于某个在休闲性社交场合造访餐馆的度假者来说，他的选择性感觉更有可能被引向环境线索，这些环境线索将被保留在记忆当中。情感涉入不是某项产品或服务的质量，而是产品或服务对于客户的重要程度。同样的产品或服务可能对某些人而言具有低涉入性，而对其他人而言却具备高涉入性。情感可以将一个事件转化为一次体验。

那么，客户体验始于何时，又止于何时？认为它始于服务过程的发起，止于预定服务过程的完成太过简便。在服务过程开始之前，个人可能已经从服务期待中获得了某些体验性的利益。例如，许多人在做出度假选择之前已经获得了阅读度假手册的体验，该体验在他们开始度假之前很久可能就出现了。越来越多的证据表明，对于某事件的期待可能被认作一项重要的体验性利益，某些组织使用排队和等候来生成激动情绪和对于主体事件的期待(考利[Cowley]等，2005)。在事件之后，纪念品也可以使得体验得以延伸。纪念品以两种重要方式形成客户体验。首先，它们是看得见的体验提示物，在实际际遇发生之后，它们可以延伸人们对体验的记忆；其次，纪念品可以便利同伴们讨论过去的体验(古尔丁[Goulding]，1999)。

主题思考:气味也是卖点

长久以来,气味被各类组织用来创造令人愉快的服务环境。咖啡馆门口弥漫着新烤制的咖啡豆的芳香,似乎在向过路的人们发出不可抗拒的邀请,邀请他们进屋品尝。超级市场非常小心地管理各种气味,例如,它们会抽走各种令人不快的鱼腥味和洗涤剂的气味,而以新鲜面包味取而代之。气味影响客户对服务体验的评价及其后来的购买/再购买/推荐行为,对此已经有人做过很好的研究(参见勃斯曼斯[Bosmans],2006)。很多研究发现,温热的葡萄酒气味被认为可以增加圣诞节期间的食品销售,烤面包的气味则能够促进电烤炉的销售。技术的改进使得服务提供商不再局限于生产过程本身所含着的气味;比如面包店的面包味、咖啡馆的咖啡味。那些与生产过程完全没有关系的人造气味也被引入服务过程。例如,销售电烤炉的电器商店几乎肯定会使用人造气味,而不是通过烤面包来生成此种气味。

为什么各家公司如此热衷于花钱制造人造气味?最简单不过的道理是,如果气味被发现很管用,它的使用将得到进一步发展。大型有多个零售点的连锁店可以用气味做试验,它们先在试验零售点测度特定气味对销售的影响,然后将试验结果与对照零售点的销售做比较。更为重要的是,气味也被用来作为服务组织区辨性特征的一种,这与区辨性视觉特征有很多相似之处。即使在蒙住眼睛的情形下,许多买书者也能够识别水石书店(Waterstone)或星巴克咖啡店的区辨性气味。为什么气味对于购买者会有如此重要的影响?刺激—反应模型可以为我们提供某些解释。有些反应可能是我们基本心理构造的一部分。例如,对于一个饥饿的人来说,新鲜食品的气味很可能激发一种食欲。然而,其他气味可能借助于激起的记忆的联系而产生更为间接的影响。生理学方面的理由无法解释为什么爆米花的气味有助于音像产品租赁店能够租出去更多的音像产品。但在爆米花与先前在电影院看电影的经历之间形成的联想就可以产生这样的效果,它也许与快乐的童年记忆相联系。当然,在一个人身上引发如此反应的气味可能对其他人不会有效果,因此,向海外扩张的服务组织需要理解气味的文化定义以及对气味的基本生理反应。

在服务环境下使用气味合乎道德吗?在与实际生产方法没有直接联系的情形下使用人造气味明智吗?有些人会说,公司是不是在不恭地利用客户的下意识记忆?某些客户群体是不是对这类做法特别缺乏抵御力呢,例如,孩子们也许会被糖果的气味吸引到某家商店?或者,气味的使用证明了服务组织强烈的客户中心意识及其创造愉快客户体验的决心?而回头客以及向其他人推荐该商家的做法也相应地证明了组织的成功?

那么,客户体验的疆界在哪里呢?服务提供商可能很关心他们所控制部分的服务际遇,而客户眼中的“总体体验”则可能包含其他某些不可控的成分。例如,在餐馆的就餐体验中的很大一部分可能是餐馆附近缺乏公共停车场所,或者是感受到的街头

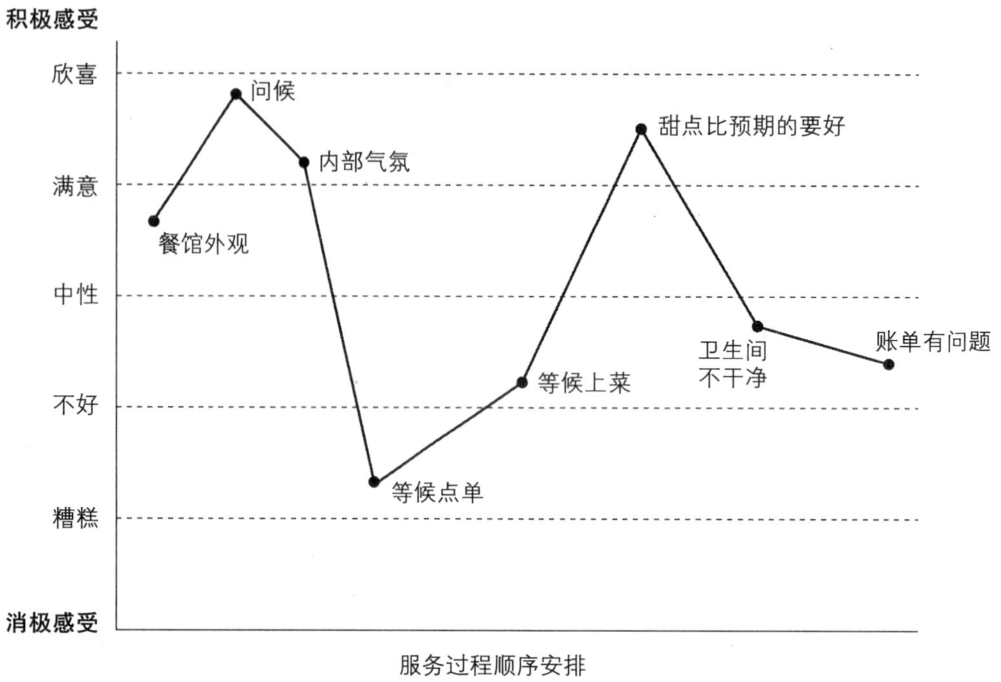

图 3–9 就复杂的服务而言，在客户"走"完全部服务流程的过程当中，其情感经历大抵既有"高峰"也有"低谷"。以调查研究为基础，体验图旨在识别这些点会在哪里出现，以便管理者对"低谷"加以改进、检视客户体验状况的排序并保证客户带着积极的情感离开服务过程。例如，如果付款是一个主要的客户失望源，可否将这一流程从服务过程的末尾转移到开头，从而使客户更可能带着积极的情感离开餐馆？当然，于某一客户可能生成积极情感的事件于另一位客户可能会生成消极情感，甚至同一位客户在不同的日子也可能体会到不同的情感，这就反映了服务过程的易变性以及客户情感状况的易变性。带着这些预告，我们可以从本示意图中看到顾客访问餐馆期间的总体情感波动状况。

犯罪水平。

完整理解客户体验的方法之一是绘制一张客户体验图，以表明个体"走"完服务的全部过程当中所生出的各种情感经历。乍一看，该方法与早些时候讨论过的"蓝图绘制"法之间似乎存在相似之处。但二者的差别在于：蓝图由操作性系统及其子系统所驱动，而客户体验图则聚焦于"完美的服务过程"中不同时点的客户感受。图 3–9 所示为将客户体验图应用于全服务型餐馆的示例。

如果客户体验基本上是由客户以购买的方式所寻求的非功利性利益组成的，那客户体验形式的利益在长期的经济繁荣当中就理应不断获得增进。有人指出，就休闲和旅游行业而言，英国与客户体验相"匹配"的最显著和最快速的经济发展出现在繁荣时期，其中又以 19 世纪 90 年代、20 世纪 30 年代、20 世纪 50 年代以及最近的 20 世纪 90 年代最为明显（厄里[Urry]，2002）。除了人均 GDP 的增长，这些时期还与扩大的收入分配差距相联系。最近有报道称，在 21 世纪的头五年，英国和美国社会最富有与最贫穷人群之间的差距已经扩大(美国人口普查局[U.S. Bureau of Census],2003;英国国家统计署[Office of National Statistics],2006)。这一不断扩大的差距也许能够解释航空运输、零售以及旅馆等行业市场“低成本而又少有虚饰”(因而也隐含着“低程度体验”之义)的快速成长这一异常现象。对于那些贬低“体验经济”的人来说,“无虚饰”部门的成长不过证明了咨询机构在玩骗人的把戏以及客户体验模型的应用范围其实有限。不过,即便收入差距不断扩大,价格驱动和体验驱动的商业模型依然可以共存。此外,由于消费者预期正在不断上升,可以预计的是,客户体验的非实用维度会日益成为总体服务要约的重要组分。

能够像更具可操作性的蓝图绘制法的情形一样,以客观和可操作的方式定义客户体验吗?构建一个简单且具备可操作性的客户体验框架可能碰到的最大问题也许是依具体环境而定的变量的复杂性。上述讨论表明,体验受个体间差异、个人情感在时间上的差异以及多种情境因素的影响。为了具备计划和管理方面的实用性,客户体验的测度必须考虑这些调适性因素的影响。测度和管理客户体验的一个进一步的概念性问题是最优体验水平的识别。某些相互关联和相互促进的概念架构——如质量和满意度等表明:人们心底存有这样一个隐性预设,即客户更偏好在这些方面得分更高的服务结果。尽管如此,客户体验本身其实是复杂得多的、非线性的。也就是说,可能存在一个更低的分界点——在此之下,客户体验不为人们所承认;也存在一个更高的分界点——在此之上,“更多的”体验则可能与负的利益相联系(试想一下过度嘈杂的餐馆和录像厅的情形)。由霍尔布鲁克所采用的另外一种定性方法将研究重点集中于由fantasies、feelings 和 fun 构成的“3F”框架——将“幻想”(fantasies,如梦想、想象或下意识的欲望)、“情感”(feelings,如爱、恨、愤怒、恐惧、快乐以及悲伤)和“娱乐”(fun,源自玩乐或美学欣赏等活动的心理愉悦)作为消费体验的三个主要方面(赫西曼和霍尔布鲁克[Hirschman and Holbrook],1982)。不过,这两位作者也承认,该经验性研究方法并非新的消费者行为研究方法,其历史渊源可以追溯到19世纪的阿尔弗雷德·马歇尔和18世纪的亚当·斯密。

3.4 服务际遇中的健康、安全和保障

服务的不可分性意味着客户实际上要走进服务的生产“工厂”。这一比喻使我们认识到必须要有一个安全可靠的服务生产环境。现在的人都认为,制造行业的员工应该得到保护,使其免受某些车间危险的伤害。我们也许会以为服务过程涉及的危害更少,然而,生产/消费环境也可能给员工和客户带来许多潜在的危害和安全风险。此外,法律和越来越喜欢打官司的客户们对服务过程设计设置了越来越多的约束。结果,那些初衷在于满足客户需求的营销人员到头来反而经常违反安全保障方面的规章制度。

图 3–10 许多客户并不将服务营业点视为一个高效地提供服务的功能性场所，而视其为本身就可以供人们享受的一种体验。硬石咖啡厅向人们提供食品和酒类，但这只是总服务要约中的一个很小部分。在世界各地的硬石咖啡厅，客户不仅是在购买一杯咖啡，而且是在一个充满想象力的主题酒吧里购买一种体验。

当代的一个重大问题涉及在诸如酒吧和餐馆之类的服务营业点抽烟。对于许多企业来说，抽烟者可能是好的客户，他们的花销超出平均水平，如果限制抽烟，这些人很可能改换到另外的地方去消费。营销人员必须先做计算：是否失去抽烟者所造成的损失能够通过吸引到额外的客户而获得补偿——对于后者来说，一个无烟环境更具有吸引力。但还存在超出营销范围的更宽广考虑。公司应该冒其员工可能因为被动吸烟的危害而起诉它的风险吗？营销人员现在也许会因为禁止在工作环境当中抽烟的法律而感到沮丧，该法律 2004 年在爱尔兰开始实施，并且逐渐被其他欧盟国家所采纳（从 2007 年开始在英格兰和威尔士生效）。鉴于服务的不可分性，禁止在工作场所抽烟实际上减小了营销人员的自行裁量权，即使营销研究表明大多数客户偏好吸烟环境。

风险评估是安全问题的核心。关于什么是可接受风险的判断会随时间而发生变化，而且，这一判断在国与国之间也会不同。很少有服务是完全没有风险的——即使是从咖啡分发柜台为客人端上一杯咖啡也有风险，水可能过热以至于烫伤了客户。但此种事情发生的可能性与一个事先准备好的保证此种事情不发生的合理过程相结合，意味着咖啡店相当愉快地接受了为客人端咖啡的风险。有时，风险是服务际遇关注的中心，无须提醒，营销人员也明白注意安全的重要性。例如，提供绳降和皮划艇运动训练的户外探险中心必须配备健全的风险评估流程，并明确规定相关指导原则（例如，设置起码的督导人员一受训人员比率，强制使用安全设备以及对督导人员进行强制性培训等等）。有时候，风险可能很容易被忽视，公司可能未能做出彻底的风险评估。想想看，在通风或采光不良的商店或休闲设施作业的员工与客户将面临什么样的健康风险？

服务企业的营销部门与其营运部门之间存在冲突的案例也时有报道，前者想以最低成本改善客户服务绩效，而后者则必须为实际营运中的错误承担最终责任。对发生于1987年的“自由企业先驱号”客轮沉没事件所做的调查注意到，营运部门面临准时起航（以减少客户对时间延误的投诉）——即使这意味着轮船要在舱门大开的状况下起航——的压力，其后果即是轮船倾覆，193条人命葬身大海。

管理者必须严格地处理风险问题，在此基础上细致地规定服务际遇。当有服务际遇导致人身伤害或死亡的时候，最初的反应往往是归咎于犯了错误的基层操作人员。但错误有必要结合来自服务生产过程中的其他压力源加以审视。让我们来看一个例子：1999年，两列火车在伦敦的帕丁顿车站外发生碰撞，31人因此丧生。碰撞的直接原因是一列火车的司机闯红灯。尽管为事故承担责任的是这位司机，但进一步的调查表明，服务设计目录本身有问题。有人就司机的招募与培训提出了质疑（作为当事人的司机刚刚上岗不久）。许多其他司机也报告说，红灯在某些情况下很难看到，而且，以前也有过在亮红灯的时候通行的情形，但管理层并没有着手解决这一问题。还有人就管理层的责任提出了质疑：如果安装一个车载报警系统，该类事故本来是可以防患于未然的。还有人呼吁对那些设计和实施了不安全服务的公司管理者提出更加严厉的谋杀指控。有人声称，正如“自由企业先驱号”的情形一样，帕丁顿火车碰撞案件中起诉出错的员工不如起诉那些一开始设计了糟糕服务过程的管理人员更有助于公众利益。

服务营销人员越来越意识到恐怖主义活动对他们的服务造成破坏的可能性。恐怖主义活动会以多种形式影响营销：

- 不得不采取的安保措施可能会使得服务过程对某些客户缺乏吸引力，这些客户将因此不再购买服务。例如，有人指出，在机场因安全排查而造成的时间延误越来越长，有些人因而认为乘飞机旅行太过麻烦，决定选择其他出行方式，或者取消出行。

- 对于恐怖主义活动本身的恐惧使得某些人不敢购买服务。例如，在北爱尔兰身陷“麻烦”期间，很少有人敢冒险进入贝尔法斯特市中心的餐馆或酒吧。随着和平的回归，贝尔法斯特的“金色大道”上餐馆才再一次变得生意兴隆了。
- 与此不同的是，也有不少客户认为为严密的安全保障措施付出代价是值得的，这可以保证他们能够无忧无虑和不受妨碍地消费服务。例如，在所有航空公司当中，以色列航空公司 EL AL 以最严格的安全保障措施而著称，这有助于加强客户的信心。

尽管发生了 2001 年 9 月 11 日的恐怖主义事件以后，防范恐怖主义成为了许多服务组织日程安排中日益重要的事项，但恐怖主义活动显然不是什么新的东西。在北爱尔兰和以色列营运的公司具有在服务蓝图设计中考虑应对恐怖主义活动威胁的长期经验。

恐怖主义分子的攻击既会影响制造商，也会影响服务组织，但对于服务组织的影响尤其明显。制造企业可以通过采取只允许员工进入的控制措施来保障生产设施的安全。有意破坏制造品的案例极少，制造商也可以对整个配送渠道采取措施——例如，使用防窃启包装技术——来降低该类风险。服务组织与此不同，在服务组织的情形，客户通常直接进入生产过程，服务组织不能像工厂阻止未经授权的闯入行为一样对客户进行排查。实际上，大多数服务的全部意义正在于客户进入服务“工厂”，进入权的相对开放因而使得服务组织面临的风险要大得多。

服务组织已经成为恐怖主义活动小组所瞄准的目标。有时，恐怖主义活动小组可能向某特定的公司发起攻击。例如，对那些向亨廷顿生命科学公司——一家在活体动物身上做试验并因此成为许多动物权利小组攻击目标的公司——提供服务的公司所采取的直接行动就属于此种情形。在其他一些时候，某服务公司可能代表着恐怖主义活动小组所反对的群体的价值观，攻击就是使这一点公开化并产生最大化影响的一种手段。当恐怖主义活动小组在 2004 年 1 月用炸弹袭击英国拥有的汇丰银行在伊斯坦布尔的一个分支机构时，它也许与银行没有任何特定的恩怨；但银行象征着一套这个小组所反对的西方价值观及其对全世界的干涉。不管出于什么原因，服务会为恐怖主义活动小组提供相对容易的机会，后者希冀通过其行动所导致的轰动和混乱来造成重大影响。对地铁、机场和购物中心的攻击可以使某一事业获得相当大的知名度。

服务组织对可能发生的恐怖主义活动应当如何应对？一种观点认为，要防止一个坚定的恐怖主义者的破坏活动而又不至于因实施安全保卫流程而引起更大的混乱几乎是不可能的。恐怖主义活动即使未能导致一架受到爆炸物袭击的飞机解体，也会间接地通

图 3–11 巴伐利亚啤酒节的客人们满载着对啤酒和酒吧女招待员的美好回忆离开。酒吧女招待员身穿富有民族特色的服装——融传统与视觉吸引力(尤其是对男人们来说,他们构成啤酒节市场的大部分)于一体,使得服务际遇令人难忘。酒吧女招待员的着装由贴身上衣和上部开胸很低、收得很紧的围裙组成,被称为阿尔卑斯山地农家少女装。你眼中身穿阿尔卑斯山地农家少女装、端着几大杯啤酒的酒吧女招待员会帮助你把美酒转化为一种体验。客户们喜爱这样的着装,啤酒商们也喜爱,酒吧女招待员们显然也喜爱它。但这一显然令人愉快的服务氛围在 2006 年却受到欧盟光学辐射指令的威胁,该指令规定在室外工作的员工的雇主——如巴伐利亚啤酒花园的雇主们——必须确保员工免受太阳曝晒的风险。支持欧盟法律的一个严肃观点是:单是在英国,每年就有大约 70,000 个新的皮肤癌病例被诊断出来。面对该指令,一个户外服务际遇的提供商应该做何反应呢?如果他们让穿着剪裁得很节省的服装的员工们曝露于阳光之下,他们要面临可能的罚款以及以后患上癌症的员工们提起的法律诉讼。但与许多报纸的报道相反,欧盟指令并不特别要求巴伐利亚的酒吧女招待员(或其他地方的户外工作者们)遮挡她们的低开胸着装。管理者们必须做出风险评估,并考虑对于一个特定的服务际遇来说什么会是合适的。借助于防晒霜的功效以及通过减少每一位曝露在阳光下的酒吧女招待员的工作时间,慕尼黑啤酒节独一无二的特色也许能够得以保全。

过对所有乘客实施的漫长安全检查而导致混乱。

为减少恐怖主义分子袭击的可能性,组织应该走多远呢?这里有几个问题可以讨论:

- 如何评估恐怖主义分子发动袭击的实际发生概率才最为妥当?许多服务组织使用风险评估方法,通常雇用专业的风险评估师。
- 就物质以及组织声誉而言,实际发生恐怖主义袭击会造成多大的损失?

- 公众对袭击概率以及袭击的可能后果持什么样的看法？客户往往会做出一些显然不合理性的选择。例如，据估计，在过去的几十年间，因恐怖主义者劫持飞机受伤或死亡的概率比在道路交通事故中受伤或死亡的概率要低得多。尽管如此，对空中旅行的恐惧比对驾车的恐惧仍然要大得多，这已成为一种相当普遍的现象。
- 公众对于旨在降低恐怖主义威胁所采取的措施持什么样的看法？客户会因为过于密集的安全保障措施——如搜身和身份检查——而止步不前吗，抑或这些措施能够成为客户信心的来源？
- 什么样的安全保障措施在操作上是可行的？举例来说，在高峰期间，对进入一个繁忙的通勤火车站的所有乘客搜身可行吗？

3.5 服务失败及其补救

服务际遇不总是会按计划进行，这会让客户很扫兴，但这几乎又是不可避免的。服务的不可分性与无形性造成了很高的服务失败率。从客户的视角来看，服务失败是指任何情形的服务差错，无论责任在谁。高接触型服务的不可分性会有一个后果，那就是通常无法向客户掩盖服务失败。服务失败的严重性也许有所不同，大到非常严重（如食物中毒事件），小到微不足道（如短时间延误）。讨论服务失败的文献构建了许多描述服务失败的一般性质的类型学方法（如凯利和戴维斯[Kelley and Davis]，1994；比特纳[Bitner]等，1990）。哈尔斯迪德（Halstead，1993）等指出，一次服务失败有可能产生两种效应。首先是“晕轮”效应，它可能给客户感受涂上负面的色彩（例如，如果航空公司弄丢了乘客的行李，乘客在以后很可能会将与航空公司之间的任何沟通与失败相联系）。其次是“多米诺骨牌”效应，它可能引发其他性质的服务失败或同一服务过程中其他方面的服务失败；通常可能发生于以下情形：服务过程早期阶段的失败让客户的情绪变得很糟糕，以致他们对以后阶段的小失败变得更加挑剔。在预订餐桌时就被不合理地拖延了时间的用餐者在接下来的食物交付过程中更有可能就小的问题提出投诉。

我们将从考虑那些易于招致失败并对客户造成显著影响的服务际遇的关键方面开始分析服务失败。

关键事件

每当生产者和消费者在一次际遇之中相遇之时，就会发生各种事件。尽管许多事件对于消费者的后果是微不足道的，但其中某些事件却是如此重要，以至于它们构成成功际遇的关键所在。比特纳（Bitner，1990）等将关键事件定义为“客户与那些要么特别令人满意、要么特别令人扫兴的服务人员之间的特定互动”。尽管他们的定义侧重点

主题思考:是我太滑稽,还是你太较真?

"安全保障"已经成了许多服务公司所使用的一个无所不包的借口——用以解释它们为什么不能满足客户的要求。当然,安全保障很多时候确是各种反应的正当理由,但我们也看到许多例子,在这些例子当中,人们做出的"安全保障"反应显然有些愚蠢。我们来看看演员杰瑞米·比德尔(Jeremy Beadle)的案例。有报道称,2004年1月,由于他没有携带任何正式的身份证明文件,他被阻止搭乘从伦敦飞往格拉斯哥的飞机。安检处的员工对他实际上就是千千万万的人每星期在电视上所看到的那位演员似乎有所怀疑。附近的许多剧迷们显然能够为他的身份做担保。但由于没有那份正确的文件证明他实际上就是那位著名演员,他怎么也上不了飞机。

在许多服务行业,得到授权的员工可以依据其常识酌情做出决定。但保安业属于劳动密集型行业,在诸多盈利水平低下的安保服务提供商之间存在着激烈的竞争。员工们得到的往往是最低水平的工资,选择高质量员工并对其进行判断技能培训的机会十分有限。因此,为了遵守政府的要求,各家公司依照严格的规则导向的蓝图执行安全检查更容易一些。

当杰瑞米·比德尔无法成行的时候,在格拉斯哥等候他表演的剧迷们可能会很失望。成千上万弱不禁风的小老太太们也许早就经历过此种失望,她们天真地尝试将指甲剪带上飞机,结果发现它们要被没收,因为"那些都是规定"。尽管存在各种各样的"规定",但一名诡计多端而又坚定不移的恐怖主义分子可能早已想出了聪明得多的偷运有害物品登机的方法。

一个严格实施的安全保卫政策从表面上来看往往可以给客户带来一些信心:管理者们正在采取措施避免恐怖主义袭击。但安全保卫工作的外表有时可能会掩盖更深层次的缺陷。尽管已经有一些报道说,小老太太们用指甲剪为武器来制服机舱服务人员,但一名坚定的恐怖主义分子砸碎一个玻璃瓶并将它用作致命性高得多的武器可能会更容易想象一些。阻止携带指甲剪的小老太太们可能会是一个简便的、可见的标志,它表明航空公司在严肃认真地开展安全保卫工作,但航空公司敢自发地发布一项玻璃瓶禁令,惹恼每一位乘客,并导致机场商店贵重免税品的销售损失吗?

在于引发关键事件的人的作用,但这类事件仍有可能产生于客户与服务提供商的设备之间的互动。

在每一个关键事件,客户都有机会评价服务提供商并形成对服务质量的看法。涉入服务生产的各种过程可能相当复杂,并导致大量的关键事件,其中许多事件涉及非一线员工。通过检查关键事件的多少,可以判定服务际遇的复杂性——以及由此而来的质量管理问题。一个航空公司与其客户之间互动的简单分析即可向我们揭示出以下关键事件模型:

预售	首次电话询问 订机票 出票
售后,消费之前	检查行李 查验机票 发登机卡 告知登机口 机场通知所体现的服务质量 候机条件所体现的服务质量
消费	登机时的欢迎词 帮助找座位 帮助放下行李 出发时间的可靠性 飞行中服务的殷勤程度 飞行中的饮食服务质量 飞行中娱乐项目的质量 航班安全/舒适的运行 从航班至航站的快速转移
消费之后	行李认领 抵达机场的信息便利 有关于行李遗失的询问等

这份关键互动阶段清单不可能无所不包。实际上,任何一点的关键程度都取决于客户的主观判断,而非生产者的技术性界定。在客户高度涉入的情形下,某事件可能变得特别重要。在服务过程的每一个关键点上,客户都会对服务际遇的质量作出判断。

上述许多关键事件的成功完成取决于支持人员令人满意的行为，尽管他们并不直接与客户互动——例如，不为乘客所见的行李人员的工作对于确保行李完好无损地出现在正确的认领地点和时间是至关重要的。因此,服务组织内的所有人都应视作“兼职营销人员”,这一点值得特别强调(冈默森[Gummesson],2002)。

说公司应该关注关键事件很容易，但要了解客户如何界定关键事件就困难多了，而要确定公司什么时候在关键事件处理中失败了则尤其困难。在学术研究文献中,关键事件往往根据客户声明——一次简短的面谈之后——来分析界定(爱德华森和斯特兰德维克[Edvardsson and Strandvik],2000)。以一种就陌生的采访者而言为“社会可接受”的方式,通常不会刨根问底,也不要求受访者细说该事件有多么正面或多么负面,该分析方法反映出了人们对于服务际遇的第一印象。更为重要的是,在买者—卖者关系环境当中,孤立于先前的事件和整个关系环境来看待关键事件可能是不现实的。有证据表明,客户关系的长度可能有助于减轻关键服务失败的影响(帕尔默[Palmer]等,2000)。

许多服务公司努力鼓励客户投诉,以便更准确地识别失败的关键事件。免费帮助热线和客户意见卡的日益常见就是证据。有人提出,投诉本身也许可以导致客户满意,因为投诉者借此将心中的不满释放出来了。在对美国某健身中心成员的研究中发现,在那些被问到他们的看法的客户当中,满意度有更大程度提升的客户往往是那些原来最不满意的客户(耐尔[Nyer],2000)。提供表达对服务的感受的机会被证明有利于满足水平的提升,但只有在企业愿意改正错误或冒犯行为的前提下才能考虑该做法。与此相对照,还必须注意到许多公司正面临着“伪投诉者”(bogus complaints)的增加。在服务提供商鼓励投诉的大环境下,有些客户可能经不住诱惑,尝试通过无中生有的投诉讨到某种形式的补偿。

不同类型客户的投诉倾向看上去也不一样。洪和兰姆 (Heung and Lam ,2003)发现,年轻而又受过良好教育的女性客户往往会更多地投诉。他们还证实了先前的一项发现:个人的受教育水平是其投诉倾向的一个好的指示器。

识别服务失败及其补救策略

服务提供商应该制订识别、跟踪和分析服务失败的制度,以使管理者能够识别常见的失败情形(霍夫曼[Hoffman]等,1995)。更为重要的是,管理者还能够据此制订相关策略,从一开始就防止失败发生,或在失败不可避免的情形预先设计适当的补救措施。有正规服务补救计划的公司能够改进其核心产品提供的“利益束”,并提升公司价值链中的服务成分(霍夫曼和凯利[Hoffman and Kelley],2000)。

人们常说,一个快乐的客户离开后会将他享受到的良好服务告诉两、三个人,而不满意的客户也许会将失败的服务告诉十多个人。

企业的客户基础大概每年流失 15%~20%(里奇赫尔德和赛瑟 [Reichheld and Sasser],1990)。尽管客户可能会因为各式各样的原因(如更低的价格、更好的产品、市场区位的变化,等等)离开并投向竞争对手的怀抱,但最小化因糟糕的服务而脱离的客户数量通常还是可以做到的。然而,也有许多证据表明,有些企业并不把客户投诉当一回事,没有得到解决的投诉实际上会强化客户对公司及其代表人物的负面感受 (哈特[Hart]等,1990)。组织应当制订一个随时补救服务失败的战略。

关于服务组织如何补救不利的关键事件并重新建立有效客户关系的文献越来越多。服务补救流程是公司为处理客户就服务失败而提出的投诉而进行的一些活动。有证据表明,好的补救行动可以将愤怒而沮丧的客户转化为忠诚的客户,甚至有可能比事情从一开始就顺利运转赢得更多的商业信誉(考和洛[Kau and Loh],2006;哈特[Hart]等,

投诉不够多?

将投诉掐灭在萌芽状态是服务补救策略的一个重要组成部分。但在积极鼓励客户投诉方面,公司到底应该走多远呢?有人含蓄地说,英国——传统上因自我克制而著称——已经培育出了一个职业投诉人"品种",这些人滥用企业所提供的各种邀请人们就其产品进行投诉和反馈的制度。一些伪投诉者利用公司害怕失去忠诚客户的心理成功地让餐馆、铁路运营商和酒店等乖乖地奉上成千上万镑的购物券和补偿。企业似乎成为了美国式商业理念的受害者,该理念认定:一旦某客户有一次投诉获得成功处理,他们就会终身保持忠诚。人们通常认为,招徕一个新客户的成本大约五倍于保有一位既有客户的成本。但公司如何使投诉客户需求的满足与堵住伪投诉者潮流并行不悖呢?森宝利公司现在开始集中记录、处理所有投诉,以便考察和识别频繁的投诉者。

1990)。

服务失败及其补救的相关研究建立在多种理论框架的基础上。这些理论包括:归因理论(Attribution Theory)(海德[Heider],1958;马克斯翰和内特迈耶[Maxham and Netemeyer],2002)、公平理论(Justice Theory)(亚当斯[Adams],1965;塔克斯[Tax]等,1998)、失验理论(Disconfirmation Theory)(邱吉尔和索普伦兰特[Churchill and Surprenant],1982;奥利弗[Oliver],1980;帕拉苏莱曼[Parasuraman]等,1985)、社会交换理论(Social Exchange Theory)(凯利和西鲍特[Kelley and Thibaut],1978;霍曼斯[Homans],1961)和公平理论(Fairness Theory)(斯普伦[Spreng]等,1995;福尔杰和克罗潘扎诺[Folger and Cropanzano],1998;麦科尔—肯尼迪和斯巴克斯[McColl-Kennedy and Sparks],2003)。

公平理论(Justice Theory)为我们理解投诉解决过程——从最初的服务失败到最终解决问题——提供了最全面的分析框架。不断更新之后的公平理论包含三个维度:

- 分配公平(投诉解决过程的结果公平);
- 程序公平(解决服务失败的程序是否被认为是公平的);
- 交往公平(涉及投诉解决程序和结果提交过程中的人际行为)。

投诉处理可被视为一系列的事件,这些事件始于沟通某次服务失败的投诉,形成一个产生决策和结果的互动过程。公平理论指出,系列事件中的每一部分都应该受公平考虑的制约,一项投诉解决方案的每一个方面都要创造一个公平的事件段落(比耶斯[Bies],1987;塔克斯[Tax]等,1998)。

成功的补救通过向愤愤不平的客户提供一个三个公平维度适当的混合而实现(马

图 3-12 公司应该使客户投诉变得更容易，这已经成为很多人的共识。这样说的根据是，得不到解决的投诉可能导致心怀怨气的客户将具有重大影响和负面口碑性质的评语转告给他的朋友和同事。如果组织实际上并没有收到投诉，它也许意识不到问题的根本原因所在，因此，很难避免问题在将来再一次发生。但公司在鼓励客户投诉方面可以走得太远吗？投诉渠道的畅通无阻实际上会导致某些客户找理由投诉吗？它甚至会在客户当中勾起这样的看法——服务失败是家常便饭，就像轻易可获得的投诉渠道所表明的？在现实中，客户通常有可能因为特别好的服务而大喜过望，同样，也有可能因为非常糟糕的服务而大失所望。一项服务经营不该做诸如此类的努力来了解什么会使得客户喜出望外吗？采取均衡做法的蒂普森公司，经营一家修鞋和配钥匙服务连锁店。这家公司比大多数公司走得更远，它请求客户反馈他们的评语——不仅在他们的期望未得到满足的时候，而且在他们的期望被超额满足的时候。一张正面反馈表有助于创造更为均衡的客户期望，这对于激励那些其努力得到认可的员工是大有价值的。（重印经蒂普森公司许可）

克斯翰和内特迈耶[Maxham and Netemeyer]，2002)。三个维度的重要性取决于好几个因素，其中包括：服务失败的类型和程度（麦科尔—肯尼迪和斯巴克斯[McColl-Kennedy and Sparks]，2003)、服务情境（马提拉[Mattila]，2001)、原有关系的紧密程度（霍夫曼和凯利 [Hoffman and Kelley]，2000)、客户心理图表（麦科尔和赫瓦德卡 [McCole and Herwadkar]，2003)以及情感状态（斯柯佛和恩纽[Schoefer and Ennew]，2005)。

服务补救中最重要的步骤是尽快查清楚从什么时候开始服务不能满足客户的期望。一位感到不满意但又不向服务提供商告知其不满的客户也许再也不会回来，更加糟糕的是，他也许会将其不愉快的体验告诉其他朋友。服务公司因此需要花更大的力气促进客户反馈对服务的评价，以期获得补救机会。事后采取的服务补救可能包括在接收者看来合理的经济补偿，或免费提供的额外服务，这将是公司改善形象的机会。如果是在事件之后做服务补救，一定要迅速、公平地提出合适的补偿方案。如果接踵而至的是旷日持久的纠纷，心怀怨气的客户可能越发得出绝不再使用这家服务组织的理由。他不仅会将糟糕的服务际遇、还会将所见到的糟糕售后服务行为告诉其他人。

在某项关键事件失败后，服务公司不要长久地等待，而要更多地考虑在服务交付过程中实施服务补救。服务组织与客户一道将失败的关键事件转化为积极的优势也是大有可能的。面对不利的情形，服务组织对客户的感情融入能力可以创造比在没有发生服务失败时更强有力的联系。我们来看一个例子：一家包车旅游运营商带着一批客户到达某酒店，结果发现酒店的客房被超额订出，这可能会给客户带来极大的不便。不能顺利地让客人入住指定酒店代表着一项关键事件的失败，这将导致包车旅游运营商与其客户之间关系的长期损害。但旅游团领队若表明决心并将事情朝最有利的方向转化，情势也可以得到补救。旅游团领队要做的工作可能包括向客户表明他们一定会去见酒店经理，使其客房配额得以恢复。他们也可以与酒店的管理人员谈判，设法获得标准更高、又不用额外付费的备选酒店的客房服务。客户对此一定会很欣赏。如果重新安排客房的过程看上去很费时间，旅游团领队也可以临时安排某项替代性的有趣活动，如参观当地的某个旅游景点，这样就不需要让客户一直在车上等候了。

服务补救成功的可能性取决于两项主要因素。首先，一线服务人员必须具备对客户的情感融入能力。与客户的情感融入最初体现在指出恰如客户所感受到的服务失败，而非依某种技术性的、面向生产的方式所定义的失败的能力。情感融入也可以通过一线人员采取行动以最好地满足客户需要的能力来体现。其次，服务组织应该授权一线员工在最关键的时间和地点采取补救行动。这也许意味着授权——和期望——员工改变预定的服务计划，必要时，准许员工根据情况使用资源，以便实现服务补救。面对酒店对外超额订房的情形，旅游团领队可以将客户带出去喝上一杯聊表歉意，这也许会在服务补救与服务失败之间形成很大不同。如果旅游团领队没有得到按此种方式花钱的授权，或者，批准是如此困难，以致晚到的批准已经一无所用时，服务补救的机会可能就永远失去了。

这里需要再次强调为服务过程绘制蓝图的作用。也许不可能预料每一次服务失败的准确性质，但一张蓝图可以告诉人们在一定常规类型的失败发生的情形下做些什么。

让我们来考察一个取消某次航班的案例，该决定将导致对客户的极大不便。一张蓝图应该能够立即表明：

- 谁负责将航班取消的消息通知相关乘客；
- 在公司重新安排替代服务的时候，哪些乘客可以获得优先权；

- 向乘客提供什么样的补偿选择；
- 谁去处理没有得到解决的索赔要求。

在很多组织中，补救过程的蓝图绘制得很糟糕，这只会使得原有的服务失败问题更加复杂化，因为客户会获得进一步的证据——公司的组织效率低下，也没有将他们的最大利益放在心上。不过，尽管绘制蓝图可能为服务补救提供基础，但只凭它也不足以将遭受失败影响的客户转化为拥戴者。理解客户的情感状况是非常关键的，这就要求服务提供商针对个别客户的情感状况仔细定制响应行为（参见史密斯和博尔顿［Smith and Bolton］，2002）。在一项研究中，有人注意到：员工表现出的温情、他们顾及客户情绪和展示情感融入行为的能力会显著地影响客户在服务失败发生之后的忠诚度（兰明克和马特森［Lemmink and Mattsson］，2002）。

对着眼于服务失败和个别服务际遇补救研究的服务营销文献的关注使我们的注意力远离了“更大的画面”。为了克服只将一系列关键事件作为分离的个体来考察的问题，

主题思考：错误的借口

英国的铁路运营商有久远的为服务失败编造借口的传统，这些借口已经成为凭真功夫吃饭的喜剧演员惯用的素材。“道路上的树叶”是每个秋天都会令通勤者困惑的问题。令人吃惊的是，几片小小的树叶居然可以让100吨的火车停驶。最大的笑柄则是由英国铁路公司(British Rail)1987年给出的，当时，“一场下错的雪”让据说曾在北极经受检验的最新式的斯普林特火车不能行驶。

有迹象表明，私有化的铁路运营公司已经改善了他们与乘客的沟通标准。许多公司对其列车乘务人员进行训示：对于那些考虑问题还算有点仔细的聪明客户来说，将晚点归咎于“操作问题”或“技术困难”并不见得高明到哪去——客户本来会对铁路公司及其问题表示同情的。得益于火车与中央控制室之间双向沟通的改善，乘务人员也尽最大的努力让乘客们随时知晓解决问题进程中的最新消息。

乍一看，该策略似乎很有效。在私有化的前五年，铁路公司承运的乘客总数有所增加，尽管指标的可靠性呈现出通常的恶化(当然还有其他因素——如道路交通阻塞——可以解释乘客数量的增加)。媒体仍然对铁路公司的借口保持高度的怀疑，在铁路沿线的出行依然是全国性的娱乐消遣。例如，2000年，媒体推出这样的故事：Connex South Central公司将晚点归咎于“……大气条件影响轨道车辆的附着力”。该公司岂不是在以官样文章型的借口侮辱客户的智商么？不要继续编造借口了，不是应该处理那些根本问题么？一家充分尊重客户智商的公司是维珍铁路公司。里查德·布兰森在公司的客户杂志中写到，公司的服务标准还不是足够好，但他吁请客户表现出耐心——公司正在投资金钱来扭转几十年的政府疏怠造成的局面。

斯陶斯和魏恩利奇(Stauss and Weinlich,1995)提出了顺序事件技术(sequential incident technique,SIT),该技术将整个关系的历史以及在其间发生的各项事件纳入考虑。

一系列表面上看来不相关的服务失败有可能导致危机(艾略特[Elliott]等,2005)。一次重大的火车事故,如1999年发生在伦敦帕廷顿车站附近的事故,可能是一些显然不大的事件——包括有问题的安全设备和漫不经心的员工——造成的结果，当这些事件结合在一起的时候,就导致了重大危机。我们将在第13章“服务组织的沟通”中继续讨论危机管理话题。

本章总结及与其他章的联系

本章以上一章为基础,根据过程定义服务。对于高接触型服务,客户将深入这些过程,这就给我们提出了不会在商品制造部门碰到的质量管理问题——在商品制造部门,商品的生产不为人们所见;而且,在需求不足期间,商品还可以储存起来。由于必须在客户出现的情形下“现场”生产,服务在满足客户期望方面有很高的失败几率,因此公司必须制订补救这类失败的策略。

衡量服务际遇质量的努力将在第9章更深入地讨论。服务际遇的质量影响客户就是否从特定供应商重复购买进行决策,影响持续关系的发展程度(第7章)。

对于依赖服务提供商的员工投入的服务际遇,其关键因素是质量和员工一致性。本章强调了服务提供商在简化员工任务和使员工任务非技能化方面所起的作用。不过,服务提供商的此种做法也有其限制,通常需要针对大多数服务际遇来恰当地选择、培训以及监督员工。这些问题将在第10章讨论。在服务过程中的时间延误会对客户产生直接影响;因此,服务提供商会通过小心谨慎地将其能力与需求水平相匹配来有意避免各种瓶颈。需求管理问题将在第12章进一步讨论。

复习题

1. 请解释规定一项服务比规定一项制造品更为困难的原因。以促进计划和控制职能的方式对服务公司用来描述其服务要约的方法进行评价。

2. 许多关于服务际遇的分析以剧院为参照做了类比。请评价该类比的有效程度。

3. 服务失败意味着什么？请评价快餐店可以用来补救其服务失败的各种策略。

实践活动

1. 选取以下服务过程之一:开车到修理店去更换一个尾气排放系统;对住房做小的修理;美发和染发。绘制一张服务蓝图,描述其中涉及的服务过程。你的蓝图应该识别涉及服务生产过程的不同阶段、每一阶段占用的目标时间、每一阶段涉及的参加者、服务过程中看得见的证据以及所涉及的各种看不见的过程。

2. 考虑你最近消费的一项高接触型服务,如一个酒吧、餐馆、图书馆或牙科诊所。用如图 3-9 所示的原理绘制一张体验图。仔细考虑你的体验什么时候开始和结束,识别你在服务过程中挑选的所有传递感觉的线索。什么体验元素在你的记忆里占有突出的位置?为什么会是这样?为什么对于服务提供商来说,理解你对服务际遇的长期记忆很重要?

3. 考虑一次拜访牙科诊所或外科大夫手术室的经历。识别服务过程中可能的关键事件。向服务提供者就如何识别关键事件以及诊断他在关键事件上的成败提出建议。使用诸如蓝图绘制一类的框架来提出促进服务失败补救的方法。你认为外科大夫/牙医的职业身份对服务失败/补救过程的影响会是什么?

案例研究:在 T. G. I. 星期五餐厅制作戏剧

这是小酒馆吗?这是餐馆吗?或者,这是一家剧院?T. G. I. 星期五餐厅(T. G. I. Friday's)的经营者们希望他们的客户将它看作三者都是。对于厌烦了许多快餐连锁店的程式化、工业化服务过程的就餐者来说,在 T. G. I.星期五餐厅的服务际遇可能会是一个值得欢迎的变换。

T. G. I. 星期五餐厅是一家美式主题餐厅和酒吧组合,它于 1965 年在美国开张,自 1986 年以来,英国 Whitbread 公司获得其特许经营权。2006 年,T. G. I.星期五餐厅在英国设有 46 家分店,在全世界总共有 934 家分店,分布于 55 个国家。

用 T. G. I. 星期五餐厅的母公司卡尔森连锁餐饮企业(Carlson Restaurants Worldwide)的总裁兼 CEO 理查德·斯尼德(Richard Snead)的话来说,T. G. I. 星期五餐厅的信条是"将每一位客户当做我们家里的尊贵客人来对待,我们所做的一切事情都是这一信条的反映"。

公司宗旨中有四项关键组成有助于在他们的餐馆创造成功的服务际遇:

- 员工:被视为决定服务质量的关键因素。这不仅适用于对客户体验作出看得见的贡献的一线员工,也适用于在幕后工作、从事智囊作业的员工。
- 产品:来餐馆的客户最关心的问题是饮食会是怎么样的,质量标准的一致性是非常重要的。
- 包装:由餐馆的建筑和陈设组成,它们应该维持在良好状态。
- 环境:这是用餐体验的重要部分,尽管难于规定,但它们对于客户来说却是不容易忘记的。

1965 年,首家 T. G. I. 星期五餐厅在纽约第一大道和第 63 大街开张,现在大家都很熟悉的红白两色条纹在那时候就成为餐厅的特征。木质地板、蒂芬尼灯饰、曲木椅子和条纹桌布构成餐厅内部陈设的一部分。装饰布景是客户在 T. G. I. 星期五餐厅的体验中的一项关键元素,这项元素将一个没有它便会显得单调而又烦人的工业型建筑转换为一个丰富多彩的戏剧舞台。一架一直在运行着的穿梭于各类拍卖市场和跳蚤市场之间的古玩式"采集车"成为 T. G. I. 星期五餐厅的一项内部摆设。给客户的大事记是真实的,如果可能,要根据一间新餐馆将落成的某个地区而独一无二。

T.G.I.星期五餐厅提供"大规模定制",公司向所有客户提供基本上标准型的服务,不过,客户可以通过对菜单进行大范围的排列组合将其用餐个人化。公司管理服务际遇的方法依"软件"与"硬件"元素加以区别。硬件元素包括核心服务流程和产品要约中看得见的元素,如泊车服务、提供的菜单以及目标服务时间等等。T.G.I.星期五餐厅的基本设计在世界范围来看都惊人地相似，有大型的中央酒吧区，餐饮设施环绕着酒吧，并配设真实的按美国风格装饰的大事记。即使是卫生间区位也是标准的，一位访问考文垂的T. G. I. 星期五餐厅的美国客人会马上知道要去哪儿找它。红白两色条纹的遮阳篷、木质地板、蒂芬尼灯饰、藤椅和条纹桌布首先创造了一种美式酒吧/美式正餐的氛围。每一家餐馆提供大约100种美式/墨西哥式食品菜单项目和大约同样多种类的鸡尾酒。目标服务时间构成服务际遇"硬件"的一部分，公司要求第一道菜必须在收到客户订单后7分钟之内呈上。计算机程序帮助经理们监督在这些服务时间中产生的成果。服务际遇中的"硬件"元素通常由总部规定，分公司经理们被要求达到规定的标准。菜单和产品范围由总部集中统一设计，并由总部统一定价。

但真正将T. G. I. 星期五餐厅与其竞争对手相区别的是服务际遇中的"软件"元素。这一区别的关键在于授权员工采取任何在他们看来合适的行动来增进客户体验。对员工绩效的要求远不止是传统的问候、引座和服务消费者的行为。员工必须既能够提供行为，又能够提供情感表达，从而与客户的情感协调一致。让服务中的员工加入一个"祝你生日快乐"的合唱可能不是很容易编排，但在为一群庆祝生日的用餐者安排用餐时情不自禁地加入合唱可以使得客户的用餐经历不同寻常。当然，招募正确的人员成为关键，潜在候选者的中选不仅取决于他们的个人简历中陈述的优点，也取决于他们展现出来的快乐感。最初的面试采取"试演"的形式，在试演过程中，潜在的受聘者被给予单项或小组任务，以此检验他们的个性类型。受过培训的员工们也会被给予各种机会（例如，让他们穿着能够代表自己个性的奇装异服）来表现他们的个性和人格。

T. G. I. 星期五餐厅已经成为一个餐馆业员工偏爱的就业地点，他们享有相对好的工作条件、高于行业平均水平的收入——尤其是当小费被考虑进去的时候——以及工作时的快乐感受。连锁店作为一家好雇主赢得的奖项数不胜数，《金融时报》2004年度英国最佳工作场所调查将其列为在英国排名第15位的最佳工作场所，它是在营业的第二年就上榜的唯一一家餐馆连锁店，《金融时报》还将它列为排名第4位的最有乐趣的工作场所。

T. G. I. 星期五餐厅发展的服务际遇模式是一个可持续的商业模型吗？在由Whitbread公司所经营的餐馆模式组合中，T. G. I. 星期五餐厅一直是绩效表现的明星，它与某些更为传统的模式（如Beefeater）相比形成鲜明对照，后者在客户当中已经变得不那么受欢迎了。瞅一眼客户评价网站www.ciao.co.uk可以对客户的服务际遇体验略有了解。总的来说，评论活动的参加者似乎很乐见这一种经营模式，尽管有些人注意到当餐馆变得非常繁忙的时候，服务标准可能有所下降。在业务平稳进行的时候，服务员对着客户唱歌祝福也许是件好事，但当餐馆业务繁忙的时候，他们如何能够在仍然满足服务交付时间的规定目标的同时做到这一点呢？有几位客户也对T. G. I. 星期五餐厅非常高的价格颇有微词，不止一人将其描述为“偷盗型价格”。不过，为了得到能够创造难忘体验的最好员工，值得给员工多付那么一点点，并以高价格的形式向客户转嫁成本吗？

问 题

1. 剧院与 T. G. I.星期五餐厅之间有着什么样的联系？剧作学意义上的类比适用于该情形吗？

2. 关键事件有什么寓意？T.G.I.星期五餐厅如何识别关键事件的构成要素以及评估自己是否实现了客户满意？

3. 讨论作为概念性分析框架的“蓝图绘制”(Blueprinting)、“服务场景”(Servicescapes)和“服务生产”(Servuction)在分析 T. G. I. 星期五餐厅的服务际遇时的相对长处。

第4章

服务生产力和互联网

学习目标

阅读本章之后,你应该理解

- ❖ 衡量不可分的服务的生产力中遇到的理论难题
- ❖ 服务组织要变得更有效率和更有成效所面临的竞争压力
- ❖ 将服务过程工业化所使用的各种方法
- ❖ 互联网在改善服务交付的效率和有效性方面所起的作用

4.1 引　言

服务市场的竞争正变得越来越激烈，价格常被企业用作竞争优势的主要来源。一个组织要能够提供始终如一的低价格，它就必须降低运营成本，使之与竞争对手的成本水平旗鼓相当。企业要在一个价格主导的市场上建立可持续的竞争优势，改善生产力是唯一可行的长久办法。尽管生产力通常隐含着低价格，但低价格也有可能以牺牲服务质量为代价。因此，服务公司所面临的挑战一方面是要比竞争对手更快地降低生产成本；另一方面是要让自己所提供的服务在客户心中留下个性化和高质量的感受。对于员工来说，改善生产力也涉及某种权衡取舍，他们需要在两种工作之间作出选择：一种工作在要求高生产力的同时提供高薪、额外假期和培训等好处；另一种工作是受雇于小的、友好的、非正式的工作单位，但工作时间长，休假权利得不到保证，而且职业机会有限。

在本章，我们首先介绍生产力的概念，这一概念在服务业的环境比在制造业的环境更让人难以捉摸。我们将探讨服务企业为增进生产力而将服务际遇"工业化"所使用的各种方法。许多组织为增进服务效率和成效使用的一项重要工具便是互联网。本章将探讨服务提供商如何使用网络环境来降低与客户交易的成本、改进交易质量、增进服务的一致性和扩大服务的范围。

4.2 服务生产力的定义和衡量

生产力可以定义为组织将投入转化为产出的效率。18 世纪英国工业革命的特点是人力、设备和金融资源生产力的极大提高。许多人指出，过去的几十年已经经历了一场"服务革命"，许多服务部门的生产力都经历了明显的改善。下面将讨论的服务工业化的过程促进了生产力的改善。然而，服务业仍然是经济中生产力相对低下的部门。以"总增加值"（GVA）为衡量指标，英国国家统计局经过计算发现，虽然服务部门提供的工作岗位差不多三倍于生产部门提供的工作岗位，但它产生的 GVA 却不到后者的两倍。因此，服务部门的劳动生产力大约只有生产部门的三分之二。在 1981 年至 2000 年的 20 年间，除开 1995 至 1998 年的短暂时期，服务业实际生产力的增长低于制造业生产力的增长（劳[Lau]，2002）。有报道说，在整个欧盟，雇员平均劳动生产力以人均增加值来计算在采矿、采石、天然气、电力和供水业为最高，在配送、酒店和餐饮业为最低（Eurostat，2006）。

服务中的生产力概念比在商品中要复杂得多。对于商品而言，其生产通常与消费相分离，客户一般不受商品制造方式的影响。就拿一辆汽车来说，只要其工作性能达到标准，购买者不会太在意它是以自动化生产方式还是以手工生产方式生产出来的（尽管购买者也许会关注生产中的伦理问题，或者希望了解生产过程本身的质量，而这无法通过直接检查成品来验证）。但对于服务消费者来说，生产方法的性质却是至关重要的，因为生产和消费的不可分性意味着当生产方式发生变化的时候，整个服务性质和服务利益也会发生变化。以每位员工完成的客户交易次数或每次交易涉及的成本而论，一家使用自动取款机和电话银行业务替代柜台员工的银行看上去也许改善了生产力。但自动化的服务在客户看来可能大大不同于原有的服务模式。因为不可分性问题的存在，很难清楚地了解服务业真正的生产力正在发生什么变化。更有效率并不一定意味在满足客户需要方面更有成效。

服务际遇的工业化

许多服务组织面临着两难困境：尽管它们当中的大多数都在寻求最大化客户可以获得的服务选择和服务灵活性，但它们仍然需要寻找提高生产力的方法，尤其是减少生产过程中熟练劳动力的数量和成本的方法。此外，它们还需要降低服务结果的易变性，从而树立稳定一致的品牌价值。

服务要约的复杂性和多样性要求员工行使他们对多种服务的判断和谙熟多种服务。在许多服务行业，给员工太多的判断权会导致与品牌发展不相容的服务易变性水平出现。服务要约中多种选择的存在意味着将员工培训成熟悉所有服务选项的人需要付出的成本很高，而某些服务通常只会生成最低的收入水平。出于这些原因，服务组织往往寻求简化其服务要约，同时使许多由一线服务员工从事的作业“去技能化”（deskill）。通过以高一致性标准提供有限范围的服务，该过程遵循了商品工厂生产的早期发展模式。这一过程有时也称为服务的工业化，它可以采取以下形式：

- 简化提供的服务的范围。企业也许会发现他们提供的服务相对而言只有较少的客户购买。为提供这样的服务付出的努力也许不能够被其经济回报证明为明智。更糟糕的是，许多员工对一些不常使用的服务缺乏了解，使得他们在处理服务请求时很难得心应手，这就导致了糟糕的服务际遇，从而给组织带来不良影响。在外围服务不仅不能产生明显的净收益、反倒给组织带来很大范围失误可能性的情形，组织有理由放弃这类服务。我们来看这样一个例子：零售商有时会提供额外收费的送货服务，却发现对该服务的需求非常低，而且需求主要来自很小的客户群体。此外,员工缺乏培训(如针对服务交付的某些细节问题进行的培训)和交付过程的复杂性(如确保收货人家中有人接收商品)也为组织放弃这类服务提供了理由。将服务范围简化为只提供基本的零售服务可以避免多种负面服务际遇的产生,尽管它有可能将相对而言较少的客户驱赶到竞争对手一边。这种做法还可以使服务人员集中精力从事他们最擅长的服务活动——在本案例中,即管理店面服务际遇。

- *为角色扮演提供"脚本"*。前面提到,服务人员有如遵循由一个非正式脚本规定的程序一般满足人们对他们的角色期望。更正式的脚本允许服务人员更准确地按照对他们的角色期望行事。正式的脚本也许包括对服务人员在特定情形下所采取的行动的准确规定,这往往要借助于以机器为基础的系统才能得以实现。按照这种方法,电话销售人员可以借助电脑屏幕上的信息提示来决定接下来说什么。保险公司具有简化电话销售人员作业的长期经验,保费计算完全以客户提供的数据为基础,销售助理并不需要行使自己的判断。脚本甚至对欢迎辞和结束语都做了规定。
- *严格规定操作程序*。在某些情形,很难通过制订操作程序来仔细规范服务人员应该如何处理每一次服务际遇。诸如理发之类的个人服务在很大程度上依赖于员工个人的创造力,操作程序无非是对一般行为加以描述。然而,许多服务操作却可以以更为细致的方式加以规定。在一定的管理层次,许多作业已经通过形式化程序的建立而被"去技能化",这些形式化的程序替代了许多在先前需要管理者作出的判断。在这种方式下,银行经理在决定是否向客户提供贷款时需要的个人判断比之前少得多,判断作业交给了基于计算机的信用评分系统。类似地,零售业和酒店业的地区经理很少被赋予诸如店面外观和所提供的设施类型之类事宜的自由决定权——这些事宜都由总部详细规定，分公司经理要做的就是严格按规定行事。按照这种方法，组织可以保证服务际遇的许多方面都是完全相同的——无论服务际遇发生在什么时间和什么地点。

- *以机器为基础的投入替代人力投入*。相对于人类而言，机器在交付服务方面通常更具有可预测性。它们也越来越能够提供成本节省，这就给组织以价格上的竞争优势。虽然机器也有可能出故障，但当它们正常运行的时候，它们的行为却很少会发生变化，不像人类那样会经历疲劳、一时的分心或周期性的无聊。除了能降低服务结果的易变性之外，以机器为基础的服务际遇相对于以人为基础的服务际遇而言可以提供几项其他的优势，我们将在下一节讨论这些。

管理消费者—生产者边界

通常来说，服务业属于劳动密集型产业，它未曾见证制造业曾经经历的生产力显著提高。有时，可以通过机械化来提高生产力（见下文）。但对于许多个人服务来说，这仍然是一件不太可能的事情。

服务组织为提高生产力而普遍使用的一种方法是让客户更充分地涉入生产过程当中。由于实际劳动成本增加以及服务市场变得更具有竞争性，许多服务组织寻求将生产过程的更大部分向客户一方转移，从而保持价格上的竞争性。在开始的时候，客户的期望可能会阻碍这一过程的发展；但生产力的提高往往来自于某个为了换取更低价格而愿意承担更多责任的细分市场。这又为其他仿效者建立了标准。生产者与消费者之间的边界被重新定义，客户承担了更多的生产责任，这方面的例子包括：

- 加油站以自助服务替代员工服务；
- 邮递公司向预先分拣自己的邮件的大宗邮件客户给予折扣；
- 银行鼓励客户通过网站录入个人数据，而非让分行或呼叫中心的银行工作人员替他们录入；
- 电视机维修公司要求客户将需要维修的电视机送到公司，而非由公司[illegible]；
- 餐馆用自助餐替代服务员服务。

服务的生产边界通常会不断地向[illegible]推进[illegible]

有些服务组织则[illegible]市场[illegible]

自己的那一部分而[illegible]

[illegible]

服务提供商会因为将部分生产过程转移给客户而变得更具生产力吗？抑或因为其员工提供额外的服务而变得不那么具有生产力？一家自助餐厅会比一家提供全面服务的餐厅或提供送餐的餐厅更具生产力吗？以每位员工所服务的餐次这样的生产力指标为基础,几乎可以肯定自助餐厅更具生产力。但这里提供给客户的餐饮性质可能大不相同,真正重要的是客户对所提供服务的评价。假定存在两种用餐方式,一种为“服务到餐桌”的用餐,另一种为需要客户自己从配餐柜台取食物的用餐,如果客户愿意为这两种用餐支付相同的价格,那么,我们就有理由说餐厅的劳动生产力是真正地提高了。不过,客户很有可能会认为自助餐厅低一个档次;而且,他们愿意支付的价格比向提供餐桌服务的餐厅支付的餐费要低 30%。他们感觉自助服务的增加值较低。对于餐厅经营者来说,关键的问题在于他们的生产成本是否比客户对服务的估价下降得更多。与付给全面服务型餐厅的价格相比,如果客户只愿意支付比前者低 30%的价格,而经营成本的下降幅度只有 20%，那么，餐厅实际上存在价值损失。但如果餐厅设法将经营成本降低 40%,成本下降幅度大于客户对服务估价的下降幅度,那么,从更广泛的经济学意义而论,就有价值被创造出来。把握客户所看重的价值与供应商成本之间的平衡是服务营销管理的一大难题,这可能需要通过“试错法”进行试验。成功的企业竭力在通过提高生产力降低成本的同时提升客户对服务的价值感受。网上银行就是一个很好的例子:对许多客户来说,网上银行业务比以银行分行为基础的交易要方便得多;而且,与在分行营业厅交易的成本相比,银行在提供服务方面的效率也要高得多。

4.3 互联网对服务营销的影响

当今时代，对提高服务生产力影响最重大的也许就是互联网。20 世纪 90 年代以来，围绕互联网的发展对服务业的可能后果这一主题出现了许多令人鼓舞的思考。如今,我们已经习惯于将互联网作为服务交付的一种正常途径。在某些部门,许多年轻人对其他种类的服务交付机制反而知之甚少。

有些人认为,网络技术代表了服务交付方式的跨越式变化;另一些人则将我们今天所了解的互联网置于一个更具渐变性的演化进程中考察。使用电子技术(包括本章早些时候讲到的一些方法)的工业化过程为现代互联网服务交付方式的演进提供了基础。例如,在银行业务中,自动取款机为客户和银行双方都提供了某些好处(对客户而言,每周 [illegible] 都能 [illegible] 而且此种可获得性在很多地区都不成问题;对 [illegible] 银行业务。由通过 [illegible]

图 4-1 使用各种各样的指标(如单位员工运载的乘客数或客机使用率)来衡量,“无虚饰”(No frills)的航空公司通常比其提供全方位服务的竞争对手具有更高的生产力水平。不过,直接在两个不同的航空业务门类之间进行生产力比较也许会产生误导,因为让渡给客户的价值在这两个业务门类之间也许大不相同。例如,在短距离的欧洲航线上,“无虚饰”航空公司通过每天运行5个往返班次可以获得更高的客机使用率;与之相比,提供全方位服务的航空公司的典型做法是每天运行4个往返班次。但时间安排得太紧也许会影响到服务的可靠性,“无虚饰”航空公司很少有机会挽回因恶劣天气或技术问题造成的影响,要么会导致时间延误,要么会导致航班取消。另外,许多人认为,使用全方位服务的航空公司的体验与使用“无虚饰”航空公司的体验大不一样,其证据是:登机检查安排一般更为便利,而且飞行旅程中的服务也更好。“无虚饰”航空公司增加的生产力导致相当不同的服务生产,这类服务也许不如全方位服务型航空公司提供的服务那般为许多客户所青睐。不过,近年来,“无虚饰”航空公司表现出惊人的成长,说明大量的空中旅行者愿意牺牲某些服务质量成分以换取低价格,正是“无虚饰”航空公司对生产力改进的执著追求使得这样的低价格成为可能。

印刷媒体。随着互联网发展成为人们所称的Web 2.0,服务提供商和客户之间以及客户与客户之间有了更多的互动。很多人谈论,互联网所具有的客户对客户互动能力的进一步发展是否会导致由客户而非商业组织制订互联网环境的议程。例如,像YouTube.com和Myspace.com这样的点对点(P2P)网站的发展正对传统广告作用的假设构成挑战。客户评论网站越来越成为购买决策中所需评估意见的重要来源;不过,这类网站比传统的付费广告活动更加难于管理。

互联网给服务组织带来的利益可以概括为以下几点:

- 互联网使服务提供商能够做他们已经在做的事情,但是服务交付却更有效率。公司在线接受客户的订单,允许使用电子支付,既减少了处理交易的文书工作,也减少了订货和支付货款的过程所需要的时间长度。

- 服务公司使用互联网不仅使其在向客户提供他们喜好的服务方面更加有效率，而且更加有成效。网上银行不仅降低了银行的成本，同时能使客户获得一些新的、有价值的利益，例如，客户可以在一天当中的任何时候查询银行对账单，并且，当客户的账户快要出现透支的时候，银行还会发出警告信息。
- 在某些情形，互联网还使得一些全新的服务得以发展。例如，可下载音乐服务在此之前是没有直接以服务为基础的先例的。
- 互联网还可以用来接近先前被认为无法接近的客户。独立的小旅馆现在可以更容易地接近海外客户，各大学也可以在其瞄准的外国学生群体中建立其专设课程的知名度。
- 互联网具有强大的信息收集和处理能力，这就使各类公司更清楚地了解一般的市场和一个个特定客户，从而提高效率（例如，投寄给毫无兴趣的目标购买者的邮件会更少）和成效（例如，改进邮件的内容，使之能够切中目标客户所关心的主要问题）。更为重要的是，还有人指出，作为互联网内在特征的可衡量性已经导致组织文化的变迁——从一种主要依靠直觉和判断力的文化嬗变为另一种以目标、过程和结果的衡量为关键的文化。

如今，互联网已经如此牢固地嵌入许多服务组织的营销活动之中，以至于我们在本书的大部分章节都少不了要提到它。一些公司为了使其服务能够在范围更广的地区、更长的时间段为客户所及而采取的策略就是充分依托互联网来实现更好的可及性。我们将在第 5 章继续讨论这一话题。互联网对购买者行为已经产生深刻影响，潜在的客户通常会在购买之前搜索多家公司的网站，并以一些客户评论网站上的评价作为参考。我们将在第 6 章中继续讨论这一话题。公司不是越来越多地去和大的客户市场打交道，而是越来越多地和其特别选择的目标客户个体打交道，这些客户的资料可以为公司保存和使用以发展持续的关系。我们将在第 7 章考察互联网是如何促进这一进程的。服务的工业化反映在企业不仅越来越多地将互联网用作一种配送机制，而且将其用作促销策略的核心部分。我们将在第 13 章继续讨论这一发展。互联网也允许公司深化其定价的复杂程度，这样，企业可以根据自身生产能力以及个别客户的支付能力或支付意愿不断地调整定价，而非按照印刷好的价目表向所有客户收取统一价格。我们将在第 11 章和第 12 章继续讨论定价和和生产能力管理问题。最后要说的一点是，互联网在许多服务组织开发全球市场的战略中变得越来越重要。从最简单的层次来讲，这意味着一家小企业可以使用网站吸引海外购买者，这对于客运和旅游部门来说尤为重要。从另一个层次来看，一些国家的整个国民经济已经总体上因为互联网和电信技术而转型。在第 14 章，我们将考察不断改善的电信链接如何导致外包呼叫中心和网站托管服务（web hosting services)在许多欠发达国家的迅速发展。

现在,本章将重点介绍互联网在服务际遇中所具有的重要作用。上一章考察了在面对面基础上发生的服务际遇的分析框架, 并且提到服务组织往往寻求将其服务过程工业化,以便降低成本和/或提高其服务过程和结果的一致性。我们接下来将探讨在服务际遇工业化过程中使用互联网会涉及的某些问题。

4.4 以计算机为媒介的服务际遇

由于成本下降以及收益改善等多种原因, 服务组织使用互联网与客户打交道的方式经历了很大的发展。当然,在生产者—消费者际遇中使用技术并不是什么新鲜事。正如前面提到的,银行有时会通过使用自动取款机来减少员工与客户接触的次数,因此,网上银行业务也可以视为这种技术发展的延伸。

服务型公司能够将互联网应用于服务际遇的程度受服务种类的影响。第 1 章讨论了服务分类的基础;显而易见,人与人之间的直接际遇的作用对于某些类型的服务来说总是至关重要的。某些服务过程要求与客户的身体直接接触(如许多医疗服务),在此种情形,用到计算机的可能性很小(尽管"远程医疗"可以用来提供某些支持性服务,如为医生或远程诊断设备系统预订医疗设备)。而需要在客户的实物资产上实施服务过程(如汽车修理)的情形,尽管预约和会计服务也许不需要人们的直接际遇就能进行,但仍然需要有一个联络地点以方便资产的接收/交付。正是在一些有形成分很少的纯服务领域,互联网的发展得以发挥重大影响。很多"纯"信息服务——如博彩服务以及银行储蓄账户的提供和股票价格信息的提供——的实现并不需要客户与公司员工之间存在有形的际遇。

以计算机为媒介的际遇会以下述各种方式对传统的面对面际遇产生影响:

- 计算机媒介可以完全替代对面对面际遇的需要。例如,易捷(EasyJet)航空公司通过使用网站服务使得公司与预订机票的客户无需面对面接触。
- 计算机媒介可以为面对面际遇提供便利。例如,Thetrainline.com 通过其官方网站向乘客售票,乘客可以在其所在地车站的自动售票机里取票,这样就很少需要在售票厅排队了。
- 有时,在面对面际遇发生之前,网站可以用来对客户进行"教育"。例如,一项针对执业医师的研究展示了通过互联网加入到虚拟的、并行的服务际遇之中的病人是如何改变他们与医生的主要际遇的特性以及——既从医生—病人关系角度亦从专业判断角度来衡量——给医疗从业人员带来挑战(霍格[Hogg]等, 2003)。
- 服务提供商也许能够提供广泛得多的际遇可能性。例如,在线银行业务和自动取款机允许许多银行的交易在对客户方便的时间和地点进行。

- 通常可以通过对机器编程而使之可靠地提供一系列原本不可能提供的服务——如果这类服务际遇不是以人类服务生产者为基础的话。电话公司现在提供大范围的自动电话服务(如呼叫拦截服务),与先前由话务员人工提供的服务相比,自动电话服务能够以更低的成本和更高的可靠性水平交付。
- 自动化的服务际遇可以给某些客户一种对服务际遇有更大控制的感觉。银行客户打电话给银行的当地支行查询账户余额时会感到从工作人员那里获取信息非常费劲,而且不敢问太多的问题。但如果是在呼叫一个自动银行信息系统或使用网上银行服务,某些客户会觉得他们对自己与银行的交易有更大的控制(虽然,与此相对照,许多服务使用者可能会觉得由计算机媒介的服务让人很不舒服,而面对面的服务际遇让人更加愉快)。

以计算机为媒介的互动需要考虑服务际遇涉及的所有阶段。以第 3 章的讨论为基础,我们可以识别一个典型的在线服务际遇所包含的几个阶段:

- 接入阶段。客户在该阶段进入与互联网相联接的计算机系统。
- 登录阶段。在该阶段,客户(举例来说)通过提供用户名和密码(PIN)让服务组织识别自己的身份。那么,服务提供商如何平衡一些在某些时候相互矛盾的要求呢,比如,既要登录便利,又要安全和隐私得到保障?
- 诊断阶段。客户展示自己,系统必须尽可能快地识别他们的需要。例如,银行网站必须能够迅速地确认网站访问者是要转账、查看账户信息,还是想索取一些关于其他服务的信息。
- 交付阶段。客户的需要得到满足(如完成最近账户交易信息记录的打印)。
- 退出阶段。在该阶段,客户(举例来说)通过退出网站安全地与服务交付系统脱离接触。

当然,设计以计算机为媒介的服务际遇与设计那些需要人员参与的服务际遇同样要求关注细节。运行速度缓慢、在设计式样和操作上容易产生混淆或不能提供需要的服务的网站并非少见。和要求人工参与的关键事件失败的情形一样,在基于网站的际遇过程中发生的失败也会导致客户流失到竞争对手一方。关于人机互动的研究本身已经发展成为一个重要的研究领域(见下文)。

如我们在下文中将要看到的,有些客户市场在接受以计算机为媒介的交易方面也许会行动缓慢。然而,在适应新的自助服务技术方面行动缓慢的并不仅仅是服务的使用者。研究发现,网站的设计、更新和维护对于小企业来说会特别困难(布莱克本和阿西德[Blackburn and Athayde],2000)。

互联网服务交付环境

上一章将“服务场景”作为一个模型来讨论，以帮助我们理解承载消费者—生产者互动的服务过程和环境。你也许会记得，模型认同环境线索对于鼓励接触行为、探索以及最终退出的重要性。那么，类似的方法可以适用于在线环境吗？

有一些研究寻求将比特纳原创的服务场景模型扩展到在线环境。许多这样的研究使用了比特纳的刺激—生物体—响应模型，该模型最初是由梅拉比安和拉塞尔(Mehrabian and Russell，1974)发展起来的。但什么是诸如商店氛围、布局、气味和员工在服务际遇过程中使用的身体语言之类刺激的电子对等物呢？基于网站的刺激比那些在面对面际遇当中可能经受的典型刺激从范围上来说要狭窄得多。例如，气味和身体语言恰恰是两个在在线环境中很难模仿或不可能模仿的线索。许多研究因此只关注网站的内容和设计。

图4-2 易捷(EasyJet)自诩是“网上最受欢迎的航空公司”，并且有效地使用互联网简化公司与客户之间的际遇。2006年，公司称其90%以上的客户使用互联网预订机票，这为航空公司节约了管理成本，而此种节约又会通过低价格的形式惠及客户。公司拒绝向旅行代理支付传统上要由航空公司支付的10%~15%的佣金。但为了保证那些更愿意通过代理商订票的个人或公司的业务不至于流失，易捷也欢迎客户通过代理商订票。不过，它事先申明，旅行代理应该将其业务处理成本转移到最终客户身上，从而认同这样的事实：旅行代理的客户在购买一种不同的服务际遇。尽管要被收取额外的服务费用，有些客户仍然更愿意获得此种与旅行代理面对面交易所提供的便利和信心。(重印经易捷公司许可)

施(Shih,1998)发展了“远程呈现”(网站访问者感觉自己真实地现身于网站背后的公司的程度)、“信息生动”(信息的广度和深度的表达和吸引感官的方式)等理念。网站会在什么样的程度上提供访问者所要寻找的所有信息,以及所要求的信息从其他不被感兴趣的信息里面“跳出来”的方式有多么生动?所使用的图像会让人们生出对组织或特定服务过程的喜爱吗?

网站环境也应该鼓励潜在的访问者点击排在最前面的网址,由此一来,在互联网的其他地方的旗帜广告图案会成为一个互联网版的迎宾员,仿佛站在门边请人们进入似的。当它们出现在网站上的时候,网站的式样应该鼓励访问者去探索。与其他页面的链接必须清楚而又合逻辑地布局,将访问者引导到其他页面的理由必须既包含理性成分,又包含感性成分。网站的信息内容看上去要与访问者有关联和高质量,这样它才能建立起作为信息来源所应该具有的可信度,人们才会愿意点击其他页面。有一些研究表明了高质量信息对于访问者评估网站所具有的重要性(如帕克和金[Park and Kim],2003;艾略特和斯贝克[Elliott and Speck],2005)。

除了与所提供的服务有关的可信的、真实的信息之外,网站往往还需要发展一种情感魅力。使用对目标受众而言合适的美学创意和图形有助于将网站差别化,区别于其他网站。不过,如在真实生活中的际遇一样,也要在提供使用者真正需要的信息与提供的信息泛滥为纯粹的煽情话语的危险之间取得某种平衡。

最后,在线环境必须是用户友好的。人机互动已经作为一个研究人们使用技术的方式的学术领域而出现,而且,研究访问者如何使用网站与研究访问者在面对面际遇当中如何互动有平行之处。网站的可用性指在网站范围内浏览的便利程度、学习如何使用网站的便利程度以及可获得的技术支持的水平和质量(罗伊[Roy]等,2001)。下载速度或收到对问讯的答复所花的时间类似于在面对面际遇中客户等候服务所花的时间。巴彻尔多(Bacheldor,2004)注意到,下载速度缓慢可能如碰到一位粗鲁的推销员一样让人扫兴。有些研究表明,快速下载对于取得高客流率至关重要,这将在下一节继续讨论(麦克米兰和黄[McMillan and Hwang],2002;诺瓦克[Novak] 等,2000)。有证据表明,下载速度缓慢对客户的情感响应有负面影响(罗斯和斯特劳布[Rose and Straub],2001),从而导致客户从网站过早退出(沃斯[Voss],2003)。佩奇和勒普科斯卡—怀特(Page and Lepkowska-White,2002)注意到,下载速度与访问页数、在网站上所花的时间以及对服务业务的态度之间显著相关。

流

流的概念在针对用户与网站的互动的研究中有很重要的位置。希克真特米哈伊将流的概念定义为:

……一个人全神贯注于某种活动时的一种体验模式。该模式的特点是注意力焦点的相对集中，因此，通过自我意识的失去，通过对明确目标做出的敏感反应和毫不含糊的反馈，通过一种对环境的控制感，不相关的感受和想法被过滤掉……（希克真特米哈伊[Csikszentmihalyi]，1975，第36页）

在一项研究当中，在线流的前提被描述为对明确目标的感知、一种直接的反馈以及与技能水平相当的挑战。流及其强度的指标包括一些分数，这些分数衡量：

- 个人技能与个人所面对的挑战之间的平衡；
- 个人的注意力焦点；
- 自我意识的失去；
- 控制感；
- 焦虑感和压抑感的短暂丧失；
- 显著的快感。

不过，研究者们也注意到对流的影响依情景而不同，他们还指出，某些个人特点也许会使某个人比其他人更经常、更强烈、更长时间地涉入流体验当中（希克真特米哈伊和希克真特米哈伊（Csikszentmihalyi and Csikszentmihalyi，1988）。

以网站为基础的服务提供商认为，基于几个方面的原因，取得客户一方的流状态是一件可取的事情。个人被假定失去了自我意识，不能真实地感受时间的流逝。时间也许过去很久了，但网站使用者的感受却有如刚刚在网站上浏览几分钟似的。一个有积极意义的流会让使用者打消离开的念头。在许多在线服务际遇的情形，无论个人是在网站上直接花钱还是点击广告商的链接，个人在网站上待得越久，网站赢利就会越多。

在流状态中，网站使用者处于自我激励（autotelic）状态，他们会觉得事情本身值得去做。即使是一个只从事简单交易的网站，处于流状态的个人也可以从那里享受某种体验，例如，他有可能发现一些相关联的信息，或发现提供的其他产品/价格可以更好地满足其需要。

交互性是取得流状态的关键，快速地反馈对流有促进作用。为让使用者一直处在流状态，需要给予在他们看来可应对的挑战，这些挑战又会通过反馈迅速得到强化。此种挑战也许是一件简单的事情，如制订乘火车旅行计划，并通过一个探索和比较过程获得可能最好的时间和票价信息。许多在线服务提供商将流的概念发展到更大的范围，尤其是网站本身就是成就服务的目的地（如音乐下载网站或聊天室）而不仅是获得关于某项（大部分要在其他地方提供的）服务信息的手段（例如，一家航空公司的订票网站）。许多已经发展起来的在线博彩业为流的概念作了很好的说明（参见“主题思考”）。在线博彩业成功的根本原因在于其利用用户的冒险欲望和获得迅速反馈的欲望来捕捉流的能力。

主题思考:在线博彩

博彩业在英国长期以来处在衰落之中。2005年博彩业的统计数据表明,参加博彩活动的人数已经从1966年的3750万人下降到2004年的2800万人。不过,这却掩盖了在线博彩业显著增长这一事实。Nielsen/NetRatings公司的研究结果表明,仅仅从2004年到2005年的一年之间,在线博彩人数增加了45%,在那一年间,估计有3200万人访问在线博彩网站。英国国家彩票网站是最受赌博者欢迎的博彩网站,仅在2005年2月,带着试试运气的想法从家中访问该网站的人数就达130万人,该网站因此也成为全英国前40家访问者人数最多的网站之一。威廉·希尔(William Hill)排名第二,Partypoker.com紧随其后。

提供在线服务对博彩公司有着巨大的吸引力。Nielsen/NetRatings公司称,一直驱动着英国经济增长的不仅包括英国国家彩票,还包括其他各种博彩、投注和在线轮盘网站。该公司的研究表明:吸引英国博彩者的主要是在线博彩的速度和便利;互联网宽带接入服务的可获得性使得在线博彩的人数极大地增加。博彩者在某个网站所花的时间平均在20分钟左右。

许多传统的繁华商业街博彩店面也发展了自己的网站服务,与在城区的博彩中心或在赛马场周围的店面(这些设施要让它们付出高昂的管理费用)相比,网站服务的交易成本要低得多。通过将客户转移到在线活动之中,经营分店网络的管理成本大大减少。公司亦使用互联网来克服由于将公司设在税收较低的、不太引人注目的离岸国家而产生的一些不可分性问题。通过在线经营,博彩公司可以接近那些传统上可能不会考虑访问赌场的客户。互联网也使服务走进那些因为法律的缘故本来要被阻止接受服务的人群。互联网不承认国际边界,要防止将博彩业视为非法的国家的公民使用以另一个国家为基地的博彩网站是非常困难的。实际上,也很难防止低龄博彩者进入博彩网站,对他们的身份进行在线识别没有在面对面情形下那样容易。

不管怎么说,由于互联网具有让人上瘾的特性,博彩公司都对在线经营乐此不疲。一旦个人进入"流"状态,他们很可能会扭曲时间和失去自我。博彩活动满足建立"流"所要求的多项标准,尤其是挑战的交互性和迅速反馈这两项标准。

当然,在线博彩也提出了许多伦理和法律问题。许多国家对接触博彩服务设有限制,认为这类服务也许与一系列的社会混乱现象有关联。不过,互联网本身的性质使得这一媒介既对博彩业者有特别的吸引力,又特别难以控制。对反赌博法在控制离岸在线经营活动上的无能为力而感到头疼的美国政府,已经诉诸各种更为间接的方法来控制这些公司,包括认定美国银行与这些公司进行交易为非法以及以逮捕令来有效地吓阻博彩业高级管理人员访问美国。

对于在线服务交付而言,在线博彩是一个完美的商业模式吗?该市场的吸引力会如此之大,以至于公司之间的竞争将不可避免地加剧,从而降低盈利能力吗?抑或激烈的竞争甚至会导致一些公司使用更为离经叛道的做法来使客户对在线博彩上瘾?在线公司跨越国家边界从事经营活动的国际环境下,政府将如何指望规制这一部门?事实上,应该规制此种活动吗?

鼓励采取以互联网为基础的服务

服务公司往往热衷于将客户从面对面的际遇转移到以计算机为媒介的际遇。银行业(以及其他产业)使用各种经济激励和附加的在线利益来使更多的交易在线完成。然而,尽管服务提供商试图将客户转向新的自助式服务技术,他们往往还是要面对某些客户市场的抵制。为什么服务购买者使用以计算机为媒介的服务方法的意愿会出现差别呢?

有几个技术接受模型寻求对客户接受自助式服务技术的过程进行解释(如居兰[Curran]等,2003;达布霍尔卡和巴戈齐[Dabholkar and Bagozzi],2002)。帕拉苏莱曼(Parasuraman,2000)建立了一个以四个维度(乐观性、创新性、不舒适性和不安全性)为基础的“技术准备”(Technology Readiness)指数,用来估计客户采纳新技术的可能性。有人注意到,在技术与客户的现有生活方式相匹配且客户对风险的感知度较低的情况下,客户采用自助式服务技术的过程可能得以促进(勃比特和达布霍尔卡[Bobbitt and Dabholkar],2001)。

技术采用模型有其心理学、信息系统学和社会学领域的渊源(文卡特希等[Venkatesh],2003)。以理性行为理论(阿齐真和费希本[Ajzen and Fishbein],1980;费希本和阿齐真[Fishbein and Ajzen],1975)为基础的技术接受模型(戴维斯[Davis]等,1989)已经作为预测人们接受新的以IT技术为基础的服务的模型被很好地认可(文卡特希和戴维斯[Venkatesh and Davis],2000)。图4-3所示的模型引入了两项与技术应用相关的特定假设:感受到的有用性(usefulness,U)和感受到的易用性(ease of use,E)。实际行为由行为

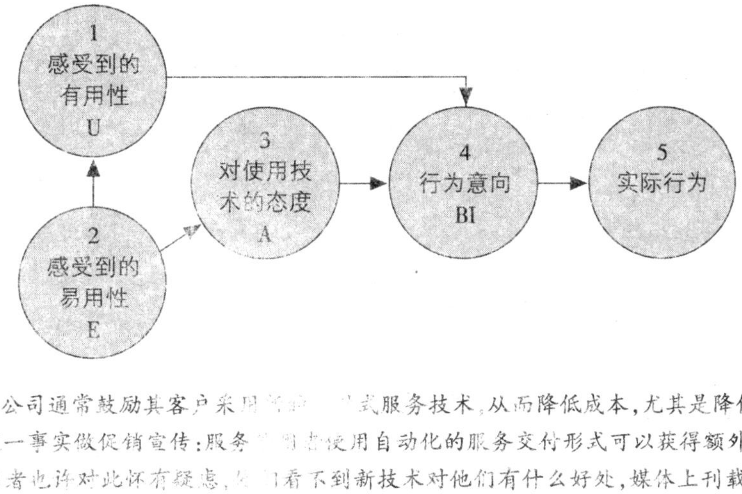

图4-3 服务公司通常鼓励其客户采用[illegible]式服务技术,从而降低成本,尤其是降低员工成本。它们也许会为这一事实做促销宣传:服务[illegible]使用自动化的服务交付形式可以获得额外的利益。不过,许多服务使用者也许对此怀有疑虑,[illegible]看不到新技术对他们有什么好处,媒体上刊载的关于新技术在先前如何让客户扫兴的吓人的故[illegible]对他们有很大的影响(举例来说,许多人对于在互联网上给出[illegible]信用卡信息仍然心存疑虑[illegible]管理性地看,这比在电话中给出同样的信息要安全得多)。当计划[illegible]服务设施[illegible]估计客户的接受率,以避免出现排队情形或能力得不到利用的情[illegible]型[illegible]实际使用新技术所具[illegible]

意向(behaviour intention,BI)决定。不过,行为意向由个人对技术的态度(attitude,A)以及感受到的有用性(U)共同决定。而感受到的易用性(E)最后又是态度(A)和感受到的有用性(U)的直接决定因素。在旧时的银行客户的情形,由于可以获得办理银行业务的其他方法,转换到以计算机为媒介的银行业务往往让他们什么也得不到,感受到的易用性(E)可能比感受到的有用性(U)对行为意向有更强烈的影响。不过,在企业银行业务的情形,感受到的有用性(U)与态度相比可能是一个更强有力的行为意向预测器。

在一项针对互联网和电话在金融服务中的使用的研究中发现，个人使用意愿受个人对自己的能力的感知或个人对自己涉入这类服务系统的能力的感受、个人感受到的风险和个人使用它们的相对好处以及与服务人员的接触为个人所偏好的程度或其必要程度的影响(沃克和约翰逊[Walker and Johnson],2006)。

有人注意到，使用以计算机为媒介的服务交付方式的客户也许会经历一种购买后的两难境地，这一问题是服务提供商必须寻求解决的（米克和福尼亚［Mick and Fournier],1998):

- 自由/束缚。当使用新技术会带给他们新的独立水平的时候,客户可能会经历各种自由感;但当他们变得需要依赖技术的时候,他们可能会有一种被束缚的感觉。
- 控制/无序。当客户可以使用新技术并且使用它来引导自己的活动的时候,他们会有一种控制感;但当该技术抑制他们的活动并且导致混乱的时候,会产生一种无序状态。
- 吸引人/不吸引人。当客户享受技术带来的各种便利和各种活动的时候,技术是吸引人的;但当它导致客户分散精力或抑制客户的活动的时候,它则是不吸引人的。
- 满足需要/创造需要。技术可能满足某一类需要,但它也有可能仅仅在强调其他没有得到满足的需要。
- 胜任/不胜任。成功使用新技术会导致胜[illegible],但当技术失败或不能充分被人们理解的时候,产生的将是[illegible]

维护互联网环境下的诚信

安全和隐私是互联网服务交付环境下人们[illegible]要问题。当客户要评价[illegible]生活中的[illegible]服务设施[illegible]如商店或[illegible]

[illegible]和服务[illegible]

的个人隐私。

有许多研究针对影响客户对在线服务提供商的信任感的各种因素进行调查。

杰芬(Gefen,2003)等注意到,对在线服务提供商的信任感有两个来源:一是对公司非在线营销活动(包括其服务门店、员工和广告)的熟悉和了解;二是对公司本身的熟悉和了解,此种熟悉和了解是通过访问公司网站而获得的。

在一家在线服务提供商不在实际生活中存在、且没有可以让人查证的当地设施的情形,在新客户当中建立可信度的任务将会非常困难。一项既以在线又以非在线方式提供的高水平的广告服务也许最终会为潜在的客户所熟悉和了解,其理由是,能够在如此广的范围进行沟通的公司将有足够的生命力,有能力长期兑现自己的承诺。不幸的是,也有许多虚假的在线公司的例子,它们以诱人的承诺建立起业务,却很快又消失得无影无踪。有些公司的建立纯粹是为了获得客户的个人信息,这些信息在公司消失之后会被用于欺骗活动。

在线服务提供商接触客户的行为也可以通过一些做法得到改进。强大的线下存在可以让许多人相信:公司是一家实体,必要的时候他们可以与某个人当面交谈。公司有在当地的联系地址和电话号码也许能对某些人起到增进信任的作用。此外,许多公司采用诸如 VeriSign 和 Thawte 之类的行业协会标准为其安全和隐私保障做认证。这些为公司与客户打交道以及处理客户信息的方式规定了标准。在这类计划是由特定行业协会支持的情形,它们也许会对行为背离标准的成员施加某种惩罚。在一项针对银行业进行的研究中,尤萨福扎伊(Yousafzai,2005)等发现,在其网站上展示安全政策、隐私政策和遵守银行业法规的声明的银行比那些不这样做的银行更可能得到客户的信任。

不仅客户需要对流氓公司加以警惕,公司亦需要警惕流氓客户。在实际生活中的服务环境,一家公司可以看到来公司经营场所的都是谁,它可以在公众的眼皮底下架走那些故意破坏的坏分子,如骚扰餐馆氛围的醉汉。在在线服务过程的情形,要判断访问一家公司网站的人是善意访问者还是恶意访问者则更加困难。恶意访问者也许会通过植入病毒、以大量邮件轰炸网站或破坏其操作系统的代码来扰乱一家公司的服务过程。这种行为也许归因于对公司的妒忌,也许属于某个计算机黑客的挑战——他打定主意要攻击某个系统。在公司依靠在线交易获得大量收入的情形,这类恶意攻击的影响将是破坏性的,它不仅导致短期收入的损失,而且,在客户的个人信息被盗取或盗用的情形,还会导致对公司品牌信誉的长期破坏。在设计在线环境的时候,公司必须找到某种平衡,既要让网站能够容易地为所有人所及,又不要给恶意者以可乘之机。

在线服务公[illegible]也[illegible]对那些看似在提供[illegible]服务过程、实则怀有欺骗意图的公司的[illegible]的客户可以对[illegible]安全性感到相当肯定(尽管也[illegible]他们的个人信息)[illegible]的资本[illegible]

一件很容易的事情。媒体报道不乏这样的例子:乔装的银行会诱骗访问者访问其网站，然后“钓取”客户的个人信息,再将这些信息出售给他人行骗用。

主题思考:互联网和意想不到的后果

“世界再不会与原来一样了”。这是许多权威评论家们在互联网问世之初发出的大胆预测。在某种意义上,这些权威评论家们是非常对的,因为互联网对个人如何安排其生活有重大的影响。商务过程已经被转型,这往往又导致极大的成本节约和对客户服务的改善。但在许多方面,由互联网的发展所引起的变化的性质并不完全是人们所期望的。在技术、社会和经济环境中复杂的相互作用已经使得技术发展带来了一些始料不及的后果。

考察下面的一些预言,这些预言是人们在2000年的时候做出的,在当时,“.com”已经热到极点:

- 有预言说,由于人们在家里工作和使用互联网与同事沟通,对通勤的需求会更少。交通阻塞将会减少,通勤火车服务将失去其客户。事实上,技术使许多人选择更令人惬意的居住环境,以至于人们可以在更加远离工作地点的地方生活,因为他们现在每周去办公室的时间只需要两三天,不必每天都去。总的来看,许多人在此种情形下的交通距离实际上增加了,通勤总量变得更多而非更少。
- 有人预测,由于人们更乐于使用视频会议,传统意义上的会议会因此消失。当你能够坐在自己的办公桌前或躺椅上“以虚拟方式”以及更低的成本参加会议的时候,谁还犯得着为开会而跑一趟呢?然而,面对面的会议仍然大行其道。导致许多人在孤立环境中工作的技术也许间接地促成了人们的一种欲望,那就是:以具有更多社交内容、更多面对面会议来反制该倾向。
- 2000年,街头店铺的账面价值都在削减,与此同时,极不寻常的是,纯粹的互联网公司Lastminute.com的市场资本化价值却远在有110个服务门店的Debenhams连锁店之上。然而,以互联网为基础的购物活动的倡导者们却低估在街头或在远郊购物中心购物的便利性,同时也低估了互联网供应商安排送货上门的问题。
- 在所有这些预测出现之前早就出现了这样一种期望:我们生活在一个闲暇的世界,机器会帮我们做工作,这会给客户留下更多的闲暇时间,因此,我们只需要工作更少的时间。然而,实际上,平均工作时间却一直趋于增加而非减少。

我们似乎有一种与生俱来的高估技术变迁的短期效应、但低估其对我们行为的长期效应的倾向。随着使得高速移动互联网服务成为可能的新技术发展,有人又在2005年做了进一步的预测。我们真的想要下载整部电影,然后通过移动电话来观看吗?我们真的想在乘车旅行途中上网冲浪吗？会有诸如 SMS 文本信息传输之类的"杀手级应用"不期而至吗，由于尚未预见它的用途，此种程序不在第一代移动电话的技术规定范围之列？互联网的长期效应也许会更加微妙，它有可能助长个人产生一种与精细选定的商业或社会群体连为一体（无论他们在哪里）的感觉，而那些被迫近距离生活的形形色色的人群的社区感也许会随之淡化。

讨论互联网的不可预见的后果无非是想强调，要让各种组织理解新技术的后果会有多么困难。了解各种社会态度已经成为预测新技术成功的关键，这也促使作为一家主要服务提供商的雅虎在 2006 年任命一名人类学家从事研究，以更好地理解用户与其网站如何相互作用。

本章总结及与其他章的联系

本章介绍了以互联网为基础的服务营销环境，进一步的应用将在后续章节中讲述。第 5 章在服务公司的进入和分销战略的情境下继续讨论使服务通过互联网为范围更广的人群所获得的主题。互联网在购买者决策过程中的作用将在第 6 章探讨。使用互联网发展与客户的关系将在第 7 章讨论。在线需求和能力管理以及定价策略将在第 11 章和第 12 章讨论。互联网对于发展国际服务市场的重要性将在第 14 章讨论。在第 10 章，当我们探讨服务部门员工的营销影响的时候，我们将再次讨论生产力衡量问题。

复习题

1. 讨论衡量服务部门生产力的方法，要求此种衡量方法在学术上具有说服力，在管理上具有可行性。

2. 你认为在多大程度上为面对面际遇建立的服务际遇模型（如服务场景模型）可以适用于在线服务环境？列举有关的相似点和不同点来对你的回答进行解释。

3. "流"的概念对服务营销人员有什么价值？在在线环境与非在线环境应用该概念会产生什么重要差别吗？该概念提出了什么伦理问题？

实践活动

1. 回忆你最近可能去过的大中型的中档餐馆。你能一眼看出什么样的服务过程工业化迹象？评价你所注意到的服务过程工业化对客户和服务提供商的有利与不利之处。你怎样理解在餐饮业环境下“生产力”的概念？你会认为餐饮业是高生产力的产业吗？为什么？还可以对它进一步改进吗？

2. 访问诸如YouTube.com或MySpace.com等本身就是“目的地”、而非仅仅是一个从事特定交易手段的网站。试将上一章讨论过的服务场景分析框架应用于网站环境。具体地说，探讨网站经营者鼓励使用者进入网站以及再次访问网站所使用的各种方法。在真实生活服务环境与虚拟服务环境之间有什么相似性？在这二者之间做类比是一个好主意吗，抑或我们需要使用截然不同的框架对这二者进行分析？

3. 回忆在互联网环境下的“流”概念。你注意到你在网站上度过的时间走得比想象的要快吗？你被鼓励将网站上的其他页面点击一遍了吗？网站设计方面有什么因素鼓励你进入“流”状态？

案例研究：竞争日益激烈环境下的在线医疗服务

医疗服务也许会被认为是这样一个最后领域，在那里，你可以期望互联网在改善服务交付的效率和成效方面有大的用武之地。毕竟，大多数医疗服务都需要涉及病人和医疗专业人员之间物理性的互动，很难想象互联网会改变牙医在牙上钻孔、理疗师做肌肉康复或验光师检查病人眼睛的方式。但抛开这些密集型的“专业人员—客户”际遇，互联网正在改变医疗服务交付的环境。随着医疗保健越来越表现出营销导向的趋势，有效率和成效地使用互联网对于成功的经济表现已经越来越重要。

互联网是一种奇妙的信息来源，张贴各种医疗信息的网站层出不穷，这也反映了公众对医疗信息日益增加的需要。公众对医疗信息兴趣上升的原因包括人口学意义上的变化（尤其是人口中有了更多的老年人）、更高的教育水平和识字率以及对信息选择不断增长的需求。在许多西方国家，医疗保健问题的关注焦点已经转移到参与式保健模式，该模式鼓励个人对自己的健康和福利负责，不去依赖专业人士告诉他们什么对他们是好的。尽管病人对更多信息的欲求增加，专业人士面对面给出信息的能力却越来越受到挑战，医生们的诊疗时间很受限制。在英国，如在许多其他国家一样，医疗环境变得越来越具有竞争性，病人们越来越能够主导选择，而非医疗专业人士给他们什么他们就得接受什么。互联网已经成为病人在获得信息支持的条件下在相互竞争的公共和私人医疗服务提供商之间进行选择所依靠的重要工具。

自 20 世纪 90 年代以来，英国的政府政策一直强调对提供更多医疗保健信息的需要，认为向病人提供质量更好的信息将减小不堪重负的国民医疗服务体系（NHS）所受到的压力。也有证据表明，有良好信息支持的病人有更好的健康状况，通常会更少地使用医疗服务（莫瑞[Murray]等，2003）。出于这一考虑，英国卫生署、国民医疗服务体系、一些如英国医疗委员会之类的专业团体、关注某些特定状况的专业化慈善机构、各类支持小组、商业组织和医药公司在英国建立了许多医疗保健网站，公众可以获得多种医疗保健信息服务。2000 年，可使用的医疗保健网站的数目估计为 7 万个（本尼杰瑞和普路伊[Benigeri and Pluye]，2003）。

有几项调查研究寻求对典型的在线医疗信息服务使用者进行描绘。例如，以英国 CIBER 的研究以及美国 Pew 的研究为基础，朵兰（Dolan ，2004）等得出以下结论：女性比男性更经常地寻求医疗保健信息；在线寻求医疗保健信息的人当中，年龄在 24 到 44 岁之间的年轻人比年龄在 55 岁及以上的人要多得多。

一些组织有时候会制作一些与医疗保健活动的特定方面相关的宣传资料，但互联网所开放的新媒体可以向更多的受众就更为专业化的主题发布内容更多的信息。更为重要的是，互联网允许信息传递上的交互性，这是印制的宣传册不可能真正实现的信息传递方式。互联网的发展刚好与人们对个人保健意识的增长相并行，在这样的环境下，可以提供特定的答案，回答不同个人的各种具体问题。例如，关心乳腺癌问题的个人可以访问乳腺癌慈善研究机构“乳腺癌服务”（http://wwww.breastcancercare.org.uk）并在指导下做一个自我检查，以识别任何可能的问题。有耳鸣的症状吗？英国耳鸣协会网站（http://www. Tinnitus.org.uk）将指导访问者按照一个症状检查表做检查，并给出相关支持和建议。

英国政府提供交互式保健建议的一项早期举措是以电话呼叫中心为基础的，呼叫中心的员工由有资质的护士担任，该举措的促进活动以国民医疗服务体系直拨电话的方式展开。它所提供的服务与 NHS 后来提供的以网站为基础的各种便利基本上相似；不过，呼叫中心要求操作者先在屏幕上输入数据，然后才向呼叫者给出建议。与以网站为基础的服务相比，此种服务提供起来费用更高。以网站为基础的服务可以每周 7 天、每天 24 小时提供，而在需求不饱满的时候，提供这一层次上的呼叫中心服务却是成本高昂的。因为呼叫者的控制感也许会更低，而在处理敏感医疗问题的时候，此种控制感是尤为重要的，所以，以电话为基础的服务还会碰到另一层问题。通过由自己直接向计算机输入数据，服务使用者可以在私下以匿名方式寻求信息。另一方面，许多使用者更喜欢从与经过训练的护士的交谈中获得个人支持感；在在线获得同样信息的情形，此种好处也许并不是显而易见的。

一直存在这样一个假设：使更多的信息能够为病人所获得，他们就无需更多地去看医生，这就可以节省医生的宝贵时间。不过有人指出，以网站为基础的医疗保健信息服务也许会产生这样的效应：某些病人会因为他们在网站上看到的信息而增加烦恼，从而更多地去看医生。当然，许多医生乐见病人在问题也许能够得到处理的早期阶段就使用网站自行诊断，而非等到问题解决起来要难得多的时候。同时有人指出，医生的时间正在被越来越多焦虑的病人所占用，这些病人来看医生只不过是为了寻求信息，或者更为过分的是，花更多的时间与医生讨论一些他们在网站上阅读时碰到的细节（霍格[Hogg]等，2003）。毫无疑问，在线信息的可获得性会影响专业人员与病人之间的关系，在此种关系中，先前对某个专业人员的盲目信任现在可能会因为一个受过教育、有信息支持、不愿意简单地听从医生的病人群体的存在而被修正。有句老话说，对医生的诊断心存疑虑的病人应该寻求医生的第二个意见。现在，他们能够从不同的网站上得到第二个、第三个、第四个意见，然后回到他们的医生那里，挑战医生所做的任何诊断。

互联网不仅仅是在通过额外的信息来改造“专业人员—病人”关系的性质。远程医疗也使高度专业化的咨询人员的知识能够为地理距离遥远的地域所获得。国民医疗服务体系的最新发展趋势是发展更大的专家型单位，这就意味着在遥远的地区要获得专家人员会是相当困难的。以北海石油平台作为一个极端的案例来讨论，在那里维持任何超出基本要求的医疗保健覆盖面都是不现实的，将一个病人用飞机运送到大陆的医院，或将一位医疗专家运送到石油平台既耗费时间、又不现实且成本昂贵。因此，作为替代，远程交付系统寻求模仿许多其他服务部门的做法，通过使用远程通信手段使专家知识能够为客户所获得。一位咨询专家能够以大型医院为基地给出医疗建议，他可以使用网络摄像头观察正在一个石油平台的小规模设施上就诊的病人。

互联网也被国民医疗服务体系用来使其预约系统更有效率和更有效能。不再依赖反应迟缓且成本昂贵的以电话为基础的系统，某些医疗信托机构已经引入在线预订系统，病人可以通过该系统选择一个可以获得的服务通道，一如他们在在线杂货商店购物时选择一个交付通道一样。随着个人 NHS 信托机构面对来自其他 NHS 信托机构（而且，越来越多地来自私人部门的服务提供商）对病人的竞争，一个有效率的预订系统对其经济成功所具有的重要性与在线预订系统对一家酒店或航空公司的经济成功所具有的重要性没有两样。

从更长的时期来考虑，国民医疗服务体系已经展开世界上最大的软件项目之一，项目计划将国内所有医疗服务专业人员的信息系统一体化。从理论上来讲，任何获得授权的专业人员可以在任何时间任何地点获得任何病人的医疗记录。一个访问曼彻斯特的伦敦人在突然生病时也许可以立即通过互联网提供他的记录，而不必等候电话或信件对与关键的先决条件相关的问题做出解答。不幸的是，和许多大型计算机项目一样，该项目比原来的计划耗费的时间更长、费用更高。尽管医疗专业人员通常都对使其能够容易地获得病人信息的统一系统表示强烈支持，但持怀疑态度者们仍然表达了对该系统的强烈批评。许多人依旧担心，在一个被授权获取某种形式的数据的医疗专业人员达数十万之众的系统中，可能会存在安全隐患和隐私不保。有些医疗专业人员对政府的意图（其中也许包括对他们的活动实施更为中央化的控制）一直心存疑虑。将从医疗服务活动的各个部分传来的数据汇总的系统，可以很容易地用于从系统的控制中心监督医疗服务表现以及强制实施各种视医院而定的不同标准，在受托医院的计算机系统不与互联网相连接的环境下，这会是做起来要困难得多的事情。

问 题

1. 讨论在线医疗信息服务有可能增加而非减少看医生的次数的观点。

2. 远程医疗活动中的手术过程是根据远程专家给出的建议进行的。讨论远程医疗活动中可能涉及的伦理问题。

3. 评估在越来越具有竞争性的医疗服务市场上使用互联网创造竞争优势的各种可能途径。

第5章

让服务为客户可及

学习目标

阅读本章之后，你应该理解

- ❖ 不可分性对服务生产/消费过程中的时间与地点决策的影响
- ❖ 作为一项特征而被设计入服务生产决策过程的可及性
- ❖ 帮助进行服务区位决策的模型
- ❖ 作为服务共同生产者的服务中介所承担的角色
- ❖ 服务中介的类型，包括代理和特许经营
- ❖ 选择、激励和监督服务中介的方法

5.1 引　言

考察以下各项成功的服务创新：

- First Direct 的家庭电话银行；
- 麦当劳的郊区“驾车通行”餐厅；
- 多米诺比萨饼店的送货上门服务。

在每一个案例中，成功都以使一项现有服务对客户更可及为基础。如此，银行客户不再需要访问银行在当地的分行就可以进行多种交易，他们可以在一天当中的任何时间、而不是在银行分行的营业时间做这样的事；某个要找“巨无霸”汉堡包的人也不再需要离开汽车；吃比萨饼的人甚至用不着从家中离开。

实际上，取得如此高水平的可及性要求有一个能够在规定时间达到期望可及性水平的战略。比萨饼公司要能够将比萨饼送到任何人的家里，这就要求它付出一家公司单独行动也许不可能完成的努力。它因此会寻求多种安排，如与一些地方性公司达成许可经营协议，后者能够以比它更快且更具成本效益的方式实现大范围的可及性。

与制造品的情形相比，服务的不可分性使得传递服务利益的任务要困难得多。不可分性意味着服务必须在服务的生产点消费，换言之，服务不可以由一个人在一个地方生产，并通过另外一些人的处理来使之为其他地方的客户所获得。一项服务因此不可能在成本最低的地方生产，在需求最高的地方销售——客户可及性必须通过设计纳入服务生产系统。

在本章中，我们将分析使服务为客户可及的各种战略，分析将集中围绕四项重要但又相互联系的问题展开：

- 服务应该在何时以及何地为客户可获得？
- 中介在服务交付过程中的作用是什么？
- 如何选择、激励和监督中介？
- 如何使成为许多服务要约一部分的有形产品为最终客户可获得？

5.2 服务要在何时为客户可及?

我们已经看到,服务的不可分性通常要求生产者和消费者相见,以使得服务利益能够同时被生产和消费。不幸的是,在客户想在生产者不能或不愿意生产服务的时候消费服务的情况下,问题往往就会发生。服务的不可储存性使这成为一个特别的问题,因为服务生产者并不具有商品生产者那种在有人选择产品的时候生产产品、然后在客户想要购买产品的时候使之为客户可获得的能力。服务必须在客户要求服务的时候"现场"生产。

抑制服务提供商向连续的服务交付迈进——换言之,使服务在所有的时间都为客户可及——的能力或意愿的因素有哪些呢?

- 客户对于某项服务的需求在一天、一个星期或一年之中可能不是均匀的,在生意清淡的时候,有限的需求水平可能不足以补偿服务提供商提供服务的成本。
- 某些时候的生产成本可能高于其他时候的生产成本;例如,如果向员工支付更高的工资,员工可能被诱致在晚间或在节假日生产。
- 在某些固定成本很高的服务过程中,不容易降低所使用的资源水平以响应相对低的需求水平。举一个例子:一个机场要保持对外开放,不管它有多少乘客需要处理,它需要的最低数量员工数都会很高,这包括为检查、安全保卫和护照管理等做最低水平的员工配置。
- 政府法律可能使得某项服务在客户偏好它而生产者又能够并愿意提供它的时候不为客户所及。例如,许多国家限制零售商和其他服务企业在星期天营业的能力。

与这些限制因素形成对照,有许多理由解释为什么许多部门的服务公司渴望朝向依时间范围而论的更大可及性迈进:

- 客户预期一直在上升,经历了某一类服务延展的可及时间的客户,会期望使用另外的服务也能享受到延展的可及时间,这就形成了一种"滚雪球"效应。如果超级市场能够在夜间开放到很晚,为什么银行或者公共图书馆就不能呢?
- 在固定的基础设施(如建筑物和设备)上有高水平投资的服务公司往往热衷于提供扩展的可及性,以便在更多数量客户的基础上摊薄其固定成本。一家在新开店铺时投资了数百万英镑的商店可能会期望通过在星期天营业以及营业到夜间很晚来增加其店铺的利用度。
- 对于个别公司而言,可及性的延展可能是对竞争对手行为的竞争性响应。如果某个地区的其他商店在星期天都营业,一家仍然关门谢客的商店可能会有一部分业务流失到竞争对手手中。

服务可及性构成服务提供商之间的重要细分点,在某些情形下,它会允许一家公司取得溢价。在零售业,有高固定成本的大型超级市场可能找不到通宵达旦开放的理由,尽管它们在白天开放的时候也能取得规模经济。它们的竞争优势是以让大众市场感到便利的营业时间段上的低价格为基础的。另一方面,小型便利店的固定成本低;不过,夜间需求量可能足以支付其小店铺的运行成本,尤其是在客户愿意为通宵可及的便利支付溢价的时候。

服务组织使用多种方法增进时间范围的可及性:

- 需求在一天、一个星期或一年之中不均匀的情形下,制订合适的成本结构可以允许公司在低需求期间有利可图地经营。有时,这会涉及与雇员就员工配置水平展开再谈判并达成协议,或使用技术改变成本基础(见下文)。
- 可以在淡季提供服务过程的有限形式;例如,一家银行可以提供便利客户在白天任何时间提取现金以及用支票和存款余额付款的大厅服务,但它只会在白天面对最大需求的时间段让它的分支机构配齐员工提供全面服务。
- 可以使用技术降低在淡季提供服务的成本。提供 24 小时互联网接入的银行成本不会太多地高于只在正常营业时间提供服务的成本。有些零售商已经建立了自助式服务商店,客户可以在其业务清淡的时候从设在商店外部的机器里选择他们最喜爱的商品。
- 上面提到更大的可及性可以为服务提供商提供收取溢价的机会,从而补偿更高的运营成本。
- 往往可以根据客户愿意为服务付出的等候时间上的灵活性而对客户加以细分。在英国,许多健康保险公司强调的一项重要利益是:对于那些已经取得一份健康保险单的人来说,进入所选择的手术过程只需等候更少的时间。航空公司和铁路经营者提供从低价到全价不等的多种客票。低价客票只能预先购买,持票人只在特定的时间拥有对服务的进入权;全价客票则允许持票人在任何时间和短时通知进入服务过程。

服务可获得性的延伸提出了让全社会关心的问题,许多国家一直就是否应该放松对商业活动的限制而争论不休。有些人注意到:市场力量导致在更长时段上的服务可获得性是一个不可避免的过程,该过程又为螺旋式提升客户期望的过程所强化。其他一些人则认为,在更宽时段的服务可及性只对那些富有的客户有利,它是以牺牲大批廉价的服务部门工作者的利益为代价的。我们将在第 10 章讨论那些被要求在与社会常规不一致的工作时间段工作的一线员工面对的压力问题。

5.3 服务应该对谁可及?

在第 6 章中，我们将考察细分市场问题以及公司识别个人目标或识别某类个人目标所使用的方法。细分市场和目标定位的原理对于商品公司与服务公司来说都是相似的。不过,服务公司还面对另外一些实际问题,他们也许愿意特别地排除某些个人的进入机会。这里的主要问题是,有许多服务消费者进入“生产工厂”,而服务提供商往往希望将其中某些“投入”(客户)排除在外,因为他们处理起来成本太高,或者,他们对于其他共同消费者来说是有破坏性的。商品制造商一般并不会碰到这类问题。他们的客户通常不进入工厂,制造商一般也不阻止商品继续向“坏”客户销售。在任何情形下,“坏”客户产生的后果对于制造商来说不可能很大(当然也有例外;例如有报道说,当巴宝利服装品牌被“坏孩子们”和其他一些低端市场群体“采用”的时候,品牌受到了损害)。

服务组织不愿提供服务的客户类型的例子有许多，这类客户被认为可能是难于处理的：

- 有人指责一些大学、中学和小学不愿意接受学习能力比较弱的学生,因为他们可能需要附加的补救型支持。学习能力弱的学生也许会破坏班级中学生与学生之间的关系。
- 银行拒绝一些个人申请,这些人的特征表明他们也许就是不良信贷风险,有可能占有不相称的管理时间。
- 与体格健全的客户相比,残疾人客户往往花费更多的处理成本,因为处理他们要求重新设计建筑物和交通工具等等。由残疾人客户产生的额外需求的水平并不足以为投资建造合适的设施提供解释理由。

在上面的每一个案例中,服务提供商应该认识到更广泛的社会压力:向被认为处于不利社会地位的群体提供进入机会。最初被某些服务提供商视为反社会的行为可能或迟或早进入政府法律考虑，法律将要求服务提供商应对这些受到社会更广泛关注的问题。简言之,如果市场并不向处于不利社会地位的群体提供进入机会,法律有可能进行干预并要求提供此种机会。因此,在整个欧盟,政府已经制定了各项政策,以保证处于不利社会经济地位群体中的儿童或学生不被小学、中学和大学拒绝入学。拒绝向某个个人提供银行账户即是拒绝向该个人提供通过在线服务获益的机会——只有拥有银行账户的个人才能获得。在英国,政府已经向各银行施加压力,要求它们向那些不能正常获得资格享受全面银行服务便利的个人提供基本的银行账户。在残疾人群体进入权的情形,英国《反残疾人歧视法》(Disability Discrimination Act)(以欧盟指令为基础)越来越多地要求各服务公司对其服务过程进行合理改造,以满足残疾人客户的需要。针对什么是一

图 5–1 对于许多服务提供商来说，一个竞争性的细分点以一项服务对客户可及的时间长度为基础。当城里的所有商店都关门时，一家提供延长的开放时间或 24 小时营业的商店将具有竞争优势。在大多数文化中逐渐产生这样一种倾向：由于客户期望更大的服务可及性，甚至连某些传统上比较保守的专业服务提供商——如律师和牙医——也开始提供夜间营业。许多专业服务提供商甚至放弃他们传统的周末关门做法，开始提供周末服务。禁止在夜间或星期天提供服务的法律在某些欧洲国家依然存在，但已经出现的通常趋势是放松对服务提供时间的限制。那么，服务提供商如何决定对客户延长其营业时间会不会是一桩有利可图的事情呢？在英国，随着对商店和小酒馆开放时间限制的放松，一些公司延长了自己的开放时间；结果，当期望中的夜间逛商店者或用餐者的数目不足以弥补延长开放时间所形成的额外成本时，某些服务提供商又将延长的营业时间缩减了回去。

家公司应该为提供进入权而采取的合理措施这一问题，也正在研制有关的判例法。随着判例法的不断增补，针对服务提供商制定的特定要求越来越多；举一个这方面的例子：所有新的公共汽车必须能够允许轮椅进入。

有些服务提供商已经从社会压力获得一些早期启发，学习如何领先法律一步解决残疾人群体的问题。当所处的部门作为一个整体被要求采取面向更广泛人群的进入政策时，该经验有时使他们处于竞争优势地位。比起那些墨守成规的大学，发展了面对社会弱势群体的长远项目的大学会发现应对政府针对提供更宽进入口径所施加的压力要相对容易一些。不过，在某些市场上，成本领先地位对于获取竞争优势至关重要，政府压力和法律可能被考验到极致，公司会继续尽其可能逃避义务。建立了以无情的成本控制为基础的成功商业模式的瑞安航空公司（Ryanair）已经面临了向残疾人提供服务有关法律的挑战。有人认为，残疾人应该为轮椅的使用付费，一如体格健全的客户为诸如行李运输和空中就餐之类的额外服务付费一样。航空公司的低成本运营模式以及对使用轮椅收费的做法与《反残疾人歧视法》是相容的吗？

主题思考:欢迎到银行来——如果你是富人的话

2007年4月，当汇丰银行将其在邻近多塞特郡普尔镇的坎福德·克利夫斯的分行转变成为“重要银行业务”客户服务中心的时候,许多人将此举解读为“对不起,你太穷了,不能进这个银行分行”。要取得重要客户的资格,客户必须有至少5万英镑的存款,或者20万英镑的抵押贷款业务,或者7.5万英镑的年薪。不能满足这些标准的客户必须走1英里才能到达最近的汇丰银行分行,只有在那里他们才能够获得全面的服务便利。

当地社区群体对银行的行为感到沮丧，地方议员将银行的行为描述为朝向社会排斥而非经济包融迈进，而经济包容在政府的政策议事日程中有很高的地位。地方公民咨议局将银行的行为描述为向那些收入平平的人们提供二流的进入途径。当需要去银行时，老年人以及那些低收入者被置于最为不利的境地。尽管银行服务的在线进入有长足发展，但这些群体却是最少可能拥有互联网进入手段的。

拒绝除了有良好经济后盾者之外的所有人进入其分行，银行此举从社会意义上来说是不负责任的吗?银行的行为与其所声明的公司社会责任中的议事日程相吻合吗?或者,它的决定是有合理的细分市场与目标定位原则作为基础的?既然坎福德·克利夫斯的居民家庭收入和不动产价格在全英国是最高的,那么,银行为具有高净资产的客户提供增进的服务岂不是有很好的商业理由吗?其他银行也特别为这类客户开办了营业处，但汇丰银行将一个原先为所有人可及的分支机构的业务加以限制，而不是建立一整套全新服务设施的做法就为社会排斥的争论火上浇油了吗?

5.4 服务要在哪里为客户可及?

在本节,我们将考察服务提供商需要就服务的提供地点做出的选择。首先应该反复强调的是,由于服务的客户通常涉及服务的共同生产过程,他们期望参与到该过程的时间和地点成为评价服务的重要标准。生产区位决策不能与客户需求分析相分离。服务组织通常希望集中生产以获得规模经济,而客户往往寻求服务在当地的可及性。服务区位决策因此涉及生产者需要与客户需要之间的权衡取舍。这与商品制造商形成对照,后者在一个最为经济的生产区位制造商品,然后将商品运输到对它们有最高估价的地方。

对于某些服务,其生产并不具有区位灵活性,这就导致相对而言生产导向型的区位决策。在其他情形,由于其性质使然,生产技术允许有大得多的灵活性——尽管区位决策也受客户向一个服务网点旅行的不灵活性的限制——要么是因为他们在体力上做不到,要么仅仅是因为他们根本就不愿意。在某些无形、低接触型服务的情形,使用在本章稍后介绍的一些方法有可能将生产与消费分离。在这些情形下,服务可以在最为经济的区位生产，然后在客户所在地为客户所获得。

生产的灵活性

如果处在一个独一无二的区位就是服务的整个目的，这将为我们提供一个在生产上不灵活性的服务的极端情形——例如，由于其本身的特性，以独一无二的历史景点为基础的旅游相关服务是不可移动的。进一步来看，一组只能以大规模集中化生产设施合理地生产的服务会表现出区位上的不灵活性。此种情形可以发生在必要的支持性设备很昂贵且为重大规模经济提供机会的场合。在这类设备本身也具有很高不可移动性的场合，客户必须到有限数目的集中服务点来接受服务。许多复杂的医学治疗——如创伤治疗——所需要的专业化贵重设备就面临此种情形，这类设备通常在几个数目有限的中心地提供。在设备提供的规模经济范围较小且设备更容易转移的情形，服务生产活动可以更广泛地分布。这就解释了乳房扫描服务通常会带给使用者，而使用者却必须自己到创伤治疗中心去的道理。

有些服务组织经营着一个“中心和外围”系统，这样可以将专业化服务的大规模、集中化生产的利益与本地可及网点的利益结合起来。在银行业，专业化业务和投资服务只有在足够数量的客户群体能够支持该领域专家活动时生产，才有竞争力。一些主要的英国银行因此发展了位于几个关键区位的专业化业务咨询中心。它们的服务因此可以借助电话、邮件、计算机链接的组合，或地点集中的专家的个人访问，通过当地分支机构获得。类似地，许多生产服务中涉及的处理工作可以转移到高效率的区域中心去做，留下当地网点作为与客户互动的接口。这样，许多银行与建房互助协会就将其在街头分支机构的抵押贷款处理业务转移，各自的分支机构仅仅作为销售网点而保留。一个“中心和外围”系统的主要组成部分如图 5-2 所示。

除了内部规模经济，外部规模经济有时也对一家公司的区位决策有重要影响。在第一种外部规模经济的情形，选取一个紧邻其他服务生产者的区位可以降低一家公司的投入成本。出于这个原因，许多不同的金融服务公司都在伦敦城里集聚。

一家船舶经纪机构可能发现，选择离劳埃德保险市场和各家银行一步之遥的地方作为营业地点对于其资金来源安排具有莫大的好处。类似地，人们发现各类广告机构、图形设计商、印刷商和排版商的群集可以通过区域内部的交易实现利益最大化，这对供应商和客户来说都是有利的。但由于使生产与消费分离的技术的发展，这类外部规模经济对区位决策的重要性在下降。在上述两个例子当中，服务利益现在都能够通过电子方式交付，对直接互动的需要在不断减少——尽管公司之间的社会交往的重要性依然不减。

选择在一个远近闻名的地方市场经营可以产生第二种外部规模经济——如珠宝商或房地产代理商将经营场地设在城镇的某个街区的情形。由于市场的存在广为人

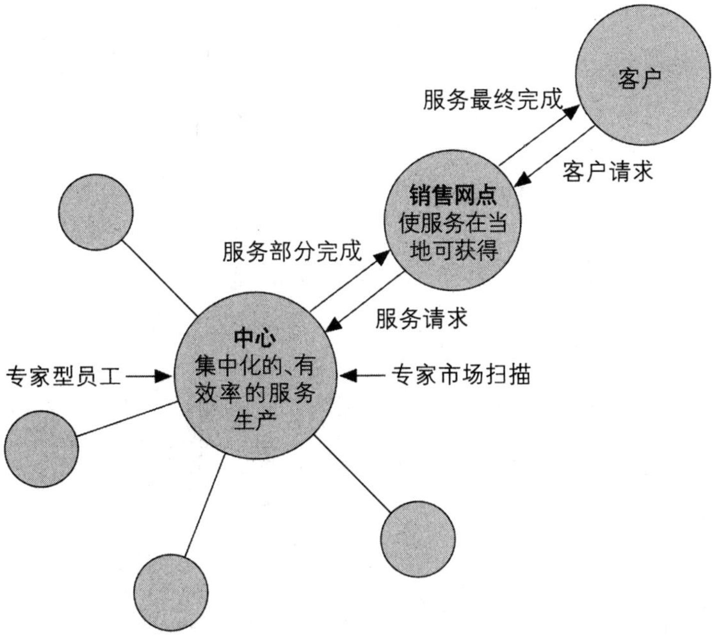

图 5-2 一个中心和外围型服务生产和交付系统。许多服务处理通常可以在一个中央处理机构进行，然后通过分支机构网络使之为当地客户可获得。对于高度无形的服务，许多客户选择通过电话、互联网或邮件与中央处理中心直接打交道，而非通过分支机构网络进入服务。

知，任何选择在该市场经营的公司只需要花更少的促销费用就可以吸引潜在的客户到该区位来。

在规模经济不太显著的情形，出于生产的考虑对区位决策的影响可能不那么重要。在市场环境下，可以通过更广泛分布的网点最大化可获得性——而非通过集中化形成成本节约——来获取竞争优势。有一个例子可以解释这一点：理发业提供的规模经济范围相当有限，但通过提供很容易为客户可及的小型门店却可以获得竞争优势。

最后，市场环境的竞争特点也影响服务生产者的区位灵活性。如果没有太多的供应商可供客户选择，一家能够在区位决策上表现出灵活性的服务生产商也许不愿意表现出灵活性。出于这个原因，许多由政府提供的服务——如税务局——往往通过集中化的管理机构提供，它们所处的区位对于大多数使用者来说可能都是无任何便利可言的。

消费的灵活性

关于服务区位的决策亦受客户意愿或能够就他们在哪里消费服务表现出的灵活性的影响。客户一方的不灵活性因为几个原因产生：

- 在客户的所有物上从事服务的情形，客户的所有物本身也许是不可移动的，这就要求供应商到客户那里去（如建筑物维修）。

- 有时，客户也许从体力条件而论是不可移动的（如身体残障使用者的医疗服务）。
- 对于冲动型的购买项目或有许多替代选项相竞争的服务，客户不可能为求得一项服务而愿意去长途旅行。
- 与不愿意为之旅行的常规型购买项目相比，对于专门服务，客户也许更愿意就在何地接受服务表现出灵活性。

现实中，大多数客户的决策涉及在服务价格、特定区位的服务交付质量、可获得的选择数量以及为进入服务所需要的依时间和金钱衡量的客户成本之间权衡取舍。对于某些杂货铺零散商品的购买者来说，与进入服务的便利程度相比，价格和可选择的余地可能相对不重要——因此，许多小型的街头商店会长期存在。对于那些打算购买一周所需杂货的客户来说，相对于进入服务的便利程度而言，价格和可选择的余地可能会变得重要得多。对于更为专业化的服务，如贵重音响设备的购买，客户也许愿意为了一家提供竞争性价格和/或宽广的设备选择余地的零售商而旅行更远的距离。

因此，服务进入策略必须以识别有类似可及性需要的用户组成的细分市场为基础。服务进入策略可以因此而制订，以满足每一细分市场的需要：

- 年龄通常定义了不同细分市场寻求的可及性层次。对于个人护理服务的许多老年用户们来说，他们有时不情愿或不能够离开自己的家，这就使得服务的家中可获得性成为他们追求的一项特征。对于其他群体，如青少年，离开家接受一项服务的行为本身就很有吸引力。这可以解释人们寻求走出家门在电影院看电影的兴趣缘何持续不断——尽管面对音像租赁服务和卫星电视服务的各种竞争性选择。
- 更为富有的细分市场愿意为对他们自己而非提供商便利的时间和地点消费服务支付溢价，我们可以由此看到以个人经济状况为基础的细分市场。以更高可支配收入的群体为目标的送餐上门服务提供了这方面的证据。
- 心理图表细分法见于人群寻求满足其生活方式需要的服务。且看一个例子：有些人群愿意在一家设计风格和用餐环境对他们有吸引力的餐馆用餐，即使需要远距离旅行也在所不惜。
- 某些个人的文化背景可能预先使他们寻求一种特定的可及方式。有些群体不情愿使用那些没有与服务提供商的定期个人联系的服务交付方式就证明了该点。保险公司从客户家里收取保费可以增进某些成长环境对不受个人感情影响的组织心怀疑虑的群体的信心，而通过电话银行业务或邮件完成年度支付则可以满足其他细分市场的需要。
- 服务进入策略能够以用户寻求从服务中获得利益的类型为基础。且看一个例子：客户通常愿意旅行相当远的距离到某餐馆举行一次庆祝性聚餐，但他会期望午间小吃能够很容易地就近取得。

- 与偶尔使用者相比，服务的高频率使用者可能为可及性便利支付更高的溢价。在企业对企业服务情形，一项服务的可及性水平可以直接影响客户的运营成本。一家电脑修理公司在客户的办公室提供服务，避免了其他服务可能导致的成本，如交付和收取电脑。

对于某些服务，服务交付点的区位是吸引新业务的最重要手段。就某些低价值服务来说，此话并无虚假：客户很少愿意为这类服务的购买预先规划或特意去寻找。在冲动型购买的情形，区位也是非常重要的。客户对加油站、旅游区的茶馆以及许多旅游景点的选择，一般都是在没有预先计划的情况下与服务网点不期而遇的结果。例如，不可能出现许多驾车者都按照媒体广告的指引寻找一条背街上的加油站的情形——一个可见的区位是影响客户选择的关键因素。

服务区位影响的分类

一个开发服务区位决策分类方法的尝试如图 5–3 所示；在所示的矩阵图中，不可分的服务根据其生产与消费的灵活性程度而分类。

左上格中的服务由于与独一无二的地点相联系，往往很少具有区位灵活性，如特别优美的景区或引发历史联想的地点。不过，人们有时也尝试在一个离客户更近的地方复制原有的场景；例如，巴黎的迪士尼乐园就是将美国迪士尼乐园的独一无二特征带给欧洲受众的一次尝试。

右下格中的服务也许会因为客户不能移动自己或自己的所有物而很少具有区位灵活性。在某些诸如建筑物之类固定资产的情形，不灵活性也许是绝对的，服务提供商因此必须到客户的场所来。然而，客户也许仅仅是不愿意表现出灵活性；或者，让服务到他

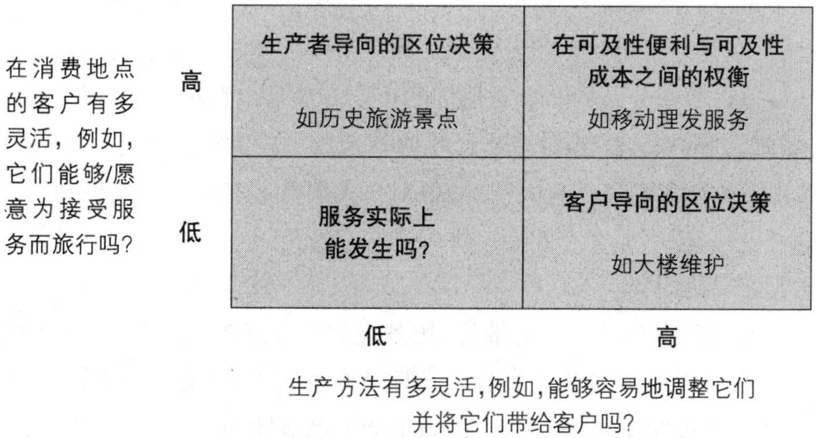

图 5–3　不可分割服务的生产与消费区位灵活性

图 5–4 商品和服务的供应商必须考虑在什么样的区位其产品对最终客户有最大价值。许多超级市场经营者将那些更愿意将服务送上门，而非必须让客户到商店去的客户群体识别出来。对于许多超级市场经营者来说，互联网的发展导致食品杂货的送货上门服务成为一个成长领域，上升的实际家庭收入和越来越繁忙的生活方式有力地推进了这一成长。不过，尽管使用互联网的成本已经下降，但上门交付商品与服务的成本却倾向于上升，这与上升的工资成本和增加的就业法律表现出一致。尽管送货上门服务对于某些细分市场来说可能是一个吸引人的选项，但其他客户却更愿意做一个权衡取舍：他们会到服务提供商那里去，在那里他们通常能够获得更低的总价格。（重印经森宝利超级市场公司许可）

们中间来也许是他们期望的一部分。

右上格中，在客户便利与生产者便利之间进行的权衡取舍是最大的。在这里，市场往往被可及性偏好所细分，生产者对他们的生产方法加以调整以适应每一细分市场的价格/便利偏好。零售业表现出一个大的调整范围——大到超级市场，小到街头商铺——前者对于生产者而言是有效率的，但对于大多数客户而言可及性却相对不足；后者有最好的可及性，但不那么有效率。许多客户愿意为可及性便利支付溢价，他们甚至要让商品送到自己的门口。

在生产者与消费者都不灵活的情形，服务也许根本就难以发生；服务即使发生，也会处于困难的境地（如医院紧急接收病人）。随着技术的发展，有时有可能（举例来说，通过移动经营的影剧院和远程医疗服务）提高生产的灵活性。

我们将在本章晚些时候考察某些（举例来说，通过使用互联网）生产可以与消费相分离的服务的情形。

服务区位模型

在设计服务网点网络之前，一家组织必须清楚地定义其可及性目标。它尤其必须对所寻求吸引的业务量、市场份额和客户细分市场有清楚的认识。可及性目标来源于服务定位策略。高水平的可及性也许只与那些同时也与溢价定位相联系的商业目标相吻合。高水平的可及性也许会弱化和改变促销在营销组合中的作用。与此对照，一个涉及低水平可及性的策略也许需要高度依赖促销才能使潜在客户意识到服务网点的区位。

可及性目标的例子包括：

- 在所有人口在 20 万或以上的城市提供酒店区位；
- 为超级市场选址布局，市场在 10 分钟车程范围之内，服务人口至少为 5 万人；
- 在行人或机动车辆交通超出一定阈值的地域规划零售地址。

服务区位决策在宏观与微观层次都会用到。在宏观层次，根据需求强度、竞争水平以及在一个区域的开业成本，组织寻求在最有利可图的区域或地区来使其服务能为客户所获得。微观层次的决策指特定场地的选择。

宏观分析始于清楚地描述一家组织的营销目标所指向的客户特征，然后找出具有与目标市场范围密切吻合的地理人口特征。在最简单的情形，可以使用各种指数识别潜在的有吸引力区位。一家寻求建立全国性连锁服务网点面向老年人群提供家庭财产贷款的金融服务公司可能以三条信息为基础选择最有前途的区域：一个区域住房的平均价值（可从皇家特许测量师协会[Royal Institute of Chartered Surveyors]的定期监测报告获得）；老年人群占总人口的百分比（可从人口普查局[Census of Population]获得）；以及作为住房所有者/占有者的人群占总人口的百分比（可从地区趋势研究[Regional Trends]获得）。市场吸引力的大小由这些因素的加权指数来表示，当然，也需要对每一区域竞争对手活动展开更仔细的分析。也有一些更为专门化的细分方法被开发出来，这些方法使组织能够评估一个区域的市场特征，其中的一个例子是 Experian 公司开发的以邮政编码为基础的 MOSAIC。

随着组织的成长，组织选择服务网点区位所采用的方法倾向于越来越复杂。在成长的早期阶段，简单的经验估计法也许是可接受的。进一步成长之后，通常会使用一些简单的指数或比例数据。随着更多服务网点的建立，组织便开始收集足够的数据来分析现有网点的绩效表现，并由此发展出各种模型，以预测备选新区位的可能绩效表现。回归技术被用来识别各种变量之间的关系以及每个变量在解释某个区位的绩效表现时的显著性水平。回归模型的开发要求为创建信息库和校准模型做相当大的初始投资，但模型一旦校准之后，就可以帮助减少新服务区位决策之中的内在风险。应该指出的是，不能

主题思考：超级市场的客户在哪里？

在一个激烈竞争的环境新开一家超级市场的风险水平会是相当高的，但大型零售商宣称，他们对一家新开店面的销售额预测可以精确到几个百分点。虽然小型的一般零售商也许能够通过低风险的短期租约租赁店面空间，但现代超级商场要求为配备各种功能做相当大的投资，以满足客户日益增长的需求和期望。琼斯和莫克(Jones and Mock，1984)就小型美国超级市场连锁店进行的一项研究表明回归建模技术的价值。研究中的超级市场连锁店以前依赖于经验估计法来决定商店选址，但随着新店铺规模的增加，风险水平也在增加。随着业务的增长，连锁店也能够收集更多的数据来了解与特定店铺的成功相联系的各种因素。

回归建模始于以社会经济数据为基础根据环境的相似性对营业场所分组。已确定的五类区别性环境是：城市中心、郊区、悠久的购物街、城市边缘以及非都市区位。为找出可获得的许多变量中哪一个变量与每个零售环境最有关系，一系列单个关键变量之间的交叉列表被给出。然后，将相关变量放进一系列分步回归模型中，一种环境使用一个模型，以识别那些解释销售绩效最有效力的变量。在郊区店面的情形，商店销售额的变动可以通过三个尺度最好地解释——最近开发的住户百分比、营业场所的汽车可及性和位于三个街区范围内的竞争对手数目。新住户份额增加一个百分点使周销售额额外增加120美元，而每一家相邻的竞争对手使销售额减少656美元。

当商业环境稳定的时候，该模型倾向于给出好的结果。但当经营者可能很快建立竞争设施，从而改变模型基本假设的时候，它们的用处会有多大呢？毕竟，如果一家超级市场正在使用该模型，其竞争对手也有可能做同样的事，并得出类似的结果。那么，它们应该集中围绕灵活性打主意从而减少启动成本和关门成本吗？

对模型施用外推法以涵盖未曾在原校准模型中预见的决策类型——例如，一个为在英国的选址决策而校准的模型用于在法国的选址决策也许是不适合的。

在应用回归建模技术时，还有几个其他问题必须提及。由于这类模型要求大量的数据用于校准，他们只对营业额高的服务企业才真正适用。导致销售额变动的关键变量很难识别，变量之间的相互作用也很难排除。简单的线性回归模型对于解释复杂的非线性关系也许是不合适的(例如，一家餐馆附近进入一两家竞争对手可能会使得某个本来看好的营业场所的销售额下降；但如果餐馆的群集导致一个热点形成，从而吸引用餐者在多家餐馆中寻找自己最喜欢的餐馆，那么，大量的竞争对手也许实际上会增加餐馆的销售)。最后，回归基本上是一个递增计划技术，它不适合于设计服务网点网络——如在两家服务组织合并之后需要将服务网点合理化时很可能发生的那样。对于后一情形，一个替代方法是使用空间区位配置模型。

空间区位配置模型衡量需求的地域分布，并寻求以客户使用一个特定网点的概率为基础向各个服务网点配置需求，该概率：

- 与该服务网点的吸引力正相关；
- 与网点和需求所在地的距离负相关。

这些原则是在以下模型（赫夫[Huff]，1966）中发展起来的，它们通常用作零售区位模型的基础；不过，它们也可以用来决定休闲设施与健康服务等的区位：

$$P_{ij}=\frac{\frac{A_j^a}{d_{ij}^b}}{\sum_{n=1}^{i}\frac{A_j^a}{d_{ij}^b}}$$

此处，P_{ij}=由出发点 i 至目的地 j 的一次旅程的概率；

A_j=目的地 j 的吸引力；

d_{ij}=出发点 i 至目的地 j 的距离；

a 和 b=需要根据经验确定的参数。

这一模型在直觉上的诱人之处及其简单明了可能掩盖应用中的几个概念性和实践性的问题，这又引发了许多旨在使该基本模型具有可操作性的研究。吸引力的概念是很难衡量的。费希本（Fishbein，1967）指出，尽管个人可能相信某个区位是有吸引力的，但这一吸引力对特定的个人也许不重要，因而也就不会影响到他的行为。距离本身也很难衡量，而且，它既可能客观衡量（如里程或平均旅行次数），也可能根据使用者的距离感而主观衡量。作为研究这类模型中的距离成分的一个例子，马约和贾维斯（Mayo and Jarvis，1981）表明，主观感受到的距离比客观衡量的距离增加得要慢。

空间区位配置模型是一些强有力的工具，它们强调长期营销战略而非关于某个特定区位的起用与关闭的短期决策。它们可以用来评估所有与需求的地理格局相关的区位可能性组合。最有效率的服务网点网络的选择标准通常涉及两种需要之间的平衡：一种需要是最大化客户吸引力，另一种需要是服务提供商最小化网络运营成本。复杂的计算机模型允许有关消费者行为的假设——例如，人们去一个服务网点愿意步行的最大距离——有所变化。考虑到模型的数据要求以及需要使用专业化的开发人员，这类模型的开发费用会很高。在失败的区位决策导致的风险较低的情形，使用经验估计法也许比使用此种模型更为划算。20 世纪 80 年代中期，在英国购买和装修房地产的高成本导致降低风险工具的空间区位模型大受欢迎。不过，在 20 世纪 90 年代出现的与房地产有关的成本——以及相关的风险水平——的下降让很多公司放弃使用区位模型，改用更划算的经验估计法或回归模型。在某些服务行业，公式的流行有时导致某些公司按相对短的时间尺度进行项目评估，灵活的租约安排和低开张/关门成本也为该做法提供了便利。简言之,如果新服务网点经营得并不好,关门成本也不会是高得吓人的。

不过，在私人与公共部门（如规划一个医疗服务诊所网点以最小化病人的旅行距离),空间区位配置模型的确仍在继续广泛使用。

主题思考:你旅行数英里去找一家餐馆,结果一下子出现了好几家……

许多城市有当地服务企业的集聚地,竞争对手之间的距离很近——咖啡馆酒吧区、餐馆或房地产代理商鳞次栉比的街区并不少见。但为什么一家餐馆有意让自己置身于邻家餐馆的直接竞争之中,而非在城市的另一个地方安营扎寨,它在那里也许能获得独一无二的区位优势?

1929年,哈罗德·霍特林开发了一个空间竞争模型来解释这一现象。他的模型研究使用了几个假设:提供的产品是同质的,客户均匀分布,会从最近的卖家购买产品。模型假设买者和卖者线性地分布——即他们全都处在一条直线的某个点上(霍特林[Hotelling],1929)。该假设对于一个海滩上的冰淇淋买者和卖者也许真实存在(他使用的就是该例子),但其原理可以适用于更为复杂的空间环境。

首先考察图5-5a所示的情形,两位卖家占据着长度为1千米的海滩,他们各自位于这段海滩的四分之一点上。两位卖家每家占有一半的海滩冰淇淋市场。如果买家沿海滩均匀分布,则该安排将具有最小化买家步行里程的利益。

不过,霍特林表明,这一安排是不稳定的。卖家A受赢利动机的驱使将会向卖家B移动,事实上,他几乎会移动到卖家B所处的区位,从而占有冰淇淋市场的四分之三(以买家会走到离他们最近的卖家之假设为基础)。类似地,卖家B也会向卖家A移动。他们最终发现,唯一可持续的区位是海滩的中央(图5-5b)。每一卖家仍然得到一半的市场(与图5-5a的情形一样),但相对于各卖家处在海滩四分之一区位点的情形而论,买家必须走的平均距离加倍了。

霍特林注意到,如果买家并不沿海滩均匀分布,冰淇淋卖家仍然会倾向于选择在中点销售,在那里,一半的客户在中点的西边,一半的客户在中点的东边。后来有人为放松霍特林的线性假设做过一些尝试,其中最有名的是塞洛普(Salop)的圆周假设,它假定客户沿一个圆周而非一条直线均匀地分布。

根据霍特林的分析,竞争性市场看上去天然就不利于最大化服务对客户的可及性,因为市场力量具有要求客户走更远的路以进入中央区位服务网点的效应。有些人可能争辩说,服务区位的中央计划机制可能防止这一明显的坏结果出现。有许多政府干预从而防止这类结果出现的例子;例如,在英国,政府向药店发放开具国民医疗服务体系处方的许可证,部分是以维持服务的当地可及性而非要求使用者旅行到中央设施为基础的。

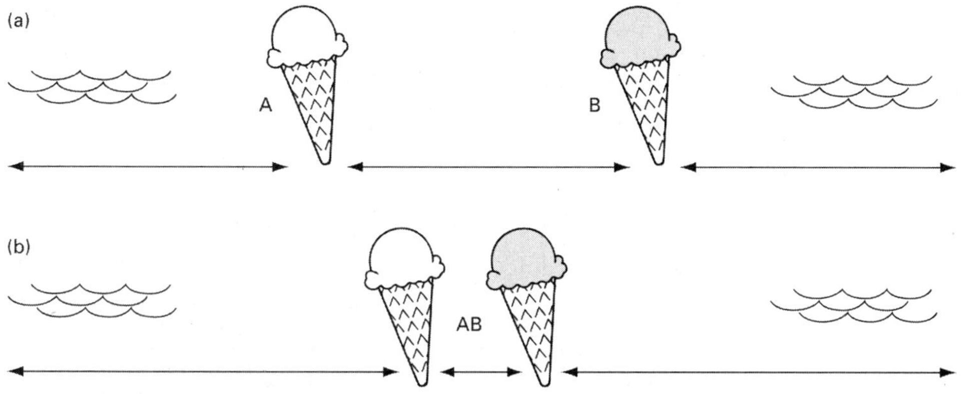

图 5–5 冰淇淋卖家沿海滩均匀分布(a)以及互为近邻(b)的霍特林模型

霍特林就买家与卖家偏好所做的假设太严格了吗？买家实际上更情愿去中央区位，在那里他们可能挑选到自己所喜好的品种？抑或选择餐馆的前景可以成为一个足够大的诱惑，诱惑用餐者离开自己住所周围的街区而去城市的餐馆区？对于卖家来说，在一个服务提供商寻求差别化服务要约以便无论它在哪儿客户都能够找到它的市场上，同质服务要约是可望而不可求的吗？

克服不可分性来降低区位依存性

乍一看，服务生产和消费不可分割的传统理念可能给最大化生产效率与服务可及性的实现带来问题。解决这一显而易见的问题的方法是尝试使生产和消费可分——即设计可以在最有效率的地方生产、在估价最高的地方消费的服务。

电信业可以使服务的很大成分在一个中央处理单位生产，然后在客户选择的任何地点为客户可获得。许多银行已经认识到改进的电话和互联网技术所具有的分销意义，大多数大型银行发展了以电话和互联网为基础的银行业务。这些业务允许客户接收各种报表以及从一个账户向另一个账户转账，或直接从家里或办公室向外部组织付账。银行也许事实上是在一个相对低成本的、与客户相隔很遥远的国家——如印度——回答电话呼叫。电话与在线银行业务扩展了客户和服务提供商在空间上分离的可能性。这类交付系统的空间意义极其重要。银行一直在稳定地减少他们成本高昂的分行网络系统并寻求更多地通过电子媒介来导流业务。与通过高效率的中央化管理中心削减成本一样，在线银行使得银行服务可以在任何区位以及在一天中的任何时间为客户获得。不过，由于许多服务通常涉及各种必须在某个地点由生产者向客户转移的有形利益，各种问题也会伴随对互联网的过度依赖而存在。银行客户通常要求提取现金，这就需要有物理区位来辅助以互联网为基础的服务交付。

区位决策问题亦产生于网络空间，有些人尝试使用空间区位模型的原理来定义以网络为基础的服务提供商提供进入手段的策略(如森[Sen]等，2006)。与在一条繁忙的商业街设置服务网点对一家依赖高水平转手交易的企业来说是一个有吸引力的选项一样，如果商业模型是以抓住转手交易机会为基础的，那么在互联网上选取正确的区位也是非常重要的。与雅虎或谷歌主页链接相当于握有一个一流的销售区位，但与一流的销售区位一样，互联网上最好的网址也是价格不菲的。如果公司使其服务(和与其服务相关联的链接)远离互联网上的主要点击网站，这就相当于将服务网点设置在一个城市僻静区域的一条僻静街道上。在这两种情形下，都需要制订策略促进区位的知名度。

5.5 如何提供可及性——中介的使用

讨论了何时以及何地使服务为客户可获得的问题之后，我们现在来考虑如何使它们可获得的问题。更具体地说，谁应该涉入向客户交付服务利益的过程？一家公司应该寻求由自己实施整个服务过程吗？如果回答是否定的，那么，谁应该涉入？在生产过程的什么阶段涉入？

在商品营销的情形，中介的概念被理解为一个人或一家公司，在制造商品的组织向最后消费商品的个人或企业转移商品的过程中对商品进行处理。中介也许要以物理的方式处理商品，如随着商品通过各种配送渠道而逐步将其分解为更小的批量；或者，它也许会以商品经销商的角色直接购买或销售商品的各种权利。

任何关于服务中介的讨论立即引出以下几个概念性问题：

- 服务不能被拥有，因此，很难讨论通过配送渠道转让服务所有权的问题；
- 纯粹的服务是无形的和易朽的；因此，不存在储存服务的情形；
- 大多数服务的不可分性从逻辑上要求服务中介机构成为服务的共同生产者。

作为共同生产者的中介机构与仅仅作为销售代理商的中介机构之间应该做一个区分。前者是生产过程中的一个积极部分，而后者并不实际上交付服务本身，它只交付服务的权利。例如，出售邮票的商店并不作为邮政服务的共同生产者而涉入生产过程；不过，很难对这两种情形加以区分——戏票代理商除了仅仅出售服务的权利之外，也许会向寻求获得特定座位的客户提供有价值的服务。

服务中介机构代表服务组织执行几项重要职能(后者通常称为“服务委托人”)。对中介机构的角色期望依服务性质的不同而有变化，以下描述的是一些最重要的角色期望：

- 作为服务的共同生产者，中介机构帮助服务在对客户便利的时间和地点为客户所获得。一个为建房互助协会提供支票兑现服务的房地产代理商是在辅助生产过程,并使金融服务为客户所获得。在其他情形下,中介机构也许成为参与共同生产的主要伙伴。全国性的配钥匙或修鞋服务连锁店可能将几乎整个服务生产过程留在中介机构手中,服务委托人要做的只是提供管理和广告支持以及监督作业标准。

- 中介机构通常在销售点提供销售支持。对于个人服务的某些客户,与当地中介机构的双向个人对话在抓住销售方面可能比由服务委托人集中发布的广告信息更为有效。
- 客户也许更愿意从提供广泛选择的中介机构购买服务,其选择面甚至涵盖由一些竞争的服务委托人提供的服务。寻求向公众直接销售度假服务的度假旅游公司也许会遭遇某些人群的抵制,他们更愿意有人在一个区位向他们提供选择。
- 客户与中介之间也许有着深信不疑的关系,更愿意在有中介提供建议的基础上在相互竞争的替代方案之间进行选择。在金融服务部门,中介机构致力于发展与客户之间的信任关系,而且往往会通过提供复杂的选择项目来指导他们。为了与这些客户细分市场成功地处理好关系,金融服务公司必须建立与中介机构之间的信任关系——如果其产品要进入最终客户的候选清单的话。
- 作为服务共同生产者的中介机构往往会分担一些提供服务所导致的风险。这可以出现在服务委托人要求中介机构贡献一部分自己的资金来分担购买设备的成本,二者分享任何由此而来的营业利润与亏损的情形。
- 使用独立中介机构可以释放资本,服务委托人可以将释放的资本再投资于核心服务生产设施。一家关掉自己的售票处而将潜在的客户带给旅游代理商的航空公司能够再投资资金更新其飞机或订票系统,与拥有自己的售票服务窗口相比,这将给它以更大的竞争优势。
- 一旦最初的服务行动完成,也许会被要求提供"售后服务"。中介机构可以使客户对这一支持更可及,并作为售后支持的共同生产者向服务委托人提供帮助。保险业便是一个很好的例子,购买保险的许多不同人群觉得更乐于就地方便地接触可以就索赔事项提供建议的本地代理人。代理人也可以通过处理大部分涉及索赔的文书工作简化保险公司的工作任务,从而减少后者的工作负荷。

与中介机构的推动和拉动关系

"推动型"与"拉动型"分销渠道是商品营销中司空见惯的概念,但它们在服务部门也有其应用价值。传统的推动型分销渠道要求服务委托人借助个人推销、商业广告和各种交易激励手段大力向中介机构促销其服务。中介机构一个劲地将服务销售给最终客户,而且通常必须在最大化客户利益与最大化服务委托人提供给中介机构的激励之间找到平衡。这种方法将服务基本上视为一种商品——一开始对服务委托人并没有什么偏好的客户寻求从中介机构处获得的最优价值。推动型分销渠道典型地见于基本的汽车保险为客户所获得的途径。对于许多购买者来说,保险是一个针对"遇难情形"的购买项目,在保险单之间唯一可感受到的差异便是价格。许多人依赖于中介机构建议的他们可获得的成本最低的保险合约。中介机构在销售那些既能满足购买者标准、又能使他们得到最多佣金的保险单上是最起劲的。

对于服务委托人来说,推动型策略会有相当的风险,这是因为:只有中介机构向潜在客户有效地告知独特的利益,而非单单依赖价格作为细分点,任何产品差异化政策才会是有效的。为努力减少这一风险,服务委托人可以将信息直接提供给客户,寻求在购买过程的早期阶段建立品牌所代表的价值。客户发展了对品牌的态度之后更可能向某一中介机构指名要求该品牌,或在中介机构向其提供各种选择项目时表达对该品牌的偏好。对于拉动型策略,中介机构的作用弱化为分发销售前的品牌型服务。在英国养老金业,诸如保诚保险、法通保险和标准人寿之类的公司发起了很多活动寻求为自己的服务建立良好的形象,以便潜在客户能够带着对保险公司预先建立的好感与中介机构进入讨论。购买者对一份养老金保险单相对于另外一份的优点也许知之甚少,但他们会带着对他所偏好的服务委托人的态度去接触一家中介机构。对推动型策略和拉动型策略的比较参见图 5-6。

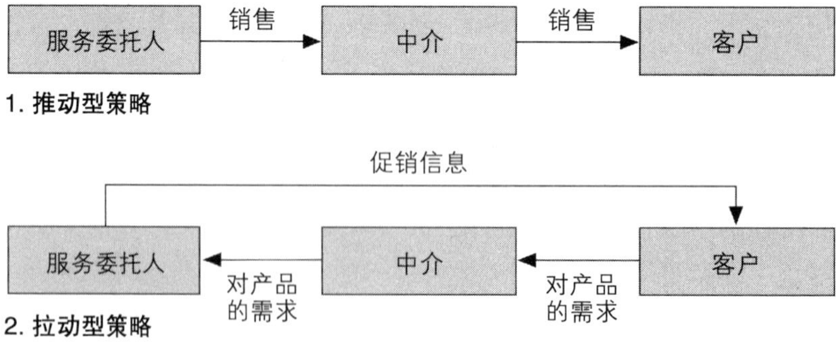

图 5-6 使服务为客户可得的推动型策略和拉动型策略

有时候很难对纯粹的推动型策略和拉动型策略加以区别。一家公司可能为某些服务做中介,但同时又是其他类似服务的服务委托人。除了作为中介为委托人销售服务之外,后者还可以购买针对服务的权利,就像委托人事实上是一家分包商一样。这样,小型地方旅行社有时会瞄准自己市场上的客户细分市场提供打包度假服务。一家作为销售其他旅游运营商长途包车旅游的中介的旅行社,也有可能直接向委托人购买旅馆、旅行用车和观光服务,并在自己的品牌名下销售全套旅游服务。旅行社实际上成为委托人。潜在的好处便是:既能够获得零售代理商的边际利润,又能够获得旅游运营商的边际利润;但该策略对于中介机构来说也有潜在风险:他们必须支付委托人的所有固定成本,而非以售出的每一项服务为基础挣得佣金。

对中介角色有影响的服务特点

服务是不同质的,这反映在中介所扮演角色的多样性上。有些服务可由大量中介处理,其他服务要容易地由中介处理则根本不可能。在制订中介策略之前,需要考虑服务的特点以及客户期望的特点:

- 有些服务的结果具有高度易变性,这会使得通过中介控制质量的努力非常难于实现。对于个人服务来说尤其如此,以理发为例,它经常是由小企业直接向最终客户提供,并不使用服务中介。
- 有些服务可能是高度专业化的,很可能被未经恰当培训或不具备合适知识的中介所疏忽。如果中介不能提供适当的销售和共同生产支持,服务委托人可能得不到竞争优势。在服务很复杂的情形,服务委托人必须格外注意选择中介,要不就直接与客户打交道。在打包度假服务业,徒步旅行和有活动安排的度假是相当专业化的服务,大多数旅行社并不具备与之相关的合适知识来有效地处理它们。一些这类度假活动的运营商选择通过诸如户外探险专家代理之类的专业化中介来经营其业务,但更多的运营商喜欢直接与目标市场打交道。
- 在一项服务上可获得的边际利润也许不足以支持许多中介(如果使用了中介的话)。家庭和工业清洁服务通常以非常低的边际利润经营,结果,大多数服务都是直接向客户提供的。
- 法律或行业准则可能限制一家委托人对可获得中介的选择,或者使得通过他们采取行动根本就不可能。在英国,1986 年的《金融服务法》提供了一个好的法律例子,这项法律直接限制一定服务的分销机会。法律要求规定的金融服务只能由某些获得授权的中介来处理。行业准则也会对某些服务要约额外约束。一个例子便是由英国旅行代理商协会制订的支配打包度假服务销售方式的准则。该协会通常不允许其零售代理商成员销售非协会成员运营商的海外度假服务。

直　销

服务委托人应该使用中介吗?在服务要约非常复杂而且易变以及法律限制使得中介难以进入的场合,直销对服务提供商而言是一个特别有吸引力的选择。随着中央电子数据库和互联网日益增加的使用,直销对于许多组织来说正在变得更为重要。直销的吸引力不一而足:

- 服务提供商可以定期与服务的消费者直接接触，使得客户评价的更快反馈成为可能。这可以促进改善现有服务或开发新服务的过程。
- 服务委托人更容易发展与客户的关系，如果他们有定期接触的话。数据库可以建立起来，它可以给出个人客户的特征，允许更为有效地为新服务要约寻找目标定位。
- 中介出于妒忌可能会保护他们的客户不为服务委托人所及，他们担心服务委托人与客户之间的早期接触会导致中介角色的弱化。花了大把时间和精力吸引客户的他们并不希望看到服务委托人坐收由重复业务生成的长期利益，而中介却一无所获。服务委托人因此会失去很多有价值的反馈。在旅游业，代理商有意不将客户的地址传递给预定其业务的旅游运营商，他们只披露紧急情况下使用的电话号码。
- 在公共部门，政治考虑或对保密的担心也许会阻止服务由私人部门的中介提供。就政治上可接受范围的界定会随时间发生变化。在英国，许多人认为学校配餐和休闲中心服务是至关重要的公共服务，它们只能由公共部门的机构直接提供。不过，现在广泛接受的观点是：这些服务可以通过各种形式的服务中介来提供——尽管围绕诸如监狱和安全服务之类更有争议的服务是否应该通过私人部门的中介来提供的问题展开的辩论持续不断。我们再来看一看这一做法的反面：使用公共部门机构作为中介已经越来越为人们所接受。我们来看一个例子：在医院，私人部门提供的与保健相联系的多种服务正为公众可获得，包括金融服务和法律服务。
- 服务委托人可以将可能要付给中介的那部分利润保留给自己。在委托人自己的分销成本低于支付给中介的佣金的情形，这可能会是一种有益的做法。

相当常见的是，服务委托人选择既使其服务可直接获得，又使之可以通过中介来获得。这是一项有吸引力的选择，因为它允许委托人锁定有非常不同可及性偏好的细分目标市场。我们来看一个例子：购买度假服务的一个群体可能寻求走进一家旅行社并与之交谈而获得信心，而另一个群体也许更为自信、更为价格敏感且更觉得时间不够用，对于他们来说，直接通过电话或互联网预订某旅游运营商的服务是有吸引力的。与这种方式细分市场的优势相对照，这也会出现一些明显问题。如果看到请他们做代理人的委托人直接向公众销售同样的服务，中介们可能会变得不再有劲头。使事情更糟糕的是，为直销促销的材料通常强调不使用中介的利益，尤其是低价格和更快捷服务的利益。一个解决方案是将组织一分为二，使之成为两个独立的经营单位，每个单位有其自己的品牌特性，一个单位通过中介经营，另一个单位向最终客户直销。这便是汤普森度假集团采用的解决方案，它除了通过旅行代理销售在汤普森品牌（它们还销售其他品牌)名下的度假服务之外,还直接向公众销售在波特兰品牌名下的基本类似的度假服务。

互联网和“去中介化”

在互联网的早期发展中,人们普遍预测许多服务委托人将能够放弃使用中介,转而直接向每一位客户分销其服务。诸如直线保险公司等直销中介的成长似乎为裁减中介——他们往往被描述为寄生性的且是误事的中间人——的能力提供了证明。“去中介化”这一难听的术语也被用来描述从分销渠道去除中介和发展直接沟通能力的过程。

互联网并没有改变中介角色的基本原理:它们为简化买家的选择过程而存在。当多家公司寻求发展与客户的直接关系的时候,买方会面对一系列杂乱无章的信息。面对寻求直接销售保险的数十家保险公司,客户有可能通过使用那些能够代表买方从事某些搜寻活动的中介来简化其选择过程。结果,新一代互联网中介或“信息中介”因此出现。在旅游部门,许多诸如 Expedia 和 Travelocity 等简化客户购买过程的信息中介已然崛起,他们担当的角色与传统的街头旅行代理非常相似。许多服务委托人已经意识到,在一个拥挤的网络空间吸引最终客户的注意正在变得越来越困难。“电子货架空间”也许是无限的,但服务委托人需要确定客户会浏览他们的网站。因此,许多公司不去大肆促销他们自己的网站,转而使用中介(或在大肆促销网站的同时也使用中介)。去中介化已经转变为再中介化,基本的渠道设计原理很少改变。

5.6 选择中介

根据规模、结构、法律地位和与服务委托人的关系不同,服务中介可以采取多种形式。这种多样性使得分类尝试因为层次的相互重叠而变得杂乱无章。在本节,我们将注意力指向四个并不相互排斥的中介类型——代理商、零售商、批发商和特许经营商——的特点。

服务代理商

代理商是代表服务委托人行事的个人,他有权建立客户与委托人之间的法律关系,就像此种关系是由这两方直接建立的一样。服务委托人替代性地对其代理人的行为承担责任。代理人通常因为其行为而得到报偿,它一般能够在付款到达委托人手中之前从中扣除一部分作为佣金,尽管在许多情形下,代理人也许为其从事的工作——例如,在发起新服务之前准备一个新市场——而获得固定的费用。

对于服务委托人来说,使用代理人可以得到许多好处:

图 5–7 许多人认为互联网使服务委托人不用使用中介就能有效地分销服务，这将从根本上改变服务分销的格局。在旅游部门，廉价型航空公司已经因为尽力使用网站以削减中介，从而将节约的成本让渡给客户的方式而小有名气(例如，易捷航空宣称，90%的客户通过其网站订票)。不过，在某个区位寻求选择的客户也许更愿意使用许多刚刚崛起的以网络为基础的旅行中介中某家的网站。Expedia.co.uk 是英国最大的以网络为基础的旅行中介之一，在需要有人就可获得的选项提供指导的场合，它对客户尤其有价值。易捷的服务由相对简单的在欧洲范围内的点对点旅程组成，公司从事大范围促销以建立其网站的知名度。对于更为复杂的旅行需要——如从伦敦到澳大利亚的涉及中途休息的旅程——一个可能的买家可能意识不到所有可供他完成旅程的航空公司到底有多少。通过减少搜寻成本，诸如 Expedia 之类的中介能够为客户增加价值，一如传统的街头旅行代理所做的那样。(重印经 Expedia.co.uk 许可)

- 能够将建立分销网点链所要求的资本最小化。
- 客户也许期望在服务购买点有所选择，独立代理商做到这一点通常比服务委托人建立分销网点销售竞争产品要容易(在许多金融服务的情形，英国 1986 年的《金融服务法》使得服务委托人既销售自己的产品又销售竞争对手的产品更为困难——例如，银行和建房互助协会必须选择成为服务委托人的"捆绑"代理人或向客户提供真正的选择)。
- 在服务委托人进入新市场的情形，它也许缺少使它了解在该市场的买方行为以及竞争性质的知识。有些对英国住房抵押贷款市场缺乏了解的海外金融机构选择借助独立的住房抵押贷款中介使住房抵押贷款可获得，在某些情形下，他们还会在英国建立建房互助协会。
- 在海外市场的情形，服务委托人直接与公众打交道也许是非法的，这一问题可以通过雇用一家获得本地许可的代理人来行事而补救。

- 在某些情形下,服务委托人要求具备特别的技能,而在公司内部发展这些技能会是代价高昂的。船运公司也许不需要雇用全职员工充当谈判手在公开租船市场销售其运输能力,在要么支付佣金要么支付固定费用的基础上,雇用代理人在需要的时候代表它做这件事也许更加明智。

零售网点

服务部门的零售商这一理念出现了概念上的问题,因为零售商不能持有服务存货的说法已经根深蒂固,而持有存货却是商品零售商的重要功能之一。零售商与代理商或特许经营商之间的区别(参见下文)可能是非常细微的。通常来说,零售商以一种并不创造服务委托人与最终客户之间的法律关系的方式经营——客户仅仅与零售商有关系。

许多由零售商经手的服务中有重要的商品成分。我们来看一个例子,许多胶卷冲印公司通过药店在药店的名下出售他们的服务。后者既获得边际利润又使胶卷冲印公司的服务在本地可获得。许多服务——如配钥匙和快餐服务——的零售安排通常采取特许协议的形式,这将是下面讨论的内容。

有时,服务零售商在承担风险方面担负传统商品零售商的另一个职能。零售商可能购买大宗服务的权利,如果这些权利在服务实施的时候没有销售出去,它们的价值就会永远消失。这可能发生在戏票代理商在不退票基础上从活动组织者那里购买了大批戏票的情形。

服务批发商

类似的概念性问题也适用于批发商角色的情形。对于服务来说,这一术语最好结合中介购买大量服务交易的权利、然后将其分解成更小的服务权利单位以便零售商或其他中介处理的情形来理解。通过低价购买大批量服务,然后在将整体服务分解为更小单位销售给零售商或代理商的同时加价,购买大量酒店接待服务的酒店预订代理商就此挣得他们的利润。与零售商的情形一样,很难对批发商与代理商进行区分。酒店批发商可能有权向有关酒店退回未售出的酒店接待服务,也许还可以在他们与客户的交易中附加一个声明:交易受服务委托人规定的条件所约束。

5.7 特许经营服务的分销

"特许经营"一词系指某种关系,此种关系由以下情形所定义:特许方负责服务模式的开发作业并监督服务交付的标准,然后与另一方——被特许方——达成某种协议,被特许方得到交付服务的许可,承担一定的经济风险,并取得相应回报。垂直特许经营发生在制造商允许被特许方获得一项在规定的地区销售其产品的排他性权利的情形。最新商业运作模式的特许经营发生在一家组织允许其他组织复制其运作模式的情形。

国际特许经营协会将特许经营定义为:

> ……在特许方与被特许方之间的一种合约关系,在这一关系中,特许方承诺或有义务使在技术和培训等领域内的被特许方的业务持续获得利益;特许业务在由特许方拥有或控制的共同业务名称、模式或程序之下运作;在该运作过程中,被特许方通过自己拥有的资源对自己的业务活动进行大量的资本投资。

近来,特许经营在服务部门有可观的成长。国民西敏寺银行/英国特许经营协会的年度调查报告表明,2005 年,英国特许经营系统的总数为 718 宗。与这些系统相关联的是总数为 31,300 家被特许方,年营业额达 91 亿英镑,雇用员工约 327,000 名(英国特许经营协会[British Franchise Association],2006)。特许经营得以将自雇型被特许方的动机与特许方的质量管理和品牌价值相结合,这就为人力密集型的服务业提供了特别的机会。

对于新企业来说,特许经营通常是一个风险相对低的进入市场的方法,有证据表明,与其他类型的小型商业组织相比,特许经营不那么可能失败(卡斯特罗乔瓦尼等[Castrogiovanni],1993)。在英国,有报道说,经过头 3 年的经营之后仍然存活的小型企业只占 66%;但在特许经营业务的情形,所有经营单位的 96%在创建 5 年之后仍然在经营着盈利的业务(DTI,2006)。

特许经营协议涵盖的服务非常广,涉及从租车到快餐、厨房设计服务、兽医服务和酒店业等多种服务。(依营业额而论)英国排名前 10 位的商业特许经营基本上都涉及以服务为基础的活动。在英国,两个最大的特许经营部门是商业和房地产服务(英国特许经营协会,2006)。尽管大多数被特许方都是自雇型的个人或小公司,但它们当中还是有大型组织。现在,为特许方经营大量酒店的被特许公司是一件很普通的事情,这往往使得被特许方成为一家非常大的组织。特许经营在公共部门也有其应用(参见下文)。

特许经营一旦在一家组织中站稳了脚跟,它将倾向于扩大而非萎缩。如果特许方建立了成功的品牌模式,再加上成功的管理,它通常会通过销售其名称使用权而非自行经营服务网点取得更大的资本回报。例如,三明治连锁店赛百味已经稳定地将其特许经营型餐馆的比例由 1974 年的 6%增加到 2006 年的 95%以上。其他遵循该路径、处于强大管理之下的品牌的例子包括 Prontaprint 印刷公司、麦当劳和斯温顿保险公司。

业务活动的特许经营是有其极限的,大多数特许方不会全部特许他们的业务。这里的重要原因有两个。首先,新服务开发在企业组织内部进行而非通过特许经营远距离地进行通常会更容易一些。如果试验性的新服务失败的话,不至于使被特许方离心离德。

其次，有些经营活动可能专业性太强，不能期望被特许方接受过标准培训，以确保达到一致的服务交付标准，因此，特许方可能选择将提供这类服务的责任留给自己。

保有和激励被特许方对于特许方来说是一项长期的挑战。被特许方们可能太多地意识到特许方不断地从他们那里取得款项，而他们换到的却只是一些大可怀疑的支持。在美国，有些被特许方协会已经对其特许方提起法律诉讼，因为特许方给出的特许太多，对现有被特许方造成了负面影响。在此情形下，很多被特许方可能被诱致在协议到期之后不再续签特许协议，他们要么自行其是，要么与其他特许方签订特许经营协议。在品牌势力很强大的情形，走前一条道路可能是非常有风险的——例如，戴斯酒店连锁业务的被特许方使用其经营场所提供他们自己的竞争性服务模式，当特许方在当地建立新的服务网点时，前者便失去了客户。只要能从特许方得到好的支持以及稳定的客户供应（客户受特许品牌的声誉的吸引），支付特许费对被特许方而言就代表其特许有价值。

特许经营协议的性质

一项特许经营协议设定特许方和被特许方的权利和义务，通常包括以下的主要条款：

- 规定由被特许方所提供服务的性质。这可以指所提供服务的特定类别——例如，汽车修理服务也许会表明特许经营协议涵盖哪些特定的服务经营活动（如刹车更换、引擎微调等等）。
- 通常规定被特许方有权在哪个地域提供服务。一个被特许方愿意支付的溢价通常反映地域的排他性。
- 规定特许经营协议的期限——大多数特许经营为期 5 年~10 年，签约者具有到期续订协议的选择权。
- 被特许方通常同意以加盟费购买特许，并就未来在什么基础上向特许方付款与后者达成协议。加盟费的水平反映一个既有品牌的强大程度——对于被特许方来说，为一个强大的既有品牌支付高加盟费比以低价格购买一项相对新的特许业务风险要低得多。国民西敏寺银行/英国特许经营协会的调查报告表明，2005 年启动一项特许业务涉及的加盟费的平均水平为 42,200 英镑（包含特许费、运作资本、设备和安装、存货和材料等等）。平均而论，被特许方向特许方后续支付的特许费大约占销售额的 7.7%（英国特许经营协会，2006）。由被特许方后续支付的费用通常按营业额的百分比计算。协议通常也要求被特许方向特许方购买一定的供应品。协议内容变化的幅度可能很大——例如，英国驾驶学院提供多种特许协议以适合个人对基于营业额的固定费用付款方式或可变费用付款方式的偏好。被特许方可获得的支持水平亦依协议类型的不同而不同。

- 被特许方同意遵守特许方就服务交付所做的指导。被特许方通常被要求按照议定的价格尺度收费，维持可靠性、可获得性以及服务绩效的交付标准，并确认任何广告设计都会遵守特许方的指导。
- 被特许方通常同意不充当任何其他服务委托人的中介，并要求他们受特许的服务网点对组织表示同样的忠诚，就像它们实际上是由组织所拥有的一样。因此，比萨快递的被特许方不能使用一个受特许的服务网点出售其竞争对手（如汉堡王）的服务或商品。特许经营意味着特许方对被特许方有一定程度的控制，被特许方不同于对从事业务的方式通常有很大自主权的零售代理商。对于特许方来说，它的利益也有可能遭受相当程度的损害：特许方使用促销方法吸引潜在客户进入被特许方的服务网点，却发现有某项服务被掺杂着销售给客户，对于这项服务，特许方既没有控制权，也不可能获得任何经济利益。不过，在许多情形，服务特许的出售也有可能建立在它们只形成被特许方经营活动的一个小部分的理解之上——例如，一项快递服务收件点的经营特许可能与加油站服务或报纸代售服务的被特许方的业务是相容的。
- 特许方同意向被特许方提供促销支持。这类支持的目的是在潜在客户心目中建立特许方品牌的价值，从而减少被特许方需要从事的促销活动。特许协议通常要求被特许方按照所批准的指导原则从事一定的促销活动。
- 特许方同意向被特许方提供某种水平的管理和技术支持。这可以包括提供设备（如为速印许可经营提供印刷机）和诸如会计业务之类的管理支持。
- 特许协议通常给予任何一方终止特许以及被特许方出售其特许的权利。终止特许权可以作为一项控制机制，如果任何一方不能按照特许规定的条件行事的话。成功的被特许方会要求在特许协议中载明一项条款，以允许他或她出售他们长时间发展起来的一项特许的商誉。

公共部门特许经营

公共服务越来越多地通过特许经营协议来提供，由此导致的对前述更小规模的被特许方的激励本身就是一件带来益处的事情。特许经营可以采取多种形式：

- 经营一项极其重要的公共服务的权利可以销售给被特许方，后者因此又有权向使用服务便利的人收费。被特许方通常被要求按规定的标准维持服务便利，其定价标准也要得到政府的批准。在英国，政府向私人组织提供特许，允许其经营重要的道路连接基础设施，包括 M6 西米德兰收费道路和连接英格兰和威尔士

图 5-8　印刷通常要求印刷厂配备高水平技术人员和专业化设备。不过，低成本胶印技术和复印机的发展降低了印刷业的进入壁垒。同时，印刷业的业务结构也在发生变化，印刷公司将大量的印刷作业以及大量需要复印的文件外包出去。这些条件导致速印行业的迅速发展。几家盈利的连锁店已经通过特许经营方式迅速成长。在向执著追求高标准和盈利成长的人销售特许方面，KallKwik 公司很有代表性。对于寻求建立自己的业务的小投资者来说，一项 KallKwik 特许提供了客户所信任的品牌所代表的安全保障。（重印经 KallKwik 许可）

的塞文河隧道。在后一案例，一家英法财团购得向隧道使用者收费的权利，作为交换，它必须出资开发另外一条河流隧道，并同意执行常规的维护工作。

- 政府可以向私人组织出售排他性权利，私人组织因此可以经营具有公共重要性的私人服务。私人部门的电台、电视广播服务在特许基础上经营，在此种场合，政府邀请私人公司为获得在规定地区和/或规定时间的独家广播权展开竞标。
- 在社会所需要但经济上不可行的服务由市场中介的环境中提供的情形，政府可以借助特许协议补贴服务的提供。在英国，铁路客运服务现在由私人铁路经营者提供。他们获得经营一条线路的特许，特许期通常为 3 年~10 年。由于大多数铁路服务都在亏损状态下经营，这就意味着政府付费补贴经营服务的被特许方，被特许方的选择以其经营服务所需要的补贴量为基础（当然还要加上其他考虑）。成功的投标人保有通过向乘客收费得到的收入，并要满足列车服务规制者在列车运行时刻表、可靠性、车费等方面的最低要求。
- 即使公共服务在服务提供点不是由市场中介的，其生产方法也许会是市场中介的，且部分生产职能可以通过特许协议来提供。在被特许方的报酬部分是以使用者反馈为基础的情形，这类协议对客户是有好处的。这类特许的最新应用见于高等教育领域，在该领域，许多大学已经特许各个继续教育学院对外提供它

主题思考:通过特许使大学学位为公众所及

在过去的20年,英国高等教育的管理方式已经发生了许多变化,营销在管理中起到了大得多的作用。支持这一现象的是进入高等教育的人数的成长——由20世纪80年代占18岁人群的不到10%增加到几十年之后的近40%。由于大学设施变得日益紧张,使额外的服务能力为数量更多的学生受惠已经成为很多大学面临的挑战。许多大学采取的一项解决方案便是应用从私人企业部门学来的原理——实行特许经营。

特许经营为大学和完成一部分大学教学大纲的接受特许的继续教育学院都带来好处。对于大学而言,通过使用另一组织的员工和设施,可以使课程为当地可及和实现数量扩张。这又使大学集中从事更高层次的教学和研究活动,学院则负责提供基础课程。对于学院来说,一项特许可以使它营销更广泛的课程组合。这也有助于它抵抗源于中学的竞争压力,这些中学现在试图保有一些16岁~18岁的学习者,若没有这样的安排,这些学习者很可能离开中学并进入当地学院学习以获取A级证书或取得职业资格。

大学和地方学院都涉入特许课程的营销。作为一家有爱心的地方社区机构,接受特许的学院可以吸引当地人群。而大学又可以在地方和国家两个层次强化这一吸引力。如果大学的声誉本身很弱,为接受特许的学院招募学生的任务将会很困难。

教育特许经营的核心问题是要求维持一致的标准,以保证在接受特许学院学习的学生就像在授予特许的大学学习的学生一样接受基本上相同的教育。一开始,学院的审查对于确保它们能够提供规定课程的人员、设施和技术资源是至关重要的。一旦计划开始运行,就要求大学针对诸如评估标准以及授课教材的质量评估之类的事情进行严密的监督。

在无数由政府的质量保证局提交的报告中,接受特许的学院的质量管理都是强调的重点。这些报告通常指出许多特许经营一开始进行的质量管理是失败的,例如,一开始对有关要求就规定得很糟糕,某些基本的质量要求得不到满足等等。后来的报告表明一些大学所遭遇的困难,尤其是当它们向国外一些学院特许其课程时,在那里质量管理要困难得多。

什么是高等教育特许经营的未来?如果大多数其他服务部门的经验可以参照的话,那么,它也将继续扮演一个角色。在大学与学院之间的特许关系会一直持续,只要这样做符合两家组织的利益。在某种情形下,一所学院可能会在并不提及大学的情形下独立运行某项课程;但对照特许费用上的节约,必须认真权衡招生中可能涉及的更大成本和困难,因为生源也许并不知道学院的存在或并不了解学院的标准。学生也许会觉得由一所大学所特许的课程比当地学院自己的课程更有价值。但假如质量管理对于维护授予特许的大学的良好品牌形象是至关重要的话,许多人会不会思考这样的问题:对文化背景非常不同以及分散在不同地域的学院维持这一控制的努力是不是太多了?他们能否克服自己内部的能力问题,或者去挖掘由互联网所释放的新的可及性可能?

们的课程。

- 在英国，最为历史悠久的公共部门特许经营也许是邮政系统。除了政府拥有的“皇家”邮政局之外，在小城镇也会有一些传统上在特许基础上经营的“子”邮政局。特许业务已经由各种小店铺和小报贩所占领，与皇家邮政局相比，它们通常提供范围更为有限的邮政服务。

5.8 由共同生产而来的可及性

有些服务组织选择与另一生产者合作来使其服务与其他商品和服务相组合，从而为客户可获得。两家组织的产品可以是相当不同的——例如，一家金融公司可能在客户购买家用电气设备的时候提供贷款便利。其他例子包括组合的火车票和博物馆门票以及提供酒店和旅行的组合。

在其他情形下，可以通过与潜在竞争对手提供的类似服务组合来使一项服务可及。这样做的基础是扩大的服务要约组合将生成更多的业务，并且最终对所有涉入其中的服务提供商都是有利的。所以，许多地区性旅行车票允许乘客搭乘潜在竞争者的火车和公共汽车旅行，从而使公共交通作为一个整体成为相对有吸引力的选择。类似地，银行通过分享自动取款机网络而获得好处——与那些选择以自己专用的但网络很小的银行相比，那些分享服务的银行会获得竞争优势。不过，我们将在第7章中看到，在英国，与在大多数西方国家一样，在合作性活动被认定为反竞争的因而也是与公共利益相背离的场合，会存在限制这类合作性活动的法律。例如，2000年，当一些银行就使用彼此的ATM机集体协商出一个收费标准，而该收费标准又被许多人认为大大超过了银行实际成本的时候，这些银行随即面临共谋指控。

5.9 使服务要约的有形成分为客户可获得

对于某些服务，有形商品是整个服务要约中的重要成分，需要制订一个策略使之为客户可获得。管理有形成分的可获得性因为以下几个原因而具有重要性：

- 有形要素对于给出（表现为印刷手册和规定表格等形式）服务要约的售前证明是至关重要的。汤普森度假公司所面对的使手册为潜在客户可获得方面出现的物流问题提供了说明。如果公司要向英国的7000多家旅行代理中的每一家分发50份夏日度假手册，它需要运送的手册将在35万份以上。而汤普森公司生产针对不同度假细分市场目标的多种手册的事实使得物流任务变得更大。
- 有形要素通常成为一项服务要约的重要组成部分，不能交付有形要素将降低服务质量或使之根本不可能实施。这对于要求易朽原材料定期快速移动的快餐连锁店来说尤其如此。

- 有时,服务过程的根本目的就是使商品可获得。零售商和设备租赁公司的服务要约基本上是提供商品的使用权；但没有一个保证相关商品有效移动的策略,它们的服务将变得毫无价值。
- 货运服务部门存在的目的纯粹是为了移动商品。

在有形要素形成服务要约重要部分的情形,它们的有效配送将给公司以竞争优势。一个没有效率且不可靠的配送系统将抵消一家连锁餐馆改善服务质量的努力——如果它不能履行广告中所描述的餐饮服务要约的话。有许多文章详细地描述有形配送管理主题(参见本章选读材料)。这里对有形配送系统的关键要素作一个简要概述。

有形配送管理

有形配送管理的设计始于目标设定。理想地说,一个系统应该使得正确的商品在正确的时间和正确的地点为客户可获得。而这一点必须与配送成本最小化的需要相平衡;因此,目标的描述方式将涉及某种权衡取舍——例如,一个度假旅行运营商也许很现实地将其目标设定为在 3 个工作日内以尽可能小的成本向旅行代理交付它所需要手册的 80%。配送目标接下来又是以对客户需要的评估为基础的。一家快餐连锁店对供应商针对其包装材料订单设定的 3 日交货目标也许就会感到满足，对于易朽食品也许会要求 24 小时交货。快速可靠地交付新鲜食品的重要性通过为能够满足目标的服务支付溢价的更大意愿反映出来——交付失败将严重影响销售和声誉。

可以认为有形配送系统由六个基本要素组成，对这些要素加以处理和调整就可以设计出最优的系统。各项基本要素如图 5–9 所示,下面简要描述需要就每一要素作出的管理决策。

供应商

营销导向的服务组织必须平衡对靠近客户的供应来源的需要和可能从拥有中央供应点获得的规模经济。在市场急剧变化的情形,配送系统倾向于使用离客户最近的供应商而非成本最低的生产源。在市场急剧变化期间,一家国内旅游运营商也许会寻求在国内取得手册的来源,而非等候由可能更便宜的国外来源发货。

销售网点

销售网点可以小到便利店，大到最大的综合型超级市场。如果服务要约是送货上门,则必须制订策略以识别将相关的有形要素运往客户家中的最有效手段。

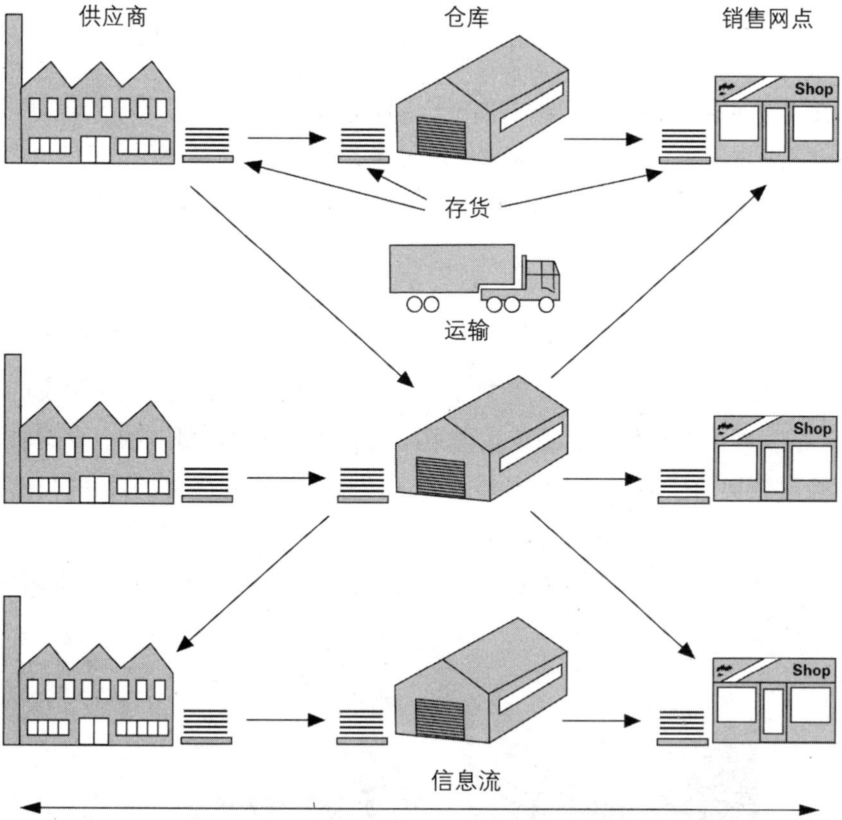

图5-9　有形配送系统的各项要素

存　货

需要保有存货以使得商品可迅速获得，并提供针对生产异常情形下的应急供应。存货也发生在需要取得生产规模经济的情形，这将导致最初很大的存货量，然后，在下一次生产运行发起之前，存货将逐渐减少。生产和消费的季节性也许能够部分地解释存货水平的波动。使存货方便地可获得的需要必须与最小化存货成本的需要相平衡，存货成本源于资本费用、储存费用以及商品废退过时之风险。

仓　库

仓库被整合成一个系统以提供一个批发品拆零的地点和保有存货。一家公司必须决定整合成一个系统的仓库的数量和性质，尤其是要平衡对当地可及的仓库的需要与对保有效率的需要，后者偏向于大型仓库的使用。随着计算机分拣系统的发展而来的仓库自动化越来越偏向于使用大型仓库——一家典型的英国国内超级市场现在会将6个处于战略性区位的仓库包含进其配送系统之中，从而为一个全国性的服务网点链提供服务。

运 输

从制造商处向零售网点处以及有时——如邮购或牛奶送货上门——向最终客户所在地运送存货。运输正成为配送系统中越来越重要的元素，商品亦倾向于在系统内做更长平均距离的旅行。在英国，公路运输成为商品运输的主要形式，占到所有运输吨数的60%以上。

信息流

迅速响应客户要求的同时压低存货水平要求快速的信息流动。准时化生产（Just in Time，JIT）的发展只有在数据处理技术得到改进的情况下才是可能的。在这个方面，条形码和无线射频识别技术的引入已经取得显著成果。一家超级市场现在每一分钟都可以知道所有产品的存货状态，可以通过一个电子数据链接订购补充存货，并安排地区配送中心实时发货。类似地，地区配送中心可以快速地向其供应商再订货。准时化生产的

图 5–10 成长中的包裹配送业务已经成长为有其本身存在意义的主要服务业部门。随着准时化生产在制造业的发展，私人客户越来越多地期望订货能在次日交付，快递公司因此发展了复杂的信息处理系统以确保他们能够履行对客户的承诺。有些包裹快递公司扩建了它们的包裹跟踪设施，使客户能够登录互联网自行搜索一个等待中的快递目前处在哪个位置。DHL，一家主要的欧洲快递与物流公司，允许客户在一天中的任何时候、在世界上的任何地方跟踪了解其包裹的状况。（重印经德国邮政公司许可）

发展不仅使最终客户对商品具有更可靠的可获得性，它还使零售商减少提供商店内部的存储空间。由于不再需要在本地处理大量存货，省下来的存储空间可以转而用于更有价值的销售店面空间。

本章总结及与其他章的联系

与经营商品的情形相比，使服务为客户可及涉及某些由服务的不可分性、无形性和易朽性所决定的不同原理。由于服务是在“现场”生产的，可及性成为一项涉及时间和地点便利问题的重要服务设计标准。服务之不同亦体现在生产者和消费者为保证一项不可分的服务得以实施而彼此走近的能力和意愿的不同。中介组织是服务的共同生产者。许多部门的服务公司寻求通过邮件、电话和互联网接入系统减小不可分性的影响。

中介组织往往是客户与一家组织联系的主要途径，它们对于服务际遇（第 3 章）的成功是至关重要的，对服务的整体质量（第 9 章）具有促进作用。中介组织被越来越多地用来提升服务公司的关系营销策略，尽管在中介对服务委托人心存疑虑的情形——他们担心委托人会试图弱化或排除他们所扮演的角色（第 7 章）——问题仍然存在。服务可及性水平往往反映在某些特定的时间和区位对服务索要的价格上（第 12 章）。当公司寻求向海外扩张时，在发展可及性方面又会碰到新的问题，这些问题将在第 14 章讨论。

复习题

1. 识别和讨论影响银行是否延长一家分行开放时间决策的各种因素。提出可能以成本有效的方式满足客户对更大可及性需要的策略。

2. 评价以回归为基础的区位决策模型对于你所选择的高数额/低价值服务提供商的用途。

3. 分析一家寻求通过特许经营扩张的干洗公司面临的潜在问题和机会。

实践活动

1. 比较你所在区域的不同门店的一瓶软饮料/一瓶咖啡/一支巧克力棒的价格。同一产品的不同价格会对可及性价值做什么样的解释？零售商在最佳区位和/或在不合社会常规的工作时间提供进入可能并为此项服务索取溢价的做法有一致的趋势吗？

2. 考虑你所熟悉的餐馆/咖啡连锁店的情形，你要对连锁店的至少 10 家分店有所了解。试试建立一些连锁店在决定新分店的最佳区位时也许能够使用的“规则”。你认为什么样的常见因素也许会影响其区位决策？这些因素中的每一个因素有多重要？你已经识别出来的规则有什么例外吗？

3. 从事一项对你所在地区的当地快餐店的审计。你能区别在被特许的业务网点与公司拥有的业务网点提供的服务之间在风格和标准上存在的差异吗？如果你是特许方，你会如何着手监督和维持你所观察到的被特许的业务网点提供的服务标准？

案例研究：多米诺比萨饼公司造就百万级的被特许方

多米诺比萨饼公司现在被公认为世界上最大的比萨饼供应公司。其使命陈述反映了它在提供热的、新鲜的比萨饼方面的专门技术和热情。这一使命陈述说的是雇用出类拔萃的员工执行一项使命，打造世界上最好的比萨饼供应公司。多米诺比萨饼公司成立于20世纪60年代，它每周在世界上60多个国家制造和供应大约6百万份比萨饼。2006年，它有8190家门店，每周提供总数在100万份以上的比萨饼。从20世纪60年代名不见经传的小生意做起，特许经营已经成为把比萨饼带给全世界的公司使命中的关键成分。2001年，85%的服务网点由其被特许方拥有。英国是多米诺比萨饼公司早期的扩张目标，它建立了一家拥有独家总特许的分支公司——多米诺比萨饼集团，可以在英国和爱尔兰拥有、运作和特许经营多米诺比萨饼店。2006年，该公司经营428家门店，2005年的总销售额约为2亿英镑。

快餐也许被许多看不上眼的人认为配不上一个"合适的"职业生涯，但多米诺比萨饼公司充分运用那些有才能而又勤奋工作的人的能力为被特许方带来经济回报，也为客户带来高质量的比萨饼。多米诺比萨饼公司的报告表明，2004年，它在英国和爱尔兰的100多家被特许经营者中的10家拥有价值100万英镑以上的业务。这些数字是以两个年度营业额的标准计算为基础的。由于每家门店的启动成本一般为25万英镑，上述数字相对于被特许方的初始投资而言是一个显著的回报。仅仅两年前，多米诺比萨饼公司的门店10家中有1家每星期的营业额为1万英镑；到2004年，该数字是3家中有1家。2002年，多米诺比萨饼公司被特许方平均所得为每年12万英镑左右（尽管有些人要高得多），该数字是一位典型的企业经理的平均收入（38,107英镑）的3倍以上。此外，多米诺比萨饼公司没有一宗特许经营业务在该年度失败，与此形成对比的是，在英国经济的其他领域却有2.2万家企业破产。

多米诺比萨饼公司对英国和全世界范围内最成功的被特许方的技能集合和有关特点的研究表明，绝大多数被特许方相信，传统的公司管理生涯路径在他们要求的时间尺度内既不能提供预期的成功范围也不能提供经济回报。在吸引到多米诺比萨饼公司特许经营活动中勤奋工作的个人当中，有一位典型人物是詹姆斯·斯威夫特。作为一名16岁的为多米诺比萨饼公司送货的汽车司机，斯威夫特在早年就发现了自己在经营企业方面的潜力。他很快获得了一项职位，担任多米诺比萨饼公司在斯温顿的分店经理，了解到在那里要做的一切事情就是学习如何经营一家店。这一经营经验是至关重要的，他从中学到了从做比萨饼到管理大型团队所涉及的一切知识。大约3年之后，他获得机会购买了一份特许业务。在24岁的时候，他已经成为多米诺比萨饼公司在斯温顿、纽伯里和巴斯的3家门店的共同被特许方。他将自己的成功纯粹归因于工作的努力和个人决心，外加知名品牌的支持以及只有一个企业所有者才能给出的承诺。

也许有一天，詹姆斯·斯威夫特的成功可以与小理查德·P·穆勒，多米诺比萨饼公司最成功的全球被特许方比肩。穆勒 1967 年进入多米诺比萨饼公司时是一名送货司机，1970 年成为被特许方。2003 年，他在美国拥有 158 家门店，雇用的团队成员超过 3000 名。他的公司一年卖出超过 1 千万份比萨饼，这与整个英国多米诺比萨饼集团的业务量不相上下，体积算起来相当于以 5 百万磅面团、5 百万磅奶酪和足够的比萨饼酱填充的一个大型游泳池。在指引企业成长的过程中，穆勒也成了百万富翁。

在大多数快餐经营业务既紧张而又沉闷乏味的工作条件下，激励员工取得成功是至关重要的。许多兼职员工，如中学生或小学生的父母，乐于只做几个小时的工作以换取一些外快，企业需要有能力为那些能够成为好员工领导人的人实现雄心壮志提供条件。一个官僚的、行事死板的文化将不能使一家比萨饼公司有效地与更为敏捷、更为尽心竭力的竞争对手竞争。多米诺比萨饼公司的成功表明拥有尽心竭力的被特许方所具有的价值，这些被特许方又会从满意客户数量的增加中直接获益。

尽管特许经营是多米诺比萨饼公司主要的分销形式，但它亦保有一定比例直接管理的门店。除了提供用以判断被特许方的内部标杆，这些门店对于发展新的服务理念也是很有用的，要单个被特许方单枪匹马地实践这些理念也许会面临太大的风险。这一过程的结果便是蓝牙和 GPS 控制系统的开发，系统可以通过卫星识别比萨饼交货人的确切位置。安装在饼店里的 GPRS（通用分组无线业务[General Packet Radio Service]）系统随后将信息发送到送货人的蓝牙耳机，告诉他去见下一位客户可以走的最佳路径。没有强大的集中式管理的特许经营支持，这样的发展有可能吗？

资料来源：以多米诺比萨饼公司（www.dominos.com）提供的材料和英国特许经营协会网站（www.british-franchise.org）为基础。

问 题

1. 讨论特许经营和直接管理诸如多米诺比萨饼公司之类的快餐服务网点各自具有的相对优点。你为什么认为 15%的多米诺比萨饼公司业务网点要由公司而非被特许方直接管理？

2. 诸如多米诺比萨饼店之类的被特许方在试图调和企业家式被特许方的个人主义与品牌一致性需要方面会碰到什么问题？

3. 就多米诺比萨饼公司为确保其被特许方遵守特许经营协议以及被特许方取得高水平的客户满意度可能使用的研究方法提供建议。

第 *6* 章

理解服务购买者行为

学习目标

阅读本章之后，你应该理解

- ❖ 客户发起、实施和结束服务购买活动的过程
- ❖ 服务的无形性对购买过程中风险感受的影响
- ❖ 消费后的失谐对行为的影响
- ❖ 决策单位及其对服务购买的影响
- ❖ 个人和企业购买服务的差别
- ❖ 服务市场细分的基础
- ❖ 服务提供商的伦理标准对消费者选择的作用

6.1 引　言

本章探讨服务环境下的购买者行为。一家公司可以投入经年累月的努力来开发新服务,当它让购买者对存在的竞争选项进行选择的时候,结果却在几分钟甚至是几秒钟之内发现购买者对服务并不买账。公司也许对购买决策的过程做了错误假设,比方说,低估了关键影响者在决策过程中所起的作用。尽管本书各章将扩展的营销组合中的要素分在不同的章节来讨论,但千万不要忘记,购买者却是以更具有整体意识的眼光来判断服务要约的。

6.2 服务购买行为

现在有大量文献描述购买者行为模型并为之提供实证支持。这些模型描述一个复杂过程中的各个不同阶段,涵盖被认为在演化过程中很重要的各种参数、所参考的各种信息来源、影响决策和制定决策的人,等等。我们将逐个研究这些购买者行为模型的特点,但我们首先需要尤其识别服务购买行为与更为一般的购买者行为模型之间的某些重要差别。许多差别归因于服务的不可分性对消费者在选择服务时感受的风险水平的影响。

在购买大多数产品期间,消费者会感受购买前的不确定性。不过,在无形服务的情形,由于可获得的信息数量和质量一般更少或更次,与商品的情形相比,感受的风险量预计会更高。无形性通常导致消费者以有形证据和价格而非核心服务要约为基础评估一项服务(蔡萨姆尔[Zeitharnl],1981)。

多项因素影响消费者在着手购买服务时所感受的风险水平:

- *服务过程和服务结果的支持证据中有形证据的层次。*服务提供商通常花费很大气力使用有形线索彰显服务利益,例如,寻求为其商务舱座位索取溢价的航空公司也许会在旅行代理的办公室陈列复制的座位以表明其座位的利益。
- *购买者在服务中的参与程度。*如果我们回头看看第 1 章的服务分类,我们会回忆起服务可以根据消费者的参与程度来分类。在参与度很高的情形(如在许多个人保健服务的情形),感受的决策风险有可能大于参与度低的服务(如音像资料租赁)所涉及的风险。

- **购买的新鲜感。**如果某个特定类型的购买内容对我们来说是新的,那么,比起我们是重复购买者的情形,我们更有可能经历高水平的风险。与某个已经安排了多次住房抵押贷款的人相比,第一次购买住房抵押贷款的人可能会感受到高得多的风险水平。
- **购买者的个人风险阈值。**正如某些人在赌钱或驾车的时候更愿意冒风险一样,某些购买者在竞争的服务之间做选择时也更愿意冒风险。随一家没有名气的外国航空公司做一次廉价的假日旅行对某些人也许有吸引力,但会被其他人认为太冒险了。
- **影响风险感受的情景因素。**如果我们在情急之中使用一项服务,我们也许会将自己的风险阈值降低。如果我们错过了回家路上的最后一班公共汽车,我们也许会更愿意冒风险搭乘一辆"可疑"的出租车走上一程,这样的出租车在我们看来会比在更为宽松的条件下可能选择的出租车更有风险。
- **消费者可能有某种受保护感,这将降低风险感受。**在许多情形,法律会保护未被交付服务的消费者,因此,消费者也许更愿意冒风险。例如,在金融服务部门存在覆盖范围广泛的保护机制,以防止小储蓄者失去存放在受监管银行中的存款。因此,大多数英国投资者在将他们的存款存放在总部设在英国的银行的时候会看不到金钱损失的风险;但如果银行是"离岸"型的和不受监管的,投资者

图 6–1　英国的互联网服务提供商(ISP)市场是一个激烈竞争的市场,但购买者很少能评价相互竞争的服务提供商。如果签订一份为期 12 个月的合同,我能够肯定获得可靠的连接吗? 连接很快吗? 由网站提供的信息源有多好呢?如果我碰到了技术问题,我会迅速得到好建议吗?在任何方面失败的可能性也许会为购买者带来风险,他因此也许更愿意继续使用现有的 ISP,或者根本就不想去购买这项服务。Freeserve(现在称为 Wanadoo)建立了英国主要 ISP 的地位,但它仍然理解到其潜在客户可能感受的风险。像许多竞争对手一样,它也提供免费试用期,客户可以在此期间验证公司的服务承诺,这对客户自己很少有或根本就没有风险。公司的经验是,有很高比例的试用者会接下来签约一年的服务合同。(重印经 Freeserve 许可)

的风险感受将会更高。

- 商业购买者的声誉损失。在个人代表组织购买的情形，个人也许感受到做出错误决策而致的个人声誉风险。通常有人说，“没有人会因为选择了 IBM 而被解雇”。一名个人购买者也许担心这句话不成立——如果他们选择了一个不知名的服务品牌。

整个风险主题及其与服务期望的联系相对而言探讨得较少。有研究发现，在工业购买的情形，不确定性与购买前的期望有反向的联系；换言之，在风险最低的情形（佩特森[Paterson]等，1997），我们会期望更好的结果。由于期望在决定消费者消费后对服务质量的评价方面起着主要作用（参见第 9 章），因此，理解感受的风险对于理解消费者的质量评价是非常重要的。

购买过程

服务营销人员了解个人购买决策过程及其关键要素是非常重要的。组织必须发展对客户购买过程几个方面的全面了解，尤其是以下一些方面：

- 谁参与购买决策过程？
- 决策过程需要多长时间？
- 客户的选择出自什么相互竞争的服务集合？
- 决策者赋予服务要约中每一个元素什么样的相对重要性？
- 使用什么信息来源评价相互竞争的服务要约？

购买决策涉及的基本过程如图 6–2 所示。简单的购买者行为模型通常表明某些基本的需求，这些需求引发一个对满足需求的解决方案的搜寻。在确定了可能的解决方案后，按照某些标准评价这些方案。最终的购买决定是最终决策者与一系列决策影响者相互作用的结果。最后，在购买和消费之后，客户产生对其购买的感觉，这将影响未来的决策。在现实中，服务购买决策过程可以是复杂的反复进行的过程，其间涉及大量的影响者和多样化的决策标准。需求本身是难于理解的，它应该与期望相区别。服务的无形性以及购买者一般不能在消费服务之前检验服务的质量或特性增加了理解评价过程中所使用信息来源的重要性。

需求识别

购买过程由基本的需求引发。这一需求促使我们寻求一个解决方案，恢复一种先前所没有的生理上或心理上的平衡感觉。需求可能是极其复杂且不由基本的生理需要所决定的。服务业部门已经受益于社会向马斯洛“需要层次”（马斯洛[Maslow]，1943）的更

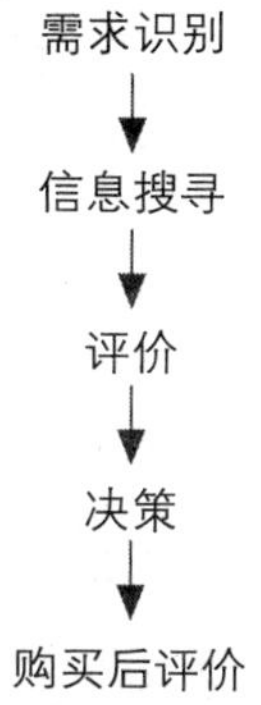

图 6-2　购买者决策过程的各个阶段

高层次攀升的趋势。在消费者服务中，许多高成长部门似乎无不是在迎合个人“更高层次”的社会需要和自我实现需要。多频道电视服务、鲜花速递服务以及远距离旅行远非仅仅满足我们的基本生理需要，它们通过满足消费者更高层次的需要而成为近年来迅速扩张部门中的典型代表。图 6-3 针对变化的需要如何影响我们购买的食物种类提供了一个图解。在不太发达的社会，消费者行为主要受对食物基本营养含量的考虑的驱动，以满足人体生存的基本需要。在更为发达的社会，人们越来越可能将对食物的搜寻建立在社会凝聚力或好奇心的基础之上。因此，社交性外出就餐呈现出大幅度的增长；尤其是，大多数城市不同类别的少数民族餐馆越来越多。

需求概念支持着对服务需求的解释，而马斯洛的需要层次理论则为理解需求提供了基础。但需要层次理论无非是一个概念性模型。在实践中，很难衡量一个人实际上处

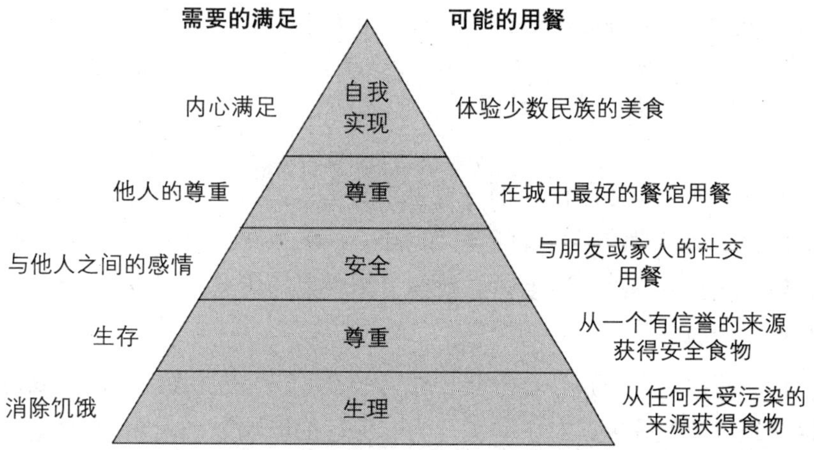

图 6-3　食品行业已经从主要以农业为基础发展为越来越以服务为基础。富裕社会不再满足于对安全健康的食品的基本需要，而受更高层次的社交需要与自我实现需要的激励。这张图以马斯洛需要层次模型为基础，表明不断变化的需要对我们购买与食物有关的服务的方式的影响。

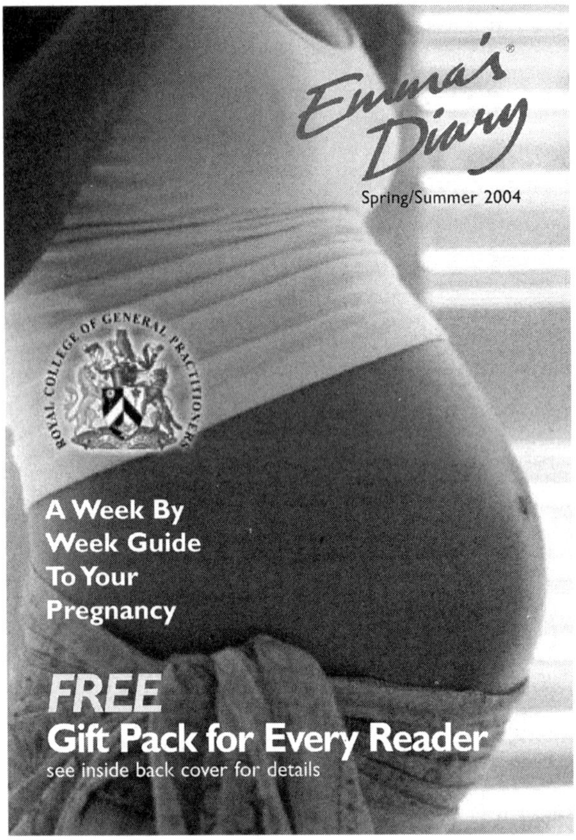

图 6-4 个人对于不同类型服务的需要在其生命历程中一般会发生变化，一定的"触发"事件也许会带来一个全新的需求集合。生命周期营销服务有限公司了解到即将做母亲的人急剧变化的需要，出版了杂志《艾玛日记》(*Emma's Diary*)，建立了网站 www.emmasdiary.co.uk，对她们进行怀孕和生产阶段的全程指导。在公司登记之后，个人会收到适合于她们在怀孕不同阶段的需求的进一步信息。公司建立了一个宝贵的信任《爱玛日记》给出的建议的客户数据库。在杂志和网站上做广告的广告商们意识到孩子的出生，尤其是第一个孩子的出生，是新支出模式的重要触发器。被选作目标的个人可能非常愿意接受公司的信息。(重印经生命周期营销服务有限公司许可)

在需要层次中的什么具体位置。此外，它基本上是以西方的激励价值观为基础的；然而，有很多证据表明文化对需要会有影响(如 Jai-Ok 等，2002)。例如，你如何解释出于宗教原因的献祭和苦行——对于许多与宗教仪式相联系的服务，尤其在非西方消费者当中，它们都是重要的激励因素。

除了我们的内在生理和心理需要之外，我们的需要还受我们当前所处情形的影响。年龄和社会经济地位等因素对于购买行为有深远的影响。个人在"家庭生命周期"中所处的阶段对其需要也有重大影响(图 6-4)。

到目前为止，我们一直是在刺激—反应模型环境中讨论需要这一话题，在这一环境中，对需要做出的刺激将导致人们采取行动。但有人指出，刺激—反应模型在将需要描述为某种自觉的东西的方式上过于简单化。这一批评不仅对于一般的产品而言也许为真,而且,对于服务来说它也特别中肯。除了在物理上无形之外,许多服务也许在精神上也是无形的。例如,很少有年轻人意识到养老金所能提供的老年安全的基本需要。这些人也许只有在开始意识到养老金保险单存在的时候才去购买这一产品。在此之前,他们也许根本没有意识到一份养老金保险单所寻求满足的基本需要。

信息搜寻

在经典的购买者行为模型中,购买过程的下一个阶段是收集与满足基本需要的各种服务相关的信息。这些信息可从服务提供商与其他外部来源(如朋友的口碑推荐)获得。

一旦某个需要触发了对满足需要的解决方案的搜寻,信息搜寻即开始。但当购买者要实施购买的时候,他在哪里寻找信息呢?在例行地再次购买某项熟悉的服务的情形,也许只需要寻求很少的与产品有关的信息。但在存在更大风险因素的情形,购买者可能寻求与能够满足需要的替代方案有关的更综合的信息。他们可能使用以下的信息来源:

- 个人经验是起点,如果购买者已经使用了某公司的产品,也许可以根据先前的购买经验来评估备选购买事项的合适性。
- 在个人没有购买经验的情形,朋友的口碑推荐对于许多类型的服务而言非常重要。例如,在寻找管道修理工或律师的时候,许多人一开始可能会寻求朋友的建议。
- 相比面对面地去找人,我们也许会使用各种其他的参照来指引自己的行为。眼下在什么餐馆吃饭是一件时髦的事情?时下让你的同辈群体看到会是最酷的地方是城里的哪一间酒吧?
- 报纸评论版和诸如由消费者协会发布的指南可以作为一个相对客观的信息来源。
- 研究所有形式的广告和促销材料,有时是有针对性地索求,其他时候则是不经意地瞅一瞅,无需展开任何搜寻行动。
- 消费者越来越多地使用互联网来发现关于可获得的替代方案的信息。有证据表明,在旅游部门,消费者在网络上展开大范围的"冲浪",以了解与一个旅游地以及到达该地可能方式的有关信息——即使他们后来并不使用互联网作为购买媒介。

感受的购买风险越大,搜寻信息的时间会越长,范围会越广。当然,个人愿意有条理地搜集信息的程度各不相同。有些人比某些更喜欢计算的人在购买时更为冲动,反映了他们的低风险阈值、低水平的参与或对那一类购买活动更为熟悉。在某些参与度很高的

主题思考:由口碑推荐到"鼠标传话"

口碑推荐是影响购买者选择的重要方式，但它传统上是一个相当缓慢的传播产品推荐的方式。现在,互联网可以使整个传播过程加速,并使其影响范围不断扩大。从口碑推荐开始,公司现在又在讨论"鼠标传话",由此发展出"病毒式营销"。在这一营销过程中,某个人将信息传递给五、六个朋友,他们中的每一个人接着又将信息传递给另外的五、六个朋友,于是，就一项购买做出的推荐可以很快地传播开来。专供客户投诉和评论的聊天室和网站(如 www.complaints.com,www.dooyou.com)允许满意的与不满意的客户很快地传播他们的信息。有些公司吸引未经授权的网站专事对公司的批评(如登载批评麦当劳餐厅信息的 www.mcspotlight.org，以及一个由对美国联合航空公司不满意的乘客建立的网站 www.untied.com)。现在,新闻在转瞬之间就可跨越地理边界,不满意的客户和股东在万维网上相互品头论足会使公司的信誉立即受到损害。

对于寻找与备选购买项目有关的信息的购买者来说,网站会有多可靠呢？不可避免地，在有节制的付费服务网站(如消费者协会的 Which?网站[www.which.net])与没有节制的、也许不能代表真实购买者意见(事实上竞争对手可能提交负面报告来败坏竞争对手的名声)的网站之间存在某种权衡取舍。诸如 myspace(www.myspace.com)以及 YouTube(www.youtube.com)之类的点对点网站的兴起提供了新的不经甄别的信息来源。客户观点与广告信息之间的模糊不清给从互联网寻求建议的购买者提供了额外警告。但即使是决定什么是有用的网站的过程也会可能是朋友口碑推荐的结果。

服务(如专业保健服务的选择)的情形,有证据表明,某些客户群体会使用前期信息搜寻来强化他们在后来与服务提供商谈判时的地位(纽霍姆[Newholm]等,2006)。

评价和决策

许多公司花大力气尝试了解客户评价相互竞争的服务所使用的过程。在所有可能的竞争性替代方案被压缩为更简短的清单(或"选择集")的过程中,许多的可能性都可能被抛弃掉了。这也许是因为没有很好地意识到产品的存在,或者是因为不能取得足够的产品信息。即使不考虑那些没有为客户所意识到的服务,给客户留下的选择可能仍然太多,以至于客户无法仔细地对它们逐个评价。评价通常会以包含几个替代选项的"选择集"为基础,而这些选项需要接受更为详细的比较分析。

有越来越多的兴趣集中于对评价过程中客户的情感状态所起的作用的研究（奥肖内西和奥肖内西[O'Shaughnessy and O'Shaughnessy],2003)。比如使用下述方法,可以以相当理性的方式对许多低参与度服务购买进行评价。不过,高参与度服务也许涉及强烈的情感,因而更加难于建模。例如,围绕选择汽车修理店进行一次计划中的轮胎例行替换展开的评价过程可能相当不同于围绕一辆破损汽车的修理展开的评价过程——如果迫切需要用车载人赴一个重要约会的话。急等一辆汽车将人送到约会地点情感上的重要性可能影响评价过程和最后的决定。

一个寻求购买低参与度服务——如一份汽车保险单——的私人购买者也许会将其选择集缩小到只包含四个选项。购买者行为分析已经发展出几个框架,供人们尝试理解客户如何在这些竞争的替代选项之间进行选择。一个方法是让客户选择根据直觉来感受那些给人最好感觉的东西。在服务涉及的成本、风险和参与度都很低的情形,使用这类非系统性的评价方法也许会相当合适。

即使是一些明显表现为直觉型的评价基础也可以归并为一系列隐含着某些系统性评价基础的规则。一个评价框架是多属性选择矩阵,它所依据的原理是:客户以产品的某几个组成属性为参考来评价整个产品的合适性。图 6-5 所示为一个典型的矩阵,在这一矩阵中,我们按照五项重要属性对四份相互竞争的汽车保险单加以比较。矩阵中的 A、B、C、D 代表选择集中四个列入名单中的选择项目。左边一栏列出五项属性,购买者的购买决策将以这些属性为基础。第 2 列代表客户赋予每一项服务属性的重要性(最大的重要性为 10 分,完全不重要的特征为 0 分)。后 4 列表明如何对照五项评价属性中的每一项属性为每一项服务打分。客户对各项属性的感觉以及赋予各项属性的重要性只能通过市场研究项目来发现。配对分析被广泛用于服务要约的组成部分分析。

如果假定客户评价每一个服务提供商而不用对每一项属性加权, 服务提供商 B 将是最被看好的供应商,因为它有最高的总分。不过,期望某些要素被赋予比其他要素更重要的权重是更符合现实的,因此,另一个评价方法——线性代偿法,以客户为每一个服务提供商给出的加权分为基础。每一项属性的重要性需要乘以每一项属性的分数。在这一情形,提供者 A 更被看好,因为客户排序最高的属性也是其认为最重要的属性。第 3 个方法有时又被称为"词汇法"。按照这一方法,购买者首先评价最重要的特征,然后,将那些不满足最低标准的供应商排除在外。接下来,评价以第二重要的属性为基础,不能满足标准的服务提供商将被淘汰。这一过程可以一直持续到只有一个选项被留下来为止。在图 6-5 中,以分支机构区位为最重要的属性,因此,第一轮评价也许会将选择集缩减为 A 和 D(这两个选项在区位上得分最高)。在第二轮评价中,员工友好成为最重要的决策标准。留在选择集中的只有 A 和 D,由于 A 有最高的员工友好得分,被选择的将是 A 而不是 D。

购买者表达对特定服务的偏好——甚至是购买意向——是一回事, 但他们仍然可能从其他服务提供商处购买服务。在一项对餐馆顾客的研究中,有人发现,表达出强烈购买意向并在后来购买服务的顾客与那些表达出强烈购买意向但在后来并不购买服务的顾客表现出大不相同的态度。研究结果表明,如果以客户所表明的购买意向作为预测

重要性	权重	A	B	C	D
分支机构区位	10	10	7	8	10
员工友好	9	10	9	8	8
公司信誉	8	10	10	9	9
总成本	7	10	10	10	5
短期激励	6	4	10	10	4
总分		44	46	45	36
加权分		7.3	7.2	7.0	6.1
使用不加权方法时的选择		√			
使用线性代偿法时的选择	√				
使用词汇法时的选择	√				

图 6-5 一个假想的汽车保险选择集：多属性矩阵

购买行为的唯一基础，服务经理就可能由于被误导而犯下代价高昂的错误（纽伯里[Newberry]等，2003）。

我们的选择是不是太多了呢？决策涉及个人努力和因担心也许会做出错误决定而产生的心理焦虑。限制服务的选择范围因此是一个自然的反应。好的销售人员意识到大多数购买者不能处理包含有 5 个或 6 个以上替代选项的名单，他们因此发展了先试探某个购买者的关键偏好、然后呈交一个只包含 3 到 4 个替代选项的简单选择集的技能。选项过多的话，购买者可能会因为茫然不知所措而走开并推迟购买。但如果所提供的 3 或 4 个替代选项选取不当，购买者同样会走开。

随着数据库的使用，公司越来越能够了解客户偏好，并提供以这一了解为基础的各种选择。公司往往通过使用持续的买方—卖方关系（这将在下一章更详细地讨论）来提供由更好的信息沟通所支持的选择集。实际上，谢斯和帕瓦蒂亚在总结关系营销的发展时就认为，公司发展持续关系的动机主要就是建立在“减少选择”的基础之上（谢斯和帕瓦蒂亚[Sheth and Parvatiyar]，2002）。

提供给购买者的选择越多，他们为实际做出的选择而后悔的概率越大。我们将在下一节讨论后悔的问题。

消费后的评估

服务一旦被购买和消费，服务过程并未终止。消费竞争往往标志着后续购买过程的开始。我们真正地评价一项服务只能是在服务被消费之后，这时才开始发展对服务的态

主题思考：迷惑人的设计还是设计来迷惑人？

“迷惑营销”被许多评论者用来描述某些服务提供商的某些做法。据说即使是为服务公司工作的员工也有非正式地使用这一术语的。在一个理想的世界，我们所有人都能够评价对我们开放的选项，并从能够获得的选项中做一个理性的选择。

古典经济学理论是以充分信息下的决策假设为基础的。但当存在太多选择且服务提供商似乎特意用过多、过少或不合适的信息迷惑购买者的时候，你会如何完成评价的任务呢？

许多移动电话服务的购买者被他们所能够获得的选项弄得不知所措——在英国，最终购买决策必须在五个基本网络运营商、每个网络提供的数十种不同的费率、数百种不同的手机和数千个门店的基础上做出。对许多人来说，由电话公司提供的费率计划似乎复杂得匪夷所思，有一系列的高峰/非高峰定价计划、包含了所有服务的“免费”分钟数和忠诚客户折扣。对几个“大字标题”价目进行比较可能已经足够困难了；但如果考虑到额外收费——例如，账单逐项计费、多媒体信息收费或者对国外使用移动电话的额外收费——这类收费往往以很小的字体隐蔽地注明，你的比较任务会变得越发困难。一位数学教授做过计算，要对所有网络、价目表和手机的不同排列进行成本—收益评估，英国购买者需要花一年以上的时间。

移动电话公司的做法是企图以低的“大字标题”价格和五花八门的附加价格迷惑购买者吗？或者这一做法反映了对细分市场的真正关注，以至于每一位购买者的偏好都能够得到考虑？

度。如果服务让我们完全满意，我们也许会成为服务的追捧者，我们会将它告诉自己的朋友，并且在下一次寻求同类服务的时候将服务提供商置于名单的最上方。在服务的某些方面让我们不满意的情形，我们也许会经历认知失谐。费斯廷格(Festinger，1957)首先将失谐定义为完成在一个替代选项集合之间进行选择的行为后出现的心理不舒服状态，它促使个体去做某件事情以消除思想和行为之间的不一致，从而削弱失谐状态。有人注意到，当“在认知与各种见解指引我们朝不同方向行动的时候有主张或者决定形成时”，失谐就会产生(斯威尼[Sweeney]等，2000，第369页)。

我们可以用多种方法减少失谐，其中包括：努力从心灵中过滤服务的不好方面，只去想它好的方面，这样让我们相信自己做了正确的选择；降低我们原本对服务抱有的期望；发起某种形式的投诉行为。对于给我们带来认知失谐的商品，我们也许会将商品退回给销售商。不过，在已经被消费了的服务过程的情形，这种做法却是不可能的。我们也许能够对照服务提供商做出的满意保证索赔；有些服务提供商承诺：如果客户不完全满意，他们会退还服务的花费，这样做的目的就是为了减小认知失谐的可能性。

在上一节我们注意到，太多的选择可能导致过高心理成本的决策过程。太多的选择亦可提高购买后的失谐水平。“后悔理论”认为，我们放弃掉的选择越多，对实际所做的

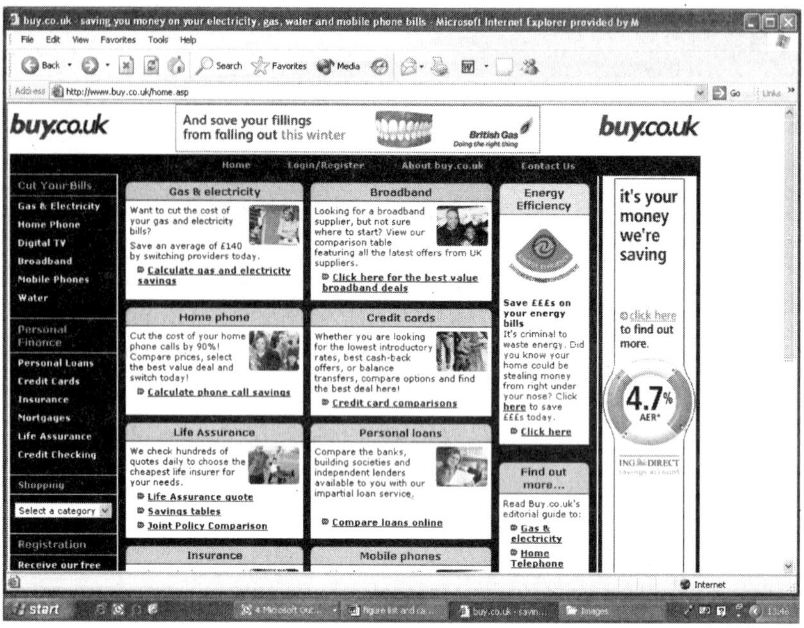

图 6–6 在英国国内燃气和电力市场，客户有时面对令人眼花缭乱的供应商选择，所有供应商都提供基本商品，按照法律规定，这些基本商品是不能被差别化的。评价供应商也会更为困难，因为不同的公司选择不同的定价基础，而且许多公司会提供几种不同的价格计划。有些公司给予入门折扣，有些公司给予高使用者或低使用者折扣，还有许多公司给予直接减记付款折扣。对于许多在为新购买项目寻求比较信息的客户来说，网站 www.buy.co.uk 已经成为热门选择。这一燃气和电力的计算器通过可获得的选项指导客户识别哪个供应商和价格计划对他们来说是最好的。据称，通过 buy.co.uk 或 uSwitch.com 更换供应商的一个普通家庭可以在他们的年度能源账单上节省 140 英镑。（重印经 buy.co.uk 许可）

选择后悔的可能性就会越大（赫曼［Herrmann］等，1999）。如果在一个旅游地只有一家我们能够入住的酒店，当我们后来看到另一家看上去更好的酒店的时候，我们可能不会觉得不高兴。事实上，如果我们在旅游地被提供了选择多家酒店的机会，我们后来可能会对没有选择那些没有成为我们第一选择的酒店感到后悔。

6.3 决策单位

很少有服务购买决定是在完全与他人相隔绝的情形下由个人单独做出的。其他人通常会参与决策过程并充当某种角色，从而对最终决策有所影响。重要的是弄清楚在这一过程当中谁是关键人物，以便配置服务模式满足这些人的需要；同时也便于调整促销信息，使之指向参与购买决策的关键人物。在参与决策过程的人当中，有几个角色可以识别出来：

图 6-7　购买过程并不随着购买而终止。在这一则广告中，英国电信公司鼓励其最近转换到竞争对手公司的英国电话客户将他们的感受反映给新供应商。不仅起到鼓励原来的客户回头的作用，这一则广告还通过降低搜寻替代选项所具有的诱惑使得英国电信公司的当前客户觉得与他们的当前供应商在一起更舒适。（重印经英国电信公司许可）

- 影响者是决策者在决策过程中要咨询的人或群体。提供参考建议的群体可以是初级群体（如朋友、熟人和同事），也可以是次级群体（如一些关系比较远且不存在双向互动的人）。在研究表明初级参考群体对购买决策施加重大影响的情形，这又表明需要促进口碑型的沟通（如给老客户奖励以换取介绍新客户）。客户对决策过程中使用的次级参考群体的分析可以有多种用途。分析指明需要接触的可能人物——公司为自己的产品做广告也许需要这些人的支持。它也表明某组织应该瞄准哪一位"意见领袖"，并将其纳入沟通计划之中，以获得最大的"涓滴效应"。媒体可以被纳入次级参考群体之中——一家报纸在其专栏中所刊载的内容可以对购买决策产生重要影响。
- 看门者最常见于商业购买者之中。他们的主要影响是充当进入选择集的一系列服务的过滤器。看门者可以有好几种形式——阻止销售代表与决策者晤谈的秘书可以起到过滤掉几个可能选项的作用。在许多组织，很难说得清楚谁在做看门者。因此，确定营销策略是要争取获得看门者的认可还是越过他们是很困难的。在更大的组织当中，尤其是在公共部门，也许存在这样一份被邀请提交工程投标书的供应商选择清单。不能出现在这份清单上，一家服务提供商就不可能进入决策集。

尽管看门者通常与商业组织的服务购买相联系，但私人客户的购买也会涉

主题思考：靠儿童消费力获利？

在儿童们所消费的服务购买当中，这些孩子们到底起着什么样的作用？有许多争论都是围绕儿童消费力(pester power)的有效程度展开的；在该情形下，父母显然会屈服于孩子们的要求。广告者越来越多地让促销信息跨越成人的头顶直接瞄向孩子们。许多人质疑这样做所带来的伦理问题，有些国家则对儿童产品电视广告施加了严格的限制。然而，即使在有广告限制的情形，公司仍然想方设法以更微妙的方式——例如，通过为学校使用的教育材料出资以及为各种为它们的产品的庆祝活动出资——接近儿童。

对于许多快餐馆来说，赢得儿童的心对于争取父母是至关重要的。在许多年纪小的孩子们的心目中，在当地的麦当劳餐厅举行生日聚会是一件极为称心的事情。这一切都是如何发生的呢？毫无疑问，麦当劳餐厅的基本服务模式招年纪小的孩子们喜爱——色彩明亮的内饰、游乐设施以及食物本身对年轻的客户们来说显然都是具有吸引力的。此外，如许多快餐厅一样，麦当劳餐厅发展了教育支持材料计划，并将材料派送到一所所学校。这些材料以显而易见的诱导方式促进对麦当劳餐厅的认同，同时，也在小学生们当中激发起一种欲望。能够用上这些材料也许会对资金短缺的教师们有所帮助，教师们因此而获得了大为需要的资源。但以这样的方式瞄准儿童是合乎伦理的吗？它会不会使父母在鼓励孩子们吃健康食品方面面临更多的困难呢？

及看门者。在许多家庭服务的情形，决策过程的早期部分也许是收集信息或打电话征询服务报价。最终决策也许是联合讨论与联合行动的结果，但最初阶段收集信息的工作也许更可能留给一个人去做。这样，一个挑选度假小册子的家庭成员即担当这个家庭看门者的角色，哪些公司的小册子对他或她有吸引力，他或她就会将接下来要做的选择限制在这些公司的度假服务上。

- 在某些情形，订购服务也许被变成一项例行差事，可以授权给一个购买者来安排。在企业对企业服务的情形，非首次、低预算项目的购买可能留待购买者自行决定。这样，偶尔外包的窗户清洁作业也许由一家组织内的采购办事员对外签约，办事员不需要直接听取任何其他人的意见。在属于再次购买但又做了一些修改的项目或新购买项目的情形，涉及的决策单位可能会更大。
- 服务的使用者也许不是实际负责做购买决定的人。许多企业对企业服务购买的情形尤其如此。不过，还是应该做一些研究以弄清楚使用者在决策过程中的影响有多么重要。在商务空中旅行市场，重要的是要了解：与公司里的某个购买者(他也许已经安排了与某特定航空公司的长期合约)、看门者(他也许会将与新的航空公司有联系的促销材料随手扔掉)或其他影响者(如成本中心经理——

与使用者对质量压倒一切的关注相比，他也许更多地考虑使用服务的成本)相比,实际旅行的人能对航空公司的选择施加多大的压力。

- 决策者是做最后购买决策的个人（或团体）——无论他们是自己亲自购买还是指示他人购买。在许多以家庭为基础的客户服务情形,很难弄清楚在家中谁的话在最后决策中有更重的分量。对家庭服务联合购买的研究表明:在打包度假服务的情形,妻子主导最后的决策;而在联合抵押贷款的情形,则是由丈夫来主导。在任何特定服务部门,只有借助深入的定性研究才能针对决策是如何做出的问题进行现实分析。在由商业购买者决策的情形,识别负责做最后决定的个人——及其在组织等级体系中的地位——的任务变得更为困难。

主题思考:为再喝一品脱啤酒找借口?

公司能够捕捉越来越多的信息量以便更好地描绘客户购买行为的图画。零售商特易购(Tesco）是许多从其收银柜收据、忠诚卡数据和其他购入数据搜集大量有用数据的公司之一,通过搜集数据获得的消费者行为了解在从前是不敢想象的。一个常被说起的故事是这家公司使用数据挖掘技术做练习,后来发现在啤酒销售与尿布销售之间存在明显的相关性。这两种产品没有任何互补性,那么,它们的销售为什么看上去会相关呢? 这刚好是另一个与其他信息——如先前报道的一个人鞋的尺码与其使用体育馆的倾向之间的相关——混合在一起的虚假相关吗? 公司并不就此放弃,而是对分析进一步精炼,针对不同类别的商店和一天当中的不同时间展开相关性研究。在也能获得(通过俱乐部卡的忠诚度计划收集到的)客户人口学特征的详细数据的情形,公司可以进一步探讨其中的道理。围绕两种产品的销售为什么会密切相关的问题,公司努力寻求更好的理解;但只是在进一步采用定性分析技术之后它才获得对这一问题的更全面解释。其中缘由似乎在于:男人们自告奋勇为家里完成一趟去商店购买婴儿尿布的小差使。其实,这只不过是为出门购买更多的啤酒供自己消费而找的借口罢了。据说,通过这一练习,公司已经有所感悟,并在后来挑选出一些商店,将上述两样产品摆放得更为靠近。

特易购分析啤酒和尿布销售的故事也许在人们的讲述过程中有些走样，它也许更像是一个城市神话。它应该采用数据挖掘技术来揭示这些对购买者行为的见解吗?传统爱尔兰小酒馆的主人在很久以前就指出了这一行为:小酒馆的数目随着当地邮局、书商或杂货商的数目一道增加,这给爱尔兰饮酒人造访小酒馆提供了足够多的好借口。今天的企业所能够获得的技术原本不为小酒馆主人所及,他只不过有好的耳朵和眼睛罢了。我们是否经常寻求复杂的技术解决方案来理解购买者行为——当使用更为传统的判断也许更容易发现答案的时候?

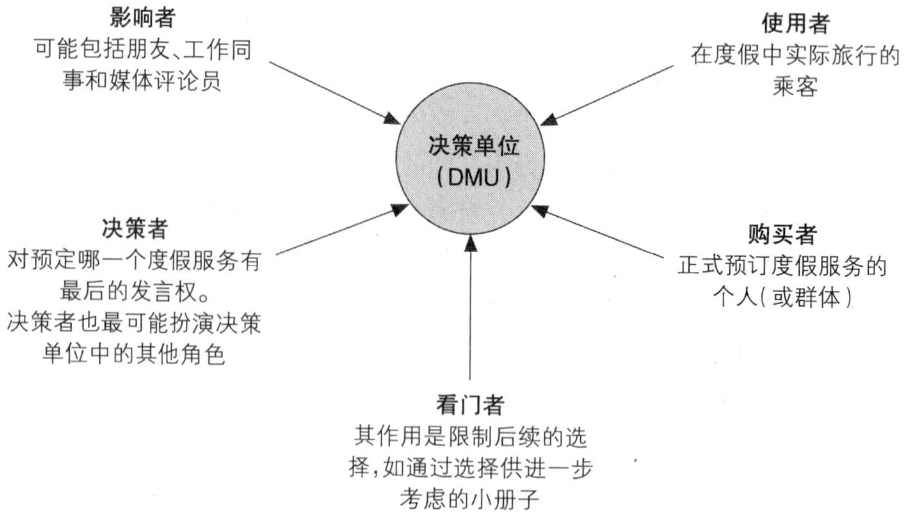

图 6-8 一个家庭打包度假服务购买决策单位中的典型成员

在现实中,决策过程中的人扮演着多重角色;有时候角色还会发生转换。图 6-8 所示为一个以打包度假服务购买为参照的角色解释图。

6.4 购买者行为模型

图 6-2 中所描述的非常基本的购买者行为模型为分析购买过程建立了一个有用的起点和概念性框架。一个模型要对营销经理有价值,在给定模型限定条件的基础上,它必须能够预测实际的购买行为。出于这一原因,有几位研究者寻求建立模型解释在规定情形下的购买决定是如何做出的,以此预测营销策略变化的可能后果。对购买者决策过程建模会碰到多方面的问题。在一个极端,诸如图 6-2 所示的简单模型也许从广义上来说有助于发展营销策略;但对于任何具体情形来说,模型却由于过于宽泛而没有什么用处。在另一个极端,以狭义的部门为基础的购买者行为模型如果应用于另一个部门也许会失去其大部分解释力和预测力——在后一部门,原始模型校准所依赖的假设不再适用。在任何情形下,大多数购买者行为模型提供的对购买者行为的描述都是规范性的而非严格定量的,因此,它们不能保证模型原来的基础假设在后来会继续有效。

早期购买者行为模型注意的焦点在于解释商品购买中涉及的决策过程。霍华德和谢斯(Howard and Sheth, 1969)开发的一个框架(如图 6-9 所示)被广泛应用于客户服务购买决策。

这一框架包含了以下几项要素:

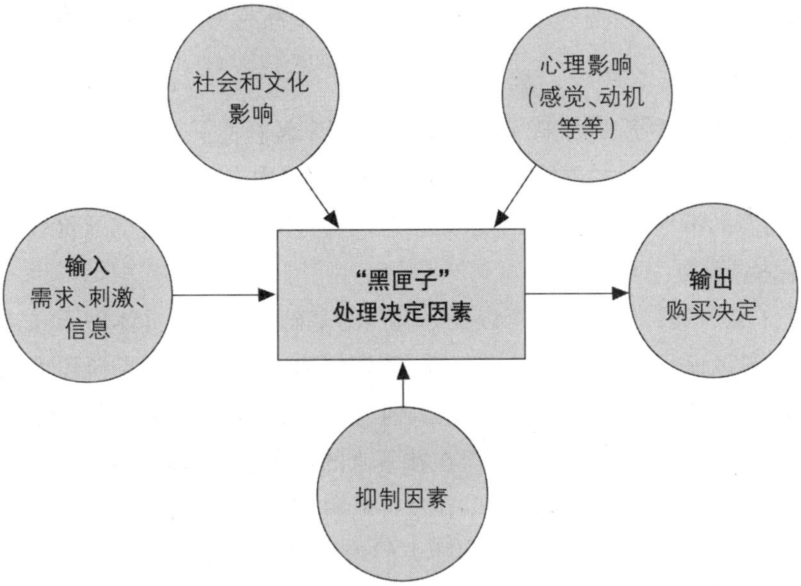

图 6–9　一个客户购买行为模型(based on Howard and Sheth,1969)

- 输入。这一要素由可能满足客户需求的相互竞争服务的范围的信息组成。信息来源也许是人,也许是各种出版物。
- 行为决定因素。个人带给购买决策以按照特定方式行事的前期倾向。这一前期倾向受组成生活环境的文化、家庭、人格以及其他因素的影响。
- 知觉反应。在独有的人格构成以及先前购买经验而致的条件反应的基础上,输入可能被不同的个人以不同的方式解释。一个人也许会毫不犹豫地接受某个度假服务公司的广告信息,而另一个人也许会因为该公司过去的做法或对一些度假服务公司的广告失望。他们因此不太可能认为这类输入是可信的。
- 处理决定因素。模型的这一部分将注意力聚焦在决策方式上。重要的决定因素包含驱使个人满足特定需求的动机、个人对特定服务或特定组织的既往体验以及赋予每一估价要素的权重。对于某些服务的某些客户来说,也许存在一些关键产品要求,如果要将某项产品纳入决策集,这些关键产品要求就必不可少。在其他时候,客户先赋予每一属性以权重,然后选择具有最高加权"分数"的产品(参见上文)。有些模型会对某些过程和结果变量的变化加以识别,这些变量对消费者行为有单方向的影响(例如,价格上升也许会使需求下降;但价格下降也许不会影响需求水平);而其他模型会假定一个变量变化的效应是可逆的,可以沿两个方向影响消费者行为。
- 抑制因素。有些因素(如接触服务方面的困难、服务价格和服务交付条件等等)也许会阻止一个人朝着决定购买特定服务的方向行动。

- 输出。决策过程的输出要么是径直去购买,要么是不去购买,要么是将做决定的日期后延。

霍华德—谢斯模型开发出来,作为一般性框架来解释商品和服务购买决策过程。人们近来发现，这一类模型并不能充分应对在评价过程中出现的生产者—销售者互动问题。与商品消费的情形相比,服务的无形性以及客户不能在消费之前评价服务也使得信息收集和评估过程更为复杂。

费斯克(Fisk,1981)提供了一个以服务部门为基础的模型的具体例子,如图 6-10 所示。模型将购买过程分成三个阶段:消费前、消费中和消费后。消费前阶段由发生在购买决策之前的各种活动组成,始于最初问题识别、信息收集和选择集确定。在这一阶段,客户明确他们所期望的最好选择是什么。在接下来的消费阶段,客户实际上通过以往的经验决定什么是在他们看来最好的选择。在这一阶段,在消费前阶段形成的期望与实际的服务交付相比较。二者之间的差别将促使人们尝试减少失谐。例如,因期望得不到满足而导致的不快也许可以通过投诉而消除。在消费后阶段，客户对服务际遇进行整体评价,这将决定客户是否会接受激励,再一次购买服务。

服务购买者行为模型可以与服务质量模型相联系。服务质量一般定义为个人对服务的期望与个人对服务交付感受之间的差别(第 9 章)。在期望被满足的情形,再购买的行为意向会得到强化。戴维斯(Davies,1999)等人开发了一个将服务质量与购买者行为相结合的模型。他们的模型包含:

- 能够在从事服务体验之前检验的可衡量标准(搜寻质量);
- 对服务期间体验的考虑(性能质量);
- 对服务交付后结果的考虑(信誉质量)。

行为意向受购买事项对购买者而言是否为初次购买(在这一情形,强调对象为搜寻

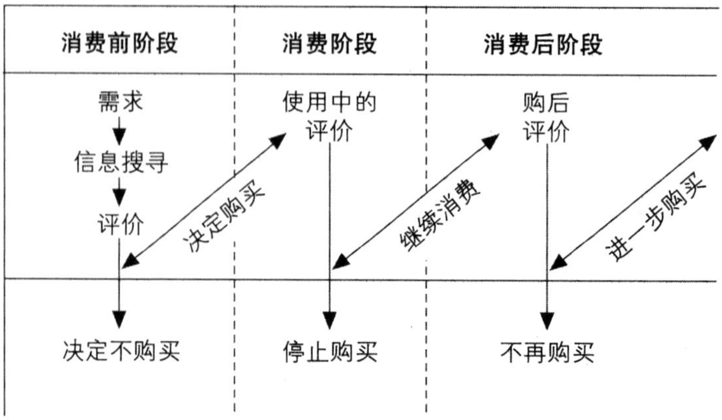

图 6-10 服务消费/评价过程(based on Fisk,1981)

质量)抑或购买者对这一类型的购买是否具有先期经验(在这一情形,性能质量和信誉质量变得更为重要)的影响。

到目前为止,我们是在一般层次上讨论服务购买行为模型。营销人员尤其关注在他们自己所处特定部门影响消费者行为的因素;作为针对具体服务部门研究的结果,一些更具体的购买者行为模型被建立起来。许多这类模型寻求对影响购买决策的因素的重要性加以排序并确定关键因素,关键因素的缺失将导致某种可能选项被排除在选择集之外。这里有一个例子:一项针对铁路乘客的研究将服务分解为前核心和核心服务表现,然后使用这些元素建立起一个相关服务态度和意向影响模型。这项包含 2529 个乘客样本的研究发现,核心服务要素中的车厢条件、餐车设施以及准点运行表现与乘客对服务提供商的态度有最强的关联(特里普和德里亚[Tripp and Drea],2002)。

个人和组织购买行为的比较

私人客户购买服务的过程与组织购买服务的过程有所不同。有几个原因可以解释这一点:

- 当组织购买服务时,有两组需求——组织的正式需求以及构成组织的个人的需求——必须得到满足。一般认为,前者更具有经济理性;而寻求满足需求的组织中的个人受其本人知觉和行为环境的影响,这与私人客户购买的情形极为相似。当代表组织购买时,个人可能更为厌恶风险。试想组织中会有人愿意因使用一个不知名管理咨询公司而不是一家具有良好国际声誉的公司而冒被指责的风险吗?
- 组织购买活动一般涉及更多的人。高价值服务购买也许要求在组织管理体系中的好几个层次进行评估,并在各个层次获得批准。需要进行尝试以发现最终决策权在组织中的下落。一个决策单位分析(参见前文)也许还可以将决策过程中方方面面的影响者暴露出来。
- 组织购买活动更可能遵循正式路径来完成。在最简单的情形,这会涉及将一项先前经过评估的重复购买服务任务授权给下级处理。在另一个极端,许多高价值服务的购买只有在走完一个正式的投标和评估过程之后才是可能的。
- 组织购买活动涉及的人越多,整个购买过程花的时间也就越长。降低风险的期望不仅内在于许多正式的组织动机,而且会非正式地存在于许多个人的动机,结果往往导致人们从事冗长的可行性研究。在某些新兴市场,尤其是海外市场,对服务供应商的信任也许是购买者在评价相互竞争的供应商时使用的一个重要因素;在任何购买承诺被牢牢握住之前,需要花很多时间建立信任关系。
- 评估过程中考虑的关键服务要约成分很有可能是不一样的。对于许多服务来

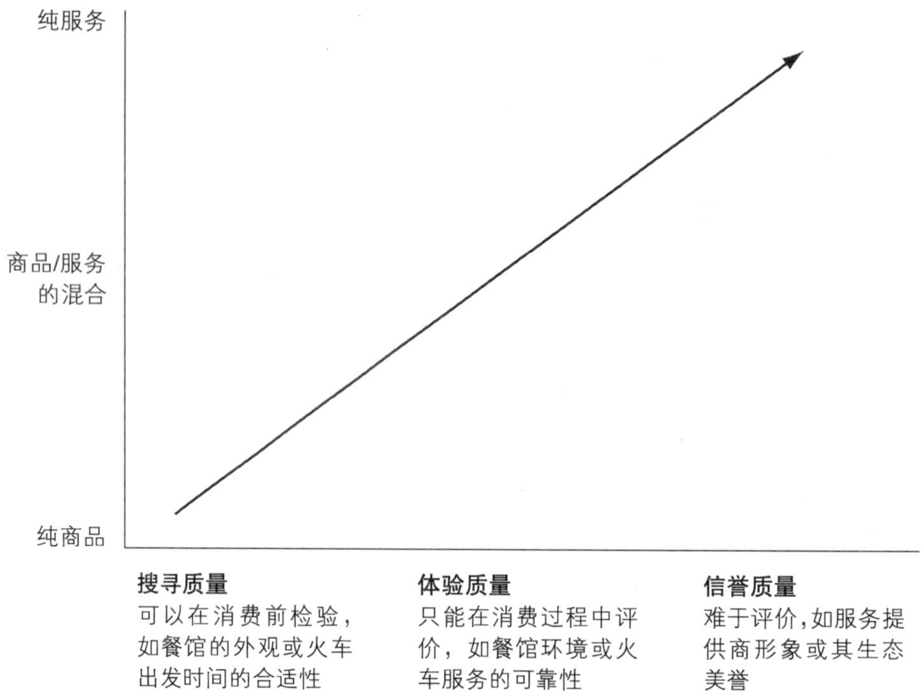
纯服务
商品/服务的混合
纯商品
搜寻质量
可以在消费前检验，如餐馆的外观或火车出发时间的合适性
体验质量
只能在消费过程中评价，如餐馆环境或火车服务的可靠性
信誉质量
难于评价，如服务提供商形象或其生态美誉

图 6–11 一个以搜寻、信誉和体验质量为基础的服务购买行为模型(based on Mitra et al., 1999)

说，组织购买者对可靠性和性能特点的强调将取代许多私人购买者对价格的强调。在许多情形下，一项服务的糟糕表现对一家组织会有直接的经济后果——一项糟糕的包裹快递服务可能仅仅导致私人购买者的恼怒；但对于组织购买者来说，它也许会导致生产产出的损失或销售额的损失。

- 组织购买者降低风险的需要和寻求供应商在处理共同问题时积极合作的欲望导致组织更加关注发展组织型的买家—卖家关系，而非孤立地看待每一项购买。有多项研究揭示了服务组织与其商业购买者之间相互信任关系的重要性。格鲁诺斯(Grönroos, 1990)指出，随着服务要约复杂性的上升，组织型购买单位感到更加需要供应商的信心和信任。我们将在第 7 章更详细地研究持续的买家—卖家关系这一主题。

6.5 了解购买者行为

服务组织何以知道购买者在竞争的服务之间实际上如何选择？营销调研基本上是围绕与其市场保持密切接触的企业经理展开的。小企业所有者也许能够凭着直觉去做营销调研，并且根据购买者的偏好调整其产品提供。在竞争和变化的环境中经营的大型组织需要使用更正式化的方法收集、分析和传播关于市场的信息。通常有人说，信息是一家公司竞争优势的来源；而且，有许多公司为我们提供了例子，他们使用详细的与客户需求相关的知识来发展可以为公司带来竞争优势的更好服务要约。新近的趋势是，市场研究者以客户洞察部的新名称出现。这就表明，营销人员将洞察力看得高于一切——高于客观性，高于数据收集，高于经典方法，甚至高于有效性和可靠性。

公司收集信息并将其转化为可操作知识所使用技术的范围越来越广。事实上，一些公司通常发现，自己拥有的信息量超出了合理使用所需要的信息量。例如，电子销售点(EPOS)技术的巨大进步带给零售商大量的新数据；然而，并非所有公司都能够充分利用这些数据。随着收集数据新技术的出现，保持技术之间的平衡以便获得对全貌更好的了解变得非常重要。仅仅依赖一种技术在短时期内也许能够节约成本；但不从整体视角来考察市场特点的机会成本只有在长期才会显现。

研究技术既要多种多样，也要恰当，而且要将定性和定量方法相结合。尽管定性和定量研究往往被视为研究技术系列中的对立面，但其方法也有重叠之处。市场研究人员需要对“在信息地图上大大小小的地点排兵布阵” 感到舒服（史密斯和德克斯特[Smith

图 6–12 如果国内电话出现故障，它可能不会导致电话的主人有太多的恼怒和不便。但对于企业用户来说，一次故障的后果可能要严重得多，它也许会导致销售损失、订单延后和产量损失。很少会有组织决策单位的成员愿意为选择后来会让公司遭受损失的电话供应商而承受指责。对于企业客户来说，电话供应商必须通过强调其服务的可靠性及其在使用中的好处——这些好处对公司而言就是价值——来赢得决策单位所有成员的好感。英国电信公司——英国电信市场上最大的服务提供商——面向国内市场提出了许多一揽子报价。这一份指向企业部门的广告强调了企业购买者特别关心的一件事情——需要让一个出了故障的电话迅速得到修理从而使业务不被中断。（重印经英国电信公司许可）

and Dexter],2001),能够将更硬的、更科学的客观数据与更软的、更具有道听途说特点的定性数据结合起来使用。

配对分析是一项有多种用途的营销研究技术，可以为分析现实生活中客户评价相互竞争的服务要约中的多种特征或属性所做的权衡取舍提供有价值的信息。一旦收集好客户对于一定特征或属性的偏好数据,研究者就可以做几项“选择模拟”。这可以改善研究者在一项服务推向市场之前预测服务的哪个“配方”会更为成功的能力。这一技术的一个局限性是,客户对某项产品个别特质的评价本身也许相当没有意义,只有将各项特质创造性地组合才能决定最后的选择。

观察技术也许被用来描述购买行为,但它们本身并不提供解释。因此,需要使用其他一些技术。通过实验室研究——例如，观察个人如何以及按什么顺序阅读一份广告——也许可以观察客户如何与产品互动。互联网为观察个人在浏览公司网站时如何行动创造了新的机会。哪个超级链接在将访问者带到公司网站的方面表现得最有生产力?他们访问哪一个页面组合?他们以什么顺序访问?他们在每一页面上停留多长时间?一些公司通常使用替代性的页面设计,它们将被随机地配置给访问者;然后是结果(一份订单、进一步询价等等)的比较。一些专家型信息中介应运而生,这些信息中介使用信息记录程序(cookies)针对网站使用者实施大规模观察,并向其他公司销售数据。一家公司可以通过数据建立个人行为和偏好的图画，这对于网络开发商和一些公司来说都是宝贵的信息,有了这些信息,它们可以更加准确地锁定客户。

在被观察者没有意识到自己在被他人研究的场合，观察技术也可能会带来一些伦理问题。一想到闭路电视拍下记录他们在一家商店周围走动的胶片被用来研究他们如何进行选择,许多人也许就会感到不快。许多人出于伦理和法律的理由对使用看不见的cookies 观察人们使用互联网的做法提出了质疑。

定量型的调查也许给人一种严密的科学方法的表象;还有,许多营销人员也许会自欺欺人式地(也欺骗他人)认为“你不可以与数字辩论”。不过,定量分析技术也有一些不足之处,其中包括糟糕的抽样、无效的衡量技术、糟糕的分析和不合适的解释。简单地问一位潜在客户是否会购买一项新服务可能会导致有意或无意的不诚实回答。没有使用比简单的调查问卷更能够探取情报的技术也许解释了为什么针对许多新服务项目的预测都是不准确的(我们将在第 8 章回头研究需求预测)。

定性技术可以提供针对购买者在相互竞争的服务要约之间做选择时思维过程更深刻的见解。许多人种学研究方法寻求从购买者的视觉去理解一些往往看上去很简单的现象(参见“主题思考”)。一个通常使用的方法是焦点小组研究法。焦点小组由大约 8 个人组成,外加一位接受过训练的、引导讨论进程的主持人。焦点小组并不一定是人口上的统计学代表,但招募一个对于目标人口而言不具有典型性的小组可能会毫无价值。

尽管可获得的研究技术的范围越来越广,近些时间在服务营销领域的许多巨大发展却是来自于采取令人鼓舞的决策的个人,以对购买者行为不经意的观察为基础。许多为利基市场服务的小企业就是这样起家的。在网络产业爆炸式发展的早期日子里,许多以互联网为基础的服务提供商——如 Lastminute.com 和 Screwfix.com——的脱颖而出基本上是以小企业家就他们认为客户希望从互联网得到什么所做的直觉估计为基础的。

应该永远铭记的是,信息本身并不能给出答案。实际上,关于购买者的太多信息可能导致“由分析而致的瘫痪”。在一个骚动不安的营销环境,赋予公司以竞争优势的是数

主题思考:窥探还是学习?

要弄清楚人们实际上如何选择和使用服务是一项艰巨的任务,因为人们实际上做的事情、他们说要做的事情以及研究者后来解释的他们做的事情之间存在着如此之多的障碍。在研究者离他们感兴趣的研究对象太远的情形,一幅虚假的消费者行为图画可能会成为营销决策的基础。对于那些往往更愿意了解人们实际上真正做的事情而非个人表达出来的态度——这也许不会通过实际购买行为表现出来——的营销人员来说,行为观察并不是什么新鲜事了。

在一个被诸如“老大哥”之类的、充斥着偷窥癖的“写实”电视节目所牢牢控制的国度,营销人员对先前被认为具有私人特点的一类行为试图获得更好的了解是不足为奇的。那么,营销人员追求这些更好的了解能够合法地走多远?这类行为到什么程度就会变成侵犯个人隐私的行为?

近年来,研究者越来越多地关注人种学在消费者行为研究方面的应用。典型的研究也许会要求参加者使用一项以网站为基础的服务,然后观察他们与网站以及与其朋友的互动。但如果对客户的观察并未得到当事双方的同意,又会发生什么事情呢?在一项广泛报道的研究中,人种学研究人员搭乘伦敦的 73 路公共汽车以观察乘客如何使用移动电话,他们发现了多种行为,不受受试者的遵从需要的影响。一个移动电话远不止是一项以技术为基础的服务,显而易见的是,由移动电话所满足的需求模式是非常复杂的。

在更近一些的时间,营销人员使用技术来刺探个人的行为。但批评家们认为,“老大哥”式的技术也许是在不征求同意的情况下利用客户。许多互联网使用者也许没有意识到在他们的计算机上存留的 cookies 也许在对他们进行间谍活动,试图了解他们的购买行为。因此,当一家互联网服务提供商在你的屏幕上打出一幅租车服务动画广告的时候,它也许并不是偶然的——它很可能是在对你先前的搜寻行为进行分析,这一分析导致系统推断你现在正处在搜寻一项租车服务的过程当中。闭路电视被研究者们用来研究人们在超级市场内是如何活动的以及人们搜寻产品的过程。当知道你所有的踌躇不定、紧张的面部表情和坏脾气正被记录下来供研究者们一次次回放的时候,你会高兴得起来吗?

据解释的质量以及数据解释的准时性。在风险程度低且客户偏好迅速变化的市场上，由灵感促成的决策也许会胜过一些为高风险和高资本投入场合所需要的更具有分析特点的决策方法。

6.6 市场细分和购买者行为

研究购买者行为的目的是发展公司的营销组合，以便从目标购买者那里获得所希望的响应。很自然地，个人依其对营销刺激做出响应的方式而各不相同，这就意味着个人信息处理行为的决定因素存在差异。服务提供商需要了解这些个人差异并微调其营销组合，以便从每一个目标市场成员获得所希望的响应。在一个多样化的社会，通过一个营销组合配方从每一个人那里获得你所希望的响应是不可能的。正如一位木匠需要调节其榔头和手钻使之适合手头的作业一样，营销人员也需要针对个人购买者的需要调节其营销组合。

市场细分是一项基本的营销原理，许多文章对其优点及其成功应用的必要条件都有很好的介绍。这一节将简要回顾与服务部门相关的市场细分问题，在推荐的选读材料当中可以找到与市场细分理论和实践相关的进一步信息。在服务业，人们对能够从成功的细分市场获得的好处有清楚的理解，因此，市场细分方法被广泛应用于整个部门。在英国，许多服务组织处在发展细分方法的前沿，银行、建房互助协会、保险公司、旅游和接待服务部门以及其他一些部门都有明确规定的研究方法细分各自的市场。

可以说，相对于商品营销人员的情形，市场细分对于服务营销人员而言是一个重要得多的工具。服务生产和消费的不可分性导致服务供应商能够以这种方式定义其细分市场，以至于只有在规定细分市场内的人才能够获得由某个特定营销组合提供的利益。这是一种大多数商品营销人员得不到的好处。由于商品生产可以与其消费相分离，客户通常可以在一个市场购买商品，再向另一个细分市场出售商品。例如，软饮料或训练用鞋的制造商很难保证只有一个目标市场——比方说，一个由特定国家的学生或公民所组成的细分市场——能够以折让价格购买其产品。产品很可能从一个低价格市场转移到另一个定价更高的细分市场。人们通常看到的廉价的酒类和香烟产品在世界范围内从价格低的国家转运到价格高的国家就属于这种情形。与此相对照，服务组织一般会坚持证明一个人是某细分市场的成员才能获得优惠的营销组合所包含的利益。因此，每当学生以折让价格旅行的时候，铁路公司都会要求学生提供身份证明，以确保只有学生——他们也许被认为是更为价格敏感的细分市场——才能够从低价格要约中受益。

市场细分和目标营销的发展反映了对生产导向的远离和对营销导向的靠近。当服务的供应相对于需求而言为稀缺时，组织也许会通过生产满足整个人群所需要的同质品来寻求最小化生产成本。随着时间的推移，富裕程度的上升提高了购买者的期望。富裕的客户们不再满足于基本的一揽子度假服务，他们会要求服务满足越来越多样化的需求——不仅仅是休闲的需要，而且包括活动的需求、冒险的需求以及与身份相联系的需求。此外，社会也变得越来越分散化。随着收入、态度和生活方式的分化，“平均型”的消费者已经变得越来越只是一种神话。

随着社会越来越分化，技术也越来越使专业化程度更高的服务根据更小细分市场的要求来定制。使用计算机化的数据库，一揽子度假服务再不必只瞄准大块的细分市场，它可以针对有与众不同需求和与众不同购买过程的非常小的群体提供服务。

在评价不同服务选择的时候，市场中的不同购买者会有非常不同的行为表现。为了充分体现营销导向，一家公司必须调整其服务要约以满足每一个个体的需要。事实上，极少有公司有理由以满足每一个特定个体的需要为目标。恰恰相反，它们以满足市场上小的子群体的需要为目标。随着技术的发展和社会的分化，这些细分市场会随着时间的

主题思考：细分还是歧视？

市场细分和目标定位对营销人员以有利可图的方式满足客户需求这一任务来说具有重要意义。但对于某些社会评论家来说，市场细分和目标定位的做法似乎更像是在歧视，它们具有与各种形式的社会歧视相联系的社会分化的所有内涵。毋庸否认，营销人员们很少发现自己实行以种族隔离时期的南非为典型的公然歧视；但处在可取的市场细分目标与不可取的社会歧视后果之间的可能只是一条细细的线。这个问题对于服务营销人员来说问题会特别大，因为比起一般在不同细分市场之间自由贸易的商品营销，服务的不可分性可以使得细分策略实施得更为有效。

大多数西方国家的法律逐渐压缩营销人员公然向一个群体而不向另一个群体销售服务的机会。酒吧主人以肤色为基础接待客户的日子已经过去很久了。曾一度在广告中提及针对男性和女性适用不同价格的英国夜总会要是现在还这样做的话，很可能会发现自己违反了《性别歧视法》。但营销人员有时会找到一些巧妙的方法推行其细分策略。一个酒吧也许会巧妙地实施气氛诱导，使之在更有益于某个种族群体的同时，又看上去更不为其他群体所接受。夜总会已经认识到，在性别基础上的歧视可能是非法的；但以客户是穿裤子还是穿裙子为基础而制定的差别化定价政策也许让夜总会接近于合法地实现目标。

尽管在发达国家有越来越多的法律明确地保护可依性别、种族、残疾状况——以及越来越多地，可依年龄——来识别的群体，但许多人依然担心市场细分和目标定位的进程正在远离那些接触不到许多基本服务的个人。大多数西方国家的主流银行以那些具有稳定收入来源的相对富裕的个人作为瞄准目标就表明了这一点。在英国，相当一部分人群发现自己很难从这些银行借到钱，甚至很难开立一个基本的银行账户。没有银行账户，就意味着许多生活机会的大门对这些个人来说是关闭的；例如，没有信用卡或借记卡，在线购买商品和服务就

可能很难。在美国，一些银行被怀疑给一定的城市区域“划红线”，然后决定不从这些区域吸收新的客户。许多州已经通过立法做出反应，使这类在地理上一般化的选择基础为非法。在英国，地理人口统计特征依然是银行实施市场细分和目标定位所依据的重要基础；不过，尽管没有法律可以防止依地理人口统计特征进行目标定位，政府亦表明对银行不情愿将更贫穷的群体作为服务目标——即使是在提供基本的银行账户方面——的行为失去耐心。响应这一明显问题的一项举措是以一些主要银行与当地邮局之间的合作为基础建立的“基本银行账户”，这使得具有不良信用记录的更穷的人们能够获得银行服务便利。在许多提供基本公共服务的服务部门，如电力、供水和电话服务部门，管制机构将确保私人部门的公司不至于没有理由地使更穷的群体在追求利益方面处于不利地位。

细分在什么时候会变成歧视呢？在多大程度上可以期望商业组织与依狭义商业基础而论有可能让人无利可图的个人做生意呢？公司对其社会与政治环境的精明分析——以及对凸显的歧视问题看得见的响应——在多大程度上使这些问题得到解决？对于那些也许在社会上被商业组织的市场细分和目标定位政策进一步边缘化的弱势群体来说，需要有进一步的政府法律保护他们的利益吗？

推移而变得更小。

市场细分的基础

如果认真审查服务组织所使用的市场细分方法，会发现人口统计学变量倾向于成为最广泛应用的市场细分基础。在这一方面，服务业着实没有例外——同样的观察在商品营销领域亦倾向于如此。年龄、性别和社会经济分析与地理区位分析一道都能为建立服务使用者的范围提供有用的信息。这些信息可以用于媒体计划中的目标定位，帮助发展新的服务、帮助制订定价政策和确定服务网点区位。美国运通公司对作为其广告载体的杂志的选择、国民西敏寺银行提供的账户的范围、英国航空公司的定价方法以及威特罗斯超市的区位选择都可以从某些方面反映市场细分人口统计学基础的重要性。

所有这些市场细分方法的应用对精确和及时的市场数据存有很大程度的依赖。例如，市场细分的地理人口统计方法要求信息来源提供详细的客户地理人口统计特征及其地理区位信息，它或者涉及次级数据的取得，或者涉及代表组织所从事的原始调查。由于信息技术创新的结果，市场细分的方法已经发展得越来越深入。需要提及的发展包括以下两项：

- 有些公司提供地理人口统计细分分析，允许根据人口统计特征和购买行为组合

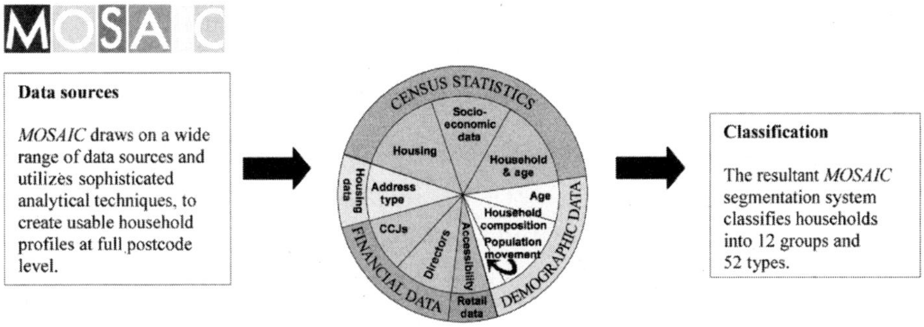

图 6–13　MOSAIC 是一个广泛使用的地理人口统计细分方法。通过邮政编码，MOSAIC 可以预测一个地址的居住者的支出特点，它被许多公司广泛用来为直邮广告进行目标定位以及确定备选新服务网点的最佳区位。

识别小地理范围的家庭群体。这些计算机化的数据系统——如 MOSIAC（参见图 6–13）——在直邮活动、仓储区位以及商品采购的计划中具有相当的价值。

- 由电子销售点系统（EPOS）的运行提供的大量数据意味着服务企业能够详细研究个人或群体的购买行为。个人造访商店有多频繁？什么样的商品和服务更可能被人们作为相互补充的产品来购买？个人对提供给他的减价或优惠券待遇的响应有多敏感？EPOS 可以提供对购买行为的新见地。

对于大多数实际的营销目的来说，服务组织越来越依赖人口统计和地理数据。在市场细分的理论和实践方面确实存在着冲突。在实践中，人们使用既有的数据库，至少是部分地使用，因为数据可以很容易地按照既定格式获得，目标定位也直截了当。但尽管这类数据库有实用价值，它们并不能真正地解释为何客户购买行为存在差异。因此，有几个其他的细分方法——如心理图表（以人格、态度、意见和兴趣为基础）和自我概念（客户如何感受自己）——也被使用，它们被认为从理论上来说更为合理。例如，有人观察到旅游部门的许多公司将其市场细分和目标定位建立在生活方式因素的基础之上（如冈萨雷斯和贝罗[Gonzalez and Bello]，2002）。这一方法依靠态度测量技术——包括李克特量表（Likert scales）和语义分化（semantic differentials）——获得来自客户的必要信息。这些市场细分基础为实践中进一步的市场细分提供了有用的辅助工具集合，尽管它们一般与人口统计概况研究共同用于目标定位的目的。

识别客户群的另一个定性方法以特定服务要约的组成部分分析为基础。这实际上是一个以利益为基础的区别细分市场的技术。反应的聚类分析一般在一项研究的定性分析阶段之后进行。由这一类型调查形成的以各种因素的组合为基础的细分市场，也许会被针对观察到的细分市场的购买过程设计了特定产品的服务公司作为目标。

本章总结及与其他章的联系

相对于制造品的情形，服务的无形性及其为人们所感受的风险使得购买者选择相互竞争产品的任务更为复杂。客户只有在服务被消费之后才能对它进行合适的评价；因此，可用于事先评价服务的基础是非常有限的。有形的线索对于从一定种程度上表明后来进行的服务的质量至关重要。品牌以及与服务提供商持续的关系可以帮助减少服务购买风险。在评价时，服务提供商的形象比起单个服务要约的形象来说往往更为重要，这一形象越来越受人们感受的伦理标准影响。

作为简化服务购买决策的手段，持续的买方—卖方关系的发展将在下一章进一步讨论。品牌在吸引特定目标市场方面的作用已经在第 2 章有过深入的讨论。判断服务质量进而影响再购买意向的方法将在第 9 章讨论。通过促销活动影响购买者行为的尝试将在第 13 章讨论。将一次性购买转换为持续的关系所用到的方法将在第 7 章探讨。

复习题

1. 识别服务购买过程中风险的原因和后果。评价一家互联网服务提供商可以用来降低购买者感受的风险的方法。

2. 检验预先录制的音像材料的消售者与电影院经营者所采用的市场细分方法及其效力有怎样的不同。

3. 你认为可以在多大程度上将购买者行为简化为适用于多种服务购买情形的以“规则”为基础的模型？

实践活动

1. 考察一个新近的案例，其中涉及你和一群朋友参加某种类型的服务活动。这也许包括外出在某餐馆就餐、去某酒吧聚会或去电影院看电影。检查就现有选项作决定所涉及的过程。问自己以下问题：从一开始形成想法到做最后的决定，整个过程花了多长时间？谁发起这一过程？谁作为影响者参与了这一过程？你参考了什么信息来源？口碑推荐有多重要？最后的决定是如何形成的？在你做了决定和消费了服务之后，你有些什么想法？这些想法后来影响你再购买的意向吗？你向朋友们做过任何推荐吗？

2. 现在，以图 6-5 所示的购买者评估矩阵为参照，将它应用到你和你的朋友可能要经历的决策过程当中——如果你们要对一家健身俱乐部或一家移动电话服务提供商的竞争性服务要约进行评估的话。

3. 阅览刊载有电信/互联网服务提供商广告的消费者杂志。再阅览刊载有电信/互联网服务提供商广告的专业/行业杂志。就这两类杂志传递信息的不同方式进行评价。这些差别——如果有的话——可以怎样解释私人购买者与企业对企业购买者购买过程之间的差异?

案例研究：以色列客户对“喝咖啡去”听而不闻

作者：迈克尔·埃特加(Michael Etgar)，以色列特拉维夫管理学院(College of Management, Tel Aviv, Israel)

不同国家的人购买一杯茶或咖啡的方式有各自的传统。英国的茶室骨子里透出一种英国味，通常会在一个非常传统的氛围中提供宾至如归般的环境。与此形成对照的是，其他一些地区传统上有醉人的咖啡，设在人行道边的露天咖啡馆令人心旷神怡。维也纳的咖啡馆本身已经成为一种文化传统。随着服务业越来越全球化以及文化趋同显现端倪，这些传统的茶饮之地一直在面对各种挑战和机遇。现在，许多英国人光顾流行的咖啡吧所获得的满足感胜过光顾传统的英国茶室。咖啡馆文化从温暖的地中海气候带向沃特福德和沃金一带的街头传播。

许多服务公司善于发现一个国家茶饮模式的变化着的习惯，并将其既有服务模式向新市场推广，它们的服务模式在那里会被视为新鲜事物。但这有可能是一个高风险过程，对购买者行为的良好理解对于确保成功必不可少。谁是新服务模式的早期接受者？要对其他在购买行为上也许更为传统的人群产生“涓滴效应”，需要考虑一些什么因素？一家公司如何避免被人嘲弄，说它全然置身于它寻求从中获得顾客的文化之外？

星巴克在全球 37 个国家经营。在这些国家的咖啡饮用者当中，星巴克的名字已经家喻户晓。公司成立于 1971 年，在 2006 年拥有由公司管理和特许经营的 10,800 个咖啡店组成的世界范围的服务网络。但公司在以色列的经营失败表明理解人们购买和消费咖啡的过程有多么重要。

星巴克加入到一长串进入以色列市场的外国服务公司之中。在 1995–2000 年间，30 多家不同的全球零售连锁进入这个国家，其中有汉堡王、麦当劳、飒拉、麦丝玛拉、Ace、Mothercare、Blockbuster、Toys R Us，等等。除了几个以外，这些外国连锁店由于不能理解购买者行为，赔钱的赔钱，关门的关门，招致惨重的损失。在此期间，咖啡馆业迅速成长，尽管星巴克失败了，但几家当地的和国际的咖啡连锁生存了下来，继而走向繁荣。

星巴克决定不在以色列建立自己的分店，而是通过一家当地公司——以色列咖啡合伙公司(ICP)——来经营它们。星巴克国际公司在合资企业中拥有 20%的权益。ICP 作为总被特许方在以色列开设和经营星巴克分店。第一家星巴克咖啡店于 2000 年在以色列开张，公司期望的目标是在 5 年内建立 80 家分店。然而，3 年内它只在特拉维夫和赫兹利亚的都市区及其周边开了 6 家分店。2003 年，星巴克的以色列合资企业累积债务超过 6 百万美元，不得不关门大吉。与此同时，另一家以美国为基地的咖啡连锁——咖啡豆(Coffee Bean)——进入以色列市场，它的业务看上去很兴旺。星巴克到底什么地方出错了？

公司失败的一个可能原因也许是它坚持将其服务要约标准化，这就要求将在美国采用的零售模式中的所有成分原封不动地照搬到以色列。星巴克针对以色列市场的一项主要创新是“喝咖啡去”(coffee to go)的理念;照此理念,客户应该在购买咖啡后在其他地方饮用。原始的美国本土的星巴克理念是只提供咖啡而不提供任何新鲜食品,而当地的传统要求一边喝咖啡一边享用小零食。结果,消费者必须排队、付款、然后去取那杯用泡沫塑料杯盛放的、容易带到街上去喝的咖啡。客户被期望从咖啡店离开,不在店内逗留和消费咖啡。所有现场消费都被期望很快、很有效率地进行。坐的地方很有限,店内装饰也很简单。

不过,这一类咖啡消费并不适应当地的消费风格。星巴克的理念虽然对没有高质量咖啡传统的国家(如加拿大和日本)提供了真正的附加值,但它的价值理念在以色列却不被人们欣赏。与美国或日本的情形不同,当星巴克进入以色列的时候,这个国家的空气中早已弥漫着高质量意大利式咖啡的芳香，有几家提供高质量咖啡的当地连锁已经在这个市场上运作。与其他地中海人一样,以色列人也喜欢在咖啡馆坐下来聊天、吃饭甚至是举行商务会谈。买一杯用泡沫塑料杯盛放的咖啡并将它们端到别的某个地方饮用，这个主意可不是当地文化的一部分。促成连锁店失败的一部分因素是关于当地文化、消费者行为以及竞争情势的市场情报的错误或不充分。如果能更好地理解当地咖啡馆布景及其发展方向也许可以避免某些这样的陷阱。

公司也低估了客户愿意为在全球范围促销的品牌支付的溢价。在许多星巴克已经进入的市场,如韩国和土耳其,对于某些社会流动群体而言,在星巴克喝一小杯拿铁已经成为新发现的中产阶级地位的一个符号。星巴克大大低估了既有经营者保有其客户的能力,而又大大高估了它的品牌吸引客户的能力。这一信念导致它在当地的经营者索要高价(与同等地位的咖啡连锁店的市场价格相比而言)。类似地,连锁店到达以色列并没有伴随广告支持;在后来,也没有广告努力来维持品牌。实际上,它的品牌知名度并不如其期望的那样高,而且没有转换为品牌使用率。在与其他品牌的竞争中,星巴克品牌资产的价值大大地降低,客户不愿意为之支付溢价。

问 题

1. 评价星巴克在考虑进入新的国外市场时可能使用的研究购买者行为的方法。

2. 如果由你来开一家咖啡店，请谈一谈你在开业前会寻求理解购买者行为的哪些最重要方面。

3. 讨论同辈群体对选择相互竞争的咖啡馆的过程可能产生的影响。

第7章

关系、伙伴和网络

学习目标

阅读本章之后，你应该理解

- ❖ 发展买方—卖方关系的原因
- ❖ 发展买方—卖方关系的理论基础
- ❖ 企业对企业关系和网络的多样性
- ❖ 公司使用的各种将偶然交易转化为持续关系的方法
- ❖ 客户忠诚度以及建立客户忠诚度计划的原因
- ❖ 关系营销发展的局限性
- ❖ 多重关系市场的利益相关者研究法

7.1 引　言

企业与企业之间的关系以及企业与客户之间的关系已经成为现代营销的中心议题。事实上,有人已经谈到,"关系营销"代表着一种"范式转变"(Grönroos,1994)。关系意味着买方和卖方并不简单地将每次际遇当做孤立的事件来看待,他们会在先前发生的交易背景下看待这一关系,同时也对未来的交易存有期望。许多制造企业已经从关系视角出发对其产品要约加以改造。汽车制造商不再仅仅是销售汽车,然后将客户抛之于脑后,等到三年后客户回来换新车时再与他们打交道。它们已经建立起各种不断演化的关系,其中包括保修、维护、融资和保险关系,在汽车的整个寿命期为客户提供支持。许多一般性商品(如建筑材料)的供应商已经将关系作为一种客户看得见的竞争优势来源来发展,这些客户从根据他们的特定需要定制的更加便捷的订货和送货服务中得到好处。在企业对消费者(B2C)市场,服务提供商现在有能力单独地了解客户,并在不断演化的关系的基础上定制服务要约。

在这一章,我们首先对作为服务要约基础的企业对企业(B2B)关系的复杂网络进行探讨。我们将看到有些服务部门是随着许多制造公司(实际上也包括其他服务公司)通过与其他企业结成关系网络,外包各种服务而成长起来的。我们将探讨各种关系和网络成长的理论基础。本章的头一部分主要讨论企业对企业关系,然后我们转而考察企业对消费者关系。尽管原理都是相似的,但管理与数千个、甚至数百万个个人客户的关系对于一家公司来说会是一项充满挑战的任务——尽管技术的发展会有助于(在某些情形下会妨碍)这一任务的完成。

7.2 营销的网络视角

除了一些最简单的服务之外,几乎所有的服务都可能涉及复杂的生产者关系网络,这些生产者帮助创造服务,并使之为消费者获得。网络中的某些联系环节非常重要,它们往往是长期的合作关系而非就一系列一次性交易展开的短期讨价还价。通过相互合作创造价值的生产者网络的理念对于服务部门和制成品部门都是适用的。例如,在制造部门,计算机制造商依赖零部件制造商网络创造具有附加值的产品,这些产品的价值高于零部件投入价值的总和。它们往往还依赖独立的中间商使其计算机产品能够为购买者可获得。对于消费者来说,这一关系网络的存在基本上是无形的,因此,某个购买了戴尔笔记本电脑的人可能不会意识到——甚至可能不会介意——电脑的电池是索尼制造的,而硬盘驱动器却是希捷制造的。他们不与零部件制造商打交道,只要整机的质量满足他们的期望,他们就不会感觉有什么不快。

在服务的情形，不同之处在于服务提供商网络中的许多部分会对消费者有直接影响。这一网络实际上成为服务的共同生产者。由于服务过程的不可分性,网络中的服务提供商因此而被嵌入到服务要约当中，这与汽车制造商使用加工好的零部件的情形不同,在后一情形,消费者一般不与制造商打交道。就服务而言,服务网络提供的服务过程的表现可能大大地影响消费者对于整个服务要约的评价。

2007年3月法国航空公司的一次由英国伯明翰至法国巴黎的航班飞行为我们解释对客户也许会产生影响的网络复杂性提供了一个实例。我们来考察客户在旅程中将要与之打交道的伙伴关系网络：

- 乘客首先也许会与法国航空公司的许多(在线和非在线)中间商中的一家接触。旅行代理往往也与一些主要的全球分销网络(如Amadeus)相链接。某些客户也许使用由美国运通公司提供的法国航空信用卡来购买机票。
- 伯明翰的机场不由法国航空公司拥有,后者必须依靠所签订的服务水平协议来确保所获得的服务便利(进入的便利、信息的可获得性、一般维护)与法国航空公司所提供的总体服务保持一致。
- 在伯明翰,法国航空公司的乘客登机手续和行李处理是由Servisair公司代理的。这家地面服务供应商为多家飞抵伯明翰的航空公司代理服务,对于大多数人来说,他们与法国航空公司的第一次面对面接触就是通过它代表的。
- 一些乘客旅行所用机票是由其他航空公司发出的。从伯明翰到巴黎的航班服务是与意大利航空公司“代码共享”的航班服务,法国航空公司必须使搭乘意大利航空公司的飞机经巴黎中转飞往目的地为意大利的乘客的旅程无缝对接。同样,很多飞离伯明翰的法航客户可能也要使用法国航空公司的代码共享飞行服务继续从巴黎飞往其他地方,而这一段代码共享航程的服务实际上由另一家航空公司负责提供。
- 法国航空公司是天合联盟(Skyteam)的成员,该联盟的其他成员包括三角洲航空公司、大陆航空公司、意大利航空公司、墨西哥航空公司、捷克航空公司、大韩航空等大型航空公司。如果从伯明翰飞往巴黎的乘客是该联盟的“飞行常客计划”的成员,他们就能够获得积分,客户可以在联盟的任何一个成员处将积分变现。
- 乘客登记之后,必须办理入境检查和安全检查手续。在很多机场,航空公司对其与这些服务之间的关系感到沮丧,它们对于这些服务一点办法也没有。

- 航班本身实际上不是由法国航空公司、而是由以爱尔兰为基地的 City Jet 航空公司代理运营的。法国航空公司经过计算发现,将其外围线路转包或特许给其他方经营会更为合算。
- 到达巴黎之后,又有了一套新的关系网络——尽管在这一情形,由于巴黎是法国航空公司的重要基地,原来在伯明翰转包给其他公司的许多服务(如乘客登记)现在都由公司直接提供。

除了这些客户直接接触的有形关系之外,还存在一个巨大的无形关系网络,它的表现对于航班的成功运行至关重要。这些关系涉及飞机维护、为航空公司提供自助登记服务方面的技术支持、提供补给等等。

我们将以法国航空公司的航班飞行为例解释网络和关系的某些原理,因为这些网络和关系会对服务营销产生影响。尽管以下的标题并不提供一个无所不包而又互不重叠的分析,但它们却能够提供一个有用的、与网络和关系的诸多重要方面相关文献的综述。

横向协作关系

在很多情形下, 供应链的同一点上的两家或更多提供类似服务的服务组织可以通过协作为客户创造更大的价值。在某些情形,这些协作网络扩展至整个行业。这样的协作具有两项主要好处:

1. 在一些有着潜在竞争的供应商认可共同的技术标准的情形, 客户可以从中受益。欧洲移动电话的主要运营商对通用的 GSM 标准的认可大大促进了这一部门的成长。一些人认为,美国的移动电话业务发展更加缓慢是由于在运营商当中缺乏共同认可的行业标准。考察法国航空公司的例子我们可以看到,经国际航空运输协会(IATA)斡旋,就各种技术标准达成的许多协议使得航空部门受益匪浅。即便是一个简单的协议,如就在世界各地的机场之间穿梭的行李包使用通用条形码所达成的协议,也能够减少被误置他处的行李包数目,从而降低成本和提高客户的满意度。
2. 一些服务供应商意识到,他们的服务要约也许微不足道,不会对客户有什么影响;但如果与竞争对手展开协作,他们可以提供更多选择,并形成一个对客户价值有影响的临界体;在这种情形下,第二种形式(有时与前一种协作形式相关联)的合作应运而生。英国的银行通过 Link 网络相互合作,使其竞争对手的客户也可以使用他们的取款机;此外,他们还通过 Maestro 在全球层次展开合作,为客户创造进一步的利益,客户可以在世界各地的取款机上使用其信用卡。许多国家的银行客户将这种合作带来的好处视为理所当然, 与此形成对照的是,在有些国家,一家银行却只允许客户使用由该银行运营的自动取款机。有潜在竞争关系的航空公司经常通过相互合作以“无缝对接”方式为客户提供旅行服务。上文提到的代码共享的航班飞行允许意大利航空公司的客户以 “无缝对接”方式搭乘法国航空公司的班机旅行,仿佛飞行服务是由意大利航空公司提供的一样。意大利航空公司能够在向客户提供更广泛网络的同时降低其航线网络的运营成本,这与不提供一个与伯明翰相连接的线路的情形相比大不一样。航空公司之间的全球性联盟(例如天合联盟和寰宇一家)可以为客户提供进一步的机会,他们可以通过“无缝对接”获得和享受“飞行常客”的种种好处。

尽管客户和供应商能从合作中获得这些好处，但它对市场竞争的潜在意义却越来越为人们所关注。全世界的竞争主管机关对那些直接或者间接限制市场竞争的商业行为表现出越来越多的关注。让我们回头考察一下上文提到的例子：英国公平贸易局（OFT）针对在主要的英国银行之间达成的向使用由其他 Link 网络成员运营的 ATM 机的客户收取费用的协议做过一项调查。报告表明,尽管银行之间实现 ATM 机共享给顾客带来了好处，但英国银行以集体垄断的方式提供 ATM 机导致对客户的收费过高,银行因此被命令减少收费(OFT,2003)。在航空公司的情形,欧洲委员会对全球航空运输联盟及其可能的反竞争含义表现出越来越大的兴趣。2006 年,该委员会针对天合联盟成员(包括法国航空公司、荷兰皇家航空公司、德尔塔航空公司和意大利航空公司)就空运费率采取的价格操纵做法展开了质询(《金融时报》[*Financial Times*],2006)。

卡尔·马克思观察到,资本主义者更关心的是规避风险而非冒险。发展买方—卖方关系网络也许可以被视为降低企业家面临的风险、因而也使得预想的竞争性市场环境所能提供的某些好处有所减少的一种手段。

纵向协作关系

前面描述的各种网络涉及在分销渠道上的某一点提供同一类型服务的组织。此外,服务公司可以通过与中间商和供应商密切合作来为客户创造价值。中间商在使得服务能够为最终客户所获得方面起着关键作用；某些组织——如多米诺比萨饼连锁店——认定,使用独立特许来使公司的比萨饼轻而易举地达到目标市场是一个很好的策略。对于制造商品的公司而言，纵向协作会聚焦于尽可能快速而又经济有效地在整个产业链传送产品的需求。对于服务组织而言,其任务则更为复杂,服务的过程性意味着服务公司的中间商所做的并不仅仅是处理商品,它们同时也参与服务的共同生产。共同生产的重要性以及将可及性设计到服务要约之中的需要已经在第 5 章有过讨论。

在服务过程涉及重要有形内容的情形，密切的纵向协作关系对于确保这些有形成分的及时交付至为重要。举例来说,快餐连锁店已经建立起直达运输公司、食品加工商以及农场的一体化供应链，这样就可以确保质量一致的产品能够在准确的时间和地点纳入服务过程。

外　包

我们在第1章看到，服务部门表现出的有目共睹的增长可以归因于近来出现的企业“外包”许多原先在内部实施的活动的趋势。许多过去雇用自己的清洁人员、餐饮服务人员和保安人员的公司现在都将这类服务分包或外包给专业的供应商来完成。有时候，组织的一些员工会转岗到新的供应商那里，从而变成专业承包商的员工。这家承包商因而可以在规定的合同期内向组织提供规定水平的服务。在合同期末，组织可以对多家相互竞争的供应商进行评估，然后决定和谁签下一份合同。提供服务的专业供应商自负盈亏，同时也拥有雇用和解雇员工的权力。

外包已经成为为公共和私人部门的组织提供服务的可行和流行方式。外包合同小到一家工厂用一家签约的餐饮服务商替代其厨房员工，大到大伦敦管理局向 Capita 公司外包伦敦拥堵费征收业务。

外包能给一家公司带来很多好处，其中包括：

- 企业可以将商业活动集中在它的核心业务上。
- 公司可以获得单凭自己的能力很难获得的前沿技术，不必为持续引进新技术担心。
- 提供服务的风险有其他公司分担——尤其是在公司开展新业务活动的情形。
- 在合同规定为良好的表现提供奖励的情形，服务质量会得到改善。
- 公司的稀缺人力资源得以释放，转而被重新配置于能够带来更高附加值的活动。
- 外包可以释放现金流，这就允许将资金再投资到核心业务活动中（例如，一家外包其维护保养业务的航空公司可以将原来用于维护保养设备的投资转用来购置更好的飞机）。
- 使企业能够更加灵活地应对外部环境的变化。

然而，外包也有其不利之处：

- 如果外包服务提供商终止交易（比如由于破产等原因），就会导致运行出现巨大的混乱。
- 员工也许对外包非常反感，他们的工作质量会因此而受影响。
- 外包也许会带来冗余成本，留下来的员工也会产生不良情绪。
- 随着公司内部培养人才的流失，公司在员工职业生涯发展方面会碰到问题。
- 其他公司也可能使用同一家服务提供商，这样，外包服务提供商会面临可能的利益冲突。

- 公司可能失去与客户直接接触的机会。

有人认为外包破坏了公司内部对满足客户需求的一致关注。外包供应商可能只关注完成狭义的绩效目标，从而忽视为客户提供价值中更为定性的方面。英国国民医疗服务体系（NHS）广泛使用外包为医院病房做清洁。此举可以大大节约成本，不过，有人指责来干活的清洁工不像医院自己雇用的、直接对护士长负责的清洁工那样具有团队精神。随着时间的推移，通过医院文化的熏陶，病房的专职清洁工可能学着去充当护士的眼睛和耳朵，例如，她们可能发现医生或者护士也许没有注意到的医疗问题方面的某些征兆。

现在，外包的做法在全球都很流行。尽管制造商传统上向一些低成本国家外包某些零部件的加工，但服务的不可分性却减少了全球服务外包的机会。然而，电信技术的不断改善也带来了许多新的机会，例如，许多西方公司已经将其呼叫中心和互联网支持服务"离岸"到诸如印度等低成本国家经营。我们将在第 14 章继续讨论这一话题。

主题思考：通过外包为电脑提供电力

Seeboard 是一家以萨塞克斯西部为基地的能源公司，它为英国近两百万客户提供燃气和电力。公司认为，与竞争对手相比，自己的核心竞争力在于能够以更低的价格和更高的客户服务水平配送能源。当然，低价格和高质量的服务很容易导致亏损，所以，公司不得不在紧紧盯着成本的同时，确保由最好的人提供服务。

外包在公司的经营活动中起着重要作用。Seeboard 在 1993 年与埃森哲公司签订第一份外包合同，后来，它又将西门子公司加入自己的外包供应商名单中。自 2001 年以来，公司又将台式电脑和网络服务器的管理外包给专业的 IT 服务公司 Computacenter。

IT 对 Seeboard 公司的重要性一天天增长。和许多公司一样，Seeboard 公司越来越多地赋予其业务过程在线运营能力，它所推出的一些新举措包括为客户提供记录和提交仪表读数的在线服务。公司也意识到，它对 IT 需求的膨胀将很快使公司内部员工队伍所掌控的资源无法满足成长的要求。

Computacenter 依照合约承担管理 Seeboard 公司电脑的任务，合约中涉及的 3000 台台式电脑、400 台笔记本电脑和 200 台服务器分布在伦敦和英国东南部。Computacenter 承担的责任是开发标准的台式电脑外围支持附件、配置服务器、对硬件和软件实行滚动式更新、提供日常支持以及处置多余设备。

合同涉及的一个复杂之处在于要小心避免 Seeboard 的电力供应单位（Seeboard 电网公司）与其分销业务单位（Seeboard 能源公司）之间的利益冲突。电力部门的解除管制意味着，能源公司必须避免利用在某个区域同时拥有电力供应和分销经营系统而占有的竞争优势。

向 Seeboard 电网公司和 Seeboard 能源公司分开来提供服务意味着要与每一业务单位分别签订支持合同,并分别设置服务组织。

通过与 Computacenter 合作,Seeboard 可以获得更广泛的技术知识, 并且能够从 Computacenter 承接其他 IT 项目和外包合同而获得的经验中受益。其结果是,Seeboard 从世界范围的最佳做法中获得好处, 这种做法需要的员工比由公司内部自行作业需要的更少, 公司宣称总体 IT 运行成本减少。仅从实施标准的台式电脑配置这一项来看,就减少了上门支持的次数,因而也就减少了支持费用。

不过, 不要忘记 Seeboard 的目标不仅仅是削减成本, 它还必须改进客户服务——关键的竞争性细分将由此而产生。一个让出现故障的公司网站长时间不能恢复正常的廉价外包服务于客户无益,于公司的赢利能力无益。Seeboard 使用平衡记分卡系统和外部用户对各项服务水平标准、响应速度、客户满意度和项目绩效进行评估,并且表示对结果满意。

Seeboard 这样的公司在外包方面能够走多远呢? 如许多公用服务机构一样,该公司也注意到:在实施"离岸"外包——将许多服务过程向国外的低成本提供者转移——的过程中,也存在一些不利方面。有些电力公司将呼叫中心和票据处理职能转移到印度,在那里,高质量的劳动力通常能够以低成本作业。但如果沿着这条路继续走下去,高水平的客户满意度仍然能够维持下去吗? 和一位在班加罗尔的呼叫中心员工说话与和一个在布莱顿的 Seeboard 员工说话相比,客户能获得同样的满意吗?

公共—私人伙伴关系

近年来出现的一个重要趋势便是公共部门与私人部门之间就联合开发和营销重要的公共服务订立各种各样的协议。订立这类协议的主要动机是希望将公共部门在长期计划中扮演的角色与私人部门的资源、能力和企业家才能相结合。公私伙伴关系(Public Private Partnerships,PPP)是为各种涉及私人部门在公共服务领域的经营活动取的一个总名称。在英国,私人融资计划(Private Finance Initiative,PFI)是最常见的举措,但 PPP 通过延伸也可以涵盖其他形式的伙伴关系,如合资经营关系。

从传统上来看,政府一直在采购各种便利和服务,私人部门则按照合约向公共部门提供各种便利和服务。例如,在传统的供应关系之下,私人部门的承包商可以根据地方当局(local authority,LA)的规定建立一所新学校,与此相关的维护与服务将由多家私人公司以及 LA 提供。

在 PPP 的情形,将由某承包商充当学校的服务提供商,它将按照一份长期合约代表 LA 料理诸如校舍维护、暖气供应和学生用餐等具体服务事项。这一新运作模式使私人部门能够向运作过程贡献专门知识,从而发现创新的问题解决方案,确保把钱花在有价值的地方。一个典型的PFI项目由一家为该项目专门成立的公司来经营。这类公司通常是一些联合体,其中一般会包含建筑公司、银行和服务设施管理公司。PFI项目的构成也可以是多种多样的,不过,它一般会包含四项关键内容:设计、融资、建造和运营。在兴建由PFI计划出资的新医院的情形,诊疗、医学和护理服务一般继续由NHS提供,私人部门则为新医院的建造提供资金,并管理诸如设施维护、清洁、杂务和保安之类的非医疗服务。

PPP计划中,子承包商向合作伙伴转型在营销上具有多重含义。私人部门公司面临的第一项重大营销挑战便是:它必须在选择过程当中胜出,然后才能成为PPP伙伴。对于某些重大计划来说,这一过程可能要花数月或数年的时间就什么样的公司可以参加投标做详细的分析。这一过程也许还包括向政府官员们和政治家们展开游说,以强调公司作为长期伙伴所具有的公信力。公司也要谨慎地评估与长期协议相联系的各种风险和可能的报偿。英国审计委员会的报告反映了建立一个PPP计划所涉及的成本,报告表明,前15家NHS托管医院的PFI在专家咨询费上的开销就达到4500万英镑,平均占资本总值的4%。尽管政府热衷于PPP的一个理由是,它们希望将风险向私人部门转移,但这对私人部门来说也必须是可接受的。管理公司面临的风险的一条途径是,在项目中包含溢价以反映下行风险。为了摊薄风险,公司联合体通常会提交一份联合PPP投标方案。如果一家公司在不利条款下承接PPP,潜在的结果可能是陷入瘫痪。2005年,Jarvis——一家主要的PFI计划提供者——勉强躲过了破产的厄运,这家向学校、医院和消防站提供PFI计划的公司一直因为在几个项目上的过高成本而备受威胁。

一旦协议达成和启动,营销的机会视协议而不同。在许多情形下,政府会设置各种绩效标准(如医院床位的可获得性,或电话系统为公众可及时间的比例),私人部门的伙伴通过谨慎地管理各种成本和满足它所认可的绩效标准而获得赢利。在这一类情形,通过吸引更多客户来增加收益的机会并不存在。在其他一些情形,协议会允许私人部门伙伴创造额外的收益,不过,私人部门伙伴通常要接受一定的监管。以麦格理银行为例,该银行与政府达成一项协议,负责伯明翰环城M6收费高速公路的融资和建造;银行还获准向使用高速公路的车辆收费,并保有其收益。

7.3 支撑网络和关系的理论

有些研究者将一家公司在竞争中的成功与其发展和管理多种网络关系的能力相关联。阿罗约和伊斯顿(Araujo and Easton,1986)以竞争优势、冲突、共存、合作或共谋为基础对竞争进行分类。他们使用三种类型的理论框架进行分析。第一类框架以传统的营销策略为基础;第二类框架援用互动理论的研究方法;第三类框架采取网络理论的研究路线。在我们考察发展网络和关系的各种方法和实践之前,我们将对某些基本理论做一个

图 7-1 当伦敦被选定为2012年奥运会主办城市时，最初的喝彩声几乎让人们看不到在伦敦成功中标背后的巨大协作努力，甚至看不到一个更为广泛的、为奥运会的成功举办所必要的关系网络。成千上万的个体服务提供商坐享奥运会带来的好处，这些个体服务提供商小到为建筑工人和奥运会的访问者提供餐饮服务的餐馆，大到大型基础设施提供商。处于各种协作关系中心的是伦敦奥运交付管理局(Olympic Delivery Authority，ODA)，这些协作关系将确保奥运会会如期而至。ODA有《伦敦奥运会和残奥会法》(London Olympic Games and Paralympic Games Act 2006)提供法律上的支持，它必须将手中的权力和说服力结合起来使用，以协调众多服务提供商的努力，这些服务提供商将为那些亲自造访奥运会的人们或在电视机前观看节目的人们打造全部的奥林匹克体验。ODA必须与一些关键伙伴密切合作，以确保不仅运动会要取得成功，而且，基础设施也要实现长期计划目标。这些关键伙伴包括伦敦奥运会组委会(London Organising Committee of the Olympic Games)、伦敦运输(Transport for London)(它负责发展为运动会服务的交通基础设施)、伦敦发展署(London Development Agency)以及其他诸如伦敦泰晤士河口开发公司之类的区域发展机构等等。ODA负责建设工程的安排，它是通过一系列伙伴关系与子承包商协议来完成建设工程的。在管理与多家供应商关系的同时，ODA还必须与国际奥林匹克委员会密切协作以确保各项标准得到满足。ODA还负责保护奥林匹克标识以及赞助商和其他商业用户的标识使用权，这就要求ODA管理一个庞大的分摊主办运动会成本的赞助商网络。

简短分析，这些理论力求对公司为什么寻求通过共同生产者和客户网络建立各种关系做出解释。这里值得一提的是几个在内容上有些重叠的文献流：契约理论(contract theory)、交易成本经济理论(transaction cost economic theory)和资源依存理论(resource dependence theory)。此外，一些消费者选择模型也有助于解释为什么客户寻求建立与供应商之间的关系。当然，这不是一个无所不包的关系营销理论根源清单；不过，这些理论中包含的一些互有重叠的创意对这一研究主题做出了重要贡献。

因麦克内尔(McNeil，1980)而声名鹊起的契约理论讨论了契约形成的基础，这一基础一方面肯定契约双方针对变化的环境做出调整的自由，另一方面，它又要求降低一方有意占另一方便宜的诱惑。对于复杂的交易来说，整个权利和义务范围的细节一般不可以在事先规定；还必须认识到的是，正式的契约只不过是支配契约各方关系的过程的一部分。支持这的是一个共同理解，这一理解产生于契约各方发展相互之间的长期关系而非与不同的交易方做一系列一次性交易的时候。威廉姆森（Williamson）在《市场与等级制》（*Markets and Hierarchies*）一书中讨论过“组织为什么存在？”这一问题。他认为组织是降低不确定性和市场中机会主义行为的一种工具（威廉姆森[Williamson]，1975）。通过扩展，合作的组织网络能够减小与孤立的企业单位在一系列一次性交易中单独采取行动相联系的成本和不确定性。

因威廉姆森而成为显学的交易成本经济理论的基础秉持的理念是：存在一些容易识别的资源成本之外的做生意成本。这些成本可能包括管理成本以及预防与不了解的客户和供应商打交道的时候出现各种变数的成本（威廉姆森[Williamson]，1985）。威廉姆森注意到，经济组织的基本目标是“节约交易成本和新古典生产成本”（威廉姆森[Williamson]，1985，第 28 页）。交易成本受信息可获得性和不确定性的影响。各种混合形式的组织——如战略联盟、网络、产权合资企业等等——的存在都可以归因于追求交易成本上的效率（威廉姆森[Williamson]，1993）。在理论模型中，所有交易成本处于一个连续体上的某一位置，这一连续体的一端是纯粹以市场为基础的架构，另一端却演变成某组织的内部成分。按照威廉姆森的观点，企业作为一种降低与市场的不确定性打交道时的风险、从而降低交易成本的手段而存在。另一方面，市场力量可以刺激竞争，从而减小生产成本。企业寻求降低其总成本；并且，在现实当中，会出现一些“混合型”的组织。各种买方—卖方关系网络代表着一种混合型的组织，它可以降低纯粹由市场中介的交换的不确定性，同时又克服内部（等级）交换体系的无效率。

通过降低交易成本和/或增加每一交易方的利益来创造价值的企业之间的合作可能导致一方或双方为对方提供优惠待遇。在交易成本研究框架内，这可以是信任水平不断上升所带来的结果，信任水平的不断上升减少了为预防交易中的风险和不确定性而采取变通行为的需要。在规模经济鼓励企业将偏好投向一个能够给出相对于成本而言更高经济利益的交易伙伴时，也会出现这样的情形。

资源依存理论将商业关系解释为企业对不确定性状况做出的战略响应（普费弗和萨拉尼克[Pfeffer and Salanick]，1978）。公司已被概念化为一束诸如各种隐性知识、技能等的能力。这一框架经过扩展又被用于研究组织间的关系。通过合作，企业伙伴可以交换核心能力，从而避免在单枪匹马地处理新产品或进入新市场可能遭遇的风险。在关于组织间战略关系的讨论中，有人提到成员组织交换其技术与营销能力的能力（哈默尔[Hamel]等，1989）。例如，许多航空公司与酒店之间的联盟都是在各个公司经过计算发现相互分享对对方客户的进入权会有好处的情形之下形成的，这些客户依其所属的地域和/或对产品的要求而论都是互不相同的。在成员之间的联系通道存在"战略空洞"且网络能够通过将不同的个人和组织结合在一起创造社会资本的情形，关系网络被证明特别有价值(贝克[Baker],1994;伯特[Burt],1992)。

一个以购买者行为模型为基础的流派将买方—卖方关系视为一个减少选择的过程(谢斯和帕瓦蒂亚[Sheth and Parvatiyar],2002)。从购买者的视角来看,有太多的选择就需要花时间和精力去评价相互竞争的替代选项。购买者行为模型的建立旨在说明客户如何将所有可获得的产品减少为一个更加便于管理的"选择集"供自己仔细评估,这一般涉及5或6项产品。关系则是管理这一减少选择过程的方式——换言之,购买者首先会将其搜寻限制在那些已经与之建立了满意关系的供应商身上。

有人使用公平理论(equity theory)论证,那些觉得获得了更高收益与成本比的客户会觉得对其交易伙伴有更大的义务(古德温和罗斯[Goodwin and Ross],1992;凯利和戴维斯[Kelley and Davis],1994);在供应商失败的情形,他们可能会表现出更大程度的克制。互惠关系的理念则被认为具有建立团结精神的基本效能,有助于建立和维持商业和社会关系的平衡(巴戈齐[Bagozzi],1995;贝克[Becker],1990)。

人类学和社会学研究方法也对理解个人认同各种群体和他们所消费的各种服务的愿望做出了贡献(如赛拉和麦克奎提[Sierra and McQuitty],2005)。关系可以满足个人的归属需要,有证据表明,商业关系作为一种满足这类需要的手段可以替代以教会、家庭和工作为基础的关系(帕尔默和加拉赫[Palmer and Gallagher],2007)。有人用"部落营销"这一术语解释营销人员如何利用个人归属于一个群体的欲望来获得好处(科瓦和科瓦[Cova and Cova],2002)。

社会心理学中使用"认同凸出"的概念来解释为什么人们发展与非营利组织的关系。许多人因为认同皇家鸟类保护协会的使命而发展与该协会的关系。许多大学毕业生希望通过保持与校友会的关系来延续对大学的认同。"认同凸出"也可以应用于某些以营利为导向的服务组织，这些组织会刻意表现出对合德商业做法的认同（阿奈特[Arnet]等,2003)。

有些社会学家也注意到文化对个人处理与企业关系的影响。有人观察到,在许多国家的业务往来方式也许是以在购买者、销售者、供应商和分销商之间紧密编织的关系网络为基础的,日本制造和分销部门的企业网络(keiretsus)就是一个典型(卡茨[Cutts],1992;奥米[Ohmae],1989)。在许多亚洲国家,建立以严格规定的合约为基础的关系的想法也许会被视为一种侮辱,一种关系只有在相互信任的基础上才会随时间发展。与此相对照,美国文化也许会认为一份详细的合约对于关系的发展是必不可少的。

营销者们已经发展了多个模型和框架,尝试描述和解释各种企业关系现象,下面将对其中的某些模型和框架加以总结。

工业营销和采购(Industrial Marketing and Purchasing,IMP)研究群体对这一领域内

理论和研究的发展做出了重大贡献。这一主要以欧洲为基地的研究群体形成于20世纪70年代,他们针对企业间的关系展开过多项研究,包括许多深度案例研究和在各种国内和国际环境围绕关系和网络展开的重大实证调查(滕布尔[Turnbull]等,1996)。IMP研究者关注的焦点一直放在企业市场中各种互动、关系和网络的性质与作用之上,他们分析研究的核心部分是行为者、活动和资源模型,模型中的相关概念构成基本的关系维度(如哈肯森和斯奈霍塔[Hakansson and Snehota],1995)。

通常有人提出组织与有业务往来的不同群体的关系模式是否应该保持一致性这一问题。一家组织能够一边对员工和供应商实施“雇用和解雇”战略,又一边对客户实施关系营销战略吗?考察组织保有的多重关系的一致性的一个有用分析框架是由克里斯托弗、佩恩和勃兰廷(Christopher, Payne and Ballantyne, 1991)提出的“六个市场”模型。六个市场的构成如下:

- 客户;
- 供应商;
- 员工;
- 组织内部的其他部门;
- 推荐市场,由公司的支持者(如中介机构)组成;
- 由一些机构构成的影响市场,如可以对组织施加重大影响的各类监管机构。

有些组织因努力创造与每一个市场打交道方面的一致性而著称。零售商马莎百货有创造与供应商长期关系的长期政策,其雇用政策强调员工发展与员工保持。近年来,该公司采取多项措施改进其与客户持续关系的质量。公司优良的产品质量和客户服务质量一直在鼓励购买者回头再购买;近年来,其购物卡和相关金融服务的发展也促进了这一势头。在零售业谱系图的另一端,某些折扣连锁店并不坚持低价政策,而是将自身定位为价格领导者,很少去尝试奖励客户的忠诚。与供应商的谈判很可能以单次发货进行的讨价还价为基础。支付给员工的工资比最低工资高不了多少。尽管六个市场的一致性从直觉上看很吸引人,但在公司试图在每个市场推行一些不同做法的时候,还是有人提出各种各样的疑问。以马莎百货为例,该公司终止了几个与供应商建立的长期关系,并通过谈判安排转而使用其他更廉价的供应来源。这一做法与组织的关系文化(就像它与客户之间的关系所表明的)有一致性吗?

冈默森认识到孤立于交易中的每一方都参与的所有其他关系之外,单独分析一个买方—卖方关系的有限作用,发展了“多对多营销”的理念。冈默森的网络社会研究框架反映了人和组织生活在复杂网络之中的现实。他的这一框架并不是简单地研究单独的客户与单独的供应商打交道的情形,而是研究一个客户网络与一个供应商网络打交道的情形。他将网络方法引入所有营销之中,无论是企业对企业(B2B)营销还是企业对消费者(B2C)营销、商品营销还是服务营销(冈默森[Gummesson],2006)。

最后,一些组织行为的研究者们注意到,一家组织的关系会是非常复杂的,组织中的个人也许会视另一家组织在某些业务方面为合作关系伙伴,在另一些业务方面则为竞争对手。例如,一些航空公司的销售经理也许会与其他航空公司为争夺客户展开激烈的竞争,但同一家公司的工程经理也许会在飞机维护保养方面与之有合作关系。这也导致人们越来越认为组织之间的交往是多方面的,而不是以纯粹通过其各自的采购部门和销售部门而发生的接触为基础的(图 7-2)。

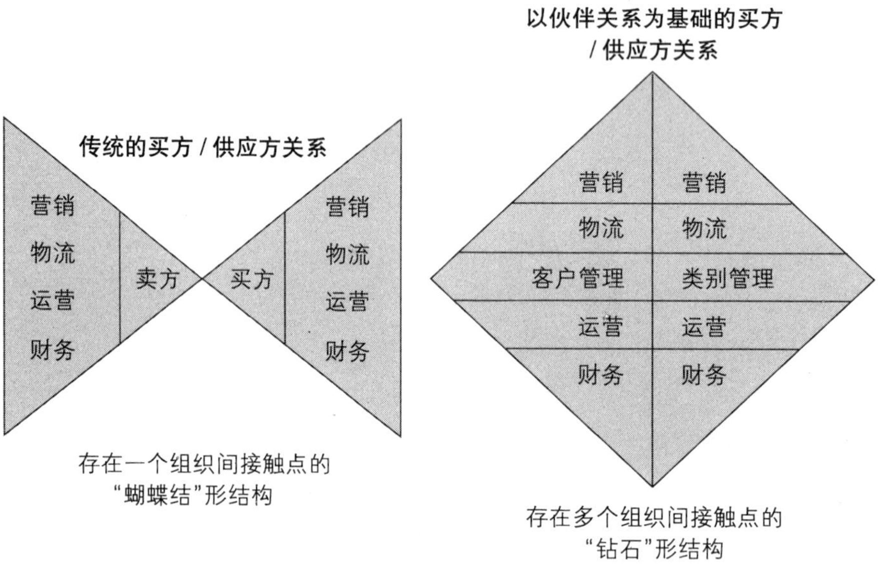

图 7-2 组织之间的关系交往应该发生在组织的所有主要职能部门的每一个之间。传统的"蝴蝶结"形沟通方法越来越被"钻石"形沟通方法所替代,在前一种情形,企业之间的沟通集中在公司的采购部门与销售部门身上;在后一种情形,沟通存在于所有主要职能部门之间。

7.4 关系营销和消费者服务

近年来,"关系营销"一语被广泛使用于消费者营销领域。不过,与商界出现的许多新理念一样,这一术语到底有什么含义却在人们的理解之中产生诸多混乱。关于关系营销到底指什么存在很多争论,有些人强烈主张关系营销代表营销领域的范式转变;而另一些持怀疑态度者则认为,它实际上不过是所有现行商业做法穿上的新装罢了。

从概念上来讲,关系营销可以在一套营销战术与一种根本性营销思想之间有多种定位,前一种定位将买方与卖方之间的任何互动都描述为一种关系;后一种定位则通过其对客户的终生关注直指营销理念的核心。许多人指出,承诺、相互依存与信任这些理念扮演着中心角色(如摩根和亨特[Morgan and Hunt],1994);克罗斯比[Crosby] 等,

1990)。

以贝里对关系营销的三个层次展开的分析(贝里[Berry],2002)为基础,现有公开发表的关系营销文献依各自所采取的研究方法大致分为三类:

- 在战术层次,关系营销被用做一种销售促进工具。信息技术的发展已经催生出许多短期忠诚计划。不过,这类计划的实施往往带有机会主义的倾向,结果导致忠诚计划代价高昂,它所创造的忠诚是对激励的忠诚而不是对供应商的忠诚(鲍恩斯[Barnes],1994)。
- 在战略层次,关系营销被视为一个供应商寻求通过法律、经济、技术、地理和时间枷锁“捆绑”客户的过程(佩里[Perry],2002)。同样有人指出,这类枷锁可能导致客户被“阻留”而非被“挽留”(迪克和巴苏[Dick and Basu],1994)。如果法律或技术环境发生变化,一家没有与客户建立更深情感关系的公司也许不能持续其关系。因此,与关系并行的往往是一种基于知识、能力和资源而非基于相互信任与理解的不对称联系。在通过相互奖励合作、互相依存以及共担风险从而实现“捆绑”的情形,关系就可以表现出更大的稳定性和耐久性。
- 在哲学层次,关系营销直达营销哲学的核心。传统的营销定义首要关注客户需求,而作为哲学理念的关系营销则将营销战略的关注焦点从产品和产品生命周期转移到客户关系生命周期上来。最近,营销被概念化为客户导向、竞争对手导向以及职能间协调的一体化(纳沃和斯雷特[Narver and Slater],1990),这一概念化强调了关系营销哲学的关键特征:使用一家组织的所有员工以有利可图的方式比竞争对手更好地满足目标客户一生的需要。

关系营销的语言也有可能产生误导作用。在服务部门,许多组织在简化和“工业化”其服务过程,试图改进经营效率和绩效的一致性。这类公司也许是在某种由信息技术所驱动的对话的基础上讨论发展与客户的关系,但这类关系定性地看可能会相当不同于那些建立在社会保证和信任基础上的关系。尽管英国的银行在起劲地发展客户数据库和指定的个人银行业务顾问,但仍然有许多客户觉得,与分行经理能够与客户展开更为全面对话的时候相比,他们与银行之间的关系定性地看却变得更糟了。

寻求发展与客户关系的企业的经理们应该避免有时会流露出来的骄傲自大想法:客户也在寻求这种关系。调查表明,许多类型的买方正在变得越来越自信,他们敢于从某种业务关系中走出去,并不情愿进入一种持续不断的关系。在买方感知到的不是由关系而产生的附加值而是选择面减小以及采取机会主义行为的自由减少的情形,关系营销战略也许会遭遇失败。附加值必须由卖方根据买方的需要来定义,切不可将客户看做俘虏而向其搭售公司产品组合当中的其他产品。

发展关系营销的原因

企业寻求发展与客户持续关系的方式并没有什么新变化。在商品和服务以小规模形式生产的经济体中，企业所有者本人可能认识每一位客户，并且熟知他们的个人特点。他们因此会以先前交易中获得的知识为基础，根据个体的需要调整服务交付，并提出合适的新产品要约。他们也许还能够形成某种关于客户信誉的看法。买方与卖方之间的关系网络在许多远东国家当中仍然还是一种标准架构，许多西方出口商发现，很难打进这些长期形成的、封闭的网络。

随着西方组织规模的成长，组织与客户原有的个人联系逐渐弱化。由于没有办法在紧密关系的基础上向客户提供保证，在许多情形下，一些组织会寻求通过发展强大的品牌来提供这种保证。

由于几个方面的原因，对关系营销的研究兴趣近来又被再度激活：

- 在许多市场，关系已经成为一种新的细分方法来源，服务被作为细分点附加到许多制成品上。在竞争日益激烈的市场上，单单是产品本身已经不足以将一家组织的产品与其竞争对手的产品差别化。例如，在汽车制造业，制造商传统上以风格、速度和可靠性之类的卓越设计特征为基础将它们的汽车差别化。一旦大多数公司达到共同的设计标准，注意力又会转移到通过诸如保修和融资之类超乎一般的附加服务便利来细分。一旦这些服务标准成为行业中的准则，许多汽车制造商又寻求在超乎一般的关系的基础上细分它们的汽车。因此，大多数大型汽车制造商现在都向客户提供一整套服务，使他们所购的汽车可以获得融资、保险和维护保养，并在一定时间后更新。用不着每三年一次性地购买一辆新车，许多客户进入与汽车制造商及其经销商的持续关系之中，经销商为客户提供所需要的支持，使他们的汽车总是能够在道路上正常运行，并在适当的时候更新(参见图 7-4)。
- 企业追求持续关系的第二个主要原因是，通常保有现有客户比不断招徕新客户

传统交易导向的营销	关系营销
以一次销售为中心	以保有客户为中心
短期导向	长期导向
向不知名的购买者销售	跟踪有名姓的购买者
销售人员成为买方与卖方之间的接合面	在买方与卖方之间存在多层关系
有限客户承诺	高客户承诺
生产部门为质量负责	所有部门为质量负责

图 7-3 交易型交往与关系型交往的组成部分比较

以替代离开的老客户更为有利可图。有人往往用“漏着的水桶”做一个类比，以解释高水平的客户“搅动”所具有的效应（图 7-5）。一只侧面和底部有孔的水桶会有水漏出，因此，如果要保持稳定的水位，只能不断向水桶中加水。这也许是一个代价不菲的过程，因此，一开始就防止水从桶中漏出（也许通过投资购买一个更好的不漏水的水桶）会更加有道理。对于那些有客户“流失”的企业来说，道理也是如此。有很多练习计算即使是客户向竞争对手一方流失速率的一个小小改进也会对一家公司的利润产生的影响（如莱希赫尔德[Reichheld]，1993；莱希赫尔德和赛瑟[Reichheld and Sasser]，1990）。客户流失越少意味着招徕新客户以替代流失的客户所需要的支出越低——尽管某些研究质疑人们就客户忠诚度与盈利能力之间的联系强度所做的假设（如赫尔杰森[Helgesen]，2006）。图 7-6 中的例子表明以有利可图的方式保有客户的原理。

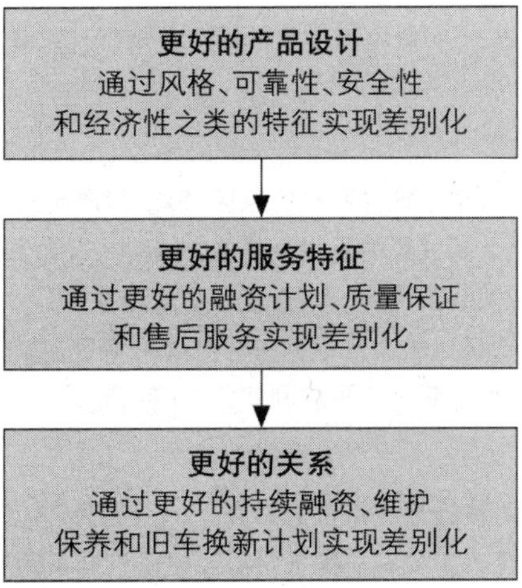

图 7-4　营销焦点从强调产品到强调关系的转变——以汽车业为例

当然，并非从所有客户身上都能够得到相等的利润，有些类别的客户公司情愿失去而不愿与之保持关系。能够识别这些客户细分市场因此也是关系营销战略的一个重要组成部分。许多公司使用过去的记录绘制最让人鼓舞的目标客户群体图形，它们很少做些什么事情来鼓励那些生来就不是忠实客户的群体，这些群体被吸引过来有多快，从公司离去就有多快。有时，公司也会浏览客户名单积极寻求终止与那些不能带来盈利的群体的关系。许多英国银行在关闭那些只保有最低账户余额而不购买银行提供的任何其他服务的客户账户的时候招致媒体的批评。与许多其他银行和金融服务公司一样，它们意识到关系营销需要盯住那些可带来盈利的客户，对于那些不能带来盈利的客户，公司可能需要实施退出战略。一件自然而然的事情是，一家银行发展关系所指向的目标客户也许同样是竞争对手的目标，因此，为争夺一些关键类别的客户，也许会发生激烈的竞争。这种竞争会导致动态的拉锯战，在这种拉锯战当中，客户的忠诚会不断受到挑战——因为银行的竞争对手会想方设法瓦解客户的忠诚。

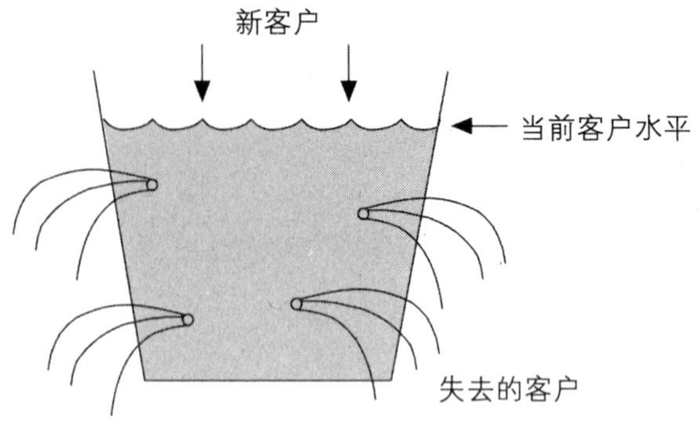

图 7–5 解释客户保有和客户流失的“漏着的水桶”模型。维持一个漏着的水桶的水位是代价不菲的，因为要维持恒定的水位，必须获得新水以替代因漏出而损失的水。类似地，如果一家公司寻求维持一定数量的客户，避免现有客户的流失一般会比较容易，因此，它并非一定要以高昂的代价招徕新客户。

1. 发展关系营销之前
   - 假定银行有 50 万个客户，由于这样那样的原因，每年客户流失 10%。
   - 这就意味着公司与客户之间关系的平均长度为 10 年。
   - 招徕一名新客户需要花 100 英镑（含广告、激励和处理费用）。为了替代流失的客户，银行每年要花 5 百万英镑（需要替代的 5 万个流失客户×100 英镑）去做广告和招徕客户。
   - 公司每年从每一位客户身上获得的平均利润为 50 英镑。

2. 引入关系营销计划之后
   - 引入一项客户关怀计划，该计划在每位客户身上的支出为 20 英镑（这也许包含向所有客户发放一份杂志、建立一个改善的客户服务中心或提供忠诚奖励等的成本）。
   - 客户流失率由每年 10%降低到 5%。
   - 平均关系期限由 10 年延长为 20 年。

对公司的财务影响
- 每一名新客户现在代表着一个 20 年×50 英镑/年=1000 英镑，而非 10 年×50 英镑/年=500 英镑的潜在利润，利润增加 500 英镑。
- 在考虑到因客户关怀计划而形成的每年每位客户 20 英镑的附加支出之后的净效应是从每位新客户获得的终生盈利增加 100 英镑（原先为 10 年×50 英镑/年=500 英镑终生价值；现在为 20 年×50 英镑/年，减去每年 20 英镑的客户关怀计划成本=600 英镑）。
- 如果公司对维持一个稳定的业务量感到满意，它可以将它每年需要招徕的新客户减半，从 5 万个减少到 2.5 万个。在招徕每一位新客户的成本为 100 英镑的条件下，此举每年可以为公司节约 250 万英镑。

总的来说，在这些简单假设的基础之上，可以发现（以客户终生价值计算的）收益上升，（招徕新客户的）成本下降。

图 7–6 发展客户保有战略对一家银行的财务影响的示例

- 信息技术的发展对关系营销活动的展开具有显著影响。强大的用户友好型数据库的发展使各种组织能够在计算机里重新创建从前个人小企业所有者要装进脑子里面的东西。大型企业现在能够很快地甄别一位特定客户的身份，例如，能够知晓他以前的订货模式、对产品的偏好及其可赢利性。信息技术的发展也使公司能够通过普通直接邮件和电子邮件与客户展开个人对话（尽管有效地管理数据库会给服务组织带来很多问题）。在技术改进基础上的生产灵活性改善使许多制造商和服务组织设计独一无二的产品来满足个人客户而非范围更广的客户市场的需要。
- 由于日本制造企业的示范作用，准时化生产（JIT）在西方国家已经变得非常普遍。制造商将零部件的保有量维持在最小的数量往往是有道理的。如此，它占用的资金会更少，需要的储存空间会更小，存货过时的风险也会更小。因此，不是保有大量的零部件存货以备不时之需，制造商会自行安排"准时"为自己提供在生产过程中使用的零部件。汽车制造商收到多批零部件，然后在一个小时之内将它们组装进汽车的情形并非罕见。准时制要求供应商与客户之间展开多项合作，如果每一项交易必须单独地讨价还价的话，这将是很难实现的。某些形式的连续关系在二者之间的存在是必不可少的。尽管 JIT 基本上是制造部门的一个概念，但它却具有将制造部门和服务部门拉得更近的作用。JIT 意指生产系统的一个特点，在这样的生产系统中，如果零部件不能在正确的时间交付，制造能力变得即时易朽。服务业面对非常相似的易朽产出问题。在制造业范围内的 JIT 已经为组织物流的服务企业保证物料的准时交付提供了许多机会。
- 最后，有人评论说，强调一次一次的交易且每一次交易都要讨价还价在很大程度上与男性的征服和好胜心相联系。有大量广泛的研究文献探讨男性和女性之间存在的人格特质差异。这种差异的一个重要方面表现在男性和女性发展与他人关系的方式上，男性特质表现出侵略性和攻击性，而女性特质则与表达同情理解和通过妥协解决冲突相联系（巴瑞等[Barry]，1957）；迈尔斯—列维和施特恩塔尔[Meyers-Levy and Sternthal]，1991）；帕尔默和贝久[Palmer and Bejou]，1995）。在最近一项对银行客户进行的研究中发现，女性比男性的忠诚度要高得多（恩杜比什[Ndubisi]，2006）。依刻板的男性价值体系来判断，近来从战争冲突途径转向从合作途径研究商业交往似乎是一件新鲜事儿；但从女性价值体系来衡量，这却是一件很自然的事情。近年来，无论是作为商品和服务的买家还是卖家，女性在商业活动中都扮演了越来越重要的角色。尽管存在角色冲突的可能，但作为买家和卖家的女性有可能将各种价值观带到更具有关系性而非交易性的商业交往当中。

在餐馆就餐一辈子?

餐馆客户的终生价值为几何?第一次去餐馆吃饭的客户也许只会花上 20 英镑,但如果他们喜欢那里,他们在未来可能会花多少钱呢?每月在外面的餐馆吃一顿晚餐,五年的价值为 1200 英镑。如果客户高兴,他们可能会告诉自己的朋友。如果客户不高兴,他们甚至会告诉更多的朋友。因此,自然而然地,客户应该被视为一种投资,应该在长时间小心地培育客户。当事情出错的时候(例如,因为超额预订),多花一些钱为客户摆平事情(例如,承诺对客户以后用餐给予现金折扣)也许对餐馆有好处。以当前交易为基础来衡量,餐馆也许有了损失,但这一举动却保护了对未来收入流的投资。如所有投资一样,有些客户可能比其他客户更有价值。有人尝试建立预测模型计算一个客户可能有的终生价值(如莱纳茨和库玛[Reinartz and Kumar],2003),但这种建模很难实现可操作性。一家公司怎样决定哪一些客户是可以作为投资对象的优先关系客户?以期望从这一关系获得的未来利润来衡量,什么样的投资水平才是合理的?

发展买方—卖方关系的方法

通常有人使用生命周期理论中的原理尝试分析关系的发展。德怀尔、舒尔和奥(Dwyer,Schurr and Oh,1987)建立的关系理论模型将关系发展分为五个阶段——意识、探索、扩展、承诺和解除。模型表明,关系始于在探索阶段培养关系的重要性,这一阶段的特点是卖方会做出各种尝试以吸引其他方的注意。探索阶段包括每一方尝试讨价还价,并理解其他方所持有的权力、标准和期望的性质。如果这一阶段能够以满意结束,一个扩展阶段将随之而来。探索阶段的交往结果将为长期交往关系的合适性提供证明。关系的承诺阶段隐含着双方之间的关系存在某种程度的排他性,其结果是,针对替代关系的信息搜寻——如果有这种行为发生的话——会大大减少。解除阶段标志着这样一点,在该点买方与卖方意识到他们能够在关系之外更好地实现各自的目标。以下的研究证实了关系生命周期的存在性(帕尔默和贝久[Palmer and Bejou],1994)。

组织使用多种策略推动其客户走过关系发展的各个阶段:

- 只有在双方都意识到对方的存在而且双方都有进入交往型交易意愿的情形才会出现发展关系的可能性。在这一阶段,双方对形成长期关系的可能性可能持有不同的看法。供应商必须能够向潜在客户提供理由,即他们为什么应该表现出对其当前供应商的不忠。在某些情形下,一些组织会提供比较低的起步价格,从而给其他公司的不忠诚客户提供足够的转换供应商的激励。非价格相关的其他赢得客户注意的手段包括瞄准寻求建立关系的细分市场投放广告和直接寄送邮件。随着时间的推移,供应商将寻求向这一关系逐渐加入价值,从而令客户几乎受不到任何激励去寻求其他价格更低的解决方法。当然,卖方采取这一策略会碰到各种风险。也许很难识别总体客户中的某些成分并将其排除到关系邀请之外——这些成分可能在所建立的关系正开始变得对供应商有利可图的某一时点从关系中退出,从而表现出最大的不忠。

- 一旦进入某种关系,买方和卖方都会向对方做出一系列的承诺(格鲁诺斯[Grönroos],1989)。在关系的早期阶段,供应商的承诺会导致买方对实际交付的服务标准持有期望。许多关于服务质量的研究重点阐述了期望表现与实际表现之间的差距决定客户对质量的感知方式。感知到的服务质量是一个充满情感性承诺的关系得以发展的先决条件。

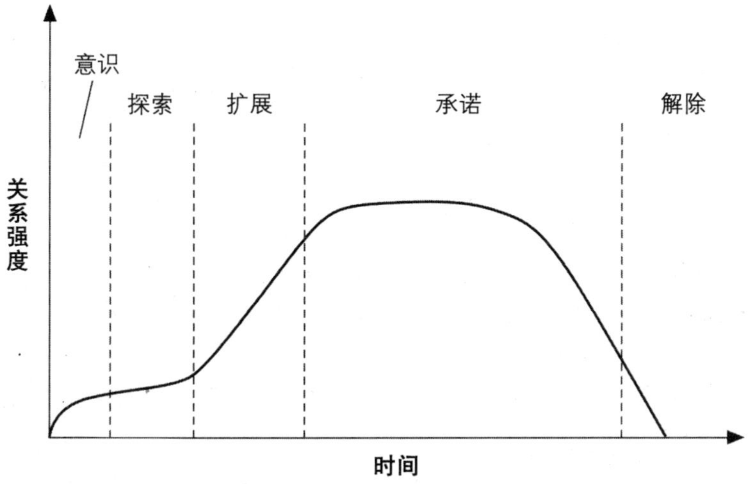

图 7-7　买方—卖方关系发展的各个阶段(based on Dwyer et al.,1987)

- 许多组织记录那些对于定制服务交付方式和评估其未来需求有用的客户的信息。这些信息可以用来建立一个数据库,客户通过它可以了解他们感兴趣的新产品的发展动向。我们将在本章后续部分继续讨论客户信息管理。
- 供应商通常给客户以经济激励,以奖励维持关系的行为。这些经济激励小到简单的可供未来减价购买商品或服务的现金优惠券,大到一些提供礼品和现金返还的激励计划——礼品和现金会在一段时期的末了依客户在该时期的支出比例回赠给客户。纯粹以经济手段为基础的激励也会产生一个问题,那就是,它们有可能对服务供应商实现从关系中获得更多价值的中心目标起反作用。发起一种关系是代价不菲的,组织因此会寻求在后续阶段通过提高价格水平以反映这一客户关系的价值而获得利益。此外,还存在购买者变得忠诚于经济激励而非忠诚于公司设计来推广的品牌的危险。一旦经济激励走到尽头,客户忠诚也许会迅速土崩瓦解。在一些情形,可以通过销售允许日后获得折扣的会员计划实现客户与供应商之间更紧密的结合,许多健身房会员计划即属此列。投资于一个会员计划之后,客户有可能为自己利用这一计划提供合理的解释,不至于把自己的生意转移到别的地方去。

In order to keep our records up to date please fill in all the following details and tick all relevant boxes. (Please use block capitals.)

Are you the travel arranger? Yes ☐ No ☐
Are you the traveller? Yes ☐ No ☐
What is the purpose of your trip? Business ☐ Leisure ☐

PLEASE FILL IN YOUR 3 MOST FREQUENT JOURNEYS AND TICK THE RELEVANT BOXES

UK DEPARTURE AIRPORT	DESTINATION AIRPORT	FREQUENCY	CLASS
1.		☐ 1–5 times ☐ 5–15 times ☐ above 15	☐ Economy ☐ Business ☐ First Class
2.		☐ 1–5 times ☐ 5–15 times ☐ above 15	☐ Economy ☐ Business ☐ First Class
3.		☐ 1–5 times ☐ 5–15 times ☐ above 15	☐ Economy ☐ Business ☐ First Class

NAME:

POSITION:

COMPANY:

ADDRESS: HOME/WORK*

POSTCODE

TELEPHONE NO.

*PLEASE DELETE AS APPROPRIATE

OCCASIONALLY WE MAY PASS YOUR DETAILS ON TO OTHER COMPANIES IN THE TRAVEL INDUSTRY. PLEASE TICK THIS BOX IF YOU DO NOT WISH TO BE INCLUDED IN THESE MAILERS ☐

Birmingham International Airport

BIA 11.97

图 7–8 伯明翰国际机场使用信息询问的机会建立客户轮廓图形。与所有在欧盟运营的公司一样,机场被要求在将受调查者的个人细节用于其他目的之前获得他们的同意。那些同意接受进一步信息的人会收到一个季度杂志,杂志上载有与机场提供的新服务有关的信息。机场还使用读者调查和读者竞赛进一步建立机场使用者廓形。(重印经伯明翰国际机场有限公司许可)

- 有些公司不是通过提供价格折扣,而是通过提供其他非经济激励来增加关系的价值。公司必须问"客户为什么要与我们建立关系?"这样一个问题。对这一问题的回答是:要想一个关系可持续,必须增加客户所感知的价值。这一价值可以通过以下几种方式体现:

  ——使服务的再定购更容易。可以保留与客户的个人偏好有关的信息,以便将来客户请求服务的时候能够针对其需要为他们量身定制。这样的话,一家为公司客户预订食宿服务的旅行代理可以在客户先前交易中表现的偏好的基础上选择酒店。通过提供更为个性化的服务,旅行代理在给这一关系增加价值,因而也就增加了客户改换其他旅行代理可能发生的交易成本。类似地,许多酒店记录客户的个人信息细节和偏好,以便加快办理入住手续的进程。

  ——向愿意进入某种正式关系的客户提供特权。例如,许多零售商为持卡客户举办特别的预演活动,并向他们免费邮寄商店杂志。

  ——发展联合解决问题的能力。例如,一家汽车修理店可能会努力弄清楚客户寻求解决的问题到底是什么,而不是让客户去指出要求做的工作。这种联合解决问题的做法要求在双方之间建立相当高的信任度。

- 有时通过创建将买方与卖方捆绑在一起的结构性关联来实现建立客户忠诚度的中期尝试。滕布尔和威尔逊(Turnbull and Wilson,1989)定义了结构性关联:在关系终止时或因为关系伙伴转换的复杂性和转换成本而难于终止关系时形成的不能收回的投资。买方与卖方之间的结构性关联具有通过创造退出壁垒实施相互捆绑的效应,尽管这一联系可能是不对称的。将买方捆绑到卖方身上的一条途径是设计服务以使得转投其他供应商会涉及重大的转换成本。在商业银行部门,银行提高其客户保有率的一个手段是增加转换成本,如对提前结束长期抵押贷款的行动施以罚金。航空公司的飞行常客计划具有类似的效果,凭借放弃忠诚奖励而创造的机会成本,它可以使得竞争对手航空公司的成本看上去更加高昂。如果捆绑过程是通过一个相互奖励的合作、相互依存和共担风险的过程而实现,双方的关系有可能表现出更大的稳定性和耐久性。
- 有些公司使用的一个策略是通过尝试将一次性的服务交付转换为连续交付来建立关系。因此,提供旅行保险的公司通常鼓励客户购买一整年的保险而非每次出国旅行购买一份保险。
- 在客户将相当一部分识别自己需要的责任委派给另一家公司的情形,可以发展一种更为深入的关系。如此一来,汽车供应商可以尝试实现一种转换,将提供一系列由客户发起的一次性服务转换为为客户的汽车维护保养负全部责任,包括诊断问题和发起例行服务预约。
- 在竞争性市场,客户满意度是保证购买者重复购买最有把握的方式。取得高水平的满意度要求组织内部的所有职能部门都付出以客户为中心的努力。不能简单地将发展关系的任务留给关系经理。我们可以从许多著名的例子中看到,一些公司并没有发展出任何明确的关系营销计划,却赢得了客户的高度称许。
- 即使是一些服务标准显然较差的公司也可以通过索要低价格获得高水平的回头生意。诸如易捷航空和瑞安航空之类的航空公司培育了价格敏感客户的强烈忠诚,这些客户认为,总服务要约(订票便利、飞行时间、目的地范围和可靠性等)作为对其支付的价格的交换是可接受的。这里的风险在于,竞争对手也可能以类似的低价格进入市场,却提供更高水平的服务。这时候客户依然还会忠心耿耿吗?
- 在某些情形,关系的焦点与其说是客户,不如说是资产。在诸如工业设备和汽车之类的高质量、高寿命资产的情形,一些公司也许会对施加于资产的所有服务保持一份记录。当一项资产转手且资产的新所有者能够接触到它的完整服务记录的时候,这种做法的好处自不待说。价值增值以客户取得的更高转售价值的形式实现。

7.5 客户忠诚

关系发展过程的结果应该是忠诚的(和能够带来盈利的)客户。但如同关系营销这一概念本身的遭遇一样，关于客户忠诚到底指什么这一问题也存在诸多争议和理解上的混乱。

《牛津英语词典》将“忠诚”定义为“忠实、对……尽责”的状态。然而,屡见不鲜的是,客户的重复性行为却被人们简单地混淆为上面所定义的忠诚。重复性购买行为也许是某种市场结构的结果,在这类市场结构中,购买者发现自己没有太多的选择,或者所提供的选择只能在中断与某供应商当前联系的情形下以很高的成本获得。在很多市场中,有些细分市场的反复购买行为可能是惰性使然，要不然就是因为缺乏对可获得替代选项的意识。受这种惰性影响的客户的忠诚与那些强烈支持某产品并且觉得对它有情感依恋的客户的忠诚大不相同。成为某公司的热心宣传者便可以说是达到了“忠诚阶梯”的顶点(参见图 7-9)。

迪克和巴苏(Dick and Basu,1994)发展了相对态度的理念,并以之作为忠诚度架构的理论基础。相对态度是指“一种相比潜在选项更高的嘉许性态度”(迪克和巴苏[Dick and Basu],1994,第 100 页)。他们指出,忠诚度既可以通过对一个品牌更具有嘉许意味的态度(与其他可能有的态度相比)也可以通过重复购买行为来证明。按照他们的分析,低的相对态度与低的重复购买表明缺乏忠诚，而低的相对态度与高的重复购买表明一种“伪”忠诚。对服务提供商的满意度可以被视为相对态度的前提,因为,如果没有满意,与其他可能有的态度相比,客户将不会持有对服务提供商的嘉许态度。

忠诚计划和盈利能力

客户忠诚说的远不止是忠诚计划(loyalty programmes),这一术语近年来在许多服务

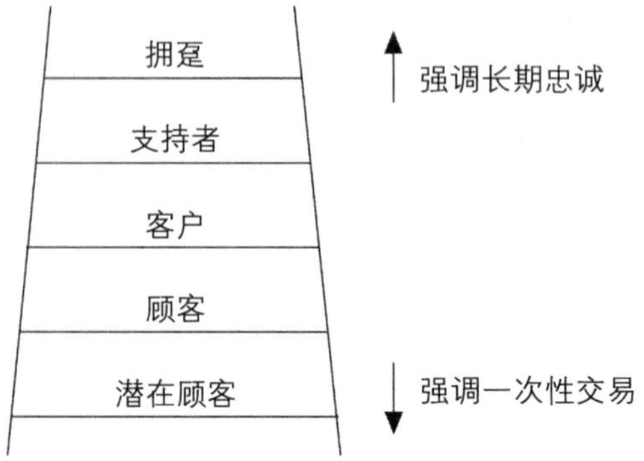

图 7-9 客户忠诚度阶梯(从克里斯托弗[Christopher]等改编,1991)

交通阻塞下会有忠诚吗?

客户反复到某公司购买并不一定意味着他们忠诚于该公司。这一观点产生于——半开玩笑的——英国航空公司(BA)与英国维珍航空公司之间的一段持续口水战。后者曾对BA使用广告语"全世界喜爱的航空公司"反唇相讥。从统计资料来看,随英国航空公司做国际旅行的乘客多于任何其他航空公司。但对航空公司使用者的各种调查中,感知到的服务质量无一例外地将维珍排在BA之前。维珍的理查德·布兰森宣称,按照BA的逻辑,M25——全伦敦声名狼藉的环行快速路——可以被描述为"全世界喜爱的高速公路"。尽管日复一日回到这条高速公路上来,但很少有驾车人会说自己忠诚于它——他们只不过是别无选择。

BA与维珍之间的口角,强调了这样的观点:忠诚涉及的远不止是反复购买。真正的忠诚要求客户成为公司的热情拥趸。

部门公司甚为流行。许多忠诚计划向不忠诚的品牌转换者提供短期激励,就这一点而论,可以将它们视为经典的销售促进活动。有人注意到,大部分销售促进活动从效果来看都是短期的,实际上对发展强大品牌的长期任务具有破坏作用(奥布莱恩和琼斯[O'Brien and Jones],1995)。有证据表明,销售促进活动通过鼓励品牌转换可以为公司带来短期销售增加。在制成品生产企业的情形,这也许会促进客户购买,进而导致库存下降。在服务的情形,不存在保有库存的问题,但被一家公司的服务所吸引的不忠诚品牌转换者也许很容易又被竞争对手的激励吸引过去。

忠诚计划的一个重要目标是延伸客户与公司的关系寿命,从而增加公司客户的终生盈利能力。不幸的是,很难衡量忠诚计划的有效性。衡量忠诚计划的绩效理论上的困难在于很难将一个包含忠诚计划的营销计划与一个不包含忠诚计划的营销计划相比较。有些公司尝试通过截面数据比较那些除了忠诚计划的有无之外在其他方面均相似的服务网点的销售表现。很少见到正式发表的关于忠诚计划有效性的长期研究。

在任何给定产业部门,成为第一家提供忠诚计划的公司通常会获得可观利益。不过,尽管一个部门的先行者也许可以引入激励计划,并获得额外从竞争对手那里分流出来的有利可图的业务,但激励也可能迅速成为购买者们都期待的部门标准(吉尔伯特和卡拉比耶钦[Gilbert and Karabeyekian],1995)。忠诚计划可能无法为公司带来长期战略优势,因为它们容易为竞争对手所复制。有证据表明,一旦一个部门的创新者引入忠诚计划,竞争对手们很快就会照着它的样子去做。

很难评估忠诚计划有效性的一个进一步原因是,公司获得的主要利益之一只是计划带给它们的数据。对于许多公司而言,忠诚计划代表着一个划算地收集与消费者行为

图 7–10 布茨(Boots)是许多向报名加入其忠诚计划的客户提供各种利益的零售商之一。布茨面临的一项挑战是鼓励每天光顾其门店的顾客在店内花更多的钱。因此,要诱惑顾客去买的不只是一瓶洗发液,还应该有三明治、照相机或新眼镜,不可以让他们投向竞争对手的怀抱。一张忠诚卡会诱惑客户将其总支出的大部分花在公司,尤其是在奖励被视为很可观的情形。不过,忠诚计划给像布茨这样的公司的最大好处是使之获得对客户购物行为更深刻的理解。它再不必将营销计划简单地建立在收入分析的基础上;现在,它可以理解个人随时间而发展的购买模式。它还可以将在销售点收集到的数据与持卡人提供的其他人口统计学数据相关联。尽管某些零售商将忠诚计划看作加重公司运营成本的骗人把戏打发掉,但许多其他公司却持这样的观点:涉及的额外运营成本只不过是为获得丰富数据付出的一点小小代价罢了。

有关的纵向数据的方式,尤其在他们能够将这些数据与客户的人口统计信息相关联的情形。上一章给出了零售商特易购的例子,这家公司使用数据挖掘技术识别啤酒销售与尿布销售之间的联系。单单只通过分析公司收入可能很难获得这一知识,但通过分析一段时间内不同店面以及不同类别客户的数据却可以获得这一认识。

对照公司获得的这些利益,一些客户越来越多地认识到允许他人收集如此之多与自己相关的数据的隐私含意。尽管大部分客户很乐于获取某些奖励,并不关心个人隐私问题,或者根本就没有意识到别人收集到的与他们相关的数据量,但仍然有许多客户会因为需要给出关于自己的信息而不去使用忠诚计划。

客户忠诚的挑战

在发展客户忠诚方面,服务提供商会面临好几项挑战:

- 在客户不存在进一步购买公司能够供应的产品类别的基本需求的情形,对忠诚的追求也许是不切实际的。在极端情形,一家小规模公司也许更能满足某些购买者的好奇心,对于这样的购买者来说,第二次购买很少有其原有的价值——新奇性。这一现象常见于许多旅游相关企业的具有象征意义而非美学意义的旅游目的地(例如,很多一生做一次宗教性朝拜的人很少有动力做第二次朝拜)。尽管拥有多种产品且产品覆盖不同地域的公司也许可以对客户最初的新奇性接触心存指望,但在这一类情形,可以为小公司所利用的建立关系的机会却非常有限。
- 在许多消费品市场,购买者变得越来越自信,他们对持续信任关系的需要被立法所降低,这些立法能够降低与从先前不熟悉的来源购买产品和服务相关的风险。在英国,就投资者赔偿基金所制定的法律减少了投资者依赖他们所信任的中间商的必要性。法律减少了糟糕关系被建立起来的机会,并且提供了赔偿因中间商的失败而遭受损失的投资者的方法,这也对更广的交易范围形成鼓励。
- 大型企业和政府机构所采用的正规化购买流程也许会妨碍发展以社会联系为基础的持续关系。严格规定的供应商—买方关系以及在规定期限再提交合同以供招标的要求,缩小了可以在一个常规竞标系统内发展以社会为基础的持续关系的范围。有人认为,这种“一分钱一分货”的行事理念强调了成本的减少,但牺牲掉了更具有定性特点的效率和效用衡量指标。
- 许多与关系营销相关的文献聚焦于供应商发展关系的需要(如戴伊和温斯利[Day and Wensley,1983];韦伯斯特[Webster],1992),却忽视了对买方是否需要发展持续关系的研究。客户对供应商的关系承诺意味着机会出现时,客户必须放弃这些机会。买方也许会有意寻求建立供应商组合以减小对供应商的依赖风险。
- 最近IT领域的一些发展强调,生产者在私人性质买方—卖方关系中取得不对称影响地位可以获得的好处。随着进一步发展,IT正在强化私人客户置持续关系于不顾从多种来源组织购买活动的意愿和能力。例如,当客户的汽车保险到期需要更新的时候,互联网越来越多地允许他们方便快速地搜索最便宜的报价,从而减少纯粹出于惰性安排保险更新的几率。
- 个人的最优刺激水平各不相同,这就意味着与那些寻求安全感和持续关系的可预测人群相比,某些人比其他人有追求更多品种的倾向或冒险的倾向。有证据表明人口统计特征对客户忠诚度存在影响。在一项针对牙医、理发师和旅行社客户的研究中,有人发现老年组表现出的行为与年轻人组成的对照组比起来要忠诚得多。此外,人们还发现老年客户与年轻客户相比有着不同的恪守忠诚的激励(社会利益、特别待遇和自信心)(帕特森[Patterson],2007)。

- 对于企业来说,最有回报的客户关系产生于创造情感忠诚的投资而非短期以经济手段为基础的激励。在成本领先地位很重要的市场上,过度使用经济激励创造忠诚也许会使企业处于成本劣势地位,到头来得不到基本的客户忠诚。尽管某个部门的先行者可能引入激励计划并因此获得额外从竞争对手那里分流出来的有利可图的业务,但忠诚激励可能迅速成为客户都期待的部门标准做法。航空公司飞行常客计划的案例讲述了一个始于20世纪80年代的发展周期,当时,第一批发起这类计划的公司都获得了经济上的好处。到20世纪80年代末期,飞行常客计划的使用变得更加普遍,其经济利益也变得聊胜于无。到20世纪90年代,许多大型航空公司都建立了这一计划,但由这一工具产生的优势却微乎其微(吉尔伯特和卡拉比耶钦[Gilbert and Karabeyekian],1995)。飞行常客计划成为许多商务旅行者期望中的一部分,为航空公司带来沉重的经济损失。与此同时,与提供飞行常客忠诚计划的许多全面服务型竞争对手相比,如瑞安航空这样"无虚饰"的航空公司虽然并不提供忠诚计划,却取得了快速的成长和更高水平的盈利。
- 发展客户忠诚的计划也许会激励那些有资格获得奖励的客户,但它也许会令那些没有资格者失去激励。有报道说,有些杂货零售商考虑为高利润客户增设等候队列更短的快速结账付款通道,这与航空公司设立专供商务舱乘客使用的办理乘机手续区域的做法相似。但它对那些没有资格使用快速结账付款通道的杂货店购物者的负面作用也许会大于对那些有资格者的激励作用。

关系破裂

买方—卖方关系也许会因为多种原因破裂。前面曾经谈到,在某些情形,客户被认定不具有提供长期利润的潜力,服务供应商也许会积极地寻求中断关系。在其他情形,从关系中脱离的也许是客户。有时,客户的离去有好的外在理由。例如,如果某航空公司停止其在当地机场的服务,或者,如果客户将住宅搬迁到航空公司不为之提供服务的另一个区域,航空公司的客户也许会中断与该公司的关系。对于某些类别的产品,当客户不再需要这类产品且当供应商没有提出任何也许可以满足客户变化的需求的新服务建议的时候,关系也会终止。当一位客户死亡或一家公司关门大吉的时候,许多关系也就走到了尽头。

对于买方对关系的承诺中断与更大竞争和替代供应商的可获得性相联系的情形,

营销人员应该表现出更大的关注。竞争是检验真正客户忠诚度的试金石。对客户忠诚的另一项挑战来源于服务失败。客户感知的服务际遇的失败多种多样,包括服务的可获得性、服务速度慢以及交付中的错误(比特纳等[Bitner],1990)。当供应商不能履行承诺的时候,作为一种关系支持基础的信任就会遭到破坏。借助一个补救过程,服务失败可以转化为培育更强客户对供应商态度的正面行动(哈特[Hart]等,1990)。服务失败可能在客户与供应商关系的任何阶段发生。有人认为,在客户与供应商关系早期发生的失败比在关系后期发生的失败更具不利影响,因为客户没有太多的成功服务体验来平衡这一失败感受(博尔丁[Boulding]等,1993)。以冲突解决文献为基础,有研究表明,关系的存在可以缓和争议对关系伙伴态度的影响(考夫曼和斯特恩[Kaufmann and Stern],1992)。

公司往往会花大力气寻找客户为什么要脱离关系的原因,但要找到客户脱离关系的真正原因需要使用多种研究方法。在一项针对澳大利亚和新西兰银行客户的研究中,客户转换银行的原因被归于三个主要问题区域:服务失败、定价问题和拒绝服务。研究结果表明,定价问题对转换行为具有最重要的影响。与此相对照,客户在从一家公司退出之前倾向于更多地投诉服务失败。这一发现表明,客户对于关系到它们离开银行与否的决策的最重要问题一般会保持一段时间的沉默(柯尔盖特和赫奇[Colgate and Hedge],2001)。这就进一步强化了第3章所提出的观点,服务组织应该在仍有可能扭转局势的时候更多地注意收集客户对服务交付的投诉,不可以轻易允许客户离去。

7.6 管理客户信息

不管发展关系是出于什么原因,建立和维持关系的重要部分都是借助所掌握的与客户有关的信息实现的。一家小企业的所有者——如小店主或小招待所的所有者——可能有能力将所有需要的信息都装在自己的脑子里,从而实现关系的高质量。但在大型服务组织中,与个人客户有关的信息都必须共享,以便——举例来说——一个酒店连锁的客户与其中一家连锁酒店打交道或与酒店预订处打交道的时候,能够很容易地找到自己的个人资料。他们应该不需要每次去解释自己对一个无烟房间的偏好,或每次让人问到他们的忠诚计划。

我们也许熟悉这样的一些公司,在那里知识似乎非常贫乏——酒店预订被弄混、交付不按规定时间、发一些谁都不感兴趣的垃圾邮件。另一方面,客户也许会对一家在正确时间交付正确服务并清楚地表明它熟知交易所有方面的公司心存眷恋。小企业所有者也许能够用他的大脑做到所有这一切,但在大型组织中,知识管理的任务变得复杂得多。在这一工作做得很好的时候,它会成为一项对公司的可持续性竞争优势的重大贡献。

随着服务组织在规模上的成长以及客户对完美服务交付的期望越来越高,管理与客户有关的信息变得越来越复杂。不幸的是，有些公司大把地在处理客户信息的 IT 系统上进行投资，却发现信息实际上可能在阻碍而非促进创造更为有效的客户关系进程，这样的案例并非罕见。在许多组织中存在着很多互不连接的数据库和客户服务系统。一位客户也许会先通过免费服务电话做一个初步询价，然后通过公司内部的另一个系统下订单，而后者却未与初步询价系统相连接。一些公司的迅速成长、公司信息技术政策上的变化、公司并购或分拆等等已经导致信息系统的不相连接成为一个并非罕见的现象。

客户关系管理（CRM）已经成为描述一个寻求联接公司的各种以客户为中心的信息系统与跟踪服务单个客户整个关系生命周期的过程的通用术语。许多公司提供实现综合信息管理的技术解决方案。但如果管理不能给领导者创造和提供一种与综合系统相宜的文化，技术将变得毫无价值。

客户关系管理有许多定义，它们反映不同企业 CRM 的不同范围。我们在这里将它定义为：

> 组织用来整合所有客户信息来源，以便组织能够以更高的效率和效能满足客户的需要的系统和过程。

定义有各种变体的原因在于，不同组织也许会对 CRM 的不同组成部分给予不同的关注。CRM 的基本组成部分可以描述为：

- 数据收集和管理；
- 客户分析和描绘；
- 电脑辅助的销售支持；
- 客户信息和服务。

当然，这些组成部分并不是相互排斥的，它们将构成以下讨论的基础。

数据收集和管理

与客户相关的知识可以分为两个不同的类别：

- 易于定义且易于获得的知识往往称为“显性”知识。这类知识很容易量化，容易以语言和数字的形式在个人之间转移。由于易于传递，可以在客户关系管理系统范围内相对容易地管理这类知识。
- 第二类知识由个人所积累的知识和智慧组成，为非显性的知识；不过，这类知识对于组织的成功运行仍然很重要。这类知识往往称为“隐性”知识，既不容易看到，也不容易表达，是一种高度个人化的知识，植根于个人的经验、态度、价值观

图7-11 客户关系管理的组成部分

和行为模式之中。隐性知识很难形式化,也很难在组织内部传播。如果能够掌握和调动隐性知识并将其转化为显性知识,它就可以供组织内部的其他人使用,从而促进组织的进步,组织内的个人也就不必再从同一起点重新学习。小型企业的所有者会将所有这些信息存放在自己的大脑中随时备用。许多大型公司面对的挑战便是如何仿效小型企业所有者的知识管理。

在20世纪90年代,一个以客户信息管理为基础的全新服务产业开始形成。关注的焦点自然而然始于对显性数据的研究,有时研究中会尽力纳入一些隐性知识。一家公司有可能从几个来源构建数据库,这些来源包括公司自己的交易记录、从专业服务提供商购入的数据清单和购入的数据库服务。

客户可能从潜在客户便开始启动其与组织交往的生命史。尽管CRM基本上研究的是保持与客户的持续关系,但必须记住,首先要解决的问题是取得客户。要建立潜在客户的数据库,一家公司通常会购买提供数据库管理服务的专业公司的服务。益百利是一家数据库管理服务供应商,它以以下来源为基础(也有其他来源)编写了英国消费者和企业的数据库:

- 选民册,其中列出了4200多万成人;
- 由630家公司股份登记处获得的投资者数据,其中包括850万名个人投资者;
- 由持续进行和临时的各种调查获得的生活方式数据,由此建立生活方式和产品购买数据;
- 包含有诸如价值、区位、规模之类的商业资产和住房资产细节的家庭数据;
- 1400万个人的电话数据,电话号码与住址相匹配;
- 县级法院的判决书。

一家公司客户可以精选或合并这些数据清单以形成自己的数据库。非常重要的是,在一家公司所持有的数据清单上应该排除掉那些重复的名字、不愿意与公司联系或公司不应该与之联系的人的名字。

从这份购买到的清单上,公司将选择一定的潜在客户作为服务要约的目标。下一项任务便是收集和记录与那些继续询价的潜在客户或已经成为客户的人有关的信息。首先，要捕获对一个初步销售报价的响应也许会很容易；但一个好的数据库应该不断捕获客户与组织之间的所有“接触点”传来的信息。这些信息一般会来自：

- 通过邮件、电话或互联网发来的订单；
- 通过支票、备用汇票或信用卡付款方式给出的信息；
- 通过邮件、电话或互联网发来的进一步服务的询价；
- 客户的评价或投诉；
- 客户填写的问卷调查表给出的信息。

公司在收集直接由客户而来的信息的同时也可以购买与客户有关的辅助信息。至少，公司会希望获得辅助的人口统计学数据（例如，客户在首次订货时也许没有说明他们的读报习惯和他们是否有子女——这一信息也许可以直接从客户那里获得，或者从其他公司购买）。公司也许可能定期购买个人信用数据以及其他生活方式数据。

一家公司应该收集多少与客户有关的数据？必须在收集数据的成本和不便与由此得到的好处之间权衡取舍。确实值得在潜在客户初次造访时就向他们提出各种问题吗？减慢接受客户订单的过程是否会增加成本？信息果真能够用来改善销售和服务交付从而增加盈利吗？这一信息对于保证正确判断潜在客户的需要是不是很重要——而潜在客户的需要对于长期关系的发展却是极其重要的？

数据库的合并和更新的确是一项非常复杂的任务，尤其是在公司有多个通道供客户进入的情形。例如，发现电话销售和网络销售数据库互不连接的情形相当普遍。在公司经历过并购的情形，数据库连接的问题尤其突出，并购之后得到的“遗留”系统相互之间并不能很好地兼容。有报道说，当劳埃德银行与信托储蓄银行合并的时候，两家银行的客户数据库实现有效整合所花的时间超过了两年。

客户分析和描绘

要有效地满足客户需求，清楚了解个人客户的需求是必不可少的。成功客户关系管理的关键是分析数据以制订各种购买者行为模型。一个发达的数据库存放的单个客户信息条数非常巨大。根据研究公司嘉特纳的研究，一家银行掌握的每一位客户的信息一般有 1000 条。从先前销售中收集到很多数据之后，一个公司可以识别与销售成功以及有利可图的客户关系有关系的变量。分析者们在识别因果关系方面不再受简单的相关与回归分析技术的局限。使用诸如“模糊逻辑”之类的技术可以找出数据中存在的在一开始并未期望的模式。你也许还记得在第 6 章提到过的案例：特易购公司以购物篮分析和忠诚卡信息为基础使用数据挖掘技术识别啤酒销售与尿布销售之间的联系。当建立起模型在一天以及一个星期之中的某个特定时间考察特定店面的时候，最初的相关关系变得越发明显。

在公司拥有大型客户数据库的情形，它可以进一步通过试验精炼模型。它一般可以向两个或更多的数据库子样本提供几种不同的服务问题，这些子样本依人口统计学特征而论也许会非常相似。公司将监测每一样本组对提供给它的每一服务要约的反应。它至少可以记录客户是否会发出询价以响应服务要约。它也可以记录客户是否下了订单；并且，作为试验框架的一部分，它还可以继续记录客户是否继续从公司购买进一步服务。在以数据库子样本做试验的基础上，公司也许可以针对数据库中满足某些规定标准的每一个人设计出最成功的服务要约。

客户描绘更不止是生成销售机会或向现有客户交叉销售附加服务。客户描绘通常用来分析：

- *单个客户或客户群体的当前盈利能力*。许多服务公司以盈利能力为基础将其客户分成不同类别（例如，众所周知，英国银行将那些毫无长期价值可言的细分市场称为"柠檬"，而将那些提供更好盈利前景的细分市场称为"桃"或"梅"）。
- *以客户寿命模型为基础的单一客户终生期望价值*。有时各种模型只能为未来盈利能力描绘大致图景，比方说，银行会对一般学生客户和特定医科学生进行识别，后者接下来有可能成为其最有盈利前景的客户。在表明存在未来终生利润的情形，一家服务公司也许会认为值得承受短期损失（就像银行通常处理学生银行账户的情形一样）。
- *服务失败的来源*。这些也是可识别的，通过分析，可以弄清楚失败是否与特定类型的客户相联系。
- *客户即将离公司而去的早期警示迹象*。可以建立模型来识别这些迹象。银行客户突然开始使用银行竞争对手的自动取款机了吗？他们向竞争的金融服务提供商申请贷款了吗？这些也许是客户有可能离去的信号，如果能够及时发现这些迹象，银行也许可以采取可能减少客户离去几率的行动（如提供促销以奖励客户忠诚）。
- *哪些客户应该"退出"*？以盈利能力分析为基础，公司也可以识别这些客户。许多公司会有这样一个客户市场，它们产生服务成本却又不能生成足够的收益以获得盈利。不过，公司必须谨慎行事，避免离开那些有潜力实现盈利、但这种盈利潜力却还没有实现的客户。再说一次，一个设计良好的模型应该能够针对哪些客户具有长期盈利潜力实现改进的多变量预测。

电脑辅助的销售支持

当客户数据库能够为公司销售团队所及时，他们有可能大大增进其绩效表现。对于涉及企业对企业服务的公司来说，数据库中也许保存有诸如产品清单、规格、可获得性以及定价详细资料之类的信息。客户和潜在客户的详细资料也许包含购买者详细资料、联系人详细资料、当前报价、订单状况、之前购买情况、安装的设备以及向竞争对手购买的项目等。它也可以在数据库中储存竞争对手的有关信息,从而使现场销售人员能够在最需要的时候直接获得这些信息，而不是把信息隐藏在中央储存的文件中让员工无法获得。除了改善销售人员的生产力之外,数据库也可以改进生成销售机会的质量。

客户信息和服务

客户与潜在客户希望与服务供应商接触的原因有很多。公司需要针对它们就以下事项发出的任何问询做出响应:账单(公用事业);对账单(银行);在偿贷款额(金融公司);调整的月度投资(养老金公司);技术问题(互联网服务提供商);可获得性(打包度假计划);或时刻表(航班)。客户现在期望建议和信息能够通过电话、传真、电子邮件或互联网即刻提供。客户越来越期望能够在一个联系点获得所有信息,不用从一个部门转向另一个部门,以及从一个不知名的人转向另一个人,而后者只模糊地承诺会通过电话回复。

客户援助热线也是许多服务公司提供的一项重要服务特征。数据库和通过计算机连接的电话系统现在为许多公司提供以迅速的、信息灵通的方式直接与客户打交道的机会。公司通常使用援助热线了解服务失败的原因,并且,在不满意的客户将服务失败经历告诉给他们的朋友之前,极力挽回不良影响。

建立呼叫中心本身已经成为一项主要的服务活动，大大小小的呼叫中心运营商向银行、航空公司、保险公司、电话运营商以及其他企业提供外包支持。专业型公司有能力了解最新呼叫中心技术并为之投资,从而满足客户对灵活性的需要。2006 年 12 月在伯明翰举办的英国呼叫中心博览会上，有 150 多家呼叫中心服务供应商为这一服务做了促销。

主题思考:CRM = 公民关系管理

CRM 并不只是私人部门服务提供商的专属品。在公共部门，人们开始用 CRM 来指代“公民关系管理”(Citizen Relationship Management)。在英国,中央政府已经为 CRM 国家计划提供基金,以促进和推广地方政府在 CRM 方面的最佳做法。据估计,截至 2004 年底,英国 388 个地方管理机构中大约有 170 个机构在实施某种形式的 CRM(莫兰[Moran],2004)。

公共部门正在借助私人部门的经验来帮助管理自己所拥有的关系;不过,在地方管理机构一般提供的不同服务高达 700 多种、远远多于大多数公司提供的服务的情形下，任何 CRM 项目都有可能极其复杂且代价高昂。从私人部门的 CRM 可以获得的教训之一便是“大爆炸”式的计划实施方式可能是极其有问题的。因此，许多地方管理机构认识到需要引入CRM工具，并偏向于采取一种渐进式做法。一些地方管理机构倾向于使用一两种要么是广而不深、要么是深而不广的基本做法来实施CRM。按照第一种做法，一个联系中心将提供单一的接入点，该接入点将呼叫者与地方管理机构所能提供的所有服务相连接。通过分析所有打入的电话，管理机构可以知晓它所接到的询问类型，并相应地配置资源。通过识别整合的首选对象，它也有助于为未来CRM系统的全面展开制订计划。按照“深而不广”的做法，地方管理机构可以先从小范围的服务做起，然后，随着每一过程被纳入CRM系统，逐渐一个一个地扩大服务范围。

已经从整合中尝到好处的陶尔哈姆莱茨伦敦自治市是地方管理机构实施CRM的早期样板。举例来说，陶尔哈姆莱茨宣称，通过将自治市的垃圾收集承包商与CRM系统相连接，特殊垃圾的收集总量增加了20%，垃圾倾倒和非法垃圾倾倒两者都比从前减少。市议会宣称，自启动CRM项目以来，表示对市议会服务满意的人数有了可观增加，在2004年，陶尔哈姆莱茨依客户满意度而论跻身表现最好的市议会之列。

然而，就像一些私人部门公司所发现的那样，呼叫中心不仅会增加需求，而且还会提升使用者的期望。要满足这些期望，必须有效地整合后台管理系统。许多私人部门公司发现，这是一项很难做的工作，系统整合和流程的改变占了CRM实施总成本的30%~50%。在公共部门，服务范围的多样化程度一般要高得多，因此，整合“遗留”系统和更新流程的成本可能要大得多。一家由利物浦市议会与BT组成的合资企业利物浦直通车，承担了一项最为雄心勃勃的整合项目。这一项目要求将500个数据库整合为一个集中的系统，为一个每月处理16万次呼叫、拥有225个座位的呼叫中心的员工提供一个单一信息源。在项目实施之后，市议会宣称一次电话联系就可解决90%的咨询问题。

据报道，在私人部门，四分之三的CRM系统都是失败的；那么，地方管理机构凭什么指望会比这做得更好呢？计算机化项目中的许多成本超额现象都与政府有关——那么，为什么地方管理机构的CRM项目就会不一样呢？有多少地方管理机构的主管官员有能力突破传统的部门界线来为公民创造集中的资源，并且仍然能够就在一个物有所值且满足公民期望的系统上的支出对民选议员负责呢？

客户关系管理面临的挑战

客户关系管理（CRM）从理论上来看是一个不错的主意，但不幸的是，它在实践当中往往收不到应有的效果。有报告表明，四分之三的CRM系统一般不能实现所承诺的客户信息整合（如赫尔维格[Hellweg]，2002；卡尔[Kale]，2004）。在一项Inforte公司（2002）针对爱尔兰的总裁进行的研究中，大部分接受调查者表示对他们的CRM系统感到失望。20%的人报告说，他们的CRM举措不仅没有能够导致有利可图的成长，而且在实际上反倒破坏了客户关系。许多公司甚至认为，他们的 CRM 收集到的大量数据并不能改善他们与客户的关系。有许多报告表明，实施客户关系管理并不能实现关系的利益。有人指出，一些公司使用关系战略反倒导致客户信任度的下降。奥玛利和普罗瑟罗指出，有三个主要领域——公司使用的关系语言、客户关怀与忠诚度计划背后的动机以及被认为是侵犯人的、不可接受的营销技术的使用——值得关注。如此一来，人们便认为与采用关系营销策略之前相比，关系营销具有始料未及的使客户更加不信任组织的后果（奥玛利和普罗瑟罗[O'Malley and Prothero]，2004）。这些研究者们指出，客户关系管理阻碍而非促进了客户对品牌的欣赏。

许多 CRM 系统的明显失败提醒我们，CRM 并不只是一项通过在公司安装软件而获得的技术解决方案。CRM 与整个思维方式的变革相关，在这一变革之中，整个组织变为以客户为中心，将关注的焦点指向客户不断发展着的需要，正如小店主所能够做到的那样。由于无法整合诸如销售自动化、数据挖掘工具以及一些商业应用软件之类的独立应用软件，甚至连 CRM 技术的整合在许多公司也失败了。没有这样的整合，CRM 有可能既无效用（不能提供客户所需要的东西），又无效率（以对公司而言超出必要的更高成本提供给定客户服务水平）。在一项针对澳大利亚金融服务公司的研究中，在公司增加的信息技术使用与客户关系管理活动的生产力之间并未发现显著的正向关系（特尔齐奥夫斯基[Terziovski]等，2003）。

CRM 活动越来越受到法律的限制。在英国，以欧盟指令为基础的 1998 年《数据保护法》（Data Protection Act，1998）对公司将所收集信息用于不同商业领域的能力加以限制。因此，如果一位律师建立了购买其法律服务的客户数据库，除非客户明确地表示同意，他就不能使用数据尝试销售不相干的金融服务。这就限制了许多大型服务组织的数据库建设活动，这些组织“交叉销售”服务的能力因此难以施展。此外，竞争委员会还使得在一个市场上占压倒地位的公司难于在该市场使用收集的客户信息为其在其他市场销售的服务做促销，即使后者属于相关市场。在英国，英国电信公司是一家占主导地位的国内电话服务提供商。如果该公司使用其数据库交叉销售通过电话网络连接的安全报警系统，这将被视为有悖公共利益的做法。

CRM 面临的一项挑战源于“客户管理的关系”（customer-managed relationships）这一相对立的观点。到目前为止，即使“关系”一词的使用也许会给出某种关系上的相互意义或对等意义，但 CRM 毕竟是作为卖方为操纵买方而从事的某种活动而描述的。在企业对企业市场上，买方管理其卖方的想法却不是什么新东西。在英国大型杂货超级市场采购部门与杂货生产商之间的关系在近来一般并不被描述为由供应商所管理的关系。前 5 家零售商的规模赋予它们自身相当大的市场支配力，能够决定它们与供应商的关系——包括交货条件、采购的产品范围以及退货政策——的性质。在企业对消费者市场，有证据表明，客户在管理关系方面正在扮演越来越积极的角色。当然，在高度竞争的市场上,客户可能通过决定继续某种关系还是从关系中退出而有效地控制这种关系。除此之外，可以供私人客户使用的管理其供应商的工具正在增加。例如,www.blueyonder.co.uk——一家金融服务网站——允许客户将其全部银行账户和储蓄账户放在一个网站上,这显然允许客户从一个网站上无缝式地管理大量供应商的金融服务。

从客户关系管理到客户体验管理

为了克服观察到的客户关系管理中的问题，越来越多的公司任命了客户体验经理(Customer Experience Manager)。如我们在第3章所看到的,学术上对于客户体验管理作为服务质量、关系和品牌的知识集成器的兴趣日益增加。例如,在对金融服务的研究中,奥洛林、斯密根和滕布尔(O'Loughlin,Szmigin and Turnbull)提出把“体验”作为一个比“关系”更为中肯并在管理上更为有用的构成。他们的研究识别了三个层次的客户体验,并将其概念化为品牌体验、交易体验和关系体验(奥洛林[O'Loughlin]等,2004)。一项对保险业的研究提到客户体验对客户保有率的影响(邦德和斯通[Bond and Stone,2004)。越来越多的研究认可，客户体验这一更广的概念对于理解客户从一种关系中退出的原因至关重要(夏马和帕特森[Sharma and Patterson],2000)。

有几位研究者指出了发展具有个性的品牌的重要性,它允许客户“养育品牌”和“体验品牌”(如史密斯和韦勒[Smith and Wheeler],2002)。人际关系和品牌关系都是客户对一种产品体验的一部分。我们假设这两项因素可以相互替代:如果从品牌关系消费中获得的好处能够对它们有所补偿的话,弱的人际关系可以得到原谅。客户体验也许是一个可以调和这些权衡取舍的知识集成器。强调体验而非关系的一个结果便是,好的体验可以强化传统上与品牌个性相联系的情感关系方面，但它也许会弱化与客户关系管理相联系的人际关系需要。一辆可靠性好、每3万英里而非每1.5万英里才需要服务保养一次的汽车减少了公司与其客户之间的互动需要。这里的客户体验是一辆有品牌人格的可靠汽车，这一体验的强化是通过弱化通过人际关系与制造商或其中间商互动的需要而实现的。

品牌与关系之间的显性联系只是到了最近才得到认可。实际上,在关系营销理论发展的早期阶段,这一理论的倡导者们通常宣称品牌和关系是两个不同的概念域。从那以后,一些研究者们已经将品牌概念化为各种关系,品牌因此而被赋予个性,能够形成与客户的关系。这一关系可以由品牌价值与客户自我形象之间的相似性发展而来,它存在于在物质需要与心理需要、品牌的功能价值与象征价值之间存在良好配合的情形(西尔吉和苏[Sirgy and Su],2000)。品牌情感与人际关系之间的联系在以服务为基础的品牌的情形是最强的。在这里,通过在服务际遇中与品牌和服务提供商的员工互动,客户有机会体验品牌。

将与员工的际遇描述为“关系”也许走得太远,在许多常规服务的情形,情感关系是与服务品牌相联系的。

客户体验经理最初出现在一些涉及高水平客户情感参与的部门。与关系营销的情形一样,这一概念后来似乎广为扩散,普遍应用于(相对而言)大规模市场和低参与度的情形。正如关系经理通常因为无权作为职能部门间协调者行事而遭遇失败的情形一样,体验经理亦要求有更强的职能部门间协调技能和更大的权力,从而给出以体验形式体现出来的客户价值,以满足客户的需要和期望。类似地,组织中的每一个人也许会被描述为兼职的客户关系建立者,组织中的每一个人都会对客户体验有所贡献。

本章总结及与其他章的联系

服务提供商与客户之间不断演化的关系往往体现出一家公司服务要约的关键特征。许多制成品供应商发展了以服务为基础的关系,以便将自己与竞争对手差别化。发展与客户的持续关系并不是一个新理念;不过,这一理念却因为商业环境的变化而变得流行起来。通过增进客户保有率,可以增加客户的终生盈利能力。

一个不断演化的关系为定义服务要约并使之与竞争对手相区别(第1章)提供了基础。举例来说,通过配置服务以满足所记录的每一位客户的偏好,关系可以改善服务际遇的质量(第9章)。持续的关系可以为在竞争的供应商之间选择的过程提供便利,它可以降低感知的风险(第6章)。服务质量是持续的买方—卖方关系的先决条件(第9章);只有恰当地选择、培训和监督员工,才会有好的服务质量(第10章)。关系营销要取得效果,需要将中间商纳入营销进程(第5章)。

复习题

1. 你是将关系营销视为一个新的商业理念,还是视为传统做法在新环境下的应用?请针对这一问题进行评价。

2. 请对银行发展与个人客户的持续关系所使用的各种方法加以评估。

3. 使用某家服务公司针对你的选择制定的忠诚计划,评估该计划对公司发展有利可图的业务所具有的总体价值。

实践活动

1. 在互联网挑选一些小册子,从中寻找与一些移动电话服务提供商有关的信息。比较“现打现付”电话与包月电话。与“现打现付”电话相比较，包月电话能给客户和公司一些什么好处？为什么你会认为“现打现付”电话仍然有着很大市场？就移动电话服务提供商寻求将“现打现付”电话客户转化为与公司保持持续关系的客户这一说法，你看到了什么证据？

2. 如果你持有某服务提供商——如一家零售商或航空公司——的忠诚卡，想一想这会在多大程度上影响你的购买行为。与假设你不是其忠诚计划的成员时会有的情形相比，你与服务提供商之间的关系会导致你在这家提供商那里花更多的钱吗？你感觉对服务提供商有真正的关系感吗？如果你从该公司反复购买服务，请解释为什么会这样？最后，试考虑服务提供商可能从与你的关系中得到的好处。你认为谁从这一关系中得到的好处最多，是你还是服务提供商？

3. 如果你正在一所学院或大学学习，请指出你所保有的与这所学院或大学的所有联系。评估这一信息能够被多么有效地使用，以指引你走过从一名潜在的学生到成为一名真正的学生的全过程中的所有阶段。你会建议采取什么步骤来改进学院或大学的信息处理过程？

案例研究:关系中存在信用吗?

作者:史蒂夫·沃辛顿(Steve Worthington),莫那什大学(Monash University)

与一般人类生活中的情形一样,买方—卖方关系往往不是不言自明的和简单的。这一观点在信用卡市场得到很好的诠释,在那里,一个完整的关系网络存在于看起来似乎很简单的信用卡的背后。“亲情”信用卡的出现表明了多边关系的重要性。

一些金融机构向特定组织的成员或特定事业的支持者发行亲情信用卡。自从20世纪80年代在英国出现以来,亲情卡已经满世界开花,现在已经覆盖从大学、足球俱乐部、慈善机构到政治党派等多种组织。

亲情卡在发行银行与以成员为基础的组织(或“亲密群组”)之间的协议基础上运作。大多数协议既包含亲情卡发行人对亲情群组的一项初始捐赠,又包含一项与交易额相联系的捐赠。这样做的目的是鼓励亲情组织为亲情卡促销,从而使其成员优先选用亲情卡而非其他信用卡。

亲情营销理念似乎能够满足多方面的利益诉求。亲情卡发行银行获得进入一个新客户市场的途径,其中的成员也许会因为银行与他们所属群组的联系而倾向于使用其信用卡。客户群组从银行向它支付的费用中得到好处,这些费用既包含最初的登记费,又包含与不断发展的交易额相联系的支付。这些支付的幅度一般是:客户每支出100英镑,银行便支付25便士。支持这一项目的资金取自于每当客户使用信用卡购买商品或服务的时候交易商就会向信用卡发行者支付的“交易费”:客户每支出100英镑,交易商就向银行支付1到2英镑。亲情卡也许有助于持卡人更充分地与某组织认同,个人持卡者因此也许会从持有亲情卡获得某种荣誉感和身份感。例如,曼联的支持者们也许会将俱乐部认可的亲情卡视为他们给予球队支持的表征。苏格兰银行发行的爱丁堡大学白金万事达卡是个人表明其与大学联系的一个简单方式。当他们使用信用卡时,大学也获得好处。

当前,在63%的英国亲情群组都与一家信用卡发行商、个人放贷者或抵押贷款放贷者保持关系的情况下,零售银行业务中的亲情营销现在已经成为一个相对成熟的市场。支付清算服务协会(APACS,2005)的研究表明,截至2004年底,英国发行的亲情卡共有260万张,万事达卡与维萨卡几乎各占一半。

合作银行与英国皇家鸟类保护协会(RSPB)有在英国运作亲情信用卡关系的最长历史。1988年,该银行首先与欧洲最大的自然保护慈善机构取得联系,发起RSPB亲情卡。截至2003年底,亲情卡为RSPB的湿地保护工作募集的资金在500万英镑以上。合作银行与RSPB的关系在支持鸟类保护工作方面走得更远。合作银行是麻鳽——英国的一种稀有鸟类——的官方物种保护人,RSPB每年收到用于麻鳽栖息地保护的赞助费达10,000英镑,英国麻鳽数量从1997年的11只增加到2003年的42只,这些赞助费功不可没。

但亲情卡在支持会员组织方面又有多么慷慨呢？金钱数据（www.emoneyfacts.co.uk）在2007年4月披露，美国运通红卡、巴克莱银行慈善卡和MBNA的英国心脏基金会卡的最低初始登记费捐赠额度为5英镑。作为补偿，这些亲情卡有着略高的与不断发展的交易额相联系的支付水平。最为慷慨大方的初始登记费对于MBNA的PDSA卡来说为25英镑，对于苏格兰哈利法克斯银行（HBOS）的癌症研究卡来说为20英镑。

人们发现，直接将现金返还到持卡人口袋内的"现金返还"卡更加慷慨大方，有几个传统的现金返还卡向持卡人直接返还1%，这比亲情卡向一家家慈善机构支付的最高数额的双倍还要高。有些像Which?（前身是消费者协会）这样的活动组织指出，客户最好是从头到尾光顾以求得最好的现金返还信用卡，然后将年末获得的现金返还支付作为一项捐赠转到他们所选择的慈善机构名下。当然，很少人有意识地这样去做，因此，信用卡发行人尽可以依赖大量的信用卡用户，他们一般并不就哪一种卡对他们来说是最好的做仔细评估。

大量的信用卡系统——其中有名的是维萨卡、万事达卡和美国运通卡——的出现使得亲情卡背后的关系进一步复杂。这些系统都是付款处理系统，其中每一个系统都通过付款处理银行发展了与全世界千百万家店铺以及商品和服务供应商的关系，因此，带着标识发行的信用卡在世界上任何地方都会被人们所接受。没有这样一个关系网络，一张布莱克本流浪者队的亲情信用卡对某个人来说不会有太多的价值。

面对各种令人眼花缭乱的信用卡，个人与一家俱乐部、协会或慈善机构的关系也许能够提供一个简化选择的基础。与那些可量化的产品特征（如收取的利率、免息期长度、是否提供互联网账户接入手段）大不相同的是，存在一系列更具有定性特点的关系，个人可以使用这些关系来对可能的信用卡进行评估。对一个诸如维萨卡或万事达卡之类的信用卡系统的忠诚度也许会非常低。对一家诸如MBNA或HBOS之类的信用卡发行银行的忠诚度也许也是相当低的。但正是个人与某个俱乐部、某个协会或某项事业的情感关系导致他最终登记使用一个新的信用卡。这也许解释了为什么一些大的信用卡发行银行会如此热衷于追逐这类三方关系。

问 题

1. 请概述存在于一个亲情信用卡背后的关系网络。

2. 亲情信用卡成长的原因是什么？其他什么服务也许会像亲情卡一样从以关系为基础的营销中受益？

3. 亲情信用卡营销的分析就关系营销基本上是一个"减少选择"的过程有什么见解？

第8章

创新和新服务开发

学习目标

阅读本章之后，你应该理解

- ❖ 服务组织所处商业环境中要求开发新服务的各种因素
- ❖ 服务从导入、成长、最终成熟到衰落一般要经过的生命周期
- ❖ 开发和评价新服务以及淘汰旧服务的过程
- ❖ 用来预测新服务需求的各种方法

8.1 引　言

在前面各章中,我们已经了解到大多数服务公司的市场环境是如何不断变化的。我们来考虑下面一些在大多数欧洲国家已经发生的外部变化的例子。

- 人口中活跃的老年人日益增多;
- 文化多样性不断增加,新移民群体对非传统型服务提出了要求;
- 新技术使得新服务的开发和分销成为可能;
- 许多服务部门解除管制,从而为企业在先前受限制的市场中竞争提供了新机会;
- 消费者和立法部门对气候变化、消费以及生产活动的影响越来越关注。

这里举出来的只是某些变化的例子,它们要求服务公司不断地评估他们当前提供的服务是否是客户真正想要的。聪明的组织可能会走得更远,它们不仅努力了解客户今天需要什么,而且会去了解客户明天可能需要什么。让我们来考虑气候变化的例子,它已经成为许多服务组织商业环境中的一个重要问题,而航空业则是争议当中首当其冲的服务部门。服务提供商如何将自己改造成碳排放更低的服务交付系统呢?客户对"绿色"服务是否有不容忽视的要求?一家公司是否要等到法律出来之后才去改变其生产方法?它是否应该更加主动一些,从而使得它在监管最终被引入的时候拥有成本上的竞争优势?它又如何向购买者宣传自己的环境友好之举呢?

历史上有许多组织要么不能够理解自己的商业环境,要么不能够响应环境中的变化,这样的例子比比皆是。其结果自然是盈利能力的逐渐下降,最终,它们不再能够作为健康的商业单位而存在。西奥多·列维特将其称为营销短视症,并列举了铁路公司作为例子:一些铁路公司一心考虑提供铁路服务而非更广义的运输服务,因此,它们没有能够考虑到道路运输方式的创新(列维特[Levitt],1960)。我们再来看看一些更新近的例子:

- 诸如 HMV 之类的音乐零售商的利润被日益繁荣的可下载音乐网站所蚕食,这些公司对客户购买音乐方式偏好上的变化反应迟钝。2006 年,HMV 公司不得不发布利润警示。
- 健康饮食已经成为 21 世纪初期的一个重要议题。由于消费者追求更为健康的便利食品，快餐公司麦当劳的利润下降，在姗姗来迟地通过更健康的菜单项目做出回应之前，公司被迫在世界范围内关闭其分店。

- 由于广告商不断增加其在创新型新兴媒体上的预算支出比例，传统商业电视台的营业收入遭受重挫。英国的 ITV 由于没有能够迅速地向这些媒体领域多样化扩张，在 2006 年出现了利润下降。

另一方面，引人注目的成功案例也有不少。一些组织能够不失时机地发现商业环境中的新趋势，并通过创新性服务或新业务运作方式从这些新趋势中占得好处，很好地把握住了新机遇。让我们来看看以下的例子：

- 在航空服务市场，诸如瑞安航空和易捷航空之类的航空公司把握住政府解除管制所带来的机遇，面向那些先前不可能乘坐飞机旅行的人们提供有利可图的、低成本的、“无虚饰”的航空服务。
- 许多超级商场注意到消费者对食品的纯净程度非常关心，由于这一因素和客户收入水平的提高，这些超级商场能够成功地促销多种有机食品。
- 许多英国的小酒馆经营者发现社会行为在发生变化，将小酒馆主要当做饮啤酒的地方而光顾的人越来越少，更多的人在外面吃饭是出于社交的原因。一些小酒馆按照餐馆的配置对自己进行改造，利润有了明显增加。

有迹象表明，大多数组织所处商业环境变化的步伐在加快；因此，拥有一个监测环境的系统对于组织来说已经变得越来越重要；拥有这样的系统对于组织针对这类变化做出适当回应同样也非常重要。有证据显示，成功的组织与其说是那些今天在向客户提供价值的组织，不如说是那些理解价值的定义会如何在未来发生变化的组织。

当然，预见未来比描述过去要难得多。一位研究股票市场表现的分析师为我们阐明了向前看而非向后看所能得到的回报。如果从 1900 年起，每年的 1 月 1 日在上一年度表现最好的股票上投资 1 美元，收益在下一年度再投资，如此累积，2000 年的累计投资价值也许只有 250 美元。然而，如果每年投资于下一年度表现最好的股票，累计投资价值也许会超过 10 亿美元。成功的公司往往是那些能够了解自身所处商业环境并在增长领域投资、在很可能衰退的领域撤出投资的企业。在市场趋势变化之际率先进入市场要比简单地对市场趋势做出反应更有可能获利。不过，预测未来的趋势非常困难，并且涉及诸多风险。

本章将从考察服务生命周期的概念开始，这一概念可以让公司识别出现问题的服务要约，并以新服务取而代之。然后，我们将考察新服务的开发过程，以及成功地推出新服务所必须采取的步骤。

要使推出的服务获得成功，组织必须对客户的需要和竞争对手的相对优势有非常好的了解。从这一点出发,必须发展对未来的正确预测。这一预测对于要求高资本投入和漫长开发周期的新服务来说尤为重要。我们将探讨各种服务公司为更好地预测新服务的可能需求而使用的各种方法。

8.2 服务生命周期的概念

大多数服务都会经历某种形式的生命周期，随着服务从生命周期中的一个阶段走到另一个阶段,企业的营销策略也需要做相应的改变。有证据表明服务的生命周期正在变得越来越短——尤其是在服务要约是以高科技为基础的情形。例如，在移动电话产业,模拟电话服务很快被 GSM 和 PCN 服务所取代,后者到 2000 年的时候又受到 WAP 和 3G 电话服务的挑战。许多服务要约的周期性要求企业密切注视商业环境以寻找新的服务机遇,我们将在以下各节讨论这个问题。

产品/服务的生命周期描绘一项服务或多组服务在组织的产品/服务组合中变化的命运。服务从进入到离开该组合一般要走过几个阶段,每一个阶段都要求对营销活动进行一定的调整。图 8-1 给出了服务生命周期的五个阶段:

1. 导入期。开发新服务并将其推向市场往往花费巨大,其中碰到的问题也许是人们难以想象的。人们在尝试某些新事物,尤其是新服务的时候往往会小心翼翼,因为服务的无形性阻碍了事先评价。销售因此变得缓慢,销售对象只会局限于那些乐于尝试新产品的人们,或者是那些相信他们能够从拥有这样的产品而获得身份或好处的人们。
2. 成长期。到了成长期,服务已经经受测试,任何问题都已经解决。服务变得更加可靠,人们更乐于接受它了。购买者开始发现他们能从使用这种服务获得好处。销售开始大幅度增加,这也会向竞争对手发出进入该市场的信号。
3. 成熟期。几乎所有想要购买这种服务的人现在都已经购买了这种服务。这对那些属于一次性而非反复性购买项目的服务来说会成为一个问题。市场中竞争对手的数量此时也有了增加。
4. 饱和期。此时,市场中有太多竞争对手,市场再无更多成长空间。竞争对手倾向于以价格为基础展开竞争。
5. 衰退期。需求下降,新的替代产品开始出现,组织从市场中退出。

生命周期概念的有用性在于它承认服务营销活动与服务所在的生命周期阶段有紧密联系。如此,促销计划也与生命周期密切相关,促销计划的重点是:在服务推出阶段,通过各种公共关系活动提升服务知名度;进入成长阶段之后,继续通过广告提升服务知名度;在市场成熟阶段,恢复使用各种促销激励手段;最后,随着服务走向衰落,亦允许

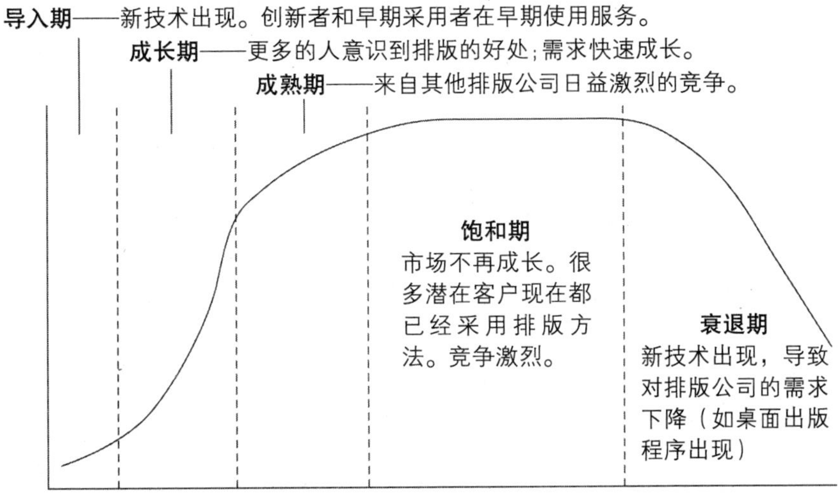
导入期——新技术出现。创新者和早期采用者在早期使用服务。
成长期——更多的人意识到排版的好处；需求快速成长。
成熟期——来自其他排版公司日益激烈的竞争。
饱和期
市场不再成长。很多潜在客户现在都已经采用排版方法。竞争激烈。
衰退期
新技术出现，导致对排版公司的需求下降（如桌面出版程序出现）

图 8-1　假想排版公司的服务生命周期

促销活动走向衰落。在每一阶段所使用的信息也许会给服务要约以相当不同的定位，例如，最初的信息可以用“最新技术”，接下来的信息可以用“最可靠的”，在市场饱和阶段使用的信息可以是“成本最低”。类似地，可及性和定价决策往往也与服务所在的生命周期阶段相联系。

虽然服务生命周期这一想法很吸引人，而且，学术研究也表明了这一说法的有效性，但重要的是意识到：使用这一理论研究方法研究商品和服务也有可能遭受失败。可以说，更能让产品/服务生命周期概念派上用场的场合是战略计划和控制而非短期预测和制订代价高昂的营销计划。在现实中，无论是从形态还是从持续时间上看，生命周期模式的变化远远不是人们所能够驾驭的，人们难以用它来做任何有现实意义的预测。有些产品多年来一直处在成熟/饱和阶段（如银行活期账户），而另外一些产品却在导入市场之后迅速消失（如某些时髦服装零售店）。一些经验证明似乎亦暗示生命周期说存在多种修正版本和变体。

采用生命周期概念遭遇的进一步困难在于营销人员无法准确地确定某一时间一项服务究竟处在生命周期的哪个具体阶段。例如，销售趋稳也许表明业务在走向成熟，也许表明外部原因的存在使业务暂时平稳。事实上，存在这样一种可能：生命周期的形状也许是某组织营销活动的结果，它并不反映组织应该做出响应的环境因素——换句话说，它实际上也许会导致形成自我实现的预期。

对这一概念的另一项批评是，生命周期中各阶段的持续时间取决于所考察的对象是否属于某个产品类别、产品形式或产品品牌。例如，度假产品的生命周期曲线可能相当平坦，而某些特定形式的度假产品或特定度假产品运营商的品牌生命周期的周期性却变得越来越明显。卡曼和兰吉尔德（Carman and Langeard，1979）注意到，大多数服务组织只拥有很少的核心服务，因此，他们建议将生命周期概念用于服务时需要保有一定程度的谨慎——尤其是将其作为产品组合研究方法的基础来制定服务要约计划。

考虑到所有这些因素，生命周期概念在指导企业的服务组合决策方面仍然会是有帮助的。尽管依服务在某个特定阶段所维持的时间长度而论，生命周期对于服务来说也许是不可预测的，但理解服务有可能根据销售和利润表现而随时间发生变化却意味着企业需要有积极的服务组合管理。

8.3 服务组合的精炼

就组织所提供服务的范围做出决策具有战略上的重要性。在主要服务线面临需求下降的情形下要继续保持竞争力，服务公司可能需要扩展其服务组合。例如，随着消费者饮食口味的日益多样化，许多专业化快餐店不得不扩大其产品范围。在英国，传统的炸鱼土豆店往往不得不推出诸如烤肉或送货上门服务之类的新产品线。与此同时，也许还需要做出这样的决定：在消费者口味发生变化或者在竞争压力使得继续提供一项服务不再经济的情形，将某些服务从服务组合中剔除。服务组合的延伸和剔除决定需要不断地做出，只有这样，组织才能够更有效用（提供正确的服务以响应客户需求的变化）和更有效率地提供服务（提供那些能够让组织最有效率地利用其资源的服务）。

对于任何服务组织来说，其服务要约将受生产能力、生产设施及其所支配资源的制约。因此，服务企业不断地审查自己的能力和目标以确保所提供的服务范围能够满足客户的需要并与组织的能力相匹配是非常重要的。通过一个有时被称为服务要约审计的过程，组织可以了解自己是否在向正确的目标群体提供正确的服务。审计中的关键问题包括：

- 客户寻求从服务中获得什么好处？
- 提供服务所需资源的当前可获得性怎样，继续下去又会如何？
- 需要什么样的技能和专门技术知识？
- 能够提供什么比竞争对手更高的利益？
- 竞争对手拥有的优势在使得组织遭受收益损失吗？
- 公司提供的每一种服务都能够取得足够经济回报吗？
- 公司的服务满足目标的方式是否值得持续投入资金？

对这些问题的回答构成服务组合开发的基础。

8.4 新服务开发

作为产品组合分析和评价的结果，组织也许会考虑扩展服务组合以响应其运作环境不断变化的性质。以下是可能需要新服务的一些典型情形：

- 如果一项重要服务已经到达其生命周期的成熟阶段，即将走向衰落，公司也许需要寻求新服务以保住现有的销售水平。
- 也许可以将新服务作为一种利用剩余产能的手段来开发。例如，在非高峰期无人使用的客房可能会导致酒店经营者开发旨在充分利用空余客房的新服务。
- 新服务有助于平衡组织现有的销售组合，从而降低只依赖所提供的少数几项服务而面临的风险。
- 为了保持和发展与客户的关系，组织也许不得不引入新产品，以满足客户的多样化需求。
- 由于竞争对手从市场上离开，组织有机会用新服务来满足那些没有得到满足的需要。

主题思考：网络空间也有打字服务？

将所说的话转换为印刷文字的过程在技术上经历了突飞猛进的进步，转换作业因此可以做得又快又准。打字机最终让位给文字处理器和键盘。但那些在 20 世纪 90 年代推出的语音识别服务的命运又是怎样的呢？

一家名为 Speech Machines 的英国公司（www.speechmachines.co.uk）使用计算机接收由电话传送的口授信息或通过互联网上的电子邮件传送的语音信息。据称计算机能以 95%的准确率将口授信息自动转换为文字。特别设计的软件管理传来的口授信息并将转换形成的文件自动发送给公司打字员中的一位，后者将对最后的文稿进行检查和更正。然后，文件又经由互联网发回客户手中。这一服务已经在美国的法律和医疗界找到有用的利基市场，它因此而成为雇用公司内部秘书的快速、高效的替代做法。然而，在被越来越高级且越来越用户友好的、允许用户在办公室内部完成作业的语音识别软件赶上和超过之前，这一服务又可望有多长的寿命呢？如果要维持这一业务，提供这一新服务的公司又该如何继续发展其服务要约，从而使得它与任何当前可获得的替代方案相比，能够更好地满足客户不断变化着的需要？该公司服务的好处已经得到美国公司 MedQuist 的赏识，后者在 2001 年收购了 Speech Machines 公司。该公司已经在医疗业建立起利基市场，现在它又将 Speech Machines 公司的服务加入文件管理解决方案的组合当中。

尽管创新和新产品开发过程的基本原理对于商品和服务而言基本上相似，但仍然有人指出这二者之间存在许多差异，其中包括关键成功因素方面的差异（赫纳德和西曼斯基[Henard and Szymanski]，2001；约翰和斯托利[Johne and Storey]，1998）、所从事活动范围的差异（埃杰特[Edgett]，1994；约翰和斯托利[Johne and Storey]，1998）、管理压力上的差异、所使用策略的差异（文卡特拉曼和普雷斯科特[Venkatraman and Prescott]，1990）以及一线员工的角色差异（帕帕斯塔索普鲁[Papastathopoulou]等，2006）。

“新服务”指什么？

服务的无形性意味着生产现有服务的某种变体通常相当容易，结果导致“新服务”一词可以意指小的风格变化到大的创新之间的任何东西。事实上，“新服务”一词可以应用于以下任何方面：

- 流程变化。这些变化包括服务际遇的再设计，例如，三明治吧可以通过网站提供一种新的点菜便利。
- 结果变化。在主要以结果为基础评价服务的情形，这些变化也许会被认为是很重要的。例如，金融服务公司也许会提供一种新形式的以证券为基础的投资产品，该产品保证在五年期满后有规定的回报。

图 8–2 快餐业是一个在 20 世纪 80 年代和 90 年代出现巨大营销成功的案例。连锁店发展起来以响应家庭用餐模式的变化、可支配收入水平的提高（尤其是在较年轻的成年人）、对追求多样化欲望的增长以及对物有所值的更加在意。麦当劳餐厅有很长的创新纪录，它开发了一系列新菜单，并在一些新的国家发展了新服务模式。不过，到了 20 世纪 90 年代后期，许多西方国家的人们越来越关注因食用太多高脂肪食物而导致的肥胖问题。麦当劳一如既往地延续其创新模式，推出产品来满足 21 世纪早期变化的需要，这些产品包括麦咖啡和我们在这里看到的水果袋，水果袋的设计意在增加新鲜水果对孩子们（及其父母）的吸引力。（重印经麦当劳公司许可）

- 相关的“有形物”变化。使用新的有形材料可以创造出新服务的印象;例如,航空公司可以再设计公司网站,但通过网站提供的流程和结果与先前并没有太大区别。
- 服务线延伸。这些变化将被纳入现有服务要约范围之内——例如,一所大学可以提供新开设的在职 MBA 课程。不过,尽管对大学来说该课程计划是新的,但如果其他大学也提供这一课程,它就不是真正的新服务。
- 重大创新。这些将是面向新市场推出的全新服务——提供诊断性的远程医疗服务便是一例。

主题思考:他们会重游 Rovers 吗?

当格拉纳达电视台(Granada Television)宣布在位于曼彻斯特的影城开发一个旅游观光景点计划的时候,持怀疑态度者大有人在。什么样的游客会想到曼彻斯特内城的一个不起眼的角落参观呢?然而,自这一项目在 1985 年推出以来,格拉纳达影城之旅似乎是一个巨大的成功,游客人数稳定地攀升到大约每年 30 万人。此外,服务价格一直保持坚挺,门票价格在 10 年间由 5.99 英镑上涨到 12.99 英镑。然而,到了 20 世纪 90 年代中期,游客数量先是保持在一个稳定水平,然后逐渐下降——尽管在旅游业其他地方有很乐观的表现。这一旅游景点达到其生命周期的衰退阶段了吗?这一景点对于电视剧《加冕街》(*Coronation Street*)的 1700 万观众(尤其是那些住得离曼彻斯特很近的人们)有着极大的吸引力。在造访该影城之后,他们一睹 Rovers Return 酒吧的好奇心也就得到满足,先前没有访问过该景点的新游客数量不断递减。格拉纳达面临的挑战便是彻底改造这一产品,让它能吸引新的市场,并让原来的游客旧地重游。有几个新市场被确定下来,其中包括周末短期度假市场。在与当地旅店建立联系之后,格拉纳达影城的市场进一步延伸,超出了原有当地一日游市场的规模。商务接待团被认定为另一个重要的细分市场。为了让先前的游客旧地重游,电视台在一些新的大型景点上大力投资,投资项目包括修建一座新潮技术互动展馆和一座足球“名人堂”。电视台还在游客和非游客当中进行大规模调查,以了解该景点在人们心目中有什么样的形象。一个调查结果是将主题中的“之旅”一词去掉,径直将主题称为“格拉纳达影城”。这一建议反映了游客在观光游览期间所体验的高水平参与程度。格拉纳达影城所采取的战略类似于很多游乐园经营者的战略,这些游乐园经营者每年或两年至少会投资兴建一个新的大型景点。有时候,投资费用是相当高的,以奥尔顿塔游乐园为例,它在诸如 The Beastie 和 Spinball Whizzer 之类新乘骑游乐设施上的支出高达数百万英镑。实际上,当一个全新的奥尔顿塔在等待的时候,一位先前的满意游客怎么会因为“自己从前去过”而决定不再去重游该游乐园呢?

新服务开发流程

研究表明,一个系统的开发流程有助于降低发起新服务可能失败的风险。实际上,有证据表明很多公司并不曾制定正式的新服务开发(NSD)战略。凯利和斯托利(Kelly and Storey,2000)从事的一项研究表明:

- 在银行、电信、保险和运输业的公司样本中,仅有一半公司制定了正式的 NSD 战略。
- 仅有四分之一的公司具有不断生成创意的企业文化。
- 仅有三分之一的公司使用创意搜索方法。

尽管提出和实施的程序多种多样,但这些程序都有一个共同的主旨:从尽可能多的创意开始,最终目标是产生一个经过测试的准备向市场推出的服务。图 8-3 所示为一个常见的流程,尽管在实践中,图中所示连续阶段中的一些可能被压缩,以至于它们与前后的一些阶段在时间安排上会有重叠的地方。

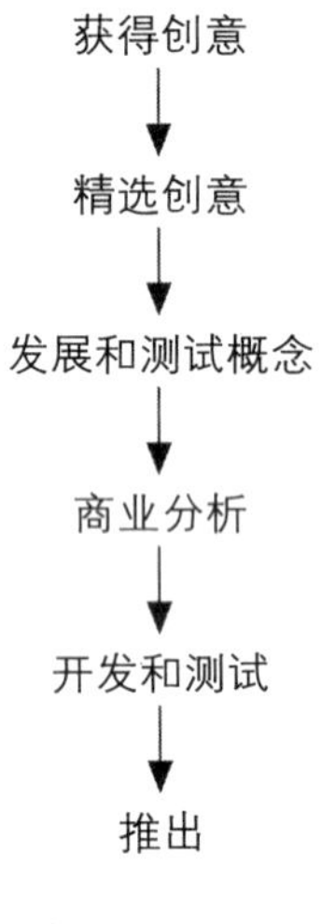

图 8-3 新服务开发流程的一个简单线性顺序模式

尽管从理论上来说,开发新产品的流程对商品和服务而言都是相似的,但差别也会因无形性、不可分性、易变性和易朽性而产生。下面将结合开发流程的每一个阶段对这些差别加以讨论。

获得创意

与商品的情形相比,在服务情形下生成创意的过程应该相对容易一些。服务的不可分性为客户向组织传递开发新服务的创意提供了多方面的机会。商品制造商一般需要依赖诸如焦点小组、客户专门小组和书面建议计划之类的程序化方法，因为他们与购买商品的客户一般没有直接接触。然而，服务组织的一线员工与客户通常有很多直接际遇，因此，从理论上来讲，收集客户对新服务开发的创意应该会容易一些。但关键的挑战还不仅是从顾客那里获得创意，而是要将这些创意传达给组织中能够对其做出反应的人。一项关于新服务开发的研究发现，新服务创意最常见的来源是营销部门而非运营部门。营销部门既与客户又与竞争对手不断接触，因此掌握了"现成的"市场信息。运营部门员工也许会将更多的权重分配给观察得到的开发新服务的问题（伊兹因伍德(Easingwood，1986)。存在的一项危险是，如果一线员工觉得说出自己想法的一个后果是增加自身工作负荷的话，那么，他们也许不太愿意说出自己的想法。

精选创意

这一阶段涉及评估收集的创意，并剔除那些不值得占用组织资源的创意。通常要确立标准以便在创意与创意之间比较。但由于每一家公司都是在特定的环境中生存，因此，不会有适合于所有公司评估准则的标准集合。伊兹因伍德找出了多种正式程度各有不同的筛选方法，他注意到金融服务的筛选程序特别严格。在这一行业，每个新创意都要通过客户讨论小组评估，对所推荐的服务特征和广告的反馈都会收集起来，资金预测要按照一定的详细程度计算出来。有人说，要求这样严格的部分理由是：当一项金融服务正在提供的时候，要收回它是很困难的。无形性使得服务很难被评估，因此，服务"形象"是一项供客户打消对服务提供商可信度的疑虑的重要手段。伊兹因伍德发现，组织形象的提升或对组织形象的支持是公司在筛选过程中使用的一项重要标准。

发展和测试概念

在精选阶段被接受的创意需要转换为服务概念。然后，使用一个目标客户样本来测试这些概念，测试的方法是评估客户对服务概念做出的各种反应。纯粹的服务所面对的挑战是，它必须在没有示意图或艺术家的印象画（写意画）帮助的情形下表达这些概念；而在呈现一个制成品的新概念的时候，这些却是可获得的。当不存在任何事先经历的类似东西的时候，要在大脑中绘制一项新服务的图像会是一件非常困难的事情。

商业分析

提出来的创意现在被转化为一项商业建议。公司将分析成功/失败的可能性，一并被分析的还包括人力和额外物质资源等资源要求。在这一阶段，许多决定提出的新服务经济上成功的因素仍然不确定。竞争对手在新产品开发过程中的各项活动可能对公司的最终市场份额以及公司能够为这一服务制定的价格产生重大影响。

开发和测试

这一阶段将创意转化为一项能够向客户提交的实际服务。服务的有形成分以及作为整个服务要约组成部分的服务交付系统都需要设计和测试。一个可能性是通过现有客户的一个样本去测试新服务,不做其他推广。许多英国银行通过现有客户测试其新的在线银行服务项目;在将服务全面推向市场之前,银行会邀请客户去试用新服务并给出他们的反馈。大多数公司会平衡开发和测试的严密性需要与快速进入市场的需要。这一点对于那些有可能获得重要的“先行者”优势的高技术公司来说尤为重要。在“.com”发展的高峰时期,许多新的在线服务只对消费者采用这一服务的可能性或者支持服务所需要的基础技术做最低水平的调查研究,就推向了市场。

推出服务

组织现在要就何时、何地、向谁以及如何导入新服务做出决定。时机是一个关键的问题。新服务走过各个开发阶段所需的时间越长,竞争对手抢先进入市场的机会就越大。公司要么作为先行者率先进入市场,要么去做市场上的追随者以大大降低风险。在英国,2003 年曾经出现一轮推出首个“第三代”移动电话网络的竞赛。新运营商“3”因为(在 2003 年 3 月 3 日)率先推出网络而名声大振——尽管事实上手机直到稍晚一些时候才能够为客户所获得(法甘[Fagan],2003)。如果对一项新服务的表现会怎样仍然感到有些拿不定主意,或者说,如果对新服务的处理能力存有疑问,服务提供商也许可以实行“软推出”。这就要求向选定的客户开放服务,并告诉他们服务过程的某些方面还有待最后完善。通过提供特别价格,客户可以得到一些便宜,公司可以获得反馈。公司可以使用客户反馈对服务做微调,然后正式地、全面地推出服务。酒店和豪华邮轮服务业通常使用这类“软推出”。例如,2003 年 12 月,丘纳德公司邀请员工家属参加新旗舰玛丽女王 2 号的首航活动,然后,才正式启动广告的首次横渡大西洋旅程。对于全球化运营的公司来说,在不同国家的市场上推出服务的时机至为关键,因为不同的市场可能处在不同的发展阶段,将服务活动在全球范围铺开可能会导致公司管理上的无效率。按照错开的时间安排推出服务使公司能够充分获取某个市场的利润,再逐渐向不那么吸引人的市场转移,从而在市场发展的不同阶段保有一个多样化的服务组合。

到目前为止,新产品开发的各个阶段都是被当做必须按照一定顺序来处理的步骤来讲述的。事实上,走完这一过程需要相当多的时间,竞争对手有可能在这段时间内取得领先地位。因此,很多组织尝试同时实施这些步骤中的某些步骤。例如,虚拟现实系统使客户在极早阶段就能够获得对最终服务过程的某种感受,这可以与概念测试同时发生,因此也就能够避免所有流程步骤正在进展的时候出现等待。

新服务开发过程可能是极其复杂的,成本超出和收效滞后的例子不胜枚举(金和威

主题思考：电子银行前的队列会排多长？

网上银行Egg已经为自己奠定了欧洲主要在线金融服务提供商之一的地位，截至2005年底，公司已经拥有三百万以上的客户。在2002年，Egg品牌在英国成年人中的知名度已经达到88%，对于一家如此年轻的公司来说，这一业绩是相当可观的；仅仅2001年，公司就设法取得了60万以上的新客户——比其在英国互联网上地位最接近的对手的客户总数超出了10万(《ABA银行业期刊》[*ABA Banking Journal*]，2002)。然而，尽管规划得非常仔细，Egg仍然经历了一个磕磕碰碰的开端。

几十年前，当ATM机刚刚出现的时候，很多人认为它们绝不会流行开来，因为人们喜欢去一家分行直接与人打交道。人们对于网上银行业务会有同样的恐惧吗？在1998年，互联网只是刚刚开始撩拨公众的想象力，人们对隐私、安全、下载速度和互联网进入权问题还非常关心。网上银行会是一个昙花一现的成功，或是又一个过度炒作的在.com繁荣的高峰比比皆是的新服务开发吗？

Egg以那些既没有时间也不想一家家挑选金融服务的大忙人们为目标。但当公司推出自己新产品的时候，它应该为服务多少客户而忙活呢？新产品的推出通常会掺杂着许多猜测。如果对客户数目估计不足，公司因而没有能力服务大量客户的话，沮丧情绪和对品牌声誉的伤害将接踵而至。

Egg当时的母公司——英国保诚保险公司——通过一小群客户对其新银行服务业务进行了测试。这使得它能够更好地了解需求，公司最终在1998年全面、正式地推出此项业务，整个推出过程使用了大量的在线与非在线广告做支持。尽管如此，公司很快发现，它的服务器穷于应付，因为潜在客户抱怨说要花数小时才能登录其银行网站。Egg的呼叫中心也同样不堪重负——尽管客户每周7天、每天24小时都能得到它的服务。看来，银行没有能够恰当地认识到需求具有高峰特点，这意味着呼叫中心的工作人员在傍晚时分可能会忙得不可开交，而在夜间和清晨的大部分时间又会闲得无聊。

从更长的时间来看，Egg的推出的确是一项成功。在在线银行服务的新兴市场上，它设法取得了“先行者”优势；如果在先前花太多时间去研究市场，它很可能失去这一优势。Egg自推出以来已经对客户有了更多了解，它也接触到新的技术，这又让它能够推出Egg TV——英国首例由金融服务提供商提供的交互式数字电视服务。但Egg会不会受到街头银行的挑战呢——这些银行正在通过拆除玻璃面板和讨好那些有咖啡馆文化的客户来重振其分支机构？

尔蒙[Kim and Wilemon]，2003)。更有效地开发新服务的关键在于在营销部门与运营部门之间建立密切的工作关系。即使是简单的管理举动——如在获得一个阶段的结果之后迅速沟通——也有助于加速新产品开发的进程。一项由帕帕斯塔索普鲁、高纳瑞斯和阿芙洛尼蒂斯(Papastathopoulou, Gounaris and Avlonitis, 2006)进行的研究观察到,在营销部门与运营部门之间存在业务分析、技术开发、测试和推出阶段参与度上的显著差异。在项目对市场来说属于新项目的情形,营销和销售部门的参与对结果有正面影响;而在“模仿型”零售金融服务的情形,与技术和运营相关的职能部门的参与会产生更加积极的影响。

新服务开发过程的复杂性往往导致公司将整个服务过程外包给专业化的公司,这些公司在产品开发与营销测试方面具有专门知识(豪利[Howley],2002)。在公司的理念是生产导向且公司寻求获得更广泛营销技能的情形,使用外部咨询公司也是很有用的。有人指出,了不起的发明者并不一定要成为优秀的新产品营销人员(利特尔[Little],2002)。

组织结构的其他形式及其对新服务开发的影响将在第 10 章讨论。

8.5 需求预测

好的需求预测将为公司的未来提供一幅精确的图画,通过在正确的地点和时间,以正确的能力提供正确的服务,公司能够比竞争对手更有效率和更有成效地为未来做准备。

在准确地预测新服务需求方面,引人注目的失败例子有很多:

- 以游客数量来衡量,伦敦的千年穹顶(Millennium Dome)在 2000 年向公众开放才一年就被证明是令人失望的。与预测的 1200 万付费游客数据形成对照,实际的游客数量大约只及这一数字的一半。由于没有先前的可比项目为可能的游客吸纳量估算提供一些参考,预测工作遭遇困难。在整个预测过程中,许多不确定性始终存在,其中包括竞争性的“千年”项目的影响、媒体评论的影响、国民经济状况以及地方交通基础设施的能力等等。
- 当 Carphone Warehouse 公司在 2006 年推出新的免费宽带服务的时候,它所经历的客户使用水平高到出乎意料,结果导致服务滞后和潜在客户心怀沮丧。
- 考虑到先前 ITV 数字服务的客户使用水平相当低,很多业内人士预料 2002 年推出的 Freeview 数字电视服务又会是一项失败。然而,事实上,Freeview 很快就大受欢迎,关于适配器机顶盒短缺的报道不一而足。

需求预测通常从预测宏观营销环境的总体变化开始。这本身就是一件很难的事情;例如,经济学家们在预测未来年份经济增长的时候通常持不同的观点。在预测宏观环境变化的时候,大型公司通常延请未来基金会(www.futurefoundation.net)这样的专家咨询机构,这些机构雇用经济学家、社会学家和心理学家来尝试构建一幅演进中的世界图

图 8–4　对于许多人来说，太空代表着旅游活动最后的疆域。2001 年，世界上第一位太空旅游者丹尼斯·铁托为一次至国际空间站的旅行花了 2 千万美元。已经有一些公司在探讨大规模市场化探空旅游的可能性。尽管探空旅游的价格看上去仍然高不可攀，但也有人将它与早期横跨大西洋的空中旅行做过类比。在 1939 年的时候，从英国到美国做一次往返飞行的花费经过通货膨胀调整后按今天的货币计算相当于 7.9 万英镑。这样的飞行在今天用区区 400 美元就可以常规地完成。理查德·布兰森爵士的维珍银河公司计划于 2011 年从英国皇家空军基地洛西茅斯开始其商业载人探空飞行。探空飞行将使公众能够花 12 万英镑购票在地球大气层之外经历失重时的惊喜。那么，探空旅行会不会像横跨大西洋的空中旅行一样最终演变为大众化的市场呢？探空旅行在什么样的价格水平上会真正开始成长？谁会是市场中的创新者，在后来的接受者群体中又会有多少人真正想要经历失重的感觉？在为未来做计划时碰到的一个更大不确定性便是航空器排放对全球气候变暖的影响，由此导致的针对经营活动的税收将会高得吓人，在潜在乘客的心中亦会因为探空旅行对气候变化的影响而萌生一种负罪感。（资料来源：www.virgingalactic.com）

画。这种宏观层次的预测可以就市场规模、增长率、市场份额等给出更详细的预测数据。

在预测全新服务的需求的时候，简单地问潜在的购买者是否购买服务会遭遇重重困难。由于服务是无形的，很难以制造业测试客户对新产品的可能反应的方式向潜在客户介绍服务要约模型。例如，围绕在高速移动互联网服务到处唾手可得的时代客户会使用什么样的服务特征和利益这一问题有过许多讨论。简单地问某人这样的服务派何用场很可能会限制接受调查者的想象力范围。在开发低成本汽车的情形，亨利·福特说过一段名言：如果问别人想要什么，对方会简单地回答“快马”，而非去尝试想象拥有一辆汽车。对于无形的服务来说，客户见识有限的问题可能会更大，这就要求有更高级的研究方法，以了解各种深层的需要和激励因素。如果可行，公司务必通过选定的试用小组对新服务模式进行试验，然后再就大规模提供服务做出决定。在资本投入量很高且市场相对稳定的情形，这也许是一个有效的途径；但在快速演变的市场上，为了解消费者行为而花太多时间可能导致竞争对手在演化中的新兴服务行业抢先一着。在互联网发展

图 8–5 人口老龄化对于许多服务组织来说是一个重大机遇。2005 年，欧洲委员会出版的《人口变化绿皮书》预测：从 2005 年到 2030 年，年龄在 80 岁以上的欧盟公民的数量几乎要翻一番，由 1880 万人增加到 3470 万人。在 1960 年到 2005 年期间，女性的平均预期寿命增加 5 岁，男性的平均预期寿命增加差不多 4 岁。随着人口老龄化，受带职业养老金退休的老年人越来越多的财富以及大家庭——为年老亲属提供护理服务的一个传统来源——逐渐解体的双重刺激，养老院也许有望迎来旺盛的需求。然而，老年人口规模增长与对公司服务的需求之间的联系是非常复杂的。在 1995 年到 2004 年的十年间，英国居民养老院的老年人数量实际上有所下降，许多居民养老院及其经营者走向破产，尽管在此期间老年人的数量一直在增长。尝试预测对养老院的未来需求也因为老年人的未来保健需要的不确定性而复杂化——未来的老年人会不会更加健康，因此能够在更长的时间内照料自己？他们会做出更大努力在自己的家中而非在居民养老院生活吗？有些养老院（如这一家）看准了这一趋势，现在开始提供延伸的服务，照料那些在自己家里生活的老人。由于政府监管的日益增加以及依实际值衡量的工资水平的上升（这一上升反映了处在工作年龄段的人们相对于老年人数而言所表现出来的稀缺性），运营居民养老院的成本有可能上升。老年人及其亲人们会有多大能力和意愿为居民养老院服务支付费用呢？政府又会多么情愿为养老服务付费呢？苏格兰议会在 2003 年宣布，它将向居民养老院的老年人提供经济资助。与英国的其他地区相比，此举将使得这一服务行业对于苏格兰的经营者更具吸引力。

的早期，人们在很少研究的情形下就将许多新的在线服务发展起来；在那些日子里，亨利·福特的马匹问题其实已经更为突出，大多数客户对自己会如何使用互联网亦不甚了了。因此，为了率先走向市场以斩获“先行者”优势，了解客户和预测需求的过程往往更多地建立在直觉而非严密分析的基础之上。

可供使用的需求预测方法有好几种。定性和定量方法可在适当的场合使用。在预测未来时，要获得一些事实会很难。重要的是高级管理层必须处在能够就未来做出更明智判断的位置，以便为制订战略营销计划提供帮助。

仔细考察历史趋势是需求预测的起点。从最简单的情形说起，公司务必识别在一段时间内历史性和长期性的产品需求变化，并寻求根据某些基本变量——如家庭收入水平或价格水平——的变化来解释这一变化。可以使用相关分析与回归技术评估变量之间的历史关系重要性。不过,简单地外推过去的趋势也表现出一些缺点。用一个变量甚至是少数几个变量预测未来产品的需求很少具有合适性;然而,要识别有影响的全部变量的确是一件难事。随着时间的推移,有可能出现新的变量,不能肯定通过历史数据分析识别出来的趋势在未来会延续下去,随着预测所适用时间长度的增加,趋势预测本身的价值也许会递减。

依据预测客户需求的能力而论,一些预测模型已经变得日益复杂。可以很容易获得用来建立和证实模型的数据的事实为此提供了部分解释。通过增加作为建模基础的数据量和用于预测的变量个数,模型的可靠性也得到改善。

不可避免的是,无论模型有多么复杂,都需要解读。这正是将市场情报与更硬一些的经济方法相结合方面——对营销管理的创造性一面提出了要求。在解释定量型需求预测方面,管理者必须在对市场情势进行整体评估的基础上行使自己的判断。

公司的需求预测努力应该有多么老练呢? 在从事研究方面所花的时间和费用必须与它在更明智的决策之下所能产生的利益相比较。经常碰到的一个问题是:一个没有良好信息基础的决策对公司会有怎样的害处。在开发新服务所涉及的资本成本很低、市场正在迅速变化的情形,不多做研究、径直将新产品推向市场也许有一定的道理。对于许多移动餐饮服务企业来说,此话一点也不假:这类企业可以迅速而又容易地建立起服务设施,并且在需求不能实现的情形下迅速转移。在这种情形下,很少会失去什么东西;但如果企业的所有者花时间进行旷日持久的市场调研, 它们很可能被行事更为直截了当的竞争对手逐出市场。将其与风险高得多的大型基础设施投资所需要的营销调研相对比(机场便属于这类投资中的一例,它的资本成本非常高,寿命期也很长),在后者的情形,研究过程通常会花上好几年的时间,而且会采取多种形式(图 8-6)。

趋势外推

就最简单的情形来说, 企业需要识别产品需求在一段时间内所表现出的历史性和连贯性的长期变化,并寻求根据某些基本变量的变化来解释之。然后,营销计划将寻求

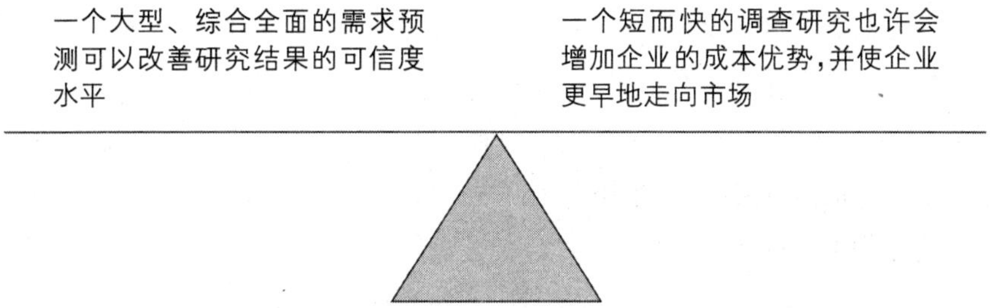

一个大型、综合全面的需求预测可以改善研究结果的可信度水平
一个短而快的调查研究也许会增加企业的成本优势,并使企业更早地走向市场

图 8-6 权衡采取详细需求预测的成本和收益

对这些基本变量的变化进行预测，进而——以这些变量之间的长期关系为基础——预测市场未来的规模和特点。

虽然可以使用相关分析技术识别几个变量之间历史关系的重要性，但外推方法也有一些缺点。首先，以一个变量预测产品的未来需求很少充分，然而，要识别有影响的全部变量的确是一件难事。其次，并不能肯定通过历史数据分析识别出来的趋势会在未来延续下去。趋势外推并未考虑到不连续的环境变化，1973 年的石油价格突然上涨及其对空中旅行需求的影响所导致的变化便是其中一例。第三，趋势外推的价值也许会随着预测所适用时间长度的增加而递减——时间越长，历史性关系发生变化和新变量出现的机会越多。第四，为趋势分析提供分析基础的信息很难收集——实际上，设计营销信息系统中遇到的问题有很大一部分在于识别那些在未来某些时间依然具有相关性的信息类型。

趋势外推至多可以用于计划期限比较短、依存变量的个数相对有限且风险水平相对较低的情形。

专家评议

趋势分析通常被用来预测依存变量给定情形下的需求。在实践中，什么事情会发生在这些变量头上其实是很难预测的。一种解决问题的办法就是咨询专家意见，从而尽可能好地预测可能发生的事情。专家意见依其专业性高低而各有不同，从接受咨询对国民经济状况做一般性预测的经济学家到具体行业的专家都可以提供专家意见。专家意见可以是非结构化的，要么来自组织内部的个人，要么来自外部顾问或咨询师。任何大型组织中的大多数高级经理都会通过各种手段密切跟踪趋势的发展。也可以使用付费与非付费的顾问人员来跟踪各种问题，如技术发展、环境问题、政府考虑以及预期立法等等。大型公司也可以聘请国会议员以及退休公务员担任顾问。此外，还可以雇用咨询公司向公司通报一些具体问题，或在更广泛的基础上帮助公司监控环境。

仅仅依靠个人绘制的未来图画也许是不完整的或扭曲的。不过，也存在一些获得专家意见更为结构化的方法。其中最著名的方法之一也许是德尔菲法。这一方法要求有多位专家参加调查，专家通常来自组织之外，最好互不相识，在调查过程中不得会面或交换意见。公司务必就未来设计一个或几个情景。然后，将有关的情景描述寄送给各位专家。专家反馈有关评论；然后，公司根据收到的专家评论对情景加以修正。这样的过程要反复进行多次，每一次都要对有关情景进行修正。最后，专家们就一个最可能的情景达成共识。很多人相信这比依依靠任何个人得出的结果都要更加准确，因为它汇聚了不受支配性人物影响的多个专家的智慧。

情景构造

构造情景是通过构造为数不多的几个基于不同假设的替代情景来尝试为未来绘制图画。这种定性研究方法是处理难于量化的环境问题的一个手段，这类环境问题之所以难于量化是因为它们本身不那么有结构、更具有不确定性且涉及非常复杂的关系。

在现实世界中，许多不可预知的环境因素相互作用，导致情景看似无穷无尽地排列变换。分析环境因素之间关系的一种方法是交叉影响分析(Cross Impact Analysis)，它为我们提供了一个框架，可以在其中对几个因素变化的综合影响进行评估。图 8-7 给出了几个不同的排列组合，我们可以注意到，其中油价上升到每桶 120 美元的可能性与“外

可能的事件 / 外卡	OPEC 将油价涨至每桶 120 美元	OPEC 崩溃：油价暴跌至每桶12美元	经济下行并转入持续 5 年的衰退	政府引入化石燃料税
新型氢动力引擎减少成本和污染				
“虚拟现实”的发展使人们无需实际去旅游就能获得旅游体验				
飞行与癌症之间的可能联系导致对飞行的恐惧	应急计划			
新一波针对飞机的恐怖活动				

图 8-7 在为未来做计划的时候，一些公司往往要问“如果……会怎么样”的问题。交叉影响分析法使用事件组合来发展特定的未来情景。此举使公司能够考虑特定情景发生的可能性以及这种可能性真正发生之后对公司的可能后果——无论这种后果是正面的还是负面的。在这一图示中，航空公司不仅考虑到油价上升到每桶 120 美元时的后果，还考虑到这一可能性与因飞行与增加的癌症风险之间的关联而引起的恐慌同时发生的联合影响。航空公司应该制订什么应急计划，以防这一情景万一成真？它应该立即裁减其生产能力，直到价格趋于稳定，人们的飞行恐惧减小；还是更应该集中精力为飞机改造进行投资，从而保证运营更有效率且癌症风险降低？

卡"事件中空中飞行相联系的癌症存在相互作用。对于航空公司来说,如果这一情景实现,发展选择将是迅速裁减其客运能力,并集中去做商务旅行和货物运输。

使用不同情景可以让公司明了最可能出现的结果会是什么，并有针对性地进行计划;公司仍然可以发展应急计划,一旦预测到的任何替代情景出现,应急计划就能够迅速实施。

营销情报

长期以来,企业所有者通过非正式的联系网络发展了一种"使自己的耳朵贴近地面(以了解任何新动向)"的艺术。随着商业环境日益复杂,通常需要对这些收集情报的非正式方法加以补充。与市场研究形成对照,情报收集主要是收集一些相对而言无形的理念和趋势,尤其是那些与竞争对手的发展有关的理念和趋势。

一项由吉尔莫、卡森和格兰特(Gilmore,Carson and Grant,2001)从事的研究表明营销经理是如何以一种"非正式的、往往离散的、互动的、相互交换的、整合的、习惯性的、反应性的、个性化的以及高度关注企业的"方式收集情报从而为未来绘制图画的（卡森[Carson]等,2001,第 56 页)。情报来源包括:

- 报纸——尤其是行业报纸——应该定期看一看,公司能够从这些报纸上了解竞争对手的新产品发布计划。

主题思考:在车间现场寻找真正知识?

信息通常被描述为管理者观察世界的窗口,然而,如果管理者是在大公司的总部工作,远离客户和日常运营，情况又会怎样呢？高级管理者与其所管理的服务业务相脱离的事情太让人们熟悉了。BBC 电视系列节目《回到基层》(*Back to the Floor*)邀请一些高级管理人员花几天时间改换角色,去扮演一线员工。在一个案例中,杂货零售商森宝利的高级管理人员似乎没有觉察到客户对购物手推车设计及其可获得性表示的不满。为什么重新设计手推车的需要没有能够通过公司的内部沟通渠道反映上来呢？在另一个案例中，匹克福兹搬家公司不理解为什么客户需求发生小变化的时候公司会表现得如此不灵活。当然，小企业的经理们一般不会有这样的问题,因为他们都与客户保持定期联系,并不需要结构化的信息管理系统为他们提供一个观察世界的窗口。他们在保持与客户联系方面所取得的成功导致许多大型企业去模仿他们的某些做法。"走动管理"已经成为高级管理人员获得与环境有关的信息的流行做法，直接从结构化的报告系统获得这类信息却并不是一件轻而易举的事情。有些公司采取了一种正式的角色转换系统,借助这一系统的安排,高级管理者们可以在业务活动的现场体验一段时间。

- 有许多专业媒体剪辑服务，它们对一些出版物做定期审查，并且提醒企业注意一些符合预定标准的事项。
- 员工是宝贵的营销情报来源——尤其是员工与客户有定期接触的服务组织。销售人员可以作为组织的耳朵和口舌。除了非正式地听取一线员工的汇报之外，企业还通常使用员工建议计划和质量管理小组来获得市场情报。
- 类似地，中介机构离客户也非常近，通常可以通过讨论会、咨询会和其他非正式沟通方法来鼓励它们讲述自己的观察。

当某公司认为自己没有资源从事以上活动时，它也可以聘请咨询公司定期介绍市场发展。

市场情报可以为公司积累知识做出很有价值的贡献。作为以知识为基础的组织的一个结果便是常被人们称为"学习型组织"；而在学习型组织中，最大的挑战便是在公司层次了解组成组织的个人都知道些什么。

8.6 竞争对手分析

任何培育竞争优势的计划都必须以针对谁是公司竞争对手这一问题的理性分析为基础。首先，竞争对手是谁看似再明白不过；但正如西奥多·列维特所指出的，目光短浅者可能将目标锁定在直接的竞争对手身上，而忽视了间接的和不那么显而易见的竞争之源可能带来的更重大威胁。20世纪30年代，当一些铁路公司将其他铁路公司视为主要竞争对手的时候，他们却忽视了更重要的竞争会来自那些以道路为基础的运输服务运营商这样一个事实(列维特[Levitt]，1960)。再来看看更近一些的例子：一些银行已经认识到它们的竞争对手不仅仅是其他银行或其他金融服务提供商，而且包括任何有强大品牌声誉和客户基础的组织。一些超级市场、航空公司和汽车公司通过这些组织发展了各自的银行服务业务，从而与主流银行形成竞争。

即使不去考虑出现新的市场进入者的可能性，识别直接和间接的竞争对手仍然是可能的。直接竞争对手从形式上看一般都很相似，它们会以类似的方式满足客户的需要。间接竞争对手也许会以不同的形式出现，但满足的却是本质上极其相似的需要。图8-8所示为各种服务、服务所满足的基本需要及其直接和间接竞争对手的例子。

考察包含间接竞争对手的更大范围是非常重要的，因为，客户基本上是在寻求满足一些基本需要，它们可以以多种方式满足。许多客户并不需要银行——他们需要的只是一种提取现金的服务，这种服务大可以由超级市场或一个加油站来提供。新竞争对手的准确形式也许会大不同于传统的服务形式，但依其在客户心目中的定位，新服务同样可以排在很高的位置。如果一位客户需要银行只不过是因为需要提取现金，那么在可及

产品	典型的基本需要	直接竞争对手	间接竞争对手
国外度假	休闲	竞争的旅游经营商	花园保护地
餐馆就餐	社交聚会	其他餐馆	家庭娱乐场合享用的现成美食
电视节目	娱乐	其他电视节目	互联网服务提供商

图 8–8 各种服务、服务所满足的需要及其直接与间接竞争对手的例子

性、受信任程度以及使用便利上，超级市场在他们心目中也许会有更优越的地位。

麦克尔·波特的产业竞争力模型确定了市场上的各种影响力之源，它们可以影响公司产品相对于竞争对手产品而言的市场定位（波特[Porter]，1980）。有五种作用力需要我们评估：

- 新进入者的威胁；
- 替代产品的威胁；
- 竞争厂商之间的竞争强度；
- 供应商的力量；
- 购买者的力量。

在许多服务模仿起来很容易的情况下，定位策略（第 2 章讨论过）在许多市场却变得复杂得多，这一点其实不足为奇。近年来，英国出现了很多银行进入汽车租赁业、燃气供应公司向汽车维修服务业延伸以及杂货零售商变成互联网服务提供商的例子。

8.7 服务淘汰

除了保有成功服务以及为新服务投资之外，服务组织还应该有勇气淘汰那些从总体上看对组织不再有好处的服务。好的产品组合管理取决于可靠的营销信息，以表明某个产品会在什么时候不再能够实现其目标。

一般来说，服务有一种“增加”而非减少的倾向，因此，许多服务并不会消亡，只会逐渐淡出，白白消耗组织的资源，这些资源本来也许可以更好地用在其他地方。“旧的”服务甚至不能抵补管理成本。此外，还需要考虑到的是，支持垂死的服务还会发生一些隐性成本：

- 不成比例的管理时间也许要花在这些服务上，这也许会滞后对新服务的搜寻。
- 在服务不能被淘汰和对服务的需求为规则的情形，所要求的“生产”运行也许时间很短且相对不经济。
- 它们往往要求频繁的价格调整（在涉及有形产品的情形，还可能包含库存调整）。

企业因此要有一个包含服务淘汰决策的营销计划系统。不过，将淘汰服务假想为一个简单的过程的确很天真。实际上，有多个理由解释为什么不可能遵循合乎逻辑的程序行事：

- 企业在决定是否需要考虑淘汰一项服务时通常得不到它所需要的信息。即使组织已经意识到潜在的淘汰对象，它并不将它淘汰的理由也许是不为人们所知的，管理者们只能听之任之，希望短期问题会自动得到修正。
- 经理们会变得对服务感情用事，希望当市场状况改善的时候销售会有所提振。有时候，有人会指责说，营销策略中的某些特别成分看不到成功之处；也有人相信，在广告或定价上面（举例来说）做一些改变也许会改善局面。
- 在组织内部，寻求淘汰一项服务也许存在争权夺利上的困难。有些人在某项服务上存在既得利益，也许会反对淘汰服务的努力。事实上，有些人也许会掩盖服务表现的事实真相，以保证淘汰的做法根本不被考虑。
- 最后要说的是，有时候存在这样的担心：其他产品和服务的销售是与要淘汰的服务捆绑在一起的。例如，关闭新车销售部的汽车经销商接下来也许会失去其保养与维修部门的业务。此外，有些候选淘汰对象也许是销售给少数重要客户的，这也许会导致这样的担心：淘汰这些服务会导致整个业务关系流失到其他仍然提供被淘汰服务的服务提供商那里。

许多公司采用零敲碎打的方式解决淘汰服务的问题，只在服务一旦被视为赔钱的项目时，或在有某种危机导致裁减能力时，才考虑淘汰服务的事情。因此，需要有一个系统解决问题的方法。应该根据销售额、盈利能力、平均成本、市场份额、竞争对手市场份额以及竞争对手的价格等等对每一项服务定期进行评估。

在获得相关信息之后，组织可以使用几个测量指标识别其服务组合中“弱”的成分。有些指标与糟糕的销售表现相联系，有些指标与糟糕的利润表现相联系，其他指标则与更为一般的危险信号——如新竞争对手的进入或用在某项服务上越来越多的管理时间相联系。这些警示信号的出现只是表明需要做进一步考虑，以及要么修改服务、要么全部淘汰的可能性。识别“弱”的服务并不自动意味着需要淘汰。

决定哪些产品要淘汰的一个可能方法是发展和实施产品/服务保有指数。这一指数包含好几项因素，公司根据这些因素中每一项的重要性单独赋予权重。然后，按照每一

因素权重(FWi) (10=高;1=低)	因素	产品/服务得分(SRi) (10=高;1=低)
7	产品/服务的未来市场潜力?	4
7	修正后能够得到多少好处?	6
6	营销策略修正后能够得到多少好处?	5
6	放弃产品/服务可以释放多少有用的管理时间?	8
5	公司在其他方面的机会有多好?	7
4	产品/服务除去直接成本之后有多大贡献?	3
4	产品/服务能为其他产品/服务的销售做多大贡献?	5
	产品/服务保有指数 SRI = FWi × SRi 之和	

图 8-9 产品保有指数的一个例子

因素对每一项服务排序,由此得到的产品保有指数等于产品的加权指数之和。图 8-9 所示为产品保有指数的一个例子。

淘汰服务的另一个方法是:公司可以通过调整营销计划来考虑几个可以相互替代的产品振兴方案。调整项目包括:

- 修改服务模式/市场定位;
- 提价(如果需求相当缺乏弹性,这也许是一个好主意);
- 降价(如果需求很有弹性,这也许会很有用);
- 增加促销支出以刺激销售;
- 减少促销支出以降低成本;
- 修正促销组合;
- 增加销售队伍的努力以提升销售额;
- 减少销售队伍的努力以降低成本;
- 改变分销渠道;
- 改变物流系统(存在相当多有形成分的情形);
- 从事另外的营销调研来为服务寻找新市场——此外,这也许会带来与成功的服务为什么会走向衰落相关的信息;
- 向另一家更适合提供服务的公司授予提供服务的特许权。

另一方面,如果选择淘汰服务,还需要就如何实施淘汰进行决策。这并不总是一项简单的任务,可能的选项包括:

- “一夜之间”毫不留情地淘汰。这里潜在的问题是,仍然可能会存在一些使用该服务的客户。他们会如何反应呢?他们会将业务转移到竞争对手那里去吗?他们会将含有此项服务的服务组合中的其他服务业务一起带走吗?

- *提价并让需求逐渐萎缩*。这可能意味着公司会在需求仍然存在的情况下挣得可观的利润。
- *减少甚至完全终止促销活动*。这同样可以起到在需求仍然存在的情况下增加盈利的作用。

不管做出什么样的决定,组织都必须考虑决策的时机,其中要考虑的因素包括:

- *存货水平*。尽管纯粹的服务不能库存,服务要约中的有形成分还是可以有存货的。当它们构成服务要约重要成分的时候,决定何时淘汰服务就需要将这些因素纳入考虑之中,以避免留下以后卖不出去的存货。
- *通知客户*。一般来说,企业最好通知客户服务很快要淘汰了。采取这样的政策至少可以让人们有时间去做替代性安排,另一个附带好处便是企业可以促进自己"关心"客户的形象。有些淘汰服务的声明甚至还具有提高服务知名度的效果,有助于建立长期可持续的需求(如宣布取消伦敦至苏格兰的火车卧铺服务的提议导致短期需求激增)。
- *资源*。管理者应该尽快将所释放的资源(尤其是劳动力)转移到其他服务上。这不仅可以消除资源闲置的可能性,还可以激励那些士气原本有所下降的员工。
- *法律影响*。淘汰服务也许会引致法律责任。在供应商的情形,组织无论采取什么样的服务淘汰策略,也有义务维持供应(例如,旅游度假运营商也许受合同的约束必须在某个季节的剩余时间也为客户订购机票)。在客户的情形,如果合同没有到期,也许不可能取消受一份长期合同约束的服务。这一点对于金融服务部门来说特别重要;在金融服务部门,住房抵押贷款和养老金计划通常不允许服务生产者有单方面取消供应的便利——即使一项养老金计划需要30年才能到期。

上述因素意味着企业在决定是否需要将服务从服务组合中淘汰方面握有一定的选择。事实上,哈特(Hart,1988)针对英国公司淘汰产品展开的一项研究发现,管理者们一般是为他们控制不了的情势所迫才做出淘汰决定的。最近的一项研究发现,采用系统性的研究方法,通过跨学科团队研究淘汰决定,使得做出决定与实施决定之间的时间尽可能短,是"成功淘汰"的重要维度(高纳瑞斯[Gounaris]等,2006)。通过仔细研究市场环境以及评估当前要约、市场和未来可能之间的匹配性,经理们可以有更多的时间来考虑、计划和实施服务淘汰,同时将收益损失降至最小。

本章总结及与其他章的联系

大多数服务组织所处的商业环境正在变得越来越骚动不安，经济、社会、政治和技术环境的变化有时候导致一些昨天人们还在竞相追逐的服务到了明天就变得无人问津。不对自己的服务要约范围进行调整以满足变化中的客户需求和适应变化中的技术生产可能性的公司，有可能落败于那些更为灵活、敏捷的公司。成功的新服务开发呼唤系统性的过程，向这一使命投入的资源依服务部门的不同而不同。除了要有开发新服务的策略之外，企业还应该制订淘汰那些变得不能盈利的服务的策略。

本章强调成功的新服务开发要求跨部门的协调，我们将在第 10 章回头讨论这一主题。新服务开发的焦点往往是服务际遇本身(第 3 章)，或者是使之更容易为客户所及(第 5 章)，我们已经看到互联网如何使多种新服务得以开发(第 4 章)。新服务开发通常是围绕公司的关系建立策略来设计的——公司应该开发什么样的新服务，以获得客户总支出的更大份额(第 7 章)？最后，公司需要推广新服务所具有的独特利益，我们将在第 13 章回头讨论这一主题。

复习题

1. 服务员工离客户最近，因此应该是一个新服务开发的好创意来源。试讨论如何将这一新服务开发过程的投入的收益最大化。

2. 就创新和新服务开发对于以服务为基础的组织(与制成品生产企业相比)来说是更容易的任务这一观点展开讨论。

3. 对某航空公司预测一条拟议中的新长距离航线的旅行需求所能使用的各种可能方法进行评价。

实践活动

1. 对你所在地的邮局做一番考察。在许多国家，随着政府对邮政服务解除管制，邮局正在经历转型，许多传统上由邮局执行的职能已经改为在线执行。请为邮局可能提供的新服务出出主意。你会考虑淘汰哪些服务？分析可能影响到你的新服务/淘汰决策的经济、政治、社会和技术因素。

2. 考虑一项你所熟悉的表现糟糕的服务，比方说，似乎在空车运行的公共汽车服务，或者是选课学生人数在下降的一门大学课程。试考虑淘汰所选择服务的好处。如果你认为有理由淘汰服务，请制订淘汰它们的最为成本有效的策略，以保证既能维护服务提供商的声誉，又能留住尽可能多的客户。

3. 如果你在一所学院或大学学习一门研究课程，请就学院或大学可以提供的新服务或可以做出的服务改进谈谈你的想法。探讨你的想法如何能够有效地传递给高级决策者，并指出实际实施你的想法可能碰到的障碍。

案例研究:3G 移动电话公司能够从"兔子"那里学到些什么吗?

移动电话部门在 20 年前艰难生存,但在走过其短暂的历史之后,这一部门所经历的成长让人们刮目相看——在 2006 年,三分之二以上的英国人拥有了移动电话。高速成长也给有关公司带来巨大的风险——尤其是在新技术排挤先前应用的技术的情形,这会要求越来越多的资本投入,而且,就新技术做前期投资之后,在很长一段时间之内不要指望从客户那里获得回报。

许多评论家将第三代(或"3G")技术视为整个新移动技术世界的关键,在这一技术世界中,移动电话不仅被定位为一种语音通讯手段,而且被定位为至关重要的商务、休闲和信息工具。2000 年,英国政府举行了一次拍卖,拍卖品为 5 份新的 3G 移动电话许可证,移动电话公司为之支付了 220 亿英镑。它们能够收回其巨额投资吗——这些投资不仅用在购买许可证,而且用在为支持新的 3G 网络所需要的基础设施建设?

2003 年,以香港为基地的和记黄埔公司成为通过其"3"网络在英国推出 3G 服务的第一家公司。新服务的推出一直有关于无线网络和视频能力的无休止的大肆宣传相伴随。在客户的移动电话上连绵不断地直播的视频和足球赛剪辑将改造世界,全新的移动广告媒体世界即将到来。移动定位服务一直是移动电话行业中的一个小的、成长中的部门。在一项针对英国移动电话部门的研究中,洞察力咨询公司(Insight)注意到,2004 年 3 月沃达丰公司的移动定位服务占到总收益的 1.9%, 差不多在前一年 1%的基础上翻了一番。定位技术似乎是基础型的增值数据服务。即使是一些紧急服务也因 3G 精确指示呼叫者位置的能力而坐享好处。到 2004 年,英国各紧急服务处接到的呼叫有 60%是通过移动电话打入的;不过,在许多情形下,打电话者并不确切地知道他们自己在哪儿,而救护车和消防队只知道大致的位置。

不过,在先是经历了推出新电话和新网络方面的长时间滞后、接着又目睹了客户接受早期服务的缓慢之后,"3" 在 2004 年却发现自己集中精力处理的却是一些更加平常的营销问题,如老式语音电话的成本问题。招徕新客户的成本很高,日本投资银行野村的电信业分析师马克·詹姆斯估计,"3" 在头一年获得客户的成本是每位客户 600 英镑——这大约是欧洲平均水平的 4 倍。

最初,技术故障、手机的高价格以及糟糕的客户服务都因为手机供应短缺而成为越发让人头疼的问题。但"3" 致力于在其竞争对手推出 3G 服务之前抢占市场份额,几乎有些置成本于不顾。2003 年,随着 LG 制造的非常吸引人的、轻巧的银色翻盖手机的推出,公司的"抢地盘"计划得到强力推进。仅仅在一年以前,这些手机的成本还在 400 英镑以上;而现在,有一个慷慨大方的费率体系作为支持,"3"可以免费提供手机,客户每月花 25 或 35 英镑可以在任何网络使用 500 或 750 分钟的语音服务。

分析师们估计，已经在不成熟的技术上花了220亿美元赌注的和记黄埔公司看到了一个世界范围的3G烧钱行动——每天大约1亿港元(1280万美元),市场对3G风险的担忧开始使该集团的股价受挫。2004年6月，公司已经失去了关键股东中的一家——重量级的日本公司NTT DoCoMo,该公司将其所持有的英国"3"公司20%的股票回售给和记黄埔公司,其初始投资损失了90%。不过,和记黄埔公司的钱袋很深,可以为昂贵的3G服务推出活动提供资金——虽然它有净借入(其中大多数为长期债务),而2003/2004年度的账面显示它在资产负债表上有1110亿港元(80亿英镑)的现金。

更让许多评论家们感到担心的是和记黄埔公司的战术对羽翼未丰的3G产业的影响。在3G服务推出之时,"3"特意强调其"新奇"的特点;然而,仅仅一年之后,它却越来越强调其呼叫计划让人买得起用得好这一更为平常的特点。准备推出自己的3G服务的竞争运营商本来打算一开始为自己的技术讨一个好价钱,不过,问题是:"3"已经在以要命的价格为其电话和服务定价——其服务包括提供ITN新闻和英超足球联赛剪辑以及其他一些特点。他们抱有的最好希望是"3"的运营模式被证明是不可持续的。毕竟,任何人都可以得到客户——如果他们实际上是在将产品免费送人的话。

和记黄埔公司在移动电话市场冒巨大的风险并不是头一回。20世纪80年代,它在英国推出了名为"兔子"(Rabbit)的半移动型"电信点"电话网络。这类网络允许呼叫者使用一种小型手机,在离基站150米远的范围内向外打出电话,基站一般设在火车站、商店、加油站等公共场所。如许多突然之间产生的新市场的情形一样,运营商注意到拥有早期市场份额领先地位所具有的好处。在所有其他方面相同的情况下,觉察到一个网络比任何其他网络都有更好可获得性的客户将更愿意选择这一网络。运营商看到,由此可能生出一种从众效应——晚进入市场者很可能要参与代价高昂得多的市场挑战者游戏。

这些便是"电信点"概念没有严格地试营销的发展速度。对于许多人来说,发展太多以产品为先导,对购买者行为和竞争压力理解不够。四家公司中的每一家都在强力推出自己的技术,很少有意愿或很少有时间讨论行业标准手机,这最终导致市场以更快的速度成长,促使运营商削减成本。

压垮"兔子"网络的最后一根稻草是英国政府将签发新一代个人通讯网络许可证的提议公之于众——这一类网络具有额外的好处,可以允许电话打入打出,并且不受有限基站范围的局限。此举本身并不会让人们推迟购买新的"兔子"手机,但它的确具有使在这一网络的新投资戛然而止的效果,这将使得现有网络处于一个上不着天、下不着地的状态。

蛙跳式技术——它已经将和记黄埔公司的"兔子"网络一扫而光——的论点会随着3G技术一道再次现身吗？到2006年,下一代移动电话服务已经处于发展之中,日本已经率先进行 4G 的试验,有望实现更强大的功能和更高的信息传递速率。国际电信联盟(ITU)所定义的 4G 必须达到至少 1Gbps 的静态数据传输速率和 100Mbps 左右的动态数据传输速率。在神奈川进行的现场测试中,日本电信公司 NTT 获得的试验结果是:在 30 公里/小时的运动速度之下,最高传输速率为 300 Mbps;在距离基站 1 公里的范围内,平均动态传输速率为 135Mbps。

从更为实际的观点来看,3G 电话技术也受到其他替代性无线接入服务发展的挑战——尤其是 WiFi。许多公司,如 T-Mobile 公司,已经开始提供移动 WiFi 服务,它可以允许用户登录到一个当地接入点查看电子邮件和浏览互联网。"VOIP"电话服务的订购者们实际上也可以通过 WiFi 接入点打免费电话。对于许多商务旅行者来说,在使用笔记本电脑的情形,与使用 3G 电话连接方式相比,使用 WiFi 接入方式检查电子邮件似乎是一个更吸引人而又并不那么昂贵的选择。有可能变得更吸引人的是更远距离 WiMax 服务的发展,它的服务范围可以延伸到 WiFi 服务范围的非常有限的 50 米之外。当英国政府在 2006 年宣布将对本国 WiFi 网络的发展实行许可证制度的时候,3G 服务面对的压力也骤然增加。

3G 会不会在成功地推出和盈利之前就成为明日黄花呢?短命的"兔子"网络的历史会不会重演呢?"3"网络的主人和记黄埔公司不能从"兔子"的失败上学到点什么吗?抑或和记黄埔公司应该指出它先前在另一项冒险上的记录——20 世纪 90 年代初在英国推出橘子网络(Orange network),批评家们最初将其归结为代价高昂的败笔,然而,它接下来却成为英国最强大的移动电话品牌之一?

问 题

1. 评价移动电话公司评估购买者对新服务特征——如需求中的视频功能——的反应可以使用的方法。

2. 总结促成"电信点"服务消亡的各种环境因素。3G 电话运营商所面对商业环境中的主要挑战是什么?

3. 在没有高级电信基础设施的不发达国家推出 3G 服务会有什么不同?

第9章

服务质量

学习目标

阅读本章之后，你应该理解

- ❖ 服务质量在服务利润链中的重要性
- ❖ 服务质量、客户满意度和价值之间的联系
- ❖ 服务质量研究的主要范式：单看表现的衡量、失验模型和重要性—表现法
- ❖ 制定服务质量标准所使用的方法
- ❖ 研究客户的服务质量期望以及监督服务表现的质量所使用的方法

9.1 引　言

服务质量这一议题近来越来越多地为商界和学术界所关注。当然,购买者对于服务质量的关注从来都未曾消减过；但许多服务市场越来越激烈的竞争导致消费者在选择服务时更加挑剔。研究服务质量比研究商品质量更为复杂,本章将对评估服务质量的各种概念性框架进行考察。由于服务缺乏有形表征,衡量服务质量的任务会很困难,本章将讨论几种可能的研究方法,包括一些综合性服务质量模型及其使用上的局限性。了解对于客户来说重要的服务质量评价维度比在一般商品的情形下更加困难——服务可能在精神上和物理上都是无形的,这就使得公司更难了解客户期望,而客户却是对照这种期望来评价一项服务的。定义服务质量时碰到的进一步问题在于客户往往只重视服务提供商的质量,而将服务提供商与服务要约截然分开——在商品销售的情形,这两者却是很难分开的。除了讨论与服务质量衡量有关的问题,本章还将探讨公司如何设立质量标准和实施质量管理计划。

9.2 服务质量的定义

质量是一个极难用三言两语定义清楚的概念。事实上,这一概念在商业领域的广泛使用也仅仅是近五十年来的事情。这并不是说，质量的基本概念并不具备历史重要性——恰恰相反,“价值”一词原本更有可能涵盖了现在被我们以“质量”二字来描述的概念。一项提供很高消费利益的产品可以说具有相对高的价值。将质量本身作为重要的商业理念来讨论始于第二次世界大战之后的早期年代,在制造业环境中展开,一些像德明(Demming)这样的质量理念倡导者将关注的重点放在测量、监督和矫正流程表现的既定水平偏差上。关于服务质量的探讨亦受到“遵从要求”思想（克罗斯比[Crosby],1984)的影响。这意味着组织必须制订明确的要求和规定;要求和规定一旦制定,组织的各个职能部门要达成的质量目标就必须与这些规定严格保持一致。即使如此,还会存在以下问题:谁的要求？谁的规定？服务质量的第二类定义将质量描述为与实用性相关的一切因素(朱兰[Juran],1982),这一概念主要是以满足客户需求为基础的。也可以通过客户感知的质量将上述两个定义结合起来——质量只能由客户定义，只有在组织按规定提供满足客户要求的商品或服务的情形才会有质量可言。商品和服务的质量有着相同的概念基础。不过，在服务上理解客户的需求和期望的问题则要大得多，而客户的需求和期望却是评估的基础。服务的不可分性意味着服务由消费者和生产者共同生产，因此，消费者往往必须为他们所接受服务的质量承担一部分责任——这一现象对于制造业企业则很少见。最后，许多服务过程的无形性和复杂性使得其质量的衡量比制成品质量的衡量要困难得多。

许多服务质量分析尝试区分质量的客观衡量指标（往往出自制造业所使用的一些研究方法）和以客户更为主观的感知为基础的指标（属于服务质量研究文献的一项重要贡献）。斯旺和库姆斯（Swan and Coombs，1976）的定义区分了服务质量的两个重要维度——“工具性”质量描述服务的有形方面，而“表现性”维度则与服务的无形的或心理的方面相联系。格鲁诺斯（Grönroos，1984a）在这一理念的基础上进一步发展，对“技术性”和“功能性”质量加以区分。技术性质量指客户在与服务公司互动中所接受的服务可以相对量化的方面。由于客户和服务供应商都可以很容易地衡量它，它因此也成为判断服务质量的一项重要基础。技术性质量的例子包括在超级市场等候结账的时间和火车服务的可靠性。不过，这些并不是构成感知到的服务质量的仅有要素。由于服务涉及直接的消费者—生产者互动，消费者往往受到技术性质量交付方式的影响。这便是格鲁诺斯所描述的功能性质量，它不能如技术性质量一般为人们客观地衡量。在超级市场排队结账的案例中，功能性质量亦受这样一些因素——排队发生的环境和客户对超级市场员工处理客户排队的方式的感知——的影响。格鲁诺斯也认识到服务企业的公司形象在定义客户对质量的感知上的重要性，而公司形象则建立在技术性和功能性质量的基础上。图9-1所示为将格鲁诺斯关于服务质量的思想应用于眼镜店的经营实践的情形。

如果将质量定义为服务满足客户需求的程度，仍然还会存在弄清楚这些需求是什么的问题。由于在评价质量方面缺乏一些容易为人们所理解的标准，客户明确表达自己的需求以及生产者让所提供服务的质量水准为人们所知晓都比商品销售的情形更加困难。与商品（其质量的技术性方面占主导地位）相比较，服务的质量是一个高度抽象的概念。因此，许多关于服务质量的构思都是从研究客户对服务质量的抽象期望开始的。客户会将服务质量判断为所感知到的服务交付与其最初期望相匹配的程度。如此，一项在某些人看来属于中等水准的服务在相对于低期望做比较的时候也许会被视为高标准服务，在相对于高期望做比较的时候也许会被视为低质量服务。要了解形成服务质量期望的过程还需要做大量的研究，这一点将在本章后续部分加以讨论。

服务的生产和消费一般同时发生这一事实使得对服务质量的分析复杂化，因为服务的生产过程与服务的结果往往是同等重要的。格鲁诺斯（Grönroos，1984a）指出，制成品的购买者见到的只是制造商的一些传统营销组合变量，如产品、价格、分销渠道以及这些信息是如何传递给他/她的。通常，生产过程不为客户所见，它因此也不能作为评

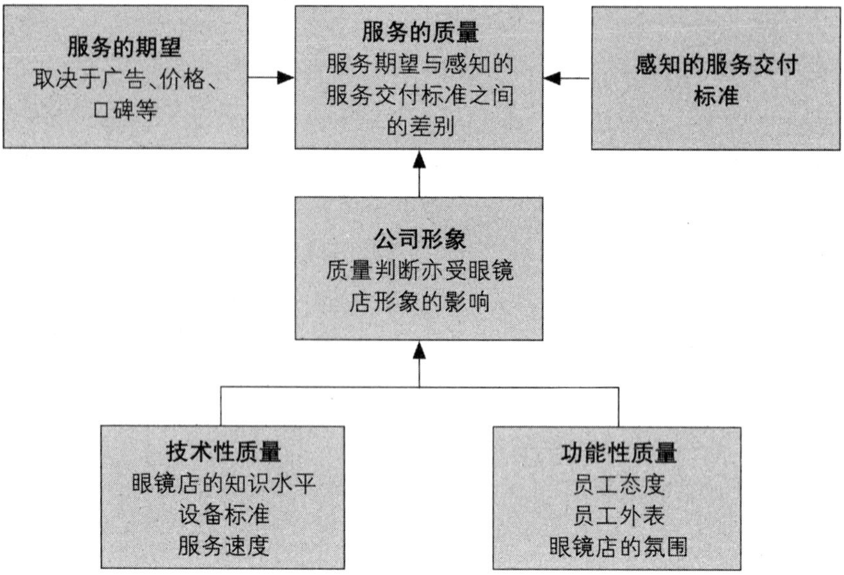

图 9-1 在眼镜店的经营中客户对技术性与功能性质量的感知(based on Grönroos,1984b)

价质量的基础。与此相对照,服务的不可分性则使得生产过程成为一项评价质量的重要基础。

理解和管理服务质量的一个进一步问题源于大多数服务的无形性、易变性和不可分性,这便导致一系列独具特点的买卖双方交换活动,没有两项服务会以完全相同的方式提供。有人指出,服务的无形性以及人们感知的风险都会影响人们的期望。一项对长途电话服务、书店和比萨饼店服务的研究表明,服务的无形性影响人们对服务质量的期望(别科[Bebko],2000)。通过管理客户在购买一项特定服务时所感知的风险可以为管理客户期望提供便利。

质量和满意度

通过阅读文献可以发现,质量和满意度这两个术语似乎经常被交换使用。尽管这两个概念相互联系且看上去在融合,但这两个词之间的相互关系和它们的前因后果在我们的理解当中还是有差别的(奎因[Gwynne]等,1999)。根据克洛宁和泰勒的研究(Cronin and Taylor,1992):

> 对于管理者和研究者来说,质量和满意度之间的差别都是很重要的,因为服务提供商需要知道他们的目标是使消费者对其服务表现感到满意还是交付最高水平的客户感知服务质量。

奥利弗(Oliver,1997)认为满意是"紧随着一种失验体验之后的情感反应"。格蒂和汤普森(Getty and Thompson, 1994)将满意定义为"消费者在其特定服务交易或体验的期望被确证或不被确证时所经历的总体心理状态"。鲁斯特和奥利弗（Rust and Oliver, 1994)指出,客户满意或不满意——一种"认知或情感反应"——是作为对某一类单一的或长期的服务际遇的响应而出现的。满意是一种"消费后"经验,它将感知的质量与期望的质量相比较；而服务质量则指对某公司服务交付系统的总体评价（安德森和福内尔[Anderson and Fornell], 1994)；帕拉苏莱曼[Parasuraman]等, 1985)。感知的质量则被视为一段时间内所累积的与服务经历上的优越性相联系的全局性的、表达个人态度的判断(格蒂和汤普森[Getty and Thompson], 1994)。这样,它在本质上是动态的,并不因交易而不同(帕拉苏莱曼[Parasuraman]等, 1988)。

毫不奇怪,关于满意度与质量概念架构之间关系的性质存在许多争议。尽管主流研究认为,服务质量是客户满意极其重要的前提(帕拉苏莱曼[Parasuraman]等, 1985)；克洛宁和泰勒［Cronin and Taylor], 1992),但也有证据表明,满意度也许是服务质量极其重要的前提(比特纳[Bitner], 1990)。无论采用哪一种观点,从任何一个方向来考察,满意度与服务质量之间都存在很强的联系。满意度影响对服务质量的评价,对服务质量的评价亦影响满意度(麦克亚历山大[McAlexander]等, 1994)。而且,这两者对于帮助购买者建立其未来购买意向都起着重要作用。在一项关于质量与满意度之间关系的实验性研究中,亚科布齐、奥斯特隆和格雷森(Iacobucci, Ostrom and Grayson, 1995)得出结论:这两个架构之间的关键差别在于,质量与管理性的服务交付相联系,而满意度则反映了客户对该服务的体验。他们认为,不以客户需求为基础的质量改进不会导致客户满意度的增加。

有人指出,客户对落在一定允差区域内的质量水平持无所谓态度,只有出乎意料的高服务质量才对他们有激励作用,这又进而导致"欣喜"。也有证据表明,即使是满意的客户也可能不回到服务提供商(布雷迪和克洛宁[Brady and Cronin], 2001)。有人也曾讨论是否服务的某些特点会导致客户满意而另一些特点会导致不满意（盖洛威[Galloway], 1999)。一般的看法是,在某个成分上达到标准或实现改进将导致满意,但这一成分的缺位或减少不会导致不满意。反过来,在另一个成分上达不到标准也许会导致客户不满意,尽管它的存在并不一定导致满意和反复购买。传统的研究方法是以线性假设为基础的,那就是说,它们假定在所有响应上都会产生一致的反馈。然而,有些研究提供的证据表明,与优秀表现的良性影响(或"客户欣喜")相比,糟糕表现的不良影响会产生更大后果。糟糕表现的口碑效应数倍于正面表现的口碑效应的说法为可能的非线性效应提供了证明(克洛宁[Cronin], 2003)。

斯旺和库姆斯(Swan and Coombs, 1976)注意到:消费者通过一个有限的特征集合来判断产品,有些特征在决定满意度上相对重要,而其他特征虽然对于消费者满意度并不很重要,但它们却与这些方面的服务表现不令人满意时的不满意度相联系。对于银行而言，增加分支机构的数目也许并不构成一个可以鼓励客户在该银行更多花销其预算的满意因素。然而,减少分支机构的数目却会成为一个降低行为意向的不满意因素。在一项针对英国零售银行业务部门的研究中发现，诚信问题以及——在较小程度上——可靠性问题可能成为不满意因素。客户会认为这些是所有银行应该达到的起码标准,达不到这些标准的银行就会令他们不满意(约翰斯顿[Johnston],2001)。

9.3 服务利润链

提供高质量服务会对银行的盈利能力有什么影响?这是一个重要问题,它导致人们围绕改善组织价值创造过程的方方面面所能获得的经济回报展开深入研究。改善服务质量有助于提高盈利能力这一理念最好是通过服务利润链的概念来解释（图 9-2)。有些研究寻求解释在向外部客户交付服务的过程中，内部相互交易服务的员工群体对盈利能力的贡献(如帕拉斯克瓦斯[Paraskevas],2001)。

相当多的研究为服务质量改善与财务表现改善之间的联系提供支持。一项研究发现,依美国客户满意度指数(ACSI)衡量的客户满意度与公司的股票市场市值之间存在显著联系(福内尔[Fornell]等,2006)。一项在英国进行的大规模、大范围的实证研究表明，与更高客户满意度相联系的服务提供商比起那些表现逊色的服务提供商有好得多

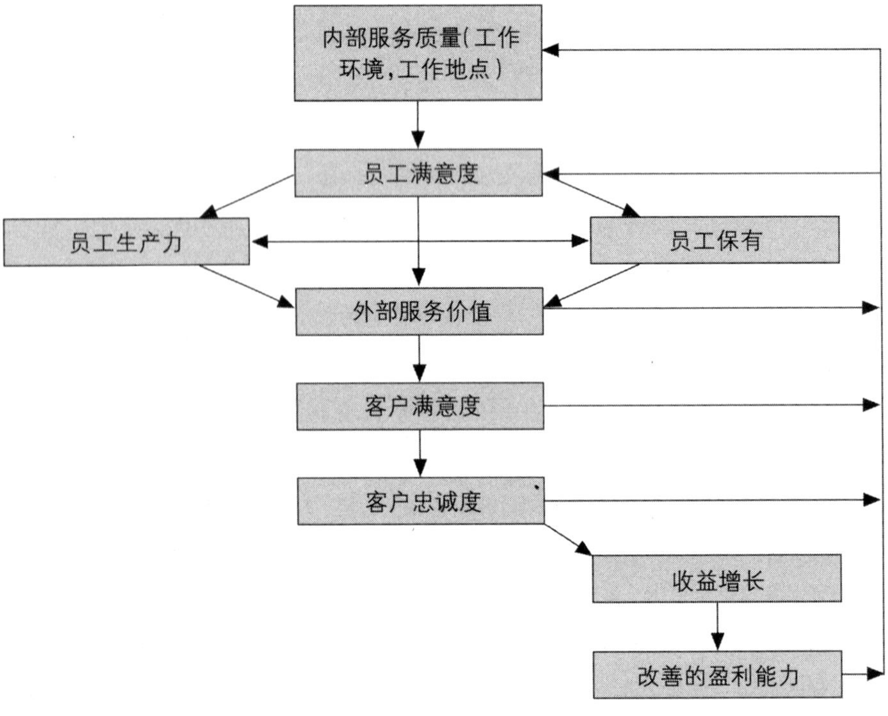

图 9-2 服务利润链(adapted from Heskett et al.,1997)

的资产回报，这一结论既适用于小型组织，也适用于大型组织（贝茨[Bates]等，2003）。

有几项研究寻求建立满意度与忠诚度之间的联系。在一篇研究忠诚度的论文中，迪克和巴苏将满意度视为相关态度的前提；若没有对一个品牌的满意，与其他可获得的替代品牌相比较，客户将不会对该品牌持称许态度，因此也不会倾向于再购买（Dick and Basu，1994）。亦有人以相同方式对客户满意度与忠诚度之间的联系展开研究（如福内尔[Fornell]等，1996）。第7章曾经提到，与招徕新客户来替代离开的客户相比，公司牢牢把握忠诚的客户获得的利润会多得多。

满意的反面——不满意——一直被视为客户离去或中止购买的主要原因。蔡萨姆尔、贝里和帕拉苏莱曼（Zeithaml，Berry and Parasuraman，1996）指出，当客户对公司的服务质量有一个嘉许性评价时，客户与公司的关系就会被强化；当客户给出的是负面评价时，这一关系就会被削弱。他们认为，对服务质量的好评将导致诸如"称许该公司"以及表达对该公司有一种不同于对其他公司的偏好之类的嘉许性行为意向。在一项早期研究中，蔡萨姆尔、帕拉苏莱曼和贝里报告了以下的结果：服务质量与即使在价格上升的时候仍支付溢价并保持忠诚的意愿之间存在正面关系。

许多对满意的结果的研究衡量诸如推荐一项服务或再购买一项服务的可能性之类的行为意向。不过，也有人注意到以意向为基础预测实际行为的危险（如纽伯里[Newberry]等，2003）。考虑到大多数服务市场竞争程度的加剧，以良好的服务培育出来的忠诚度为基础的行为意向不堪一击。这要归因于好几个因素，其中包括客户可获得更多选择和更多信息、许多服务类别的"商品化"以及竞争程度的加剧。客户也许是供应商的"俘虏"，因此，再购买行为在短期内不大可能受满意水平的影响。任何观察到的忠诚也许是迪克和巴苏所描述的"伪"忠诚。对于许多购买者来说，转换的心理成本也许被认为太高，不到一定的触发点他们也许不会转换服务商而愿意忍受高水平的不满意。亦有研究表明，个人对服务际遇公允性的感知影响服务的再购买（博尔顿和莱蒙[Bolton and Lemon]，1999）。

有些研究者指出，对质量与财务表现之间的联系提供支持的大部分证据就其性质而言不过是些轶事，这些证据都被公司表现分析所推翻。有人指出，质量改进不能提高组织表现使管理者不胜沮丧的证据随处可见（安德森[Anderson]等，1994）。由克洛宁和泰勒（Cronin and Taylor ，1992）从事的一项研究表明，服务质量对再购买意向似乎并没有显著的正面影响。帕西科夫（Passikoff，1997）所引述的朱兰学院（Juran Institute）的研究表明，美国最大的公司的高级经理们，相信其客户满意度计划产生了经济利益的人不到三分之一。安德森（Anderson，1994）等则表达了这样的担忧：如果企业看不出客户满意度与经济表现之间的联系，那么，他们也许会放弃对衡量客户满意度的关注。在在线服务质量的情形，新近的研究并没有发现电子服务质量与商业性在线零售活动成功之间有任何关系（费因伯格和卡达姆[Feinberg and Kadam]，2002；桑顿和马奇[Thornton and Marche],2003);穆哈那和伍尔夫[Muhanna and Wolf],2002);蔡萨姆尔[Zeithaml]等,2002)。

信息技术的发展正在为解释质量与财务表现之间的联系提供新的见解。大型多网点服务组织越来越能够针对服务质量的某些成分在一些试验场所进行试验，并判断一段时间内的财务表现。例如,快餐店也许会在几个“试验”场所推行新的员工报酬机制或培训计划,并且能够识别相对于其他“控制”分店而言发生的表现变化。有些服务提供商甚至会将服务质量调查问卷与接受调查者实际上接受的服务的特征相联系，从而更进一步分解信息。如此,质量衡量指标可以与员工个人或员工群体相联系。尽管信息技术以及“平衡计分卡”(将在第 10 章讨论)的使用为研究各种投入与感知的结果之间的相关关系提供了新的可能性,但依然存在截面数据分析上的问题。很难在一个框架之内分离所有对客户的质量感知有贡献的因素——除了研究者感兴趣的那些之外。我们将在第 10 章重新讨论奖励员工以换取良好服务表现的问题。

我们在第 4 章看到，服务提供商往往怎样热衷于将许多传统的面对面服务际遇转移到在线环境,从而导致在线服务质量问题。有几项研究寻求建立衡量在线服务质量的框架,但有证据表明,总体质量依然受与许多在线交易相联系的面对面际遇的强烈影响(毕特森[Beatson]等,2006)。

9.4 理解和衡量服务质量所用的框架

鉴于服务质量性质的复杂性,对于分析和衡量服务质量最佳方法的看法五花八门,这其实并不足怪。分析和衡量服务质量的方法基本上有以下三种:

- 单看表现的衡量;
- 失验模型;
- 重要性—表现法。

这些方法并不互相排斥,在实践中,各个组织在使用质量衡量方法时可以结合多种方法中的不同成分。但不管怎么说,这三种方法为讨论相关文献提供了一个有用的大致条目。

单看表现的衡量

衡量服务质量的最简单方法是请求客户给服务表现评级。在实践中,发给客户的一些简单调查表会要求客户提供对服务质量的反馈，调查表只问几个为数不多的以行为表现为基础的问题。

单看表现的服务质量衡量可以寻根于制造业领域产生的一些质量研究文献。对于大多数制成品来说，可以根据某些容易衡量的标准——如汽车的可靠性或金耳环的黄金品位——来定义其质量。有人认为，按照这一方法，在许多制成品推广其形象、进而加强对其期望（其表现的基础）的时候，服务在通过各种抽象理念在客户心目中塑造形象方面并没有什么独特之处。因此，按照这一观点，如果单看表现的那些衡量可以适用于制造行业，那么，它们也可以适用于服务行业。

单看表现的衡量使人们无需衡量客户对服务的期望。从原则上来讲，尽管根据期望定义服务的主意听上去不错，但要衡量客户的期望实际上却是很困难的。由于期望可能有许多不同层次，界定什么是期望存在着思维上的困难。这些概念上的问题将在后续段落中讨论。衡量客户的期望也存在实践上的困难。理想地看，应该在服务消费之前衡量期望。然而，在现实中，这却是不切实际的，所以研究者可能会通过回溯的方式来记录期望。这里的危险是，人们口称的期望也许受后来的服务交付表现的影响，这就使得回溯式的期望衡量没有太大的意义。

为期望建立概念模型所遇到的困难导致了一种在形式上更加直接的衡量技术——SERVPERF——的发展和应用。这一衡量方法要求客户按照从1（强烈不认同）到5（强烈认同）的级别为服务提供商的表现评级。这一工具要求客户只针对特定服务际遇的表现评级。这样就不需要衡量期望，其理由是：客户在经历一项服务的时候，其期望是不断变化的，将期望衡量引入服务过程会降低衡量的内容和区分的有效性（克洛宁和泰勒[Cronin and Taylor]，1992；麦克亚历山大[McAlexander]等，1994）。使用这种以行为表现为基础的衡量进行的研究表明，与那些包含期望的衡量相比较，SERVPERF能够解释服务质量的总体衡量中更大部分的方差。克洛宁和泰勒（Cronin and Taylor，1994）也证实，研究者通过（感知与期望的缺口）算术平均值可以推断出客户的失验程度，但“支配消费者行为的是其感知而非数字计算”。

失验研究法

按照这一方法进行研究，当客户的期望为后来的服务交付所证实时，一项服务肯定会被认为是高质量的。由于强调的是期望和感知之间的差异，这类模型通常被人们称为失验模型（disconfirmation model）。在这类研究当中，帕拉苏莱曼、蔡萨姆尔和贝里的研究工作最为引人注目，这三位研究者一直在不遗余力地主张：服务组织需要通过一种以客户的期望和感知为关注焦点的、具有市场研究导向的严密方法更多地了解客户。他们认为，只有客户才能评判服务质量——所有其他的判断基本上都被认为是无关紧要的。他们力图确定客户期望从服务中得到什么以及有哪些特征可以定义这些服务（什么是客户心目中想要的服务）。质量由客户所期望获得的与其感知到的实际表现水准之间的差距所决定。这些发现是通过一系列定性的市场研究程序陆续获得的，这些研究程序最终发展为人称SERVQUAL的衡量服务质量的定性技术（帕拉苏莱曼[Parasuraman]等，

1988)。SERVQUAL 模型已经得到广泛应用。

企业可以使用 SERVQUAL 技术更好地理解客户的期望和感知。它可以应用于多个服务行业;也可以很容易地对它进行修改,以适应企业的特殊要求。实际上,它还可以为某项调查工具提供研究框架,并根据需要进行修改和增补。

SERVQUAL 以包含 22 个子项的通用型调查问卷为基础,调查问卷涵盖五个宽泛的服务质量维度,研究团队将其原始的定性调查数据并入到五个维度中加以汇总。这五个维度各有其名称和编号,具体涵盖以下内容:

- 有形特征(有形成分的外部表观) 1~4
- 可靠性(可依靠性、准确的行为表现) 5~9
- 灵敏度(迅捷性和有用性) 10~13
- 保障程度(能力、礼貌程度、可信度、安全度) 14~17
- 移情能力(容易接近、良好沟通、了解客户) 18~22

客户被要求对与其期望和感知相关的 22 项陈述逐项评级,各项陈述的内容涉及特定公司的服务交付。在每一情形,客户被要求按照从 1(强烈不认同)至 7(强烈认同)的李克特量表等级来评判他们是否认同每项陈述。此外,问卷调查还要求客户按照各自的意愿评价各自的服务经历,并给出总体印象。客户亦被要求提供辅助性的人口统计数据。图 9-3 所示为一份典型问卷的内容。

以感知分值减去期望分值,就可以很容易地得出服务质量的衡量数据。这些分值然后被赋予不同的权重,以反映服务质量每一方面的相对重要性。从一次研究得到的衡量结果会让公司知道它有没有超额满足客户的期望。SERVQUAL 的结果可用来识别公司的服务在哪个部分做得特别好,在哪个部分做得特别差。它也可以用来监督公司在一段时间内的服务质量,与竞争对手的表现做比较,也比较公司内部不同分支部门的表现,以及衡量某个特定服务行业的一般客户满意度。

某个组织或行业也可以使用按照这一方法收集到的信息,不断地针对结果做出反应,寻求超越客户的期望,从而提高自己的地位。此外,"感知—期望"研究结果与人口统计数据一道使用可以有效地促进市场细分。

应用 SERVQUAL 方法学可以识别五类缺口,在这些缺口部位,客户期望与实际服务交付的感知之间存在差距。

1. *客户期望和管理层感知之间的缺口*。管理层也许认为他们知道什么是客户期望得到的东西并着手提供这些东西,然而,事实上,客户此时需要的却是大不相同的东西。
2. *管理层感知和服务质量规定之间的缺口*。管理层知道客户期望得到什么,但不

B 部分——服务表现

	强烈不认同　　　　　　强烈认同
1. 酒店有看上去很时髦的设备	1 . . . 2 . . . 3 . . . 4 . . . 5 . . . 6 . . . 7
2. 当地酒店的有形设施很吸引人	1 . . . 2 . . . 3 . . . 4 . . . 5 . . . 6 . . . 7
3. 酒店员工有干净利落的外表	1 . . . 2 . . . 3 . . . 4 . . . 5 . . . 6 . . . 7
4. 与服务相关的材料很吸引人	1 . . . 2 . . . 3 . . . 4 . . . 5 . . . 6 . . . 7
5. 当酒店承诺在一定时间做好某件事情的时候，它做到了	1 . . . 2 . . . 3 . . . 4 . . . 5 . . . 6 . . . 7
6. 当客人遇到困难的时候，酒店会表现出帮助客人解决困难的真正兴趣	1 . . . 2 . . . 3 . . . 4 . . . 5 . . . 6 . . . 7
7. 酒店第一次就把服务做好	1 . . . 2 . . . 3 . . . 4 . . . 5 . . . 6 . . . 7
8. 酒店会按照承诺的时间提供好服务	1 . . . 2 . . . 3 . . . 4 . . . 5 . . . 6 . . . 7
9. 酒店努力做到服务无差错	1 . . . 2 . . . 3 . . . 4 . . . 5 . . . 6 . . . 7
10. 酒店员工能够准确地告诉客人实施服务的时间	1 . . . 2 . . . 3 . . . 4 . . . 5 . . . 6 . . . 7
11. 酒店员工会为客人提供即时服务	1 . . . 2 . . . 3 . . . 4 . . . 5 . . . 6 . . . 7
12. 酒店员工总是乐意帮助客人	1 . . . 2 . . . 3 . . . 4 . . . 5 . . . 6 . . . 7
13. 酒店员工从不因为太忙而不答理客人	1 . . . 2 . . . 3 . . . 4 . . . 5 . . . 6 . . . 7
14. 酒店员工的行为给客人以信心	1 . . . 2 . . . 3 . . . 4 . . . 5 . . . 6 . . . 7
15. 酒店的客人在交易中感到安全	1 . . . 2 . . . 3 . . . 4 . . . 5 . . . 6 . . . 7
16. 酒店员工对客人总是彬彬有礼	1 . . . 2 . . . 3 . . . 4 . . . 5 . . . 6 . . . 7
17. 酒店员工有能力回答客人的问题	1 . . . 2 . . . 3 . . . 4 . . . 5 . . . 6 . . . 7
18. 酒店给客人以个人化的关照	1 . . . 2 . . . 3 . . . 4 . . . 5 . . . 6 . . . 7
19. 酒店的营业时间对所有客人来说都很方便	1 . . . 2 . . . 3 . . . 4 . . . 5 . . . 6 . . . 7
20. 酒店有员工向客人提供个性化服务	1 . . . 2 . . . 3 . . . 4 . . . 5 . . . 6 . . . 7
21. 酒店时刻将客人的最大利益放在心上	1 . . . 2 . . . 3 . . . 4 . . . 5 . . . 6 . . . 7
22. 酒店员工了解客人的特定需要	1 . . . 2 . . . 3 . . . 4 . . . 5 . . . 6 . . . 7

图 9-3 SERVQUAL 调查问卷在酒店业的一个典型应用。问卷的这一部分记录接受调查者为服务表现给出的评级分值。另有一个与之对应的部分记录接受调查者对这些项目中每一项的期望（based on Gabbie and O'Neill，1997）

能制定合适的质量规定或不能明确地制定质量规定。要不就是，管理层能够制定明确的质量规定，但没有办法达到这些规定的要求。

3. **服务质量规定和服务交付之间的缺口。**未曾预料到的问题或糟糕的管理可能导致服务提供商达不到服务质量规定。这可能是由于人为的差错所致，也可能是由于发生在辅助性产品上的机械故障所致。
4. **服务交付和外部沟通之间的缺口。**服务提供商在信息沟通方面做得过头会引致过高的期望,并有可能导致客户对服务的不满意。在服务的实际交付跟不上因为公司的沟通努力所激发的期望时,不满意就会出现。

5. *感知的服务与期望的服务之间的缺口*。这一缺口是因为前述一个或多个缺口的出现而产生。客户感知的实际服务交付与客户原先的期望不相匹配。

图 9-4 为这五类缺口提供了一个说明,该案例为在一家餐馆的假想性应用。

缺口模型是很有用的,它使管理者能够分析评估服务质量糟糕的原因。如果头一个缺口非常大,则弥合后续缺口的任务就会更重;在这种情形,实际上可以说高质量服务的实现只可能靠运气,而非靠良好的管理。

客户形成对服务质量期望的过程备受人们关注。两种主要期望标准由此产生。一种标准将期望表述为对未来事件的*预测*(斯旺和特拉维克[Swan and Trawick],1981)。这一标准一般应用在满意度研究文献中。另一种标准是对未来事件规范意义上的期望,它

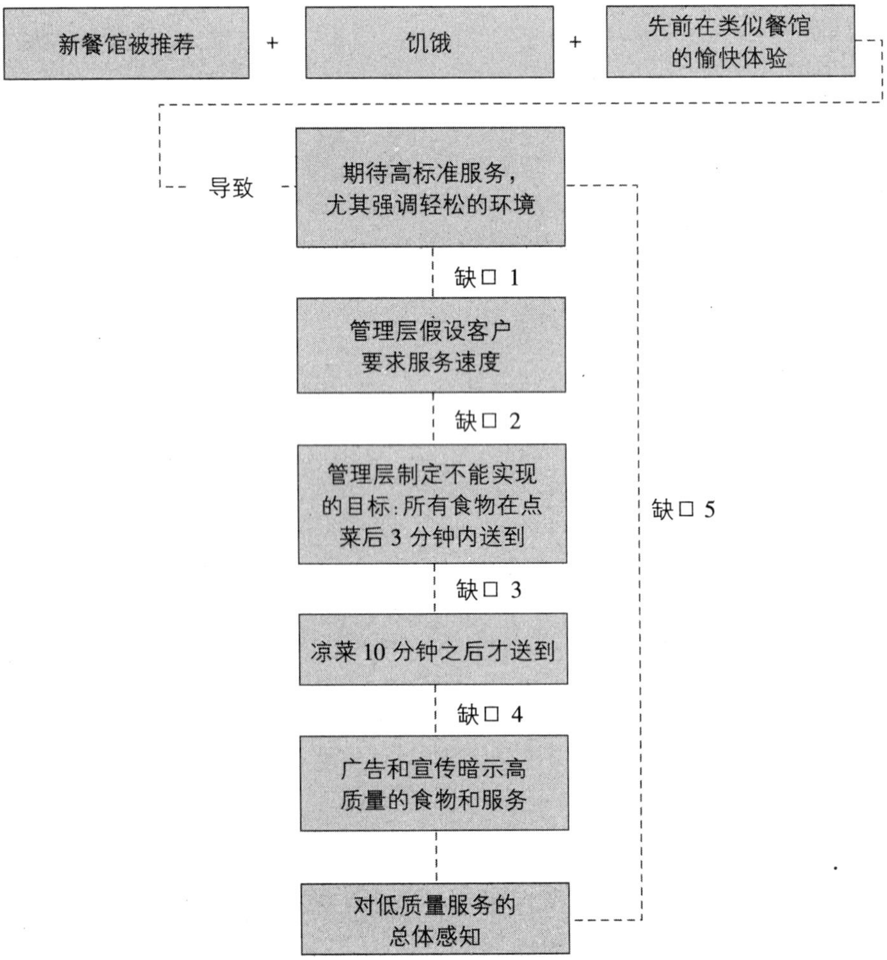

图 9-4 缺口模型:服务质量期望与服务交付之间差别的来源(modified from Parasuraman et al.,1985)

被操作性地理解为所欲的期望或理想的期望。这种标准一般应用在服务质量研究文献中(帕拉苏莱曼[Parasuraman]等,1988)。

蔡萨姆尔、贝里和帕拉苏莱曼(1993)认为可以确定三个层次的期望,对照这三个层次的期望可以进一步评价服务质量:

- 欲求的服务水平,反映客户之所需;
- 适宜的服务水平,确定为客户愿意接受的标准;
- 预测的服务水平,客户认为最有可能实际出现的服务水平。

这就导致这样一个理念的产生:在消费者对服务质量的感知中存在一个*允差区域*。如果感知水平低于欲求的服务水平,只要它不低于以适宜的服务水平为基础的期望,它也许仍然是可接受的。换句话说,存在一个中间允差区域,并非一定要说某项服务不是满足就是不满足消费者的质量期望(图9-5)。

将期望作为一个基准或一个先行比较的基准使用时,在期望亦构成接受调查者正在评估的事件一部分的情形,会出现进一步问题。对一个事件的期盼往往会被视为一项重要的消费利益,某些组织会通过排队安排与等候时间来激发兴奋的情绪和对主要事件的期盼就是一个例子。对于很多人来说,对圣诞节和暑假的期盼有如节日本身一样重要(考利[Cowley]等,2005)。期望可以转而与期盼和兴奋同义,因而也可以成为感知的服务质量的一部分。

有人出于几项理由质疑服务质量的失验模型。有一类反对意见认为,与以失验模型为基础的解释相比,对服务表现的绝对衡量所提供的质量衡量更具恰当性(克洛宁和泰勒[Cronin and Taylor],1994)。研究者问:所计算的分值之差(质量期望与质量评价之间的差值)从衡量和理论视角来看是否合适。客户期望无一例外是在服务消费之后、在被问及对服务的感知的同时衡量的。难道期望不应该建立在接受调查者消费前心理状态的基础上,不受实际消费的影响吗?围绕询问客户在消费前的即刻对服务的期望和在消费后的即刻对服务表现的感知是否可行这一问题,也有争论。还有人指出,期望在接受调查者的心中也许并不存在,或并不足够清楚,它不可以作为一个评价感知时所需要的参照基准(亚科布齐[Iacobucci]等,1995)。此外,期望仅仅是因为先前的服务际遇而形成的,也就是说,感知直接为期望馈送信息(卡尼曼和米勒[Kahneman and Miller],1986)。

从衡量的视角来看,存在三个与不同分数的使用相联系的心理衡量问题:可靠性、区分有效性和方差限制。布朗、邱吉尔和彼得(Brown,Churchill and Peter ,1993)从事的一项研究发现,有证据表明这些心理衡量问题确实是因为使用了SERVQUAL而产生的;他们建议使用有更好区分有效性和结构有效性的无差异评分衡量方法。不过,帕拉苏莱曼、蔡萨姆尔和贝里的回答是:所指称的差值计算公式在用于心理衡量时所表现出

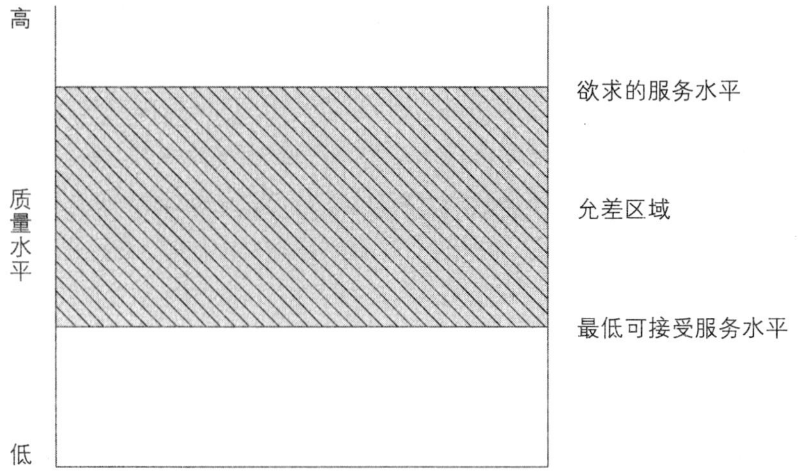

图 9–5 消费者对服务质量的允差区域

的缺陷并没有批评者们所说的那样严重。尽管他们辩解说，与分开衡量感知和期望的方法相比较，差值计分方法为研究者提供了更好的诊断工具，但仍然有人反驳说，很少有证据支持将期望—表现缺口作为衡量服务质量基础的合适性，恰恰相反，简单的以行为表现为基础的衡量方法在衡量服务质量方面表现出更高的有效性（博尔顿和德鲁[Bolton and Drew]，1991；克洛宁和泰勒[Cronin and Taylor]，1994）。

帕拉苏莱曼、蔡萨姆尔和贝里还宣称，成为 SERVQUAL 指标项目基础的五个质量维度还可以转而用于大多数服务部门。不过，多项研究在照搬使用五维度模型时遭到失败。巴特尔(Buttle，1996)对 SERVQUAL 构造的维度数问题提出了质疑，他认为，SERVQUAL 的维度数是视情形而定的。这也为许多研究者的研究结果提供了旁证，这些研究者使用了 SERVQUAL 标尺，但却得不到与帕拉苏莱曼、蔡萨姆尔和贝里最初提出的通解相似的五要素解答。巴巴库斯和波勒(Babakus and Boller，1992)注意到，对于某些服务来说，服务质量也许是复杂和多维性的；但对于其他服务来说，其质量也许只是一维的。

SERVQUAL 的批评者们认为，这一方法只关注与服务过程相关的几个维度，却并未考虑到人们所感知的服务结果的质量。尽管这一框架对于衡量诸如银行零售业务之类的高参与度和不可分性特点的服务的质量很有用，但它也许不太适用于投资管理的情形——在投资管理情形，客户更关心的是投资表现（它是一个结果），而不是与 SERVQUAL 衡量的项目相关的过程问题。

相对来说，很少有人注意了解感知是怎样形成的，在消费之后它又是如何保持稳定的。可以说，失验模型是有缺陷的，其理由是：接受调查者在何时就其对服务交付的感知给出回答与实际记录的分数或期望水平(期望水平会被用来与感知相比较)同样重要。举一个例子：一个人在离开理发店的时候对自己的发型可能持有非常负面的态度，但过了一段时间，当他习惯之后，他对这一发型的感知变得越来越好转（奥尼尔[O'Neill]等，1998）。可以说，就理解行为意向而言，感知的后一种衡量对管理是最有用的。

最后，失验模型本身并没有表现出单项高质量服务对消费者的重要性，尽管SERVQUAL方法一直在调整，其中也加入了额外的问题，要求接受调查者针对每一个项目对他们的重要性进行评级。接下来我们将对重要性—表现框架展开讨论。

重要性—表现分析

失验方法研究服务质量的不足之处是这一方法没有明确地识别哪些项目对客户来说是特别重要的。因此，尽管SERVQUAL量表中的某个单项可能表现出很高的不满意水平，但管理者可能并不能清楚地确定这是否代表服务要约中一个特别重要方面的失败。如果在管理者面前有两个事项，一个事项表现出很高的不满意水平，但是对客户也许相当不重要；另一个事项只是表现出微小的不满意水平，但是对于客户来说可能是绝对重要的，那么，管理者是应该集中精力矫正前者还是矫正后者呢？

重要性—表现分析（Importance-Performance Analysis，IPA）是一个简单而又容易使用的研究方法，它将一项服务各要素的表现与每一要素对客户的重要性加以比较。用来定义衡量标尺的各项要素可以通过探索性研究得出。实际上，一些研究者在衡量标尺中使用的项目与典型的SERVQUAL研究中所使用的非常相似。二者的不同之处仅仅在分数处理上。IPA分析计算的并不是感知与期望之间的差值，而是表现与重要性之间的差值。服务某个相对重要方面的突出表现可能表明管理者在服务质量的这一方面"交付得太多"。另一方面，某个重要事项表现欠佳也就会告诉管理者在哪个优先区域采取行动。由此得到的重要性与表现分值可以绘制在一个方格图中（图9-6），图中每一个方格代表着不同的管理行动路线。需要对方格中表现极端的观察事项予以特别关注，因为它们表明了重要性与表现之间最大的不一致。

重要性—表现分析已经被应用于许多服务部门，其中包括银行（约琴夫[Joseph]等，1999）、医疗保健（霍斯和饶[Hawes and Rao]，1985）、旅游（郭和张[Go and Zhang]，1997）；奥尼尔[O'Neill]等，2002）和教育（赖特和奥尼尔[Wright and O'Neill]，2002；派克[Pike]，2003）。

重要性—表现分值很容易计算，但其在理论上的可信度亦受到质疑。培根（Bacon，2003）指出，重要性和表现是根本不同的概念架构，使用同一尺度对它们之间的差距所做的任何衡量"……反映的只是某种'经验规则'……"式的行动指南，在考虑管理上的恰当响应行动时，靠近方格图中交叉点处的分值有可能会被人们忽略或曲解。

综合满意度模型

以上讨论表明，衡量服务质量的方法多种多样，对一项服务的质量好坏的认定结果

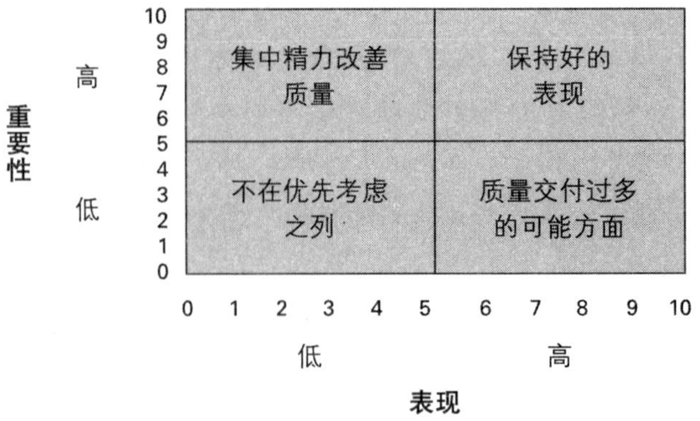

图 9-6 重要性—表现分析使客户对服务特征的重要性及其表现的评级结果绘制在一个方格图上，通过这张图可以容易地确定管理者的轻重缓急。左上格表示需要改善的优先区域，右下格表示在质量交付方面可能有些过头，管理者甚至可以通过降低质量水准来节约成本。

会表现出对所使用分析框架类型的敏感性。方法上的五花八门也促使一些研究者发展可以将上述理论基础和实际应用整合在一起的综合框架。

布雷迪和克洛宁曾经在整合各种理论源流方面做过尝试。他们建立的服务质量等级模型包含三个主要维度：互动质量、物理环境质量和结果质量。这些主要维度中的每一个又进一步细分为几个子维度（图 9-7）。他们的模型建立在达布霍尔卡、索普和伦茨（Dabholkar，Thorpe and Rentz，1996）的研究的基础上，由定性分析获得的见解和实证型检验促进了模型的发展。这一模型的好处在于它将结果和过程结合在一起，不仅考虑服务过程中涉及的行为，而且考虑行为发生的一般氛围。

还有一些尝试是围绕衡量国家层次的客户满意度进行的，当针对一段时间的客户满意度跟踪研究时，这种研究可以提供一个基准线。现有的许多研究客户满意度方法包括瑞典晴雨表（福内尔[Fornell]，1992）、挪威客户满意度晴雨表（安德烈亚森和林德斯塔德[Andreassen and Lindestad]，1998）、美国客户满意度指数（福内尔 [Fornell]等，1996）和新近的欧洲客户满意度指数 ECSI（ECSI 技术委员会[ECSI Technical Committee]，1998）。

欧洲客户满意度指数（参见图 9-8）的理论模型引入了七个相互关联的潜在变量。模型将企业形象、客户期望、对质量的感知以及感知的价值与客户满意度相联系。模型将感知的质量分为两个部分——软件和硬件部分，从而将客户满意度的贡献因子细分为有形因子与无形因子。硬件部分指产品有形成分的质量，而软件部分则将所提供的担保、售后服务、产品展示条件和分类、文书工作和描述、营业时间、员工友好度等与有关的服务相关联。

模型左边的变量是一些解释客户满意度的诱导因素，右边则是表现的指标。模型展示的是主要因果关系，尽管实际上这些变量之间可能存在更多的依存关系或双向相互作用。所使用的 ECSI 理论模型是一个结构模型，模型中使用了概率学方法和同时方程

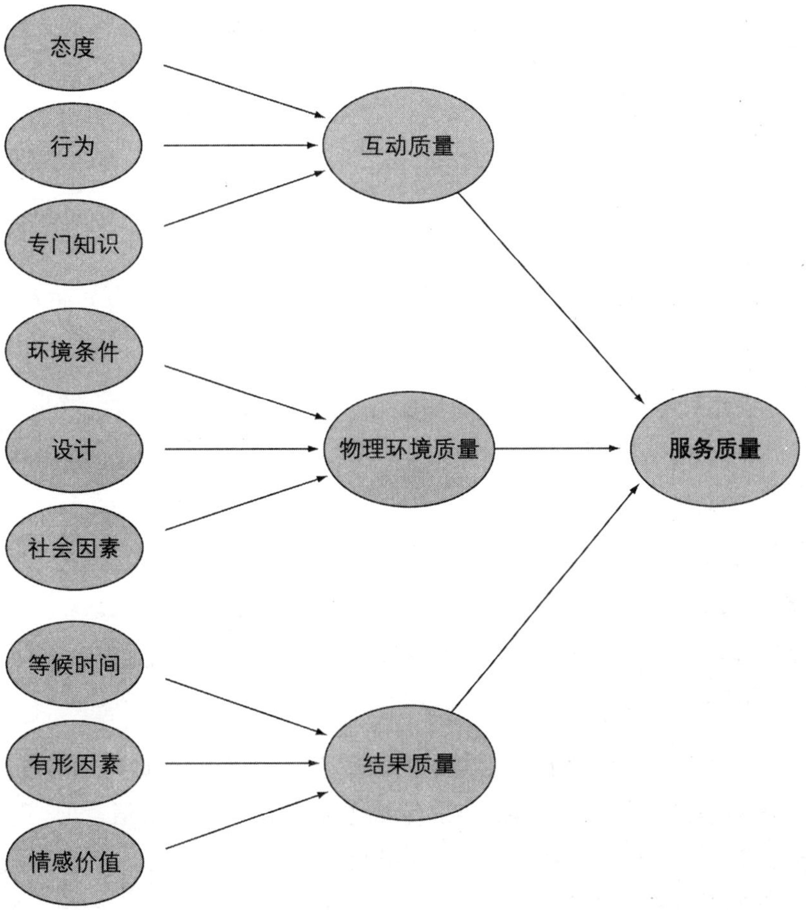

图 9-7　一个综合服务质量等级模型及其结果(based on Brady and Cronin,2001)

估计技术。

ECSI 模型没有许多标准衡量具体企业客户满意度的研究方法那么详细和精致,其原因在于它必须对多个不同产业部门同样适用。许多简化和删减可以在模型的规定部分引入,以使模型尽可能在部门与部门之间具有可比性和有效性。

虽然 ECSI 所代表的那一类客户满意度综合衡量指标对于许多服务组织的内部质量管理用途来说也许过于笼统，但这些指数却可以为传统的经济表现衡量指标提供重要补充,它不仅向公司自身,也向股东、投资者、政府监管者以及购买者提供有用的信息。

从服务质量到体验?

第 3 章讨论的“客户体验”概念也许可以视为服务质量研究文献的进一步发展。你也许记得,第 3 章讨论的服务体验基本上说的是消费者对服务的多种线索组合的感知,

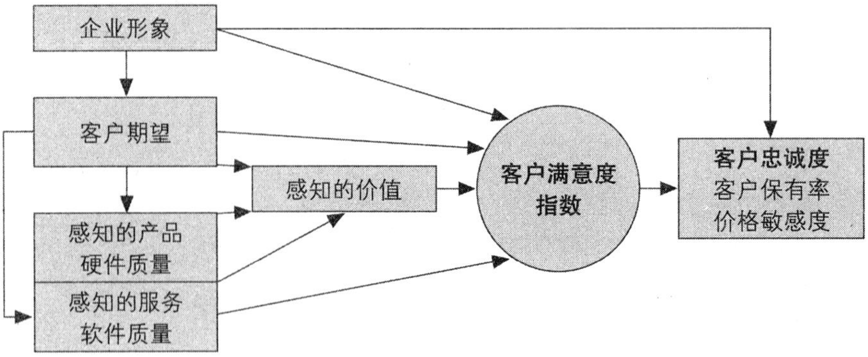

图 9-8 欧洲客户满意度指数(ECSI)模型

这些线索一般包括:

- 物理环境;
- 服务交付过程设计;
- 客户与公司员工之间的关系;
- 品牌联想。

客户体验的真正好处也许在于由“惊喜”、“欣喜”或“兴奋”所产生的态度结果。与某一刺激的初次际遇也许会因为它所带来的新奇感而被赋予更高价值，但当它不再具有新奇性的时候,人们再次寻求这一刺激的可能性就不会很高。那么,这是不是说,就因为具有享乐特点的新奇性价值变得低了一些，服务质量在以后的场合会被人们认为是较低的呢？你也许还记得,第3章说过,客户体验的价值还可以来自服务过程不同成分的顺序编排。在剧院里,品评一段音乐不能单单只去评价每一个和声的质量,而要对所有和声的整体效果加以评判。类似地,一些服务质量衡量指标只关注——比方说——服务的速度和餐馆中的食物质量这两项可以分开来衡量的服务质量维度，它们也许会忽略客户的一些可能的感知,举例来说,等候也许会激起一种兴奋感,一道花了很长时间准备而如此之好的美味佳肴的确会让你的等候得到回报。等候时间在服务过程的不同阶段也许会给人们相当不同的感知。重要的是总体体验,而不是对一项服务各个部分的评价(蔡斯和达苏[Chase and Dasu],2001)。

你也许会记得,定义客户体验的一个关键方面在于了解个人在一项服务过程之前、之中以及之后的情感状态。狭义的、技术性的服务质量衡量指标也许能够同等程度地反映客户情感状态的差异以及公司服务过程在技术表现上的差异。与一顿随意的午餐相比，一个在餐馆享受庆祝酒宴的个人也许会将很高分量的情感带到对服务质量的评价当中。在庆祝酒宴上的情感也许只集中关注用餐的环境,而在午餐时的情感可能更加关注这样一个问题:如果午餐时间推迟,其后果将是下午开会要迟到。

客户体验是一种可衡量的现象吗，它能够成为在管理上的有用工具，从而为计划和控制服务吗？开发一个简单的、在操作上可接受的客户体验衡量指标所面临的最大问题也许在于视情景而不同的变量的复杂性。上面的讨论表明，体验受不同个体之间的差异、个人情感状态在一段时间之内表现出的差异以及多种随情景而变的因素的影响。一项衡量指标要对管理者有用，它就必须将这些影响因素考虑进去。

第二个问题源于客户体验的非线性特点。服务质量模型和满意度模型隐含地假设客户更偏好那些以这些标尺来衡量会得到更高分的结果。但体验本身则更为复杂，非线性意味着存在较低和较高的截止点，在较低截止点，体验不为人们所认可；而在越过较高截止点之后，"更多"体验可能与负面利益相联系（试想餐馆播放的音乐，一开始它也许是愉快的体验，但随着音量的增高，愉快的体验也会变得不愉快）。在为衡量"流"而做的尝试中，人们也观察到非线性效应——（奇克森特米哈依[Csikszentmihalyi]，1988）将"流"定义为一种体验状况，这种体验状态"如此令人向往，以至于人们希望尽可能经常地重复它"。

衡量和管理体验所面临的第三个实际问题是：不仅需要将情景参数纳入考虑，还需要考虑事件的顺序编排以及事件发生之后在人们的记忆当中以某种态度保留一段时间。标准的调查问卷研究方法即使是使用多个标尺来衡量各种基本架构，在有效地衡量客户体验的复合体时也许还是不适宜的。冗长的调查问卷会导致调查中的疲劳以及数据结果的不可信，这种情形在文献中多有记载（李[Lee]等，2000）。由选择性感知和各种线索的记忆导致的随时间发生的态度变化所造成的影响，也许意味着研究工具的管理时间安排也许与衡量标尺本身同样重要。

那么，从一开始就去发展衡量客户体验的多维度标尺是不是值得呢？从原理上来讲，管理者们可以从中受益，因为这使他们能够发现总体客户体验中哪些组成部分会对促进盈利的客户保持和客户推荐做出最大贡献。另一个做法便是使用准试验方法，通过这一方法衡量客户情感、客户再购买意向及其在购买周期下一时点的实际再购买行为，从而对两个或多个体验"待遇"进行比较。通过截取大型客户截面和使用配对比较样本，个体差异与情景差异的影响也许会减小，情感和购买意向衡量数据就可以通过体验"待遇"上的差异加以解释。让我们来看这一方法的一个例子：连锁餐馆也许想要衡量一项以变化的环境、服务过程、个人行为和品牌信息为特点的新体验设计。在这一研究中，控制组餐馆的客户样本将依照人口统计学和使用行为特征与试验组餐馆的类似样本配对。通过关注特定的就餐场合（例如，晚餐而非午餐），作为行动原动力的动机应该被控制在相对稳定的状况。为了衡量体验对再购买行为或再购买意向的长期影响，应该在服务际遇发生一个星期之后进行调查研究，或在上一次研究所建议的购买周期中的一个关键未来决策点进行调查研究。当然，即使这一处于相对控制下的截面研究方法也不能充分解释客户体验在长时间中的非线性，它也不能解释这样一个事实——当试验性待遇还只是一种新尝试的时候,它可能会引致高涨的情绪;但这类效应有可能随着同一方法的反复使用而衰减。

鉴于以线性方式和在考虑情景差异的情形下衡量客户体验的困难,许多研究者认为,定性研究技术是真正从客户视角理解体验的唯一途径。霍尔布鲁克指出,决策导向的、从信息处理视角出发的研究方法就具有经济理性的消费决策做了多种假设,但它也许与客户体验的享乐模型不一致,尤其是在难以以理性方式对新奇性价值建模或至多只能将新奇性价值量化为事件发生的一种可能性的情形(霍尔布鲁克[Holbrook],2006)。

9.5 制定质量标准

我们现在把讨论的话题从服务质量的概念分析和衡量转移到服务质量的管理和实施上来。质量管理的一个起点是确定公司应该提供的质量水平。对大多数服务部门稍加观察即可发现,各行各业——如零售业(试比较马莎百货与玛塔兰郊区商店)、航空运输业(比较英国航空公司和瑞安航空公司)和酒店业(比较 Travelodge 和万豪)——都提出了很多质量标准。

尽管许多服务业都自诩采用了"全面质量管理"(Total Quality Management,TQM)方法,但仍有证据表明多种质量标准的存在。事实上,由于几个原因,服务业的全面质量这一说法具有相当的误导作用:

- 全面质量的概念用在制造业部门也许是有效的,在那里,对部件和成品的检验与再检验几乎可以使所有的残次品在达到客户手中之前被过滤掉。你有多少次买到有问题的软饮料或巧克力棒的经历?甚至像汽车这样的复杂制成品也可以通过使用 TQM 对组成汽车的许多部件和子组件进行控制,这也是为什么汽车的可靠性水平一般都非常高。将这一情形与许多服务业的情形相对照,你会发现在后一情形,生产过程具有即时性,大部分活动都是当着客户的面展开的。将不良表现过滤掉从而使其影响不至于到达客户的可能性少之又少。服务公司可以通过更好的培训、简化服务过程以及采用一些其他的方法来改善服务表现,比起制成品的情形,要在服务上取得全面质量是远远不现实的。
- 全面质量意味着企业要具有洞察客户心灵的能力。鉴于服务质量只能在客户的心中定义这一观点,TQM 概念意味着企业追逐的目标将依客户而不同,而且,就客户个体而言,亦随时间而发生变化。

讨论质量回报而不是以本身作为目的的全面质量要现实得多。本章早些时候提到,对高质量服务与盈利能力的改善之间存在联系的证明是相当模棱两可的。企业可以通过降低成本或增加收益或二者同时并举来增加盈利。实际上,服务企业很难同时做到这两点。低成本一般(但并非总是)会导致低质量,反之亦然。有人指出,在1999年,"无虚饰"的、低成本的瑞安航空公司的总利润超过英国航空公司的10倍,其单位载客获得的利润也高得多(《泰晤士报》[*The Times*],1999)。不过,这一切都是在这样的条件下取得的:不太让人称道的可靠性记录,使用更小的、更不便利的机场(如普雷斯蒂克而非格拉斯哥),只提供最少的客户服务(如不提供空中用餐、无个人座位配置),针对许多附加服务收费——在英国航空公司的情形,这些附加服务(如空中饮料供应)是理所当然的。类似的画面出现在英国零售业:诸如匹可可和玛塔兰之类的"无虚饰"经销商达到了创记录的业绩,而那些被视为有高客户服务标准的零售商(如马莎百货和森宝利)在20世纪90年代却饱受利润和股票价格下降之苦。客户更愿意为附加的质量掏腰包吗?许多"无虚饰"航空公司的利润成长表明,至少在这一部门,有大量的客户愿意通过牺牲质量标准来交换更低的价格。那么,公司在改善质量水准方面应该走多远呢?最简单的回答是:以客户愿意为提高的质量水平付费为限。再回到航空公司的例子上来,某运营商可以投资购买额外的飞机用作储备,只在公司遭遇运营问题(如恶劣的天气、紧急维修、机场罢工等等)的时候才拿出来使用。这种做法无疑会改善"可靠性"这一质量维度——因为客户不必坐等有问题的飞机得到修理,然后再启动自己的旅程。不过,额外保有飞机储备的做法会是代价高昂的,可靠性的改善也许得不到客户支付更高价格意愿的响应,更高的价格本来是可以补偿额外成本的。图9-9为一个投资截止点示意图,在该点服务提供商将停止对服务质量的改善进行投资。

精确规定服务标准可以起到传播客户可以期望获得的质量标准的作用。这样做也可以向员工传达对他们的期望标准。尽管组织宣传自身的总体方式也许会给人一个与该公司追求达到的质量水平有关的总体印象，但仍然可以通过多种方式来声明具体的标准,下面将对这些方式进行讨论:

- 在最基本的情形,组织可以将其商业条款作为决定向客户交付的服务水平的基础。这些商业条款的作用一般是对客户提供保护,使之不至遭遇太差的服务,而非积极地推进更高的质量标准。例如,旅游运营商的服务预定条款除了承诺在延误时间超过规定标准或突然改变食宿安排的情况下提供补偿之外,很少会就服务质量给出承诺。
- 一般措词的客户章程会以笼统的方式声明组织在与客户打交道时力求达到的服务表现标准,它们比最低水平的商业条款走得更远。于是乎,一些银行会公布客户章程,并在一般条款中规定服务客户和处理投诉的方式。例如,国民西敏寺银行的商业银行业务行为准则做出的一般性承诺包含:就任何与贷款相关联的特别条款书面通知客户,就任何专门服务的收费标准与客户展开讨论以及通过

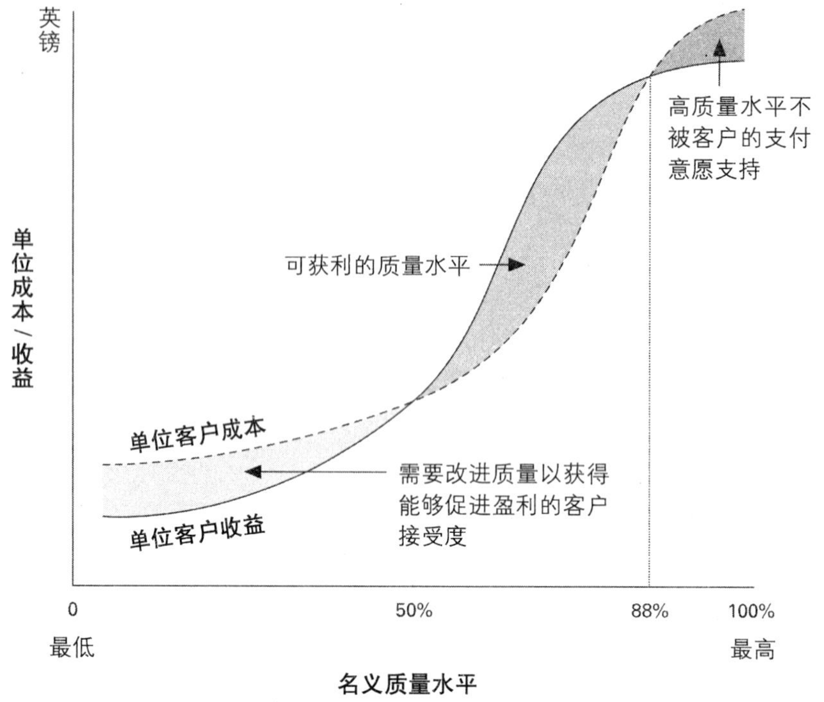

图 9-9 组织应该向客户提供什么服务质量水平？质量太高，客户也许会喜欢这种服务，但提供服务的成本也许会令公司招致经济损失。质量太低，公司在足够高的价格之下也许不能赢得足够多的客户，甚至连固定成本也无法补偿。管理者应该对市场的动态特征以及客户为换取更高水平质量而支付更多金钱的意愿（或者，反过来说，对降低质量水平的同时通过较低的价格获得市场份额的机会）有恰当的理解。该图描述的是理想质量水平的原理。随着公司将其服务水平由名义上的50%提高到名义上的100%，其单位客户成本（如单位客户成本线所示）亦上升。不过，更高水平的质量可望提高客户愿意为服务支付的金钱数量。从图上还可以看到，当名义上的质量水平高于88%时，提供服务的成本变得高于客户愿意支付的价格。这只是对现实的简化，出于这一目的而做的质量衡量可能很复杂且涉及多个方面。成本的衡量也可能很难。不过，该图表明了一个道理："全面质量"对于公司来说未必就是最能促进盈利的质量水平，在为所提供的服务确定理想质量水平之前，需要对成本和市场有正确的理解。

正式投诉程序调查客户对服务的任何不满意。

- 有时会提供具体的服务表现担保，尤其是与服务结果相关的担保。例如，包裹递送公司通常担保在规定时间内完成包裹递送，如果其表现达不到标准的话，它们会同意支付补偿。许多公共服务现在也承诺给予金钱补偿，如果某些规定服务不能被正确地交付的话。例如，南方电力公司的目标是在电源中断发生后24小时内恢复任何中断的电力供应——如果不能实现这一目标，它会支付40英镑的补偿，并且为后续每个长达12小时的电源中断期补偿20英镑。越来越常见的是，各种服务组织参照行业内最好公司或完全不同行业的最好公司建立的基准制定各种服务保证。有时，保证只关注服务生产的方式而非特别关注最后的结果。于是乎，建房互助协会会为它就住房抵押贷款申请做决定以及后续处理申请所花的时间设置标准。尽管向客户公布有明确担保的行为表现标准会带来很大的好处，但达不到标准将导致非常重的补偿索赔，或者导致客户就有误导作用的广告提出索赔。许多非常具体的目标因此被限制在内部使用，目的是激励和管理员工，而非向潜在客户提供担保。尽管一些大型银行就各种质量标准（如排队等候柜台员工处理的时间以及正常工作的自动取款机的可获得性等等）为其分行经理们制定了目标，但这些目标的作用并不是向客户担保一个规定的服务水平。

- 许多服务公司从属于一个行业协会或职业协会，并将协会的行为准则纳入自己的服务要约当中。为诸如汽车修理商、殡葬代理人和律师等各种职业协会的成员所采用的行为准则规定了最低标准，所提供的任何服务都不得低于该标准。行为准则既向潜在客户提供保证，又向员工提供一项声明，让员工了解他们被期望达到的最低标准。
- ISO 质量认证的获得具有更为一般的适用性。与流行的想法恰恰相反，一家根据 ISO 9000 系列经营的公司并不会保证其服务有高质量水平。ISO 认证授予那些表明它们已经建立了一个能够保证一致质量标准的管理系统的组织——这一质量标准本身是高是低基本上还要依主观判断而定。尽管这一标准最初只有制造业采纳，但后来它在教育服务提供商、休闲中心和建筑承包商之类的服务企业当中用得也很多。各种服务的企业购买者也越来越多地寻求由其供应商获得 ISO 认证所体现出的保证。
- 对于某些在垄断环境中经营的基本公用事业服务，其质量标准有时候是从外部强加在它们头上的。在英国的私人所有公用事业的情形，相关监管机构有权设定具体的服务目标——例如，电话监管机构 Ofcom 就对任何时间、什么比例的公共电话亭不能使用设有数量限制。在英国公共服务机构的情形，政府发布了一系列客户章程，章程中给出了服务用户可以指望的服务标准——例如医院的病人等候接受手术的时间期限。这类章程的批评者们认为，公共服务机构为那些因糟糕的服务质量标准而不堪其苦的服务使用者提供的实际补偿几近于无。更加糟糕的是，它们也许在没有提供使组织满足这些期望的资源的情形下不现实地提高了使用者的期望。

在复杂和/或反复发生的企业对企业交易中，服务质量的水平有可能通过一项服务水平协议来规定。外包的做法在服务部门的盛兴使得专家服务提供商能够向其委托人的客户提供各种复杂服务。我们在第 7 章看到像法国航空公司这样的航空公司如何通过外包合同提供许多服务，包括餐饮、行李处理和维护保养等等。每一份这样的合同可

图 9-10 许多服务组织提供客户满意保证，做不到所保证的事情，就提供某种形式的补偿或现金返还。乍一看，允许客户定义满意度似乎是在邀请客户提出鸡毛蒜皮的投诉来为获得所承诺的补偿提供理由。但恰恰相反，担保可以使服务提供商获得重要利益。在评价竞争的酒店时，一项担保对于某些客户来说也许是决定性的选择标准，这会使他们觉得试一试一家先前并不了解的酒店对他们来说并不会失去什么。对于服务提供商来说，提供一项激励也许会鼓励某些客户将自己的投诉说出来，而不是带着不满意一去不回；更糟糕的是，还将他们的糟糕经历告诉他们的朋友们。一项保证计划要具有操作意义，就应该允许服务提供商有机会在保证条款被援用之前使事情重新恢复正常；这一做法也可以成为对一线员工的强有力激励因素。（重印经 Premier Travel Inn 许可）

能会详细规定供应商应该达到的质量水平，不能达到标准也许会自动引致罚金。决定在服务水平协议中包含什么层次的细节时往往会碰到一个两难问题。有一种观点认为，外包一项关键流程的公司在规定质量标准时对细节提出的要求应该如由它自己直接向客户提供服务时对细节提出的要求一样多。只有这样做，才能通过一个服务网点网络保持一致标准。另一种观点认为，将直接与客户见面的过程外包的一个原因是为了引入外包服务提供商的专家技能，这样的服务提供商在履行与其他委托人的客户订立合同的过程中对客户期望有更多的了解。自然而然，在决定对它已经有过交往经验的那一类客户来说最合适的质量标准方面，它比它的委托人所处的位置要更好。因此，最好是根据总体客户满意度在一个相当笼统的层次上设定质量标准，而不要尝试以一系列严格规定的技术质量—表现标准对外包服务供应商进行"微观管理"。

标杆学习

其他类似服务业中客户对质量的期望状况对于经理们来说会是一个有用的信息来源。显然，客户的需要在不同产业也存在相似之处，即使所提供的服务要约从表面上来看是很不相同的。许多通用的维度跨越产业之间的边界，并且适用于一般服务——例如，彬彬有礼而又能干的员工，令人愉快的环境，乐于帮助客人等等。因此，调查紧密联系的服务领域的服务要约性质以及援用任何已有研究的发现是很有帮助的。特别是,值得去调查那些在分析和响应客户需求方面有良好记录的服务部门，看看有什么为人所知的东西并弄清楚它们是否适用于一个新近才采取客户导向做法的产业。例如,可以从酒店和餐饮业相当长时间内一直研究和践行的东西中学习到很多与医院服务有关的知识。继续讨论这一主题,许多多年来一直在非市场经济环境下运作的服务组织,可以通过了解其他国家同类组织的运作而获益良多。因此,英国国民医疗服务体系的管理者们也许可以通过研究美国的医疗服务来促进他们的标准制定工作。

标杆学习一词常用来描述各类公司以对其他地方最佳做法的研究为基础，为自身设置标准的过程(达塔库玛和贾格迪希(Dattakumar and Jagadeesh,2003)。最佳做法可以依同一部门或完全不同部门但有类似生产过程的公司来界定（如银行客户等候时间方面的标杆可以以便利零售业建立的标杆为基础)。

以比较什么和对照什么来比较为基础,标杆学习可以在多个层次进行:

- 表现标杆——基本上以结果衡量指标为基础(例如,每小时生产能力、单位顾客利润);
- 流程标杆——例如,客户办理手续程序的效率和效用;
- 战略标杆——例如,将公司战略计划的完善性与行业最佳做法相比较;
- 内部标杆——涉及内部流程和结构的比较;
- 竞争力标杆——比较市场份额和销售价格等;
- 职能部门标杆——有时,其任务就是对照最佳做法评价公司职能部门(如广告部门和销售部门)的表现。

标杆学习涉及五个连续过程:为研究做计划;形成标杆研究团队;识别潜在的标杆伙伴;收集和分析信息;改进和提高。尽管通过标杆学习可以得出一个标准,对照该标准可以做改进,然而,改进却是持续的,被用作参照的标杆可能很快就会过时。

9.6 服务质量调研

到目前为止,我们对理解服务质量所用的概念框架进行了总体研究。我们接下来将注意力转移到各种具体的研究方法上，各种服务组织使用这些方法更多地了解客户期望及其对服务质量的感知。没有某种质量表现上的指标,一个清晰、持续的质量改进是不可能的。要了解一段时间内的改进效果,管理者手头需要有一些衡量指标,只有对照这些指标才能比较服务的质量表现。

拉玛斯瓦米(Ramaswamy,1996)确定了公司必须关注的三种不同类型的衡量指标:

- 服务表现衡量指标：主要关注内部问题和评价当前服务表现，以保证服务继续可靠地满足设计要求；
- 客户衡量指标：既关注内部问题，也关注外部问题，其目的在于评价服务表现对客户的影响；
- 财务衡量指标：是组织财务健康的指示器。

财务衡量指标和客户衡量指标之间的相关性将决定服务产生收益的潜力，而服务表现衡量指标和客户衡量指标之间的关系则表明客户眼中的服务表现是怎么样的。这又会直接影响公司的财务表现和总体市场份额。

有多种调查客户期望和感知的方法可以供我们使用，这些方法将在下面介绍。然而，作为有效衡量服务质量的一般原则，蔡萨姆尔(Zeithaml，1990)等强调，一项市场研究计划需要有：

- 多样性。每种研究方法都有其局限性，为了克服这种局限性和全面分析理解某个问题，应该将定性和定量研究技术结合起来使用。
- 前瞻性。如公司与竞争对手服务要约的性质特点一样，顾客的期望和感知也会不断地变化。因此，必须持续地对服务研究过程加以管理，以保证任何变化都能被及时发现，并有必要的行动跟进。
- 员工参与。由于服务部门员工与客户之间存在密切联系，因此，向员工询问有关的问题和可能的改进办法以及了解他们的个人激励和需求是很重要的。
- 员工分享。如果让员工知道客户期望研究和投诉分析的结果，他们在交付服务质量方面的表现也许会得到改进。

常规问卷调查

如今，公众会经常收到各种服务提供商为了解他们对所接受服务的质量评价而设计的调查问卷。由于可获得的竞争服务越来越多，服务使用者对公共服务的期望不断提高，他们都期望得到咨询，有机会就满意度水平的高低表达自己的看法。有人说，大多数私人部门和公共部门的大型服务提供商都在争先恐后地追赶质量潮流，这话也许不假——尽管人们对于它们是否使用了最合适的方法收集信息常有疑问。典型的调查方法包括让度假者在度假末了在飞机上填写调查问卷，或者地方社团请求客户填写满意度调查卡。这类调查一般会要求接受调查者详细讲述他们对所提供服务的任何抱怨，并提供评价/建议来帮助改进服务。大多数人所做的假设是：在客户期望没有得到满足的情形，通过这类调查获得的数据将有助于人们采取改进行动。然而，大多数这样的调查本身的质量都让人怀疑，其价值因此也很有限。

调查问卷经常作为一种成本相对较低的信息收集方法，供研究者收集大量代表性服务使用者样本的意见。它们可以有不同的深度，形式可以是包含三或四道由接受调查者回答的问题的小卡片，也可以是有多页文字、由专业研究人员管理的深度调查问卷。除了这些传统上由接受调查者自己填写的调查问卷之外，客户调查也越来越多地通过电话问答和在线方式来进行。在线调查能够快速地分析和传播结果。

虽然问卷调查是一种成本相对较低的收集与质量表现相关信息的方法，但它们在应用方面仍然有一些局限性。首先，典型的问卷调查不能使人们深入地探究接受调查者对质量的态度。大多数问卷调查将重点指向质量的技术方面而不是功能方面。在由接受调查者自己填写问卷的情形，很难保证得到的回答出自代表性服务使用者样本。比方说，有人指出，那些特别满意或特别不满意的客户与广泛的既非很满意亦非很不满意的客户群体相比，更有可能加入调查中来。

问卷调查的时间把握特别重要。前面说到，对质量的感知会导致态度的变化，这又

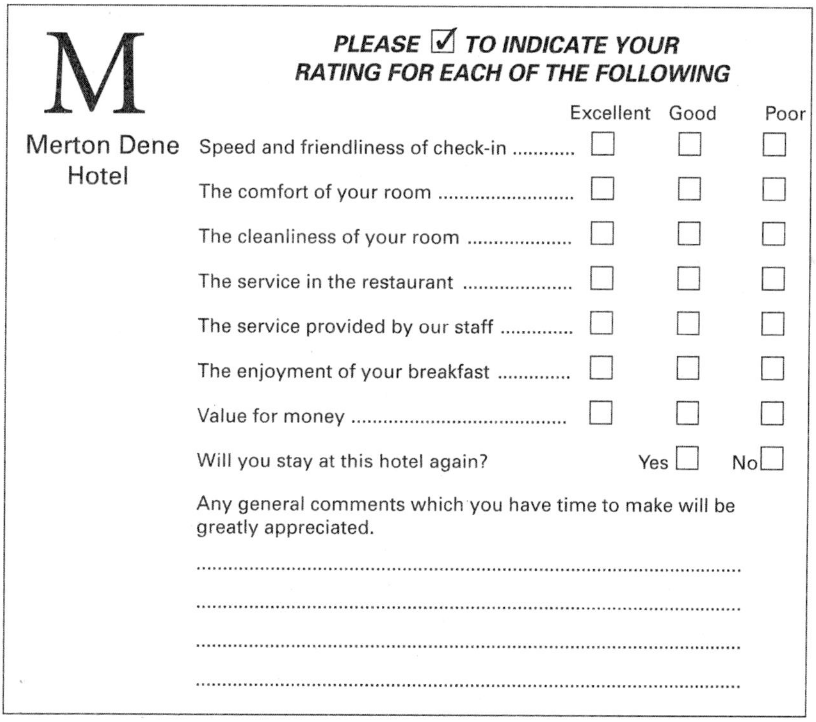
M

Merton Dene Hotel

PLEASE ☑ TO INDICATE YOUR RATING FOR EACH OF THE FOLLOWING

	Excellent	Good	Poor
Speed and friendliness of check-in	☐	☐	☐
The comfort of your room	☐	☐	☐
The cleanliness of your room	☐	☐	☐
The service in the restaurant	☐	☐	☐
The service provided by our staff	☐	☐	☐
The enjoyment of your breakfast	☐	☐	☐
Value for money	☐	☐	☐

Will you stay at this hotel again? Yes ☐ No ☐

Any general comments which you have time to make will be greatly appreciated.

....

....

....

....

图 9–11 与许多服务公司一样，这家酒店也对客户满意度水平进行例行调查。这一张评议卡样本载有以定量方式衡量的客户回答和一个不受结构限制方式表达评价的机会。对这类回答的分析使连锁酒店能够识别酒店与酒店之间的差异和检查一段时间之内服务表现发生的变化。许多公司将调查结果与付给员工的工资相联系。与许多由接受调查者自己完成的调查一样，公司应该密切关注接受调查者的代表性，有证据表明：相对于那些持中间态度的客户来说，非常满意或非常不满意的客户更有可能给出他们的评价。

图 9–12 你应该在什么时候询问客户对服务质量的感知？许多服务组织发现最方便的时间是在服务刚刚被消费完之后的那一会儿。各种服务细节在客户的记忆中还很清晰，而且服务提供商也不会有事后用邮件或电话联系客户的麻烦和费用。不过，服务提供商应该感兴趣的是由感知的服务际遇的质量所导致的长期态度变化。正是这种更长期的态度变化可能对客户是否会成为回头客以及是否会向朋友推荐服务提供商产生影响。有时，对质量的即时感知与在更长时期内所考察的态度之间的差别会很大。理发服务就是一个好的例子。许多去理发店改变发型的人在离开理发店的时候对自己的新发型往往会抱有一种怀疑感。在这一阶段，理发师在任何质量调查中得到的分数可能都会很低。不过，随着时间的推移，客户可能会逐渐习惯他们的发型，几个星期之后，他们可能无法想象自己看上去会再有任何不同。再过几个星期之后，加上朋友的些许恭维，再给理发师打的分数可能会高很多。

会对下一次的购买决策产生重要影响。服务质量问卷调查一般在服务被消费之后立即进行，但有证据表明，对质量的评级会随时间而发生变化（帕尔默和奥尼尔[Palmer and O'Neill]，2003）。例如，有人使用完形分析（gestalt analysis）表明，服务要约中的一个微小不满意因素如何在发生时影响人们对质量的感知；然而，一段时间过去之后，它又会如何逐渐淡入背景之中，从长期来看并不影响客户对服务的态度。

定性研究技术

定性技术通常被一些公司用作以问卷调查为基础的研究方法的补充。随着公司努力更深入地了解消费者的需求和个人激励因素的性质，定性技术的使用范围近年来迅速扩大。定性技术通常被用作问卷调查的前期研究。为了给调查问卷准备一些有意义的问题，使用更为非结构化的定性技术对于生成调查中相关问题的清单是很有用的。在其他场合，定性研究被用来尝试解释问卷调查中的发现，尤其在公司发现服务质量评分与服务交付的某些方面存在相关关系以及公司希望就因果关系有更多了解的情形。

焦点小组是了解服务质量时广泛使用的一项技术，尽管许多焦点小组召集起来是为了讨论公司活动的多个方面，如公司形象和服务范围等等。另一种常用技术是与客户样本或所选择的关键客户进行一对一非结构化访谈。在所有这些情形下,公司不能指望获得客户对服务质量的态度的代表性样本;不过,由此获得的深刻理解可以弥补这方面的不足。尽管许多技术能够以更为客观的方式分析定性数据,但引导研究进程的个人无论如何起着关键作用。

客户专门小组

客户专门小组可以提供持续的与客户期望相关的信息来源。公司定期咨询那些一般而言为服务经常使用者的客户群体,以便研究他们对所提供服务质量的看法。在其他场合,他们可能会监督新服务或经过改造的服务的引入——例如,在试验性地导入一个新分支机构设计模式之后,银行可以召集一个专门小组进行研究。客户专门小组使用的研究方法可以是定性和定量方法的结合。

连续型专门小组的使用可以为组织提供预备性研究问题的手段,它还可以作为一种防范重要问题出现的早期预警系统。许多零售商一直不断地运用专门小组监督其服务水平,同时也让专门小组为新产品开发研究献计献策。这一研究方法的有效性取决于专门小组能够在多大程度上代表整个客户群体。因此,需要进行精心选择,以确保专门小组具有与所分析客户总体相同的社会、经济、人口、行为和生活方式特征。有人指出,愿意成为专门小组成员的人数上升速度没有企业对信息需求的速度快。结果导致一些“职业型”专门小组成员的产生,这些人也许并不代表作为整体的目标用户。

交易分析

一种越来越流行的评价型研究涉及跟踪个人对其新近参与特定交易的满意度。这类研究使管理者判断当前的服务表现,尤其是判断客户对他们要与之互动的那些联系人的满意度以及他们对服务的总体满意度。

这类研究工作通常要求在交易完成之后立即向每位客户发起邮件型问卷调查、电话访谈或电子邮件,后一方式目前应用得越来越多。英国的服务组织广泛使用这一方法。例如,汽车协会对最近接受过故障处理服务的客户进行调查;许多银行会邀请使用其抵押贷款服务的客户通过一份结构化的调查问卷表达他们对接受的服务的看法。这种研究的一项额外好处在于,它可以将服务质量表现与联系人个人相联系,并将研究与奖励系统相联系。

神秘客户

使用“神秘客户”是审核服务规定的标准、尤其是这种服务规定中员工参与度的一种方法。确保服务质量的主要困难在于如何解决工作人员不遵守行为指南这一问题。所谓的服务—表现缺口指的是员工不能和/或不愿按所欲求的水平实施服务所造成的结果。神秘客户调查的重要作用在于检查员工实际满足规定质量标准的程度。

这一研究实际服务规定的方法要求使用受过训练的评估人员，这些评估人员专程造访各服务组织，并汇报他们的观察所得。审核一般会针对组织的特定需要来定制，以其希望评价的问题为中心。调查询问的方式一般由委托人与研究组织联合确定。

主题思考：你愿意做一位“神秘学生”吗？

曾几何时，神秘客户已经成为餐馆、商店以及许多其他服务行业质量管理过程的一部分，但它们在高等教育中能够起到作用吗？“神秘学生”的想法会使许多教学人员感到恐惧，他们会觉得使用编制课程教学文件的书面考试而非教学能力现场评估来衡量教学质量更加让人自在舒适，尤其是在他们不知道哪些学生在像“间谍”一样监视他们的场合。

但如果教室里的神秘客户的发展前景仍需假以时日的话，有证据表明，一些大学正在开始使用神秘客户来评估其支持性职能部门的质量。2005 年 12 月，谢菲尔德大学进行了一次神秘购物演练，活动涉及由装扮为学生的研究人员们打出的 169 个电话以及他们发出的 109 份电子邮件请求。《泰晤士报》高等教育副刊报道的结果表明，大学的运作达不到期望的客户关怀标准。据报道，五分之一打电话要求提供信息的人什么也没得到，六分之一的电话询问者觉得接听他们电话的人不能传递大学的积极印象，三分之一留下语音邮件信息请求电话回复的打电话者实际上并没有收到回电。有七个部门发出所索要的材料花了一个多月的时间，有一个部门花了三个月的时间才给出答复。神秘打电话者也指出了一些细节问题，例如，语音邮件“致意”中有四分之一未附个人信息，收到的由学校寄发的套用信函看上去毫不体现个人情感，通常未留日期或签字。许多信件都是糟糕的复印件。

随着向学生收取学费做法的实施，英国学生也提高了他们对“客户关怀”的期望。虽然神秘购物者的想法似乎与强调职业责任的教育价值观相背离，但也有越来越多的人赞同这样的观点：大学必须越来越多地反省自己，问一问它们是否在向(潜在的和事实上的)学生提供他们期望获得的东西这样硬邦邦的问题。

神秘购物在大学中应该走多远呢？如果可望通过“神秘学生”来为员工评级，教师向学生授课的标准有望得到提高吗？它会比以文件为基础的练习更好吗——在后一情形，服务交付的现实与在文件上描述的大不相同？教育是这样一项专业化服务吗——在这一服务中，“客户”通常不知道什么对他们才是最好的？教学人员是否应该如同医生和其他专业人员一样由其同事来评判其教学质量的某些基本方面，而这些基本方面在相对而言肤浅的、以同事为基础的评估之中又并不是显而易见的？如果不将神秘客户正式地纳入质量评价活动当中，那么，会不会出现这样的危险——精明的学生使用新型媒体技术随心所欲地“神秘购物”，并将结果发布到诸如 YouTube.com 之类的网站上？这类网站为糟糕质量的样本塑像，并经常以偷拍到的视频图像作为支持，它们的力量已经让许多大学不寒而栗。

有必要强调这一研究方法的建设性本质，因为神秘客户很容易被员工误认为代表管理层来刺探他们工作表现的秘密特工。不过，如果这一技术应用得当，它们可以让管理者了解企业的日常业务活动中真正在发生什么事情。为了保证调查的有效性，神秘购物调查必须独立进行，调查应该是客观的，而且必须具有一致性。评估人员的培训对于这一研究方法的有效使用具有关键意义，比方说，培训内容应包括各种观察技术培训，以使他们能够分辨问候的表示与认可的表示。

投诉分析

客户的不满意会通过他们就服务供应物所做的投诉明确地表达出来。对于许多公司来说，这也许是与客户保持联系的唯一方法。投诉可以直接提交给服务提供商，也可以间接地通过一个中间或监察机构转达。客户投诉如果得到建设性的处理可以成为一个丰富的数据来源，以这类数据为基础可以制定改进服务质量的各项政策。然而，客户投诉至多是一项不完善的信息来源。大多数客户不屑投诉，他们会将不满揣在心里，然后告诉其他人。其他一些客户会径直投向另一家供应商的怀抱，不向原服务提供商提供潜在的有价值信息，告诉它什么事情出了问题，导致他们一去不回头。

在真正以市场为导向的组织中，投诉分析可以成为一个有用的指示器，它可以指明服务交付过程在哪个环节出了问题。作为总体客户联系计划的一部分，投诉分析可以扮演重要角色。不断跟踪投诉是相对廉价的信息来源，它可以使公司不断地审视客户的主要担心，并矫正任何显而易见的问题。此外，收到投诉的公司能够安排员工直接与客户联系，并就客户关心的事宜与之互动。除了表明客户对这些问题的具体看法之外，投诉还会就总体客户服务提供自己的看法。许多公司不惜花大力气(例如，通过建立免费电话专线和使评价卡能够容易地获得)使客户投诉成为一件容易的事情。

客户投诉价值几何?

公司在鼓励顾客投诉方面应该走多远呢？当然，不同的文化对糟糕服务的投诉意愿表现得大不相同。英国人传统上的克制对一般的酒店值班经理们来说不啻天赐礼物，他们本来不一定非得忍受那些更为咄咄逼人的澳大利亚人或美国人可能的粗暴无礼。从原则上来说，收集客户反馈的主意并不坏，因为它给人以矫正问题的机会，这种矫正从投诉者的满意来看是即时性的，从设计更为有效的过程来看则是战略性的。不过，这会不会导致某些客户只要看到有他们能够换取的东西，就去无休止地投诉的文化呢？许多旅游经营商都讲述过这样的故事：某些客户例行地就鸡毛蒜皮的事情投诉，以图获得某些赔偿，而这又将加到他们下一次度假的成本当中。公司应该如何在听取客户投诉与压低赔偿成本之间寻找平衡，尤其是当它将自身定位为低成本服务提供商，并且在事情很有可能出错的环境中经营的时候？

员工研究

在员工当中进行的研究可以让他们就服务提供的方式和他们觉得客户如何看待他们的各种观点得到考虑。从员工培训讨论会和员工发展操练活动收集到的数据，以及由质量控制小组、职位评估和绩效评估报告等而来的反馈都能为制订质量改进计划提供有价值的信息。向系统性研究计划引入员工正式反馈的一个方法是实施员工建议计划。员工就如何更有效率和/或更有成效地提供服务所做的建议在改进服务质量方面可以扮演重要角色。

对员工需求的研究也有助于确定提高员工交付高质量服务的动力的政策。许多用来了解员工作为内部客户的观点的技术，与外部客户研究中使用的那些技术从原理上来讲没有什么两样。各种访谈和焦点小组也可以用于收集关系到员工需求、欲求、动机和对工作条件、福利和政策的态度的定性数据。

工作队伍的涉入度和参与度问题将在第10章深入研究。在这一方面，将员工纳入研究过程并让他们了解研究中的各种发现（例如，通过发动他们收集各种数据，给他们看小组讨论以及客户访谈录影带，向他们知会研究报告的发现）有助于增进他们对组织上下面临的服务质量问题的理解。高接触的人员密集型服务部门尤为如此。

不过，也存在许多障碍阻止信息从员工流向管理者——尤其在没有听取员工建议的文化的组织中。有明确规定的听取建议方法、针对结果采取行动以及对改进质量有共同承诺可以大大改善员工的感知。计划和控制职能部门之间对员工给出的信息也会存在可能的冲突。如果员工意识到客户向他们提到的问题，他们应该因为担心丢掉一份奖金或一个晋升前景而保持沉默吗？而且，如果员工对于改进服务质量有想法的话，他们也许会因为担心被要求做更多工作以帮助排除问题而对向管理层提及他们的想法感到勉为其难。例如，火车上的司乘人员也许觉察到客户在上火车的时候感到茫然不知所措，因为他们弄不清楚火车会在哪儿停。通过扩音系统发出的唯一一次广播只在火车离开车站之后才会发出。员工们应该建议广播在火车出发前两分钟发出吗？他们会心甘情愿给自己揽一份额外的活来做吗？

中介机构研究

有人指出，服务中介机构在服务交付过程中往往担负着很有价值的功能，以与商品中介机构相当不同的方式扮演其角色。对中介机构的研究主要集中在两个主要方面：

- 首先，在中介机构构成服务交付过程重要组成部分的情形，客户所感知的服务质量在很大程度上由中介机构的表现所决定。如此，如果机票代理商被认为行动缓慢或对客户没有帮助，客户感知的航空公司的质量也许会受到损伤。通过诸如神秘客户调查之类的技术进行的研究可以用来监督中介机构的服务质量标准。

- 其次，中介机构作为服务的共同生产者位于分销渠道的更靠下位置，更加贴近客户。他们有能力向服务委托人就客户期望及其感知提供有价值的反馈。除了对中介机构开展结构化研究调查之外，许多服务委托人还发现，在向中介机构提供培训之类支持服务的过程中，可以更多地了解其最终客户的需要和期望。

走动管理

上面讲述的所有技术基本上都涉及向高级管理人员提供客户在服务交付时所感知服务质量的见解。自雇型装修商或建筑师之类的小型服务提供商在了解客户对质量的感知方面处在极好位置，这种了解直接来自于他们从客户那里得到的评价，或来自于客户的作业安排及再次的业务。在大型的、拥有多个服务网点的公司，这一客户反馈机会对于关键公司决策者们来说并不是经常可获得的。许多大型组织因此使用各种正式或非正式方法将其高级管理人员派到第一线，以便他们能够获得客户期望及公司服务交付表现的第一手了解。

“走动管理”已经成为高级管理人员努力获得与公司运作相关知识的一种流行方法，这种知识不能从结构化报告系统中立即获得。这一做法与“交易场所”的理念有直接联系——在交易场所，员工是通过客户的透视镜来看组织的（鲍尔斯和马丁[Bowers and Martin]，2007）。有报道说，阿奇·诺曼在担任零售商阿斯达的总裁的时候，将他定期走访

主题思考：从轮椅的视角看服务质量？

本章所述的许多用来研究服务质量的技术对于体格正常、身强力壮的客户们来说也许不成问题，但从残疾人使用者的视角观察到的质量世界却会大不相同。对于那些具有特殊需要的服务使用者群体来说，服务质量会意味着什么呢？

公共交通部门是被指责为向残疾人提供质量糟糕的服务的许多部门之一。一些为残疾人福利奔走呼号的团体指出的问题包括：公共汽车上难走的台阶，视力受损的人很难看清楚的时间表信息、未在怎样与残疾人打交道方面接受过良好培训的员工，以及其他种种抱怨。公共汽车的台阶对身强力壮的人来说也许不存在质量问题，但它却有可能将轮椅使用者有效地排除在外。

在过去，许多服务组织会因为打发被视为麻烦的残疾人而沾沾自喜。很多人知道，有些公共汽车司机开着车从残疾人乘客身边擦身而过，因为他们心底里清楚这一事实：要让一位残疾人登上公共汽车会要花额外的时间，而这将导致公共汽车误点运行。在组织层次，为

残疾人提供高水平服务往往意味着在交通工具上的高额投资，这样才会改善交通工具的可及性。提供轮椅空间也许要求拆掉一些座位，从而减少其他乘客的座位数，进而降低公共汽车的创收能力。有些公司尝试过改进为残疾人服务的质量，但发现经济回报却很差。例如，有报道说，1999年，国家快运改造了巴思—伦敦线路上运行的三辆长途汽车，增设了液压轮椅升降装置。据报道，总的改造成本超过15万英镑，每一辆车失去了2个座位，这意味着全年创收能力上的大大损失。在绝大部分旅程中轮椅升降装置并不使用，提供给改进的服务质量吸引过来的残疾人的额外旅程数并不足以为资本支出和其他乘客座位数的减少提供正当理由。

在欧盟指令基础上制定的《残障歧视法案》(Disability Discrimination Act)一直在稳步实施，现在，法律要求大多数服务公司为残障人士提供合理的服务。向他们提供相对于身强力壮者而言低劣的质量，这种歧视做法不再是可接受的。

由于都很在意因违反法律而导致的罚款和名声损失，一些服务公司已经开始认真地负起自己的责任。许多运输经营者通过使用残障群体资源尝试了解残障人士在使用公共汽车时到底寻求什么服务。许多公司就如何改进残障人士所体验的服务质量向一线员工提供具体的培训。同样地，许多代表残障人士利益的组织发现自己可以在提供这类培训方面发挥一定的作用。

尽管《残障歧视法案》将在服务方面歧视残障人士视为非法，但与什么构成对服务过程的“合理”修正有关的问题仍然存在。在修正可能会是“不合理”的场合，人们并不期望公司改变它们的服务过程；但修正在哪一点上会变得如此广泛，以至于它们会破坏服务的性质，从而在经济上不可持续呢？

公司店面时学到的一些创新做法引入公司运作。有些公司采用了正式的轮换机制，它要求高级管理人员在企业的基层度过一段时间。甚至一些大学的副校长们也采取了大胆的行动，尝试过一天或一个星期的学生生活，获得在教室和课堂的第一手体验。许多人认为，这会让副校长们对学生们最关心的日常问题有更好的了解。尽管许多服务组织为其高级管理人员建立了类似的计划，但其他一些人也对这一主意提出了批评。对于有些人来说，“走动管理”不过是一个骗人的玩意儿；其他从科学管理方法的视角看问题的人则认为，接受优厚报酬的高级管理人员的时间应该以更划算的方式花在会议室，而非用来在作业现场做一些相对而言非技术性的工作。

9.7 管理和监测服务表现

随着服务组织规模的成长及复杂性的上升，依靠非正式的、以判断为基础的方法衡量服务质量以及针对结果采取行动变得更加困难。大型服务组织需要制度化的系统来衡量和管理服务质量。这一节,我们将探讨服务表现监测系统的主要成分,该系统一般从规定目标开始,接下来是收集服务表现数据和分析数据,最后要将分析结果报告给能够针对信息采取行动的人。

目 标

对服务质量目标的清晰陈述可以提供一个标杆，对照该标杆可以评估各种结果以及员工要达到的标准。一般来说,目标分解的层次越多,可能的控制程度也就会越高。为了有效地管理服务质量,目标的规定和目标的传达应该保证取得以下效果:

- 它们应该向个人清楚地表明期望他们达到的行为标准;
- 它们应该对质量的可控方面与不可控方面加以区别，前者可以由个人管理,后者应该从表现标准当中排除。
- 它们应该表明哪一表现目标享有优先地位,例如,火车运行经理应该优先考虑将晚点降到最少还是将车次取消降到最少?取消一趟火车运行可能有损于这一指标本身,但它也许可以改进火车运行系统中其他地方的晚点指标。在任何情形下,目标都不得互不相容。
- 它们必须足够灵活，允许在设定目标时没有预见到某些发生在组织环境中的变化。

相对于定性表现目标而言,定量目标一般更为人们乐于接受。我们在本章注意到,一些公司如何通过运用SERVQUAL之类的方法去衡量基本上属于无形的客户态度。不过,纯粹设定量化目标也会碰到一个危险,那就是:它们也许是由一系列相对简单的指标表征的。寻求实现这些目标的员工也许会将他们的注意力集中在满足这些目标上,他们也许会牺牲表现中的其他一些更重要的定性方面。

设定了在指定时间内应答电话的目标的电话咨询公司，如果将注意力主要放在目标时间内做出反应的话,它也许会忽视在电话服务期间给出的信息质量。

监测表现

服务质量的技术性衡量指标是最经常被收集的信息,举个例子,银行也许会以百分比记录其自动取款机的可获得性。更少衡量的往往是服务交付的定性方面。尽管银行也许会保持一份整个银行网络的自动取款机可获得性日报；但要衡量客户对银行的态度的话,它也许会依靠一些小型客户年度调查。

有很多尝试建立改进型表现衡量指标。近年来有一种称为平衡计分卡(Balance Score Card,BSC)的研究方法在学术界和从业人员当中引起了很大的兴趣。平衡计分卡是一个描述价值创造战略的框架，它将有形资产和无形资产联系在一起（施佩克巴赫[Speckbacher]等，2003）。该分析框架的建立是通过形成四类资产——财务、客户、内部业务过程和学习与成长——的战略目标实现的（参见卡普兰和诺顿[Kaplan and Norton]，

主题思考：英国国民医疗服务体系到底有多好？

监测服务质量的任务由是许多服务组织例行地完成的，但当一线员工属于非常专业化的人士、且客户可能没有能力评估服务的某些方面的时候，你又应该如何着手这项工作呢？英国一直以拥有中央化的国民医疗服务体系（National Health Service，NHS）为骄傲，服务对客户来说基本上免费，国家税收为其主要资金来源。但你如何衡量医生们的表现呢——无论是作为个人的医生还是作为团队的医生？从20世纪90年代中期发布"病人章程"开始，政府已经稳步提高为医疗提供者设置的目标，还通常将资金的提供与目标的实现相联系。但如许多表现目标一样，这些目标在NHS中的价值总被很多人质疑。

NHS将其主要精力放在服务质量问题上，并例行监测一些服务指标，如就诊或接受选定专家手术的等候时间。但即使是这类很简单的指标也可能掩盖很多问题。当一位医生被发现与另一位医生相比让病人等候的时间更长时，这会意味着什么呢？对于许多人来说，一个长等待名单可能表明在你面前的是一位有很高声誉、很受病人欢迎的医生，而不是一个不能满足病人要求的失败从业者。而且，等候时间的数字也经常被人有意无意地操纵。举个例子，在2003年，有些救护车服务因为尝试使其响应时间看起来比实际上要好而受到申斥，因为它们衡量的响应时间是从救护车出发的时点而非从求助电话被接通的时点算起的。

衡量医生医疗表现的尝试，进展的步伐就要慢得多了，而且，围绕评价某项手术或临床诊断效果的最合适方法展开的争论从未中断。很多医疗结果不可以在成功或失败的基础上简单地评价，而要求将更为主观的生命质量评价也纳入考虑之中。不过，在英国的私人医疗部门，BUPA在2004年宣布它将发布指定医生医治的病人康复率的统计数据。

一些医生表达了这样一种担心：仅仅发布表现指标会推高用户对服务交付的期望，以至于最后即使实际表现提高了，他们反倒还会觉得更加不满意。

在手术可能很复杂、手术结果只有在很长一段康复期之后才会明朗的情形，期望由病人评估医生提供服务的质量现实吗？我们应该放手让专家们自行其是并根据其职业行为准则来为病人做最好的考虑吗？抑或在这样一个信息发达、客户知道自己的权利且抱有很高期望的时代，这种向内型看问题方法会变得越来越站不住脚？公布表现指标这一事实是否会推高客户对服务交付的期望，以至于最后即使实际表现提高了，他们反倒还会觉得更加不满意？而且，如果任由政府以如此紧逼的方式"微观管理"这类表现指标，会不会导致这样的情形：专家们更多地关注服务交付的那些能被容易地衡量的方面，而更少地关注那些相对不可量化的表现指标，而后者却对病人的长期康复重要得多？

2001a；马尔密[Malmi]，2001)。不过，有人注意到，使用BSC的组织往往在一开始的时候只使用一个简单的记分卡，后来再一步一步扩大它的功能和范围（参见卡普兰和诺顿[Kaplan and Norton]，2001b)。有人说，BSC方法的潜力只有在将其衡量指标与员工奖励系统相联系的情形下才有可能真正实现(卡普兰和诺顿[Kaplan and Norton]，1996；奥特利[Otley]，1999；马尔密[Malmi]，2001)。

报告和控制行动

随着服务组织的成长，质量管理系统有变得越来越正式化和官僚化的趋势。小型的、由家庭经营的服务企业的质量管理也许会因应各种非正式社会压力而做出改变，但这种方法在更大一些的组织里就行不通了，那些宣称受到不公平待遇或受到欺骗的员工可以把他们的老板告上法庭。光是用于控制目的的信息数量就要求采用结构化方法进行控制。

有效控制的关键在于，在正确的时间向正确的人给出正确的信息。从加工信息和传播信息要求付出的努力来看，提供太多信息可能招致高昂的成本，在有价值的信息隐藏于次要信息的情形，这还有可能降低控制的效率。此外，报告的层级将由达到目标的允差水平来决定。

很多质量控制系统失败是因为组织中的员工被给予了不合适的或不切实际的目标，而且，它们简直会变得不被信任。甚至在设定了可实现目标和收集了合适数据的情形，控制系统仍有可能因为管理者不能针对可用信息采取行动而失败。控制信息应该能够识别控制目标发生的变化，并且能够甄别这一变化是在满足该目标的责任人的控制之内还是之外。如果超出了他们的控制范围，问题将变为修正目标或改变服务过程，从而使目标再一次变得能够为人们所实现。

9.8 创造服务质量文化

服务质量不是偶然形成的——组织需要制订战略以保证交付一致的、高质量的服务。如果将多项研究(如埃文斯和林赛[Evans and Lindsay]，2005)集中在一起考察，从那些描述已经成功地建立高服务质量标准的组织的特点的文献中可以挖掘出一些关键因素：

- 高级管理者对质量的承诺历史：在这一承诺当中，服务质量的衡量指标被视为与财务指标同等重要；
- 组织中存在一种以客户为中心的经营理念和一种奖励员工实施好的、以客户为中心的行动的文化；

- 既让客户满意，也让员工满意，因为只有员工满意才有可能导致客户满意。我们将在第 10 章就此进一步探讨；
- 监测服务质量的合适系统。

发展质量文化的责任在于高层管理者。除了引入与表现相联系的奖励系统，成功的服务组织还会引入参与式文化——在这种文化当中存在知识共享以及不断改进表现的承诺。一种被广泛使用的方法是质量管理小组(Quality Circle，QC)，小组中的员工经常与某位主管或组长就生产和交付标准开会讨论他们的作业。QC 小组在员工与客户之间的互动很多的高接触型服务场合特别适用。一些有能力识别会对客户造成影响的质量缺陷的一线服务员工会被召集起来与那些不与客户直接交往、却能显著影响服务质量的作业人员一起交流。通过坐下来一起讨论，员工们有机会共同发现问题，并提出解决方案。按照这一方法，汽车维修店的 QC 小组可以将与公众打交道的接待员和生产实质性服务的机械师聚集起来。通过分析接待员发现的某个质量问题(如客户收取完工汽车的时间被拖延)，机械师也许能够提出某些解决方案(如重新编排某些作业程序)。

要保证成功，QC 组长必须乐于听取成员们的意见，并针对成员们提出的问题采取行动。QC 小组要长期存在，就必须做到这一点。小组成员必须感觉到他们的参与是真实的和有效的；因此，QC 小组内的沟通过程必须是双向的。赞同有可能是真实的，也有可能是敷衍性的。在后一种情形，如果 QC 小组会议似乎成了一个例行公事式的只让人听听罢了的讨论会，那么，小组成员也许会认为它无非是另一种形式的管理控制工具。尽管小组成员也许同意接受这样的控制，但他们可能不会积极地加入改进服务质量的进程中去。

QC 小组成员需要有人对他们提出的任何想法迅速而又真实的反馈，以便解决操作上的问题。在某个 QC 小组成功地找出营销目标为什么实现不了的原因的场合，就需要以一种富于建设性的方式对其建议加以评议。

9.9 为质量而管理扩展的营销组合

服务的质量有赖于管理者做出的多种战略与战术决策，在这最后一节，我们将服务质量主题与扩展的营销组合中的其他成分联系起来，后者在第 1 章有过介绍。质量影响营销组合的所有方面——就服务规范进行的决策不应该与就营销组合中的其他成分做出的决策割裂开来。在执行这项任务的过程中，服务公司必须认识到客户的感知与期望之间的关系是动态的。如果客户的期望随着时间的推移而提升的话，那么，仅仅维持其感知的质量水平是不够的。因此，营销组合管理关心的是要么通过改进服务要约、要么通过抑制客户期望来弥合随时间变化的质量缺口。

促 销

促销决策具有建立客户对服务质量期望的作用。在以市场为主导的促销源是评估和选择竞争性服务的主要基础的场合,信息和沟通媒介对客户的质量期望起重要作用。促销往往会建立起组织力图满足的期望。

然而,在某些情形,由促销所创造的形象实际上可能会拉升感知的服务质量。这在显性消费商品的情形司空见惯,在这种情形下,被附加到啤酒之类产品上的具有无形特点的形象实际上会导致客户们相信:这一种啤酒比具有相同技术质量、却被以不同方式促销的另一种啤酒具有更高的质量。在服务的情形,由于客户更深地涉入生产/消费过程以及存在许多判断质量的机会,获得这一效果的可能性一般而言比较小。不过,在某些公开消费的服务的情形,这也是有可能的——高调投放的广告可能实际上会拉升感知的服务质量。因此,具有排他性健身房的促销活动也许会增进客户的这种感知:他们属于一个具有排他性的、声望显赫的群体。如果没有广告投放,健身房的声望价值也许不会被其他人所认可。

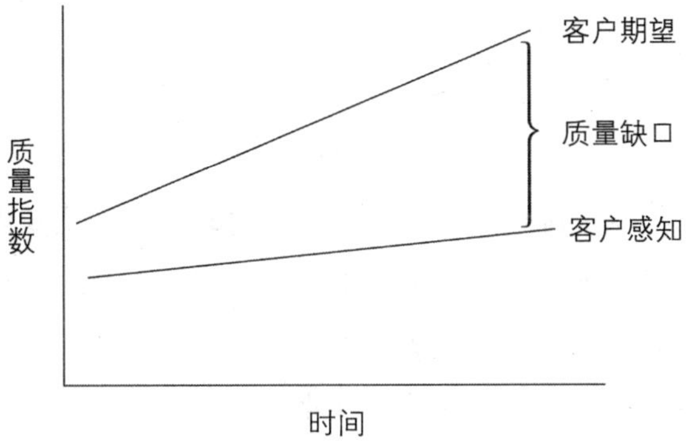

图 9–13 各种服务单单只维持其现有质量水平是不够的,因为客户期望有可能已经向前发展。如果客户期望比其服务表现提高得更快的话,即使是下大力气改进其服务表现的公司也会发现其质量等级在下降。

价 格

价格决策既影响客户期望,也影响其对服务质量的感知。在所有其他因素保持不变的情形下,价格可被潜在客户用作评价服务质量的基础。如果两家从外表看来非常相似的餐馆为相似的用餐索要不同的价格,那么,一般的假定会是:定价更高的餐馆必须给出更高的、客户在后来可望获得的质量标准。人们正是通过对照这一标杆来评价服务质量的。

索要的价格可以影响被服务组织纳入服务要约中考虑的质量水平。我们将在第 11

章讨论价格定位的概念,我们将看到,尽管沿着一条线所做的任何从“高价/高质量”到“低价/低质量”的定位都是可行的,但“高价/低质量”和“低价/高质量”的定位一般都不是长期可持续的。例如,相对于许多国外市场的报价水平而言,英国的许多旅游经营商报出的低价格已经导致其利润水平不足以支持提供高质量服务。航班安排过多或航班的超额预定所导致的时间延误和不便是其中的后果之一。

可及性

可及性决策既影响客户对质量的期望,亦影响实际服务表现。通过高质量的代理商销售劣质服务可能会拉升对质量的期望。糟糕的交付随后可能会损害代理商自身的形象，这也可以部分地解释为什么许多旅行代理不情愿继续为那些服务质量记录很糟糕的旅游运营商充当中间商。中间商发起、处理和跟踪服务交付过程的方式通常会影响客户感知的质量——一位错误地填写了旅行车票出发时间的代理人会损害客户所接受服务的质量。由于这些原因,质量管理的一项重要内容便是招募和监测能够与服务委托人分担质量标准承诺的中间商网络。你也许记得,第 5 章谈到,可及性决策亦涉及使服务在何时何地为客户所获得这一问题。在服务在当地更可及和在更长时间可及的情形,质量也许会让人觉得更高。

人　员

人员,尤其是一线工作的联系人员,是客户对功能性质量感知中的重要成分,因此,买卖双方互动的性质在服务质量管理中是非常重要的。人员的招募、培训、激励和控制是营销组合中影响质量标准的重要成分。一线员工处在观察质量标准的最有利位置,最有可能识别任何问题。这些联系人员是否有能力或有途径了解这些问题则是另一回事情了。

本章总结及与其他章的联系

当被用于服务的时候,质量是一项复杂的概念。本章考察了寻求衡量只能在客户心目中定义的概念时碰到的一些困难。大部分对服务质量衡量的描述都不具有普遍性,因而具有误导作用。然而,围绕服务质量衡量以及期望在影响质量估价时所扮演的角色所展开的更加综合的研究也存在诸多争议。如果管理者在设置质量标准以及成功地实施这些标准方面无所建树,单纯的质量衡量将一文不值。本章也考察了质量管理中涉及的各种问题,在第 10 章讨论人力资源管理的环境时,我们将再次讨论这些问题。

本章围绕质量所展开的大部分讨论都与讨论服务际遇的那一章相联系——蓝图绘

制可以成为设计一致地满足客户期望的服务过程的有价值工具(第3章)。高质量的服务交付是发展长期稳定的买方—卖方关系的先决条件(第7章),公司应该与其中间商共同探讨这一问题,通过价值链来创造质量。潜在的购买者可以使用定价(第11章)来评估可能的服务质量,公司的沟通努力(第13章)也许具有提高和降低对质量标准的期望的作用。

复习题

1. 分析为什么从理论上与实践上来看，服务质量评估比制成品质量衡量都要困难的原因。

2. 评价期望在定义和衡量服务质量方面所起的作用。

3. 讨论消费者服务组织在决定所要提供的服务水平时应该考虑的各种因素。在企业对企业服务的环境,这些因素会有不同吗?

实践活动

1. 收集各类服务公司用来了解其服务质量表现的调查问卷样本。评价每一类调查问卷在表明公司表现方面的贡献。你会建议对调查问卷做什么样的改动?你会建议使用什么其他信息来源更好地向公司服务质量管理者提供信息?

2. 考虑在一个你熟悉的区域选择餐馆。什么标准对于定义餐馆的质量水平是最重要的？尝试绘制一张定位图以表明每家餐馆的相对质量水平。

3. 浏览一个快件/包裹递送公司网站的样本。考察每家公司就递送可靠性所做出的承诺。注意它们有什么担保提供给客户。你认为这些公司的承诺和担保具有打消潜在客户疑虑的作用吗？在有担保提供的情形,这些担保启动起来会有多么便捷?

案例研究:服务担保的潜在力量

作者:罗德·麦科尔(Rod McColl),法国雷恩商学院(Groupe ESC Rennes, France)

快速浏览任何企业电话名录或互联网搜索网页，你会发现在服务企业营销中出现了一个有趣的趋势,那就是服务公司对其服务表现提供书面担保的理念。产品担保并不是什么新鲜事儿,它可以追溯到19世纪50年代的美国。今天,大多数客户在没有检查有关担保或保证条款和条件的情况下,根本就不会考虑购买新汽车、洗衣机或移动电话等产品。

直到最近,担保一项服务都被认为过于困难且内在风险太大。在消费期间及消费之后,服务消费者会花更多时间去评价服务,这比他们评价商品所花的时间还要多,他们也因此变得更加挑剔。由于服务基本上是与过程相关联的,因此,服务的交付也更加难于保证一个一致的高水准。例如，生意人并不总是能够在他们说好的时间(有时甚至在他们说好的日期)到达;有时,当客户提出索赔要求时,保险公司会闪烁其词,他们的保险单上往往用细小的字体密密匝匝地印着谜一般的法律术语。银行的分支机构里面往往会有很多人在排队,火车和飞机不能按计划准点运行,零售店的员工往往很不友善也不爱帮助人。这些服务失败中的每一例都会导致客户满意度下降,招致投诉和负面口碑或损及客户忠诚度。

尽管服务企业面临管理质量的挑战，但世界各地的许多组织都在努力应对服务交付中的挑战,并为其服务表现提供担保。目前,服务保证的例子可以见于多个服务部门,如零售部门、包括电力和天然气在内的公用事业、金融服务、保险、运输、快餐、影像出租和接待服务业等。

服务担保包含两种基本形式——有条件担保和无条件担保。“有条件担保或具体担保”规定组织选择担保其服务要约中的一定成分。IBIS这家以法国为基地的四星级国际连锁酒店担保“因酒店造成的任何问题都将在15分钟之内得到解决”。而雷迪森连锁酒店则对其全世界范围经营的酒店提供百分之百满意的担保。“无条件担保”则在客户不感到百分之百满意的情况下提供赔偿。无条件担保很容易理解,通常不带隐含的条款或条件。有了无条件担保,客户将成为百分之百满意担保下质量的最终评判者。

实行服务担保的主要原因有三：用它充当营销工具、质量管理工具或客户服务机制。从营销视角来看,服务担保可以将一家公司与其竞争对手相区别。对于营销人员来说,一项服务担保可以鼓励试用行为,并帮助降低感知的风险——尤其是在购买无形性程度很高的服务的时候。它还可以减少“转介的恐惧”,从而通过满意的客户潜在地生成正面口碑。

公司将服务担保用作质量管理工具的一个综合型案例见于 AAMI,一家中等规模的澳大利亚保险公司。该公司将担保作为一项驱动内部质量管理计划的战略工具而引入,这项担保在操作上关注投诉的处理方式,以保证服务标准满足客户的预期。AAMI 的高层管理者称,担保过程可能以多种方式促进公司的质量管理行动:

- 它界定和关注客户最重要的需求,同时集中资源为这些需求服务。这也可以培养一种紧迫感以应对服务中的轻重缓急。
- 它有助于理解包含可控与不可控变量以及可能的缺点或失败之处(如人力资源或外部供应商质量问题)的服务交付过程。
- 它有助于建立作为关键表现指标的客户满意度衡量指标。
- 它允许对错误进行跟踪,不用依赖客户投诉。
- 这一过程为不断改进建立了一个反馈回路。

AAMI 宣称,因为以前在改进客户服务方面所做的尝试都是大不一样的,它的担保为其全面质量管理行动提供了“新焦点”。尽管澳大利亚保险业的一般行为准则对最低行为表现标准做了要求,但 AAMI 仍然推出了更加严格的担保要求,意在领先对手一步,在超越最低行为表现标准方面率先采取行动。作为一个连续改进过程的一部分,由客户投诉、市场研究和员工研究产生了一些新的服务担保理念。一个担保委员会专门评估在担保中纳入新承诺的潜力。例如,研究发现,一些提出保险索赔要求的客户对达成理赔协议与实际收到支票之间的时间耽误表示不快。客户期望时间耽误不超过 5 个工作日,但公司这一指标的平均数在 15 天以上。公司因此而对其业务运作进行程序上的修正,要求比照客户的期望交付服务,这一承诺因此被加入担保之中。

其他一些公司并不将服务担保作为一种营销工具或质量管理工具使用,而是将它作为一种鼓励不满意的客户投诉的客户服务机制。公司会对投诉进行跟踪,以监督服务水平。

一些从业者也认同这样的说法:有效的服务担保应该易于理解和便于沟通、对客户有意义、便于客户启用、便于客户收到赔偿。担保设计问题因此非常重要,它不只是选择担保种类和声明任何条件那样简单。

强有力服务担保的作用可以通过赔偿承诺得到巩固——如果服务担保条款被启用的话。在 AAMI 案例中,赔偿金被设定在这样一个水平:不在该水平实施赔偿,公司就有可能受到伤害;因此,认可客户的投诉行为是必要的。按照 AAMI 的说法,“如果你与公司有重大的意见分歧,那么,付给你 25 澳元并不算多;但对于某些诸如在你打电话时找不到决策者之类的小事情,那它就相当高了。”AAMI 的服务担保(公司将其描述为一个章程)具体列出了 18 项客户可以指望公司信守的特定服务标准。违背任何担保条件的行为都要接受国内会计和审计事务所的独立审计。公众可以通过查阅公开发布的年度报告对照每一项服务承诺检查 AAMI 的表现。

澳大利亚的许多其他服务提供商们都以 AAMI 为榜样，图 9-14 对它们的某些担保做了一个汇总。澳大利亚邮政局提供一项担保在次日上午 10 点到达的邮政包裹服务。它承诺，如果原包裹不能在规定的时间到达，它将提供免费的快递邮包替代件作为补偿。公司宣称，它在 100 次中有 99 次满足了为自己设置的最后期限要求，独立会计师事务所的审计结果证明了这一点。这就意味着每年大约有 3 万件包裹不能在规定交付时间到达客户手中。有一家公司这样说，“即使我们不得不向 3 万名客户中的每一位提供快递邮包替代件作为补偿，但与从客户满意获得的好处相比，成本其实微不足道。”

在设计服务担保时的另一项关键考虑是决定在需要的时候，谁有权或谁负责启动服务担保程序：是客户、公司还是双方都加入。根据担保设计的性质来看，无条件担保意味着启动担保的权限和责任都落在客户一方。

澳大利亚邮政局要求不满意的客户与当地邮局联系，或通过拨打电话 1300 来与客户服务部联系，向它们报告包裹的条形码以便启动担保程序。在 AAMI 保险公司，在担保项下的罚金支付有 70%到 80%是由员工而非客户发起的。

一些业内专家指出，任何完全依赖客户发起索赔过程的服务担保比起可以由任意

案例 / 产业	担保类型	条件	启动权限	赔偿
银行 —ANZ 银行	有条件	排队五分钟获得 5 澳元补偿	客户和/或公司	5 澳元
电信 —Telstra	有条件	每次电话故障减免月租 25 澳元	客户和/或公司	25 澳元
影音出租 —家用录影带	有条件	若不喜欢影片，你可以无偿返回	客户	货币 （退款）
邮政服务 —澳大利亚邮政	有条件	快递邮包——如果包裹次日未能送达，你可以收到免费邮包	客户	货币 （替代品）
保险 —AAMI	有条件/服务章程	服务章程包含 17 项服务承诺	客户和/或公司	25 澳元
房地产 —海顿房地产	有条件	房地产买卖成功才收费	客户和/或公司	货币 （不收费）
酒店 —雷迪森连锁酒店	无条件	100%满意，不满意退款	客户	货币 （退款）
管道施工 —ABC 管道	有条件	准时赴约	客户	货币 （退款）

图 9-14 澳大利亚服务提供商引入的服务担保范围一览

一方启动或只由服务公司启动的服务担保来说不那么有影响力。不过，对于由公司启动的担保，也许会存在这样的担心：员工会因为受到压力而不去启动担保过程——如果这一做法有损于他们的个人形象或部门形象的话。例如，如果酒店的客房部更经常被人提及让客户启动担保之事，客房部员工也许提不起劲头启动进一步赔付。另一方面，公司启动的担保也许会在服务矫正过程中带给客户惊喜——尤其是在客户没有意识到存在服务担保的情形。

澳大利亚邮政局的经验表明，某些客户为延期交付索要的赔偿并不止于快递包裹替代件，即公司服务担保中声明提供的物品。一些重要文件——如未能准时到达目的地的工作申请信函——被放错地方就属于这种情形。澳大利亚邮政局回应的办法是"根据它们的价值来评判每一项索赔要求"。在一个足球决赛入场门票被弄丢的例子中，公司为客户另购了替代门票。

也存在一些担保设计得很糟糕的例子。几年前，汉莎航空公司曾就几项条件向客户做过担保，其中包括客户可以按他们所预订的等级获得座位，以及他们的行李将与他们同时到达目的地。这些承诺在客户看来如此紧要，以至于他们在心中并不怎么看重这些担保的作用，并且怀疑这些承诺能不能得到兑现。另一家美国航空公司亦因为实施了一项100%满意的担保而不胜其苦——因为一些客户甚至针对诸如在空中用餐时吃到的冰淇淋太软之类的小问题也要提出索赔要求。

ANZ银行中止了"排队5分钟可获得5澳元补偿"的服务担保，它宣称：这一项担保已经使银行成功地表明它对改进客户服务的承诺。有些观察者们认为，服务担保被中止是因为它与银行支持互联网、电话银行和自动取款机银行业务而不鼓励发展分支机构银行业务的政策有冲突。一项等候时间不超过5分钟的担保实际上是在鼓励客户去分支机构办理业务。

实施服务担保带来了一些可能的好处，但也带来了潜在的风险。在设计有效的服务担保方面，公司需要弄清楚哪一类担保能起到最好的作用。

问 题

1. 以案例中的信息为基础，根据你自己的想法建立一个模型，用它来描述服务担保对客户和服务提供商可能有的好处。

2. 商学院应该向学生提供服务担保吗？如果应该提供，那么，担保可以包含一些什么内容？在实施这一担保的过程中存在任何潜在的问题吗？

3. 在什么产业或在什么情形下提供服务担保为不明智之举？

4. 提供服务担保的两项潜在的好处是：它可以增加合法投诉者的人数，并激励员工交付更好的服务。如果你是一家提供100%无条件服务保证的酒店的经理，那么，你如何决定你的担保是可行的？

5. 举出一项（不属于案例研究中所包含的）可以受益于传统服务担保的服务。请明确指出服务的什么方面可以纳入对客户的服务承诺当中。

第 *10* 章

服务员工的营销影响

学习目标

阅读本章之后，你应该理解

- ❖ 营销、人力资源管理和运营管理之间的关系
- ❖ 员工表现对客户满意度以及组织盈利能力的贡献
- ❖ 作为营销和人力资源管理实践一体化的内部营销
- ❖ 服务部门招募、激励、培训和管理雇员——尤其是那些参与一线服务际遇的雇员——涉及的主要问题

10.1 引　言

考虑周末在酒店休闲度假的情形和这种情形下一般最可能出错的事情：

- 办理入住手续的过程缓慢而又缺乏友善。
- 房间内设施与承诺的不符，酒店迟迟不予改正。
- 承诺的叫醒铃声没有出现。
- 账单制作有误，客户要花很多精力才能得到更正。

所有这些事例说明了员工管理作为满足客户质量期望手段的重要性。一线员工采取的适当行动以及对他们的有效管理本来可以避免这些问题当中的很大部分。当然，员工也要为特别好的服务际遇负责，例如，酒店接待员可能会花相当多的时间尝试为一位需要保姆的客人寻找一位会说日语的保姆。

在本书前面各章的很多场合，我们强调了人作为服务要约组成部分的重要性。大部分服务的生产过程要求服务组织自己的人员——既包含一线服务交付点的人员，又包含生产过程中那些相对远离最终客户的人员——向服务生产过程提供重要的投入。在许多一对一个人服务的情形，服务提供商自己的员工到目前为止是总体服务要约中的最重要成分。本章的重点放在服务组织所雇用的员工上面。管理这一投入——从招聘最好的员工以及培训、激励、奖励和管理员工来衡量——对于影响感知的服务质量是至关重要的。

服务管理通常被描述为营销、运营管理和人力资源管理原理的集成，在这个过程当中要将这三种研究方法加以区分有时会很难，甚至是不可取的（图 10-1）。如此，用来改善快餐店员工所提供服务的方法可以被看作是一个营销问题（例如，需要分析客户对于速度、品种和清洁程度的需求并对其需求做出响应）、运营管理问题（以减少瓶颈和允许对需求模式灵活响应的方式来编排作业时间）或人力资源管理问题（选择和激励员工，从而最大化其交付规定标准服务的能力）。

对于某些企业来说，员工就是企业，这差不多是一句套话——如果员工被带走，留给组织的也就只是一些极少的资产，组织无法通过这些资产建立满足客户需求方面的竞争优势。许多研究表明员工的客户导向对服务表现的影响（如多纳文[Donavan]等，2004）。也有人指出，服务品牌个性的概念与为组织工作的个人的个性密不可分（哈里斯和弗莱明[Harris and Fleming]，2005）。

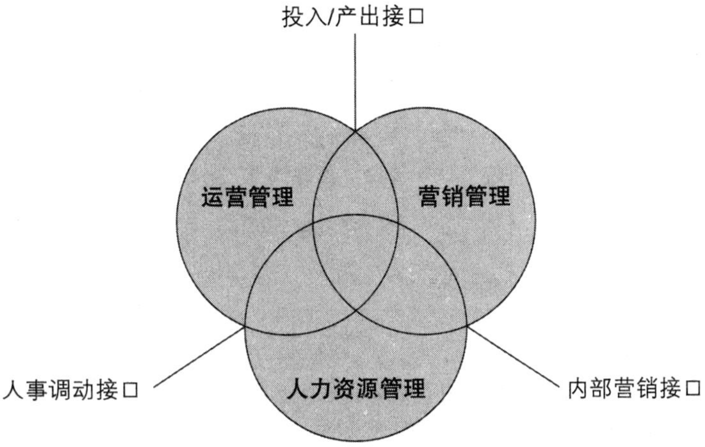

图 10-1　营销管理、运营管理和人力资源管理之间的接口

对于某些组织来说，人事管理可以被视为另一项资产的管理；而对于其他组织来说，人力资源管理(HRM)对组织的各种活动如此重要，以至于不能将它作为一项单独活动来看待。通过审查员工的以下两个方面，人力资源管理对任何组织的重要性可以得到一些体现：

- 员工成本占总成本的比例；
- 服务要约中客户—员工际遇的重要性。

图 10-2 以矩阵的形式来表示这两个维度，其中还使用了一些例子。对于人力资源管理来说，最关键的服务组存在于这样的情形：员工成本占总成本的比例很高，且员工在客户看来构成服务要约的重要组成部分。诸如理发之类的许多个人服务都属于这一类别。在其他情形，员工成本也许只占总成本的小部分，但这项成本可能集中在一些关键人员身上，这些关键人员能够显著地影响客户对服务的感知。因此，人员成本一般只占电话服务成本相对小的一部分，而诸如电话接线员或线路维护工程师之类的一线关键员工的表现可能对质量判断有显著的影响。

对服务的人力投入从其性质来看有很高的易变性，从而导致感知服务质量的易变性。出于这一原因，许多服务组织寻求以设备为基础的投入取代人员投入，如此一来，要求的人员会更少，但对人员的培训要求会更高。

人力资源管理的重要性也是对组织运营环境中竞争状况的一种反映。在一个极端，大多数西欧快餐店所面对的高度竞争环境要求组织确保其工作人员能够比竞争对手更有效地满足客户对速度、友好和准确的需要。另一方面，处于相对受保护市场(如许多公共服务部门)中的一些组织，能够承受得起以不那么客户导向的方式管理人力资源的代价。

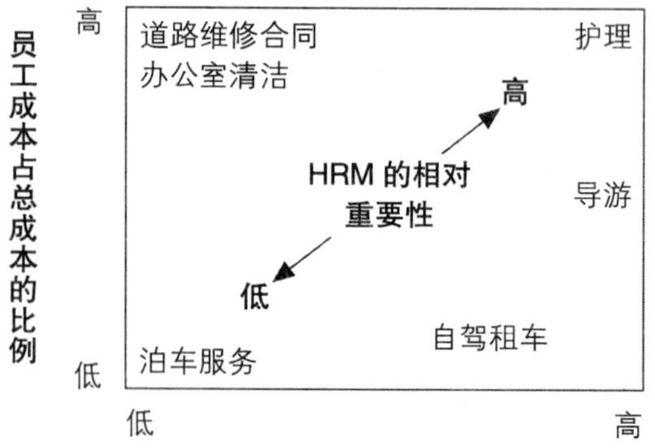

图 10–2 服务要约中人员的重要性。在员工成本占组织总成本很高比例的情形，以及员工与客户有很高水平相互作用的情形，内部营销面临的挑战特别大。

10.2 内部营销

"内部营销"一词已经被广泛地用来描述通过把焦点对准员工来将许多既有营销技术应用于内部的做法。当然，服务营销人员需要从人力资源管理（HRM）领域学习很多东西。营销所扮演的角色是通过满足客户需求来实现组织目标。人力资源管理所关注的也是实现组织目标。因此，人力资源管理本身也必须关心外部客户需求的满足。人力资源管理可以与更为传统的人事管理形成对照，后者经常被视为与企业的商业目标相分离。人事管理往往面向控制和行政管理活动，而非面向协调人力资源以实现组织战略目标的活动。如此一来，人事管理通常变得过于关注实现自己的子目标，而这些子目标与组织的营销需要并不一定有多少联系。因此，保持均匀的工资架构本身也许会被人事经理视为一个可取的目标，尽管事实上组织的营销需要可能要求向员工支付薪酬的方式表现出更大的灵活性。

"内部营销"一词在 20 世纪 80 年代开始流行，贝里给出的内部营销的一个早期定义是：

> ……将营销理念和各种营销做法应用于为外部客户服务的人员的种种手段，其目的在于：(1)雇用并且保有那些尽可能最好的人；(2)他们能做尽可能最好的工作。（贝里[Berry]，1980）

说组织的营销部门和人力资源管理部门之间不应该存在障碍是很容易的，但在实践中，嫉妒和冲突可能会产生。在大部分组织中，人力资源管理有其自己的等级架构，这与营销明显不同。即使是作为学科，二者也通常是作为不同的课程讲授的。这就导致很多人批评说，营销人员使用的内部营销研究方法流于肤浅，没有以在它前面发展起来的大量与人力资源管理相关的知识作为信息支持。

图 10–3　由于解除管制以及易捷航空和瑞安航空等廉价型、“无虚饰”航空公司的崛起，一些老牌航空公司面对越来越激烈的竞争。尽管这些新航空公司在吸引对价格敏感的旅行者方面做得特别成功，市场中的一个很大部分仍然更愿意随“全面服务型”航空公司一起旅行，他们情愿支付比廉价型航空公司有时候在广告中推出的最低价更高的价格。英国航空公司极力宣传这样一个事实：公司通过员工的行动取得了高客户满意度排名。好员工的美誉不仅以对客户的微笑为基础，而且有同情客户和解决客户问题的事实。飞机飞行会经受飞机故障、恶劣天气和超额预订等各种不确定性，所有这一切对客户都会有直接而又深切的影响。员工的一项重要任务便是缓和这些不确定性的影响，并采取积极主动措施解决客户的问题。（重印经英国航空公司许可）

作为厘清内部营销概念的一个尝试，瓦里和刘易斯（Varey and Lewis，1999）对几个维度进行了分析：

- 内部营销作为一个比喻。组织中的工作就像是有待营销的产品，在与人打交道的时候，管理者应该像营销人员一样考虑问题。不过，雇主在雇佣关系中既是购买者，又是客户。
- 内部营销作为一种哲学。管理者也许持有人力资源管理需要类似营销的活动的信念。然而，这并不能满足员工的不同需要和利益诉求，员工的需要和利益诉求本身可能与组织的需要和利益诉求有很大的不同。如果“营销”活动实际上不过是在做促销广告和兜售管理者的要求，情形尤其如此。员工也许仅仅被认为是管理计划中可受人操纵的对象。
- 内部营销作为一组技术。人力资源管理也许会采用市场调查、市场细分和促销技术，以便与员工沟通和说服员工。但内部营销作为 4P 的应用，将管理者的观点强加给员工，因此不能说它是以员工（客户）为中心的。员工因而必须改变自己的需要，或者必须理解雇主在对市场做出反应时所处的地位。

- *内部营销作为一种方法。*诸如员工参与之类的人力资源管理举措以及就员工在组织中的角色所做的陈述都有一个明晰的象征性维度。它们被用来实现对员工的间接控制。不过，内部营销的象征作用可能会让许多矛盾暴露出来。例如，个人主义和团队精神相抵触，管理者所定义的服务文化也许与对员工灵活性和责任的态度不一致。管理人员及他们的行动和知识可能被减弱为不过是象征性的沟通“技术”。

围绕内部营销如何适应传统人力资源管理架构和过程的争论很多。例如，海尔斯(Hales，1994)就对内部营销的“管理论者”视角以及将内部营销作为人力资源管理方法来研究的文献持批评态度。若被视为一项孤立的活动，内部营销就不可能成功。要使内部营销取得成功，就必须要求高层管理者予以全力支持。

最后，需要指出的是，虽然学者们(尤其是营销学者们)使用内部营销一词时也许会带着激动，但营销人员更可能使用诸如“员工投入”之类的术语来描述一些基本上相似的现象。

作为内部客户的员工

每个组织都可以被视为由多种多样的相互交流的员工群体组成的市场。为了让自己的需要得到满足，员工往往要依靠组织中的其他部门或个人提供的内部服务。与外部客户的情形一样，这些内部客户投入多种服务际遇当中以满足他们在特定际遇下的多种需要。这些内部际遇包括客户联系人员和幕后工作人员之间的关系，管理者和客户联系人员之间的关系，管理者和幕后工作人员之间的关系，以及——对于大型企业来说——总部和分公司之间的关系。在最一般的意义上，雇员已被一些人视为其雇主所提供的各种服务——如愉快的工作环境、完备的退休金计划和执行作业所需要的良好设施等——的“客户”。

组织越来越多地要求提供内部服务的部门——如信息技术、人力资源、会计和媒体服务——更多地负起责任。在越来越多的例子中可以看到，一些组织已经将传统上由这些内部部门提供的服务外包出去，导致扩展的“网络”或“虚拟”组织的出现。这也使组织内的员工与其他员工有效地交换服务。

不同的内部供应商和客户的观点似乎与价值链的概念(波特[Porter]，1980)紧密联系。这些内部供应商与客户中的一些人直接在服务交付过程中从事交易，另一些人则向服务交付过程提供支持服务。图 10-4 所示为经过修改的以内部供应商而言的价值链。

价值链和内部服务交易的理念与在全面质量管理文献中发展起来的“以下一道工序为客户”(Next operation as customer，NOAC)(登顿［Denton］，1990) 的理念有密切联系。NOAC 建立在组织内的每一个群体都应该将其产出的接受者视为内部客户且努力为之提供更高质量服务这一理念的基础上。通过这一途径,质量将被内置于交付给最终客户的服务之中。

有人尝试将外部服务质量维度应用于员工之间的内部服务质量衡量（如雷诺索和穆尔斯[Reynoso and Moores],1997;瓦里[Varey],1995)。支持这一做法的理由建立在以下理论的基础之上：公司与客户之间的相互作用只是一个大型关系网络中的一个链环,而这些相互作用有许多是发生在公司的边界范围之内的。言下之意是,服务质量的创造和衡量的原理和技术可以转移到内部环境。

然而,在内部和外部服务市场之间做类比也会有问题。外部客户如果对所提供的服务不满意通常可以换一家企业做生意；而内部客户则被要求使用组织内指定的服务单位。结果,内部客户通常会成为一个"俘虏"客户(阿尔布雷克特[Albrecht],1990)。作为客户的员工也许会为雇佣合同所束缚,短期内很少会有在他处"购买"就业的前景。

很多以内部客户和供应商为中心的内部营销研究并没有细分可能存在于公司内的不同类型内部客户及其不同内部服务期望。这似乎不会比一个将所有外部客户作为同质客户处理的营销计划更具有营销导向的特点。这就需要弄清楚内部市场内不同内部

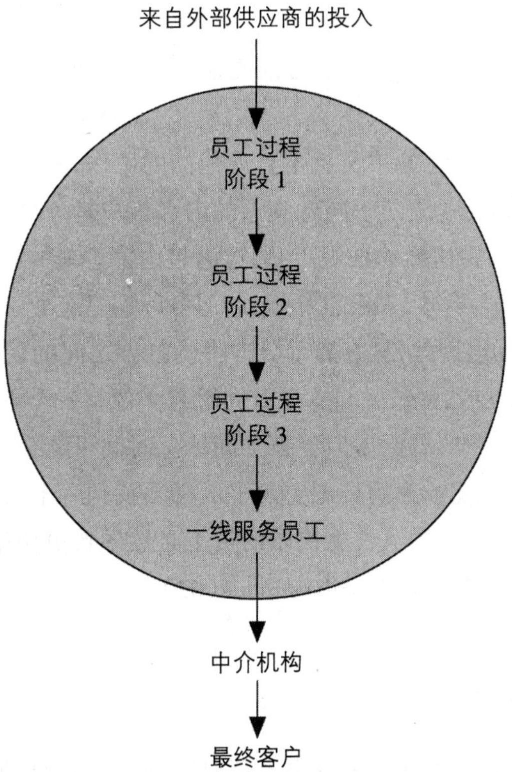

图 10-4 经过修改的内部服务生产价值链

主题思考:客户高于员工吗?

很多公司现在树立了把员工放在第一位的宗旨。乍一听，这也许与以客户为企业思考中心的营销哲学相抵触;不过,骄傲地说出这样的宗旨且取得可信成功的公司不在少数。美国西南航空公司经常被引述为这一做法的倡导者，公司迅速扩张且赢得滚滚利润。公司所秉持的观点是,员工是其服务要约中的一个如此重要组成部分,如果员工不高兴,航空公司的乘客想要开心是不可能的。作为一家没有糟糕劳资关系史的相对新的航空公司这一事实毫无疑问有助于员工认同公司使命。拥有员工激励计划以鼓励员工在高度竞争的市场上做出最好表现也是很有帮助的。但是这种方法在所有情形下都会奏效么?如果员工并不认同公司使命，那么管理层将员工放在第一位的努力也许就不会得到员工以对企业热心奉献的形式回应。而且,如果极少有外部竞争去激励他们,那么,被拴住的客户在长时间内可能会成为次优者。

事实上,如果隐含着把客户排在第二位,那么,谈论把员工放在第一位就会陷入困难。这两个命题都应该作为一个良性循环的组成部分来看待，在这一良性循环中，对其中一个部分给予的关注会强化对另一个部分给予的关注。鲍尔斯和马丁(Bowers and Martin,2007)所倡导的一种方法是:公司把员工当客户对待,把客户当员工对待,以此来改善接口。

客户群的服务期望,并识别这些客户群之间的任何不同之处。这一知识可以用于内部营销计划,从而实现其有效性的最大化。

有一种广泛持有的看法:如果员工不喜欢他们的工作,外部客户在他们心目中就永远不会是第一位的。研究者倾向于同意满意的内部客户是外部客户满意极其重要的前提。从内部市场来看,存在这样一种观点:通过满足内部客户的需要,企业可以提高其满足外部客户需求的能力。不过,人们也意识到,服务际遇是企业、客户联系人员和客户之间的三方关系。服务际遇因此是“有着部分冲突的各方之间的妥协”(贝特森[Bateson],1989)。举一个例子,给员工更长工间休息时间听起来像是一个不错的主意,因为这可以满足他们作为内部“客户”的需要。但更长工间休息时间可能会给外部客户带来更长的等候时间,因为此时为他们服务的员工更少了。必须找到一个恰到好处的平衡,并没有一边倒的证据证明在所有情形下，更快乐的员工必然导致更快乐的外部客户和更加盈利的服务运作(参见西尔维斯特罗[Silvestro],2002)。

10.3 员工控制和授权

从前面的讨论可知,管理人员的基本方法有两种。一方面,员工应该处于紧密监督之下,当他们的表现达不到标准的时候,就要采取相应的矫正行动;另一方面,可以使员工承担控制自己行为的责任。后一种方法通常称为向员工“授权”。控制在服务行业是个特别大的问题，因为要在客户感受到糟糕员工表现的影响之前消除其结果通常是不可能的。尽管由于被检查的只是其有形产品，一家表现欠佳的汽车制造商的影响可以对客户秘而不宣，但服务生产/消费过程的不可分性却使得质量控制难于实现。存在这样一个观点：由于很多服务是在一对一的基础上进行的，管理者干预服务过程的可能性很小，因此，管理者要对其实施日常控制是不可能的。不过，许多使用工业化服务过程的公司却对形式化程度各异的控制能力存有依赖。

服务组织的员工应该被置于严密控制之下吗，抑或应该授权他们以他们认为合适的、最好的方式行动？第 3 章曾经讲到，授权对于有效地补救服务失败以及根据单个客户的需要量身定制服务也许是至关重要的。给予员工的授权程度或对其行使的控制程度取决于服务交付系统的形式。对于低接触型标准化服务，可以通过诸如规则和监管之类的机械式手段来控制员工。对于高接触、高发散型服务，高水平的授权也许更为合适。

那些倡导授权说的人所持的基本假设之一便是：员工的价值观与组织的价值观是一致的。组织应该乐于给予员工在自己判断基础上行动和决策的自由。例如，如果服务员工得到授权，那么，员工应该能够决定自己如何最好地满足客户的需要，并为解决客户投诉问题以及为由此导致的运作困难负责。

授权本质上涉及给予员工对执行任务方式的抉择权。凯利（Kelley，1993）将员工的抉择权分为三个类型：

- *常规抉择权*发生于员工被允许从一个规定的清单中选择替代选项以完成作业的情形（如维护工程师可以选择安装三个子系统中的一个来排除某项特定问题）。
- *创造性抉择权*是在员工被要求开发一个替代性执行任务方法的情形下行使的（例如，一个内部设计顾问在选择自己的设计方面也许有完全的自由）。
- *异常抉择权*被员工消极看待，因为它要求员工采取某些行动，而这些行动不属于员工正式工作说明书中规定的部分，超出了他们的职权范围。

贝里（Berry，1995，p. 28）认为，授权本质上是一种心理状态。一位获得授权后心理状态的员工应该体验到以下的感受：

- 对如何实施自己的工作有控制感；
- 对实施作业的环境有清楚的意识；
- 对工作的产出负责；
- 为单位和组织表现分担部分责任；
- 以个人和集体表现为基础的公平赏罚。

关于授权的讨论通常强调共享信息的需要,从而保证员工了解自己工作的环境。

需要对获得授权的员工给予及时奖励，他们的主动行为、成功和成就需要得到认可。授权的做法亦隐含了一种鼓励员工尝试新创意、容忍他们犯错误并从错误中学习的文化。这样一种文化与“学习型组织”的形象更为相称(加尔文[Garvin],1993)。

向员工授权的理由可以按照以下几个相互支持的维度来归类：增进员工激励和生产力;改善对客户的服务交付。

从激励方面来看,对一线员工的授权可以导致员工态度和行为的变化。由授权产生的态度变化包括工作满足感的增加和角色压力的下降。工作满足感增加的结果是更高的工作热情,这将通过与客户的更好互动反映出来。

从行为方面来看,授权可以导致员工针对客户需求做出更快反应,因为将客户的需求汇报给一线经理时浪费的时间会更少。在客户的需求高度可变的情形,授权对于允许员工定制服务交付是至关重要的。在服务失败的情形，授权可以促进问题的迅速补救(哈特[Hart]等,1990)。如果不能迅速和令人满意地补救服务失败,客户也许会失去对服务要约的信任和信心。

更严格控制机制的倡导者们指出了授权的一些不利方面。授权的后果之一便是:它增加了员工的工作范围，要求员工获得合适的培训以应对广泛多样的期望他们完成的任务。它也会给员工招募工作带来影响,因为需要确认所招募的员工具有为授权对象所需要的态度特征和技能。哈特兰和费雷尔(Hartline and Ferrell,1996)发现,尽管获得授权的员工们增强了对自己能力的信心，但他们亦会因为角色冲突而经历更多的挫折感和不明确感。从传统上看,由于获得授权的员工被期望拥有更多的技能以及完成更多的任务,雇用他们的成本也可能更高,因为他们的能力要求获得更高的薪酬水平。

远非改善服务交付过程的效率,授权反倒实际上导致无效率。一位获得授权针对个人特殊要求定制服务的员工比在定制化程度方面受到严格控制的员工工作效率要低。当然,获得授权的员工在满足客户需求方面是否会更有效率则是另外一件事情;不过,如果服务蓝图是建立在无虚饰和低成本设想的基础之上,那么,过度授权和由员工过度定制对公司来说也许是不可行的。在短期,公司会给等候寻求标准服务的客户造成时间耽搁;在长期,公司会发现自己向客户让渡了过多的价值。在员工被观察到偏爱某些客户而非另外一些客户时,有些客户可能将服务定制视为一种不公平。马丁(Martin,1996)指出,员工可能会有意无意地实行年龄、性别或种族歧视,给朋友或熟人更好的服务。

最后,向员工授权也许会导致短期内大把花钱,这一做法必须与长期内可能获得的收益增加相平衡。面对服务失败,一位权柄在握的员工也许会超额赔偿客户,这不仅会为公司招致直接损失,而且会提高下一次发生服务失败时的赔偿预期。

即使在对员工高度授权的情形,保留某种形式的剩余控制也是必要的。控制系统务必与奖惩系统紧密联系,从而保证酬劳可以用来控制表现,例如,如果工作表现低于规定标准,员工就会得不到奖金。此外,警告或最终开除构成控制系统的一部分。在制定了完备人力资源管理政策的理想服务组织中，员工在工作中的涉入应该导致高程度的自我控制或来自同事群体的非正式控制。在这类政策并不完备的情形,可以使用三种主要的控制方法:

- 简单控制:对员工的直接个人监督为其中的典型——例如,一位服务领班可以不停地观察他的服务生下属并直接影响其工作表现——当它偏离标准的时候。
- 技术控制:可以内置于服务生产过程之中监督个人的表现——例如,超级市场的结账柜台可以衡量结账员的速度并对那些工作表现达不到标准的人采取控制行动(如培训或转岗)。
- 官僚体系控制:要求员工以文件记录他们的表现——例如,维护工程师在工作记录表上记载访问客户的情况以及完成的工作。也可以针对那些从文字记录来看表现达不到要求的员工采取控制行动。

除了这些内部控制方法之外，许多一线服务人员所发展的客户关系允许客户行使一定程度的非正式控制。给一个班级授课的大学讲师在大多数情况下会尽量避免这个班级的敌意,这种敌意也许是因为授课表现一直达不到标准而产生——换言之,班级可以行使某种非正式的控制。

那么,在什么情况下服务提供商应该决定向员工授权,而非严格地控制他们呢？有几位研究者提出了一种权变授权方法。艾哈迈德和拉菲克(Ahmed and Rafiq,2003)以鲍文和洛勒(Bowen and Lawler,1992)的研究为基础发展了一个五因素模型,这五个因素将影响控制或授权方法的合适与否:

- 商业战略:实行细分商业战略或实行涉及高程度服务定制和服务个性化战略的企业应该向员工授权。不过,追求低成本、高服务量战略的企业应该使用生产线作业方法来控制员工。
- 客户联系:在服务交付涉及管理长期客户关系而不止是实施简单的一次性交易的情形,授权具有极其重要的作用。员工应该能够识别客户随时间变化的需要并灵活地反应,而这些却是有着严格规定的控制方法不允许的事情。
- 技术:如果服务交付过程所涉及的技术可以简化和工业化员工的作业,则使用生产线作业法比向员工授权更为合适。不过,在技术为非常规技术或复杂技术的情形,授权会更加合适。
- 商业环境:有些环境比其他环境更具有可变性;例如,航空公司的经营环境就比快餐店的经营环境更具可变性。公司也许会使环境变得更为复杂;例如,航空公司可能提供特殊用餐和可及性要求的服务。另一种情形是,这类复杂性也许是由市场范围内普遍持有的期望强加给公司的。在客户要求更为简单和可预测的情形,使用生产线作业方法会更加合适。

- 员工类型:鲍文和洛勒(Bowen and Lawler,1992)指出,授权方法和控制方法各自要求不同类型的员工。更有可能被有效授权的员工是那些有高成长需要且需要在工作中考验其能力的员工。在授权要求团队精神的情形,员工应该有很强的社交和归属需要和良好的人际关系和群体活动技能。授权要求"Y 理论"型允许员工从组织和客户利益出发独立作业的经理。控制方法则要求"X 理论"型笃信对员工严格监督的经理(麦格雷戈[McGregor],1960)。

10.4 创造员工投入

如果员工并不觉得投入工作之中,向员工授权以创造更有效服务际遇的战略成功的可能性就不会很大。激励、认可、参与和沟通形成组织人力资源管理战略的焦点,通过这样的战略可以建立作为授权基础的员工的投入感。人力资源管理强调作为个人的员工及其对组织的重要性;如果员工感受不到任何激励去分享组织目标,员工的重要性就不会落到实处。研究表明,服务员工对于组织如何对待他们的感知,与更有效服务交付以及客户对服务质量的增进感知相联系(比恩斯托克[Bienstock]等,2003)。

激励涉及员工为实现自己在员工角色下的个人目标,而在各种替代形式的行为之间做出选择。管理者的任务是促成个体的个人目标与组织目标的统一——换言之,组织要让员工从道德上参与他们帮助生产的服务。这又要求员工认可对他们的作业活动的管理。在获得了这些认可的情形,员工会因为某种形式的组织参与而受到激励。这种参与给予员工组织中的一小份权益,无论这种权益是经济上的还是对其工作职能表现的自主控制权的形式。

认　可

认可一词涉及多种由管理层发起的举措和战略,它寻求赋予管理者以权力而不用主动强调其强制力。对于许多在一对一基础上提供的服务来说,由管理者直接监视和监督员工也许根本就是实现不了的。积极认可对于服务组织的管理来说非常有用。

有各种形式的员工参与帮助管理者实现认可。这类举措包括科学管理、家长式管理和践行"人际关系"方法。每一种举措对认可的形成有各自的要求。

科学管理方法寻求在雇主与员工之间建立以分工为基础的合作,在这种环境下,个人员工以管理者事先规定的方式工作。科学管理的倡导者们看到的是雇主与员工的共同利益。对于员工来说,在某项作业活动上的专业化将导致挣更多钱的机会,尤其是通过计件工资制可以挣更多钱;而管理者则可以通过更大的作业控制和更高的生产力而受益。科学管理的主要倡导者泰勒(Taylor,1911)却并没有料到员工对于通常所称的“去技能化”过程的敌视。我们在第 4 章看到,服务工业化过程如何会导致许多工作被按照科学管理的要求去技能化。但有必要在专业化与提高效率的好处与在员工心中造成对工作的疏离感之间寻找一种平衡；在员工涉入的只是服务交付过程中的一个很小部分的情形,对工作的疏离感就会产生。由此一来,科学管理就某个旅游景点使用导游的方式给出的建议也许会是:导游中的每一位只就景点中的某个部分做导游服务,然后将来访的旅游者转交给另一位专业于另一个领域的导游。但如果按照能够提供整个景点从头到尾全程导游服务的要求对导游人员进行培训，在员工当中也许会产生更大的参与感——尽管这也许要求额外的培训。

*家长式管理*往往与吉百利或朗特里之类的贵格会(Quaker)雇主相联系,这类雇主试图表明他们对其工作人员在家和在工作场所的一切都感兴趣。在服务行业,许多零售业雇主——如马莎百货——传统上一直以家长式呵护的态度对待员工，为员工提供诸如工作场所的休闲服务或临时性食宿安排之类的各种好处。这样那样的好处——如补贴社交俱乐部——通常被设计出来,以鼓励员工对公司的认同,进而鼓励员工忠诚,从而合法化管理权威和对它的认可。

与科学管理的以经济理由为基础的认可战略相对照,“人际关系” 方法则将人视为社会性动物。梅奥(Mayo,1933)通过他在美国通用电气公司进行的研究论证,生产力与科学管理学派所建议的作业组织和经济报偿没有关系。梅奥强调了工作氛围和社会态度、群体情感和员工认同感的重要性。他认为,由科学管理所造成的员工分离使得他们无法体验到对所有人类来说都必不可少的认同感和参与感。因此,一个解决问题的方法是:将群组结构设计入生产过程。这样的过程被认为有助于通过作业群组培育员工对组织的忠诚。梅奥的研究从其关注焦点来看类似于赫茨伯格（Herzberg,1966）和马斯洛(Maslow,1943)的研究。马斯洛认为,人类既有经济需要又有心理需要。对于赫茨伯格来说,人类既有较低顺序的需要,也有较高顺序的需要。前者是对食品和住房等的基本经济需要,后者依认知和对群体与组织的贡献而言则更多地建立在心理学意义的基础上。

有些研究者指出了管理者和员工之间存在的“我们与他们”之隔阂,并将其作为员工对工作不满意的理由。但有人观察到,感觉组织管理与自己有利害关系的员工可能有更高的动力(参看“主题思考”)。在其著作《工作的乐趣》(*The Joy of Work*)之中,巴克主张组织中的每一个人都应该“有责可负”,且“地位更高者”应该充任那些处于一线的员工的支持后盾。“管理层”与“员工”之分往往会创造建立在糟糕的沟通和无力感基础之上的不满(巴克[Bakke],2006)。

道德涉入

道德涉入(Moral involvement)系指某种机制,员工可以由此认同雇主的公司目标,

主题思考:谁在驾驶公共汽车?

许多服务公司自豪地向外宣传它们由员工拥有。但它们真的向客户提供了更好的服务质量吗?由杜兰和布赖尔利(Dolan and Brierley,1992)针对公共汽车部门进行的一项研究表明了两家公司——费勒姆的人民之乡公司和以德比郡为基地的切斯特菲尔德运输公司——是如何利用其员工所有制特点而取得比采取传统所有制的竞争对手更好的表现的。

对雇员们来说,在这两家公司中的金融投资被证明是很诱人的。在五年时间,人民之乡公司员工的投资价值增加了一倍多;在切斯特菲尔德运输公司,这一数字在两年内增加了四倍。与许多原来为政府拥有的大型组织被员工收购的情形一样,收购过程吸引了许多大型公共汽车运营商的接管性竞购,员工持股的价值因此飙升。

此项研究强调了由员工所有制而产生的四个方面的重要利益:

- 传统的等级制度被打破,这给公司以更大的运营灵活性(举例来说,督察人员和管理人员会将在必要的时候转换职责和驾驶公共汽车视为正常之举)。由于不均衡需求模式要求运营表现出很大的灵活性,这一点显得尤为重要。
- 成本被控制在低水平,因为员工们意识到他们直接从增加的利润中获益。同样地,员工们更愿意就如何改善服务或节约成本交换看法。
- 旷工减少,同样减少的是需要采取的正式惩戒措施。员工们清楚地看到对高水平服务表现的需要,他们也能够分享由此而获得的好处。
- 所有员工都能够获得财务信息,这就导致——举例来说——就工作计划和薪酬谈判能够使用更具有建设性的方法。

两位研究者得出结论:在服务业,生产的灵活性和对服务质量高标准的承诺非常重要,而员工所有制——通过提高参与水平——可以给予公司在服务业的竞争优势。但依然存在的问题是:为什么在英国有如此之多由员工所有的公共汽车公司都被卖给 Stagecoach 和 First Group 等大公司。员工股东获得一次性现金奖励比拥有一部分公司所有权更重要吗?大公司接管之后,客户会注意到任何差别吗?

并将对这些目标的感觉传达给管理者。从本质上来说,员工需要某些制度化的过程,通过这样的过程他们可以直接或间接地对影响他们的决定表达自己的关注。

发展道德涉入的机制与获得认可的政策密切联系。这类机制可以集中地运作,如集体讨价还价或通过职业协会实行职业认证。管理层可以通过与员工就管理层所做的决定共同协商来培育道德涉入。另外,也可以通过人际关系学派所鼓励的质量管理小组、小组简报(将在本章后面讨论)、评估或"开放"政策发展道德涉入机制。人力资源管理强调个体员工对于组织成功的重要性,因而也强调个人培训和发展。

激　励

激励涉及目标和奖励。马斯洛(Maslow,1943)认为,激励以个人想要满足各种层次需要的欲望为基础。这些层次的跨越范围上到实现潜能和自我发展,下到满足饥渴等基本需要。实现目标获得的报偿可以是有形的(如金钱),也可以是无形的(如褒奖或奖励,这些可以提升个人地位或自尊)。组织必须在自身的目标与员工的目标之间建立一致性。这是设计恰当的一揽子激励计划的基础。在英国的旅游景点经营部门,我们可以在许多商业运作——如奥尔顿塔和沃里克城堡与国家信托基金——之间做一个比较,在前者,经济刺激是重要的激励因素;后者则吸引了许多不求报酬的志愿者,激励他们的是一种参与历史建筑保护的欲望。员工的态度及对同事和工作环境的看法,也许会在那些只做好某项工作的人与那些提供出色服务的人之间产生很大的不同(阿内特[Arnett]等,2002年)。

员工参与

组织中的员工参与也许纯粹局限于经济事务——向员工支付薪酬只不过是为了换取员工的工作。员工参与的另一种方式也许可以通过更具有定性特点的衡量指标表现出来,例如,可以通过质量管理小组活动或小组简报(将在本章后面讨论)体现员工对决策过程的涉入。道德涉入过程可以采取权力下放的形式——将传统人事管理活动的某些方面下放给一线管理人员,以保证员工真正去做他们的工作以及负责管理特定阶段的人觉得他们在某种程度上涉入组织活动之中。这可以适用于——举例来说——工作小组内部员工的甄选、招聘和评估。

沟　通

对于许多人来说,内部营销所做的一切本质上都是围绕改善公司与员工之间的沟通展开的。不幸的是,许多服务组织认为有效的沟通只是以单向信息通道为基础,只要管理者通过诸如员工通讯之类的媒体来与员工沟通就行了。如此定义内部营销比用广告定义营销好不了多少。与对外部客户营销的情形一样,对员工的沟通需要建立在对员工队伍中个体需要的正确理解之上。此外,还应该为收集员工反馈提供某些便利。

作为内部营销要素的沟通在它本身缺失的时候是最为引人注目的。与修正的工作安排、员工队伍的裁减以及雇佣条件的变化有关的谣言通常会在公司上下流传,员工对管理层的不信任感由此而生。有些管理者也许会在做决定时有意给员工尽可能少的信息,此举也许是建立在知识就是力量的基础上。有时,企业出于战略考虑而不向员工传播信息(例如,企业战略也许是一项受到严格保护的秘密,以让竞争对手猜测)。然而,在太多服务组织中,向员工传递信息的通道被不必要地掐断,从而给员工带来依获取信息的能力而言低人一等的感受。这种做法无助于员工认可与员工道德涉入的形成。

沟通应该以对员工有吸引力的形式、而非以管理上便利的形式而出现,这与外部沟通应该从迎合目标受众的需要及媒体使用习惯开始没有什么不同。员工能够耐下性子去读一份看上去令人生厌的简报吗?信息会通过色彩明快的招贴画、员工的社交活动抑或雇用一位名人发布通告而更有效地传递吗?简言之,什么样的沟通形式在引出所欲求的员工反应方面是最有效的?在建立了良好成例的组织中,信息可以通过多个渠道沟通。员工简报是一个很多企业都尝试过的媒介,但在许多实例中,这些简报提供的信息都被视为太少或来得太晚,对相关问题的讨论也很不到位。许多组织使用小组简报(参见下文)使信息在组织中一级一级地向下传递,然后再一级一级地向上反馈。公司内部网络、电子邮件以及内部博客已经为向公司员工传递信息提供了新机会,允许针对个体员工的特殊需要进行更大程度的个性化处理,同时也方便了反馈。外部广告宣传应该将内部员工队伍视为第二目标市场。广告在电视媒体上的出现也有激发员工对管理层的信心和对公司的自豪感的效果。

提升员工参与的策略

组织用来鼓励员工参与的方法有可能受其所雇用员工类型以及工作在多大程度上带给他们行使自主权(即员工在何种程度上能够控制自己的工作过程)和抉择权(在从事工作的过程中能够行使独立思考的程度)的影响。

本节考察提升员工参与的各种策略,并就这些策略对于服务组织的合适性展开评论。实际上,组织可能更加关心通过使员工个人目标与组织整体目标更加一致而非通过可能被描述为集体参与的做法来保证更大参与。这一类参与机会对所有员工来说也许都是可获得的,但他们的实际参与的真实有效程度取决于他们在员工雇佣等级体系中的定位,即他们是属于核心员工群体还是边缘员工群体。通过将协商与沟通方法相结合可以促成提升的员工参与:

- “开放”政策鼓励员工释放他们的不满并向上级直接提出建议。这一做法的目的是使参与为员工可及且体现出“员工友好”。为了取得实效,人际关系理论要求员工觉得他们在管理事务上有真正的话语权。这样的话,管理层必须具有开放的形象,重视员工关系的发展。这一管理风格和策略的研究路线强调通过下述方法实行开放管理。
- 小组简报是组织中的一个沟通系统,一个小组的领导人通过该系统向小组成员(不超过 20 人)提供由管理层释放的信息。小组简报的基本原理是鼓励对组织的承诺和认同。小组简报在组织发生变化的时候非常有用,尽管这类简报一般定期举行,主要讨论竞争进展、政策变化和未来行动的要点等事项。在理想情形下，它们应该导致信息在组织中一级一级地向下传递。

- 质量管理小组(QC)是小的员工群组，他们在主管或小组长的召集下开会讨论他们的工作，讨论的内容主要涉及生产质量和服务交付。从这样的意义上来说，它们称得上是小组简报的一种更为紧凑的形式。要想取得工作的成功，QC 小组长必须愿意倾听他人意见，并且能够针对 QC 小组成员提出的问题采取行动。如果 QC 活动要持续下去，这一点是必不可少的。QC 小组成员必须感到他们的参与是真实有效的，因此，在 QC 小组内部的沟通过程必须是双向的。如果质量管理小组似乎成了一个例行的通报会，那么，小组成员们也许会觉得这不过是另一种形式的管理控制罢了。
- 组织的所有制类型也会影响认可和参与的程度。在员工队伍拥有企业的一个很大份额的情形，从理论上来讲不应该有太多的理由让"我们和他们"的态度在管理层与员工队伍之间发展起来。出于这一理由，许多劳动密集型服务组织拥有相当多的员工股东；而且有证据表明，与那些实行更为传统所有制的组织相比，这类公司的表现要胜出一筹(罗森[Rosen]等，2005)。
- 使命陈述被服务组织用来尝试创造一个所有员工的愿景。公司使命陈述是一个用来向组织中的每一个人提示其根本目的的手段。在服务部门，客户与生产人

图 10-5　许多成功的服务提供商通过实行"月度员工"计划来褒奖员工的优质服务。这一位员工显然对赢得该奖项感到欣慰，这也许会强化他的优良表现。不过，不可避免地，这类计划的一个负面影响之一便是那些没有获奖但觉得自己同样够得着获奖资格的员工的幻想破灭感。

员之间的接口往往是至关重要的，使命陈述中所沟通的价值观具有重大的意义。组织往往会在员工简报和工作现场贴出的各种通告中反复强调使命陈述。使命陈述果真是一项对公司所有员工来说都有价值的指导原则吗，抑或只不过是管理层的推诿之辞罢了？太经常发生的事情是，使命陈述要么因为所使用的语言空洞无物，要么因为被认为是非常不现实的而备受员工们（和客户们）的讥讽。

10.5 领导力

许多最成功的服务公司，包括维珍集团、联邦快递和麦当劳，都将其成功部分地归因于组织内部领导层的质量。糟糕领导力的结果可以通过很多失败的组织——尤其是那些公共服务部门的组织——体现出来。

人力资源管理原则的实施离不开有效的领导力。对于某组织来说是好领导力的一套东西对于另一个组织来说不一定如此。在相对稳定的环境中运作的组织可能最适合通过一个等级架构式的指挥链来行使大部分权力的领导风格。在英国，许多银行和保险公司直到最近还在沿用从武装力量中发展的模型所演绎出来的领导风格，一些管理者具有警长和督察的头衔就可以作为证明。这类刻板的、等级架构型的领导模式也许是强有力的，能够给组织中的所有员工提供一种确定感和连续感。但在营销环境迅速变化且需要灵活反应的情形（正如在银行业发生的那样），它们就可能不那么有效了。现有研究文献将领导力分为两种类型——交易型和变革型，它们大致对应于前述的控制型方法和授权型方法。

好的领导者需要具备哪些素质呢？领导者是天生的吗，抑或领导技术可以为个人所习得吗？就后一观点而论，毫无疑问，领导力是可以发展的，许多成功的公司都在领导力发展计划上花大力气投资。为回答成功的领导者靠什么来塑造这一问题，有人提出了许多可取的特质，其中包括：

- 明确设定对员工的期望；
- 以适当方式褒奖优秀行为，帮助员工克服自身的缺陷；
- 通过榜样来领导；
- 能够依同理心与员工互动；
- 表现出对变化环境的适应能力。

在太多的公司中，糟糕的领导力表现出以下特征：

- “模糊管理”：以模棱两可的方式表达对员工的期望，管理行动通过“隐藏的议

主题思考：让经理们为客户打包

从 1960 年的一间位于邓多克湾的小店开始，爱尔兰杂货零售商超级奎因（SuperQuinn）成长为在全爱尔兰拥有 12 间店面和 7 个购物中心、雇用 2000 多名员工的成功连锁店。这一成功的很大部分归因于公司奠基人菲格尔·奎因的领导风格以及公司强调员工活动与卓越服务质量的紧密联系。但是什么因素使得这一领导风格独树一帜呢？

一条重要原则是，管理者应该通过榜样领导，决不可失去与组织中最重要的人——客户的联系。为以客户为中心的追求卓越行动定调是领导者的职责。为了防止经理们对客户的需要视而不见，奎因利用一切机会将他们推到离客户更近的地方，包括将他们的办公室设在销售楼层的中间而非楼上舒适的房间里。经理们定期参加客户讨论会，在会上，客户们会说出他们对超级奎因的期望和感受。将这一任务完全转包给市场研究机构会被视为背离公司领导文化之举。公司要求经理人员们定期去做一些例行的一线作业（如为客户打包），这一做法在许多成功的服务组织中已经司空见惯。此举使得经理们与公司紧紧联系，同时也增进了他们以同理心与下级员工互动的能力。

这一领导风格管用吗？看看公司的成长水平、利润和回头业务比率，应该说公司做得很不错，这一做法与科学管理理论大部分背离，后者强调管理是一项专门工作，可以与与客户和员工打交道的常规活动相分离。

程”来引导；
- 奖惩系统并非建立在表现的基础上，在员工看来不公正；
- 有意无意间形成“我们和他们”的态度；
- 不能理解员工的抱负；
- 在环境发生变化、要求做出适应性调整时不能采取主动。

对于那些管理涉及高技术专业人员——如医疗专家、航空公司的飞行员、律师等——的服务组织来说，一位受过商务技能培训但缺乏必要专业知识的领导者在领导这类有强大知识力量的专业人员时必须扮演促成者的角色（参见戈菲和琼斯［Goffee and Jones］，2007）以及第 356 页的主题思考，“这里谁说了算？”）

10.6 招募、培训和奖励员工

现在我们将注意力投向前面提到的几个重要人力资源管理原则的应用，讨论的重点放在这类人事管理实践通过招募、甄选、培训和奖励员工等活动而对服务组织的营销活动产生的影响上。

招募和甄选

招募是组织获得人力资源的过程。从传统来看,招募的职能是由人事专家执行的,他们作为职能专家与一线管理者相分离。当前的人力资源管理实践偏向于将招募职能整合进一线活动中,因为潜在的员工将会在一线领域工作。

招募活动的中心是为组织内的合适岗位吸引和保有合适的员工。显而易见,招募过程是与甄选过程紧密联系的。甄选过程(将在下面描述)所关心的是如何根据工作和个人要求测试潜在的招募对象。

为了招募到合适的员工,服务组织必须谨慎地考虑他们要从特定的员工那里获得些什么。例如,寻求招募在国外旅游地工作的业务代表的旅游经营商会认识到,学历资格本身并不是一项新员工必须拥有的重要特征。恰恰相反,根据以往的经验,在压力之下工作的能力、以同理心与客户互动的能力、在群体中工作的能力以及长期不睡觉也能受得了的能力被认为是使业务代表以满足客户期望的方式执行任务的特征。

招募过程包含五项基本内容:

- 招募政策的制订;
- 建立常规招募程序;
- 制订工作说明;
- 制订个人要求;
- 发布工作岗位空缺广告。

甄选过程关心的是识别和雇用最合适的求职者,涉及六项主要任务:

- 仔细查验求职者的个人简历或申请表;
- 筛选出候选清单;
- 邀请求职者面谈;
- 与求职者面谈,测试求职者;
- 挑选求职者;
- 提供职位和确定录用。

从传统来看,所有这些领域都被认为是人事部门的保留地。不过,客户的期望影响招募和甄选过程的例子也不少。一个例子是使用"服务倾向调查工具"(Service Predisposition Instrument,SPI)识别申请人的态度,它可以提供服务要素、认知表达和个人服务结果的相关衡量指标(李—罗斯[Lee-Ross],2000)。

主题思考：没有员工，没有服务

在英国许多经济繁荣的地方，通常可以发现商店和餐馆为寻找员工而做广告，有时候，在这一方面付出的努力似乎并不下于为寻找客户而做广告所付出的努力。在非常有限的利润空间之下经营的服务企业，无法在支付高工资的情况下仍然保有吸引对价格敏感的客户的竞争力。然而，许多服务部门要求员工长时间工作——工作时间之长超出社会的耐受力范围，许多工作本身并不让人感到特别愉快。因此毫不足怪，许多服务企业发现他们的成长受到员工可获得性而非客户可获得性的限制。世界范围的服务组织因为移民顶替当地人不愿意干的工作而受益良多。2004 年 5 月，在英国解除移民限制之后，一轮由东欧国家向英国的移民潮带来大约 60 万东欧人在英国寻找就业机会，他们主要分布在服务部门，有些人驾驶公共汽车，有些人在餐馆服务，还有一些人从事各种劳动密集型的儿童和老人护理服务。

但阻碍服务组织发展的并非只是那些招不到员工的低工资岗位。许多部门都面临特定技术人才的严重短缺。例如，一些从事计算机维修的公司发展了各种招募和保有员工的创新性计划，其中有些公司还制定了“人才保有规划”。据说有些公司还向推荐朋友来公司的现有员工发放奖金，如果被推荐者成了公司雇员。

员工短缺也并非仅仅发生在西方发达世界的经济繁荣国度。很多人将中国看作一个存在劳动力富余、拥有建立在廉价劳动力可获得性基础上的快速经济成长的国度。然而，许多在中国的服务组织报道说，技术人才短缺在阻碍它们的发展。2007 年，汇丰银行宣称在金融服务部门受过培训的技术型员工的缺乏在阻碍公司在中国的发展。中国金融服务业的渐进自由化以及国际银行在中国的出现已经挤干了可能有的员工池子，各家公司雇用和保有合格的员工变得更加困难。《金融时报》的报道为这一问题的大小提供了一些说明：2007 年，汇丰银行寻求在当前拥有 3000 名员工的基础上再雇用 1000 人。花旗集团做了类似的人员增加计划，而标准渣打银行已经在上一年将其员工数由 1200 人增加到 2200 人（《金融时报》[*Financial Times*]，2007）。

向员工支付高工资会解决公司的招募问题从而使公司成长吗，抑或成长简直就无利可图——如果客户不愿意为服务支付比现行价格更高费用水平的话？公司在员工培训方面增加投资会有所帮助吗？新培训的员工会不会在完成培训后径直离开，转投他公司求得更好的工资待遇？

培训和发展

培训指获得特定的知识和技能，从而使员工能够有效地完成其工作。员工培训的焦点是工作。与此形成对照的是，员工发展关注的是与员工未来需要相联系的活动，这些需要本身也许出自组织的未来需要。例如,员工也许需要熟悉个人计算机、电子邮件以及其他方面的信息技术,这些技术也许不属于他们的具体工作要求中规定的内容。

如果服务组织希望将其所有与公众打交道的员工改造为“兼职营销人员”,它就必须将这一目标纳入公司的总体计划中,并识别所要求的培训和发展需要。如果任何变化过程要获得员工队伍的认可,这一做法将是必不可少的。最初,这也许仅仅以一种意识培训计划的形式出现,通过它可以将变化过程与员工沟通,此举可以作为实际变化的先导。这也许要求让员工意识到组织所面对的竞争市场压力以及组织如何应对它们。这一最初过程也许包括给员工机会表达自己观点和说出他们可能有的担心。这还有助于形成某种对变化过程的道德涉入,它本身可以作为一个有效员工参与讨论会的前奏。

如果营销作为一项职能必须整合到所有员工的工作之中的话,营销经理们就不能仅仅在战略人力资源管理会议上陈述这一需要——制订相应的计划从而使得这些战略付诸实施也是必不可少的。在许多情形下,也可以根据执行特定任务所要求的能力水平来规定这些需要。例如,在银行柜台员工的情形,也许要求员工能够知晓银行提供的几项特定金融服务、能够评估客户并就服务要约提出合适的建议。没能发展一般销售技能

图 10-6 劳动密集型服务业很久以来就意识到:招募、培训和激励正确的员工是向客户让渡价值的重要基础。在充分就业的条件下,公司必须将自己作为好雇主来推销,从而保证能够招募到那些最终将公司的承诺交付给客户的人。《星期日泰晤士报》(*Sunday Times*)就英国的最佳雇主公司做过一项年度调查,修鞋配钥匙的连锁店廷普森(Timpson)好几年都是最高分得主。员工福利包括至少 16 个星期的全薪产假(法定最低标准是按 90%的薪酬休假 6 个星期)和/或比法定最低的 40 个星期多出至少 4 个星期的产假。公司成功的一个标志便是低水平的员工流失率——在公司工作超过 5 个年头的员工至少占 40%。在如何管理其分店方面——例如,在设定索要的价格方面——经理们被给予了相当多的抉择权。客户们相信这家连锁店,并以可持续的长期利润向它投以回报。(重印经廷普森许可)

和让客户了解可提供的特定服务,可能导致组织丧失服务机会。

许多为员工培训分配大把预算的服务组织面对的一个实际问题是，同一行业内的许多其他组织也许只会花很少的钱培训，它们坐等那些培训好了的员工从做培训的公司跳槽过来。这种事情在——举例来说——银行业内就有发生:许多建房互助协会使用从“四大”英国银行吸引过来的员工的技能建立支票账户业务。这类问题亦发生在许多与建筑相联系的产业以及汽车修理业中。

尽管组织容易失去受过培训的员工可以为英国公司在培训和发展方面的支出水平不高提供解释,但还是可以采取一些政策来最大化这类支出对组织的好处。首先,培训和发展应该与范围更广的人力资源管理政策联系起来，这样做具有激发员工长期忠诚的效果。以更狭义的标准来衡量,培训可被视为短期内的冒险行为,它对组织长期盈利能力的助益相对较小。

在激发参与的人力资源管理政策本身并不足以留住受过培训的员工的情形，如果员工在规定时间段之内意欲脱离组织，组织也许会通过要求员工退回培训支出来寻求捆住员工个人。如果培训支出是用来发展员工的一般能力而非执行某种职能性的或组织中的特殊任务的能力,要求退回培训支出是很有可能的。因此,组织可能寻求收回支持员工个人学习公开大学的学位课程而非特定产品销售培训课程的成本。在某些情形下,存在一定的政府举措支持员工培训和发展。

在组织为市场领导者的情形,为保持相对于其他组织而言的稳定竞争优势,从而获得更高的盈利能力,它除了接受一定程度的金钱浪费之外也许别无选择。因此,连锁旅行代理托马斯·库克提供的培训被许多人视为是这个部门内最好的培训之一。在托马斯·库克接受过培训的旅行代理办事员可以很容易地在公司的竞争对手之一那里找到工作。与这一潜在的损失——损失本身也可以通过公司所采取的人力资源管理政策来抵消——形成对照的是,托马斯·库克在购买旅游服务的公众当中享有很高的声誉。这又使它将自己定位为高质量服务提供商，从而不需要使用已经伤及它的很多竞争对手的高价格折扣。

生涯发展

另一个能够帮助组织招募和保有员工的机制便是设立一个明确定义的生涯发展通道。生涯发展指一种使员工能够看到他们的工作生命在特定组织内可能如何发展的机制。对员工个人在组织之内应该能获得些什么的明确定义的期望以及对职位提升标准的明确陈述可以在这一方面给员工以帮助。此外,创建和使用内部劳动力市场(举例来说,通过开展咨询活动以及发布工作职位空缺的详细信息)也是非常重要的。组织可以引入垂直工作阶梯或以年龄或任期为基础的报酬和提升计划来帮助保有核心员工。

在技术劳动力稀缺期间,如果要招募和保有身揣所需能力的员工,提供详细的员工生涯路径也许必不可少。我们来看一个例子：20 世纪 80 年代后期劳动力市场吃紧期间，许多原来采行相对随意雇佣政策的零售商首次引入了生涯架构。作为反例，在后来的经济衰退期间，雇主很难保持他们的承诺，这对员工来说自然具有一种打压士气的效应。类似地，20 世纪 90 年代英国银行分行业务盈利能力的下降也导致银行核心员工的幻想破灭；尽管这些员工有着不俗的工作表现，但他们看到的却是自己的生涯发展前景比原先所期望的要困难得多了。

奖励员工

员工招募以及更为更要的员工保有过程受所提供奖励的质量的直接影响。奖励系统的中心目标是通过给予员工某些在他们看来有价值的东西来换取他们的良好表现，从而增进员工的表现标准。员工视什么为好奖励受驱动个体的激励物的性质影响。出于这一原因，一个标准化的奖励系统不可能实现对人数众多且复杂多样的员工队伍的最大激励。

许多人将奖励系统视为将“客户导向”等公司目标与个人和组织表现相联系的必不可少的工具（如米尔科维奇和纽曼[Milkovich and Newman]，2002）。尽管有些研究表明将非经济表现衡量指标纳入员工奖励计划所具有的积极效用（如韦德米尔[Widmier]，2002），但许多公司在将薪酬与客户满意相联系方面遭遇问题。其中的原因也许可以归结为客户满意度衡量上的困难以及在客户满意度与客户保有率之间关联的缺失。

从理论上来说，平衡计分卡（BSC）应该提供一条将表现衡量指标与员工获得的回报相联系的途径。回忆第 9 章的内容，我们曾经讲到，BSC 框架可以用来描述将有形的与无形的资产相联系的价值创造战略（施佩克巴赫[Speckbacher]等，2003）。这是通过形成与四个方面的资产——财务、客户内部业务流程、学习和成长——相关的战略目标而实现的（卡普兰和诺顿[Kaplan and Norton]，2001；马尔密[Malmi]，2001）。

尽管很多人都假定 BSC 理念的一大优点是它与组织的奖励系统之间存在联系（卡普兰和诺顿[Kaplan and Norton]，1996；奥特利[Otley]，1999；马尔密[Malmi]，2001），但很少有组织实际上成功地实现了这一联系。施佩克巴赫（2003）等从事的研究表明，尽管 38 家公司样本中的 27 家——超过 70%——将各种激励举措与 BSC 相联系，但只有一半的公司真正能够建立不同目标和不同衡量指标之间的因果关系。在这些公司当中，又只有低于一半的公司将各种激励举措与 BSC 衡量指标相联系。

对员工的奖励可以分为两大类别——非金钱奖励和金钱奖励。非金钱奖励涵盖多种多样的利益，其中一些利益属于奖励系统的正式部分，如提供附加补贴的住房和体育运动设施以及对工作成就公开嘉奖（例如，授予员工证书以作为其成就水平的标志）等即属此类。在其他时候，非金钱奖励可以是非正式的，成为一些隐藏议程的一部分。如此，一位忠诚的、老资格的餐馆服务生也许会得到奖励，他可能被给予一个相对便利的工作时间表，如将不受欢迎的星期六晚上从他的轮值表中排除。不过，许多人力资源管理专业人士并不将这些非金钱奖励型的利益认可为一个狭义奖励系统的一部分。恰恰相反，它们被视为某种深及员工与雇主关系之根源的东西。附加补贴的体育运动设施不仅仅是一种奖励，它还会成为整个工作环境的一部分，会鼓励员工认可、员工道德涉入和员工参与。在体现为隐藏议程的非正式、非金钱奖励的情形，这些做法将被视为对员工关系具有潜在的危害，它们会降低整个员工队伍的认可程度。

金钱奖励是增进员工表现的更直接方法，是传统“硬”人力资源管理政策的一个重要成分。在缺乏完善人力资源管理政策促进员工参与的情形，金钱奖励可以成为激励员工的主要因素。服务部门通常使用的以金钱奖励员工的方法包括：

- 使用基本的计时工资制奖励大部分员工，这就意味着按投入而非按产出计算薪酬。与制成品生产部门的情形相比较，服务结果更加难于衡量，更难将其用作付酬的基础；不过，这种付酬方法也有使用的时候。例如，可以对快递公司雇用的送货司机每递送一件包裹支付一定固定报酬。在某些情形下，严格按产出计酬对客户有潜在的不利影响——送货司机可能想的只是尽可能快地递送更多的包裹，而不去关心与人打交道时的礼仪。如果表现衡量指标不被包含在员工奖励计算方法之中，它也许得不到员工的重视，后者会更重视那些被衡量和包含进奖励计算方法中的那些指标。
- 固定工资一般支付给组织中的核心员工。有时候，固定工资与服务时间长度相联系——例如，英国许多公共部门的服务人员都会得到不与表现相联系的自动年度工资增量。除了在管理上较为简单之外，固定工资还可以避免个人享受奖金资格的评估问题，在员工以团队形式工作的情形，做这样的评估会特别难。如果长期发展与客户的关系非常重要，且公司按照定性方法而非定量方法以短期销售成绩为基础评估员工在这方面的能力，固定工资对公司也会很有用。许多金融服务公司采用固定工资制，以避免员工可能出现的不道德行为，因为员工可能在受到诱惑的情况下向客户销售以佣金为基础的服务，而客户的需要却并没有被合适地加以评估。
- 通常向积极参与销售活动的服务员工支付固定年薪，外加一个可变佣金部分，以作为对其努力的直接奖励。使用这一方法的组织碰到的一个问题是，旨在最大化其佣金收入的销售员往往不会参与服务生产/交付过程，因此，他并不处在最大化客户满意度从而锁定客户回头业务的位置。在服务生产员工事实上参与销售活动的情形（如许多餐馆的服务生），这种薪酬支付方式既可以鼓励良好的服务交付，也会鼓励增加销售量的努力。
- 与表现相联系的薪酬（Performance-Related Pay，PRP）在服务部门正变得越来越重要。PRP 机制寻求将员工薪酬的一定比例与其工作表现直接联系。PRP 在某种程度上代表了向薪酬个性化发展的运动。前文曾经提到,依据表现奖励员工在理论上听上去不错,但在实践中却很难做到。对于某些员工来说,产出的量化会相对容易一些;例如,新开账户的多少构成大多数银行经理 PRP 的一部分。工作表现的更为定性方面则更难评估,由大夫或牙医给出的建议的质量便可作为例子。BSC 方法是人们尝试克服这一问题所用的方法之一。定性评估就工作表现的哪一个维度在评估中被认为是重要的以及由谁做评估提出问题。如果不以非常敏感的方式处理评估,持有怀疑态度的员工可能会将评估视为根据某种隐藏议程奖励某些个人的手段。在许多服务业也存在一些问题:服务结果是一些员工联合行动的结果,因此,团队而非个人员工也许是更为合适的评估单位。当然,进行评估的理由并不仅仅限于决定员工薪酬。良好管理的服务公司定期对员工进行评估,以衡量其生涯发展和培训需要。没有一个透明的评估系统,组织中将会出现各种各样围绕感知的与表现无联系的徇私之举而提出的疑问。

- 利润共享计划(Profit-sharing schemes)可以作为基本工资的补充项目来运作,它有助于通过更大的承诺激发员工的忠诚。可以依照双方同意的资格享受标准使员工成为某个雇主建立的信托基金的成员,信托基金留存一定比例的利润,员工为基金的受益人。利润共享计划有鼓励员工参与组织活动的优点。不过,当由于某些外部因素——如经济衰退——的缘故,尽管员工做了最大的努力,利润仍然下降的时候,这类计划也有其主要缺点。围绕利润共享在大型公司内果真可以作为更好的表现激励因素,还是仅仅作为基本薪酬期望的一部分这一问题也存在不少争论。
- 在许多服务组织中,经济奖励的一个重要成分来自于正式的就业合同之外,尤其是来自客户:客户会以小费的形式换取良好的服务。雇主对小费的认可给一线服务员工施加了更大的压力,要求他们有更好的服务表现;从理论上来说,这也将评估的负担直接压在客户肩上。它也会降低员工可期望的基本工资水平。与此相对照的是,依靠小费也会带来几个问题。支持人员也许是客户得到的服务质量的重要贡献者,但他们也许收不到一线员工所能得到的小费。餐馆的客户享受到的好处有厨师的重要贡献,但小费系统强调的却是最终服务交付系统的质量。通过尝试收取服务费并让所有员工共享收入而将小费做法制度化也许会在另一方面降低个人激励。固定的服务收费也使得客户以感知的质量为基础付费的能力下降。依赖小费的另一个问题是,客户也许会因为觉得可能被迫支付小费而扫兴;出于这一原因,许多服务提供商禁止员工收取小费。尽管某些国家——如美国——的客户很愿意接受支付小费的原则,但其他人——包括英国

主题思考：用来评估员工贡献的"业务理论"

理解组织内部创造价值的过程是一件很难的事情，它会涉及不同内部价值链之间的许多联系。每一位员工或员工群体对于公司来说价值几何？布鲁恩、库登纳茨和图佐维齐(Bruhn, Kudernatsch and Tuzovic, 2004)报告了德国 DAB 银行的案例，该银行使用平衡计分卡(BSC)尝试做这样的估计。DAB 使用平衡计分卡记录相关信息，记录范围直达指挥链架构的最低层，这就是说，每一位员工都有一个部门 BSC 得来的个人 BSC，而部门 BSC 又得自于公司 BSC。DAB 的管理层在 1999 年发展了一门"业务理论"，这一理论被绘制为一个假想的关键表现指标——包含定性和定量指标——之间的因果关系示意图。

为验证这一理论，DAB 发展了一个监测系统以收集必要的数据。从 2000 年 1 月开始，DAB 按月衡量所有的 BSC 指标。这些指标组成了 BSC 的四个分析视角：

- 人力资源(总体员工满意度、DAB 雇主推荐率、员工流失率、员工波动率、工作表现，如工作失败数和旷工数)
- 客户(总体客户满意度、对个别维度或个别项目的满意度、保持忠诚的意愿、DAB 推荐率、市场份额、新客户数目、知名度)
- 过程(周期时间长度、能力、失败数目、服务水平、生产力)
- 财务(盈利能力、收益、成本、股东价值)

DAB 使用纵向数据发展和估计其"业务理论"的结构方程模型，从而得以估计各种关系的方向和解释力的强度。模型允许 DAB 模拟各种联系发生变化后的影响，例如，员工满意度增加会如何导致更好的流程，这又会如何影响客户满意度以及最终影响盈利能力。鉴于大型组织的复杂性，这一模型的发展似乎是一项了不起的成就。那么，各种员工对企业贡献的数量模型真的有望捕捉到那些更能反映质量特征的贡献吗，而后者在客户眼中看来会很大地不同？

人——则存有更多的矛盾心理。在公共部门，尝试付小费往往会被看作一种贿赂形式。

劳资关系

服务部门囊括了小到家庭企业、大到跨国公司的组织，其外部环境有受保护的，有受监管的，也有高度竞争的。反映在多样性上，管理者与员工队伍就雇佣条件展开谈判的方式也多种多样。对于拥有大量员工的服务组织来说，雇佣关系中的大部分传统上是在雇主与员工群体之间集体地运作的。

集体谈判从形式上认可了一个外部团体——工会在组织内部的存在。这也许强调雇主与员工利益之间的背离。在这种背离非常大的情形,可能的结果便是加班禁令、“消极怠工”和罢工等等,采取这些做法的目的是为了追求员工利益。这类行动只发生在谈判失败的情形。不过,许多如铁路公司和航空公司之类的服务部门会因为集体讨价还价的失败而周期性地遭受这种糟糕的混乱所带来的苦恼。由于服务不能储存,客户可以立刻感受到劳动投入撤出所产生的影响。

在工会讨不到安全感的服务组织可能尝试通过不予承认和制订将在下文讲述的组织特有的员工关系政策来边缘化它们的影响。在服务部门内部,许多组织开始改变其传统的劳资关系观点,进入一种讨论“员工关系”的情形。员工关系主要关注那些与培育一种与雇用组织及其商业目标的认同相联系的管理活动的各个方面。因此,它关注的是员工与管理层之间的直接联系——换言之,它将独立于工会的任何集体表示之外。

10.7 组织营销职能

到目前为止,我们从员工以及员工与客户际遇的视角考察了组织的内部营销环境。现在我们将注意力转移到范围更广的营销管理方面。正如身处服务际遇现场的员工的服务质量和动机会对客户产生影响一样,它们的经理们被组织起来的方式同样会对客户产生影响。太多的服务组织遭遇失败不是因为一线员工的失败,而是因为管理架构和管理过程的组织失序或信息不畅。

服务组织真的需要有一个营销部门吗?营销部门在组织中的存在也许会事实上成为发展真正以客户为中心的营销导向的障碍,这一观点正越来越流行。将所有营销活动集中在营销部门,非营销部门的员工也许会认为自己对于客户关系的发展无需承担责任。在服务业,生产人员与使用服务的客户频繁接触,狭义的营销责任定义也许会带来潜在害处。另一方面,通常又要求有一个营销部门来协调和实施那些不能被合理地授权给操作人员的职能——如广告、销售管理和定价决策职能。营销部门在组织中的重要性是对其运作环境的性质的反映。一个在激烈竞争的环境中运营的组织一般会非常重视其营销部门,并将其作为一个生成有明确重点的营销组合战略的手段,组织通过它可以获得竞争优势以战胜自己的竞争对手。与此形成对照,一个在相对稳定的环境中运营的组织更可能允许由那些不是营销战略家的人员做出战略决策,例如,定价决策也许会由不那么需要理解价格决策的营销涵义的会计师做出。

服务组织内营销部门的责任因组织而异,反映了该组织商业环境的竞争特点以及组织传统和组织惰性。在营销部门内部,这里确定了四个分配这些责任的基本方法,尽管,在实践中大多数营销部门存在不止一个交叉方法。这四种方法通过以下方面来分派营销责任:

- 执行的职能；
- 覆盖的地理区域；
- 管理的产品或产品组合；
- 管理的细分市场。

以职能责任为基础的组织

组织营销部门一个传统和共同的基础便是将责任划分到可识别的营销职能。一般地，这些职能可以是广告、销售、研究和开发、营销调研、客户服务等等。职能责任的精确划分取决于组织的性质。购买和销售可能是零售组织的一个重要特征，而研究和开发对于以技术为基础的服务（如电信服务）来说则非常重要。

职能型组织的主要优势在于其管理上的简单性。与此形成对照的是，有一种将特定服务或特定市场上的与政策相关的责任分散到众多职能专家的倾向。同时也存在职能专家为争夺营销预算份额而形成破坏性竞争——如广告经理与销售经理之间为更大的促销预算份额展开的竞争。

以地域责任为基础的组织

在全国范围内提供服务的组织通常会以地域为基础组织许多营销职能。这尤其适用于销售职能，尽管它也可能包括按地域划分的发展服务的责任（如开辟新服务网点）和某些当地促销责任。对于在国际层次运营的服务组织来说，它们在业务上的组织通常也会有一些地域基础，其营销活动一般都是在单个国家市场范围内组织的。

按服务类型管理

多产品组织经常任命一名产品经理来管理一项特定的服务或一组服务。这种组织形式并不是职能型组织的替代形式，它提供的是又一层管理——协调职能部门的活动。产品经理的角色涵盖了多项重要任务：

- 为一项服务或一组服务制订长期竞争策略；
- 准备附加预算的年度计划；
- 与内部和外部职能专家一道工作，制订和实施营销计划，如与广告和促销有关的计划；
- 监测服务表现和商业环境发生的变化；
- 识别新的机会，发起改进服务的活动以满足不断变化的市场需要。

产品管理组织架构为服务提供商提供了几项好处：

主题思考:“中国墙”在员工之间设置了壁垒

一个一体化内部工作环境的想法在理论上也许是好的，它也许会告诉客户说:“左手确实知道右手在做什么”,从而让客户感到放心。然而,在实践中,职业行为准则要求组织内的员工互不攀谈的例子却不少。这往往发生在一些金融服务机构;在它们当中,一组员工也许握有公司股票、各种活动或财务状况的“内部消息”,这些消息一旦公开,很可能对公司股票价格产生影响。让我们来看一个例子：与拟议的意在收购某公司的竞价活动相关的信息对于同行中的其他公司来说是至为价格敏感的。这就导致许多机构建立起“中国墙”,形成对信息传递的一种障碍。设计这样的“墙”意在管理机要信息以防止无意间的信息扩散和信息滥用。许多银行已经制定了全球范围的“中国墙”政策。那些经常接触内部信息(如公司融资)的领域必须与那些处理金融工具(如债券和股票)或就其提供咨询的领域相分离;前者被视为“内部区域”,而后者则被视为“公共区域”。

在与相互纠纷的客户打交道的情形,律师们也会使用“中国墙”。但即使是中国墙也可能不足以克服可能出现的利益冲突。这一现象在英国上诉法院就富而德律师事务所在企业家菲利普·格林 2004 年针对马莎百货发起的涉及 90 亿英镑的收购竞标活动中的角色的裁决中可见一斑。法院裁定,在对马莎百货的竞购中,富而德不得充任菲利普·格林财团的代理。它认为,鉴于富而德过去曾就马莎百货的“Per Una”系列服装为该公司做过代理这一事实,潜在的利益冲突可能存在。尽管富而德发誓提高公司内部的保密等级,但这被认为并不足以防止利益冲突发生。

还可以找到一些其他的服务行业,在那里,通过采取产品管理架构,类似的伦理问题可以减轻——向一家公司既销售审计服务又销售管理咨询服务的会计师也许会经不起诱惑,以至于为在后一领域获得业务而牺牲前一领域的诚实品行。大型多样化服务公司如何让他们的客户相信：出于信任而给予组织一个部门的信息不会被另一个部门用做对付他们的武器?

- 产品提供按综合成本效益方法来规划所具有的好处。这尤其会让那些在其他情形下可能被忽视的小型产品享受好处。
- 从理论上来说,与没有人对产品具体负责的情形相比,产品经理可以针对产品营销环境的变化更迅速地做出反应。在银行里,抵押贷款经理能够投入大量的时间和专业知识监测抵押贷款市场的走势,他还可以成为发起变化和监测变化的中心人物——当环境的变化要求这样做时。
- 这类组织中的控制可以通过将产品经理的薪酬与其表现相联系来实施。

在此,需要指出产品管理架构亦与一些问题相联系：

- 最严重的问题都是些通常情形下可见的问题：产品经理要承担很多责任，必须确保实现各项目标，但他们能够控制的由他们支配的资源投入却相对较少。产品经理通常要靠说服才能得到广告、销售和其他专业职能的配合。这有时候会导致冲突，产品经理寻求按某个方向定位服务，而广告经理寻求按另一个方向定位服务以满足更广泛的产品推广目标便是一个例子。
- 组织中的员工对于他们的日常行动要对谁负责感到茫然。在银行的分行参与销售保险单的员工也许会对运营经理和产品营销经理发出的可能相互冲突的信息感到不知所措。
- 产品营销管理架构可能导致雇用更多的人员，从而导致更高的成本结构，这可能使得组织在价格敏感的市场竞争中处于劣势。
- 许多服务行业内部的相互依存关系使得产品管理架构难于实施和控制。英厄姆就英国保险业进行的研究发现，高水平的组织内交易和各分支不能享受利润中心的地位与不适当的内部转移定价和糟糕的激励与控制系统相联系。虽然产品管理形式也许适用于多样化经营的联合企业，它却被证明不适用于存在许多相互高度依存的职能部门、单个产品经理很少有行动自由的保险企业。在保险业，可以观察到一种混合架构，这反映了对一定中央化程度的需要。（英厄姆[Ingham]，1991）。

市场管理组织

许多组织向各种各样不同需要的客户提供服务。例如，跨海峡轮渡服务运营商提供的就是基本上类似于私人汽车司机、长途汽车运营商以及货运商等提供的运输服务。但每一个用户群体的特定需要大不相同。长途汽车运营商不同于道路货运商，它更重视诸如灵活性、预订的便捷、提供的招待服务类型之类的服务特征。在这类情形，可以任命市场经理监督特定市场的发展，这与产品经理监督特定产品的做法如出一辙。给予营销经理们的通常不是有关产品的特定财务目标，而是成长目标或市场份额目标。这种形式的组织的一项主要好处是，它使营销活动集中精力满足独特的、被识别的客户群体的需要——这是所有真正采取营销导向的组织应该铭记的某种东西。相对于组织响应局限于传统的产品管理边界范围之内的情形而言，新的创新性服务更有可能在这类架构之内出现——例如，一位具体负责发展长途旅游交通运输的市场经理，也许处在以长途汽车经销商为目标发展创新性一揽子度假服务的更优越位置。有一种观点认为，市场管理架构对发展与客户关系的重要任务更具有促进作用，对“企业对企业”服务而言尤为如此。在组织拥有多家重要客户的情形，常见的做法是任命关键客户经理处理与这些客户的关系，以便充分利用对双方都有利的营销机会。

主题思考:这里谁说了算?

许多书籍和文章都描述过组织架构环境下的员工管理模式。在典型的情形下,管理会以权力等级体系和各个职能部门的分权为基础。图 10-7 所示为一个典型的组织架构模型。但在某些服务组织中,一线员工掌握了独特的、有价值的技能,在这样的情形,真正行使控制权的又是谁呢?

医疗服务为我们提供了一个有意思的案例研究。英国国民医疗服务体系(NHS)中没有临床背景的管理人员数量已经有了增加。鉴于在日益由市场驱动的医疗部门理解和回应病人的需要正变得越来越重要这一事实,医疗服务信托机构也在越来越多地任命营销经理。的确,某些医院管理者的语言中谈到的都是"客户",而不是"病人"。

虽然从理论上来说国民医疗服务信托机构的行政长官具有凌驾于所有员工之上的最高权威,但许多人依然承认,在医院中真正拥有实权的却是那些医疗专家。如果他们不喜欢一项行政长官推出的变革,他们可以把职业行为准则和他们所接受的多年训练抬出来,这些将赋予他们建立在知识基础上的力量。专家们也许会说,他们在心中考虑的是病人的长远利益,因为他们就专业培训做过大把投资,而且,他们所采取行动的后果需要经过很多年才能揭晓。相比之下,管理人员给人的感受是只接受过相对简单的训练,可以任意转换工作而无需为其行动的后果承担职业责任。无临床背景的经理们也许会过度关注一些相对而言表层的服务质量问题,如停车场和饮食问题;而专业人员则认为,只有他们才能判断医院的核心服务的真正质量,即医疗和外科手术程序的结果。他们指出,由于病人知识有限以及许多临床医疗程序的结果在未来数月甚至数年都不能完全显现出来这一事实,一般的病人没有能力评估临床治疗的表现。简言之,只有经过专业训练且严守职业行为准则的专业人员才能够对医院和病人之间的互动的性质加以管理。

对于营销经理来说,医疗专家们掌握的建立在专业知识基础上的力量让他们沮丧。让我们来看一个例子:有人说,许多 NHS 医院的手术室每到星期五下午就得不到充分利用。对于营销经理来说,增加病人接待人数的一个方法是在星期五下午使用这些非常昂贵的设施,而不是让它们闲着不用。医疗专家们则会辩解说,在周末之前的一点时间启动手术是一个不好的专业做法,此时医院里能够获得的人手有限,难以矫正任何手术并发问题。好挖苦的人们可能会说,医疗专家们在使用专业理由为自己获得一个长周末和有机会早一点脱身去打高尔夫球释放烟幕。有人指出,医疗专家们星期五下午也许在别的地方接手有利可图的私人外科手术。无临床背景的行政长官或营销经理何以能够与医疗专家的知识和职业责任相争论呢?身揣高级技能的专业人才环境下的管理有什么样的涵义?许多人会认为,管理不只是指挥和控制,它更要求为他人实现自己的目标提供便利。哪一种管理模式是正确的?谁来决定医疗专家们出于专业理由坚持在星期五下午给自己自由这一目标是对是错,或者谁来决定他们这样做是因为他们看到面前有一个好的个人机会?

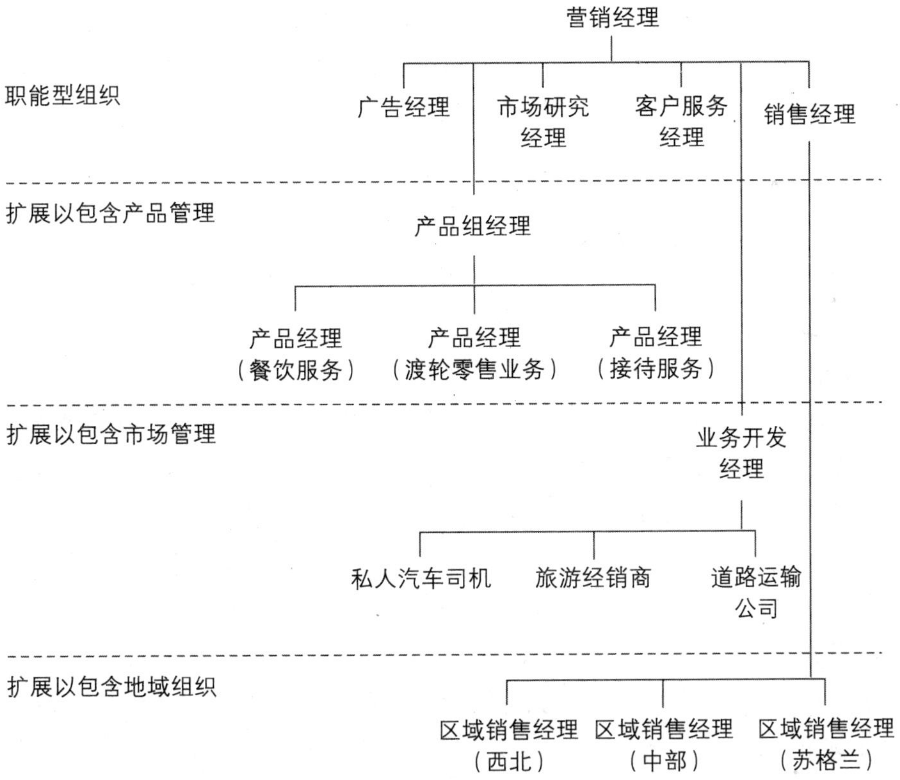

图 10–7　营销部门组织架构的各种替代形式在汽车轮渡运营商情形下的可能应用

产品管理架构的许多不利之处也可见于以市场为基础的组织架构。同样可以发现责任与权利之间的冲突，这种形式的架构在操作上也会有很高的成本。

上述各种组织架构的差异及其在汽车轮渡运营商情形下的典型应用可以通过图 10–7 来表示。组织架构的多样性突显了这样一个事实：即使是在同一服务部门，也不存在适用于所有企业的独一无二的组织架构。总的来说，营销部门的组织必须灵活和适应性地响应处在不断变化环境中的客户的需求，同时降低内在于某些架构之中的混乱、模糊不清和成本水平。

10.8 营销与其他组织职能之间的关系

在真正奉行营销导向的服务组织中，营销责任不会局限于一群属于所谓营销部的人们。以德鲁克（Drucker，1973）的话来说：

> 营销是一项如此基本的活动，以至于不可以将它作为一个分立的部门来看待。它是从最终结果——换言之，从客户的观点——来看的商业活动的全部。

在营销导向的组织中,客户处于所有组织活动的中心。客户不仅是营销部门关心的对象,而且也是所有生产和管理人员关心的对象,后者的行动会直接或间接地影响客户对服务的感受。在典型的服务组织中,多个职能部门的活动会对客户获得的服务结果产生影响:

- 正如我们在本章前一些部分提到的,人事计划会对营销计划产生重大影响。员工的甄选、培训、激励和控制都不能脱离营销目标和策略而孤立地考虑。例如,如果营销部门要求有受到良好培训和高度激励的一线员工,而人事部门追求成本削减高于一切的政策,人事部门和营销部门之间可能会出现冲突。
- 与营销经理相比,运营经理可能持有不同的观念。营销经理可能寻求尽可能按照客户的要求满足客户的需要,结果却遭到运营经理的反对,他们认为无法按照所要求的标准提供服务。铁路运营公司的营销经理也许会寻求将市场细分,以量身定制的票价满足一个个小客户群体的需要,结果却遭到负责每天实际发售和查验旅行客票的运营经理的反对,后者也许对票价细分可能导致的混乱存有疑虑。
- 财务经理的行动对营销计划通常会有直接和间接的影响。财务经理最终为实施营销计划所需要的资金配置承担责任。在更具操作性的层面上,财务经理针对提供给客户的信用水平或针对存货采取的行动——在这些因素构成服务要约重要成分的场合——可以显著地影响服务的质量以及组织能够服务的客户数量。

营销要求所有这些部门"为客户考虑",并齐心协力满足客户的需要和期望。围绕传统的营销部门应该拥有什么权力以形成客户导向这一问题存有争议。在一个真正成熟的、营销导向的服务公司里,营销是每个人的工作中一个不言而喻的部分。在这样的情景下,营销变成了只为狭小范围的专门职能——如广告和营销研究——负责的部门。对营造公司与客户的关系的责任分散于整个组织。冈默森(Gummesson,2002)使用"兼职营销人员"一语来描述那些在服务组织中工作、也许不对营销承担任何直接管理责任、但他们的活动也许会间接地影响客户所接受服务的质量的员工。

应该说,向服务组织引入如上所述的传统营销部门既会带来好处也会带来问题。在一项针对219位代表瑞典公共与私人部门服务组织的高层管理人员进行的调查中,格鲁诺斯(1982)检验了这样一个说法:分立的营销部门也许会扩大营销部门员工和运营部门员工之间的隔阂。调查结果表明,各种服务组织的接受调查者认为,存在因建立营销部门而来的危险——平均而论,有66%的人赞同这一说法,非营销类管理人员以及那些在酒店、餐馆、专业服务和保险部门的管理人员持赞同意见的比例高于平均数。

如何凝聚公司内所有人的力量从而形成集体行动,同时又能够将责任具体落实到每一个人的头上，这是一个依然会引出很多讨论的问题。如果采用一个纯粹以产品或市场为基础的架构，为许多不同市场生产许多不同产品的组织也许会经历各种困难。如果采用产品管理架构，产品经理将需要多个不同市场的详细知识。同样，在市场管理架构下，市场经理将需要也许是非常不同的一系列产品的详细知识。为了避免职能部门经理以“坐井观天”的思维方式来行为和思考，服务组织致力于发展潜心为目标客户群体创造价值并为公司创造利润的个体集群，这已经成为一种趋势。

在这样的个体集群中，产品经理将一心关注生产的卓越性，营销经理一心关注满足客户的需要，并不存有对特定产品的任何偏好。例如，如人们所知的“矩阵结构”在许多汽车分销商当中可以见到。在汽车分销的情形，委任市场经理去针对私人客户和签约租赁客户的不同需要识别和制订市场策略和管理关键客户。市场经理与产品经理一道工作，后者可以发展诸如维护保养、底盘修理和汽车租赁之类的专业化活动，然后，市场经理使这些活动为最终客户所获得。

从理论上来讲，这种集群的最重要优势是使组织对周围环境的变化迅速做出响应。短期项目团队可以为满足变化的需要而在短时间内迅速聚集和解散。项目团队可以汇聚多种学科的知识，用来在大规模发展一项新服务之前对服务进行评估。探讨发展以移动电话为基础的支付系统的可行性的银行也许会建立一个团队，团队成员选自面向个人客户开展营销的员工以及负责以技术为基础的研究和开发员工。前者包括市场研究者，而后者则包括软件开发者。

在必要的时候，可以通过合同安排将临时工作者纳入团队之中；这种做法可以增加上述管理架构的灵活性。在过去的二十年中，许多服务组织让大量的员工——包括管理者——下岗，而又在需要的时候重新将他们聘回去，这种做法已经成为一种趋势。这样的组织既能削减固定成本，又有潜力迅速响应外部环境的变化。

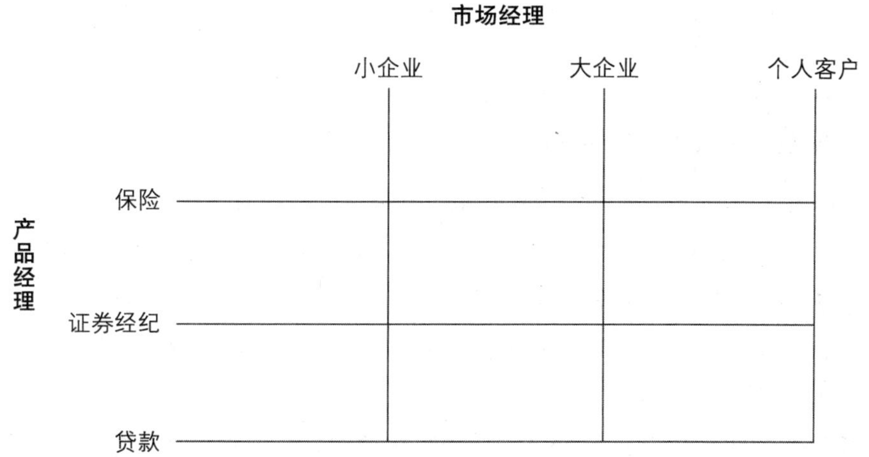

图 10–8　应用于金融服务组织情形的矩阵组织架构

在存在跨职能集群的情形,有效管理的团队中会表现出巨大的动力。对照这一点,矩阵式架构也有其自身的问题。最严重的问题便是可能会因此导致权力界线不明。员工也许不清楚在履行特定方面职责的时候,他们要对哪一位上司负责,从而遭遇可能的心理压力和激励缺失。在向具有职能部门专业化历史和文化的组织引入矩阵式架构的情形,实施起来会困难重重。员工角色在传统上有其狭窄的定义,员工出于猜忌而守护其传统角色,很不情愿扮演另外的角色。最后,这类架构无一例外地导致组织雇用更多的经理人员。在最好的情形,这将导致工资总额的大幅度增加;在最糟的情形,当经理们表现出不愿按照超越狭窄定义的职能角色而行事的时候,更多经理的存在有可能减缓决策流程。

对于组织来说,拥有多职能部门的个体集群也许代表着拥有一个可取的组织架构。但达到这样的境界需要经历一个缓慢而又充满痛苦的过程。大部分的组织内管理变化都是渐进地发生的。其结果往往是一种由妥协而形成的组织架构,这一架构受到一些并不具有持续相关性历史因素的过度影响。组织中既得利益的存在往往会导致形成一个以生产而非以客户为中心的组织。有些组织表现得更为激进,它们径直拿出一张白纸,要求人们回答这样的问题:“如果我们今天就动手的话,我们应该如何设计我们的架构和流程?”

企业流程再造的基本原理是围绕关键的增值活动设计组织。再造从本质上来说是根本性的流程再设计,组织通过这一过程展开各种业务活动以实现重大的成本节约或服务水平提高,或者二者兼得。作为模型来看,最有效的组织是能够以最少的成本实现最大价值(由客户来定义)增值的组织。

要真正取得成效,再造需要由有权从头到尾监督实施过程的强有力个人来领导。他们必须具有巨大的影响力,因为任何恐惧、抵制和冷嘲热讽都会不可避免地减缓任务完成的步伐。成功的公司因此需要努力让员工涉入实施过程的细节——即使议事日程的激进性质是不容妥协的。

10.9 减少对人力资源的依赖

员工代表着一种昂贵的、难于管理的资产,因此,员工对总体服务的贡献的质量往往被最终客户视为极易发生变化。服务组织因此通常追求一种降低其生产过程中人力成分的策略,我们在第 4 章曾经看到一些这样的例子。员工替代计划的目的可以是降低服务的易变性、降低成本或二者兼而有之。在组织追求成本领先战略以获得竞争优势的情形,成本削减是极其重要的。

总结第 4 章的某些要点,我们发现服务组织使用好几项策略减少对员工的依赖:

- 在一个极端,服务生产和交付过程中的人力成分几乎可以完全由自动化的机器所替代。这样的例子包括银行的 ATM 机、自动售货机和自动洗车系统。员工替代的制约因素来自于技术的局限性(例如,全自动化洗车系统很少能达到操作工人洗车所能达到的高清洁标准,因为操作工人可以从事某些不为机器可及的作业)、设备重置成本(自助型柜台结账设备使得超级市场考虑以自动化的自助服务设备替代柜台结账员工的想法变得经济可行还只是过去几年的事情)以及客户对自动服务交付的态度(市场总体中的许多细分市场仍然对使用在线银行服务感到勉为其难,他们更愿意获得由人际交往提供的保证)。
- 设备可以和员工一道使用,以帮助员工执行作业。此举往往具有通过减少需要员工做抉择的作业范围而去除作业中的技能成分,从而降低客户所感知质量的易变性。因此,车载卫星导航系统的问世减少了出租车司机对其所在作业区域的道路详细了解的需要。
- 服务的不可分性为我们提供了一些手段,服务的客户可以作为服务的共同生产者以某种方式涉入生产过程。通过将生产过程中的更多部分转移给客户可以减少服务提供商的员工涉入。如此,大多数加油服务站会期望客户为自己的汽车加油,而不是让加油站的员工来做这件事情。类似地,电视机修理公司可能要求客户将设备带到维修站点以便维修。在以上两个案例中,客户通过承担服务过程中的部分任务,对服务的质量有了更多的控制。

本章总结及与其他章的联系

人力资源管理不应该被认为是某种与营销管理相分离的东西。对于要求员工与客户之间有高水平接触的服务来说，高水准的服务质量也许只有在合适的人力资源管理下才能取得。围绕内部营销的性质及其与人力资源管理理论的关系展开的争论不在少数。控制和授权是人力资源管理文献范围内的两个具有长期争议历史的重要问题,它们与服务流程设计有密切的联系。

本章与论述服务际遇的第 3 章和论述服务质量的第 9 章之间的紧密联系显而易见。人力资源管理问题是许多组织在尝试发展关系营销策略(第 7 章)的过程中碰到的中心问题。没有合适的受训员工,与客户的关系会退化到与储存在计算机中的数据差不多的状况。

复习题

1. 评价服务部门环境中“内部营销”的概念。你认为营销人员对如何促进员工参与以便交付客户所期望的服务质量这一问题做出过有用的贡献吗？

2. 服务的易朽性和客户需求的易变性要求服务部门的一线员工在工作上采取灵活的做法。请识别改善员工灵活性的各种方法，并评价它们对客户满意度的影响。

3. 服务利润链描述了员工与客户满意度之间的联系。讨论这一联系的性质以及在尝试量化它的过程中所碰到的问题。

实践活动

1. 查阅地方报纸的工作岗位部分，考察当地服务组织在广告中给出的工作岗位。组织通过其工作岗位广告所做的信息沟通在多大程度上和它与客户的信息沟通保持一致？注明的工作要求就组织提供的服务标准说了些什么？你注意到对一线员工的工作岗位要求与幕后职能部门员工的工作岗位要求之间存在任何差别吗？组织的营销环境会影响其招募新员工的方式吗？比方说，在私人部门、公共部门以及非营利部门的组织之间存在任何差异吗？

2. 查阅一份“最佳雇主公司”年度排行榜——如《星期日泰晤士报》的“英国前 100 家最佳雇主公司”排行榜。你能看出那些在榜上列出来的公司名称与那些你所熟悉的服务公司提供的服务的质量之间存在什么关系吗？

3. 在那些在服务提供商有兼职工作的同事中间做一项调查。了解是什么因素促使每一个人在他或她的工作中表现得更好。被作为临时员工对待会具有打消激励的效果吗，或者它会使得他们更加“小心翼翼”以恐下次他们不会再被叫去工作？ 有要么以所涉入的个人为基础，要么以所提供就业的性质为基础的激励模式出现吗？

案例研究：一个24/7型社会对客户来说也许是好事，但员工们能承受这样的压力吗？

当公司的客户想在一天24小时都能获得它的服务，而且要求立即的而非第二天或未来某个时间的可获得性承诺的时候，会发生一些什么事情呢？一个后果便是那些负责响应公司必须做出的承诺的人们在工作中承受的压力——如果公司要在一个充满竞争的商业环境中生存下去的话。

服务的易朽性和不可分性使得餐饮和零售之类的许多服务部门在围绕24/7社会展开的讨论中首当其冲。24/7文化对服务员工的生活方式产生很大的影响，以至于许多个人必须针对变化的而且是反社会的轮班作业模式做出调整。员工们通常不得不将星期六和星期天接受为他们正常工作周的一部分，而且这种趋势注定会继续下去。未来基金会（Future Foundation）从事的研究预测：到2020年，在英国将有超过1300万人在一个“超时运转”的经济中工作（超出传统的周一至周五、上午9点至下午6点的时间段之外），而在2003年的时候这个数字是700万人。

尽管这种灵活性符合那些有钱享受24/7社会好处的人们的利益，但提供服务支持的工作大军看到，他们投入的这一对自己不友好的工作时间的回报却少得可怜。处于满足各种目标和提振销售的压力之下的经理们和主管们也备受打击，他们通常不得不超时工作，而且得不到加班报酬。员工被指望表现出灵活性的不仅仅在零售部门——在其他服务部门的许多后台作业也倍感压力。例如，娱乐部门在越来越多地雇用临时合同工以满足各种需要。BBC一直在与各种卫星和有线电视服务苦苦竞争，一切的目的都是为了满足观众对24/7娱乐的需求。它目前雇用了大量的自由职业者，他们能以更低的成本提供更大的灵活性。

表明工作压力与日俱增的证据数不胜数。未来基金会的调查显示，58%的接受调查者认为24/7文化对他们的家庭生活是破坏性的。另一项由产业协会从事的研究显示，一个接一个的家庭和工作需要是70%的接受调查者主要的压力来源，而一半的人将不切实际的截止期限和不断的时间压力作为其他附加因素（产业协会［Industrial Society］，2001）。根据压力管理研究所（Institute of Stress Management）在2004年的全国压力意识日进行的调查：

- 53%的人在过去12个月中受到与工作相联系的压力的困扰。
- 52%处于压力之中的人认为压力在对他们的健康造成损害。
- 72%受到压力困扰的人责怪工作太多。
- 20%的人寻求药物帮助或其他专业性的帮助。

雇主们不得不认识到员工队伍拥有高压力水平有时会给他们的生意带来隐性成

本。此外，法律也在要求他们为员工在工作中的压力承担某些责任。在英国，1999 年的《工作健康和安全管理条例》（尤其是条例 3、4、13 和 19）明确指出，雇主必须评估雇员因为工作而罹患与压力相联系的疾病的风险。

虽然我们今天生活在压力的包围之中，但有些人却认为 24/7 社会的有害后果被夸大了。人们也许记得客户必须在银行下午 3 点半关门之前赶到那里时所经受的压力——这对银行职员来说并不是坏事，但对客户来说却压力不轻。要不再想一想在公共假日前一刻人们不过是因为得知超级市场在假日期间将关门数日而匆匆忙忙地冲出去抢购和囤积食品的情景。

24/7 社会的一个好处就是，不存在必须在商店关门之前购买某物、或在一个严格执行的关门时间之前在小酒馆饮完酒的压力。另一个好处是，它给人们提供了选择他们想要的工作时间的机会，这对有年幼孩子的家庭来说是一个巨大的好处。星期天，在从前被认为是一个家庭成员一起度过的休息日，现在却成了一个全家共享的休闲日，在这一天，全家去商店购物取代了过去的单人购物旅程，其间家庭主妇需要承受最大的负担。

企业、员工和客户全都在促成这一朝向 24/7 经济转变的永久化，其间不可避免地将出现赢家和输家。未来基金会的研究发现，最大的获益者是富人。三分之一在下午 6 点和上午 9 点之间参与经济活动的客户的家庭年收入在 46,000 英镑或以上。收入在 10,430 英镑或以下的人的参与只占五分之一。但在充满活力的晚间经济中不起眼的一方是大批低收入员工，他们当中的许多人通常试图在多份兼职工作与学习任务或照看孩子的差事中换来换去，工作收入勉强超过最低工资。

从 24/7 经济中受益人的都是谁呢？对于某些批评家来说，它既不符合那些经济上的弱势群体的利益，也不符合那些就业者的利益；前者只能挑选那些没有别的人想做的工作，而后者除了更加卖命地工作从而能够花更多的钱实现自己所欲求的生活方式之外再没有别的什么事情可做。我们是不是处在将“过去的好时光”——那时，星期天是星期天，而且每一个人都过着更加快乐、更少压力的生活——过度浪漫化的危险之中呢？

问　题

1. 什么因素会影响服务组织努力满足客户对服务 24/7 可及性欲望的程度？

2. 评估服务组织可以用来减少 24/7 服务对员工的有害影响、增进其有益影响的各种方法。

3. 有人指责说，服务的 24/7 可及性导致广泛的社会问题，其中包括员工受到的压力和对家庭生活的破坏。请评价这些影响以及你在多大程度上认为服务部门助长了这些人们宣称的问题。

第 *11* 章

服务定价

学习目标

阅读本章之后,你应该理解

- ❖ 影响服务组织定价的各种因素,包括组织目标、成本水平、需求强度和竞争水平
- ❖ 服务企业使用的定价战略和战术
- ❖ 不可分性对服务企业提供细分价格能力的影响
- ❖ 复杂的、相互依存的服务要约中的价格捆绑
- ❖ 非营利服务组织面临的各种定价约束和机会

11.1 引　言

在服务部门内部，价格一词通常以多个名字的形式出现，有时候会反映出客户与服务提供商之间关系的性质——交换即是在这种关系框架之内发生的。专业服务公司因此有服务费一说，其他组织则使用费用、通行费、费率、收费和订购费等术语。成功的定价艺术是建立一个低到让购买者觉得某个交换具有不错的价值、高到允许服务提供商实现其财务目标的价格水平。

定价对发展营销战略的重要性体现在它的一系列战略用途上：

- 在一项新服务的生命伊始，通常需要通过定价使之进入新的市场。例如，寻求将业务扩张到某个新区域的房地产经纪公司可能会在最初提供非常低的佣金率，以便在新市场积累一定的业务数量。
- 价格可以作为某项服务在其生命期内维持市场份额的一项手段，还可以作为打击竞争对手以保护自身地位的一种战术。
- 最后，对于营利性组织来说，价格必须设定在允许组织实现其财务目标的水平。

与商品相比，服务更容易以"价格并不由市场力决定"的方法而为客户所获得。许多公共部门的服务被提供给最终客户时要么不收费，要么收费水平与服务对客户或生产者而言的价值毫无关系。一些寻求适用营销原则的公共服务——如博物馆和学校——对营销组合中的价格成分通常没有任何控制。吸引更多的访问者到某博物馆和吸引更多的学生到一所学校所能得到的回报也许是由中央政府而来的额外拨款，而不是直接从服务使用者那里获得的收入。

11.2 组织对定价决策的影响

组织所追逐的目标多种多样。对公司目标的分析是理解支持价格决策的各种因素的一个有用起点。下面将分析的是一些常见的组织目标及其对价格决策的意义：

- 利润最大化。通常假定所有私人部门的组织主要是为实现利润最大化而存在的，这将影响到他们的定价政策。事实上，由于最大化短期利润的营销战略对于取得长期利润也许是有害的，我们应该对利润最大化的概念做一个修正，从而使之包含时间维度。组织在一个新市场索要高价格会使这个市场吸引很多新进入者，因此，在接下来的几年里，竞争的程度会上升，这样会降低长期盈利能力。同样，在什么时间框架之下追逐盈利也会对价格决策造成影响。如果为一项创新性服务制定的目标是在一年之后实现盈亏平衡，那么，价格可以定得足够低，以便尽快获得尽可能大的市场份额；而长期利润目标也许允许组织在头一年去探问一些相对小的、但是有很高价值的细分市场，价值比较低的细分市场留待以后的年份去开拓。利润最大化理念在难于在成本、收益与利润之间建立明确关系的服务部门还有一项进一步不足（见下文）。

- *市场份额最大化*。通常有人指出（如西尔特和马奇[Cyert and March]，1963），指望企业经理们把他们的所有努力都放在追求最大利润上是不现实的。首先，在营销战略决策与由此而来的盈利能力的变化之间建立关系会存在实际困难。其次，管理层通常不会因为增加了组织的利润而直接得到任何奖励——它关心的主要问题是取得满意的而非尽可能高的利润水平。经理们更可能从扩大组织的市场份额的决定上受益（如通过改善的职业机会和工作安全）。市场份额最大化目标对于一个需要取得临界规模以实现规模经济从而取得竞争优势的服务产业来说是非常重要的。20 世纪 90 年代，与互联网服务提供商的新兴市场相伴的价格竞争都是以主要竞争对手获取临界规模、从而使自己在互联网相关活动领域成为客户首选的欲望为基础的。
- *生存*。有时，对于一个主要目标只不过是单纯追求生存以避免破产可能的服务提供商来说，利润最大化或市场份额最大化的想法实在是一种奢侈。大多数企业都是在该偿还债务的关键时刻发生现金流短缺而破产的。在这类情形，可以将价格定在非常低的水平，从而保证有足够的现金注入组织，以帮助它解决短期的问题。在 2003 年的伊拉克战争中，对空中旅行的需求锐减，这给许多航空公司的资源带来沉重压力，航空燃油价格的上涨又使得这些航空公司雪上加霜。为了维持经营，许多航空公司被迫大幅度降低票价以保证有现金流入企业，从而度过它们所认为的返回长期增长路径之前的最后一个难关。
- *社会考虑*。与利润相联系的目标对于许多公共部门的服务来说毫无意义。从一个极端来说，许多公共服务的价格代表着政府基于对服务使用者的支付能力和服务要约产生的公共利益的广泛考虑所征收的税收（例如，英国国民医疗服务体系的牙科手术收取固定费用，弱势群体享受免费待遇）。在公共服务的提供更加依赖市场中介的环境，价格的制订依然要受更广泛社会因素的影响。例如，由地方当局经营的非职业教育班也许只对其中的成人识字班收取象征性费用，但对高尔夫球培训班的收费则要高得多。虽然社会目标通常与公共部门服务相联系，但它们有时也可以见于私人部门。雇主们为员工提供服务的价格通常不能反映它们的真正价值，不过，它们却构成员工一揽子福利的一部分——有关的例子包括员工餐厅和员工体育运动俱乐部，它们的服务定价比它们的名义市场价值要低得多。

- 个人目标。在第1章已经提到，大多数服务组织的规模都非常小，且企业的目标与其所有者的个人目标难以区分。定价可能被这些小企业主们用来实现对个人生活方式目标的追求。例如，如果某项装修作业看上去既不有趣味，又不让人愉快，那么，一名装修工也许会对这项作业报出很高的价格。

事实上，许多组织会同时追逐多项目标——例如，短期内的市场份额目标也许会被视为实现长期利润最大化目标的一种手段。

11.3 影响定价的因素

组织的目标决定着组织所欲求的定价政策的结果。战略是保证这些目标得以实现的手段。在讨论定价策略之前，通过分析影响定价的支持性因素来打下一个基础是很有用的。决定价格的四项重要基础可以描述为：

- 生产一项服务需要的成本；
- 客户愿意为这项服务支付的数额；
- 竞争对手的定价；
- 监管部门对定价施加的约束。

生产一项服务的成本代表着一家商业组织愿意为长期提供这项服务而接受的最低价格；能够取得的最高价格是客户愿意为服务支付的价格。这本身又受竞争程度的影响，有了这种竞争，客户能够从其他地方满足自己的需要。政府也许会实施监管以防止组织按客户愿意支付的最高价格收费。这一原理通过图11-1说明。

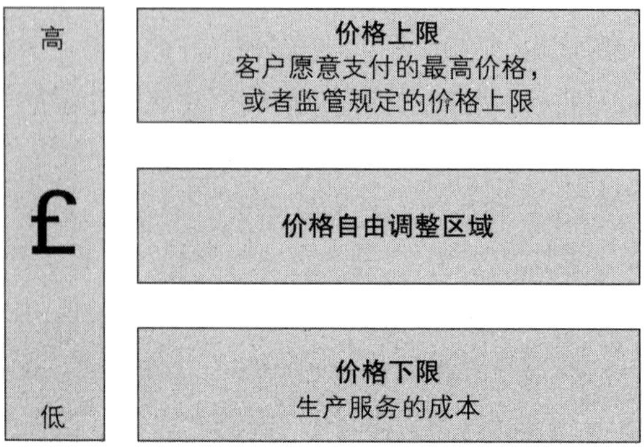

图11-1 价格决策的关键影响因素

11.4 作为定价基础的成本

很多经验研究表明成本作为服务部门内部决定价格的基础的重要性。例如，蔡萨姆尔、帕拉苏莱曼和贝里(1985)在对美国服务企业的研究中发现，成本是决定价格的最主要基础。

从最简单的形式来看，“成本—加成”定价系统的工作原理是：使用历史成本信息计算在服务生产过程中使用的每一类投入的单位成本。随后，对特定服务结果的价格的决定将以所投入的单位数为基础，再乘以每单位的成本，然后加上毛利润。这种定价方法在餐饮、建筑、会计和交通工具维修之类的服务行业中广泛使用。图 11-2 所示为一家长途汽车租赁运营商以此为基础计算各种价格的例子。

“成本—加成”定价法在服务部门如此广泛地应用有多个原因：

- 价格容易计算，允许就必须针对客户需求定制的服务向员工授权。例如，每一项建筑作业、交通工具维修作业或景观设计作业都可能是独一无二的，每一项作业的价格都可以由下层员工使用完成作业所需投入的标准单位成本和预定的毛利水平计算。
- 在签订了服务提供协议、但服务的准确性质在一开始并不为人所知的情形，合同也许会规定最终价格在某种形式上以所发生的成本为基础。允诺修理客户送

最近交易年度的成本信息		
雇用司机的总成本	250,000 英镑	
司机的总工作小时数	20,000	
司机每小时成本		12.50 英镑
交通工具运行总成本	150,000 英镑	
运行总里程数	250,000	
交通工具每英里的运行成本		0.60 英镑
总的其他管理费用	40,000 英镑	
每英里运行的管理费用		0.16 英镑
要求的销售额回报率	15%	

一个 200 英里的里程、需要 12 小时司机工时基础上的报价：
总价格 =
200 英里 × 0.60 英镑 = 1200 英镑
12 小时 × 12.50 英镑 = 1500 英镑
管理费用（以里程为基础）
200 英里 × 0.16 英镑 = 32.00 英镑
总计 = 3020 英镑
加上 15%的毛利润 = 45.30 英镑
总价格 = 347.30 英镑

图 11-2　长途汽车运营商的“成本—加成”定价法

来的发动机有不明噪音的汽车的汽车修理厂,在从事作业和查清问题的性质之前无法现实地给出报价。在这些情形,客户也许会同意按工时支付一个商定好的数额,外加汽车修理厂购入的任何零部件成本。

- 行业和职业协会通常制定有行为准则,允许服务提供商将价格提升到超出原先估计的价格水平之外,但超出的程度只能以实际发生的成本为基础。例如,需要投入比原来的报价中所允许的更多资源以完成一项任务的律师和会计师受其职业团体的约束,只能将额外成本的合理部分转移给客户。

与这些吸引人之处形成对照的是,以历史成本为基础的服务定价也存在几个问题:

- 基于成本的定价就其本身而言,既没有将一项特定服务在任何给定时间所面对的竞争都考虑进去,也没有考虑到某些客户对同一种服务的估价也许比其他人更高这一事实。
- 服务成本的计算在事实上非常困难,往往比商品成本的计算还要难。其中的一个原因便是许多服务企业所面对的成本结构(将在下面讨论)。
- 尽管决定以往会计期的成本是可能的,但要预测未来的成本则会很困难。对于那些约定在未来某个时间提供的服务来说,这尤其是一个问题。与商品不同的是,不可能当期在已知的成本水平上生产服务,然后将它储存起来供某个未来时期消费。在服务交付发生在未来某个时间的情形,通常通过一个通货膨胀因子来调节历史成本信息;但要决定对一项特定投入使用什么样的通货膨胀因子才是最合适的却是一件很难的事情。在投入成本极不稳定的情形(如航空燃油的情形),服务提供商的一个解决办法就是将部分不能预计的成本膨胀转移给客户。包机公司通常有这种做法,在燃油成本的增加超出规定数额之后,它们会要求客户支付成本的增量部分。

成本结构

服务生产的成本可以分为可变成本和固定成本。可变成本随着服务生产而增加,固定成本在生产一个额外单位的服务时依然保持不变。固定成本因此不能归诸于任何一个单位的产出。夹在这两个成本极端中间的是半固定成本,在产出达到一定水平之前半固定成本保持不变,而在产出超出一定水平之后,需要为生产能力的额外单位给出额外支出。许多服务行业的特定问题是固定成本在总成本中占有很大的比例,这就给准确计算任何特定单位服务的成本带来很大的困难。

固定成本对许多服务业的重要性如图 11-3 所示,图中的可变成本定义为在当前存在备用生产能力的条件下,随着消费服务的客户的额外增加而直接发生变化的成本。因此,额外向从伦敦至阿伯丁的国内航班加入一名乘客也许只会导致微不足道的额外可变成本以支持额外的空中餐饮服务、机场出境服务与安全管理费用，这些都是需要为每一个乘客支付的。机组服务人员的成本以及飞机折旧成本将保持不变，那些更遥远的固定成本——如总部管理和促销成本——亦保持不变。

可以说，从长期来看，企业所承担的所有成本都是可变的。在这家航空公司的案例中，如果分析的单位是一次特定的航班飞行而非单个乘客，可变成本所占的比例会有所增加。因此，如果航空公司取消的只不过是两点之间的一次往返飞行，那么，它可以节省燃油成本，燃油这一项成为可变成本。它也许还会节省某些员工成本，但仍有可能招致飞机折旧成本和更遥远的总部管理成本。如果关闭的是整个线路，甚至会有更多的成本成为可变成本——在航站就业的员工可能会被裁减，飞行机组人员也可能会被裁减。航空公司也可能为避免某些飞机折旧成本而缩减其机队的规模。如果将服务全部取消，由于航空公司无需再做一部分广告，甚至连促销成本也会变成可变成本。

高水平的固定成本与利用固定成本要素的各种服务之间的高水平相互依存相联系。以下的例子可以解释这一点：零售银行的分行网络的维持成本在短期至中期都是固定的，网络为一系列不同的服务活动——如活期账户、抵押贷款、商业贷款和外汇业务等等——提供各种便利。员工可能整天都忙于处理每一项这样的活动，并且很可能没有专门为每一项活动预留特别的空间。对于许多这类活动来说，短期直接成本是相当微不足道的——例如，一份把英镑换成美元的指令的附加成本只不过是一张收据条的成本而已。这些服务的使用者则被期望分担员工和空间管理成本。但通常并没有显而易见的方法可以把这些固定成本分摊到特定单位的产出——甚至是特定类型的服务——之上。例如，货币兑换的固定成本可能以所占办公空间的比例、所使用员工时间的比例或

服务	固定成本	可变成本
餐馆	建筑维护 租金和各种费用 服务生和厨师	食物
银行抵押贷款	员工时间 建筑维护 公司广告	销售佣金 纸张和邮资
国内空中旅行	飞机维护和折旧 总部管理成本	机场税 空中用餐
理发师	建筑维护 租金和各种费用	使用的洗发液

图 11-3 选定服务行业的固定成本和可变成本的例子

总营业额的比例为基础，或以上述各项的组合为基础来分摊。分摊基础往往是裁判和政治混战的结果。它们会因为成本中心的经理们之间的争吵而发生变化，后者会无一例外地觉得他们的产品在固定成本中占有的份额特别大，继而提出他们的观点，表明为什么他们的定价基础使他们相对于拥有更简单成本结构的竞争对手而言，处于市场上的劣势地位。最后，成本分摊成了科学分析和讨价还价的结合。

边际成本定价

有一种特殊的以成本为基础的定价方法出现在公司选择忽略其固定成本的情形。向任何单个客户收取的价格并不是生产服务的总单位成本，而只是以为一名额外客户服务所直接导致的额外成本为基础。这种方法用于这样一种情形：公司大部分产品已经以能够抵偿其固定成本的价格售出，但为了充分利用剩余生产能力，公司将价格降到一个至少可以收回其可变成本或可避免成本的水平。边际成本定价的方法广泛用于短期供给弹性低、固定成本高的服务行业。这种方法在航空业用得很普遍，在航空业，飞机一旦起飞，座位使用权的易朽性将使得它再不可以售出。与其让一个空座位没有任何收入，航空公司更愿意从一个乘客那得到一些收入，只要这项交易所提供的部分收入能够在抵偿附加的食物成本和机场税成本之后还有富余就行了。互联网已经目睹了许多专门以低价格销售剩余服务能力的公司的发展(图 11-4)。

与充分利用剩余生产能力和获得部分收入以补偿在其他情形下无法补偿的固定成本这一吸引人的地方相比，边际成本定价法也有它的问题。以此为基础定价的最大危险在于，它有可能走得太远，允许过高比例的客户享受边际成本定价待遇，从而出现没有足够的全额付费客户、以至于固定成本得不到补偿的情形。许多航空公司和假日旅游运营商都曾经陷入以此为基础来销售假日服务的陷阱，结果发现它们的固定成本得不到充分补偿。另一个问题是，它也许会贬损客户服务感知的价值。如果某项竭力宣传自身声望价值的服务却被按其原有价格的一个很小部分来销售，这不禁让那些潜在客户想要知道这项服务的真正价值到底有多少。它或许还会在那些很早以前就对这项服务情

lastminute.com

图 11-4 注意到能挣到一些收入总比让飞机座位或者旅馆房间空着要好，旅游公司使用边际成本定价的做法已经有很久的历史了。它们意识到，有些人只要得到一个临时通知就会受到为充分利用剩余生产能力而报出的低价的诱惑。在线旅游中间商 lastminute.com 成功地利用边际成本定价法将有剩余生产能力的公司与寻找最后一分钟便宜买卖的购买者结合在一起。(重印经 lastminute.com 许可)

有独钟的客户当中导致怨恨，因为他们发现和他们一样的客户通过晚一点订购服务居然可以得到更低的价格(这也使得许多服务运营商的营销计划要难做得多)。公司可以通过将依边际成本定价的产品与那些必须以完全价格购买的产品差别化来尝试克服边际成本定价中的问题。例如，度假旅行运营商可以降低通过最后一分钟通知确认的度假服务的报价，但对所使用的确切接待设施——甚至是精确的度假地点——不做担保，这与支付完全价格的度假是不一样的，在后者的情形，接待设施和度假地点都是明确规定了的。

11.5 以需求为基础的定价

服务价格的上限一般由客户愿意支付的水平来决定。事实上，不同客户通常对他们愿意为一项服务支付的价格设有不同的上限。成功的以需求为基础的定价会对市场加以细分，从而在每一细分市场获得最高的价格。人们通常说到的差别定价可以在以下基础上实行：

- 不同使用者群体之间的差别；
- 不同使用地点之间的差别；
- 不同使用时间之间的差别。

不同使用者群体之间的差别定价

有效的差别定价要求将客户群体细分，从而每一细分群体获取最大价值。有时，可以简单地向每一客户群体提供同样的服务，但索取不同的价格。如此，除价格不同之外，一位理发师为学生或者老年人提供的理发可以与提供给其他客户群体的服务在所有其他方面完全相同。其中的原理是：这些客户群体比其他客户群体更为价格敏感，因此，额外的有利可图的业务只能通过牺牲一些利润来获得。通过为更多的人理发，甚至是在索要更低价格的条件下，理发师也可以从这一客户群体中获得更多的总收入，同时依然保住对其他群体收取更高的价格。

在其他情形下，服务报价略有细分，并以一定的细分市场为目标，这些细分市场愿意支付那种反映出差别化好处的价格。在限制一定预先划定的群体对低价格的可获得性为不可能或不可取的情形，这一点特别重要。因此，在伦敦和纽约之间运营的航班会提供多种票价和服务组合以满足不同细分市场的需要。一个细分市场会要求客户在临时接到确认通知之后即刻开始旅行，而且一般是商务旅行。对于雇主来说，不能够在临时接到确认通知之后即刻成行的成本可能是很高的，所以这一群体愿意支付相对高的价格以换取服务的随时可获得性。这一市场的一个子市场也许希望在精力充沛地到达

图 11-5 预算型航空公司发现了一个对较低机票价格反应高度敏感的旅行者市场。这些航空公司——举例来说——通过使用更廉价但可及性却不那么好的机场、裁减掉免费空中餐饮以及不向旅行社支付佣金简化了他们的运营。结果形成一个更低成本的结构，由此导致更低的价格，以至于从伦敦到格拉斯哥的往返机票价格在某些情形会下降到低于一条牛仔裤的价格的程度。低价格引来了很多客户随“预算型”航空公司一起飞行。其中有些客户是从其他“全面服务型”航空公司吸引过来的，因为低价格是在失去了“全面服务型”航空公司所提供的附加便利下的公平权衡取舍。对于某些人来说，空中飞行的低价格意味着他们要从竞争的火车和公路服务中退出来转乘飞机；而对于其他一些人则意味着一个短假期或拜访朋友的新可能性可供他们选择，这些选择项目在从前可是享受不起的。（重印经 Jet2.com 许可）

目的地之后旋即投入一天的工作，因此愿意为细分的服务或头等舱服务支付更高的价格。对于非商务旅行者们来说，某个细分市场也许很乐于在出发前的几周接受一个较低的价格，以换取对一个特定班次的承诺。另一个在旅行上花更少收入的细分市场也许情愿冒在最后一分钟登上等候出发的航班的风险，以换取价格更低的机票。

与制成品的情形相比，服务的无形性和不可分性使得在不同使用者群体之间实行差别定价的可能性要大得多。商品可以很容易地由一个人购买和储存，然后卖给另一个人。如果价格细分允许一个群体以折扣价格购买面包，这个群体很可能在买了面包之后将它卖给在价格更高的细分市场中的人们，这就会降低细分市场举措的有效性。由于服务是在消费点生产的，控制服务对不同细分市场的可获得性因此是可能的。一个给学生以折扣价格的理发师能够确保只对学生收取更低的价格，比方说，他可以要求学生出示学生证。学生不可以走进理发店购买理发服务，然后将其出售给价格更高的细分市场。

主题思考：得不偿失的超市差别定价

许多服务部门的公司已经为老年人市场提供低价格，这样做主要考虑到这一市场比其他人对价格更敏感，允许企业充分利用其剩余生产能力，即使索要较低的价格，企业也能够获得盈利。服务营销人员比商品营销人员更加幸运，在后者的情形，实行差别定价可能得不偿失。对于服务而言，服务供应商可以坚持只有老年人可以享受到他们为之付费的服务的好处(比如在火车旅行中要求看年龄证明)。但商品可以由低价市场买入，再向价格相对高的市场卖出。某德国杂货零售商就曾经见识过这种细分市场方式的缺陷。这家零售商宣布在一周中的选定时间里对前来购物的老年人提供 20%的折扣。人们马上看到企业家精神十足的老年人们在超市外面排着队，张罗着为其他客户去购物。那 20%的价格折扣在老年人和需要商品的人之间均分，为后者省了好些麻烦，也为前者带来了额外收入，却为试图实行差别定价的零售商带来了嘲笑。如果这些都是可以按 20%的折扣提供给老年人的理发服务的话，它们是不可能被转卖到其他市场的。

不同消费地点之间的差别定价

服务组织通常在不同的服务地点索要不同的价格。服务生产和消费的不可分性导致服务组织既可以以消费地点也可以以生产地点为基础定义其价格段。这样的例子可以在零售连锁店中找到，这些连锁店除了制订针对特定客户群体的价格之外，还在不同的店面收取不同的价格。例如，马莎百货在伦敦的中心门店对一些商品的定价比其他地方的门店要高。对于海外分店来说，它又面临着非常不同的市场，这又要求制订不同的价目表。一些有着大型超级商店和小型便利店组合的零售商在其便利店中设定更高的价格也是有道理的，特易购的城市中心分店有可能吸引一些人进店购买那些他们不太愿意为之到处选购比较的几件商品，如果他们一个星期都在购物的话。

一些生产区位通常给客户以独一无二的好处。与商品的情形不一样，服务的提供不可以从服务生产成本最低的地方向赋予它最高价值的地方转移，从而使得服务提供商能够在优势的区位索要更高的价格。酒店便属于这一类服务组织，一些连锁酒店会为其位于“蜜罐”地段的酒店索要很高的加价。位于艾冯河畔的斯特拉福德中心的酒店房间为那些想去剧院而又不想长途驱车回其住所的客户们提供了很大的利益。随着与城市中心距离的增加，具有可比标准的酒店的价格也随之下降。

旅行服务为区位差别定价提供了一个有趣的例子，因为运营商们通常在旅行路线的每一端索取不同的价格。从纽约到伦敦的空中旅行市场与从伦敦到纽约的市场大不一样。在这两个市场之间，各个市场的当地经济状况、竞争程度和客户购买行为都存在差别，导致在不同市场的不同定价政策。由于机票的私人拥有性以及往返折扣机票规定了出发日期和返回日期这一事实,航空公司可以防止机票在低价区被人购买,然后由来自高价区的乘客使用。

在英国,区位差别定价也通常被铁路运营商用于往返伦敦的旅程。从地方城市到伦敦的票价通常比从伦敦到地方城市的票价低，反应了铁路运营商在以伦敦为基地的市场具有更大的竞争优势。

基于生产时间的差别定价

一个时期生产的商品通常可以储存起来供以后的几个时期销售。在每一个时期收取不同的价格会导致客户在价格低的时候买进商品储存，在价格高的时候就消耗原来准备好的存货。由于服务的即时易朽性,更大程度的基于时间的差别定价是可能的。

服务通常面临不均匀的需求,这种需求可能在一天、一个星期、一年之中表现出某种模式,或表现出季节性的、周期性的甚至是随机性的模式。在每一个高峰期,价格通常反映了:

- 当需求强劲时,客户在支付更高价格上的更大意愿;
- 服务运营商试图满足短期高峰需求所导致的更大成本。

需求在每天的某些时点表现出更大的强度有多方面的原因。以大都市的铁路服务

大学体育俱乐部年度会员价目表

全时学生	6.00 英镑
全时学生及家人	19.00 英镑
在职学生	17.00 英镑
在职学生及家人	34.00 英镑
员工(个人)	17.00 英镑
员工及家人	34.00 英镑
研究生(个人)	25.00 英镑
研究生及家人	50.00 英镑
大专生(个人)	40.00 英镑
大专生及家人	80.00 英镑
老年人	30.00 英镑
学生(非大学学生)	17.00 英镑
专科学院	12.00 英镑

图 11-6 尽管为不同个人群体服务的成本也许差别不会太大,但这一大学体育活动中心却通过向不同的使用者群体收取不同的价格来实施差别定价。有时,提供低价格是为空闲时段的生产能力寻找出路,因为在空闲时段提供服务便利的边际成本特别低(例如,许多体育活动中心制定有只向非高峰期使用者开放的低价格会员计划)。不过,在不存在清晰产品细分的情形,服务提供商的声誉也许会因为那些没有资格享受低价格的群体的不公平感受而受到损害。

为例，工人们必须在规定的时间到达工作岗位，在用什么方式上班方面，他们面临的现实选择途径并不多。因此，在日常上下班高峰期，铁路运营商可以坚持索要更高的价格水平。类似地，对白天打电话收取的更高费率也是对商业部门白天更大需求强度的一种反映。差别定价不仅可能发生在一天中的不同时间之间，还可能发生在一周中的不同时期之间（如对周五晚间使用更多的火车服务索要更高的价格），甚至可能发生在一年之中的不同季节之间（如在公共假日期间的度假包机服务）。

在若没有差别定价生意就会很清淡的时间段，实行与时间相联系的差别定价在引致新的生意方面会很有效果。度假地的酒店通常会在淡季降低价格以吸引额外的客户。许多公共服务机构也会在淡季降低收费以刺激需求。为夜间用电者设置低费率就是为了吸引那些既能够又愿意将其洗衣机设置在夜间工作的、价格敏感的细分市场。

大多数依时间实施差别定价的案例也涉及与生产成本的关系。电话运营商和发电企业的一个说法是，在非高峰期生产额外产出的边际成本相对较低——只要在高峰期的需求足够补偿提供设备的固定成本，非高峰期的产出就可以以边际成本为基础定价了（见上文）。

主题思考：Cookies 为亚马逊实施差别定价打开方便之门

互联网和电子数据库为一些公司针对不同客户群体实施差别定价提供了极大的可能性。航空公司和酒店实施收益管理技术已有时日，意在为每一单位的产品获得尽可能高的价格。我们现在都了解这样一个事实：在特定日期的特定时间，特定航线上售出的机票价格可能会有变化——你今天在某航空公司的网站上看到的是一个价格，但到了明天，价格也许会升，也许会降。

太贪婪地实施差别定价也会带来危险，在线零售商亚马逊（Amazon.com）在这方面就吃过苦头。2002 年 9 月，公司通过跟踪客户的在线购买行为尝试启用差别化定价结构，在销售 DVD 光盘时向其忠诚客户收取更高的价格。客户很快发现了价格上的差异，随后，抱怨声纷至沓来。亚马逊的客户在 DVDTalk.com——一个在线论坛——上报告说，视客户从亚马逊收到的 Cookies 的不同，一定 DVD 光盘可能会有三个不同的价格。Cookies 是一些网站通过客户使用的浏览器向他们的硬盘驱动器转移的一些小型文件。这些文件允许网站识别客户和跟踪客户购买模式。视先前购买情景的不同，一个像《黑衣人》（*Men in Black*）这样的 DVD 光盘的价格可以是 33.97 美元、25.97 美元或者 27.97 美元；而其标价却是 39.95 美元。有报道说，一位客户订购了朱丽·泰莫的《提图斯》（*Titus*）的 DVD 光盘，付了 24.49 美元。等下个星期他再次登录到亚马逊的时候，却发现价格已经上涨到 26.24 美元。作为一项实验，他从自己的计算机中删除掉电子标签——正是这些标签将其网站常客身份泄露给亚马逊；这一次，DVD 的价格下降到 22.74 美元。在 DVDTalk.com 上张贴出的一则愤怒的消息是这样说的：

"很显然,亚马逊给了新用户很好的折扣;然后,人们一旦上钩,并一次又一次地回到他们的网站购物,他们就会玩价格游戏,赚取更多的钱"(引自毕克奈尔[Bicknell],2000)。这种做法尤其让那些忠诚的、常来购物的客户火冒三丈。

亚马逊很快就此发布公告,声称它的确一直在向不同的客户索要不同的价格,但它否认这种做法是以以往在亚马逊的任何购买行为为基础的。一位发言人声明,公司不过是在做一个简单的价格试验,并没有对忠诚的客户实施差别定价。不过,公司后来又承认它一直在实施差别性定价政策,并为自己寻找理由,称这一做法对于互联网公司以及传统的用砖头砂浆砌成的公司来说都是家常便饭。面对忠诚客户的一片嘘声,公司草草结束了用cookies差别化客户的做法,并向那些付了更高价格的客户退还差价。亚马逊在这种情况下撤退也许是情势所迫,但这个案例却突出表明,与互联网之锋利的手术刀相比,用来计算价格的传统方法就像是一个硕大的锤子。网站提供了一个连续的反馈回路,在这个回路上,客户从某个网站购买得越多,网站对他/她的弱点或讨价还价的情况就越清楚。正如一位评论员所讲的,"这有点像街角的药店看到在人行道上走着的你紧皱着'发烧的'眉头,然后为阿司匹林开出双倍的价格。"使用cookies来决定对不同个人要什么价格是合乎伦理的做法吗?(based on Streitfeld,2002)

拍卖和一对一定价

在不同的购买者群体之间实施差别定价在理论上是可以接受的，但实际这样去做却会产生各种问题。首先,很难根据个人对价格变化的反应敏感程度来识别同质的细分市场。其次,很难预测什么价格水平对该群体是可接受的,因此,需要通过多次反复试错才能建立最适合的价格水平。某些公司所采取的另外一种做法是通过购买者与销售者之间的个人谈判过程来决定价格。对于价值高的商品和服务,就价格进行个人谈判是司空见惯的。然而,对于面向大众市场的服务,一份公开价目表的存在可以简化买卖双方的交换过程，由于寻求的价值相对较低，不需要在每一种情形下都花时间为价格而谈判。在发达经济体中，为价值相对较低的消费项目的销售进行个人谈判的情形非常少见。不过,拍卖却为销售方为单项消费产品获得尽可能高的价格提供了机会。以互联网为基础的拍卖也为服务提供商提供了以出价最高者愿意支付的金额为基础来设定价格的机会。

易趣等拍卖网站通过允许客户披露他们愿意支付的买价而将定价的责任转交给客户。在飞机座位、酒店房间或剧场座位出现富余的情形,服务提供商可以将这些项目放在网站上,并将它们卖给出价最高的人,只要这一价格高于最低的预订价格。如果这一系统有效地运行，服务提供商就有理由确信它已经为它所提供的服务获得能够获得的

通过计算机讨价还价?

许多东方市场发生的讨价还价和现代直销之间存在什么共同之处呢? 从表面上看,二者似有天壤之别,但事实上它们都是卖家寻求获得买家愿意支付的最大金额的过程。在东方市场上,卖家知道有些买家比其他买家更为价格敏感,结果导致每一次交易的成交价格都是独一无二的。这正是现代直销公司通常希望取得的结果,二者之间的唯一不同之处在于后者很可能掌握有与每一个潜在客户有关的大量信息,可以以之为基础向客户报价和提供购买激励。如果这个价格太高,公司可以以更低的价格或更好的激励再试一次,因为它知道一个特定的细分市场对更低的价格会有什么反应。信用卡公司、抵押贷款放贷者和银行都使用这一类技术,而且在使用过程中变得越来越老练。一个集成化的数据库会比市场上的一对一讨价还价做得更好吗?

最高价格。

尽管向出价最高者拍卖服务有各种各样的诱人之处,但它也不是没有问题。拍卖对于短期出清剩余生产能力也许有好处,但拍卖本身对于强有力的品牌的发展起不到任何作用。事实上,拍卖有可能将服务当作商品对待,后者的唯一区别性特征就是价格。从管理角度来看,拍卖会给管理者带来困难,即使在使用互联网的情形下也是如此。很难控制拍卖网站以确保竞购者确实为他们成功竞购到的服务付费,以及供应商履行它们的承诺。许多客户更乐见固定价格的确定性,而不愿意去拍卖场碰运气,在那里,特定服务的可获得性和它们的价格都没有保证。

客户终身定价

让我们回忆第 7 章的内容,对于许多组织来说,发展持续的买方—卖方关系正在成为营销战略中的更重要部分。公司并不孤立地看待每一次交易,而是将与每一位客户的交易置于涵盖之前的交易和它们希望今后会发生的交易的大背景中去考察。信息技术越来越使公司能够对单个客户进行跟踪,并收取一个与它们在关系生命周期中的地位相匹配的价格。

要吸引客户初次试用某供应商,也许需要非常低的价格(例如,卫星电视公司和互联网服务提供商对服务试用者通常免费或减价收费)。随着反复交易,公司可以建立起客户对不同类型服务的价格敏感性的全面了解。随着关系不断发展,服务的特征也许会根据客户的精确需要而定制,这样的话,客户也许很愿意支付更高的价格以作为对它所获得利益的交换。转换到其他成本更低的服务提供商将涉及因搜寻、向新供应商解释自己的需要以及必须了解新服务生产系统而产生的心理成本。一位遇到了可靠汽车修理店的客户也许很愿意多支付一点费用，如果他们能够相信汽车修理店理解他们的需要并有效地满足他们的需要。

有时候，当买卖双方之间的关系发展成为某种形式的结构纽带关系的时候，转换供应商不仅会导致经济成本，而且会导致心理成本。客户通常和供应商签订供应协议，从而在双方之间建立起一种在规定时期内有效的约束（如为期 12 个月的移动电话合同）。在另外一些时候，结构性关联也许会更加微妙，例如，花大量资金投资于某个计算机软件系统的商务客户若要转换到另一家公司寻求技术支持或软件升级，涉及的转换成本将不是小数。

有时候，服务使用者会形成一种惰性；服务提供商会尝试提高价格，因为它估计购买者不至于到处选购。电话公司的许多私人客户并不想换用别的更便宜的替代服务，原因在于人们将这样做的心理成本看得非常大（相对于可能的经济收益而言）。

11.6 以竞争对手为基础的定价

组织定价时对其竞争对手的活动不加考虑的情形是很少见的。谁是竞争对手，与什么价格相比较，这些都是需要认真考虑的问题，因为我们既可以根据所提供服务的相似性也可以仅仅根据一项产品所满足基本需要的相似性来定义竞争。例如，某录像租赁连锁店既可以将其竞争对手看成是其他租赁连锁店，也可以更加宽泛地看问题，将电影院和卫星电视服务包含进它的竞争对手当中；再宽泛一些的话，它甚至可以将任何形式的娱乐活动都包含进它的竞争对手当中。

确定了市场的构成以及竞争对手是谁之后，组织必须决定：相对于竞争对手来说，自己应该采取什么价位。这个价位应该反映服务的更广泛服务营销组合战略，因此，如果公司投资在提供质量相对而言比较高的服务，且已经通过有效的促销活动让目标用户了解了服务的好处，那么，它有理由将价格设置在比竞争对手要高的水平。

对于以一个市场中的相似子市场为目标的服务来说，竞争对手的价格决策会对组织的自身价格决策有直接影响。在这类情形下，可以将价格作为获取相对于竞争对手来说的短期竞争优势的战术武器使用。不过，在市场中的竞争对手都拥有相似成本结构的情形，削价的做法将具有破坏稳定的作用，它会导致代价高昂的价格战，并不能带来销量或盈利能力的持续增长。米德兰银行（现在是汇丰银行的一部分）通过决定向保有信贷账户的客户提供免费银行服务，为我们提供了一个利用定价获取短期竞争优势的例子。虽然米德兰银行的市场份额在短期内增加了，但这一增加效应在下一年度却被抵消了，其时竞争的银行也开始提供免费银行业务来与米德兰银行先前的做法相抗衡。市场最终稳定在这样一种情形：所有的几大竞争对手都在提供免费银行业务；但随着免费银行业务的展开，所有的银行都在失去收入。

随行就市定价

在某些服务市场，服务报价在很大程度上表现出同质特征，市场需求对价格非常敏感，某公司的收费只要略微高出竞争对手一点点，它就会面临失去大部分业务的风险。另一方面，将收费略微降低一点点就会立即导致竞争对手的报复行为。

当成本水平很难确定时，随行就市定价可以免去计算成本的麻烦。例如，很难计算向外出租电影录像光盘的成本，因为计算出来的数字在很大程度上取决于关于录像光盘使用次数的假定，录像光盘最初的购买成本是要由每一次使用来分摊的。与周围的竞争对手保持一致，在随行就市的基础进行价格决策会容易得多。

许多服务提供商会面对一些不同的"价位"，而客户期望为服务付费的水平围绕这些价位上下波动。例如，互联网服务提供商的英国市场已经建立了好些价位，客户可能以"我想花多少钱？"这一问题作为其评估过程的起点，然后，以在这一价格范围内他们能够获得什么水平的服务（如连接速度、下载限制、免费电话次数、客户帮助电话的可获

图 11-7 随行就市定价的例子通常见于有许多家餐馆群集在一起的区域，所有餐馆都会以相似的价格提供类似的服务。针对价格敏感的就餐者推出的"当日特价菜"也许会按市面价格定价，而其他并不面对直接竞争的特色菜则会按溢价销售。在"市面价"为客户明确认可的情形，服务提供商的任务也许就是围绕价位去设计服务。餐馆可以将什么菜单按 6 英镑的市面价定价并且仍然能够保证盈利？如果它被迫按低的"市面价"提供服务以吸引客户，那么，它有可能通过销售市面价目表以外的项目（如饮料）来增加其毛利吗？

得性等等)为基础进行比较。服务提供商的任务就变成了围绕“价位”设计一项有利可图的服务,而不是先设计服务再确定价格。

密封投标定价

许多企业对企业服务是通过密封投标的招标方式提供的，感兴趣的各方应邀按预定的要求提交一份投标书以争取提供服务的权利。在某些政府合同的场合,除非被证明属于例外情形,招标组织有法律上的义务接受报价最低的标书。因此,价格成为投标人最关心的问题——投标人在建立长期品牌价值方面有过多少努力都无济于事，尽管这些努力使他们在其他市场上索取溢价。投标公司的第一项任务是以其成本和所要求的回报率为基础制订最低投标价,低于这一价格他们就不会打算投标了。更加困难的任务是尝试为他们的投标确定一个最高数字。这可以通过分析竞争对手的优势和劣势,并对他们的投标数字进行估算来确定。

在英国,1980 年和 1988 年的《地方政府法》(Local Government Act)以及 1989 年的《房屋及地方政府法》(Housing and Local Government Act) 要求一系列由地方当局提供的服务开放竞争性投标。许多通过低价中标获取市场份额的企业出现不小的经济亏损,部分原因与合同的执行有关。尽管强制性的竞标已经被地方当局获取“最好价值”的更一般要求所取代,但对于许多高价值的政府服务合同来说,竞标仍然是非常重要的。

11.7 市场主导的定价决策的扭曲

与商品相比,服务更有可能在非竞争的环境中提供。许多公用事业服务的高固定成本意味着指望两家公司去竞争是很不现实的（你能想象沿同一条道路铺设两套相互竞争的供水管线吗？)。更重要的是,许多服务基础设施投资是固定的,它们不能被转移到市场机会最大的地方去。尽管汽车制造商可以很容易地将其新车从衰退的市场转移到扩张的市场中去销售，但铁路运营商却不能容易地将其铁轨和车站从一个区域转移到另一个区域。许多服务的不可移动性助长了地方垄断力的发展。这种市场扭曲的性质和后果以及政府针对它们做出的反应将在下文讨论。

在大多数西方国家存在这样一种假设：竞争有必要作为最小化向消费者收取的价格的手段。尽管价格竞争看似与消费者的短期利益相一致,但此举一般会抑制和竞争对手共同获得的利润。因此,竞争的组织寻求在相互之间就所收取的价格达成某种(正式的或非正式的)协议以避免代价高昂的价格竞争就不鲜见了。

反竞争的定价做法不仅出现在国家层次的大型组织之间，也出现在地方层次的服务组织之间,在这些市场中,新的企业进入市场的可能性受到技术、经济或体制壁垒的限制。在许多地方性的服务提供商之间都存在着一些谅解——如果不是彻头彻尾的协议的话——具有限制价格竞争的作用。由此一来,一些地方性的房地产经纪人和建筑承包商有时会被人指责就避免卷入价格竞争暗中共谋,尽管取得这类共谋的证据是非常困难的。

为解决市场不完善问题,大多数西方国家的政府积极寻求消除各种反竞争的定价做法。政府针对私人部门服务提供商收取价格的规制主要分为两大类:

- 规制垄断力的直接政府控制;
- 对价格表述的政府控制。

规制垄断力的直接政府控制

1998 年的《竞争法》(Competition Act)通过禁止反竞争行为实现了对英国竞争法律的改革和强化。这一法律引入了两项基本的禁令:一项禁令以欧洲共同体条约第 85 条为基础禁止反竞争协议;另一项禁令以欧洲共同体条约第 86 条为基础禁止滥用市场主导地位。法律还禁止订立旨在防止、限制或扭曲价格竞争或具有防止、限制或扭曲价格竞争效果的协议。由于公司之间的反竞争行为在即使不存在明确协议的情形下也有可能发生,上述禁令不仅涵盖公司通过各种联系交往形成的协议,亦涵盖一些具体的做法。2002 年的《企业法》(Enterprise Act)通过设立新的竞争上诉法庭及其支持性机构竞争服务处进一步强化了《竞争法》。法律引入了刑事制裁,为订立协议以固定价格、分享市场、限制生产和控制投标的公司设定的最高刑罚为入狱 5 年。一些指定的消费者团体可以向公平交易局提交“超级投诉”,消费者的声音因此而变得越发强大。

竞争委员会有权就一些指定机构所指称的反竞争定价做法提起调查,这些机构包括商业、企业和管理改革国务大臣,公平交易局(OFT)以及一些行业监管机构。以下是竞争委员会以往从事的一些调查的例子:

- 2006 年,OFT 发现 50 家英国独立的付费学校互相交换详细收费信息的举动违反了《竞争法》,因此对这些学校处以略低于 50 万英镑的罚金。这些学校通过一项名为“七橡树调查”的调查项目交换了与其拟议的针对寄宿学生和日间走读学生的收费水平有关的机密信息。
- 在 2003 年的一份报告中,竞争委员会得出这样的结论:电器产品延长保修期的提供存在垄断现象。这一垄断导致选择的缺乏、过高的定价、信息缺乏和竞争缺乏,受到不应有的压力的客户不得不接受对自己不利的条款。竞争委员会估计,排名前 5 位的延长保修期提供者——Dixons Group、Comet、Powerhouse、Littlewoods 和 Argos——集体挣得的利润比他们在竞争市场环境下挣得的利润每年要多出 1.16 亿到 1.52 亿英镑。竞争委员会相应地建议采取一系列整治这类市场不完善的行动,其中包括一开始就使价格明明白白、提供书面报价单以及允许在 30 日内取消订货等做法。

- 2001 年 2 月,OFT 的一项报告披露了在律师、会计师、建筑师行业中存在的多种反竞争行为和固定价格的做法。OFT 建议终止许多行业内的限制性做法,例如,防止公众成员在不首先聘用事务律师的情况下直接聘请出庭律师的律师业规定便属终止之列。
- 竞争委员会不仅要与国家层次的组织打交道——它还要调查在地方层次滥用垄断力的做法。自从对英国公共汽车业解除管制之后,竞争委员会就好几宗所指称的公共汽车公司的反竞争做法进行过调查。例如,在对达林顿的公共汽车服务进行调查期间,竞争委员会发现存在有利于 Stagecoach 和 Go-Ahead Northern 两家公共汽车公司的规模垄断。Stagecoach 公司从出现经营问题的达林顿运输公司招募了许多司机,并在许多线路上注册服务,进而提供免费服务,导致城市公共汽车公司销售下降,公司最终走向破产。公平交易局局长要求 Stagecoach 和 Go-Ahead Northern 公司承诺:在另一家竞争的公司从一条线路退出之后,它们务必保持票价和服务频率 3 年不变——如果它们的低票价和增加的频率要为竞争对手的退出负责的话。竞争委员会最终建议将票价和频率冻结 12 个月,尽管两家公司指着它们的新交通工具投资和员工培训项目抗议说,它们的行为符合公众利益。

在 20 世纪 80 年代和 90年代期间,许多英国公用事业部门的私有化导致了新私人部门垄断的形成。为了保护这些服务的使用者免受盘剥,政府做出了两重响应。首先,政府努力寻求增加竞争,希望竞争本身有助于缓和价格的上升态势。按照这一做法,发电业被分解为数家相互竞争的私人供应商(英国电力公司、鲍尔根公司、核电公司、苏格兰电力公司和苏格兰水电公司),新的发电企业进入市场的条件也变得更为宽松。在某些情形下(如在私有化供水公司面临有限竞争的情形下),增加竞争的措施产生的效果非常有限。

对于许多新的私有化垄断行业来说,有效的竞争并不具有现实的可能性。一系列规制机构因此建立,以决定这些公用事业的收费水平和结构。英国电信、英国天然气以及各地区的供水公司各自接受通信管理局(Ofcom)、天然气和电力管理局(Ofgem)和水务管理局(Ofwat)的控制。以英国天然气为例,Ofgem 最初允许该公司随能源价格的变化来提高燃气供应的收费;但辅助服务的收费——比如说,固定费用和维修费用——的增幅只能以通货膨胀率为限,不得超过 2%。

即使在显然更具竞争特点的电信部门,规制者也通常通过各种指令来行使干预,促使运营商降低特定类别的服务价格。2003 年,Ofcom 公布了竞争委员会就移动电话运营商针对其他网络转来的电话收取“通话完成费”所从事的一项调查的结果。规制者发现了超收费用的证据，因而下令降低通话完成费的收费水平。2006 年，Ofcom——与欧洲规制集团（欧盟电信规制机构）一道——将其注意力转向调查在欧洲范围的移动电话漫游收费，这一举动促成了规制欧洲范围内这类收费的欧盟指令的制定。

政府对价格表述的控制

除了控制和影响实际的价格水平之外，政府规制还经常对价格信息向潜在客户传递的方式加以规定。这一点对于那些复杂但又并不被人们经常购买的服务来说尤为重要——客户对这类服务缺乏很好的了解，因而很难在相互竞争的供应商之间进行有效的比较。在英国，《竞争法》要求所有标价务必遵从定价行为准则。将附加收费细节埋藏在细小印刷文字之中或者给事实上不会提供的服务以一个诱人的低价格等之类的误导性价格表述都被这一法律认定为非法。还有一些其他的规制会对某些特定的行业产生影响。1974 年《消费者信贷法》要求对信贷服务的收费必须含有一项关于年利率百分比（APR）的申明。同样，在金融服务行业，1986 年《金融服务法》对一定与保险相关的服务的收费表述给潜在客户的方式都有相当具体的要求。

11.8 定价战略

支持定价决策的最基本经济、组织和法律因素现在都已经讲述到了。这一节我们将分析组织如何为定价政策设定战略走向，以保证实现组织的目标。这里所面对的挑战是要使定价起到营销组合中的一个有效组成部分的作用，并与营销组合中的其他要素一道为服务提供商建立有利可图的市场定位。一项有效战略必须明确价格在服务经过其生命周期中从推出、成长到成熟的各个不同阶段的过程中是如何起作用的。

这种定价战略分析首先考虑为一项新服务的推出制订战略，其次考虑既有服务的价格调整。当然，在实践中（如对一项现有服务进行改造或重新推出现有服务），很难对这两种情形加以区别。

新服务定价策略

在为新服务制订价格策略时，需要解决两项关键问题：

- 为服务寻求什么价格定位？
- 服务要约有什么创新之处？

价格定位的选择不能与营销组合中的其他要素分割开来。对很多消费者服务来说，价格要素可以强化感知的质量定位。在消费者难以在消费之前对相互竞争的服务进行区别以及索要的价格是可能的服务质量的很少指示器中的一个——或唯一指示器的情形，这一点显得尤为重要。那些选择油漆匠或装修商的私人客户若对其先前的作业记录毫无了解的话，在接受最便宜的报价方面也许会表现得非常谨慎，因为这可能说明装修商缺乏经验，并无良好的质量记录。

要分析一项新服务要约有没有新颖之处，需要考察它到底是对于市场为全新的还是仅仅对于提供这种服务的公司为新的，这种服务已经能够从其他的来源获得。在全新的创新型服务的情形，公司在前几年会握有某种程度的垄断力。反之，推出一项"模仿型"服务去和业已成熟的服务相竞争，服务从推出阶段开始就会面临激烈的价格竞争。创新型服务和模仿型服务之间的区别构成两种截然不同的定价策略——"撇脂定价"和"饱和定价"——的基础，我们现在就对这两种策略展开分析。

撇脂定价策略

大多数全新产品最初是以那些打着"创新者"标签的购买者群体为目标而推出的。这些购买者既拥有资源、又有意愿来购买新的商品和服务，从而成为潮流的引领者。这类群体包括最先购买诸如可下载音乐服务之类创新型服务的人们。紧随其后的是一群早期接受者，接下来便是一个称为"早期大多数"的更大群体。一旦市场本身达到饱和状况，随后而至的"晚期大多数"群体也许会接受新服务。落伍者是接受新服务的最后一个群体，他们只是在产品已然成为一种社会规范和/或产品价格降到足够低的水平的时候才去接受这样的产品(我们将在第 13 章介绍各种扩散模型)。

撇脂定价策略试图从每一位早期接受者那里获得尽可能高的价格。当对这一群体的销售快要达到饱和程度时，价格水平会有所下降，以吸引早期接受者群体，后者有更低的价格门槛，只有在更低的价格水平他们才愿意购买服务。对于后来接受服务的其他各类群体，这一过程也会不断重复。

有效的创新型服务定价艺术将识别谁是早期接受者，他们愿意付多少钱，在竞争对手们带着模仿型服务以更低的价格走进市场之前这一价格能够持续多久。撇脂定价策略的原理在于逐渐降低价格以进入新的客户市场，同时保护市场份额不受新市场进入者的蚕食。因此，定价战略与服务生命周期的概念有密切的联系，图 11-8a 所示为撇脂定价策略的一个例子，它向我们表明了价格水平随时间演变的特点。

尽管以上分析对于个人客户购买的服务来说也许为真，但同样的效应对于企业购买的服务来说可能同样为真吗？企业购买者不太可能成为潮流引领者，尽管组织中的个人也许会因第一个尝试创新型服务而名声大振。有时候，先于竞争对手使用一项新服务也许会给一家向前看的企业以领先于竞争对手的价格优势(例如，第一家用地理定位系统装备其运输车队的快递公司可以获得领先于竞争对手的成本优势，能够向客户提供更好的服务)。

对于许多创新型服务来说,成本的下降也许会进一步推进价格的下降趋势。低成本也许是因为规模经济而致(例如,随着固定成本分摊到更大数量的客户身上,按客户数量计算的提供家庭购物服务技术支持的成本是递减的),也许还会因为经验效应而致。后一情形系指成本随着生产经验的获得而不断递减的过程。这对于服务业来说尤其具有战略意义,因为通过追求一种比竞争对手更快地获得经验的策略,组织可以降低其成本基础,从而能够在更大的范围采用咄咄逼人的定价策略。在英国移动电话市场上可以看到这两个因素的联合效应,在那里,由于网络运营商能够将其资本成本分摊到越来越多的使用者头上,最初的高价格已经被降下来。而且,运营商还从经验中学习到——比方说——如何通过调整信号发射站的区位来以更高的效率提供给定水平的服务。

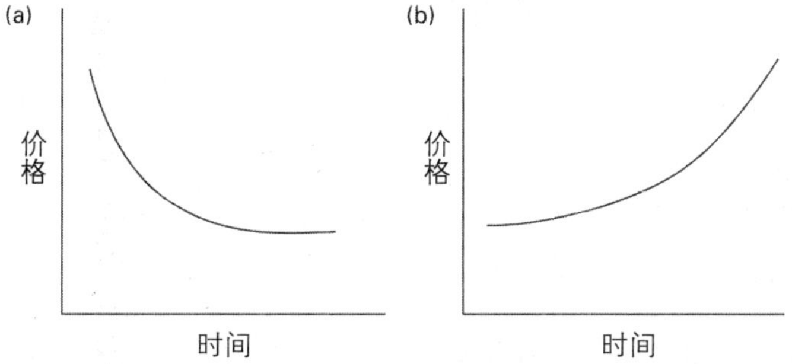

图 11–8　定价策略比较:(a)撇脂定价;(b)饱和定价

饱和定价策略

许多"新"服务是作为现有竞争对手的服务的复制品而推出的。在服务不具备独有特征的情形下,可以采用较低的初始定价以鼓励缺乏品牌忠诚度的人们转换服务供应商。一旦客户有过初次尝试,服务提供商会寻求在他们身上培养越来越高的忠诚度,从而使之心甘情愿地支付逐渐上升的价格。图 11–8b 给出的是饱和定价策略的示意图。

饱和定价策略的成功取决于对目标市场购买行为的正确理解,具体内容包括:

- 消费者对价格的认识水平。对于某些服务,例如信用卡服务收取的利率,消费者对他们日常支付的费用或对这类收费的"流行费率"一般知之甚少。有相当多的研究表明,消费者对价格的认识水平会对其购买行为产生影响(如迪克森和索耶［Dickson and Sawyer］,1990);威克菲尔德和伊曼［Wakefield and Imman］,1993)。如果客户对价格知之甚少,任何以价格差别优势为基础吸引新客户的尝试也许都不会成功。运用其他激励(如免费礼品或减价优惠券)来吸引新业务也许会更为有效。有时,提供多种服务的公司在价格比较甚为流行的地方也许会报以低价格；但在消费者对价格了解不多的地方，公司会对其他相关的服务索取更高的价格。一些律师的客户也许会为某项诸如房产过户之类的标准服务东挑西拣，但当他们面临一项非常规的购买活动（如民事诉讼服务）的时候，他们也许会不屑于这样去做。

- *服务供应商能够以服务要约的感知附加值为基础提高价格的程度。*一开始把服务的价格定得很低是为了鼓励服务的新使用者尝试服务并在今后还能回来，并愿意支付逐渐增加的价格。如果人们觉得新竞争对手的服务不能比现有供应商提供更佳的价值，则导致最初的转换决策的不忠行为同样会导致客户在日后再次变节，以回应竞争对手的定价战术。更加糟糕的是，新服务推出之后可能会在早期经历一些暂时的困难，在生成感知附加值方面毫无建树。
- *服务供应商能够将偶然获得的关系转化为长期承诺关系的程度。*通常提供激励是为了减轻转换品牌的念头所具有的诱惑力。激励采取的形式可以是对定期购买服务的客户适用订购价格，或为之提供范围越来越宽的服务，这两者相结合会提高客户向别处转移业务的成本。银行也许会提供在多个储蓄和投资账户之间的便捷转账服务，以降低将其业务的一部分转移到别处去的做法所具有的吸引力。忠诚计划也具有将客户与销售者捆绑在一起的功用。

在某些情形，一项服务最初拥有高市场接受度本身也许会为这项服务要约增加价值。在利益在客户当中共同生产非常重要的情形，此话的确不假。如果有大量的用户使用其服务，一个诸如 facebook.com 的社交网络网站可以提供更有价值的服务，从而为潜

主题思考：律师中的虚报低价做法

英国的律师传统上享有很高的职业地位，以至于高收费和慢服务几乎成为一种预料之中的事情。但一系列的解除管制措施（例如，授权持牌房产转让律师分享事务律师们先前所垄断的房产过户业务）导致客户产生大得多的价格意识。在面向企业提供法律服务的情形，此话尤其为真，许多企业现在都例行地在各家律师行之间选购服务，以选择出价最低的律师。随着客户受别处低费用的诱惑，客户对律师的原有忠诚日渐式微。不过，法律服务会是一件在需要的时候可以供购买者选购的商品吗？律师们认为，“虚报低价”（报出非常低的收费标准以吸引业务）的做法会给客户和律师双方带来各种问题。客户也许会相信，压低付给那些保证能够提供合格服务的专业人士的费用，选择尽可能便宜的价格成交，他们什么也不会失去。但这些愿意以最低价格提供服务的做法有可能通过走捷径的方式赢得利润吗？会不会有一个相当大的企业客户群体不去追求低收费，而更愿意看到某种附加于业务关系上的价值，比方说，看到有人组织以有关的法律问题为主题的研讨会？

在用户提供更多的交际可能性。同样,随着机场变得越来越繁忙,机场跑道的价值对航空公司来说会变得越来越高,因为每一家航空公司都能够向客户提供更加全面且更有价值的潜在联运服务。在这两个案例中,低初始价格对于进入市场的尝试具有关键作用,而提高价格的做法是与服务对使用者的价值的增加相一致的。

评估战略性定价选项

实际上,定价策略往往既含有撇脂定价策略的成分,又含有饱和定价策略的成分。多数新服务事实上都采用了一些变通做法,易于模仿,这一事实使得我们难于直截了当地选择定价策略。即使在某种定价策略已经被选择和实施的时候,由于多种原因,它也有可能达不到目的:

- 糟糕的市场调查也许会误判潜在客户对新服务的支付意愿。例如,国民西敏寺银行试图向使用其当时为创新型的以互联网为基础的银行服务——“国民西敏寺银行在线”——的个人客户收取 30 英镑。据报道,使用服务者比他们预期的要少,结果,在服务推出之后收费很快就废止了。服务提供商也许会误判其他一些在形式上虽然有所不同、却能满足相同基本需要的服务所具有的价格竞争效应。
- 竞争对手的出现可能会比预期的要早或要晚。新服务往往易于被人们很快地模仿这一事实导致组织预期会获取相对高价格的时间段缩短。举例来说,在一个市场在发展的城镇中开办第一家眼科护理中心的眼镜商也许期望在竞争对手压低价格之前几年享受较高价位的时光;但它却发现另一家打着同样如意算盘的眼镜商在此后不久立即开了第二家眼科护理中心。
- 政府规制的作用或许会延长、或许会缩短公司享受价格优势的时间。对于那些投资于 3G 电话网络的移动电话公司来说,在政府颁发新一代移动电话服务或移动互联网服务许可证之前,他们享受溢价的时间会有多长呢?

价格领导者还是跟随者?

许多服务市场的特点表现为市场中存在少数具有支配能力的供应商和大量的小型供应商。完全竞争和纯粹的垄断是两个极端,二者在现实中很少发生。在供应商表现出某种相互依存迹象的市场上,厂商往往被描述为价格制定者或价格跟随者。价格制定者往往指那些能够凭借其规模和市场支配力决定价格水平和结构模式的供应商,其他供应商则照此价格水平和结构模式亦步亦趋。在英国保险业,市场中的最大公司往往主导费率结构的变化。价格接受者们一般具有相对小的规模和市场份额,他们缺乏采取积极定价策略所需要的产品细分、多种资源和管理上的驱动力。在一个局部地区的较小房地产代理商也许会发现，简单地因应有支配力的公司采取的定价政策对它来说会更加便利——由它们自己采取更加积极的行动也许会导致那些有支配力公司的反制行动，对此它们将难以招架，因为它们的规模和市场地位实在有限。

11.9 服务组合定价

多产品服务的提供者在为一项新服务定价时通常要考虑到前者与其产品组合中其他服务定价的关系。我们可以对定价时需要考虑的产品组合中的几种产品关系加以识别：

- 可选附加服务指这样一些服务——消费者就是否将其纳入核心服务购买活动进行选择，通常要在购买核心服务的同时做出决定。作为一种策略，组织应该尝试为核心服务制定较低的入门价格，但它可以从附加的选择性服务那里获得更高的利润。将一项服务简单地分解为核心成分和可选成分可以允许给出较低的价格指标；在经历一个推理过程之后，这对购买者们来说也许更易于接受。研究也许会表明核心服务的价格事实上是客户在替代服务之间进行选择时所考虑的唯一因素。如此，许多旅行代理和旅游运营商会削减它们所销售的核心度假项目的利润；但它们可以在诸如旅行保险单和租车之类的附加项目上收取更高的加价，从而寻回其部分利润。
- 专属服务发生在核心服务已被购买且附加服务只能由核心服务的原始提供商提供的情形。在一开始购买核心服务时如果不对这些细节加以规定，或将这些细节交由服务提供商任意处置，后者即处在索要高价的有利地位上。针对这一点，公司务必考虑服务合同行将到期需要续订时，客户发现因为这些专属服务而被索要高价会对其忠诚度产生怎样的影响。许多汽车保险公司为我们提供了专属服务定价的一个例子，这些保险公司在销售了核心保险单之后，会将“绿卡”（它将保险的覆盖范围扩展到由保险单所规定的地域之外）的销售当作一项专属销售来处理。
- 竞争服务。当新服务在人群中的目标与产品组合内的其他产品所服务的人群有重叠时，会出现公司的服务相互竞争的局面。经历一个“同类相残”的过程之后，服务提供商会发现它是在与自己竞争。这样说来，提供从格拉斯哥到法兰克福的低价直航服务的航空公司也许会发现它提供的低价格——除了生成全新的业务之外——还产生了一种重要的副作用：它会转移从格拉斯哥到伦敦以及从伦敦到法兰克福的联运服务的交通量。

价格捆绑

价格捆绑是将两项或更多项服务打包然后以单一价格销售的做法。考虑到服务所具有的两项共同特征,捆绑对于服务尤为重要。首先,作为许多服务组织特征的高固定成本与可变成本之比使得在不同服务之间分配成本成为一件难事,有时候这种分配会表现出很强的随意性。其次,组织的不同类型的服务产出之间通常存在很高水平的相互依存。如此说来,自动取款机卡和支票担保卡是活期银行账户服务的一个相互依存的部分,大多数英国银行并不分开收费。对于某些服务,针对服务要约的个别成分收费涉及的管理成本也许会与提供服务本身所花的成本一样高(例如,互联网服务提供商很早就认识到为它所传递的每条电子邮件信息收费是不可行的,因为为制作账单而传递的信息量会超出电子邮件信息本身所传递的信息量)。

组织的服务组合中多种服务的价格捆绑通常被用作建立与客户关系的手段。如此说来,一项抵押贷款可以与家庭财产保险单或一项法律保护保险单相捆绑。在服务捆绑对于客户来说表现出管理上的便利的情形,服务组织为捆绑的服务争取到的价格也许要高于捆绑服务的组成部分的价格之和。

“纯粹的”捆绑发生在服务只能以捆绑的形式提供的场合(例如,旅游运营商会将保险服务纳入所有的打包度假产品之中),而“混合型”捆绑则允许客户选择他们希望从提供的服务中购买的特定成分。在关于服务捆绑的研究中,奎尔提南(Guiltinan,1987)指出,随着服务公司扩大其服务产出的范围,简单的以成本为基础的策略或价格跟随者策略由于两方面的原因而变得过于简单。首先,随着所提供服务数量的增加,细分和捆绑的机会增多。其次,典型地见于许多服务行业的高固定成本与可变成本之比使得以成本为基础的定价越来越表现出随意性,因为固定成本的配置会随着服务范围的扩展而变化。捆绑将减少向各个不同的单项服务配置固定成本的需要。

服务提供商也许会觉得被迫以某种与消费者期望相一致的方式来捆绑服务,由此导致主流定价模式的发展。有时,这一标准的定价模式也会受到新进入者的挑战,结果导致消费者期望的改变。我们可以在英国 ISP 的发展过程中看到主流定价模式的影响。直到 1998 年之前,为个人消费者市场服务的 ISP 的主流定价模式一直是以月租费交换规定在线时数的使用权。1998 年,Freeserve 开始向这一定价模式发起挑战,它的做法是向消费者免费提供服务,不过,它会通过销售旗帜广告空间以及向消费者收取一定百分比的电话费来弥补收入损失。很快,绝大多数的 ISP 都被迫做出响应,转而模仿 Freeserve 的定价模式。

价格捆绑尽管看上去对许多服务组织具有吸引力,但也存在一定危险——服务组织这样做有可能违背竞争法律。在英国,公平交易局调查过抵押贷款贷出人将家庭保险与其核心服务相捆绑以及旅行代理将保险产品与打包度假产品相捆绑所具有的反竞争效应。在这两种情形下，服务商销售这些附加服务都被认定滥用了它们的市场地位。

11.10 战术性定价

在实践中，中央定价策略需要具有可操控性，能够允许整个策略在一些细节或局部的应用。战术性定价在这里就派上用场了。战略性定价和战术性定价之间的区别有时候很难分清。在高度竞争的、未加细分的服务市场上，战术性计划的制订是非常重要的，它比为某些其他服务制定的计划要重要得多，在后者的情形，组织有更多的机会建立独有的战略性定价地位。下面让我们来分析定价的某些战术性用途：

- 战术性定价可以提供短期竞争优势。周期性降价可以作为一种吸引潜在客户尝试某种服务的手段，无论该服务是新服务还是已有服务。降价既可以是一般性的、全面的行动，也可以是（比方说，通过使用优惠券）针对特定目标的行动。吸引客户的程度将取决于价格比较的重要性，取决于那一类服务的客户会在多大程度上做偶然性的购买和不受与其他供应商关系的约束（例如，如果有很大一部分旅行者购买了另一家运营商的季票，则较低的单程公共汽车票价并不会带来多少额外需求）以及客户对报价的感受。经济理性也许指望服务的销售会随着价格的下降而增加。然而，降价也许会降低感知的服务价值，以至于使人们觉得服务的质量有所损失。以后提高价格也许会导致人们认为服务的定价过高，如果它在先前可以以较低价格提供的话。也许存在一些具有重要意义的价位，在这些价位上销售的服务会被认为具有高价值。人们也许会觉得一张定价为399英镑、提供横越大西洋的空中旅行服务的机票比定价400英镑的机票提供的价值多得多。即使假定消费者具有经济理性，也很难预测价格变化可能产生的影响。价格调整时与先前情形的比较会假设所有其他因素保持不变；然而，在现实世界中，许多因素——如竞争对手服务的可获得性以及一般宏观环境考虑——都会要求人们判断一个类似的价格变化这一次会怎样进行。
- 战术性定价可以用来消除不在计划之中的超额供给。由于组织范围内以及市场范围内的超额供给的缘故，组织寻求的战略性定价地位也许难于获得。可以使用临时性降价措施使需求与供给重新恢复平衡。在相对而言需求大于供给的情形，也可以利用定价方法来获得好处。除了取消折扣和提高价格之外，公司还可以从其服务组合当中撤出一些低利润成分，以便最大化其高利润产品系列的回报。
- 短期战术性定价可以用来保护市场不受新进入者侵犯。在新进入者威胁到已有供应商的现有市场且价格比较的做法在市场上很流行的情形，后者可以通过短

主题思考:一个便士就是很大的价格差异?

许多服务部门因为在表述价格方面有意将客户弄糊涂而备受指责。“无虚饰”航空运输部门尤其因为其为价格做广告的方式而受到一些政府机构和客户群体的批评。这一部门使用的许多“诀窍”——例如,使用“99”定价而非整数定价来使购买者觉得定价低于其心理上的重要价格壁垒的做法由来已久(杰弗里和哈里斯[Jeffrey and Harris],2006)。一些航空公司在广告中以大印刷字体报出低“入门”价格,但当客户试图去找这样的价格时,它们却不能为客户所获得;这样的航空公司往往会被课以罚款。当印刷出来的价目表变得过时的时候,航空公司也许会为客户不能获得所寻找的价格找到借口;但对于那些登载在网站上的可以通过数据库自动实时更新的广告,它们又该如何为其误导性的“入门”价格辩解呢?

某些航空公司以大字体标出低基本价格、而将强制性的附加成本淹没在以小字体印出的文字之中的做法受到大众的批评。对于许多廉价型航空公司的机票而言,机场税和安全检查费加起来也许会超出机票的基本价格,潜在客户也许只能在将要完成其购买行为的那一时刻才会知道购买机票的总成本。一位批评家打了一个比喻说,航空公司分开收取机场税和安全检查费的做法类似于汽车制造商另行为其转向盘索取费用。

迷惑人的定价方法管用吗?有证据显示,客户也许会做违背理性的选择,他们会为基本价格低的机票付更高的价格,这一价格也许高于总价格——一开始就标明了的类似机票的价格(波伊丝[Boissy],2006)。政府应该干预以制止这样的做法吗?抑或仍旧要按老话行事,购买者在决定购买之前应该认真提防并仔细阅读那些以小字体印刷的文字?大多数购买者会有时间和意愿借助于一把细细的齿梳去读一遍每一家公司用小字体印刷出来的文字吗?政府对航空公司的定价做法失去耐心的一个标志便是 2006 年由欧盟运输事务专员雅克·巴洛发出的一份声明:欧盟将推出一系列建议,以促使机票价格能够很容易地在不同航空公司之间比较。

期降价的行动做出反应。如果新进入者是寻求偷袭占市场主导地位公司的市场的机会主义公司,则低价格可以迫使新公司以低价格回应,这会对其最初的现金流构成压力,也许会使之从市场退出——如果它不是完全终止其交易活动的话。许多老牌公共汽车线路经营者回应市场上新进入者的方法便是使用降价的法宝,甚至免费运行公共汽车,希望它们能够将新竞争对手逐出市场。不过,这种定价做法注定要被规制机构认定为反竞争行为。

- 依时间实行差别定价,这一做法也许是战略性定价计划的一部分,它可以通过几个战术性计划来实施。诸如铁路旅行、电信以及酒店业之类的行业通常会使用非高峰期折扣定价法。与此相反的收取高峰期额外费用的做法也会被使用,例如,英国铁路运营商就对在最繁忙的夏季周末随“西部乡村”假日火车旅行的乘客收取额外费用。其他选项包括在一定时间段提供增值捆绑价格(例如,向非高峰期乘客派发免费购物券),以及对服务要约做微妙的改动,使之只在一定时间为客户可获得(例如,餐馆也许会将其午餐与晚餐略加区分,并对后者适用更高的收费,因为客户愿意为晚间的社交用餐付费更多)。

- 类似地,应该将依地点实行差别定价的做法从战略性计划的范畴转移到战术性计划当中。由于很难转移服务消费,按区域实行差别定价对于服务来说要相对容易一些。视区位所处竞争地位的不同,旅馆和商店——当然还包括其他服务组织——通常对不同的区位适用不同的价目表;而且,这类价目表通常会在极短时间内进行调整,以回应当地的竞争压力。有时,会在组织的所有服务网点提供一个共同的基础价格,战术性目标则通过折扣来实现,而折扣只可以在一定区位获得。全国性连锁酒店提供的减价优惠券的有效性也许会被限制在某些区位,在这些区位,需求相对要弱一些。在某些情形,一些公司会为若干项核心服务制定固定费率并在全国范围做广告, 而相关服务则根据当地市场状况来定价。
- 对于在不同消费者市场实施的差别定价,将战略性计划转换为战术性计划的问题将取决于分离不同市场并对其索要不同价格的难易程度。由于服务是在生产地点消费的,因此,将价格差异锁定在一个市场中的几个子市场往往是一件很容易的事情。如此说来,各家影剧院可以通过在服务过程中进行身份识别来保证只有学生能够使用低价学生票。有时,需要对小型同质市场的欲求与一个值得服务规模的市场的需要进行折中,实施高度市场细分的定价计划会给服务提供商带来一些问题。例如,英国铁路运营商将所有上了年纪的人置于一个市场,并对他们提供低价格的老年公民铁路旅行卡。但对这一大型同质市场的简单处理因其中的许多人非常有钱、对价格不那么敏感甚至是在做公务旅行这一事实而抵消。这种形式的价格细分也有它的问题,那就是:在围绕客户享受特定价格待遇的资格问题形成争论的场合,善意可能受到伤害。
- 战术性定价计划也被用来激励中间商。在通过中间商提供服务的情形,客户所支付的价格与服务委托人收到的数额之间的差值代表中间商的毛利润。在某些情形,最终客户的价格敏感性非常低,但中间商的利润意识非常高,要求使用战术性定价维持中间商的利润水平,使之与竞争对手为之提供的利润水平具有可比性。旅行代理提供的度假保险为我们提供了一个例子——客户一般不会为打包度假服务中的这一附属项目四处奔走选购,但旅行代理本身却可以决定向其客户推荐哪一份保险单,而它们的决定主要是以其能够获得的佣金水平为基础的。向最终客户收取的价格也会影响中间商销售委托人的服务的动力——如果代理商觉得销售价格太高,它们会放弃为之促销的尝试,转而支持更为现实、更吸引人的竞争企业。反之，如果价格太低，在一定百分比的佣金基础上经营的中间商也许会认为由此而来的回报太低，不值得它们为之付出努力。

11.11 非营利服务的定价策略

在本章伊始，我们已经指出，在很少有自由实施上述定价战略和战术的情形，价格往往是公共服务营销组合中的一项非常受制约的成分。从一个极端来看，某些公共提供的服务可以在市场中介环境中运作，这种环境中的定价政策与私人部门情形下的定价政策没有显著的不同——实际上，法律往往会要求这类服务组织就当自己是市场导向的、属于私人部门的经营者来行为。在英国，人们期望一些仍然由自己经营公共汽车服务的地方当局像营利企业一样去经营这些服务。从另一个极端来看，在价格起不到作为价值交换手段的作用的情形，有些公共服务只有通过中央计划的方式才能够被合理地分配。

一些由于其本身的特性而要求高度的中央计划但又被期望表现出某种程度营销导向的服务类型，会给营销人员带来某些特别的定价挑战。由于多方面的原因，与个体服

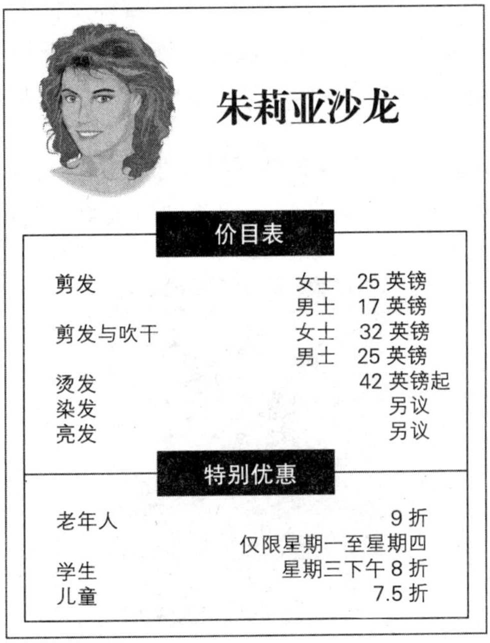

图 11-9　并非只有大型服务组织才使用差别定价做法。许多较小的企业，如这家美发沙龙，就对不同的消费群体收取不同的价格，通常还会向学生和老年人提供折扣优惠。差别定价对于理发服务（与大多数商品不同）很管用，因为个人不能在购买便宜的理发服务之后将其出售给另一个不能享受低价优惠的人。不过，即使是小企业也必须保证差别性定价不至于让那些为基本上相似的服务付更高价格的人们生出一种憎恶的感觉。

务使用者建立直接的价格—价值关系也许非常困难，甚至是不可取的：

- 服务也许会产生一些服务提供商很难或不可能从个体使用者那里收回的外部利益。例如，英国的道路使用者一般不会因为享受了道路系统提供的好处而被直接收费。这一方面反映了向使用者收费面临的技术困难，另一方面反映了这样一个政治难题：使用道路空间注定是一项“与生俱来的权利”，它不应该受直接收费的限制。不过，伦敦征收的“拥堵费”（图 11-10）表明了技术和政治环境的变化会怎样地允许政府对道路空间的使用直接收费。
- 对社会整体而言的利益与作为公共服务直接接受者的个人得到的利益同样重要。早前支持医疗服务免费提供的一个论点便是社会作为一个整体会因为某个人的疾病得到治愈、从而不会将疾病传播给社区其他成员而获得好处。类似地，教育和培训课程也可以以低于成本的价格提供，从而普遍地提高经济体中可以获得的技能水平。
- 定价还可以作为一项社会政策手段积极地使用。补贴价格经常被用来向特定的群体施惠，例如，医药处方收费可以与客户的支付能力相联系，而对重病患者和失业者给予免费待遇，等等。公共服务组织通常还会使用一些宣传活动来让公众了解他们有资格享受的优惠价格。有时，营销导向和社会政策还会有利益重叠的部分。例如，降低对失业人员收取的博物馆门票价格也许既能通过按照支付能力细分市场的做法产生额外收入，又能给社会弱势群体以助益。

在一些公共服务部门也可能出现某些问题：虽然就财政和市场导向而言这些部门被给予了敕令，但社会政策目标却被强加到这些部门当中，而且这些目标兴许还是相互

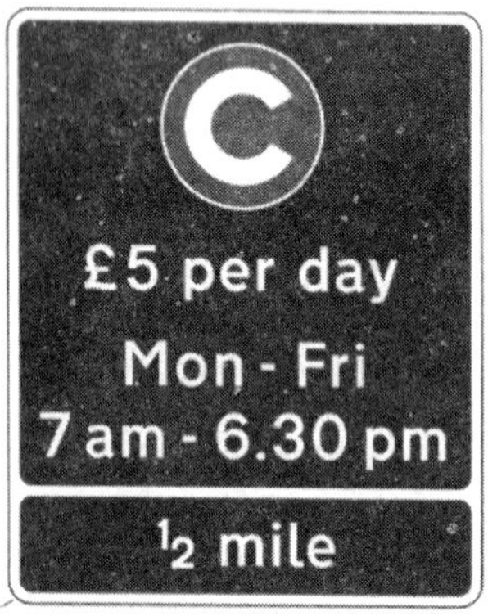

图 11-10 由于道路定价的不可行性以及使用者公平问题，英国的道路使用者一般并不会因为享受道路系统提供的好处而被直接收费。作为替代，使用者们通过直接税与间接税来为道路的使用付费。然而，随着技术的进步以及人们对交通拥挤的社会和经济成本的认识不断强化，也出现了对道路使用定价的动议。2003 年推出的伦敦交通拥堵费提供了这样的证明：对公共服务定价可以改变消费者行为——有报道说，在推出这项收费之后的几个月里，交通量下降了 16%。

冲突的。博物馆、休闲中心和停车场收费通常成为就经济与社会目标的相对重要性展开辩论的中心议题。人们有时候采用的一个解决办法便是将服务分为两个截然不同的部分，一部分基本上是为整个社会的利益而提供的公共服务；另一部分包含那些与商业方式提供的服务没有差别的成分。因此，博物馆通常在提供一些无论生产标准还是索要的价格都与私人部门匹配的特别展览的同时，为其展览中的那些严肃的、有学术意义的成分保留免费的或只有名义价格的门票。

主题思考：免费住院治疗：通过电话付款就行了？

私人部门的经营者们对定价模式的理念应该是很熟悉的。定价模式描述了组织用来对整个服务要约定价以将其总收益最大化的方式。因此，总服务要约中的某项成分也许会被定以非常低的价格，依据的假设是这样做会带来业务，而来做业务的人会愿意为相关的服务支付相对高的价格。在一些部门，会有多个不同的定价模式同时并存。例如，在新兴的多频道电视广播市场上，有一些频道向用户免费提供，但会通过销售广告时段来获得收益；而另外一些频道则向用户收取使用费，要么按月或年收费，要么"现付现看"。在英国，英国广播公司(BBC)还给出了另一种模式，它所提供的大多数服务既不向用户收费，也不产生广告收入，公司运作资金由政府提供。

在公共部门，人们越来越多地谈论定价模式，并为那些在先前被认为是至关重要、需要免费向所有人提供的公共服务制定各种定价模式。英国国民医疗服务体系(NHS)有根据个人需要提供全民医疗服务的长期光荣传统，服务费用由全民税收支持，征税则适用各尽所能的原则。无论是工党政府还是保守党政府提议按照美国式的以市场为基础的收费办法对国民医疗服务的提供收费时，两党政府都遭到反对。但从 20 世纪 90 年代以来，增加收入的需要已经成为现金紧缺的各家 NHS 信托单位的当务之急，其时，增加的政府拨款并不能完全支持增加的服务需求。各 NHS 信托单位能够照搬私人部门定价模式中的某些主意吗？

虽然在医疗服务使用点免费提供服务的原则已经深入政治家们和使用者们的心中，但近些年来，还是有一些收费项目(如处方收费)被不断引入。不过，这些收费项目一般要通过中央化的方式确定，而且，对那些有最大服务需求的人们还设有减免。但自 20 世纪 90 年代中期以来，个别 NHS 信托单位开始对一些辅助性服务进行收费，将其作为增收的手段。最先瞄准的收费目标之一便是医院停车场的使用者们。信托单位称，提供停车场并非国民医疗服务信托单位的中心使命所在，而且，政府正在鼓励更多的人将私家车留在家中，转而使用公共交通工具。批评者们指出，病人本身在行动上就受限制，公共交通工具对他们中的大多数人而言并非现实可行的选择。一开始，这对许多医院还只能算作是一项小收费，但它很快成为医院财务总监眼中的现金牛，因为他们知道病人们别无选择。2006 年，英国下议院医疗选择委员会的一项调查发现，一些病人会因为停车收费的缘故而不去医院就诊。调查还表明，在伦敦的某医院，一位接受全科医生的建议去看急诊的女病人在使用医院停车场的头2个小时被收取了3.75英镑的停车费，超过之后为7.5英镑。她停了2小时10分钟的车，因此不得不缴纳更高的费用。她也对晚6点后停车费减至1英镑这一事实提出疑问，因为在这个时间，医院的许多部门科室都已经关门。

病房的床头电话服务是许多委托医院攫取的另一项收入来源。许多委托单位与私人电话服务供应商达成协议，只允许电话通过官方指定的收费更高的系统接入和打出病房。一部分收入将归医院所有。委托医院解释说，移动电话会对敏感的医疗设备造成损伤，所以，它们采用以上的做法消除可能因病人使用移动电话而形成的竞争压力，迫使他们使用医院自己的电话系统。医院电话定价表现出的职业道德问题受到下议院医疗选择委员会的质询，委员会指责一些委托单位在每次电话接入和打出伊始利用过长的信息记录增加病人成本，却使医院收入激增。委员会还提到埃赛克斯的某医院，在那里，想给病人打电话的人们在高峰时段每分钟要花49便士，在非高峰时段每分钟也要花39便士。与之相对照的是，长途通话的一般家庭费率在高峰时段大约是每分钟7便士，在非高峰时段只有每分钟2便士。在格罗斯特的某医院就诊的一位病人亲属称，他给一位住院的伤残病人打电话竟然打出了一份近1200英镑的电话账单。委员会也对医院禁止使用移动电话真的是由于它有可能对医疗设备造成干扰的说法表示怀疑，并向医院指出：探视病人者应该能够在医院内的一定区域使用移动电话。

总而言之，医疗选择委员会将NHS收费系统描述为“一团糟”，社会市场基金会的李普锡勋爵则将其描述为“狗的盛宴”。接下来的几届政府对NHS提供的服务制订明确的以市场为基础的定价框架避而不谈。不过，定价问题似乎已经偷偷向我们走过来，它提出的是制订显然具有勒索性价格的职业道德问题，反映出病人一方的无助。抑或NHS信托单位的管理者们是不是可以更加务实一些，对辅助性服务收取能够收取的费用，如此一来，它们便能够更多地投资于那些医院需要竭尽全力去做的事情——提供更好的医疗服务？

11.12 内部营销定价

矩阵式组织（在第10章曾经谈到）可以导致重要的内部服务交易在组织内部发生。一般会进入内部交易的服务包括清洁、复印、运输和餐饮等。一个使用资源的部门与另一个生产该资源的部门之间的服务交易价格通常并不反映竞争性的市场价格——实际上，也许并不存在一个这样的市场。设定转移价格通常会给组织带来好几个问题——即使是在可以容易地弄清楚外部市场价格的情形。允许资源的使用者从最便宜的来源——无论是内部的还是外部的——购买服务将导致内部供应商失去能够保证生产为可行的产出量。这将导致实施一些不能轻易由外部承包商处置的专业化作业的内部部门的损失。通过允许一部分要求的投入从外部购买，组织也许会在增加外部供应商利润的同时增加其内部供应商的损失。内部服务定价因此需要对希望实现盈利和保证某种生产能力的内部生产单位与希望将其总支出最小化的资源使用者的可能冲突的要求进行调和。

内部定价问题可以找到几种可能的解决方法：

- 如果存在外部市场，可以为内部转移计算出一个“影子”价格，以反映如果从外部购买服务，这一笔交易需要花多少成本；
- 在外部市场不存在的情形，部门经理之间会发生讨价还价，尽管最终结果也许反映了每一位经理的相对讨价还价能力；
- 公司管理层会指示所有部门按照事先议定的完全成本定价方法进行交易；
- 在销售服务的部门能够获得市场价格（市场价格能被识别）的情形，可以采用双重定价体系，由购买服务的部门支付全部的生产成本，任何差额将转移到公司账户上；
- 一定比例内部服务生产者的固定成本可以作为管理费用分摊到所有资源使用者头上，不管它们是否实际使用该单位提供的服务。这可以使内部供应商相对容易地就价格展开竞争，同时仍然允许资源使用者从外部购买其要求的投入——对于它们来说，为一个更高的服务标准支付溢价是值得的。

免费向使用者提供的公共服务通常在公共部门内部以价格为基础交易。在 20 世纪 90 年代，英国国民医疗服务体系从一个中央计划组织转换为一个以在提供医疗服务的医院与持有资金、并代表病人购买服务的医疗机构和全科医生之间谈判形成的合同为基础运营的组织。持有资金、并代表病人购买服务的医疗机构和全科医生明确地要求使用其资金以尽可能低的价格为其病人购买可能获得的最好医疗服务。在 NHS 范围内的早期内部交易碰到许多一般都会与内部交易相联系的定价问题。不同医院为相同手术报出的价格上的显著差异反映了作为价格基础的成本信息的缺乏以及许多医疗设施和服务的高额管理成本。取消了寻求在区域层次均衡专业化服务的供给与需求的中央计划所提供的好处之后，所有医院都因为缺乏价格竞争力而面临突然之间关门大吉的前景。有效管理内部价格引导的医疗服务市场的问题导致了此后在更大程度上诉诸中央计划和通过基本医疗服务群体配置资源。

本章总结及与其他章的联系

组织所索要的价格是一系列因素作用的结果，这些因素包括组织目标、服务性质以及组织所处市场的竞争特点。即使是两项完全相同的服务，其价格往往也会表现出极大的差异。这一方面反映了许多服务商在不同客户群体之间实施差别定价的能力,另一方面反映了高水平的固定成本,这一固定成本使服务商以低边际成本为服务定价。服务的易朽性进一步促成了多种多样的服务价格变化。

定价是管理需求高峰与需求低谷时要用到的重要工具(第 12 章)。在很难对服务做消费前评估的情形,客户会将定价用作期望服务质量的指示器(第 9 章)。定价也是许多服务组织关系营销战略中的一项重要组成部分(第 7 章)。一方面,为回报忠诚,通常要给出价格折扣;另一方面,服务商又期望忠诚的客户不至于过分价格敏感。最后,价格也是组织及其服务要约定位的一个方面,组织所采用的价格定位必须与其可及性、质量以及促销相一致(第 5 章、第 9 章和第 13 章)。

复习题

1. 讨论寻求为一项由自己开发出来的创新性服务制订入市价格的公司所面临的各种问题。找出这些问题,并就该公司降低因价格决策而致的不确定性可以使用的各种方法提出建议,同时请你举例说明。

2. 举例说明在什么情形下价格竞争在服务市场上基本上不存在。评估缺乏价格竞争可能造成的影响,并讨论政府可以使用什么衡量指标来促进价格竞争。

3. 找出营销人员变得对公共部门服务定价越来越关心的原因。讨论公共部门服务定价涉及的各种社会和伦理问题。

实践活动

1. 从你所在区域中的任何以下服务组织——体育活动中心、电影院/剧院、餐馆——中选定对象收集各种价目表。分析其定价方法以及它们在多大程度上运用了以成本为基础、以客户为基础以及以竞争对手为基础的定价策略。

2. 仔细分析你所熟悉的公共部门组织——例如,游泳池、博物馆和大学——所制定的服务价格。评估价格在多大程度上受不同于政府社会政策考虑的市场支配力的影响。

3. 研究如图 11-6 所示的体育活动中心的价目表。以你所熟悉的体育项目为基础,你会建议在定价方法上做些什么改变?

案例研究：铁路部门的定价随变化的市场环境而演变

英国火车票的定价在过去 40 多年来不断演化，以顺应铁路部门运营环境的变化。随着它从一个中央计划的公共服务演变为一个竞争性的私人产业部门，新的定价形式不断涌现。

铁路定价模式发展的一个永恒主题是在任何两个地点之间都会产生多种票价。就从曼彻斯特至伦敦的往返旅程来说，在 2007 年 4 月存在不下于 23 个不同的票价。铁路运营商已经识别出几个细分市场并为之发展出不同的营销组合。商务旅行者一般需要旅行具有灵活性，能够在一天当中的任何时间成行；而且，由于账单往往由雇主支付，这一客户市场对被索要的价格相对来说并不敏感。某些商务细分市场对质量标准有更高的要求，它们愿意为“维珍头等商务”高级管理者打包旅行产品支付高达 343 英镑的价格，当然，产品中会包含“头等”的接待服务以及诸如用餐和停车之类的附加服务。休闲旅行市场整体来看对价格更为敏感，而且愿意接受较低水平的灵活性。那些能够提前一星期订票的人们可以为同样的旅程只支付 23 英镑。

人们总是用敏锐的眼睛盯着定价方面的竞争。学生与商务旅行者相比更有可能接受长途汽车作为替代旅行工具，因此，39.25 英镑的曼彻斯特至伦敦的“省钱”学生票价是针对与之可比的 32 英镑的长途汽车旅行学生票价而制定的，火车票价定得更高是因为所提供的服务更为优越。对于商务旅行者来说，他是拿驾车和在伦敦停车的成本以及——更重要的是，被雇用者的时间成本——做比较的。与这些成本对照，343 英镑的高级管理者票价也许会被认为非常值。对于家庭市场来说，最实实在在的竞争来自家庭用车，因此，家庭用铁路旅行打折卡使家庭作为基本单位购买旅行服务，享受的票价只比 2 个成人的花费多一点。

很难将乘火车旅行的基本成本作为定价的基础。因为使用铁轨和车站，铁路运营公司必须向铁路网支付固定成本。此外，火车和员工也代表着固定成本，尽管许多公司寻求使这两个项目更加灵活。公司认识到，由于仅在高峰时段使用的车辆的固定成本不能被分摊到其他非高峰时段，火车在早晨和下午的高峰时段的运营成本会更高。近年来，运行通勤火车的基本成本被铁路运营公司作为季节票价的提升幅度高于通货膨胀率的理由在公开场合援引，尽管在提价时通勤者通常没有可行的替代交通手段这一事实也是一项重要考虑。

政治环境对铁路旅行的定价政策有重要影响。20 世纪 60 年代之前，铁路交通被认为是一项基本的公共服务，票价是在看似公平的基础上制定的，这一定价基础只与一个简单的生产成本衡量指标相联系。票价严格按照每英里运营成本来制定，只在头等票与二等票以及廉价的当日往返票之间做区别，而当日往返票制度基本上是流传下来的一个传统。从 20 世纪 60 年代开始，随着商业目标的引入，英国铁路公司与社会目标渐行渐远。随之而来的是这样一种认识：定价应该被用来最大化收益而非提供社会公平。不过，政府干预偶尔也会与英国铁路公司的商业目标形成冲突——例如，20 世纪 80 年代，作为政府采取的反通货膨胀政策的一部分，英国铁路公司接到指令，务必遏止价格上涨；同样，在 1991 年，由于在某些线路提供的服务质量非常糟糕，英国铁路公司又接到指令，务必将某些拟议提高的城际列车票价降低。

20 世纪 90 年代中期，英国铁路公司的私有化导致定价模式的进一步发展。意识到维持乘客网络一体化的重要性，政府为铁路服务指定了规制者，后者有权为一系列类型的车票规定票价，并确保在旅程涉及一家以上铁路公司的情形，乘客仍然能够购买到通票。不过，一些新私有化的公司争取到提供以人群中的不同群体为目标的新型车票的机会。维珍铁路公司使用航空公司的经验，推出需要提前预订的低价车票，以满足非高峰时段的生产能力要求。与此同时，在竞争铁路运营者之间开始出现真正的价格竞争迹象。大东北铁路公司与维珍公司在伦敦—苏格兰市场搏杀，而奇尔滕铁路公司则对伯明翰至伦敦的旅行者的价格敏感性频频示好。

私有化导致新的营销举动大范围内展开，似乎每一家铁路特许运营商都推出了五花八门的特价票。面对诸如“维珍价值 7”以及“出行网络”等等之类的车票名称，公众已经因为所能获得的各种选择而不知所措。结果，代表着特许运营商的铁路运营商协会只好同意采取合作行动，按车票有效期将车票种类归类到六个“族系”中。

问 题

1. 就火车票价的政府规制对本案例展开评论。

2. 评估向学生提供减价票会给铁路运营商带来的经济利益。

3. 讨论随着铁路公司寻求提供更多样化票价来满足更多细分市场的要求，更细地划分市场会遭遇怎样的局限性。

第 *12* 章

管理需求和能力

学习目标

阅读本章之后,你应该理解

- ❖ 服务的易朽性对服务组织在客户所要求的时间和地点向客户提供服务的能力的影响
- ❖ 可变客户需求的特性
- ❖ 使服务供给与需求相匹配的技术
- ❖ 排队与预约系统
- ❖ 使公司在需求可变、能力固定的情形最大化其回报的收益管理技术

12.1 引　言

设想市中心有一家在夏季很受旅游者喜爱的餐厅。在生意清淡的冬季，餐厅只要使用其现有空间的一半大小就足以应付其业务。但在繁忙的夏季，客户需求极高，这就使得其设施和员工必须满负荷工作。这种情形在很多服务行业都是典型的，在这些行业中，产出是易朽的，而顾客所偏好的服务消费时间与企业所偏好的提供服务时间可能不一致。易朽性是服务的一项重要特征；同时，在淡季生产商品并在旺季出售的可能性——这在制造业企业司空见惯——对于诸如餐馆之类的服务业来说是不存在的。因此，为这类组织做战略性营销计划就会面临以下一些重要问题：

- 企业在旺季需要满足多少客户需求？公司仅仅投资购买更大设备的做法是不可行的——如果这些设备在一年之中可能只使用几周或几天的话。
- 企业如何做到在旺季最大化其收益，又不至于疏怠其在淡季需要维持的核心业务？
- 在淡季如何刺激需求从而调动企业的闲置生产能力？
- 在需求高峰期如何解决拥堵问题？

管理供给和需求的关系对服务营销人员驾驭战略和战术的能力是一个挑战。本章从理解服务需求波动的原因和后果入手；然后，一方面研究改变需求模式的方法，另一方面研究改变供给模式的方法。预约系统和排队系统的作用是调和在任何时间产生的供给和需求之间的矛盾。收益管理作为一种将需求波动从问题转化为机遇的技术应运而生。通过这一技术，服务组织能够在可满足的需求水平上获得最大收益。

12.2 需求波动的原因及后果

需求不规则会给服务组织带来严重问题。制造业同样会碰到需求模式的不规则，但是它们一般更有能力适应这一模式。由于产品制造商能够将生产与消费相分离，它们可以将产品作为存货储存起来为应对任何高峰需求做准备。比如说，割草机制造商可以在冬季生产割草机并将其作为存货，以应对春季突如其来的激增需求。那些在春季没有售出去的割草机可以在当年晚些时候以清仓价出售，或者重新放进仓库以供来年销售。与此相对照，服务要约的易朽性和不可分性意味着使供给和需求在更长的时段在广阔的地理市场范围相匹配是远远不够的。恰恰相反，供给和需求必须在每个特定的时间和特定的地点相匹配。一个时期过剩的生产能力不可以向生产能力不足的另一个时期转移；同时，一个地区的超额需求一般也不能由另一个地区的超额供给来满足。

在需求水平是稳定的和可预见的情形，服务无法储存的事实一般不会导致问题。然而，大多数服务会经历需求的显著时间变化。需求高峰会以以下几种形式出现：

- 每日变化（早、晚高峰期的通勤火车服务，晚间的休闲活动中心）；
- 每周变化（周六晚间的夜总会，周五晚间的火车）；
- 季度变化（夏季地中海地区的空中航班服务，圣诞节前夕的百货商场）；
- 周期变化（对抵押贷款和建筑师服务的需求）；
- 不可预见的变化（风暴灾害之后的房屋维修需求）。

在实践中，许多服务业面对的需求模式是以上几种高峰需求的组合——例如，餐馆可能经历日高峰（中午）、周高峰（周五）和季度高峰（如十二月）。

在竞争性市场中，面对不均匀需求的组织要想取得经济成功必须能够以比竞争对手更低的成本、或更高的服务标准、或同时做到这两点来使其供给与需求相匹配。在自由市场中，服务组织必须从战略视角来审查自己寻求满足的需求水平。尤其是，它必须决定自己应该在多大程度上满足高峰需求，而不是眼睁睁地放走家门口的业务。处理问题的分寸受以下几个因素影响：

- 在要求组织提供高水平设备或人员、而又不能让这些设备或人员在淡季停工或分派其他用场的情形，由于高成本的缘故，偶尔出现的高峰需求可能很难被满足。通勤火车的经营者并不试图刺激高峰需求——他们甚至有可能尝试降低需求，不然的话，他们就必须购买和维护额外的车辆，而这些车辆的全部间接费用只能由需求高峰时为数不多的几次运行所分担。同样，车站可能需要扩大站台，以满足每天为数不多的高峰通勤火车的需要。
- 高峰需求可能引来高水平的低质顾客。在旅游区经营的餐馆也许会认为，与满足一年到头相对稳定的当地居民带来的业务需求相比，银行假日安排一日游的游客形成的一次性需求不那么具有长期价值。
- 当服务组织将产出扩张到最优水平之外时，其服务质量可能受到不利影响。例如，如果某餐厅不对厨房设施进行额外投资却寻求在高峰期接待更多顾客，那么，顾客在餐厅的长时间等候将是不可接受的。
- 与此相对照，如果一些服务组织不去满足高峰需求，它们有可能失去有重大价值的核心业务。例如，经常在午餐时间为等候办理现金业务的客户长队所困的银行可能会遭受失去与客户全部关系的风险——如果客户不仅将其支票业务、而且将其抵押贷款和保险业务转移到竞争银行手中。

图 12-1 所示为不均匀需求模式对于服务组织所具有的经济涵义,图中给出了两种能力水平。最优能力定义为某种设施的设计能力——任何额外需求都会导致排队现象或者其他不便。可达到的最大能力是一项服务活动在满足客户需求时所能发挥的最大技术极限能力(例如,一节有 70 个座位的火车车厢在极限状况能够承载 200 人)。在极限情形,会出现业务流失;当企业所满足的需求超出其最优能力水平时,顾客服务质量会有所下降;在业务萧条时期,则会出现资源浪费。

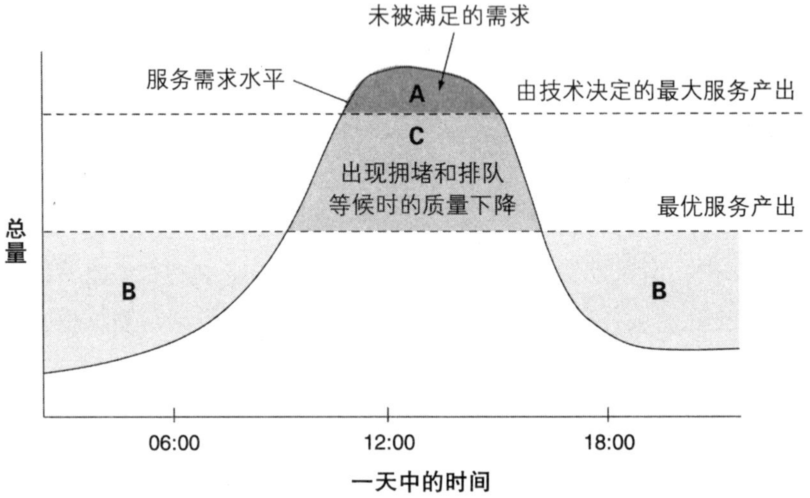

图 12-1 相对于生产能力而言的不均匀服务需求的含意。阴影区域 A 代表着失去的收益机会,因为公司不能够在这一时段满足那些能够且愿意购买服务的客户的需要。阴影区域 B 对于公司来说代表着资源的浪费。在这些时段,公司拥有生产能力,但是不能取得收益。在区域 C,服务活动以超设计能力的方式运行,导致对客户而言的质量损失。

一旦就所要满足的合意需求水平做出战略性决策,就需要制订有关战术以保证每一个时期的供给与需求相匹配。营销管理任务从理论上来说可以分解为两个部分:

- 管理需求模式以"熨平"需求波峰与波谷;
- 管理服务供给使之与客户需求相匹配。

管理客户需求模式

在需求达到峰值的时候,组织可以尽管按兵不动,对排队等候服务的客户不闻不问。不过,这却是一种非常糟糕的做法,它可能破坏组织与客户长期关系的发展,同时会使组织坐失需求峰谷之间可能出现的短期机遇。让客户排队等候的做法典型地见于非竞争环境中，某些由英国国民医疗服务体系所支持的可选择外科手术项目便是其中的例子。在竞争的市场中，需要有更为积极的、市场导向的战略来管理需求模式。下面描述的是一些最常用的管理方法：

- 营销组合中的所有要素会被用来刺激非高峰时期的需求。在低谷时期，服务组织会采用多种形式的降价战术（如"非高峰期"火车票、小酒馆的"欢乐时光"时段以及只有在生意低谷时期才有效的优惠券）。在非高峰期，可以通过捆绑其他服务或产品而将服务要约重新组合（例如，商务酒店为充分利用闲置房间能力在周末推出各种"活动度假"产品）。在淡季，可以使服务配送更让客户乐于接受——例如，在业务清淡的时日或季节，外卖餐馆可以为客户提供免费送货上门服务。许多服务公司的促销活动把重点放在刺激淡季客户需求。对于某些在公共场合消费的服务，刺激淡季需求和提高服务质量本身的做法同等重要。在电影院的情形，拥有更多观众不仅会导致收入增加，而且，由于表演者与观众互动创造出的良好气氛，所有观众会感受到一个更好的周围环境。
- 类似地，在旺季，重新调整营销组合可以起到抑制需求的作用。价格通常会被战术性地提高，要么是直接地（如对周五晚间铁路旅行的额外收费；一揽子度假计

图 12-2 这家餐馆想出了一个在傍晚前段的业务清淡期刺激需求的新点子。为鼓励客人（在餐馆服务能力有富余的时候）尽早用晚餐，它会根据下订单的时间对客户个别收费。随着晚间业务变得越发繁忙，价格也会上升。

主题思考:情人节的新约会?

节假日给服务组织带来的既有极大的商机,也有极大的麻烦。在西欧的大部分地区,圣诞节对许多服务提供商的经营和财务状况有重大影响。零售商、酒吧和餐馆通常在临近圣诞节的时段挣得他们的大部分利润,他们希望一年到头都是圣诞节。事实上,为了分散节日对商店带来的压力,零售商们开始在店内陈列圣诞节商品的时间似乎变得越来越早。在2006年,有报道说伯明翰的赛尔福里奇百货公司在八月份——而非等到圣诞节前最后一周的大抢购时间——就早早将其第一批圣诞节商品上架,这是一个让客户提前掏腰包消费的大胆尝试。

对许多餐馆来说,情人节为在一年之中的传统淡季开拓业务创造了黄金般的机会。许多餐厅的情人节战略计划似乎与圣诞节战略计划亦步亦趋:早早开始打广告,吸引顾客更早消费,而不是等到节日当天才去消费。但情人节难道不应该是独一无二的吗?一顿在2月14日以外的任何一天享用的情人节大餐看上去会不会像在12月18日或1月3日享用的圣诞节大餐那样少了些滋味呢?为不错过任何一个机会,餐厅推出了不只在2月14日——这一天对餐馆来说已经成为超额需求日——才有的情人节特别菜单,菜单上的菜品在情人节的那个周或其前一周与后一周均有供应。有报道说,北约克郡的某餐馆以一种看似奇特的尝试将情人节需求向情人节前后两周延展,餐馆推出情人节特别组合套餐广告,套餐含三道主菜、香槟和一份巧克力,两个人花25英镑。这是营销战略的吊诡吗?餐馆用小小的字体注明了服务声明:2006年2月1日至23日供应情人节组合套餐,2月14日除外!

划的价格在八月更高),要么是间接地(如在高峰时期取消折扣)。与旺季的高峰需求相联系的服务促销也通常会"缩水"(如伦敦地区的铁路运营商会主要面向休闲旅行而非高峰期工作旅行推出广告)。在旺季,服务配送和产品报价往往也会简单化(如在高峰时段,餐馆和咖啡店通常会婉拒某些低价值的业务)。

12.3 管理服务能力

改变企业面对的需求模式,其可取性与可行性都有一定限度。相反,服务提供商应该寻求更有效地管理其生产能力,从而使企业的能力与企业所面对的需求模式相匹配。

组织调整其生产能力以适应需求变化能力的高低反映了其生产过程的灵活程度。当企业不可能形成额外生产能力时,可以说企业能力是全然不灵活的。例如,要将一所具有历史意义的大宅扩大到满足夏日星期天下午的高峰需求是不可能的。当供给能够被调整以响应需求时,就可以说生产能力是有灵活性的。高度灵活的供给允许组织在临时接到通知的情形下通过导入额外生产能力适应极短时期的需求变化。有时,生产能力上的灵活性可以达到一定水平，超出这一水平之后生产能力就是不灵活的。铁路运营商会提供所有富余的车辆满足早晨出现的通勤高峰期需求，一旦备用车辆和车站设施告罄，供给就变得非常不灵活了。讨论供给灵活性这一概念要求定义一个时间框架：对于突如其来的需求变化，供给可能是不灵活的；但在有充分前期计划的情形下，企业有可能提供额外的生产能力。

在能力管理领域，不能将营销管理与运营管理和人力资源管理割裂开来。服务业为保证生产能力更好地响应市场需求而使用的典型战略包括以下几项：

- 制订设备和人员轮换计划以响应不同服务的不同需求模式。酒店会轮流使用某个大厅以满足不同的高峰需求——晚间满足各种宴会和聚会的高峰需求，白天则满足各种会议的高峰需求。类似地，可以对员工进行培训，使之能够胜任不同高峰期的不同作业。旅游运营商往往对员工进行培训，在夏季海滨度假高峰期，员工们在地中海各度假区担任度假区代表；在冬季滑雪高峰期，员工们在阿尔卑斯山区担任滑雪旅游业务代表。
- 人们通常在接到突如其来的通知时努力将各种资源转换到替代性的用途之上。例如，一位整理货架的商店员工在临时接到通知之后可以立即执行易朽性和不可分性更强的服务职能，如多开一个结账柜台以减少排队等候人数。
- 在需求高峰期间，企业可以购入只在部分时间投入使用的生产能力，包括员工（如受雇只在晚间工作的酒吧服务生；受雇只在夏季工作的导游）和设备（如只为夏季运营租用的飞机；只为应对圣诞节前的抢购而短期租用的店铺）。
- 经营活动应该如此组织，以便尽可能多的支持作业都放在需求淡季去做。这对服务要约的有形部分尤其有影响。按照这一要求，可以在淡季对设备进行维修（如对节日包机运营商的飞机群实施冬季全面检修计划）；员工可以在需求高峰来临之前的一段时间做尽可能多的准备工作（如在演出开始之前，剧院的酒吧接受为演出间隔的酒水消费下的订单，然后备好酒水供观众在演出间隔享用）。

尽管服务各组成部分的供给应该越灵活越好，但各组成部分亦不得孤立地看待。如果服务的某个组成部分的灵活性得不到其他与之互补的组成部分的灵活性的配合，那么，它的好处会被抵消。举例来说，一项允许套餐式度假旅游运营商在接到临时通知的情形下增加包机承载能力的举措，如果不能使酒店服务的可获得性额外增加，它的价值就会很有限。光是在生意清淡的冬季实施例行飞机维护作业的做法就可能为航空公司的检修设施制造另外的高峰问题。因此，能力管理必须识别那些使顾客需求不能以成本有效的方式得到满足的关键瓶颈。

主题思考:满载乘客的公共汽车会赔钱吗?

会计师们进入一家大型公共汽车公司核算在高峰期运行校车的成本。尽管公共汽车都是满载的,但会计师们的计算结果却表明它们并没有获得任何利润,因为它们占用了资产,这些资产在一天当中的其他时间再也派不上其他用场。会计师们认为,今后校车的运营应该承担所用资产的固定成本;如此,从账面上来看,它们将是在亏本运营。因此,每天一趟的早班和晚班班车应该承担车辆所有的资本、折旧和维护成本,外加体现为员工工资和燃料费用的直接运营成本。公共汽车公司的营销人员得到的建议是扼制对校车的需求,鼓励更多地使用非高峰时期的公共汽车。新的成本核算基础鼓励公共汽车公司多提供非高峰期服务,这样,即使乘客的数量不多,公共汽车公司照样能够盈利。车辆使用率显著提高,只在高峰期运行、而在一天中的大部分时间待在车库无所事事的公共汽车数量减少了,其余的公共汽车几乎必须每天从早到晚不停地工作。不幸的是,一个问题解决了,其他问题又产生了。公共汽车公司雇用的维修车辆的工程师本来是在白天作业,现在,当他们在早晨和下午的高峰期之间来到车库时,却发现他们无车可修了。他们不得不在晚间维修车辆,这又要求公司支付更高的加班费。营销部门解决了一个高峰问题,却似乎又为工程师们制造了一个新的维修高峰问题。这个例子强调了循着更宽广的视角分析需求管理问题以避免制造新瓶颈的重要性。

灵活的员工

在第 10 章我们注意到,对许多服务组织来说,员工是最大的成本项目,也是潜在地导致服务交付系统出现瓶颈的最大原因。在合适的时间、合适的地点有合适的员工要求员工表现出极大的灵活性。而屡见不鲜的是,尽管手边也有员工,但他们却没有经过培训,不能执行需要在当前立即执行的紧急任务,结果就把客户给耽误了。在其他一些场合,员工也许在干自己的私活,全然忘记了在一线服务交付系统的某个地方出现了耽误的事实。更糟糕的是,员工可能对自己的工作有抵触情绪,认为客户的问题与自己无关,没有兴趣帮他们找能够提供帮助的员工。许多服务业在过去曾一度因为其刻板的工作分工而臭名昭著,它们以组织本身为中心而不是以客户为中心。在英国,火车司机和列车员在很长一段时间都是两个独立的、不能相互替代的群体。

为了提高员工的灵活性,许多服务提供商寻求在员工中间开发多种技能,使之能够在接到临时指令的时候立即实现工作转换。例如,在酒店业,轻而易举就能够找到谙熟大堂接待、酒水服务和客房服务等多种技能的员工。如果某个业务领域出现员工短缺,企业可将其他员工从不那么紧急的作业中调离以充实人手短缺的岗位,在非紧急作业区也许有足够的员工支撑局面。

一项有效的多任务战略必须有合适的培训做支撑，只有这样，员工才能有效地履行寄望他们的所有职能。让一位没有培训的员工去从事他不熟悉的工作只会使服务交付变得更糟而不是更好。多技能与第 10 章讨论过的授权有紧密的联系。这意味着员工要成为为客户解决问题的人，他们必须发挥自己的主观能动性来解决问题——要么通过自己的直接行动，要么通过求助其他能够解决问题的人。

工作的灵活性亦适用于员工执勤清单的编排。在无法预见需求模式的情形，拥有一个接受过良好训练、招之即来的员工"蓄水池"是非常有用的。许多服务提供商因此掌握有一份"待命"或"调出"勤务人员轮值表，其中的员工在接到临时通知时能够很快如期望的那样进入工作状态。

灵活的工作队伍一般听上去都很吸引人，但它也会有某些缺陷。多技能培训看上去有违科学管理原则(第 10 章讨论过)。它要求员工专业化于一项作业技能并尽可能有效率地使用这项技能。多技能培训对企业来说代表着一项投资。在员工流动性很高的服务部门，如接待服务部门，这类培训产生的好处可能是很短暂的。招募员工的费用可能更加昂贵，相对于那些其背景只能使他们完成有限任务的员工来说，能够执行多项任务的员工有能力索要更高的薪水。最后，还存在这样的问题：要求员工按照灵活的时间工作可能使得他们的工作条件比之于那些工作时日很明确的工作来说不那么具有吸引力。对灵活性的过高期望可能有悖于在第 10 章讨论过的内部营销原则；在高技能员工缺乏的地方，它会使问题变得更加严重。服务业必须与其他行业竞争以赢得优秀的员工。而且，如果某项工作在员工看来有太多不确定性，他们更情愿在工作条件更具可预测性的其他地方工作。

服务组织不仅需要具有短期的灵活性，还必须具有长期的灵活性，能够将员工从正在衰落的业务领域向有未来成长前景的领域转移。举例来说，为了牢牢保持其盈利能力，银行必须有能力将其员工从诸如现金交易和活期账户支票业务之类相对静止的业务领域转移到更为有利可图的成长中的金融服务领域。

通过将员工队伍分为核心成分和外围成分，服务组织可以实现组织内部的灵活性。核心员工有更大的工作保障，在内部劳动力市场中有明确的职业发展机会。作为对工作保障的回报，核心员工必须接受阿特金森(Atkinson，1984)所描述的"功能灵活性"理念，按照这一要求，员工必须对多种工作任务负责。与此相对照，外围员工具有较少的工作保障和有限的职业发展机会。按照阿特金森的话来说，他们"从数字上来讲是灵活的"，经济上的灵活性则通过诸如短期就业合同、分包和外包之类的安排体现出来。图 12-3 所示为灵活企业的主要特点。

作为一项战略工具，灵活企业模型对于那些经历需求波动的服务性组织来说具有重要含意。但这一模型的批评者们说，归诸于灵活性模型的战略作用是虚幻的，许多组织在引入"灵活性"理念的时候在很大程度上采取机会主义做法。对接待服务部门的研

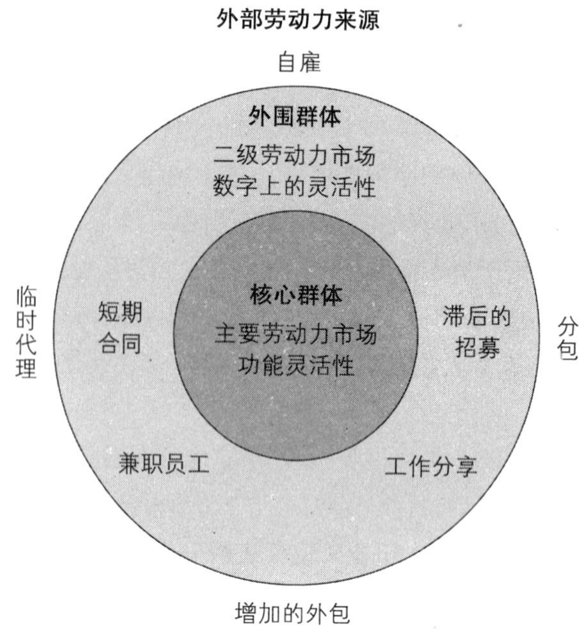

图 12-3 灵活企业的组成部分

究表明，核心员工和外围员工之间的差别并没有通常描述的那么大（迪尔里和杰戈[Deery and Jago],2002)。

主题思考:员工的灵活性太高了吗?

传统的见解是,服务组织的就业政策必须高度灵活,这样,在某时某地有客户需求出现的时候,它们才能有效地满足这些需求。但企业在追求灵活性方面到底应该走多远呢?一些服务企业付年轻人最少的工资,向他们提供极没有保障的就业,这样的传闻不一而足。一些快餐连锁店遭到人们指责:如果需求水平不足以让员工忙得团团转,它们临时下发一个通知就让员工立即下岗,这已经成为惯用的伎俩。

对有些人来说,这听上去也许像剥削。但对其他人来说,年轻人至少得到了工作机会;同时,顾客在需要的时候付很少的钱就能得到服务。然而,抛开这种做法涉及的伦理学问题不论,另一个问题是:太多的灵活性从商业意义上来看是否有道理。如果员工一接到通知就得立即下岗,他们对客户表现出的关心与其他较有工作保障的员工表现出的还会一样吗?抑或这种不安全感会促使员工小心翼翼地做好工作?许多酒吧、餐馆和呼叫中心的临时工作人员都会同时拥有好几份兼职以便随时轮换,好的员工要多做几份工作满足几个雇主的要求,这也赋予员工选择为谁工作的权力。如果某个员工的工作表现达不到标准,带给他们工作机会的电话铃声响得就会少一些。灵活性可以适用于复杂的服务过程吗,或者,现实一点说,它就是为高度工业化和非技能化的工作保留的吗?

12.4 排队和预约系统

在需求超过服务的供给能力，且需求和供给管理措施不能使二者匹配时，某种形式的排队或预约系统通常是可取的。相对于随机的开放性系统来说，选择一个正式的排队或预约系统有以下原因：

- 从运作的观点来看，提前预约系统可以让组织知晓需求高峰将在何时发生。在存在合理的中、短期供给灵活性的情形，可以通过调整供给来满足需求：要么导入额外生产能力来满足激增的需求，要么在需求看上去低于预期水平的场合减少生产能力。这样，包机公司的提前预约系统可以帮助制定机队的飞行时间计划，以搭载尽可能多的乘客。类似地，当提前预约的人数较少时，一些前景不令人乐观的航班就会被取消或者被"合并"。
- 预约和排队系统允许组织从早期开始就去发展与客户之间的关系。通过电话询问获得潜在客户某种程度上的承诺，然后提出在确保客户和供应商都能实现各自目标的时候向顾客提供某种服务，可以在最基本的层次上形成这种关系。或者，也可以从顾客走进某个服务网点并在队列中等候的时候开始发展这种关系。

在无法管理供给和需求从而使之相匹配时，排队就成为服务交付过程不可回避的一部分。为某些不容易扩散开来提供的服务而排队之事为人们津津乐道。举例来说，在夏季，几百人排队等候进入伦敦塔的场面并非罕见。长时间等待被认为是导致客户不满意的主要原因（比特纳[Bitner]等，1990）。同样也有证据表明，客户对长时间等候的不满意影响他们对服务的总体满意度以及他们将来再使用那些服务提供商的意愿（泰勒[Taylor]，1994）。当排队不可避免时，可以采用以下几种处理方法：

- *了解客户对等候时间的期望。*不同的人对等候时间的期望不同；即使是同一个人，其期望也会视具体情形而不同。一个乘火车做商务旅行的人可能会将一个即使是很小的耽搁也看做是失败；但对于一次悠闲的旅行而言，他可能更愿意接受一个时间更长的耽搁。应该尝试了解客户在进入服务过程时的心理世界。年轻人希望自己对各种商品和服务的需求能立即得到满足，他们对时间耽搁所存的期望与那些老年客户大不相同，后者有为商品和服务而等候的长期记忆。
- *减少实际等候时间。*解决排队问题的最直接方法是减少实际等候时间。实现这一目标操作上的做法包括引入各种预测技术以及使用员工配备与资源配置模型来满足需求。如果需求能够被准确预测，在某些情形下就可以改变资源配置方式以应对需求波动。然而，上文曾经提到过，服务能力并非总能灵活到足以避免排队现象出现的地步。

- *不要过分承诺等候时间*。组织必须特别注意它们对排队时间做出的承诺。一旦对短等候时间的期望为人们所坚守，等候时间的任何延长都会被视为服务失败。这可能会严重影响客户对他将接受的服务的后续阶段的感受。因此，最好是预先告诉顾客等候时间可能会很长；这样，如果后来的实际等候时间比先前说的要短，客户会有一种超出预期的感觉。他们会带着更积极的心态进入服务过程的下一阶段。举例来说，当飞机起飞时间"仅仅"只晚了 15 分钟，而不是航空公司先前通知中所说的 30 分钟的时候，许多航空公司的客户会大松一口气。
- *弱化客户对等候时间的感受*。如果实际等候时间无法缩短，也可以管理客户对延误时间长度的主观感受。这一点特别重要，因为有证据表明，客户会高估其实际等候时间的长度（霍尼克[Hornik]，1984；卡茨[Katz]等，1991）。通过安排各种活动以消磨等候时间或转移客户注意力，服务提供商可以弱化客户对延误时间长度的主观感受。举例来说，提供一间舒适的、播放电视节目的休息室可以让等候取回修理中的汽车的客户暂时忘记他在等候。在客户可以感受到服务进展——如看见队列在稳定地移动——的情形，他们会觉得等候时间过得很快。对剩下的等候时间的长度感到不确定会导致焦虑，从而会使感受到的时间看上去更长。客户也应该能够认识到队列正在被稳定地处理。在延误期限无法确定的情形，与顾客定期沟通会使时间看上去过得更快——比如说，火车晚点给等候的乘客带来的困扰可以通过与乘客恰当地沟通、解释晚点原因而缓和。一线员工的良好沟通技能也可以化解由等候时间造成的不利影响。
- *控制等候时间的影响*。服务提供商应该能够弄清楚过多的等候时间在何时转化为服务失败，并且要采取行动公平合理地处理服务失败导致的问题。员工所采取的行动——如为延误致歉——也许能起到直接帮助的作用。其他行动——如支付赔偿金——也是可以考虑的。

请别忘了，排队既为服务提供商带来问题，也带来商机。在客户等候过程中，组织可以向客户介绍自己的其他服务，客户也许在另外某个时间会有兴趣使用这类服务。等候上菜的食客也许会有时间和兴趣阅读连锁酒店的相关成员店正在推出的特别活动的计划时间表。有时候，组织也许可以尝试向一个等候某项服务的队列交叉销售另一种价值更高的服务。这样一来，一位本来要购买经济舱机票的潜在旅客经说服也许会去购买更高等级舱位的机票，而非执意去等下一张可获得的经济舱机票。因为不存在客户与客户之间的低谷时段，有客户排队可以使公司的运作更有效率。这些由效率改善而来的好处会进一步传导并转化为低价格，进而强化组织在价格敏感市场上的竞争地位。

主题思考：排队能成为快乐的一部分吗？

随便向任何造访过某个热门主题公园的人问起他最糟糕的经历，他们也许会提到为体验一项项热门游乐活动而排出的一条条长队。然而，在英国斯塔福德郡的奥尔顿塔主题公园，研究人员们发现排队实际上可以增加游玩的乐趣。他们注意到，排队系统的运行如此成功，以至于人们可以为热门的 Nemesis ride 等上一个小时，仿佛他们不是在排队等候似的。公园使用了多项技术才达到这种效果。队列被有意设计成沿多个方向弯折蛇行的样式，使得游客难以估计其长度。通过让等候中的游客看着刚刚经历过冒险之旅的上一批游客走出来，游客们的期望水平立即被调动起来。不过，令人惊讶的是，奥尔顿塔的研究人员们发现在很少需要排队的平常日子里，游客们给活动的乐趣打下的分值低于客流量高的时期。这是为什么呢？考利、法瑞尔和爱德华森的理论表明，对服务的期望不仅可以是用来衡量服务表现的一个标准，它实际上可以成为享受服务乐趣的一部分（考利[Cowley]等，2005）。排队是否真的能够提高游客的期望水平和满足感呢？另一个有趣的问题是，是否还存在其他的服务，而且，为这样的服务排队能够真正提高客户的满足水平？

12.5 收益管理

许多服务业竭力用有限的资源去满足或然性的需求模式，以获得最大利润。按照人们的直觉，在需求强劲的时候，公司要为其有限资源的使用索要能够得到的最高价格；而在业务不那么繁忙的时候，它应该心甘情愿地接受低价。这便是收益管理（yield management，YM）的基础，有时也称为收入管理（revenue management）。这一管理技术已经在服务业得到越来越广泛的应用。

收益管理的原则之一是从个人购买者身上攫取尽可能多的"客户剩余"。这便是客户所认为的超出其实付价格的产品价值。如果客户感知的产品价值高于其实际支付的价格，他们会认为自己占到了"便宜"。如果估值低于商品报价，客户就不会去买。收益管理首先考虑攫取剩余价值，然后将索要的价格降低到某个水平，在该价格水平，一次购买对于购买者来说代表着价值；而对于供应商来说，它代表着有利可图的新业务——只要价格高于边际生产成本。

收益管理原理并不是什么新东西。最大化资产回报的过程可以追溯到许多不发达经济中的商人为商品和服务展开的例行讨价还价。许多服务过程的工业化往往具有简化定价结构的作用，这样更便于下级员工管理和执行。然而，现代信息技术的发展使得计算机能够做东方集市中的商人在他的大脑中所做的事情——估计能从每一位潜在客户处榨取的最高价值，然后向那些愿意出最好价钱的客户销售。

收益管理在航空和酒店业已经被广泛接受。这一术语起源于航空业，其本意是指每一可供给的座位每英里能产生的收益；此后这一理念被应用于其他行业，其意义也变为每一可供给的存货单位所能产生的收益。简言之，收益管理是在正确的价格将正确的能力或存货单位配置给正确的客户，从而最大化收益的过程。收益管理被定义为一种“旨在将可获得的能力以最优价格配置于预先确定的细分市场以增加净收益的管理技术”(麦克马洪—比蒂和尤曼[McMahon-Beattie and Yeoman],2004)，凸显其与营销之间的联系。

收益管理适用于能力固定但需求不稳定而市场又可以细分的服务组织（凯姆斯[Kimes],1989)。对以上特征进行分析之后，凯姆斯进一步识别出一些保证收益管理成功的先决条件；同时，他还提出若干因素作为收益管理系统有效运行的前提条件(凯姆斯[Kimes],1997)。先决条件包括固定生产能力、高固定成本、低可变成本以及随时间不断变化的客户需求。这就意味着诸如酒店之类的组织可以通过在需求高的时候控制能力、在需求低的时候放松能力控制而受益。预约系统的使用有助于需求管理，因为这类系统能够在消费发生之前登记客户对存货单位的需求。

熟悉自己组织的预约模式和需求模式的管理者在决定预约的取舍方面会更有信心。对销售与预约数据的全面了解有助于管理者预测需求高峰和低谷，这就使他们以更加有效的方式使供给与需求相匹配。

凯姆斯亦注意到，收益管理本质上是某种形式的差别定价。在现实中，酒店业和航空业都使用依靠“敞开”价格和“关闭”价格分段管理的收益管理系统。在低需求期，服务提供商会报出折扣价格。在高需求期，折扣会被取消。而且，通过报出多种不同的价位，服务提供商可望以有利可图的方式匹配价格、服务和购买者，进而增加净收益。服务企业要有能力将自己的客户基础分割为不同的细分市场——比方说，商务市场和休闲市场——然后对其适用差别定价原则。航空公司一般根据支付意愿来细分其乘客群体。低票价会报给愿意接受某些旅行限制的乘客。商人或某些对时间敏感的旅行者通常愿意为在高峰期不受限制地旅行支付更高的票价。

超额预订是收益管理的一个常见特征。由于超额预订，服务企业会面临不能为预订的客户服务的风险，从而产生在客户看来的服务失败。那么，为什么刻意而为的超额订购是收益管理的一个特征呢？在理想的世界里，企业会在所有的时间实现资源的百分之百利用。然而，在某些情形下，客户提前预订形成的局面会导致客户放弃为服务付款——如果客户不在规定的时间露面接受服务的话。然而，在许多市场上，竞争压力意味着客户可能并不热衷于事先做出有约束力的承诺，因此，市场运作将以口头的、无约束力的预约为基础。比方说，这在英国的汽车租赁业就很典型，租赁公司必须事先假定一定比例的约车人“不会露面”。在经营规模很大且有很多历史数据供分析的情形，公司应该能够预测在任何特定时间可能的不露面约车人百分比，同时在假设这部分预订不

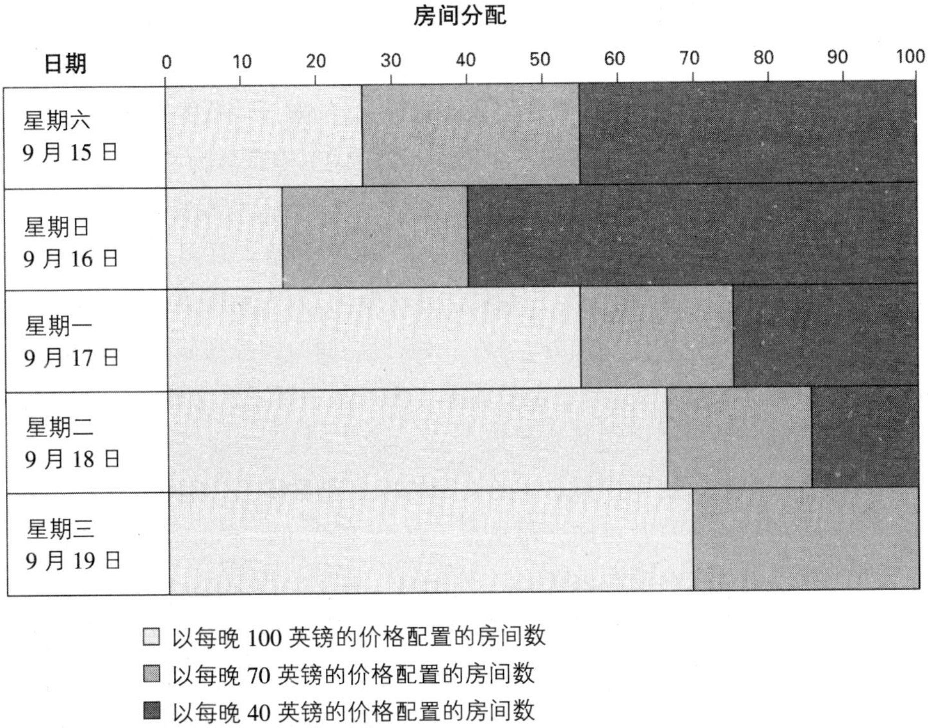

图12-4 收益管理系统可以由复杂的计算机程序组成，为特定日期、特定地点的单位服务能力个别定价，并对这一信息实时更新。收益管理的原理可以通过比较一个手工录入的日记账页（如此页面所示）来加以说明。作为例子，这里给出了一家拥有100个客房的旅馆的客房预订图表，具体预订安排涉及从9月15日（星期六）到9月19日（星期三）的5个夜晚。旅馆为同一房间报出了三个价位——100英镑，客户既可以自由地取消预订，也可以续订并获得补偿——即使预订在最后一分钟被取消；70英镑，可以为那些至少提前一星期预订房间的客人所获得，取消和续订要付罚金；40英镑，房间是卖给旅行团经营者的，也可以为那些在最后一分钟通过网站结清账目的客人所获得。在这个例子中，旅馆并不指望在星期日晚间——对酒店业来说，它传统上是一个生意平平的晚间——有多的需求，因此，大量房间的报价都比平常要低。在星期三晚间，在该城市举行的某个会议或某项体育赛事也许导致旅馆不再提供廉价房间。考虑到某个特定夜晚的预期预订与当前已经取得的实际预订之间会存在差异，这些客房配置还可以逐日调整。

会实质化的基础上实施超额预订。在资源周转迅速（典型地见于汽车租赁业务）的情形，不露面的预约者数低于假设（即露面的客户数量超出服务能力）所产生的影响可能就是时间延误（如为新客户安排和准备返回的汽车而致的等候）。有时候，公司可以通过向客户提供免费升级——使其享受的服务设施上升到更高等级——来解决超额预订问题（例如，如果选择将某些经济舱乘客升级为商务舱乘客，航空公司就可以解决经济舱超额预订的问题）。在其他一些时候，为超额预订善后可能会很棘手。航空公司可能超额预订了定期航线上的某个班次，而下一班次的飞行可能要等到第二天或者下一个星期。于是，航空公司会尝试从在机场露面的客户那里将他们原先的预订“买回去”。可以向乘客提供今后使用的免费机票和现金奖励之类的激励,从而诱导他们等候下一班飞机。航空公司给予乘客各种补救措施如未来航班和现金红利等。许多乘客乐于接受用这类激励交换带给他们的不便的做法。对于服务提供商来说,必须对照使资源更接近充分利用所产生的收益来评估这些激励措施的成本。在欧洲范围做空中旅行的情形,如果乘客因为超额预订而被拒载的话,欧盟指令会要求航空公司分级累进支付赔偿费。

在需求极高的时候(例如,与即将举行重大体育赛事的地点靠得很近的酒店),服务提供商也许会寻求不予退还保证金。这种做法是必要的,因为在历史上也许从未有过没有观众出席这种特定赛事的先例发生。另外,服务提供商为解决超额预订问题而握有的选择可能非常有限。在消费服务的全部目的就是参加某项特定活动的情形,即使是向客户提供激励促请他以后再来也会毫无意义。

同时,还应该注意到,超额预订水平的确定构成企业营销组合定位的组成部分。某服务提供商确定的超额预订数可能会比其对手要少,这样可以减少给客户带来的不便。这在定价和促销策略中都会反映出来。

超额预订不仅会发生在单个客户预订的情形,还可能发生在使用整个服务要约各个组成部分的情形。在服务蓝图中必须就后续过程的每一个阶段会占用多长时间做出假设。对于许多服务过程而言,服务过程的实际次数——如电工从事的修理作业次数或出租车完成的旅行次数——是可变的。服务组织通常被诱致超额预订这些资源,以至于在服务与服务之间没有足够的恢复时间。因此,如果某个工程师在某项作业上耽误了时间,为他或她接手下一项预订作业而留下的时间就会不够用。顾客感受到的服务质量会因此下降。服务提供商必须努力将实现高水平的、可靠的服务交付的需要(这也许意味着要有多余的能力储备)与成本最小化的需要(这也许意味着要减少多余的能力)加以平衡。在许多市场上,这些考虑会成为公司营销战略的一部分,结果是以不同水平的服务指向不同的细分市场。以英国的包机市场为例,英国民航管理局的数据表明:不同航空公司的可靠性高低存在显著的差别。许多票价低、只提供基本服务的航空公司比提供全方位服务的竞争对手在可靠性方面的表现要差很多。

收益管理实践的局限性

与收益管理在理论上的好处相对照的是运作过程中面临的许多挑战。人们注意到,"一直保持"能够获得的最好价格的做法要求掌握以显性和隐性知识为基础的良好预测技术。根据往年的趋势做简单的推测以及发展以规则为基础的需求预测方法本身并不能提供一幅关于未来的完整画面。预测过程的输入要依靠对某些相当不可预测的因素的判断。举例来说,某航空公司必须考虑某个足球队在锦标赛中赢得决赛资格,或航行目的地的形象由于媒体宣传而发生变化的可能性。将隐含的知识融入由运营驱动的、以规则为基础的系统将是一项重大挑战。

收益管理通常要求作为整体的业务单元的收益最大化，而非其各个部分的收益最大化。虽然酒店客房是以低价格预订出去，但是酒店的餐厅可能会因此获得高收入，收入也许会超过某个商务客人为房间支付全价但在酒店之外用餐的情形。同样，人工投入对组织实现整体收益最大化是极其重要的，这就要求摈弃“窖藏”思维：如果单个部门经理按照“窖藏”思维追逐部门收益最大化，作为整体的业务单元的收益将为次优。

另一个与人的行为相关的问题建立在客户对使用可变价格的组织潜在不信任的基础上。使用一系列相对简单的固定价格的服务企业能够实现运作效率，而且能在客户心目中形成稳定一致的价格定位。在服务质量难于事先评估的某些服务业，价格也许是客户服务质量期望的最重要指示器。事实上，收益管理的做法明显地具有颠倒服务质量与价格联系的有害效应。在需求高峰时期，拥挤（如等待入住酒店的顾客排下的长队，在繁忙的通勤火车上持站票的乘客）会导致感受到的质量更低；然而，与服务质量更高的非高峰时期相比，客户却不得不支付更多的金钱。如果价格是可变的，客户自然更难估计可能的服务质量。

有证据表明购买者对使用灵活定价的企业可能持不信任态度，尤其是在定价不透明且“规则”得不到明确解释的情形（沃尔弗顿[Wolverton]，2000）；斯特赖特菲尔德[Streitfeld]，2000）。这种情形看上去会很难对付，因为许多采用收益管理做法的企业在发展关系营销战略方面同样具有很强的能力。在关系营销领域发表的文献强调信任作为维持买方和卖方之间关系纽带的某种手段的极端重要性（如摩根和亨特[Morgan and Hunt]，1994）。因此收益管理可能会损害这种关系的发展。在客户需求在需求高峰时期支付更高的价格，但在同时发现服务质量下降（由于服务提供商希望处理尽可能多的客户）的情形，对信任的破坏会尤其突出（阿米斯特德[Armistead]，1994）。

收益管理还是统一定价?

许多服务组织倾向于提供标准价格或“天天低价”，而不是细分了的、有差别的价格。这一做法似乎与营销原理和收益管理原理有悖，但它其实有不少好处。首先，制订价格的过程得到简化，如此，需要员工付出的管理努力更少，在客户中间形成混乱的可能性也会更小。其次，提供单一价格可以产生沟通上的好处。潜在客户能够在心中很容易地建立价格定位。简单的定价结构有助于在客户当中建立信任感；在不使用简单定价结构的情形，客户也许会因为没能获得促销价格，或因为拿自己所支付的价格与其他客户购买基本上相似的产品所支付的低价格做比较，而在心中生出一种受到欺骗的感觉。

近来有许多这样的服务组织的例子：它们为所有的客户提供几乎一致的价格，而此举看似有悖于营销的基本原理。例如，酒店业一直是收益管理技术的主要采用者；然而，Premier 旅行酒店却以基本上标准的价格销售每一个类似的服务产出单位并且实现了迅速的成长。这种做法是可持续的吗？有些证据表明，一些最初采用统一定价的组织在后来都会恢复使用更为复杂的、以各个细分市场对相似产品的价格敏感度为基础的定价系统。即使是一开始推崇单一价格制的 Premier 旅行酒店后来也在淡季提供促销优惠券以尽可能利用富余能力；而且，它在周末索要的房价也通常会不同于平日的价位。

本章总结及与其他章的联系

服务要约的易朽性和不可分性使得服务部门的营销更加复杂，其直接后果是供给和需求必须在时间和地点上紧密地匹配。这就要求营销和运营管理职能必须紧密地一体化。波动性需求模式往往被服务业视为一个问题；不过，它也可以被视为一种能够让收益管理实践有所作为的机会。

能力管理与服务际遇研究（第 3 章）有紧密的联系。本章从更广的管理学视角分析问题，以补充先前关于服务设计的讨论。第 10 章讨论过的员工灵活性是使服务组织更为灵活的关键所在。能力管理以及处理客户的方式可以通过持续的关系（第 7 章）来改善。在排队过程中料理客户的方式可能在很大程度上影响第 9 章讨论过的客户对服务质量的感受。

复习题

1. 分析不均匀的客户需求模式对一家电影院连锁可能造成的影响。评价电影院为解决面对的问题所能使用的各种方法。

2. 有一种观点认为，影响客户对某一品牌信任感的与其说是可变定价方式本身，不如说是适用可变定价所依赖的各种“规则”的透明程度。请围绕这一观点展开讨论。

3. 假定收益管理方法要求对需求进行精确的预测，评价航空公司为预测未来六个月客户对其航线网络所支持的空中旅行的需求所能使用的各种方法。

实践活动

1. 考察对几家航空公司网站的选择，这些航空公司的航班都在一些热点目的地（如伦敦——巴黎或者法兰克福——米兰）之间飞行。分别按一周中的不同日子以及一天中的不同时段查询一周的机票价格。现在将时间向前推进一个月并重复这一过程。你观察到航空公司在使用什么原则定价了吗？如果你观察到两家航空公司为出发时间大致相似的空中旅行设定的票价有差别，那么，你如何解释这种差别？

2. 在你的同事当中做一个小小的调查，了解他们最近乘火车旅行时的购票情况。弄清楚他们购买的是“高峰期”的高价票还是“非高峰期”的低价票。尝试将他们支付的价格与其所感受的服务质量水平相关联。二者之间有联系吗？

3. 大学在整个年头和整个星期都会面对不均匀的需求模式。从你熟悉的教育机构找出不均匀的需求所引发的问题。再进一步找出解决你所发现的问题的可能办法并对其进行评估。

案例研究：进行文化变革以更有效地管理酒店收益的需要

作者：乌娜·麦克马洪—比蒂(Una McMahon-Beattie)，阿尔斯特大学(University of Ulster)

当前，在航空、酒店、汽车租赁、旅游、赌场、电视广告、房屋租赁、零售配送、物流、运动和表演艺术等许多行业都可以见到收益管理。在国际酒店业，收益管理的做法及其程序已经被广为接受且被视为未来的竞争优势。有一位评论家这样说道："'区位，区位，区位'的口头禅正在迅速被'收益管理，收益管理，收益管理'所取代"。然而，人们早就发现，引入收益管理并不是一帆风顺的，收益管理的成功实施远不止是掌握正确的专用技术那样简单。有多种管理和组织因素会对这类系统所能获得的收益水平产生重大影响。一个关键的成功因素是对系统背后的人进行的有效管理。海顿和彼得斯（Huyton and Peters，2000）对沃里克的一家有 180 间客房的大酒店进行的分析揭示了在实施过程中可能发生的某些问题。

在引入收益管理系统之前，酒店采用的是 Champs 管理信息系统，这一系统为酒店提供了统计入住数据和编制报告的好方法，但它在预测方面的作用却很有限，而预测可谓是收益管理的重要组成部分。系统的功能主要是回溯性的，不能就未来提供有意义的预测。需求预测的重要性在于它可以给客房管理者以足够的信心，为其"坚守"最高价位提供支持。这种"坚守"最高价位而非抢着接纳第一位到达酒店的客人的经营理念是收益管理的重要组成部分。这里面的含意是，酒店的业务量可以保持恒定，但通过有效的收益管理，由每位客户所产生的利润却会增加。知道何时"坚守"最高价位是一种管理技能，它需要可信的数据和预测方法提供支撑。除了配备预测系统之外，一个有效的收益管理系统还要求配备计算机决策系统（如本案例研究中涉及的酒店所使用的 Fidelio 系统）和有效的酒店内部通讯系统。

改变前台服务人员的态度也许是管理面临的最大挑战。前台服务人员先前很乐意为任何前来入住的客人做登记；然而，现在他们必须学会对客人说"不"以"坚守"价格。正如他们当中的某一位在引入新的收益管理系统之后所评论的："客房预订人员坐在那儿对可能入住的客户说：'实在抱歉，我们的客房已经全部预订出去了'；可是事实上，我们却还有 15 到 20 间客房等待销售(但是由于顾客给出的价格过低，我们不能接受)。"销售人员们已经习惯了一种文化，奖金是根据销售额而不是它们所产生的利润来分配的。前台预订人员培训项目的早期部分应该是教会他们说"不"。在实践中，这件事情做起来是很难的。因此，客房部经理就需要借助系统将客房关闭；这样，前台预订人员就会发现没有房间可供预订了。前台人员必须学会不担心对询价的客户报出最高档次的价位。事后给客户以折扣价格比尝试对一位已经订到低价房的客户恢复原价要容易得多。

管理层有信心“坚守”更高价格是因为他们知道，按概率理论来推算，他们可以碰到另外某个愿意按全价或按次高价位付款的人。原来建立在销售额基础上的员工激励制度现在有所改变，转而反映以更高价位实现的销售额。

正如乐队指挥能够将一个乐队中的演奏者的各种天赋和能力统一起来一样，收益管理在协调酒店在不同区域的销售活动方面也起着关键作用。出于这一原因，酒店会组建包含以下部门经理的预测团队：

- 总经理
- 客房部经理
- 餐饮部经理
- 财务总监

一些研究者们惊奇地发现，尽管每次会议的结果都会以销售目标的形式传达给销售部经理，但销售部经理却并未包含在这一预测团队中。

预测团队每月开会一次，讨论针对下个月度的预测工作。收益管理则帮助人们识别需求趋势，尤其是识别公司、休闲和会议这三个主要细分市场之间力量对比的变化。

有合适的信息支持的例会使酒店能够预测未来。举例来说，在上一年度，酒店发现在六月的周五和周六业务很清淡。这是因为这个月有两个公共假日，所有想到沃里克度周末的人们都到别处去了，客房部经理找不到更多办法来刺激需求。但如果采用了收益管理系统的话，预测团队本来可以在这一年的早些时候采取更加积极的行动，那时，在以往经验的基础上，它应该已经能够发现六月份潜在的清淡时段。早早在一月份或二月份，酒店就有足够的时间为该周末预订一个教练组——尽管它带来的收益相对要低，但有些收益总比没有收益要好。

出现的另一个问题是需要管理作为整体的酒店而非其内部各个组成部分的收益。举例来说，如果酒店执意保持很高比例的支付高房价的公司客户，餐饮部就可能遭受损失。因为商人们都喜欢在酒店外面用晚餐，这就会让酒店的餐厅得不到收益。另一方面，承办一次会议得到的收益按单位房间计算也许不多，但会议在招待和餐饮项目上的高额支出却大可以补偿这方面的不足。

酒店一直坚持使用其收益管理系统。那么，这一切值得酒店付出努力吗？在使用该系统的头一年，酒店注意到每间客房每晚的收益平均提高了 5 英镑，比业内价格的平均增幅都要高；鉴于这一行业的竞争特性，以上数字非常令人可喜。事实上，专家们说，使用收益管理系统可以使收益普遍提高 3%~7%或更多，所有这一切都来自于对现有资源的更有效利用。

这一案例清楚地表明，收益管理系统不仅仅是一件安装好后不需要人们照料就能够自动产生它能够给出的好处的专用软件。只有组织中的人们了解系统的优点和缺点的同时扬长避短合理地利用系统、并将其作为组织日常活动的一个正常部分的时候，收益管理系统才会以最高的效率运行。这种对文化变革的需要也是奥库穆斯(Okumus,2004)最近对一家国际连锁酒店的收益管理实施过程研究的关键发现。他认为，实施收益管理并不是一个充满理性的、线性的过程，而是一个动态的和连续的过程，在这一过程中，企业的组织文化、架构和动力起着重要作用。

问 题

1. 总结可能对组织追求最大收益产生不利影响的事项。

2. 可以使用什么技术来改善酒店在需求预测方面的准确性?

3. 你认为与收益管理系统相联系的价格波动会在多大程度上破坏客户对酒店品牌的信任?

第13章

管理沟通

学习目标

阅读本章之后，你应该理解

- ❖ 服务的无形性对购买者风险感知的影响以及促销在处理感知的风险上所起的作用
- ❖ 服务公司通过沟通建立和保有信誉的需要
- ❖ 沟通过程及其在降低感知的风险方面所起的作用
- ❖ 扩展的服务促销组合
- ❖ 一线员工的促销作用
- ❖ 口碑推荐对服务的重要性

13.1 引　言

本章的重点是服务提供商的沟通。沟通不只是向潜在和实际客户兜售某一特定服务所具有的好处。我们在这一章将看到服务的无形性往往要求买方对服务提供商有很高的信任,并对其按照承诺提供服务感到有把握。由于无法在购买之前检查服务这一事实,服务组织的沟通工作大部分集中在建立强有力的组织形象和向客户提供保证:无论其服务组合有多宽,它都能够经得起信任,完全兑现对客户的承诺。我们在第 2 章看到,随着服务企业的成长,客户又不能总是依靠企业所有者本身的个人信誉,品牌因此变得越来越重要。一个品牌必须传达组织的价值,使得客户无论何时何地与组织打交道,都可以对获得一致的服务过程和结果感到放心。

服务提供商的沟通也有可能是针对范围广泛的其他利益相关者,包括政府机构、员工、供货商和中介机构。在高度规制的服务部门,如电话和电力供应部门,向竞争管理机构沟通大型准垄断公司的利益是实现长期成功的关键所在。在劳动密集型的服务行业,向员工传达组织的价值观对于确保一线员工体察客户的期望可能至关重要。

有人说,沟通超越了营销管理责任的边界,许多组织设有中央化的沟通职能部门,其职责范围涵盖营销、运营、财务和人力资源管理等方面的广泛沟通问题。公司的财务业绩公告也许不会被特别当作是营销沟通问题,但尽管如此,一些特别好(或特别坏)的财务结果也许会对公司的营销努力产生间接影响。如果公司的业绩特别好,客户会把它看作成功的公司还是贪婪的公司?(2006 年,零售商特易购取得创纪录的利润,但它却刻意淡化其成功的影响,以避免客户和规制部门指控它滥用市场主导地位)。特别糟糕的结果可能导致客户质疑该公司有没有能力兑现它所承诺的服务,或者,该公司在未来是否还会继续运行。在公司通过中介机构和共同生产者网络提供服务的情形,这些可能对公司作为网络伙伴的长期可行性相当关注。

当公司面临危机时,有效的沟通尤为重要。我们已经看到,服务一般要比制成品更加易变,服务组织偶尔也会面临一些重大危机,如飞机坠毁或某家餐馆突发食物中毒事件等等。沟通对于确保客户相信公司仍然可信赖至关重要,如果处理得当,一场危机甚至会为某公司的可信度加分。

沟通基本上要求公司通过沟通渠道发出信息,并将其传递给预定目标。沟通是否成功取决于多项因素:

- 信息本身的性质。信息是否切中它所指向的人们的关心/需要？它所使用的语言能够让人们理解吗？
- 对目标受众的正确界定。指向错误人群的沟通与全然不做沟通同样糟糕。在沟通针对潜在客户的情形，沟通的目标受众应该是通过市场细分研究和目标市场选择而识别出来的。我们在第 6 章看到，购买者行为可能是非常复杂的，它会涉及很多人，决策过程可能延续很长的时间。就服务利益而做的沟通应该在购买过程中的正确时间指向决策单位中的正确成员。
- 为切中目标受众，必须选择最合适的沟通渠道。目标受众的成员都看哪些报纸？哪一天看？他们偏爱什么电视频道？他们最有可能访问哪些网站？沟通渠道的选择涉及成本—收益评估分析——你所支出的每一英镑能够保证你接触到目标受众中的多少人？
- 公司所发出的信息不一定是目标受众所接收到的信息。多种"噪声干扰"因素会导致目标受众对信息的解释与信息发出者意欲传递的信息相左。由于竞争对手的活动、新闻媒体上的传闻、天气因素等的影响，上个月效果还非常好的广告在这一个月也许会表现不佳。就许多信息而言，在不同的个人如何解释某一则特定信息方面，也有可能存在非常大的个体差异——与某银行有过不愉快经历的个人也许会带着怀疑去看待其贷款广告，而某个急于获得第一笔借款的人对这一则广告也许持更加肯定的看法，将其看作满足个人需要的手段。沟通渠道本身也会影响信息感知方式。例如，如果在一份诸如《乡村生活》(*Country Life*)之类的高档杂志上登载一项打包度假服务广告，这一打包度假服务也许会被视为高端享受；但如果同样的度假活动广告在一份诸如《世界新闻》(*News of the World*)之类的庸俗报纸刊出的话，这样的度假服务也许会让人觉得廉价和一般。

图 13-1 所示为一个包含沟通过程基本要素的模型。

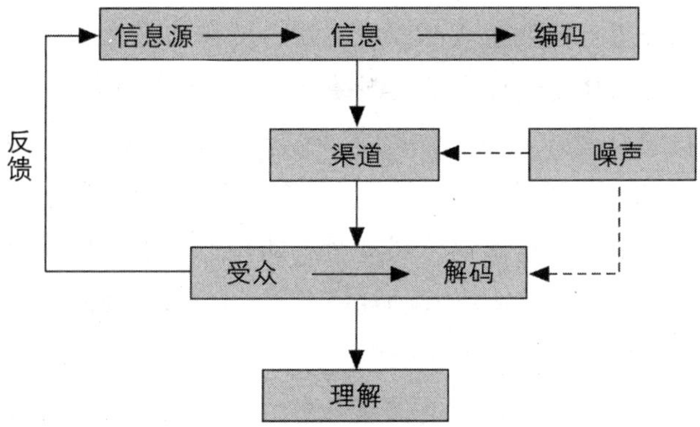

图 13-1　沟通过程

本章首先探讨服务组织寻求向各种受众传递的信息的性质。然后，考察服务组织就如何在不同的沟通渠道之间配置其沟通支出进行决策。我们也会考察与制造业公司的促销组合对比，服务组织如何处理一个扩展的促销组合。除了常规的促销通道外，服务的不可分性也为沟通创造了新的机会（和挑战）。一线服务人员、服务生产过程的可视性以及有形的服务生产环境都具有对汽车制造商来说通常不可能的方式传递信息的潜在能力。

最后，不应忘记，促销本身就是一个大的服务部门。各种公共关系机构、直邮经营者以及广告代理商不仅向其他厂商的营销努力提供重要的投入，它们本身也必须为自己的各种业务制订促销计划。

13.2 信　息

组织的沟通努力的最重要部分是它要传递的信息。信息应该来自于对组织服务要约及其品牌定位的正确分析。信息若要取得应有的效果就必须正确地识别目标受众；而且，信息的传递必须切中目标受众的需要和期望。在这一节，我们考察服务组织在几个情景下的沟通努力。我们将首先考察沟通核心品牌价值的重要性，它可以鼓励客户和其他利益相关方信赖组织及其品牌。然后，我们将考虑沟通特定服务要约的特征和利益的各种方法。最后，服务组织通常不得不在危机环境下传递信息，而服务的无形性和不可分性使其成为相对于制造商而言的服务组织的一个大问题。

传播公司品牌

对于许多服务组织来说，传播其品牌价值比宣传其单个服务要约的利益更为重要。我们已经看到，服务的无形性隐含着购买者一般不能在消费服务之前对它进行评估，因此，他们何以能够相信承诺提供某项服务的公司确实会做到自己承诺的事情呢？以服务为基础的组织会在发展和弘扬公司信誉方面做重大投资，成功的公司会将在一个服务领域内发展起来的信誉用来发展完全不相关领域的新服务要约。在英国，零售商布茨利用客户对其药房连锁店的高度信任来发展眼镜店和牙科服务。类似地，维珍集团利用其作为受信任组织的信誉从音乐领域转向航空、银行、电话和铁路运营领域多样化经营。该公司在2006年宣布发展“维珍银河”项目，希望将游客带到外层空间，此举要求公司享有客户的高度信任。如果你觉得某公司甚至不能让你相信它会告诉你它的财务账目的真相、或被认为在其服务活动的其他领域的安全维护没有良好记录的话，你会愿意让它将你真正带到这个世界以外的地方去吗？

传播公司品牌因此成为服务组织的关键任务。因德（Ind，1997）将公司品牌定义为“代表组织的各种价值的总和”。这一概念隐含着组织通过公司层次以及营销层次的沟通载体向其内部和外部的利益相关者网络传播组织价值的需要（巴尔默和格雷瑟[Balmer and Greyser]，2006）。在本章稍后的部分我们将看到，与员工、政府机构和地方团体的沟通对于营销的成功至关重要，有时候，向客户群体传播组织价值的重要性也许会降到第二位。成功的服务组织能够有效地管理公司品牌沟通的多个维度，如战略性公司愿景、组织文化和满足不同客户和利益相关者群体的需要等等（巴尔默和格雷瑟[Balmer and Greyser]，2006）。

许多服务组织必须在面对压力集团攻击的情形下保护公司品牌。压力集团对组织某些做法的反复攻击也许会误导某些客户，更为严重的是，它甚至会最终导致政府规制，后者具有增加服务部门成本和/或减小其对客户的吸引力的效果。有时，压力也许产生于公司与某个问题的一般联系，而非压力集团对公司运作的具体不满。例如，星巴克公司就面对着来自反对美国文化至上和反对对原材料生产者剥削的集团的压力。公司通过使用"公平贸易"咖啡来强调其社会责任，从而特别地响应这些关注。当然，在公司一方面传递信息安抚压力集团、另一方面却并不兑现其承诺的情形，这样的做法会更加激化压力集团对公司的批评，现在它们不仅可以因为它原有的坏做法、而且还可以因为其伪善和欺骗之举而指责公司。

服务组织并不只是处在被动地接受压力集团的活动的一端——它们通常也会联合起来影响政府的政策形成。举一个例子：英国的许多小酒馆经营者是波特曼集团的成员，它们曾经使用这一组织向政府施加压力，抵制对小酒馆许可执照和开放时间的进一步限制(图 13-2)。集团也向更广泛的利益相关者群体——包括客户、地方和国家政府机构以及健康促进组织——传播以负责任饮酒为内容的信息。尽管通过压力集团沟通的做法对某些服务组织来说也许有吸引力，但也有可能会出现一些问题。如果某个产业在某个问题上出现意见分歧，有效地传递其诉求就会变得不可能。例如，英国铁路联合会很难就拟议中的食品标签规制向政府传达其观点，因为其成员就什么是他们要追求的最好政策意见不一。如果某个部门在传播其主张方面合作得过于紧密，它也可能会被人指责为非法地运作一个旨在限制消费者选择的卡特尔。

主题思考：绿色航空公司之争

全球变暖已经成为全世界消费者关心的主要问题。最初，意识到全球变暖的原因和后果的只是少部分人；但其与 2004 年的毁灭性海啸以及 2005 年的飓风卡特琳娜的联系使许多人从根本上认识到向大气过度排放二氧化碳可能的长期有害后果。全球变暖不再是一个让人幽默的话题——北欧发达国家和美国的人们可以围绕这样的话题一个劲地谈论暖冬带来的良性影响以及他们能够种植的新植物。毁灭性的风灾、上升的海平面和低洼地区的灭顶之灾越来越被人们看做是我们人类天才性地使用化石燃料的后果。

减少二氧化碳排放已经被许多制造企业纳入议事日程，这些企业中的一些最大企业已经通过《京都议定书》所发起的一个碳交易体系来减少排放。不过，有一个服务部门——民用航空部门——却因为未能支持碳减排原则而引人注目。对这一部门的批评指出，由于缔结国际协议，航空燃料不被征税，与此形成对照的是，大多数其他形式的燃料却被课以重税。尽管在20世纪90年代，飞机在燃油使用方面已经变得越来越有效率，但随着易捷和瑞安航空之类无虚饰航空公司一道飞行的高涨需求却抵消了燃油节约的积极效应。廉价型航空公司在向客户传递其低价格信息方面似乎非常有效率，它们的飞机满载着客户，而客户们想得更多的往往是地中海海滨的便宜周末度假，而非未知的和遥远的全球变暖的可能性。

不过，无虚饰航空公司越来越需要将其沟通努力指向政治家们，他们当中有些人正在因为航空公司似乎缺乏意愿着手处理气候变化问题而变得垂头丧气。伦敦大主教已经以“不道德”一词来描述空中旅行，因为有钱的西方旅行者们能够通过气候变化对发达国家的人们施以害处。航班乘客中的大部分人会真正开始因为一个便宜的周末度假飞行感到歉疚，进而减少其服务购买吗？

2007年，宣传战随着一位英国政府部长将瑞安航空公司描述为“资本主义不负责任的一面”而升级。这位部长称，在其他产业和消费者减少排放的同时，瑞安航空公司却以一个创纪录的速率扩张，向大气中排放更多的二氧化碳。在一篇名为《航空与全球气候变化》的报告中，地球之友(2000)指出：商业喷气式飞机每年为全球变暖贡献6亿吨二氧化碳，这与非洲的排放总量不相上下。在这样的负面宣传之下，由于人们为飞行感到歉疚，而且政府也越来越偏向于规制民用航空并使之更为昂贵（尤其是对于那些无虚饰航空公司一直所指向的对价格敏感的客户市场来说），瑞安航空公司的利益是否会受到损害呢？

沉默而不知名的瑞安航空公司的首席执行官麦克尔·奥莱利发起了咄咄逼人的宣传战。在将那位政府部长贬为“什么都不懂”的同时，他将瑞安航空公司描述为公众的朋友，而非导致全球变暖的公众之敌。他辩称，旅行者们应该感到放心的是，瑞安航空公司使用的是世界上最现代化和燃油效率最高的机队。此外，瑞安航空公司采用的“低价格、满负荷”运行的商业模式真正意味着依乘客人头计算的碳排放量比传统的全服务型航空公司要低得多，后者的飞机通常在一半座舱空载的情形下飞行。廉价型航空公司经营范围更广的点对点网络，避免了经由中心机场拼接两个非直达航班飞行的代价高昂而又于环境有害的影响。

接踵而至的围绕航空公司对全球变暖的贡献而展开的口水战表明，许多普通乘客很难评价互相对立的观点。许多人打心眼里相信政府和教会领袖们的观点，这使得他们为飞行而感到歉疚。政府也许想要提高燃油的成本，因此，边际的客户也许会由于定价的原因而被排斥在飞行服务之外。这对航空公司来说是潜在的坏消息，它们会意识到需要继续将宣传战打下去：不只要促进其低票价的做法，而且要促进其廉价而又无歉疚的旅行理念。

图 13–2　和许多酒吧一样，这家酒吧也在为其“快乐时光”时段起劲地促销，在这一时段，酒吧将减价卖酒。对于酒吧经营者们来说，这种宣传对于利润的提升也许是至关重要的，如果该地区的所有酒吧都同样地报出低价的话，这样的宣传就尤为重要了。不幸的是，酒类贱卖和“买一送一”的一个后果便是“作乐型饮酒”的增加，以至于英国许多小镇的中心在夜间变成嘈杂而又充斥暴力的区域，过度饮酒则为之火上浇油。对于任何酒吧来说，它既需要对客户进行大力度的价格促销，又需要看上去具有社会责任感，以恐政府对该部门实施进一步规制；那么，它应该如何平衡这两种需要呢？酒类广告现在例行地包含过度饮酒后果的警告，但这一部分的广告文字通常以比主要价格信息的字体要小得多的字体出现。酒吧该不该径直停止买一送一，转而在降低销量的基础上提高利润？尽管这也许是一个既负责任、又能保证盈利的做法，但如果其他酒吧继续其买一送一，这一做法却会是不可行的——打定主意要饮酒的人们会径直到给出最佳报价的最便宜酒吧去。作为对这一部门所面临任务的复杂性的解释，人们注意到，某些城镇的酒吧主们已经自发地联合起来，尝试达成集体协议来终止许多人相信会导致“作乐型饮酒”的价格促销。所有酒吧主达成一致意见会是至关重要的；因为如果达不成一致意见，饮酒者就会很容易地发现最便宜的饮酒去处，其他酒吧就会被迫防御性地降价以保护自己的业务。但政府会将此视为一个由社会促成合作的良好典范吗？这里还需要提一下公平交易局，它曾向埃塞克斯的一群酒吧主发出过它们会因为卡特尔运作和非法固定价格而被起诉的隐约威胁。

沟通服务特征和利益

对于许多服务组织来说，大部分的沟通意在鼓励对特定服务要约的购买。对于某些在竞争性市场上运作的低参与度服务项目，宣传服务的关键特征和利益对于销售的成功也许至关重要。

一则信息应该能够鼓动个人沿着一条从建立对服务的意识到最终购买服务的路线迈进。信息若要为人们接收和理解，首先必须赢得人们的注意，需要使用通用的语言，唤起人们对它的需要，并告诉人们这些需要如何能够得到满足。所有这一切的发生不得超出目标受众可接受标准的范围。不过，服务本身、信息渠道以及沟通之源也会传递信息，因此，保证它们互不冲突是非常重要的。

沟通信息的三个方面——内容、结构和格式——可以为我们所确定。可能引起人们注意、改变人们的态度和意向的是信息的内容。因此，信息的诱惑力或信息的主题非常重要。信息的配制应该将某种利益、激励因素、认同或受众为什么应该考虑或做某件事情的理由考虑进去。诱惑应该诉诸理性、情感或道德。

与特定服务要约相联系的信息可以按主题划分为几个类型。以下是一些信息所共有的核心内容：

- 组织及其提供的服务的性质和特征。例如，国泰航空公司的电视广告强调其飞行服务的高质量。
- 相比竞争对手的优势。瑞安航空公司的促销强调其低成本的票价：其机票成本低于竞争对手的成本。
- 满足购买者需要的适应能力。许多保险公司强调其保险单设计所具有的灵活程度，它们能够根据特定年龄段人群的需要来设计保险单。
- 他人的体验。例如，先前感到满意的客户的证明可以彰显使用服务所能获得的好处。

信息务必使其接收者感到信息是具体针对他们而发出的，务必让他们感到他们有理由对其感兴趣。信息结构应该按照其功能来设计。包含在信息中的要点应该按顺序编排（最有力的论点在前或在后），还要考虑是使用单向信息还是双向信息。信息的实际格式在很大程度上由所使用的媒介决定，比方说，如果是公开出版的材料，要考虑使用什么印刷字体；如果使用广播媒体，则要考虑使用什么语音等等。

受众心理研究的第二项重要特征是受众在考虑购买特定类别服务的时候所感知到的风险程度。对于被认为是高风险的购买项目，客户有可能使用更为可信的信息源（如口碑推荐），并通过各种信息源进行长时间的搜寻。人们在尝试新产品的意愿方面大不相同，有人尝试根据人们冒险意愿的高低来对人群分类。罗杰斯（Rogers，1962）将个人的"创新性"定义为"个人相对而言比社会系统的其他成员更早地采纳新的想法"。每一个产品领域都可能有"消费先行者"以及早期采用者，其他个体只会在很晚之后才采用新产品。随着新服务走过其生命周期，主体信息可望发生变化：最初它可能强调有创新意义的新特征，强调最先拥有产品；然后，它会逐渐地越来越强调价格的可承受性以及良好的可及性（图 13-3）。

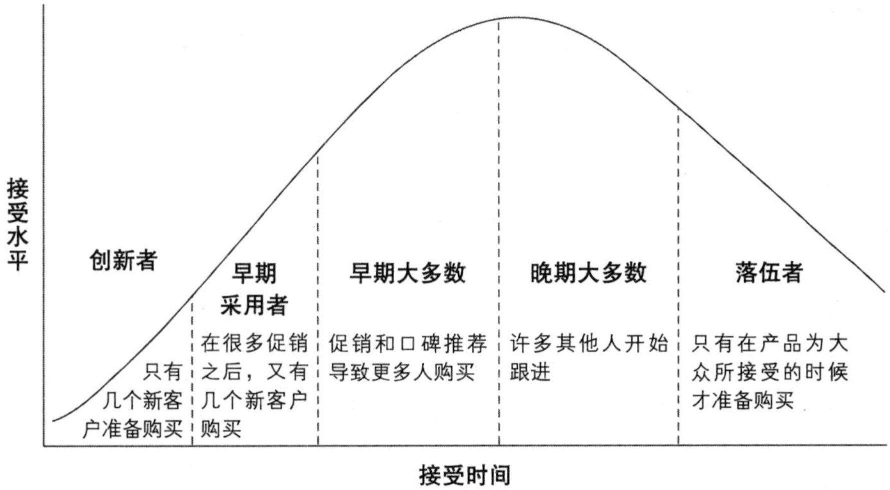

图 13-3 信息要反映服务在其生命周期中所处的位置以及服务购买者尝试新服务的动机方面的差别。在罗杰斯所描述的扩散模型中，一个小的"创新者"群体首先对新服务做出反应，针对他们发出的信息也许会强调购买经历给人们的新鲜感，以及成为某个高档产品的"消费先行者"而获得的社会利益。随着时间的推移，使用服务的现象将逐渐在更大的受众群体中扩散，成本的下降和竞争压力的增加会促进这一扩散过程。广告信息可能越来越强调良好的可及性以及价格的可承受性，而不再强调服务的奢侈性。作为最后一个群体的"落伍者"，可能只有在向其传递的信息暗示一度为奢侈型产品的某种东西现在已经成为连他们也购买得起的必需品的时候才会愿意接受该信息。移动电话服务作为一个服务类别已经经历了这样一个扩散过程，先前围绕手机短信制定的意在传达"对'势利'客户的吸引力"的信息已经让位于更为一般的以价格为基础的促销信息。不过，移动电话经营者也在不断发展新的服务(如将体育赛事实况传输到客户的手机上)，而这些新服务有可能在其自身为主流受众所接受之前通过新的创新者群体启动新一轮创新过程。

主题思考：游击战术

在战争世界，最危险的敌人是偷袭者，他们的行为不可预测，能够产生与其努力不成比例的重大影响。商业组织的促销活动也是如此。当广告开始与装饰相混合的时候，可以采取游击战术来抓住购买者的注意力。

游击营销一语并不新鲜，它可以追溯到 20 世纪 80 年代中期。杰伊·康拉德·利文森将这一理念描述为以非传统的方法(如投资精力而非金钱)来实现与传统的目标(如利润增长)有关的一切活动(利文森[Levinson]，2003)。正如游击战术可以被一小部分持不同意见的群体用来追求自己的利益一样，游击营销也尤其适合于更小的服务企业。夜总会、酒吧和在线信息服务单位是经常使用游击战术的组织。不可避免地，出于道德方面的理由，许多游击营销的做法备受拷问。

游击营销的原理之一是在受众很少期望获得销售信息的时候使信息到达目标受众。由于目标受众并不在知觉上过滤掉那些可能会被视为销售信息的东西，他们也许更愿意接受别人的说服。

当游击战术与互联网建立联系的时候，其结果从道德上看甚至更有问题。FriendGreetings.com 建立了一个邮件发送清单，成千上万的人按照链接的指引去接收一份该公司声称在等候他们接收的问候卡。然后，使用者们应邀安装一个 ActiveX 控件，以便查看他们的电子卡片。接下来，有两份冗长的终端用户许可协议被显示出来，说明通过运行该应用软件，用户允许一个类似的电子邮件发给其 Outlook 地址本上的所有地址。当然，许多用户并没有费心思去阅读许可协议，因此也就允许了许多非其所欲的邮件从他们的电子邮件地址发出去。这类生成大量人们不想要的邮件的"蠕虫"有如病毒一般让人生厌。游击战术实现了吸引人们注意力的目标。由于信息采取了通过用户认识的某个人发出的电子贺卡的形式，他们并不会怀疑点击链接会导致任何不愉快的事情发生。

FriendGreetings.com 之类公司的做法合乎道德规范吗？由于公司是在给自己招惹坏名声，这种做法是不是在自拆台脚呢？这种让 999 个人感到不便，而公司却会从每 1000 个它所指向的人们当中的某一个人那里得到有利可图的生意的做法正确吗？制止这样的做法有可能吗？毕竟，用户从技术上说已经允许蠕虫进入他们的计算机，即使向他们发出的请求是被恶意地隐藏在一个冗长的许可协议当中。

信息意图和受众反应

公司因为多种原因发出信息，取得短期销售业绩通常不是发出信息的主要目的。我们已经看到，发展强大的品牌信誉往往是发出信息的重要原因，而取得直接销售业绩往往是发出信息的次要目的。

沟通者也许寻求下面三项受众反应中的任何一项或多项：

- 认知反应：信息应该被考虑或理解。
- 情感反应：信息应该导致某种态度上的变化。
- 行为反应：最后，信息应该实现某种行为上的变化（如购买决定）。

在大多数情形下，客户要走过一系列阶段才会最终决定购买某项服务——对于高参与度的服务来说尤其如此。因此，了解这些购买者准备阶段以及评估目标在任何给定时间处在哪一个阶段是非常重要的。

许多模型被建立起来，以表明营销沟通如何"推动"信息接收者走过几个相继的阶段，最终导致购买决策。图 13-4 所示为以三个广泛使用的沟通模型——AIDA、效果层次和创新—采用模型——来定义的购买阶段。

沟通模型描述了一个走过各个阶段的简单和稳定的运动路线——尽管当一项销售

作业完成之后,沟通并不应该被视为过程的终结。在第 7 章,我们曾经指出,服务组织越来越寻求建立与客户的关系,因此,应该将行为变化(销售)视为一个起点,要从该起点开始采取行动,使客户意识到可以从组织获得其他服务,并牢牢掌握客户的回头生意。平稳地走过这些阶段的进程将因为几项“干扰”因素的出现而受阻,这些“干扰”因素将在下文讨论。在每一阶段的成功概率随着干扰的结果累积性地递减,因此,最后阶段取得实际购买的概率会非常低。

发出去的信息与最终的反应之间会出现几项“干扰”因素。“干扰”因素的性质可以根据一个简单的购买者反应“黑箱”模型来验判。一种形式的沟通(或从公司内部发起,或从外部发起)被视为对某种形式客户反应的刺激。客户反应的形式可能是购买数量、购买频率甚至是不购买。不过,最后的反应却不是对最初刺激的直接反应。

领域	AIDA 模型	效果层次模型 (Lavidge and Steiner, 1961)	创新—采用模型 (Rogers, 1962)
认知	意识	意识	意识
		知识	
情感	兴趣	喜爱	兴趣
	欲望	偏好	评估
行为	行动	确信	尝试
		购买	采用

图 13-4　购买阶段模型。沟通过程往往必须将潜在客户从没有意识到服务存在的阶段带到意识、喜爱和最终购买阶段。此外,对于已经成为客户的未来潜在客户,应该强化其对服务的积极态度,如此,他们就会再次购买并将服务推荐给他们的朋友。

最初的刺激可能因扭曲而失真，导致不同的个人以不同的方式给出对同一刺激的反应。干扰因素可被分为两大类：

- 与个人相关的干扰因素,如心理因素。以往的积极的和消极的经验都会预先暗示某个人以特定的方式去解读信息。受众中特定成员的个性也会大大地影响信息的解释——例如,外向的人对一则信息的解释也许不同于内向的人。类似地,个人动机也会影响信息解读。一个刚刚下班回家、即将用晚餐的饿了的人对一个寿险推销员传达的信息就不会很在意,此类信息也许满足更高层次的家庭安全的需要。
- 与其他群体相关的因素,如社会学因素。对行为的重要社会学影响包括文化和社会阶层。不同文化和阶层的个体成员可能以不同的方式解释信息。比如,为提供贷款便利而做的宣传在一定社会群体当中也许会遭遇充满疑忌的解释,因为这些群体已经习惯了自食其力的生活；而其他社会群体的成员也许会由衷地欢迎该信息所代表的机会。

信息源

信息源——与信息本身不同——可以影响任何沟通的有效性。以下几个因素会影响到沟通的有效性：

- 如果某个信息源被认为有影响力，那么，受众反应也许是依从。
- 如果某个信息源受人喜爱，则受众的认同会是可能的反应。这里的重要影响因素除了实际信息源的魅力之外，还包括过去的经验和服务组织的信誉。推销员、联系人以及电视/无线电台名人等在创造喜爱方面都发挥着重要影响。
- 如果某个信息源被认为是值得信赖的，那么，信息更有可能被受众内在化。通过树立某个信息源在地位、影响力和声望方面的重要性和崇高性，或通过强调其可靠性与开放性，可以为之建立可信度。
- 就许多低风险、低涉入度的服务来说，一个人的同辈群体对它们的认可会是非常重要的。“如果像我这样的人对使用这项服务感到高兴，那么，我也会感到高兴”是一个典型的合理化过程。打算利用这一客户心理的公司也许会将普通人用作信息源。2007 年，以英国为基地的汽车保险公司邱吉尔公司在广告中使用

主题思考：大学也要好玩？

广告活动既要能够吸引人们的眼球和具有可及性，又要保有产品的核心价值，这二者之间如何寻找平衡呢？在以增加年轻客户的数量为目标的广告活动越来越让传统的、成熟的受众感到冷落和疏远的时候，零售商、银行和保险公司都遭遇过不少问题。疯疯癫癫的广告也许能够吸引人们的注意力，但它就所提供产品的性质都说了些什么呢？在利物浦的约翰·摩尔大学使用非传统的方法为其 1999 年的课程做广告。课程说明书对所提供课程的细节给予的关注相对来说并不多，但它却花了很大力气去强调城市中的一些酒吧和俱乐部。此举很可能是建立在合理分析影响学生选择大学的各种因素的基础之上。大多数潜在的学生只有有限的能力分辨竞争课程的学术信誉，而夜生活却是一个更容易的参考点。可是，媒体却偏偏把这一故事挑出来，宣称此举是一般性教育“低俗化”的进一步证据，尤其是这所大学。即使是大学现有的学生也声称：他们的学位的价值会因学校的广告而缩水，这一广告使得他们的大学在外部世界看来像是一所“乐天型大学”。但如果大学恢复使用先前那种乏味的广告和课程说明书，它会不会失去一个使之与竞争对手相区别的特点？目标受众会不会不再去读广告信息呢？

普通购买者提供证明：当他们为自己的爱车续办保险时，公司会为他们省钱。

- 名人通常用来代言一项服务或组织。我们有一种将所喜欢著名人物的品质转归到其代言的产品的倾向。关于名人代言效应的研究有很多。要取得好效果，必须小心谨慎地选择名人，以保证名人的形象与产品目标市场的个人抱负具有一致性（例如，电视厨师杰米·奥利弗已经赢得一群好学上进的厨师们的忠实拥趸，杂货零售商森宝利充分利用这一点，雇用这位名厨师在其广告活动中打头阵，展示以森宝利的食品杂货制作的美食）。

晕轮效应（holo effect）与可信度的概念有密切联系。科尔森—托马斯（Coulson-Thomas，1985）将其定义为"将其他人或物的质量归诸于与之关联的人或物的倾向"。"品格"与服务之间的感知联系越是密切，晕轮效应就会越强。不过，也存在一种称为"事后效应"的现象：信息源的可信度——以及信息记忆——需要经过一段时间才能建立起来。这里面的含意当然是：公司和服务的信誉既需要通过正式的广告、也需要通过客户与一线人员之间令人满意的接触定期强化。

危机中的沟通

由于服务是高度易变的，因此总是存在这样的可能：媒体将某件坏事挑出来抓住不放，让受众以为这对出事的组织来说是常有的事情。对于能见度高的公共服务或准公共服务来说，这尤其是一个大问题，受众会乐于阅读与这类服务有关的"坏消息"报道，从而证实他们自己的偏见。此外，服务组织会因为其经营环境本身的性质而面对不可预测的重大危机（如火车撞车事故或夜总会火灾等等）。外部事件也许会给组织带来坏名声，类似服务组织的负面行为也许会给整个部门带来坏名声。在所有这些情形，组织需要建立沟通应变计划，以便将事件曝光所导致的任何惊诧和混乱最小化。如果组织在发展与媒体相互支持的良好关系方面事先投资过时间和精力，那么，坏名声更有可能得到有效的管理。

沟通会怎样帮助以服务为基础的组织走出危机呢？有许多证据表明，积极的而非消极的行为对于组织名声的短期恢复和长期恢复都至关重要（史密斯[Smith]，2005）；艾略特[Elliot]等，2005）。服务组织通过制订应变计划可以促进自身从危机中复原。这些计划的性质取决于所提供服务的类型，例如，以互联网为基础的服务公司也许会集中精力应对其主要服务器或许因为火灾或恐怖主义袭击不能为用户所获得而产生的后果。一项应急计划也许是建立可以在极短时间投入运行的、散布在多个地理位置的备用服务器和呼叫中心。即使是以设备为基础的服务，如互联网服务提供商的服务，如果不将每一个小细节在脑子里充分思考一遍，复原计划也许依然会失败。例如，备用呼叫中心的电力供应足以用来对付突然增加的服务使用吗？员工可以以多快的速度转移到备用呼叫中心,他们怎样到达那里?谁会就到哪里去这一问题与员工沟通?有没有一个最新的员工联系电话号码清单,以便公司与员工随时保持联系,即使在运营中心不再为员工可及的情形?

对于涉及高程度客户共同生产的劳动密集型服务,精确地预测危机的性质有时候会是很困难的——即使能够识别潜在危机的一般性质。对于餐馆的经营者来说,可能的危机也许因健康和安全问题(突发食品中毒)而产生,因客户死亡或客户受到伤害(如餐馆的分店遭受火灾或炸弹攻击)而产生,或因公司治理问题(如被指称进行制度化的种族歧视)而产生。即使特定危机的细节也许是不可预测的,但组织仍然应该能够针对一般性危机制订应急计划。这些也许包括,例如能够在短时间内起用一个呼叫中心处理客户询问,以确保适当线路的开通,并有接受过适当培训的人员值守。在组织内部应该有经历过良好演练的沟通渠道,它们可以在正常内部渠道不可获得的情形下投入使用。

有时候,一场危机也许会因一部分媒体自鸣得意地报道公司先前服务失败的故事而加重。例如,2000 年,发生在英国哈特菲尔德的一列伦敦至爱丁堡的火车撞车事件引发了一系列广泛的跟踪报道,报道的内容全都是与铁路基础设施以及与私有化的 Railtrack 铁路公司的维护作业有关的故障,而 Railtrack 铁路公司则被认为将利润置于安全之上。导致 4 人死亡的撞车事件似乎表明英国铁路的一切都有问题。部分是由于公众对英国铁路运营商的普遍不信任,这一产业在规制机构的压力之下被迫以极其严厉而又成本高昂的措施——包括全系统范围的速度限制——做出反应。产业处于媒体的严密监视之下,媒体觉得如果继续紧盯下去,兴许会有更多的坏事情被挖出来。这一部门花了好几年时间才恢复客户对它的信任。与此形成对照的是,长途汽车经营者国家快运公司有一个长期安全运行的历史,它很少让客户感到有投诉的理由。公众已经有好长时间读不到人满为患的长途汽车在未经适当培训的、因超时工作而精疲力竭的司机驾驶之下超速行驶的故事了。当该公司的一辆汽车在 2007 年 1 月发生导致 2 名乘客死亡、几名乘客受伤的撞车事故之后,媒体总的来说对该公司持同情态度。公司高级管理人员及时出面回答媒体提出的问题,且公司向客户及其受到影响的亲友提供了快捷有效的救援电话热线。除了这些,公司一直致力于在良好信誉上投资,即使是一些最不与人为善且最好刨根问底的记者也找不到一丝管理不善的历史记录,自然也就没有办法延长危机和开启一个令公司不得安宁的“蠕虫之罐”。

13.3 沟通渠道

在考虑了“谁对谁说什么,有什么效果”这个问题之后,下一个关心的领域便是“如何去做”。这就包括选择和搭配不同的沟通渠道,以便实现营销组合的既定促销目标。如果要让合适的信息通过最合适的渠道以最为成本有效的方式准确击中目标,规定沟通

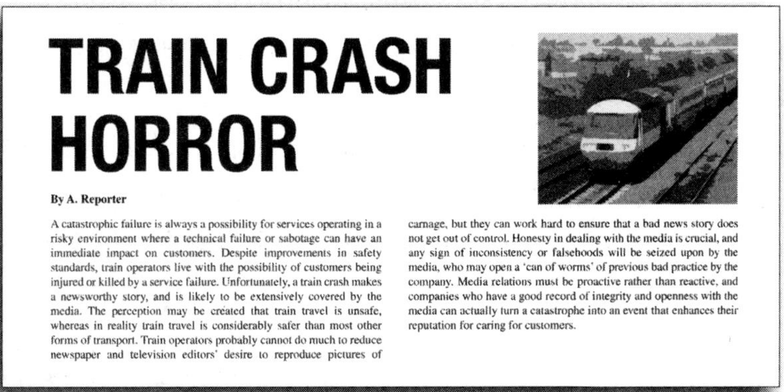

TRAIN CRASH HORROR

By A. Reporter

A catastrophic failure is always a possibility for services operating in a risky environment where a technical failure or sabotage can have an immediate impact on customers. Despite improvements in safety standards, train operators live with the possibility of customers being injured or killed by a service failure. Unfortunately, a train crash makes a newsworthy story, and is likely to be extensively covered by the media. The perception may be created that train travel is unsafe, whereas in reality train travel is considerably safer than most other forms of transport. Train operators probably cannot do much to reduce newspaper and television editors' desire to reproduce pictures of carnage, but they can work hard to ensure that a bad news story does not get out of control. Honesty in dealing with the media is crucial, and any sign of inconsistency or falsehoods will be seized upon by the media, who may open a 'can of worms' of previous bad practice by the company. Media relations must be proactive rather than reactive, and companies who have a good record of integrity and openness with the media can actually turn a catastrophe into an event that enhances their reputation for caring for customers.

图 13–5 在技术故障或人为破坏可能立即对客户造成影响的风险环境中运行的服务组织遭遇灾难性事故的情形总是有可能的。尽管安全标准在不断改进，铁路运营商依然在与客户因服务失败而受伤或死亡的可能性结伴而行。不幸的是，一次火车撞车事故可以成为具有新闻价值的故事，以至于极有可能被媒体大范围报道。乘火车旅行不安全的感觉也许会产生，而乘火车旅行事实上被认为比许多其他的出行方式要安全得多。铁路运营商在减少报纸和电视编辑复制伤亡现场画面的欲望方面也许做不了很多事情，但它们至少可以确保坏消息不至于变得失控。在与媒体打交道时态度诚实至为重要，任何表明前后不一致的迹象或欺骗行为都会被媒体抓住不放，媒体也许会开启一个让公司先前的不良举动公之于世的“蠕虫之罐”。与媒体的关系应该是积极的而非消极的，有良好诚信记录、且对媒体持开放合作态度的公司实际上可以将一场灾难转化为一次使其关爱客户的美名发扬光大的活动。

的目标是非常重要的。典型的促销目标可以是：

- 发展受众对服务组织及其产品的意识和兴趣；
- 传播购买服务的好处；
- 影响服务的最终购买；
- 建立服务企业的正面形象；
- 将服务与竞争对手的服务差别化；
- 使人们意识到服务和/或服务企业的存在。

理想地说，这些目标应该尽可能量化，因此，一类新型汽车保险单的促销目标一开始可以是：在保险单推出后的一年之内，使年龄在 25 岁~55 岁的英国保险购买公众中 30%的人建立对该品牌的意识。

促销组合是指组织在与目标市场沟通时所使用渠道的组合。沟通的内容由两个主要来源的受众接收——组织内部和外部的来源。后一类沟通包括朋友的口碑推荐和报刊的评论等等，正如我们指出过的，这类沟通在服务评价过程中具有很高的可信度。产生于组织内部的来源可以分为由传统的营销职能（它又可以分为如人员销售之类的个人式双向通道和如广告之类的非个人式单向通道）和一线生产资源生成的来源。由于服务一般要将客户卷入生产过程，因此，与制成品的情形相比，服务的促销组合必须在更广的范围内考虑。一线操作员工和服务网点都变成了有价值的沟通渠道。图 13-6 所示为扩展的服务促销组合中的各项要素。

特定沟通渠道组合的选择主要取决于目标受众的特点，尤其是他们接收信息的习惯。其他重要的考虑包括服务的当前和潜在的市场规模（举例来说，电视广告对于地方利基市场的服务也许是不合适的）、服务本身的性质（服务越个性化，双向沟通渠道就越有效）以及各种渠道的成本。

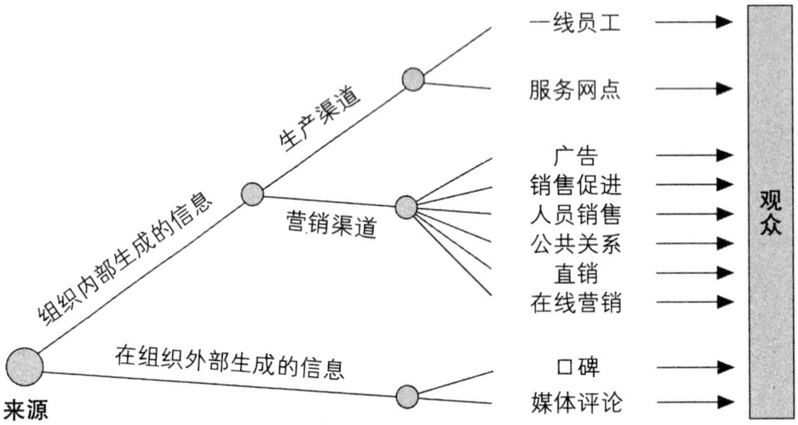

图 13-6　扩展的服务促销组合，显示营销与非营销来源生成的沟通渠道

一项非常重要的考虑是服务在其生命周期中所处的阶段（见第 8 章）。在生命周期的导入阶段，广告和公共关系活动更可能成为沟通的重要渠道，其主要目标往往是增加受众对服务的总体意识。销售促进可以用来刺激尝试，在某些情形，还可以使用人员销售来扩大分销的覆盖面。在服务的成长阶段，由于需求倾向于通过口碑沟通产生自发的推动力，所有沟通渠道的使用全面减少。不过，随着服务发展到成熟阶段，也许要求广告和促销活动有所增加。最后，在服务被认为进入衰退阶段的时候，尽管销售促进仍然被很有效地使用，但广告和公共关系的使用往往会减少。有时，企业在不做任何促销的情况下允许衰退中的服务静静地消亡。对于许多生命周期长的金融服务，公司本来想淘汰掉这类服务，但由于合同的缘故却又不能将其淘汰；这时候，尽管根本不做任何促销支持，服务也许仍然还要继续保持下去。

以下各节依次讨论促销组合中的每一项要素，通过这些要素可以对沟通过程加以指引。在考虑广告、销售促进、人员销售和公共关系等传统要素之前，我们将关注促销组合中专属于服务的附加要素的角色。

13.4 扩展的服务促销组合

不可分性使客户参与一系列与服务生产者的际遇。在每一次这样的际遇当中，服务组织有机会与其客户进行沟通。无需组织做任何努力，客户将自行挑选信息，无论信息是好是坏。加上更多的计划之后，组织可以保证将每一次际遇转化为某种传递正面信息的机遇，以鼓励客户带来回头生意，并且鼓励他们将信息传递给其他人。在扩展的服务促销组合中，可以确定两项重要的由非营销人员提供的信息源——一线员工和服务际遇的物理环境。这些信息源对于服务组织来说代表着通常不为制造企业所获得的沟通机会（以及可能的问题）——举例来说，很少有购买汽车的人在生产汽车的地点与工人接触或参观汽车生产过程以及生产汽车的工厂。

员工的促销角色

本书前面多次强调一线操作人员担当“兼职营销人员”的重要性。我们曾经指出，这类员工活动对于创造可靠的组织形象、进而影响目标受众对组织的感知是极其重要的。单从身处第一线而论，员工就在传递信息；例如，员工着装标准可能给出与要经历的服务过程相关的信息——着装邋遢，服务粗糙；着装整洁，服务周到？

与客户有一线际遇的员工应该接受训练，尔后再将这些际遇作为促销机会来处理。没有合适的培训和对客户期望的理解，要求这些员工更有效地促进其服务不过是夸夸其谈。培训也可以寻求在一线员工身上培养几项技能：

- 发现交叉销售可能性的能力，要求在一线员工身上培养移情能力。一位银行职员陪着客户反复使用某项服务却不能满足他/她的需要，他就需要接受培训，转而尝试销售别的服务，更好地满足客户的需要。培训应该使得这样的员工对可获得的服务有好的了解，并且赋予他们以有效地接触客户和将客户引荐给合适人员的技能。
- 许多操作人员肩负有规定得相当清楚的销售责任；例如，餐馆也许期望其服务生鼓励客户每次在餐馆花更多的钱。
- 员工与客户互动的一般方式对于鼓励客户再次回来并将其良好的体验告诉他们的朋友是非常重要的。再说一次，培训必须强调那些对客户评估其际遇有正面影响的行为。
- 通过鼓励客户预订下一次服务或通过向客户赠送可以送给朋友的印刷品，员工可以直接影响未来的购买。

很难分别生产员工和营销员工对组织的促销所做的贡献。组织的界限不应该阻碍

图 13–7 建筑应该成为服务组织促销组合的一个重要组成部分的想法并不新鲜。今天，一个会计师事务所总部的豪华接待区域和气势宏大的正厅也许会带给人们这样的信息：这家会计师事务所是大企业，拥有成为可靠的长期服务提供商所需要的各种资源。一个世纪之前，现代规制时代尚未出现，银行需要赢得客户的信任。在有许多小的、区域性银行为业务展开竞争，且频繁的银行倒闭卷走许多投资者的储蓄的情况下，一个人如何确信接受了他们所投资的储蓄的银行不会卷走他们的储蓄之后逃之夭夭呢?许多银行采取的一个解决方案便是建设巨大的建筑，这些建筑的设计看上去往往就像大教堂一样。这家银行现在作为一处上榜建筑也许占尽风光，但它的设计也会向客户发出信息：银行会像它所极力仿效的教堂一般经久长存。

将操作员工视为促销组合计划中的重要成分。

服务网点的促销角色

从外面来看，可以将服务网点视为传递在它们内部发生的有关服务的信息公告牌。它们因此而成为吸引客户和非客户的强有力工具。网点的整个外表也可以促进服务组织的形象。一个色彩明亮而又整洁的外表可以传递这样一个信息：这是一家敏捷的、有效率的和运行良好的组织。网点可以用来展示广告招贴，它们在交通繁忙的区位可以产生有价值的曝光效果。许多处在城市中心区位的零售商认为，这些机会是如此之好，以至于他们不再需要做更多的传统型促销。在大型的英国零售商当中，马莎百货直到 20 世纪 80 年代，为促销活动支付的费用都非常少，该公司认为，在任何一个星期当中经过它的任何一个店面的人数都占了总人口的一半以上，因此，人们耳濡目染的都是一些强有力的、“免费的”信息。尽管公司的促销组合现在包含了更多的付费广告，但商店区位仍然被认为是有价值的促销媒介。

服务网点也可以提供向潜在客户展示服务生产过程的有价值机会，这种机会通过传统的媒介更加难于获得。展示先进印刷设备的速印店以及有着大量存货和整洁外观的轮胎零售商可以帮助组织为生产过程做宣传，一如为经营结果做宣传一般。

13.5 广告和媒体

广告是面向大众的付费沟通方式，它被用来传递信息，并在受众一方培养某种态度和引致某种形式的反应。通过向潜在客户提供信息、尝试修正其欲望以及为受众为什么应该选择特定公司的服务要约解释理由，广告寻求带来某种反应。

应该根据目标受众的类型和所欲求的广告效果清晰地规定广告目标。不过，在检验广告效用的时候，极难证明只有广告对销售的增加负责。销售毕竟是许多相互影响的变量所导致的结果，其中有些变量内在于组织（如公共关系活动、定价政策），另外一些变量则外在于组织（如国民经济状况）。因此，简单地通过规定销售增长量来设定广告目标过于简单化。如前所述，由于存在多个采用者类别，且在沟通过程中存在多个阶段，人们往往根据受众对产品的知晓或理解程度来设定更为合适的目标。

媒体特点

媒体的选择受每一媒体的特点及其实现特定促销目标的能力的影响。下面将对一些最常见的媒体及其特点进行介绍。

报　纸

各种日报一般拥有很高的读者忠诚度，这也反映了一个事实：国内各大报纸都是以人口中的特定群体为目标的。这样的忠诚也许会导致读者将印出的信息感知为具有很高可信度的某种东西。报纸可以用来建立一般的产品或品牌意识以及提供详细的产品信息。所以，银行使用报纸做广告既是为了培养客户的品牌意识和对组织的喜爱，也是为了提供与储蓄账户的具体细节有关的信息。后者也许包含一个以免费邮递的账户开立优惠券的形式发出的请求受众采取行动的邀请。

杂志／期刊

在英国，可以供广告商使用的杂志和期刊多种多样。虽然有些发行量很高的杂志（如《广播时报》[*Radio Times*]）所吸引的对象是一般大众，但大多数杂志却是根据其内容和目标指向而专业化经营的。这样看来，*Which Mortgage* 对于要为其抵押贷款服务促销的建房互助协会来说称得上是具有很高专向性的媒体。专业化的行业杂志允许信息面向服务中介提供——例如，寻求促进其度假服务要约的旅游运营商也许首先会通过《旅游贸易公报》（*Travel Trade Gazette*）之类的杂志获得旅行代理的信任和支持。尽管在杂志上做广告乍看上去也许相对报纸更贵，但由于每份杂志拥有的读者数很多，而且受众已经被高度地细分,因此,杂志广告对于广告商们来说有着很高的价值。

户外广告

户外广告作为提示性副本是很有用的,可以为其他媒体活动提供支持。如果让一则电视广告的受众在第二天上班的路上看到一幅具有提示作用的招贴画,那么,电视广告的效果将会更持久。如果将招贴画布置在具有战略意义的区位,那么,它会对已经细分出来的受众形成吸引——例如,伦敦地铁的景观许多有钱的商人都可以看得到。公共汽车的两侧也通常用来为新服务(如新店面开张)提供广告支持;公共汽车沿当地路线一边行走,一边就能够传递信息。招贴画一般只能用来传递简单的沟通内容而非复杂的细节。

电　视

这是一类昂贵的但很有影响力的媒体。尽管主要用它来承担建立品牌知名度的长期任务,但还是可以用它来促成快速的销售反应。一则信息在电视上出现这一事实本身就可以赋予信息源以足够的可信度,许多小型服务公司在广告语言中增加“如在电视上看到的那样”的语句,从而使它们使用的其他媒体沟通有更进一层的可信度。由于电视媒体具有同时吸引视觉和听觉的能力,而且能够运用运动和色彩制作销售信息,因此,它的影响力大大提升。电视广告的主要局限在于其成本——对大多数本地服务提供商来说,电视广告费率的门槛太高,让他们望而却步。此外,还应该问这样的问题:在目标受众当中有多少人真的愿意接受电视广告。当广告正在播映的时候,目标受众真的是在房间里观看吗?如果是这样,他/她会乐意接受广告信息吗?尽管如此,电视广告仍然已经成为越来越灵活的媒体;而且,闭路电视频道还可以通过地域和生活方式细分瞄准不同的受众目标。数字电视也能够提供实时反应功能,因此,比萨饼外卖公司使用电视不仅可以培养客户的品牌意识,而且能够满足实时的需要。

互联网

大多数服务组织都有自己的网站,可以用来向客户和潜在客户散布信息。公司除了优化其搜索引擎排名,还通常在其他网站购买广告空间,后者会向这些公司网站提供超链接。互联网擅长估算一家网站的访问者数量,广告商可以了解访问者在某网站搜索信息时是如何游走的。互联网的最大力量在于它可以成为个性化信息媒体,因此,它的定义域并不严格地落在此前给出的广告的定义范围之内。出于这一原因,我们将在后面讨论直销的一节进一步考察互联网,并将其作为组织促销组合的一部分来研究。

电影院

由于电影院观众具有易于成“迷”的特点,电影院这一媒体也可以潜在地发挥重要影响。它通常用来推广一些本地服务活动——如出租车经营者和食品销售店提供的服务——其目标市场大致对应大多数电影院的观众。由于电影院广告不能重复,它不会产生持久的影响;不过,可以用它来支持出版物广告和电视广告。

商业广播电台

电台广告往往被视为电视广告的穷亲戚,它的吸引力只及于听觉。电台广告的成本门槛比电视广告低得多,这既反映了电台听众群体更具有地方性,又说明电台广告的生产成本比较低。相对于其他媒体而言,电台广告的一个主要优点是:曝露于广告环境的听众还可以投入其他活动——尤其是驾车——当中。尽管人们对听众实际接受和理解广播电台信息的程度存有疑问,但当与其他媒体一道使用的时候,商业广播电台仍不失为一种很有用的提示性媒体。

图 13-8 随着许多公司努力吸引互联网使用者到自己的网站上来,旗帜广告已经成为一宗大买卖。在 handbag.com 之类的高知名度门户网站做广告与在繁忙的街头购物中心拥有一幅招贴广告一样风光,而且,原有的许多选择最好网站的规则仍然适用。广告商对在繁忙的门户网站挂出的旗帜广告会更感兴趣,这也解释了为什么有些最大的门户网站能够生存和壮大,而许多更小的、不那么有名的网站却要关门大吉。门户网站的形象与广告商目标的匹配仍然是关键,handbag.com 对寻求以女性受众为目标的广告商已经变得很有吸引力了。它在娱乐业、旅游业和个人理财部门的广告商们当中很受欢迎。不过,与街头招贴广告不同的是,互联网旗帜广告有许多更进一步的优势。热点链接可以直接将浏览者带到进一步的信息那里,这对于大多数形式的广告来说却是不可能的事情。因此,银行的旗帜广告也许会提供一个链接直达该银行的网站,在那里可以对一项针对个人客户需求定制的贷款成本加以计算。互联网广告商拥有的与网站访问者相关的信息比报纸或电视广告商能够获得的类似信息要多得多。通过使用 cookies,互联网广告商甚至可以改变某个人曾经看到的信息,不过,这倒要视此人此前访问过什么网站而定。(重印经 handbag.com 许可)

媒体选择标准

在为特定的广告宣传活动选择媒体组合的时候,除了媒体本身的特点之外,还应该考虑几个其他重要因素。这些因素是:

- 目标受众的特征;
- 目标受众置身于媒体环境的机会水平;
- 广告对目标受众的影响;
- 特定广告信息的效果随时间“磨损”的程度;
- 通过特定媒体做广告的成本。

目标受众

必须充分了解目标受众的媒体使用习惯。如果公司的目标市场没有曝露于特定媒体环境的习惯,那么,通过该媒体开展的广告活动的大部分价值就会被浪费掉。例如,试图通过电视广告向高收入群体促进高级信用卡的举动可能会失去其价值的很大一部分,因为有研究表明,地位更高的社会经济群体倾向于将更大比例的看电视时间用于观看 BBC 而非商业频道。此外,他们还是星期日报纸杂志副刊的“重量级”阅读者。

关于目标受众媒体习惯的信息可以从多个来源获得。全国读者调查(National Readership Survey)对各类报刊读者信息进行搜集整理。对于每一份报纸,它会给出阅读频率和每期平均读者数(与报刊发行量相区别)信息,信息又按年龄、阶层、性别、客户耐用品拥有情况等进一步分解。电视收视信息由广播商受众研究委员会收集。收集的信息提到两项电视收视排名——一项是收看某个频道/广告类别的家庭数, 一项是收看人数,由此可以推断特定时间收看特定频道的观众数目。

广告曝光

特定沟通宣传活动的广告曝光数由两项因素决定:覆盖率/到达率和频率。“覆盖率”或“到达率”是某个媒体或整个宣传活动覆盖的特定目标受众百分比,而“频率”则是某些特定目标受众“有机会收视/收听”一则广告信息的次数。这两项因素的组合导出广告曝光指数,通常谓之为总视听点(Gross Rating Points,GRPs)。例如,如果媒体目标要求一年三次达到 50%的目标受众,这一目标将写作 150(即 50×3)个 GRP。在给定的预算下,覆盖率/到达率和频率之间必定有一个权衡取舍。

广告影响力

广告影响力通常与信息而非媒体密切相关。如果媒体就是信息,那么,广告影响力应该是一项重要的媒体选择标准。不同的媒体载体可以导致受众对同一信息不同层次的意识和理解。这样说来，通过电视播出罗纳德·麦克唐纳比通过电台播出的影响力要大得多。

磨 损

广告曝光的概念假定所有插入广告有同样的价值。不过，后续增加插入广告的效果也许在实际上会有所下降，导致每一单位支出的回报递减。通常存在一个门槛广告水平，在这一门槛水平之下，很少会有受众反应出现。一旦高出这一门槛水平，受众反应倾向于通过一个"生成"阶段迅速增加，直到最后达到一个饱和点。任何进一步的广告也许会导致负面反应或衰退型的反应，这便是"磨损"。

成 本

使用不同媒体的成本大不相同，事实上，一个乍一看似乎很昂贵的媒体依其取得的促销目标而言也许很有价值，这就需要一个合理的衡量成本的基础。一般来说，存在两个相关的成本标准：

- *单位总视听点成本*。这一成本标准通常用于广播媒体，它由一组广告的成本除以总视听点数得出。
- *每千人成本*。这一成本标准供印刷媒体计算使信息为目标市场的一千个成员看到的成本。

这些衡量指标可以用来比较不同媒体载体的成本。不过，真正的比较还需要考虑每一媒体不同程度的有效性。换言之，需要考虑媒体载体的力量，同样需要考虑的因素还包括区位、期限、时机和——在相关的场合——广告规模，以及其他各种更为复杂的因素。这些因素组合在一起形成"媒体权重"，我们用它来比较不同媒体的有效性。成本有效性使用以下的公式计算：

$$\text{成本有效性} = \frac{\text{目标读者/观众数} \times \text{媒体权重}}{\text{成本}}$$

主题思考：将组织推销给它的员工

尽管广告的主要目标受众也许是客户，但它对员工的影响也不应该被忘记。这一点对于劳动密集型的服务业来说尤其如此，在那里，广告除了鼓励客户购买之外，还可以鼓励一线员工带着自豪感去从事他们的工作。如果英国航空公司的机组乘员看到自己以友好、乐于助人的问题解决者角色在公司广告中出现,他们应该能够认同这一角色,并带着自豪感去有效地担当这一角色。在使用员工替代专业演员的情形,员工在广告中会表现得很投入。DIY 零售商 B&Q 很久以来就使用自己不同分公司的员工来推销商店的服务,这就给客户以一种实实在在的可信感,同时也给员工以一种参与感。

在谈到下降的销售表现时听到公司财务前景糟糕的谣传的员工一看到宣传新业务的广告也许会恢复几成信心。

不过有时候,广告无非是在打消员工的士气。一则广告也许会说:一线员工就是什么也做不来,也许是因为培训做得不好,或没有给他们充分的资源来兑现广告中的承诺。如果员工不能相信广告中的说法,为什么客户要相信呢?有些时候,广告将员工的角色描述得很卑微,这实际上会惹恼员工,这也是零售商森宝利在推出“让您惊喜的价值”的系列广告、结果却吃了苦头之后才终于弄明白的事情。这些广告使用演员约翰·克利斯为杂货零售商的低价格做宣传,但在这样做的时候,广告情节却贬低了员工,也小看了员工对新设定的低价格的了解。在员工提出抗议——以及有人说广告活动没有对客户产生多大影响——之后,广告被撤下来。

13.6 销售促进

销售促进所涉及的是一些刺激客户购买和中间商提高效率的活动,而非广告、人员销售和公共关系。尽管销售促进能够被用来培养客户对产品的意识,但它通常被用于购买过程靠后的几个阶段,即创造兴趣和欲望,尤其是促成行动。销售促进——举例来说,通过强化某个由广告建立起来的特定形象或认同——可以相当成功地辅助促销组合中的其他工具。

在过去的几年,由于以下几个方面的原因,销售促进的使用呈现出快速增长:

- 在内部,高层管理者对使用销售促进有更大的接受程度,现在已经有更多的人知晓它的用场。此外,企业今天面临获得快速销售反应的更大压力,使用销售促进很容易做到这一点。
- 随着竞争压力的增加,品牌的种类出现激增。由于这一原因和经济环境的变化,客户变得更加“交易导向”,这又导致来自中间商的压力,他们要求制造商和服务委托商提供更好的激励。
- 有许多人认为,由于成本增加和媒体鼓噪,广告的效率在下降。
- 市场定位新技术导致销售促进的效率和效用增加。
- 销售促进所担当的角色越来越为公共服务和专业服务部门所接受。例如,在 20

世纪 80 年代之前，英国眼镜商发起销售促进活动几乎是不可想象的；但现在，诸如杜兰德和艾奇逊（Dolland and Aitchison）之类的眼镜商却例行地以限时促销指向客户。

销售促进计划

销售促进以多种方式为实现总促进目标做贡献。它可以纯粹用来争取消费者对服务的关注，但它更可能与一个代表价值的要约一起作为对目标受众的激励来使用。它还可以充当一项邀请，邀请另一方现时而非晚些时候进入交易。销售促进通常会吸引品牌转换者；不过，若不使用促销组合中的其他元素，它不可能将他们转化为忠实的品牌使用者。事实上，人们通常认为销售促进是用来瓦解品牌忠诚度的，而广告却是用来建立品牌忠诚度的。销售促进可以赢得新用户或鼓励频繁的购买，但它却不能补偿拙劣的广告、糟糕的交付或质量。

有人认为，相比产品的情形，销售促进的角色对于服务来说要有限得多。服务不能储存这一事实似乎会限制服务公司以低廉的价格处理掉不曾被人使用的服务——这种

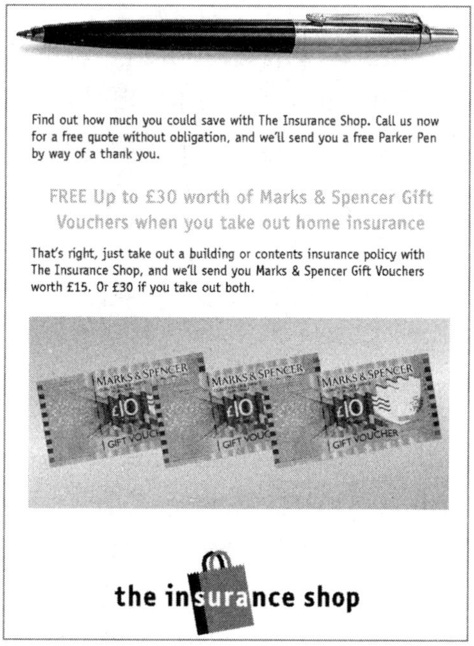

图 13-9　在许多市场，购买者将各种服务都视为基本类似的服务；要在这样的市场上发起一次对话，也许需要提供某种激励。许多保险公司——如这家公司——急于挤入购买者的选择集，便提供一种象征性的礼物，意在激发某种初步的反应。许多保险公司还在完成一次购买之后提供进一步激励。在客户区分竞争产品能力低下、且一个激励提供了一个细分的有形基础的情形，这一类销售促进活动也许特别重要。（重印经劳埃德 TSB 保险公司许可）

事情商品制造商通常使用销售促进来完成——的能力。另一方面，非高峰期的销售促进活动有助于缓和可能在未来发生的问题。还有一种观点认为，某些促销工具——如免费样品的使用——不能用于服务，因为样品本来必须代表整个服务。不过，律师提供的初次免费咨询——打一个比方——可以被视为销售促进的对等形式。

与广告的情形一样，有效的销售促进涉及一个连续的过程，它又可以分为几个不同的阶段：

- 建立目标。包括鼓励客户更多地使用，或在非使用者或其他品牌的使用者中间发展试用群体。
- 选择促进工具。包括免费样品/访问/咨询（这些是展示无形服务过程的重要手段）、减价激励（尽管这对服务提供商来说代价高昂，因为无论对单个客户的激励效果怎样，反正要向客户提供激励）、优惠券/优惠证（用以邀请既定客户尝试新服务或奖励客户的忠诚）、礼品提供（它的帮助意义在于为服务公司的服务要约提供有形提示以及对直接购买提供激励）以及各种竞赛（这可以增加感知的服务价值）。
- 设计销售促进计划。对所提供激励的时机及激励大小的把握尤为重要。
- 预测试。为了确保在某项促进行动全面发起之前发现某些可能代价高昂的问题（如对一项激励的赎回率的不正确假设可能导致超过预算，或等候服务的队列排得过长——如果没有足够能力满足免费试用服务需要的话）。
- 实施。这需要规定“前导时间”（将促进计划带到激励可为公众获得的地点所需要的时间）和“销售时间”（从计划启动之日到大约90%~95%的激励材料被潜在客户收到之日所经过的时间段）。
- 评价。随着客户数据库的使用，评价的方法日益改善。不过，很难将销售促进活动的效果与其他促进活动的效果——或其他营销组合因素与其他外在因素的效果截然分开。

销售促进活动既可以指向中间商，也可以指向服务的最终客户。指向中间商的销售促进活动包括：短期增加销售佣金；安排各种竞赛和提供礼品（在销售人员个人直接从激励受益的情形很有用的激励因素）；提供销售点材料（如旅游运营商为旅行代理的客户安排一场电影招待晚会）；以及合作推出广告——在这种场合，服务委托人同意为中间商推出的地方广告支付部分费用，这类广告活动通常与某个重大事件——如中间商的新网点开业——相结合。有时候，服务委托人会将销售促进活动指向中间商的员工（如旅游运营商向完成它所规定的度假产品销售任务的旅行代理员工赠与免费度假券）。这一做法有可能引发员工是否应该接受激励的伦理问题，因为员工的首要责任是对其雇主负责，然后才是寻求发展与客户的最佳长期关系。

13.7 人员销售

人员销售是一种强有力的双向沟通形式。它允许在买方与卖方之间建立一种互动关系；在这一关系中，后者可以修正提供的信息，以响应受众的需要。人员销售允许买方与卖方之间培养一种友谊，这是关系营销策略中的一项重要成分。人员销售在树立客户对销售人员的责任感、从而促成所欲求的反应方面也具有很大的影响力。

尽管人员销售的原理对于商品生产和服务生产行业来说基本上一样，但服务销售人员更有可能将其销售责任与其他工作责任结合起来，例如，一位旅游代理除了是一位旅游预订系统的专家，还被期望承担起销售的职能。

销售员的活动

实际的销售行为只是销售员总任务中的一小部分。销售员除了承担具体的销售任务之外，还需要承担另外两项主要职责——提供服务和获取情报。

在相关服务被认为高风险的情形，服务要素能为发展长期客户关系做出重要贡献。

图 13-10　营销人员使用优惠券促进销售已经有很长一段时间了。它们使潜在客户或实际客户成为其激励所指向的目标，并鼓励他们成为新的客户，或成为更大把花钱的客户。通过将优惠券的发放范围局限于那些对它们最感兴趣的人群，公司可以避免向每一位客户——包括那些忠诚的、或许觉得其价格与价值相当的客户——提供减价优惠。近来，互联网已经使电子优惠券分发得更有效率和有效。通过研究网站访问者以往的行为，可以生成具有独一无二针对性的优惠券。这些优惠券要么在线使用，要么打印后在其他地方使用。在线零售商亚马逊广泛使用优惠券——如这一张——来促进其销售，优惠券可以根据公司所能获得的关于特定目标的信息来配置。与经过周密计划的基于互联网的促销方案和积极的会员计划相结合，亚马逊已经成为英国最大的在线图书零售商。（重印经亚马逊许可）

即使不存在短期销售前景,这类关系仍然需要定期照料。在一项针对人寿保险部门的研究中,乔治和迈尔斯(George and Myers,1981)发现,客户将购买保险视为高风险且令人不愉快的事情。因此,他们特别重视销售人员提供的具体支持以及组织的一般支持水平。现在,已经有许多研究着手识别各种有助于促成买方和卖方之间满意关系的因素(如克罗斯比、埃文斯和考尔斯[Crosby,Evans and Cowles],1990)。

除了充当组织的喉舌,销售人员还可以是组织的耳朵。他们在市场研究领域极其有用,比方说,他们可以报告客户的评论,或提供与竞争对手的活动有关的信息。组织应该建立系统以保存销售人员收集到的信息。

关于销售员的销售角色,可以确定以下几类销售情形:

- *贸易销售*。销售员的角色是通过中间商促进销售。
- *技术性销售*。这一类销售涉及向客户提供建议和技术帮助。这一类销售员担当顾问角色,在许多企业对企业服务销售——如商务旅行代理——中起着重要作用。
- *布道式推销*。在这里,销售员一般不接订单,而是通过建立信誉来"打基础"。
- *新业务销售*。这一类销售涉及获得新客户,有时候也许涉及"陌生拜访"。

销售任务可以分解为几个连续的阶段:

- *探寻,如发现新客户*。销售导引可以通过几种方式——例如,过去的客户记录、过去的问询以及现有客户和供货商的推荐——来建立。
- *准备和计划*。在进行实际接触之前,销售员应该努力获得尽可能多的与潜在客户有关的信息(如与其先前购买行为或需求有关的信息)。
- *销售展示*。销售员应该被认作是服务的替代品——对于低接触型服务(如人寿保险),销售员也许会被视为服务本身。因此,外表和举止对于形成服务要约的正确印象非常重要。销售演示应该有助于将无形的服务"有形化"。与销售员一个人独立展示相比,支持型商品的样品、小册子或声像辅助数据往往可以提供对服务过程更好和更可信的描述。销售员对其具体业务领域应该有很深的了解,因此,在人员销售技术与销售技能两方面对销售人员进行培训很重要。销售演示不得承诺做不到的事情——这既适用于商品销售,也适用于服务销售;但在实际服务表现达不到对服务质量抽象期望的情形,这一点尤其具有重要意义。应该通过出示先前结果的证明(如一项投资基金的先前表现)、或者通过服务过程取样,给予客户早期评估服务质量的机会。
- *处理异议*。对销售演示的异议可能是理性的(例如,对服务价格或服务本身持有异议),也可能是非理性的(如对变化的抵制情绪、冷漠感或偏见等基础上的异

主题思考：养老金推销是不是太热情了？

一位销售员会不会做得太成功呢？许多销售人员响应雇主提供的奖金或其他激励，努力实现那些在眼下看上去不错的销售，但这些销售的不良影响在后来却让公司挥之不去。一个好销售员的关键特征是其倾听和理解购买者需要的能力。但当客户对自己的需要并不真正非常理解的时候，会发生一些什么事情呢？此外，当这些又加上一位更愿意尽可能容易地获得销售佣金而非探讨客户真正需要的销售员的时候，又会发生什么呢？这些事情的结果便是一系列的不当销售丑闻，玷污了一些商业部门——尤其是金融服务部门——的名声。

“货物出门，概不退换”一语已经被用来为销售员向某人销售一项根本不适合其需要的项目提供借口。从前人们假定：买错了是买者的错误，而非卖错了是卖者的错误。如今，随着社会对卖方期望的升级，天平正在向有利于消费者的一方倾斜。20 世纪 80 年代和 90 年代发生的一系列金融服务不当销售就表明了这一点。最严重的不当销售也许是由大型英国养老金公司雇用的销售人员说服一些企业的员工将其与雇主洽定的养老金计划兑现，转而与销售员所在的公司签订一份新计划。至 2003 年底，随着股市价格的下降，个人养老金的价值急剧下降。为什么如此之多的人会放弃一份不错的雇主养老金计划转而追求一份大可让人怀疑的个人养老金计划呢？许多人也许受到政府一次性付款的诱惑，而销售员起劲地销售个人养老金也许是受到大把销售佣金的诱惑。客户也许认为他们在买进一桩好生意；不过，大多数购买者并没有能力理解养老金计划的复杂性。在大多数情形下，客户并未得到什么好的建议；他们发现，他们所购入的养老金比所放弃掉的雇主养老金价值要低得多。过度热情的销售导致大型养老金公司被行业监管部门申斥，并被迫支付数以百万计的罚金以及对客户的赔偿。他们被迫对其管理销售人员的方式进行反思；不过，许多变化不过是要求销售队伍走回传统最佳做法的老路：倾听客户和了解他们真正需要什么；培训销售队伍，使之对产品有更多的了解；以及调整奖励结构，考虑平衡短期激励与长期关系的需要。

议），需要就其表态、分离并讨论。

- *完成销售*。这是最困难的一个阶段，因为知道如何完成以及在何时完成销售本身就是一项技能。
- *后续跟踪*。这一阶段通常被忽视，但它对于保证客户满意度以及赢得回头业务却是必不可少的。一封感谢信或一个感谢电话有助于减少售后的失谐，这对于那些收益要在遥远的将来才能完全交付给客户的服务特别有价值。

13.8 直　销

英国直销协会将直销定义为“……一种使用一项或多项媒体、寻求在给定区位获得可衡量的响应的互动营销系统”。直销的目的是创造一种服务生产者与其客户之间的直接关系并对之加以利用。近年来,直销越来越多地用来推广服务,这主要是因为新技术的发展使得组织能够准确地定位信息。旅游公司、零售商以及酒店是直销方法的最新近大规模采用者。虽然直销也许包括人员销售，但这里感兴趣的是直销涉及的其他成分,包括电话营销、直邮和目录销售等等。

一个直销系统包含以下关键要素:

- 现有客户、前客户以及潜在客户分门别类的准确记录;
- 一个记录沟通结果及沟通目标的系统,通过它可以评估特定信息的有效性以及不同目标群体的响应;
- 衡量和记录实际购买行为的各种手段;
- 跟踪后续沟通的系统(在适用的情形)。

直销与公司建立长期客户关系的努力紧密联系(第 7 章)。直销有助于公司评估其每一位客户或潜在客户可能的盈利性水平，并提供与其独有的需要联系得最紧密的服务和信息。

服务组织所使用的三个最常用的媒体是电话营销、直邮和电子媒体(电子媒体将在 13.11 节讨论)。

电话营销

电话营销涉及电话双向沟通——“接出型”电话营销产生于供货商采取主动的情形;“接入型”电话营销则产生于客户针对另一项刺激(如报纸广告)做出反应的情形。通过免费 800 电话号码实施的接入型电话营销的应用有了迅速增加——尤其是在金融服务部门。公司需要有能力处理数量激增的打入电话,不然,生成销售引导的成本就会被白白浪费,这也许会在未打通电话的潜在客户心目中留下公司不屑于回电话的坏印象。敏特公司针对 2000 名呼叫中心用户进行的调查研究发现,迄今为止,人们在向呼叫中心打电话时发出的最大抱怨是不挂机等候所花的时间，有 60%的抱怨是针对这一点发出的。对于呼叫中心来说,年龄在 25 到 34 岁之间的那些人是最不能够忍受等待的,大约有 35%的人会放弃打电话。只有 5%的客户在与呼叫中心沟通的时候从未经历过任何问题(Mintel,2002)。

与其他媒体以及激励客户立即行动的方式结合使用，接入型电话营销的影响力会非常大。接出型电话营销有时被作为人员销售的替代形式使用,尤其是某些客户被视为不那么有潜在盈利性,电话营销被用于这些,而非更昂贵的面对面人员销售。

可以通过多种方式对电话营销的有效性进行评估。一种可能性是衡量每次电话的成本以及其中每次成功电话的成本。作为替代,也可以通过每小时电话的成本——包括

主题思考:报告说,电信公司在沟通方面做得特别糟糕

电信业在过去几十年来的惊人发展为一家公司与其客户之间的双向沟通提供了巨大的新机会——事实上,也提供了巨大的潜能。不过,仍然有证据表明,服务公司在利用电话和互联网的交互式沟通能力方面行动过于迟缓。2006年,电子服务提供商Transversal从事的一项研究表明,英国电信部门——它应该走在电信革命的最前沿——实际上在沟通方面做得很糟糕。报告发现,电话公司在接听电话方面处于动作最迟缓的公司行列,某些公司——如Carphone Warehouse——的呼叫中心已经明显力不从心。接听电话比让客户通过网站沟通、自行输入所有数据以及使用他们自己的时间而非呼叫中心员工的时间搜索想要的结果一般要更为昂贵。但电话公司在这里似乎也不是做得很好。报告发现,只有1/3的公司提供在线客户搜索功能,这与2005年的70%相比有了大幅度的下降。此外,电话公司网站平均能够回答10个诸如"我该如何升级我的电话?"之类最基本客户问题中的2个问题。那些向公司发电子邮件请求解决问题的在线用户一般要等候48个小时才能得到回答,许多请求提供信息的电子邮件基本上得不到任何回答。

说电信增进了公司与客户沟通的能力并不是一件难事,但单单是技术本身却并不会改进沟通。当赋予技术以能力的时候,电信公司应该处在前沿,但它们具有将技术投入更好用途的管理能力吗?抑或它们径直就是其自身成功的牺牲品——随着它们的成长,它们处理电话呼叫的能力不断地落在客户需求的后面?通信革命是否导致更高的客户期望——他们原来为一个问题等候好几天几经感到很满足了,但现在他们却要求每周7天、每天24小时都能得到实时的回答?而且,由于通信是要花钱的,让沟通变得更容易是否会导致客户打来更多的电话,徒然增加公司成本,且让公司在一个价格敏感的市场上处于不利地位?

管理系统所招致的成本——来衡量这一有效性。一个更有用的方法是根据成本与收益来评估有效性。最简单的收益衡量指标是所接收的询问数量和质量。此外,通过向询问者问问题,可以识别特别有效的支持广告之源。通常可以根据所生成销售额的价值来衡量电话营销的成本有效性,尤其是在很少有其他能够解释销售成功的媒体广告存在的情形。

直 邮

直邮是组织配送针对特定目标潜在客户发出印刷品的方式,意在实现双方的直接交换。在英国,2005年花在直邮广告上的金钱达23.71亿英镑,比前10年增加118%(英国直销协会,2006),其中金融服务部门——尤其是养老金和保险公司——占了大份额。与其他促销工具相比,它有几项很重要的优势:

- 它可以被选择性地用来瞄准相当具体的潜在私人或商业客户群体。
- 销售信息可以根据接收者个人的需要个性化。
- 直邮可以提供一个多用途的、创造性的媒体，它在所使用材料的范围上具有灵活性。
- 直邮可以在时间上有效地安排，从而配合总体营销战略；它能够被迅速实施，并迅速产生结果。
- 直邮可以包含高度无形服务要约的有形证据（如酒店的图片）。

直邮可以用来实现多个促销目标，包括促成询价行为、保有感兴趣的潜在客户、让客户随时了解新进展以及增进销售员作业的有效性（即可以将其当作“敲门砖”来使用）。

与广告相比，直邮信息可以更为详细。直邮所允许的媒体空间多得多，能够传递很长的、复杂的信息——这一点部分地解释了直邮在金融服务公司（其销售信息一般非常复杂）的受欢迎程度。传单、插页、网上下载资料等等都可以包含在邮件之中。直邮的反应媒体可以起到多种作用。它可以用来了解客户兴趣、获得销售订单以及衡量促销的效果。因此，重要的是要知道谁做出了反应，实际的反应是什么。

使用预付费信封和免费电话号码，可以为获得直邮收件人的反应提供便利。以个人为目标的广告邮件的结果可以很容易地评估；通过进一步描述和确定目标客户，人均联系成本可以降到很低水平。对不作回复者进行研究以及研究他们为什么不作回复也是很重要的。

13.9 公共关系

公共关系是一种间接的促进工具，它所扮演的角色是在各类公众中建立和提升组织及其服务的正面形象。公共关系学会将其定义为“……建立和维持组织与公众之间相互理解的有意的、有计划的、持续的努力”。公共关系寻求使人们相信：公司是一家有吸引力的组织，公众大可以与之建立联系或与之做生意。这一点对于服务部门来说非常重要，因为我们指出过，服务的评估是非常主观的，且服务往往依靠口碑推荐。公共关系可以促进这一主观评价和推荐过程。

公共关系涉及的内容远不止是客户关系，因此，通常是在公司层面而非营销管理职能层面处理公共关系。作为促销组合中的一个成分，公共关系带来了一些有价值的机会，同时也带来了一些问题。以下描述的是公共关系的一些重要特点：

- 低成本。公共关系的主要优势是：依人均成本而论，它比其他任何类型的促进方式都要便宜。除了名义生产成本之外，许多公共关系活动几乎可以无成本地实施，这与在主要媒体上购买空间或时间所要求的高成本形成鲜明对照。

- 受众特定。如果使用正确的媒体载体,公共关系能够以少数专业化受众作为目标。
- 可信度。许多公共关系沟通由于出自一个显然不偏不倚、非商业性的来源,因此被认为是可信的。与信息以有偏向的广告形式传递的情形相比,在其以新闻面目出现的情形,读者或观众对它也许会不那么挑剔。
- 难于控制。对于公共关系活动在后来的处理和解释,公司可以行使的直接控制极少。一次新闻发布会如果举办得很成功,新闻内容也许会被全文印刷——尽管公司也许控制不了印刷地点和印刷时间;最糟糕的是,新闻发布内容可能被误读,结果就成了非常不利的新闻报道。
- 注意力竞争。许多组织都为有限的注意力展开竞争的事实给公共关系努力带来压力,它要求组织比其竞争对手做得更好。

公共关系的公众

公共关系有别于客户关系,因为它所关注的远不止是创造与实际或潜在客户的互利关系。公共关系的其他受众包括:

- 中间商。中间商也许有着许多与客户一样的担心,他们需要得到服务委托人公司的相关能力的保证。服务组织通常可以通过使用公司新闻简报以及行业杂志文章等来建立这种保证。
- 供货商。供货商也许需要得到这样的保证:这是家可以相信、与之打交道的公司,它会保证合同条款得到满足。强调给人以良好印象的年度报告并提请人们注意新的重大发展有助于提升公司在供货商心目中的形象和可信度。
- 员工。在这里,公共关系与内部销售努力有相互重叠的部分(参见第 10 章);对于某些服务部门——员工成为服务要约的一部分,在员工当中建立参与意识与行为动机非常重要——公共关系有很大的重要性。在向内部受众传递信息时,公共关系一般使用公司内部沟通、新闻简报以及员工褒奖活动之类的工具。
- 金融界。包括已经支持、目前正在支持或也许会在未来支持组织的金融机构。各类股东——包括私人股东与机构股东——构成这一群体的重要成分,它们必须确认组织将实现其声明的目标。
- 政府。在许多情形下,政府所采取的行动将显著地影响组织的运气,因此,需要在地方、国家以及超国家层次谨慎地发展与政府部门的关系。这些活动包括游说国会议员、按照政府要求向政府和官员通报组织的观点以及通过赞助公共活动创造良好的自身形象。
- 地方社区。有时,组织在地方社区树立好邻居的形象是十分重要的。组织可以通过使用慈善捐赠、赞助地方活动以及支持地方改善环境等来提升自身形象。

公共关系的工具

可以运用的公共关系工具多种多样，每一种工具的合适性都取决于它所指向的促销目标。一般而论，公共关系工具最适合于培育公众对组织的意识或对其服务的喜爱，但它们在直接促成以购买决策的形式体现的行动方面却不那么有效。对于什么才是公共关系活动这一问题虽然存在着争论，不过，这里还是可以列出一些在促销组合中应用的重要公共关系成分：

- *新闻稿*。公司开展的一些旨在获得媒体评论空间的活动，它们可以被公司的目标客户看到或听到。新闻稿的目的更多是促进组织的形象而非取得实时的销售。由于是促销组合的重要组成部分，媒体关系将在下面更仔细地讨论。
- *游说*。职业游说者通常被聘请来告知——进而影响——关键决策者，这些关键决策者对于允许营销计划中某些成分的实施起着至关重要的作用。游说可以发生在地方层次（如公共汽车公司寻求说服地方当局：如果城市中心的街头不对公共汽车开放，公共利益也许会受到伤害）、国家层次（如英国电信就减少对其定价的规制约束展开游说）以及超国家层次（如一些航空公司就弱化拟议中的减少飞机二氧化碳排放的各种措施的效果向欧洲议会展开游说）。
- *教育和培训*。为培养公众对组织及其服务的更好了解——直至喜爱，许多服务组织将其教育和培训计划指向重要的目标客户群体。例如，银行经常向中学和大学提供教育材料，此举将使接受者预先建立起对其品牌的倾向性。当他们准备开立银行账户的时候，就会想到这些品牌。开放日是教育公众的另一个通用方法，借此可以向公众展示复杂的“幕后”生产过程，这一战术通常为剧院所使用。
- *展览*。大多数公司参加展览不是为了促成实时销售，而是在公众中建立对组织的意识，从而导致长期的销售。展览向潜在客户提供与组织的代表面对面对话的机会，展出摊位的外形设计可以为所提供服务的性质给出有价值的有形证明。展览既用于消费者服务，也用于企业对企业服务。作为后者的一个例子，一年一度的伦敦世界旅游市场为多种旅游相关服务业提供了机会，使之既能满足范围相当狭窄的目标客户的需要，又能展示其服务要约的有形提示（如宣传册和员工）。
- *内部期刊*。许多服务组织建立了自己的内部杂志，可以向客户或潜在客户散发。通过采用以新闻为基础的杂志格式，与纯粹以广告形式出现相比，信息变得更加可信。通常会有外部广告商带来一些收益，这会使得这类杂志在资金运作上实现自给自足——一些由银行出版的内部杂志一般都是这样运作的。旅游运营商通常出版一些给被它吸引了的旅游公众阅读的杂志。

- *特别活动*。为了吸引媒体注意，组织有时安排一场本身就具有新闻价值、并能让公众了解组织的活动。澳洲航空公司实施的在英国和澳大利亚之间的全世界首次不间断客机飞行为我们提供了一个例子。尽管澳洲航空公司对飞机做了改造，且在正常经营条件下不可能从事这样的飞行，但它是“第一次”飞行这一事实使得它具有新闻价值，并为澳洲航空公司创造了很大的知名度。当然，如果管理不当，一次特别的活动有可能变成一场公共关系灾难。
- *赞助活动*。关于赞助活动从严格意义上来说是否属于公共关系工具组合的一部分这一问题存在争议；不过，由于它被服务公司越来越多地使用，我们将在下文详细讨论这一话题。

主题思考：通过互联网发现不同意见

互联网不只是一些组织用来向客户、供货商和中间商发送信息的工具，它越来越多地被一些组织用来监督其商业环境。监督一些聊天小组和关键网站已经成为一些组织及其公共关系(PR)代理机构的重要活动，后者很希望找出任何一般性的态度变化和可能会给组织带来损害的特定评价。如今，新闻可以在刹那间跨越地理边界，公司信誉可能在心怀不满的客户和股东通过互联网交换评价的当下而受到损害。PR 人士身边的荆棘包括载有针对麦当劳餐馆的批评信息的 McSpotlight 网站(www.mcspotlight.org)和 untied(www.untied.com)——一个心怀不满的联合航空公司的乘客建立的论坛。这类网站可以在公司对之一无所知的情况下建立起来——如果这些公司不对各个论坛和聊天室进行监督和参与其中的讨论。网站结果会成为一个谣言和不实之辞的损害组合。

拥有技术专业知识的 PR 代理机构推出了监督服务。Edelman 为一家监督互联网活动的 PR 咨询公司，它对 33,000 个用户组和公告牌进行检查，并为客户定期准备各种网页以应对各种危机。这些网页“隐藏于”网站的某处，一旦需要，可以立即将它们启动。

企业必须面对新的互联网现实。企业的反应时间必须是即刻的，且不存在传统的公开出版媒体所常见的特定截止点。同时，各类活动家正在改变公司必须参与其中的游戏的性质。1999 年，当环境活动家们在壳牌公司的伦敦总部上演一场静坐的时候，环境活动小组通过互联网现场直播抗议活动，并使用数字摄像机、笔记本电脑和移动电话向新闻界传送电子邮件信息。

与信息技术战这一话题相去甚远的一个根本问题是：为什么公司会使自己陷入一个备受批评的地位？这难道不可以预见吗？如果几乎找不到什么东西可供人们说事，持不同意见者的网站也许会失去许多拥趸。

媒体关系

服务组织意识到，与主要媒体建立卓有成效的关系是促进良好公司形象的一个重要方法。它们长期致力于创造一种组织和媒体之间相互理解的感觉,这可以通过以下努力来实现：

- *新闻稿*。这些是最常用的媒体关系活动形式,一般用来向公众宣告新服务的发起、新任命或重大成就。新闻稿所具有的优势是:作为一种相对来说不太昂贵的促销工具,它可以为大量受众所及,并且具有很高的可信度。相对于这一点来说,它的一项主要劣势是:在出版、时间以及内容(它有可能被编辑)上,新闻稿的发起者对于稿件在后来如何处理缺少控制。由于其他组织也在为获得媒体的报道展开竞争,因此,无法保证任何特定项目内容一定被媒体使用。
- *新闻发布会*。在需要宣布重大活动、且组织和媒体之间双向对话的机会被视为可取的时候采用这类形式的活动。
- *专家评论员的可获得性*。对于媒体希望报道的新闻,报社或广播电台也许会寻求了解有关问题的某个产业部门内专家的支持。例如,一位当地旅游运营商也许会应当地记者的要求评价飓风袭击某个海外度假地所导致的后果。这一安排既帮了记者的大忙,也帮助了有关服务组织,因为它的代表在以专家的身份出现在报道现场。

13.10 赞助活动

服务组织将其服务“有形化”的一个途径是尝试让客户将组织或特定服务的形象与一个更为有形的事件或活动相联系。广告宣传可以成功地实现这一功能,而对一些活动给予赞助也可以体现其长期价值。

赞助活动涉及对某些事件或事业的投资,以便组织实现提高知名度、提升信誉之类的目标。赞助活动的例子包括银行赞助曲棍球赛(如国民西敏寺银行杯赛)以及特定电视节目的赞助等等(如 Powergen 赞助英国独立电视台的天气预报节目)。

赞助活动对服务公司很有吸引力，因为它使某项事件或活动的一些相对而言为人所知晓的特点得到提倡,组织借此可以提升自己的无形服务的形象。例如,希望将自己与高质量相联系的保险公司也许会寻求赞助某项以制作质量著称的主要艺术组织的活动。赞助活动的一项进一步优势是:它使公司避免那种与广告相联系的一般性“媒体鼓噪”。此外,受众可以细分开来,所选择赞助载体的受众依其社会经济、人口统计学和地理学特征而言可以与赞助公司的受众相匹配。按这种方式,一个区域保险中间商也许会赞助一个只在其业务区域范围内活动的地方戏剧群体。

由于很难将赞助效果与促销组合中其他成分的效果分离，赞助活动很难评价。只有在赞助是最主要工具的时候，直接衡量赞助效果才是可能的。赞助应该被视为一项与营销组合中的其他成分互补的工具。

13.11 在线营销

互联网是促销组合中的一项有多种能力的成分，它通常将促销职能与分销职能联系起来。在在线营销的早期，许多人都说互联网将在公司的促销组合中居统治地位。当然，许多人早期对互联网抱有的希望现在已经变得比较平和，不将在线营销视为一项独立的活动，而将其视为公司的一体化营销沟通中的一个组成部分也许更为现实。

在前述关于促销组合成分的讨论中，我们已经提到在线营销的某些优势，且注意到促销组合的各个成分之间存在着某些相互重叠的地方：

- 我们对广告的定义包括向许多人传递信息、但不具有交互性的网页。

图 13–11　赞助体育赛事使公司的品牌名称被赛事的观众们看到，并使品牌与相关体育项目活动的价值相联系。作为英国第三大家庭抵押贷款提供商的 Cheltenham & Gloucester 必须与数十家其他的银行和建房互助协会为争夺购买者的注意力展开竞争。通过赞助一项公共活动，公司品牌名称将曝露在潜在购买者——在此案例中为板球球迷们——的眼皮底下；对于这些潜在购买者来说，C&G 也许会在他们回想起来的品牌清单中排在很高的位置。公司的金融服务产品也有可能具有曲棍球的某些特点——传统、非常英国式、可靠，等等。（重印经格洛斯特郡板球俱乐部许可）

- 人员销售越来越依赖在线沟通来支持销售人员的努力。
- 公共关系专业人士理解到聊天室和持不同意见者的网站对公司信誉的影响，开发了它们自己的以网络为基础的工具。
- 通过开辟一个额外的通道，在线媒体已经成为直销的一个组成部分，公司可以通过这一通道与客户进行交互式对话。

在线媒体的目标和发展

使用在线媒体沟通涉及几个发展阶段。在最基本的层次，公司的网站可以简单地提供与其服务有关的附加信息；例如，许多酒店建立有网站，提供与其区位和设施有关的信息。在这一发展阶段，互联网的作用非常简单，相当于传统印刷宣传册的在线形式。尽管一个静态的、一对多的网站现在看上去也许不足为奇，不过，我们还是应该承认网页所具有的胜过传统印刷宣传册的几个优势：

- 它们生产起来不那么昂贵。
- 它们可以在不破坏现有宣传册存量的情况下极快地更新。
- 信息可以实时提供给全世界任何地区的潜在客户，无需因为邮递过程而等候。
- 可以在网站上提供综合信息——比印刷宣传册在限制范围内能现实的提供要多。
- 可以将链接加入其他相关信息中（例如，酒店的网页可以包含一个与当地旅游景点相连的链接）。

在线发展的第二个阶段允许公司与其网站访问者之间有一定程度的互动对话。这一阶段的最简单形式可以是向访问者提供某种设施，允许他/她与公司通过电子邮件对话，也许能发现进一步的信息。交互性可以通过提供既让访问者问简单的问题、又让网站生成与客户的提问有直接关联的回答语的辅助设施来加入。比方说，这种设施可以通过一个简单的预估计算器来提供，从而让使用者根据他们输入的各种贷款量和偿还期限计算每月的抵押贷款还款额度。通过将客户请求与一个信息数据库连接，可以发展更为复杂的交互性。铁路经营商们（如 www.nationalrail.co.uk）使用这一做法提供与可能的铁路旅程相关的精确信息，从而回应客户就规定时间、规定的两个站点之间的铁路时刻信息发出的请求。许多在线服务提供商使用定向电子邮件服务来鼓励客户访问它们的网站。举例来说，旅游和休闲度假服务公司 Lastminute.com 宣称，他们每星期向客户发出的电子邮件在两百万份以上。电子邮件的内容可以定制，从而与收件人的年龄、生活方式以及其他因素相匹配（基希格斯纳[Kirchgaessner]，2003）。

在线发展的第三阶段是实现对客户要求的实时满足，如实时确认酒店预订或飞机票预订等等。通过将客户在线请求与一个服务可获得性实时数据库相连接，公司能够实时传递一个特定的价格/产品要约。许多航空公司和酒店使用收益管理原理持续改变其价格和产品要约，从而反映供给与需求之间的动态平衡；因此，它向一个网站访问者发出的信息也许相当不同于它刚刚在半个小时前发出的信息。

互联网被广泛用于购物比较；有许多研究旨在了解引导个人走过各个购买阶段方面，哪些网站会产生最好的结果。一个包含与使用者有直接关联、能够快速下载的信息且得到定期更新的网站对于大多数媒体用户来说已经成为最起码的要求。

在大多数西方国家，人口中的绝大部分都能够接触到互联网——在家、工作场所或学习地点。互联网现在已经成为许多组织的沟通媒体；而且，越来越多的家庭已经对宽带互联网的使用习以为常，这与以前家庭转向使用电视的情形没有什么两样。一项对营销人员来说非常重要的考虑是：那些率先接入互联网的创新型家庭一般都是高收入家庭和意见领袖，因而往往也是许多公司所急于瞄准的目标（郭[Kwak]等，2002）。在线沟通对于旅游和金融服务之类的服务——传递有形成分的成本不是大的限制——尤其具

图 13-12　许多公司已经利用手机短信的基本功能来跟踪客户和潜在客户目标。2003 年，希尔顿酒店集团使用手机短信功能向其数据库成员传递促销要约的细节。使用手机短信允许酒店在一天当中的最恰当时间即刻发出信息，并取得其所宣称的 10%~25%的接受率。手机短信信息只允许传递一个非常短的文本，为了保证有效的信息沟通，需要将它与其他的人口统计学数据采集和描述相联系。由无线应用协议（Wireless Application Protocol，WAP）技术支持的移动互联网服务的早期体验令人失望，但第 3 代（3G）移动电话技术的发展为在任何区位实现交互式对话提供了新的机会。通过将无线接入手段与全球定位系统（Global Positioning System，GPS）相连接，个人可以成为与其当下的需要有关联的信息所瞄准的目标。这样的例子包括寻求充分利用其富余能力的餐馆，这些餐馆会向先前通过注册表明有兴趣接收提示信息、且在餐馆有富余能力的时候正好又处在餐馆所在区域的移动电话用户发出信息。就像所有新沟通信道经历过的情形一样，餐馆发出的信息最初也许非常引人注目，但它们很快就会被大量的其他信息所淹没。到目前为止，关于资料隐私的争论——以及移动电话公司的费率结构——还不至于让移动垃圾短信成为一个大的问题；但对于要使短信在正确的时间、正确的地点，与正确的人形成关联的公司来说，挑战依然存在。在短信接收者允许以这样的方式发出短信的情形，短信得到响应的可能性无疑会增加。

有吸引力。有人预测,到 2010 年,绝大部分的打包度假服务都会通过互联网购买,街头的旅行代理将仅为一个小利基市场提供服务(福里斯特研究公司[Forrester Research],2006)。尽管研究估计的数字与销售预测数字有很大的差别,但大多数调查研究都认为,旅游业就其价值而论是最大的电子商务部门。高容量光纤线路的可获得性将增加可通过互联网传输的数据量,从而使在以往抑制电子商务发展的低传输速度问题得到缓解。

在线媒体的局限性

在线媒体在过去十年来迅速发展,并且向买卖双方提供了人们在从前几乎无法想象的利益。快速成长不可避免地带来一些发展问题,下面列出的是在线媒体的一些局限性:

- 系统往往要求相当高的资本投入,而投资回报可能来得非常缓慢。组织技术架构内部的兼容性可能成为某种限制因素,新技术会不断要求公司追加投资。在早期".com"繁荣的日子里,投资者往往急于以不智的方式对新技术投资——就像后来的结果所表现的那样。
- 随着互联网被越来越多地作为媒体使用,它也变得越来越嘈杂。这一效应在所有媒体的发展过程中都可以看到,使用互联网的公司在吸引人们去它们的网站方面面临越来越大的挑战。在搜索引擎中获得一个好的排名已经成为一项关键技能,专业化的公司往往被雇用来提高客户的排名。尽管互联网是一个非常廉价的信息源,一些公司还是必须将越来越多的钱用来宣传其网络存在——无论是在线还是不在线。新一代"信息中介"已经出现,他们的作用是简化在线买家与卖家之间的沟通。在互联网上购买对目标客户的进入权已经成为一项重要的活动,以至于雅虎之类的门户网站对在其高人气的网站上使用旗帜广告收取费用。一些公司——如 Doubleclick.com——专为获取与个人媒体使用模式有关的信息而存在,意在通过付费网站改进广告在客户定位方面的准确性。
- 许多公司急于将与客户的沟通途径转移到互联网上,以远离其他更为昂贵的媒体。牛津联营公司对基地在美国的一些产业进行的研究表明,大多数公司通过分销商和商业伙伴销售的时候,交易成本下降 20%~40%;通过呼叫中心销售的时候,交易成本下降 40%~45%;通过互联网销售的时候,交易成本下降 50%。不过,它们亦警告人们不要追逐一项不考虑购买者行为的成本削减战略。公司在裁减销售队伍和呼叫中心、从而期望购买者会转移到互联网上去的时候可能很容易失去其关键客户。许多在线系统面临一些长期难对付的问题,以至于在客户当中失去信誉,蒙受不小损失。

主题思考:亚马逊促销策略的变化

20 世纪 90 年代末的“新媒体”在早期碰到的怪事之一是对“旧”媒体的依赖。对于那些鼓吹媒体渠道革命的人们来说，一件很奇怪的事情似乎是某些最大的报纸和电视广告商近年来已经成为与互联网相关的服务公司，以至于像 Expedia 和雅虎之类的公司会花费巨资促进其基于互联网的服务。

亚马逊位列花钱最多的公司之中，它花了投资者数十亿美元的资本去开发由高水平的服务支持的高端品牌。到 2002 年为止,亚马逊一直通过使用电视广告建立品牌和促进即时销售。公司的电视广告宣传活动——它在 2001 年就花去了大约 5 千万美元——集中精力宣传在线购物相对于去购物中心购物所具有的优势。公司一般不通过电视广告为具体的产品促销。恰恰相反,公司通过给人深刻印象的网络存在来宣传自己及自己的产品。

2002 年,亚马逊决定停止所有的电视广告活动。这会是公司的又一个大胆主意吗——公司董事会主席杰夫·贝索斯很多看似乖僻的想法已让许多投资者吃惊不小。抑或这一决定恰恰反映了这一事实:亚马逊的促销目标已经发生变化,因此需要新的沟通工具?

就现在主要的客户基础到底是什么这一问题,公司展开了广泛的研究。简单地鼓励现有客户更多地购买(例如,通过推出新产品系列)是获得更多销售的一个途径。但公司的研究也表明,运输成本已成为与现有客户和未来客户角力的一个主要因素。在当地街头书店提供诱人的价格和更长营业时间、外加免费订购和取书服务的情况下,人们常常为一件只值 10 英镑的物件支付 5 英镑运费感到些许不快。尽管公司觉得其电视广告给出的创造性信息在起作用,但它还是认为,免费送货和更低的价格会导致更大的投资回报。

公司转而在广告预算上进行调整——这一做法最初只限于美国——并使用资金支持以下的销售促进活动:对于购买额超过 25 美元的客户,公司提供免费送货服务。2001 年,亚马逊公布的财务报告说，公司在运输成本一项上的损失高达 4100 万美元。在初步试验之后，2003 年,免费送货促销的范围扩展到英国市场,免费送货要求的购买额在 39 英镑以上;到 2007 年,享受免费送货资格的门槛值逐渐降低到 15 英镑。

亚马逊还掌握另一项促销工具,在这一促销活动中,公司计划充分使用其会员网络:这些会员按要求在自己的网站中插入旗帜广告，当这些网站的访问者通过点击广告到达亚马逊并成功购物之后,该会员可以获得销售收入中的一个小比例。公司也花大钱在其他公司网站上投放旗帜广告,从而强化这一促销形式,这部分得益于 2002 至 2003 年间旗帜广告收费的急剧下降,在当时,其他一些.com 广告商因为破产而退出市场。

停止所有电视广告对于亚马逊这样的大品牌来说是一个非同寻常的举动。在人们不经提示能够记起的书商品牌当中,公司获得很高的得分,这意味着公司品牌已经成功地建立。但公司能够在没有电视和报纸广告支持的情况下完全依靠在线方式建立品牌吗？品牌是否需要通过进一步电视广告来不断地焕发活力,从而保护自身不受新型“在线与实体”书店的侵犯呢？(based on Kawamoto,2003)

13.12 口　碑

组织可以通过正式沟通过程之外的途径来树立其形象。许多证据表明——举例来说——在专业和个人服务提供商之间区分的时候，客户更愿意接受来自朋友和其他个人联系而非通常的促销组合信息的指引（如苏斯金德[Susskind]，2002；沃克[Walker]，2001）。当然，正面的口碑推荐一般有赖于与组织有过良好体验的客户；许多研究表明，公司的高服务标准会如何出乎意料地促进口碑推荐（德贝克斯和万罕姆［Derbaix and Vanhamme］，2003）。另一方面，糟糕的体验会作为打消积极性的负面口碑迅速传播（拉兹尼亚克[Laczniak]等，2001）。因此，一个重要的沟通目标往往既要充分发挥这一“免费”形式正面宣传的积极影响，又要通过鼓励不满意的客户将其不满意告诉他人之前解决他们的问题来限制负面口碑导致的损害。除了提供人们会向朋友推荐的良好服务之外，公司也可以通过客户推荐卡之类的手段促进口碑推荐（图 13-13）。

互联网的发展进一步促进了口碑推荐。留在公告牌和聊天室的信息除了会让朋友们知道之外，也会迅速地传播开来。许多公司利用互联网发展“病毒”营销，通过这一方式，信息可以从某个人——这个人将信息传给他的一些朋友，他的朋友又将其传给他们的朋友——那里迅速传播开来（杰尔布和桑达兰［Gelb and Sundaram］，2002；韦尔克［Welker］，2002）。

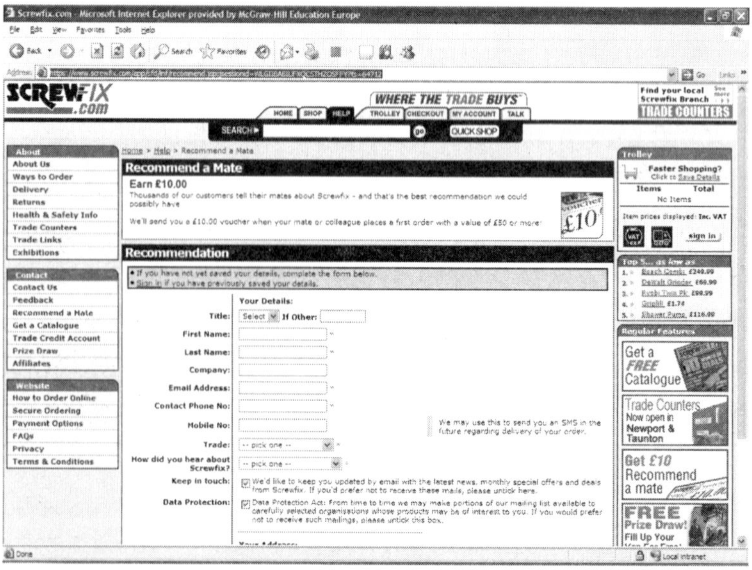

图 13-13 千万不要忘记，最有力的促销形式是口碑推荐。对于许多人来说，购买移动电话的过程令人沮丧，其间涉及一大堆广告信息所宣传的网络、费率和手机的组合。认识到口碑推荐在简化购买者决策过程方面的重要性，Screwfix 向现有客户推出激励措施，鼓励他们向朋友推荐公司产品。（重印经 Screwfix.com 许可）

主题思考:你能相信鼠标的话吗?

在传统广告的重要性日渐式微的情形下,近来围绕在线“点对点”网站成为与某家公司及其服务相关的信息的主要来源的可能性有着相当多的热烈讨论。这一倾向在 2006 年似乎得到证实——英国商业电视运营商独立电视台报告说,公司的广告收入出现下降;而媒体巨头新闻集团(News Corp)却以 5.8 亿英镑的高价收购了相对较新的点对点网站 MySpace(www.myspace.com)。未来的服务购买者会不会本能地首先去留意他们的同类在聊天室和博客里都说了些什么,而不是去看传统的广告是怎么说的?

很多研究表明,对于高参与度的服务,客户最初会向朋友寻求推荐。但在一个由千百万点对点网站用户组成的全球社区里,你又该如何相信朋友呢?不可避免地,当某个互联网论坛向所有人提供免费接入的时候,它会收入一些怪人、罪犯和学会如何匿名提供关于其组织的好推荐以及攻击其竞争对手的精明公司贴出来的材料。餐馆和酒店的同行评议网站变得很难管理,有许多传言说,一些酒店径直提交对其服务设施的抢眼推荐,假充一个非常满意的客户的评价。不可避免地,某些网站变得比其他网站更受人们信赖,因为它们会更勤勉地指出虚假的贴子。受人信任的公司和中间商所做的不偏不倚的宣传似乎总有它的作用。尽管免费酒店评议网站多得数不清,但弗洛姆旅行指南之类的付费酒店指南服务,在其发展起来的受信任沟通源的基础上,继续讲述其成功的故事。

因此,全球性口碑推荐网络的想法会是新的客户信息的一个强有力来源吗?抑或它无非是一个由技术所驱动的神话,天真地假定技术可以大规模地复制人们总是在小规模地做的事情?

13.13 发展促销活动

促销活动将多种与媒体相联系的活动集中在一起,而不是一个离散活动的系列,它们能够以有计划的协调方式实现促销目标。整合营销传播一语通常用来描述集中多种媒体,以成本有效的方式强化某一信息的行为。

活动计划的第一个阶段是建立对促销目标的清晰理解(见上文)。明确促销目标之后,可以发展最有可能取得这些目标的促销信息。下一步便是制订媒体计划。根据规模、区位和媒体曝光度定义好目标受众之后,就要选择媒体,从而在目标受众当中取得所希望的曝光/重复水平。必须制订媒体计划,并在其中规定:

- 支出在不同媒体之间的分配;
- 具体媒体成分的选择——例如,在印刷媒体的情形,应就广告的类型(小报广告还是大版面广告)与规模、是否使用星期日增刊以及是覆盖全国还是本地做出决定；

- 信息重复出现的频率；
- 每一类媒体载体达到特定目标群体所需要的成本；
- 不同媒体之间的联系，如公告牌广告以何种方式使广告读者回忆起前一个晚上的电视广告或指引读者去某个网站。

虽然为服务组织制定促销活动计划与为制造业公司制定促销活动计划在原理上相似，但在实际计划促销活动的时候，却需要将服务的无形性、不可分性和易变性牢记在心。单单只有广告本身是不可能成功地帮助客户做出服务购买决定的，但广告的有效性却可以通过几项指导准则而提升。乔治和贝里（George and Berry，1981）提出的指导准则包括：

- 使用清楚无误的信息。服务的无形性使得定义服务要约的信息难于沟通。在高度复杂的服务中，这一点尤其如此。这里要说的是，广告应该强调一项服务的利益，以及这些利益与所寻求的利益如何相一致，即需要体现客户导向而非产品/服务导向。
- 利用口碑沟通。他人的推荐会对购买者的决策产生重要影响；因此，广告应该用来提升这一影响。例如，广告可用来说服满意的客户将他们的满意告诉其他人。组织可以发展便于客户传递给非客户的材料，或说服非客户与现有客户交流。活动可以指向意见领袖，后者会将信息逐渐扩散开来。
- 提供有形提示。销售制成品的组织倾向于通过强调售后服务、担保之类的无形特征来将它们的产品与竞争对手区分。服务营销人员则倾向于通过强调有形提示或"物证"来区分其服务。可以将著名的人和物用作服务无形特征的代表。使用一致的标识、口头语、符号和主题有助于人们忘却无形性的转瞬即逝性，从而在客户心目中建立对公司的持久认同。印刷宣传册的质量也可以在某种程度上指示后续服务过程的可能质量。
- 只承诺能做到的事情。服务的无形性导致客户持有对服务交付标准的抽象期望。回忆第9章的内容，不难想象在感受的服务交付不能满足那些抽象期望的情形，客户有可能将一项服务判断为低质量。因此，沟通不应该过多承诺。
- 将员工纳入促销活动。大多数服务为劳动密集型服务，沟通既要鼓励员工的良好表现，又要鼓励客户的购买行为。强调个人服务的广告可以激励联系人员更加有效地履行职责和影响客户的选择。
- 消除购后焦虑。服务消费通常涉及很高程度的客户参与，因此，购买后失谐发生的可能性比大多数产品购买情形下要大。由于很少有形证据能够在购后评估过程使用，因此，广告应该被用来强化积极的购后感受。

13.14 决定促销预算

若不有意识地尝试决定合理预算并将支出保持在预算范围之内，促销预算可能成为组织资源的一大消耗。一般使用以下方法决定广告预算：

- *承受能力*。这大致是一个主观性的估计，很少关注服务的长期促销需要。它将促销当作一件只有在好光景才消受得起、而在坏光景会被舍弃的奢侈事情。在现实中，许多小型服务公司使用这一方法，对于它们来说，促销支出乃是在艰难时期短期削减开支时首选的、容易考虑的目标。
- *销售百分比*。按照这一方法，支出升降可以反映销售的变化。事实上，销售可能受促销支出的影响，而反过来却不是这样，且这一方法只可能加强给定的情形。如果在经济衰退期间销售下降，可能需要更多的促销来引致销售；然而，这一决定预算的方法却意味着要削减支出。
- *同等比较*。促销支出由竞争对手所花的数额来决定。许多市场部门经历促销支出的周期性激增，且通常伴随公司营销组合中某些其他成分的变化。在 2004 年，英吉利海峡隧道运营商增加了促销支出，意在增加其在英、法两国旅行市场的份额，此举引发了此线路轮渡公司广告活动的增加。不过，仅仅增加广告支出也许会掩盖这样的事实：是营销组合中的其他因素需要调整，以便获得比竞争对手更有利的市场竞争地位。
- *余额*。这是满意度最低的方法，它只将补偿了所有其他成本之后剩下的余额用于促销预算。这一做法与促销目标也许不存在关系。
- *目标和任务*。这一方法以清楚定义的促销目标为起点；然后，设定与具体目标相联系的各项任务。如此，广告活动被视为必要的——即使有风险——品牌投资，其重要性可以与其他更加显而易见的成本——如生产和薪酬成本——等量齐观。这一方法是设定促销预算最理性的方法。

本章总结及与其他章的联系

本章探讨了沟通在服务营销管理中的作用。尽管许多服务沟通原则与商品促销情形下有相似之处，服务的促销仍然给我们带来了其他的问题和机遇。由无形性所导致的感知风险必须通过沟通来防范，因此，本章讨论了为实现这一点所需要用到的技术。客户在服务生产过程中的出现也使得一些对产品制造商来说一般不可能有的促销活动成为可能。

本章与介绍品牌打造的第 2 章之间有很强的联系——随着组织成长，建立和促进一个受人信任的品牌的信誉变得非常重要。沟通在指引购买者走过购买决策的全过程方面具有关键作用(第 6 章)。随着关系营销战略的发展(第 7 章),许多公司的促销重点正在从获取新客户向保有当前客户转移。随着直销的发展,促销和可及性战略变得越来越紧密地联系起来(第 5 章)。在公司发起新服务时,促销战略会表现得特别重要(第 8 章)。当服务组织扩展到国外市场的时候,新的沟通挑战又会出现(第 14 章)。

复习题

1. 评价商品和服务之间在沟通战略制订上的差异。

2. “好的服务应该不需要任何促销——建立在服务质量基础上的信誉足以销售服务。”请在你选定的服务部门的环境下讨论这一命题。

3. 与私人部门组织面对的各种因素相比较，公共部门服务组织为其服务制订沟通战略需要考虑哪些其他的因素?

实践活动

1. 就你上一次购买一项有适当高参与度的服务——如度假服务或大学课程——加以评论。识别影响你最终选择的主要沟通源,并注意信息对服务组织内部和外部的影响。然后在你的朋友们身上重复这一练习,看看是否会有一致的模式出现。

2. 浏览一份报纸或杂志,选择服务组织的广告。评价包含在广告中的信息,并在购买者反应模型的情境下尝试理解本来希望由信息激起的反应会是什么。

3. 收集一些大学/学院散发的小册子,或在其网站上搜集相关信息。评价这些大学如何在“需要看上去具有学术性”与“需要让所有受众可及”之间对信息加以平衡?与排名较低的大学相比,你是否注意到“顶级”大学的信息内容有任何不同?

案例研究:推广"奉行道德的银行"

银行有一种不受大众喜爱的倾向,对于他们来说,银行带来的往往是一系列长长的负面联想,其中就包括贪婪、唯利是图以及只顾富人而不顾穷人。对于许多人来说,一家银行与另一家银行没有什么不同,对银行的忠诚来自于历史上的惰性——转换银行所遭受的痛苦也许会被人们认为大于简单地忍受现有银行所遭受的痛苦。很少有银行成功地传递一个它与竞争对手相当不同的某种信息。不过,也有几家银行——如 First Direct——已经通过高水平的客户满意度而赢得客户忠诚。一家银行——合作银行(Co-operative Bank)——则通过明确地给出银行奉行道德的凭据而走得更进一步。

20 世纪 90 年代见证了投资基金金融服务部门的巨大成长,它们宣称只投资以合乎道德的方式运作的企业。最初,有些都市人将其描述为"巴西基金"——它们简直就是"一群傻瓜"。奉行道德的投资基金最初是作为在烟草、博彩、酒业和军火等特定活动或产业之外投资的基金而出现的。其他基金采取了更为积极的姿态,积极寻求投资一些涉足有利于环境健康和社会进步业务的企业。一个最近的做法走得更远,其基本信念是:基金管理者应该就一些具体的社会与环境问题积极建立与其投资组合中成员公司的对话,其目的是鼓励它们采用各种最佳商业做法。

奉行道德的投资基金也许会对一些中产阶级投资者具有吸引力,后者有能力承受将道德问题的关心置于取得最大回报的关心之前而来的代价(尽管有许多人会争辩说,道德和最大回报并非不可兼得)。但在基本银行服务业务领域面对激烈竞争的银行又何以能使用这一方法呢?

英国合作银行的起源可追溯至 1872 年——合作批发和零售协会在当时创办了这家银行。直到 20 世纪 80 年代中期,借助于一些创新性的新产品——如无赊欠账户免费银行业务、延长营业时间以及计息支票账户,银行一直稳健地成长,其分支机构超过了 100 家。不过,这家银行发现,在银行部门解除管制之后,自己的市场地位正在稳定地被越来越多来自大型清算银行、尤其是能够进入个人银行业务领域的建房互助协会的竞争所侵蚀。由于解除管制后的激烈竞争,银行发现其市场份额由 1986 年的 2.7% 下降到 1991 年的 2%。伴随这一倾向的是银行要面对一个正在变化的客户形态。传统上,银行吸引了很高比例来自更富有的 ABC1(中上层;A、B、C1、C2、D、E 为英国社会阶层划分——编者注)社会群体的客户。到 1992 年为止,却有越来越多的新客户是从 C2DE(劳工阶层——编者注)社会群体中吸引过来的;与此同时,银行拥有的核心 ABC1 客户在不断流失。

银行的研究表明,自己在客户基础之外缺乏一个清晰的形象,给人们的主要感觉是相当沉稳和老派,具有亲左翼的政治倾向。此外,尽管银行为一系列创新性产品做了大范围的广告,但自发地记起银行名字的人数在稳定地下降。

银行意识到必须立即采取行动以重振形象,并制止其 ABC1 客户的流失。银行的规模及其盈利能力意味着广告预算必须适度,因此,一个有重点、有最大效力的宣传促进活动将是至为关键的。

银行指定 BDDH 公司为负责设计宣传促进活动的广告代理机构。这家广告商“拷问”合作银行能否确定任何与众不同的能力,以之为基础设计一场广告宣传战。广告商发现,银行的传统提供了一个相对于其他主流银行来说独一无二的定位机会。这一机会尤其来自于资金来源的获取和资金的分配,二者都受不成文道德规范的约束,银行绝不向存在环境问题的组织贷款。BDDH 决定将其“拷问”的结果转化为一个恰当的、有激励作用的命题,从而吸引银行当前客户基础之外的受众。银行做出的一项关键战略决策是将促销活动指向不断增长的“遵奉道德规范的消费者”,非常重要的一点是,他们表现出更高端的 ABC1 特征。

“奉行道德的银行”为 BDDH 设计宣传促进活动打下了基础。最初,这一信息被放在现有客户基础中检验,它在那里获得了很高程度的认可。银行意识到广告说出的话必须通过实际行动来实现,同时也在其客户章程中表明其奉行道德的姿态。银行清楚地认识到,一些媒体喜欢给自称奉行道德但实际上被发现从事不道德活动的公司制造麻烦。广告最初被用来培养公众对银行定位的了解。其创造性的效果体现在刻意引人深思和给人激励,同时又维护银行作为街头贷款人的公信力。广告中使用的富有创意的形象往往既简单又明快。

这一活动的关键目标是:

- 培育客户忠诚并抑制 ABC1 客户的流失。
- 以 ABC1 客户为目标,扩大客户基础。
- 扩大社团企业客户基础。

银行“北部核心地带”的全国性报刊和区域性电视网是宣传促进活动最初阶段使用的主要媒体。随着宣传促进活动的进展,电影院广告也被使用。

由于宣传促进活动的结果,营销任务超目标完成。银行建立了强大的细分品牌平台,这一平台后来又被用来发起新的服务,其中就包括“微笑”互联网银行业务(www.smile.co.uk)。精心定向的宣传促销活动以实现最大影响力为目标,这使得信息的传递表现出成本有效。这一案例清楚地表明与企业目标、营销目标和营销战略紧密联系的有效宣传促进活动会怎样赋予组织以长期可持续的市场竞争地位。

2006 年,银行报告的营业收入为 5.26 亿英镑,比上一年增长 4%,连续第十年实现营业收入增长;利润为 1.86 亿英镑——尽管银行的利润率一直在下降。银行抵押贷款业务的贷款—价值比为 50%——这对于银行业来说很不错——提供了银行不依靠较贫穷社会经济群体(这些群体的借款在其财产价值中所占的比例一般更高)的进一步证据。

宣传奉行道德的定位让合作银行收益良多,这一定位也在不断演化,以回应客户关注焦点的变化;比方说,2006 年,气候变化被选择为首要主题。不过,随着其他金融服务组织越来越不厌其烦地宣示其道德公信力,合作银行必须让公众知晓它与其竞争对手之间差别的性质。公司亦须时刻提防那些人数越来越多的对整个道德投资理念持批评态度的评论家们。社会事务部(Social Affairs Unit)提交的一份报告对道德投资嗤之以鼻——因为道德标准是人们就产品而做的判断。它将一些基金拒绝投资于核工业引为例子,认为这样的拒绝意味着该产业坏得不可救药——尽管核辐射在医学领域以及潜在地弱化全球变暖方面起着极有价值的作用。

问 题

1. 评价合作银行可以用来评估其作为一家奉行道德的银行展开的宣传是否有效的方法。

2. 讨论合作银行在宣传促进其奉行道德的定位时可能面对的危险。

3. 评价你所熟悉的其他银行宣传促进活动的定位。

第 *14* 章

国际服务营销

学习目标

阅读本章之后，你应该理解

- ❖ 国际服务贸易的性质及其发展的原因
- ❖ 服务企业评估海外市场机会的吸引力所使用的各种方法
- ❖ 营销计划体现出理解本地市场需要的发展
- ❖ 市场进入策略，包括平衡风险与控制的需要

14.1 引 言

在发展过程中的某一点上，许多服务组织会认识到它们只有向国外市场进军才能实现持续的成长。然而,进入国外市场对于服务公司来说是一件风险极高的事情,最近出现的一些失败案例就为我们提供了证明，这些案例中的一些公司不能预测涉及的所有问题：

- 英国移动电话公司“02”在荷兰移动电话运营商 Telfort 身上投资 15 亿英镑,却不能在荷兰市场上取得高于第 5 位的排名。2003 年 4 月,该公司承认失败,将整个荷兰业务以区区 1600 万英镑卖掉。
- 杂货零售商森宝利在投资于一个有 100 个超级市场的连锁店仅仅 2 年之后,于 2001 年从埃及退出。森宝利在埃及的经营岌岌可危,当地人并没有去超级市场购物的传统,公司与犹太人老板有联系的传闻没给公司带来多大帮助。森宝利扎入埃及市场两年,却招致 1 亿英镑以上的损失。
- 快餐连锁店麦当劳在 20 世纪 70 年代进入英国市场的头几年里也未能实现盈利,不得不迅速调整其服务要约以实现经营上的可行性。

不过，一家成功地开发了自己的营销策略的公司按理说处于向国外市场扩展的优势地位。成功地开发国外市场的公司的例子也不少,其中包括：

- 零售商特易购通过在爱尔兰、远东以及东欧发展零售店,成功地降低了它对饱和的英国杂货市场的依赖。
- 移动电话公司沃达丰从其英国基地向海外扩展，现在已经在 30 个国家提供服务,通过规模经济降低了公司的单位成本,进而能够向国际旅行者提供完美无缺的增值服务。
- 爱尔兰的瑞安航空公司凭借一个以都柏林为中心的航空线路网络起家。随着其航空线路网络的不断扩展，现在它的大多数服务都已经不在爱尔兰本土进行了。
- Carphone Warehouse 公司是企业家查尔斯·登斯顿的得意之作,从伦敦的一个小规模公司起步,现在它已经成功地发展壮大,经营遍布欧洲各地的 1100 多家商店，在英国是在 Carphone Warehouse 旗下经营，在法国、西班牙、德国、瑞典和荷兰则是在 The Phone House 旗下经营。

许多在公司的国内市场适用的营销管理基本原则在国际背景下也有一定的适用性。识别市场机会、选择战略、实施战略以及监督业绩表现的过程基本上涉及一些与国内市场应用的原则类似的原则。一项研究发现，服务企业在国外的经营由一组与制造商所面对的类似变量驱动，不过，某些重要关系的强度和方向要求做一些修正和调整（西西克［Cicic］等，1999）。寻求向海外扩张的服务公司所面临的主要挑战在于如何根据海外市场的需要微妙地调整其在国内环境下行之有效的营销策略，因为海外市场的环境也许与其先前所经历的任何环境都完全不同。

国际营销人员面对新的挑战。按照纳奥米·克莱因的说法，诸如壳牌、沃尔玛和麦当劳之类的全球服务品牌已经成为一个扭曲的全球经济体系的代名词，对第三世界工人们的工资水平和劳动条件所表达的越来越多的关心即是明证。她相信，品牌及其跨国公司所有者而非政府将越来越多地成为各类活动家所瞄准的目标（克莱因［Klein］，2000）。

本章的目的是识别在国际环境而非纯粹国内环境下提供服务时营销管理任务的主要差别。我们会强调商品贸易与服务贸易之间的某些关键差别，尤其是导致国际服务贸易采取多种形式的买方—卖方相互作用的不同性质。

本章扩展了国际环境中服务营销的知识，提供了有用的综合见解。

14.2 国际服务贸易的重要性

国际服务贸易正在变得越来越重要，它不仅代表着国内服务生产者从国外挣得收益的机会，也代表着来自国外的竞争对国内生产者的威胁。国际服务贸易对英国的重要性可以通过贸易统计数据显示出来。2006 年，英国通过向海外“出口”服务挣得 1245 亿英镑。更为重要的是，与商品贸易上的赤字（836 亿英镑）相比较，英国在服务贸易上占有盈余（292 亿英镑）。更细致地考察服务统计数据可以帮助我们认识一些主要服务部门的相对重要性。以对外销售额而论，最重要的部门一直是金融部门，其贷方余额（“出口”）超出了借方余额（“进口”）。从国家统计数据来看，尽管因为英国旅游者在海外的支出超出了访问英国的外国人的支出，以至于英国现在是服务的净进口国，但与旅游相关的一些部门依然是英国重要性排第二位的行业。

许多国家的经济极大地依赖其服务业产生的外汇收入。引人注目的例子包括巴哈马和马耳他，其金融服务和旅游部门的收入可以平衡这两个国家对许多制成品和农产品的进口需要。发展中国家通常发现，它们需要购买专家服务（如银行和咨询工程服务）以进一步发展经济，但它们的最终目标是实现这些部门的自给自足（甚至是出口）。印度是发展中经济的一个好榜样，它有意寻求减少对进口服务的依赖，现在已经是一些服务

（如呼叫中心）的净出口国。

近年来，欧盟作为一个整体在与非欧盟国家的服务贸易中占得了一个小盈余。净获利的部门包括银行业务、航空运输、旅游和企业服务。保险、海运和通信业则表现为净赤字。

14.3 定义国际服务贸易

尝试分析国际服务贸易会碰到一些概念上的难题。虽然制成品贸易可以通过沿某个方向流动的商品量以及沿另一个方向流动的支出量（以现金或实物形式）来表征，但大多数服务的无形性却使得有形流的衡量非常困难。例如，贸易统计不能依靠进出海关的商品记录来实现。因服务生产/消费过程的不可分性而产生的生产者—供应者相互作用的多样性又使得国际服务贸易的分析变得更加复杂。

国际服务贸易统计掩盖了服务贸易能够以多种形式发生的事实。有时，在国外旅行的客户（例如，访问英国的外国旅游者）会获得贷款供其消费某项服务，而他所在的旅游地却是某组织的国内市场。在另外一些情形，将其生产过程转移到国外市场的国内生产者也会获得贷款。我们还可以发现其他一些允许人们将生产与消费分开的服务类别；对于这些服务，生产者与消费者并不需要见面就能实现国际贸易。国际贸易所采取的形式既取决于生产者与消费者的流动性，又取决于生产/消费过程的可分性（参见图 14-1）。

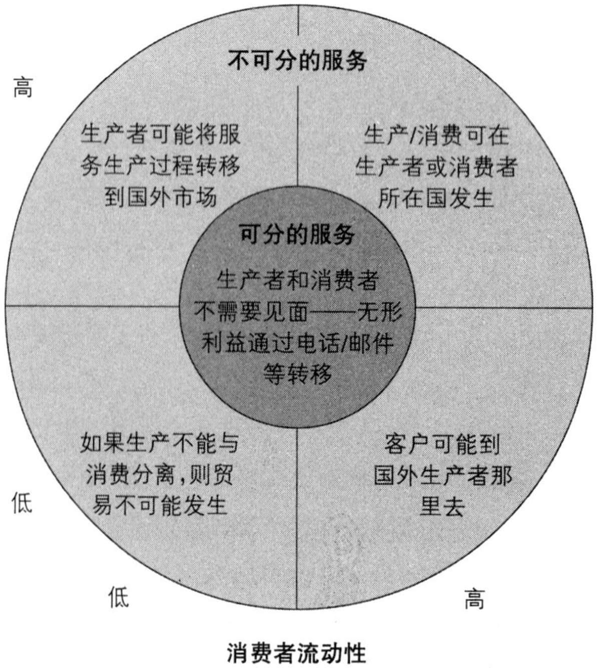

图 14-1 对外服务贸易中的生产者—消费者互动模式

在一项服务既不可能也没有道理在国外市场生产的情形，服务生产过程具有不可流动性——这些市场上的客户若想接受服务必须亲自去旅行。许多以某个有独特历史意义的地点为基础的旅游相关服务即属于这一情形。在其他情形，不能表现出灵活性的却是客户，这要求将生产过程转移到客户所在地的国外市场(例如，建筑承包商要完成某栋建筑的重新装修必须到该建筑那里去)。

由于国际贸易能够以多种方式发生，对国际服务贸易总值的估计比制成品贸易总值的估计要不可靠得多，而且通常需要事后的修正。

从生产者—消费者互动的多样性来考察，可以识别出三类重要的贸易模式：

- **服务在一个国家生产，在另一个国家消费**。尽管制成品贸易一般是在这样的基础上进行的，但在此基础上的服务贸易却只能在生产和消费可分的情形下发生。这样的贸易通常可以通过邮件和电话沟通来实现。如此说来，一份船舶保险单可以在伦敦的劳合社(Lloyd's)生产，但保险单所承载的利益却可以在所选择的地点转移给保险单持有人。下降的电信成本为一些呼叫中心创造了向客户提供服务的新机会，这些客户离呼叫中心也许有数千英里之遥。全球电子商务的主题将在本章的另一节讨论。对于这一类贸易，官方统计很难精确地记载服务的流出和金钱的流入。
- **服务由国内公司在国外市场生产，供国外客户消费**。在不可分性问题无法解决的情形，国内服务生产者能够进入国外市场的唯一方式也许是在该市场建立生产设施。这一类服务的例子包括餐饮和清洁服务，它们要求在客户所选择的地点交付有形结果。公司建立国外服务网点所使用的各种方法将在本章稍后部分讨论。尽管这类国际贸易对服务组织极其重要，但它只是以资本流动、汇出利润以及服务要约中有形成分的贸易的形式出现在一个国家的国际收支平衡表上。
- **服务在本国生产，向国内市场的国外客户销售并供他们消费**。将服务生产过程转移到国外客户所在地通常代价高昂，或者不可能，因此，消费服务的客户必须到生产者那里去。这有几个方面的原因：

  (1) 对高度专业化服务的需求也许散布得非常稀落，因此，将高度专业化的人员和设备运送到市场上去会非常不经济。举例来说，病人从老远的地方来伦敦的哈利大街找专家大夫求诊是司空见惯的事情。

  (2) 外国的法律也许会将某项服务在该国市场的提供认定为非法，迫使那些寻求服务的人们到国外去消费服务。禁止堕胎手术的国家通常这样做，结果使得英国这样适用更为自由的法律的国家从中得利。

  (3) 某组织在自己国家生产的成本也许更低，这使得外国客户出国寻求服务的做法更加具有吸引力。例如，由于拥有廉价劳动力，许多不发达国家吸引一些船东将其船舶送过去大修。

(4)一个国家也许具有独一无二的地理特征，后者会成为服务要约的一项重要成分，客户为获得相关服务的利益必须到这个国家来。就旅游相关产业来说，这一点尤为重要，它们所提供的与历史遗迹或不同气候相关的服务的利益没有办法带给客户。如果美国公民希望访问伦敦塔，他们必须到伦敦去。类似地，如果英国度假者想要购买一个有阳光保障的假日，他们必须去国外旅游。

14.4 国际服务贸易产生的原因

无论如何衡量，国际服务贸易一直在持续上升。以英国为例，从 1995 年到 2002 年之间，尽管 GDP 只增长 21%，但其出口值却增长了 31%。从国民经济角度来衡量，有几项理由可以解释国际服务贸易重要性的增加：

- 服务在经济体之间交易是为了充分发挥比较成本优势。在一个经济尤其适合出口它生产的商品和服务、进口另外的国家擅长生产的商品和服务的情形，这一说法是不成问题的。尽管比较成本优势理论是为解释每一个国家发挥其在原材料和能源供给方面的比较成本优势而使总世界财富增加而发展起来的，它在服务部门的应用也是有意义的。如此说来，宜人的气候或绝佳的风景可以给一个国家以优势，有助于它向国外客户销售旅游服务，这样的优势对于加那利群岛和瑞士的旅游运营商们来说是不会白白浪费掉的。比较成本优势的另一个基础见于低成本或受过更高等级培训的人员的可获得性(对造船业而言的廉价劳动力以及对计算机咨询业而言的训练有素的计算机软件专家)。有时候，一个国家的政府本身会为某一服务业直接创造比较成本优势，比方说，它可以降低对某个产业的监管和控制，允许该产业以更低的成本(与其受到更多监管的竞争对手的成本相比)生产出口型服务(例如，与其主流竞争对手相比，许多“离岸”型金融服务中心适用的关税水平和监管标准都要低)。
- 对国际服务贸易的许多限制的解除(如欧洲单一市场的建立)使一些国家更充分地利用其比较成本优势。不过，与对制成品贸易的限制相比，对服务贸易的限制一般来说依然更为引人注目。
- 增加的家庭可支配收入导致那些只能由国外供应商提供的服务类别——尤其是国外旅行和旅游——出现更大的消费。与此相对照，一个经济体范围内的经济发展会导致许多原先需要从国外购买的专业化服务转而由本地供应商提供——许多发展中国家寻求减少其对国外银行业务和保险组织的依赖便是例子。

- 由改善的通信技术和增加的国外旅行机会而致的文化趋同导致不同国际市场的同质化。随着贸易壁垒的下降，对服务的文化态度趋同使许多服务提供商将其国外市场的某些部分作为其国内市场的一部分来看待。

对于单个公司来说，出于多方面的原因，发展国外市场会是一件有吸引力的事情。可以通过“拉动”因素和“推进”因素对它们进行分析，前者源于潜在国外市场的吸引力，而后者则似乎使某组织国内市场的吸引力下降。

- 对于追求成长的公司来说，国外市场代表着它们也许能够以现有产品为之服务的新细分市场。在这种方式下，公司可以一直坚持生产它擅长的服务。为现有的或修正的服务找到新的国外市场不至于使公司去冒同时扩展其产品范围和市场覆盖范围的风险。
- 国内市场的饱和会迫使服务组织寻找国外市场。在一项服务在国内市场达到生命周期的成熟阶段、而在不发达的国外市场处于生命周期早期阶段的情形，就会出现市场饱和。尽管在一些西方国家——尤其是在美国——快餐店的市场也许正在趋向饱和，但在一些东欧国家，它们却处在发展的早期阶段，代表着新的服务机会。
- 环境因素也许使公司在国内市场通过其服务理念充分获利更加困难，迫使它面向国外寻找新的机会。例如，英国 20 世纪 90 年代对在郊区发展新零售业的限制导致许多零售商寻求在海外市场(如爱尔兰和东欧)扩展其运作模式。
- 除了产品组合管理上的原因之外，组织也许还希望减少对局部地域市场的依赖。单个国家市场的吸引力也许会发生变化，以至于这一市场与其他国家市场不再有关联。例如，成本高昂的竞争会在某个国家的市场而非其他国家的市场发生；世界经济周期会在不同的经济体之间展现出滞后效应，体现为特定监管或一般经济管理的各种政府政策会对市场预期产生反制效应。
- 一项服务的性质也许要求组织在国外市场有积极的行为。这尤其会影响到与交通运输相关的服务，如定期航班服务以及快递服务。在伦敦和巴黎之间往返飞行的英国航班很有可能在其航线的巴黎一端拓展其国外市场。
- 在多个国家经营的工业公司也许要求其服务供应商能够满足其跨越国界经营的需要。公司也许需要聘请能够在其国外子公司提供审计和管理会计服务的会计师。为满足这一要求，会计师公司也许需要建立海外经营基地。类似地，在多个国外市场销售产品的公司也许需要聘请有能力在多个国外市场组织全球广告宣传活动的广告代理商。
- 在许多情形下，私人客户所需求的服务必须是在国际范围内都可获得的。一个例子是汽车租赁业，其客户通常要求能够在一个国家预租汽车，但在另一个国家取车和用车。为成功地吸引这些客户,汽车租赁公司需要在全球范围内经营。

- 有些服务高度专业化,过小的国内市场规模无法保证规模经济的充分实现。因此,必须开拓国外市场以取得临界规模,使得价格能够达到一个有竞争力的水平。专业化的飞机工程维护服务和石油勘探服务便属于这一类别。
- 在国外市场扩大服务品牌的使用范围也可以导致规模经济。快餐公司针对英国居民展开的品牌形象促进活动的支出会被浪费,如果他们在国外旅行时找不到他们看重的品牌的话。向国外游客促销将使得在国外新设立的销售网点受惠,而额外成本却很少。

14.5 分析发展海外服务的机会

国外市场的机会和威胁与组织在国内市场上所习惯的大不相同。在做详细的市场分析之前,组织应该总体考虑市场的环境是否有吸引力。通过总体考虑政治稳定性或文化态度之类的事项, 组织也许会过滤掉一些它认为不值得为之进一步分析成功可能性的潜在市场。在对国外营销环境所做的解释性分析似乎表明存在某种机会的情形,进一步的更为全面的分析也许会建议在能够成功地向市场提供服务之前对服务形式做重要的修正。

本节首先识别在评估外国的营销环境时需要问的一些一般性问题, 然后考虑如何具体地研究这一类市场。

玻璃杯是半满的还是半空的?

一个老故事的新版本讲述了一个旅游运营商派出的业务发展团队的故事。团队成员被派到国外调查以在国内一直行之有效的方式提供一揽子度假服务的可能性。他们的主要发现是:该市场很少有人购买一揽子度假服务。不过,这又该怎样解释呢? 团队的一位成员认为,当前销售水平表明客户对产品缺乏兴趣,最好是避过这一市场,以重点支持其他可能的市场。但对于团队的另一位成员来说,这代表着巨大的潜力——“等着瞧,这些人很快就会发现购买一揽子度假服务的好处!” 这个简单的例子强调了对海外市场潜力所做的任何分析只能以事实分析和判断力的组合为基础。

14.6 国外市场环境

在国外市场,促成组织在国内市场取得成功的环境因素组合也许并不存在,因此,组织向国外出口某种形式的服务的尝试可能遭遇失败。这一节,我们将在政治、经济、社会、人口和技术环境等几个互有重叠的主题下考察一些问题来分析国外营销环境。

政治环境

政府和准政府组织影响组织运营环境的法律和经济框架。尽管最重要的政治影响来自于一国的政府，但国家间的协议对于一国国内市场的形成和发展也非常重要。

国家政府框架

在国家层次，各国政府能够以多种方式影响服务贸易：

- 在最一般的层次上，政治系统的稳定性影响特定国家市场的吸引力，尽管在大多数西方国家，剧烈的变化很少是因为政治动荡而产生的，但一些非洲国家政府的不稳定性却导致影响服务要约的经济和法律框架的不确定性。
- 一些政府也许会实施许可证系统来尝试保护国内生产者。使用许可证既可以限制从事特定职业的个人（例如，对律师或会计师的许可证要求可能会不承认海外工作经验以及在国外取得的许可证），也可以限制外国所有者开展服务经营活动（例如，美国政府不允许非美国投资者在经营国内定期航班的航空公司中拥有 25%以上的股份）。
- 管理服务标准的规制部门也许要求对服务要约进行代价高昂的改造以满足当地规制要求，或者完全禁止服务的提供——与博彩有关的服务和医疗服务往往属于这一类别。
- 进口控制可以用来限制组成某种服务必不可少部分的商品的供给。寻求在国外建立门店的餐馆可能被迫从当地获取原材料，这有可能使它在保持品质标准的一致性方面碰到问题，甚至可能丧失规模经济。
- 服务生产可能性也会受政府政策的影响。最低工资水平和服务条件是决定服务生产可行性的重要因素。例如，许多国家对临时雇用季节性员工施加限制——这会使得季节性假日酒店的经营既不灵活也不经济。
- 对货币流动的限制可能使得通过国外服务经营获得的利润很难返回国内。
- 各国政府是主要的服务采购者，它们在合同授予方面可能或正式或非正式地偏袒当地服务组织。
- 保护商标的法律国与国之间不同——在某些国家（如泰国），商标的拥有者也许会发现要依法保护自己不被人模仿会相对困难一些。

除了国家之外，国际机构对于服务的国际营销也会有重大影响。下面介绍一些重要的国际组织。

欧 盟

尽管欧盟(EU)是作为减少贸易壁垒的工具而诞生的,但到目前为止,它的受惠对象仅限于原材料和制成品贸易。许多非关税壁垒依然存在,因而限制了欧盟各成员国之间的服务贸易数额。1987年《单一欧洲法案》(Single European Act)寻求消除这些壁垒中的大部分。最重要的是,各国正在就许可证安排进行协调,如此一来,寻求在另一个成员国开展业务活动的公司就不再需要在该国经历冗长的审批过程了。寻求在其他成员国经营的公司在一个国家的许可证越来越被其他成员国视为有效。这就使得保险公司和银行之类的许多服务组织潜在地受益,这些一直处在严厉监管之下的组织越来越将欧洲视为一个不存在国界的大国内市场。举例来说,各国的许可证监管要求从前会限制设立在某个欧盟成员国的航空公司和道路运输公司在其他成员国境内提供国内服务的能力。如此,这些产业在不同欧盟成员国中收取的价格存在很大的差异。贸易壁垒的有效排除正在创造一个更具竞争性的市场,在这个市场中,全欧洲的道路运输和空运服务价格会趋于一致。一些低成本的航空公司——如瑞安航空公司、易捷航空公司和柏林航空公司——早已经走出国内市场,在全欧洲范围捕捉商业机会。大额的公共服务合同项目务必在整个欧盟范围内实施招标,服务公司也越来越受这一要求的影响——此举亦导致为获得高速公路建设和维护合同而展开的跨国竞争。

不过,尽管人们在谈论建立单一服务市场,许多消费者行为上的细微差异以及语言上的障碍仍然会是英国的营销人员们必须直面的挑战。

其他贸易集团

欧盟是寻求为集团内部的公司创造有利贸易条件的贸易集团的一个好例子,尽管在集团内部仍然存在国家边界。欧盟的发展与许多其他的区域性贸易集团——尤其是东南亚国家组成的东南亚国家联盟(ASEAN)和美国、加拿大与墨西哥组成的北美自由贸易区(NAFTA)——的发展并驾齐驱。

对于希望在这些国家中的某个国家寻求发展的服务组织来说,贸易集团的形成既带来了问题,也带来了机遇。对从集团之外进口的商品和服务施以关税或其他限制的情形,问题偶尔也会出现。最大的机遇则是,一旦某家出口商进入了贸易集团的某个成员国,由于标准的协调和内部边界的瓦解,向集团的其他成员国扩展的过程会变得容易得多。

世界贸易组织

世界贸易组织(WTO)可以溯源至第二次世界大战后的关税与贸易总协定(GATT)。世界贸易组织的各个成员国寻求通过减少阻碍国际贸易的各种壁垒使各国的比较成本优势得到充分发挥，从而实现更大程度的国际经济繁荣。各个成员国达成的共识是：除非得到允许，否则不得提高关税或进口配额。

世界贸易组织已经通过几个回合的谈判着手降低关税和进口配额。不过，与商品贸易谈判相比，服务领域取得的成功相对慢一些。由于世界贸易组织谈判的多边性，一些完全不相干的贸易领域出现的争论会使得服务贸易自由化的尝试受到阻碍。例如，金融服务贸易自由化的努力与对某些国家提出的采取行动减少农业补贴的要求相关联。各成员国在 1995 年签署《服务贸易总协定》也只是在经过了许多这样的讨价还价之后才有的成果；有迹象表明，与制成品贸易领域的情形相比，实施这一协定会是一个更加缓慢的过程。批评家们说，WTO 的服务贸易自由化尝试只会陷发展中国家于不利（例如，由联邦快递经营一个私有化的印度邮局也许是有道理的，但印度邮局真有机会在自家地头上与联邦快递一决高下吗？）

其他国际协定和机构

各种各样其他的协定和机构也会影响服务组织。最简单地说，这些会包括两个国家之间的双边协定；而更为复杂的政府间多边协定则会创造出一些直接影响公司营销环

图 14-2 旅游部门对为什么客户为获得服务要约的好处必须到生产者那里去这一问题给出了许多解释。许多旅游景点——如伦敦的议会大厦——是相当与众不同的，很难甚至不可能在一个离客户更近的区位复制。也有一些人尝试进行复制，例如，原来的伦敦桥就被搬到美国的亚利桑那州；但总服务要约与许多客户所寻求的东西并不完全吻合。寻求这一总服务要约的客户因此必须到生产者那里去。即使是并非如此依赖地理学特征的主题公园在将其服务理念带到客户的国内市场的时候也经历了困难，在许多人看来，迪士尼在法国复制其美国式主题公园的失败就是一个例子。

境的政策和机构——国际民用航空组织(International Civil Aviation Organization)和万国邮政联盟(Universal Postal Union)便是其中的例子。

经济环境

一个被普遍接受的衡量国外市场经济吸引力的尺度是人均 GDP 水平。对大多数服务的需求会随这一数字的增加而增加。不过,寻求在海外销售服务的组织也应该考虑一个国家的收入分布,这样有助于识别有价值的利基市场。例如,人均 GDP 相对较低的尼日利亚依然能够从一个比较小的、相对富裕的人群中产生高价值的国外旅游度假市场(参见图 14-3)。

对国外市场进行评估的组织应该重视一国未来的经济表现,以及该国在经济发展中所处的阶段。尽管许多西方发达国家的一些服务市场已经面临饱和,但欠发达经济也许恰恰在向其增长曲线上的这样一个阶段迈进:服务开始吸引大量的人群。

国外市场分析的关键部分集中在市场竞争水平上。这与一个国家内部的经济发展

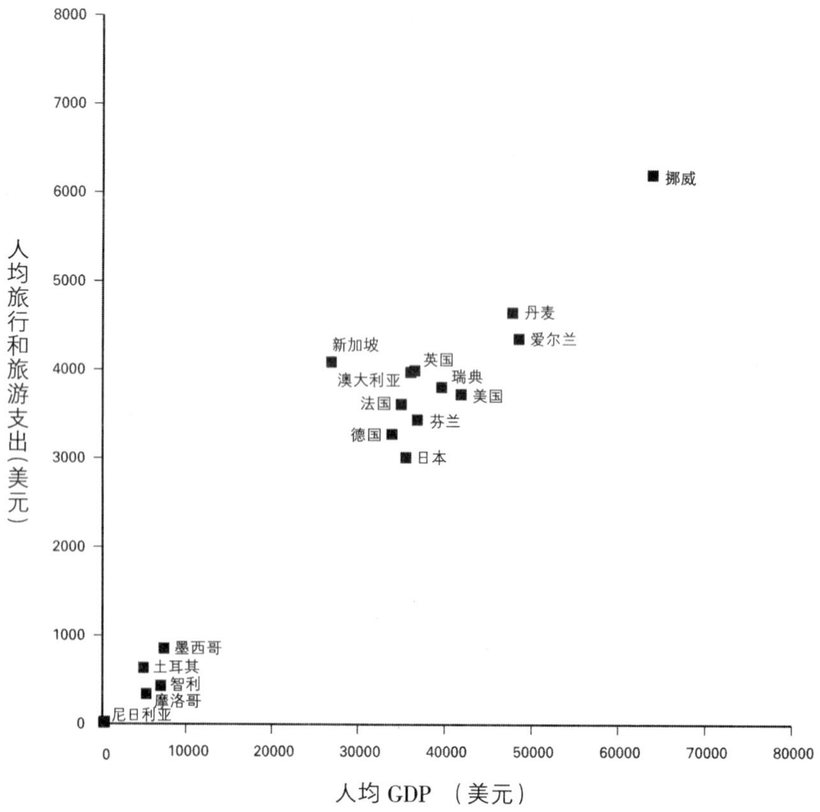

图 14-3 该图显示,人均 GDP 的增长趋势与人均旅游服务支出密切相关(based on World Travel & Tourism Council,2007)

注:数字为 2005 年或最近的估计。

水平相关——一般来说，随着一国经济的发展，其市场会变得更加饱和。家庭保险市场的情形尤其如此，比方说，北美和大多数西欧国家的家庭保险市场既很成熟，又高度竞争；但在许多发展中国家，家庭保险市场是一个相对来说比较新的市场，那里的竞争不那么激烈，可以获得更可观的利润。

市场内竞争压力的高低既反映政府对垄断的规制政策，亦反映了政策所决定的新进入者进入市场的难易程度。一个国家的政府可以通过旨在减少各种反竞争做法的立法显著地影响市场内的竞争压力。

社会和文化环境

社会和文化环境体现了社会的价值观。对文化的理解——尤其是对文化差异的理解——对营销人员来说是非常重要的。来自不同文化的个体不仅购买不同的服务，而且会以不同的方式对同样的服务做出反应。下面是一些不同文化态度及其对国际服务贸易的影响的例子：

- 在不同的文化之间，购买过程是有差异的——例如，国外市场的女性在服务选择中所起的作用与国内市场的情形相比可能是不一样的，这就可能要求使用不同的服务设计和服务促销方法。
- 一定类型的社会结构可能使某些类别的服务变得过时。例如，某些国家司空见惯的大家庭结构具有在家庭单元之内生产多种服务的能力，包括儿童和老年人护理。通过在一个非常封闭的体系中循环使用资金，这类大家庭对外购金融服务的需要也会减少。一家吸引了那些走访亲友、但事实上又不想和亲友们住在一起的人们的欧洲经济型连锁旅馆可能会发现，他们的主张在印度这样的一些国家不太容易被人接受。在那里，造访亲友们所在的城镇却不与他们住在一起会被视为失礼之举。
- 在国内市场被视为理所当然的服务在国外市场可能会被社会不接受；例如，在某些穆斯林文化中，就银行贷款收取的利息会被认为是某种形式的高利贷。
- 对促销活动的态度会因文化而异——由于象征意义的存在，广告或销售网点的色彩选择需要谨慎（例如，与哀悼/居丧相联系的色彩依文化而不同）。
- 对于将哪些争取销售的活动认定为可接受的问题，不同的文化有不同的看法。在中东某些市场，向公务员行贿会被认为是必不可少的；不过，在大多数西方国家，这却是不可接受的。

总而言之，文化不仅调节个人对产品的反应和影响购买过程的性质，还会对特定社会的消费结构施加相当大的影响。不过，我们也应该记住，没有一个社会是完全同质的。每一种文化都包含更小的子文化或具有共同价值体系的人群，而这些价值体系则是建立在共同经验和环境的基础上的。这些可识别的子群体也许可以通过种族、国籍、宗教、年龄、地理区位或其他因素来区分，他们的共同态度和行为反映了子文化的影响。

一个被普遍讨论的现象是文化趋同，它意味着个体在思维和行为方式上正在变得越来越相同。文化趋同理念的倡导者提醒我们，各种需求是普遍存在的，因此，没有理由解释为什么那些需求的满足不会同样普遍。如果说一个“巨无霸”汉堡包能够满足纽约人对卫生、快捷、方便食品的需要，为什么它不能满足开罗的某个人的类似需要呢？许多观察者们注意到，与这一趋同现象形成对照的是，在一个变得越来越同质的世界，一些个人对“认同”的需要也在日益增长。许多学者注意到人们对伊斯兰教的认同感上升，表明在 2003 年的伊拉克战争之后，许多阿拉伯国家的客户们通过购买穆斯林产品来表达他们对反美的认同。许多西方服务品牌已经被某些群体贬斥为异族身份的象征。许多伊斯兰国家的银行已经表示出对以伊斯兰教法为基础的银行业务的兴趣的增加。

主题思考：向不饱和的市场销售饱含脂肪的汉堡包？

饱和的国内市场往往会刺激公司寻求新的海外市场。不过，反对公司寻求在一些有深厚传统和可持续生活方式的国家推广西方化的服务消费方式有道德上的理由吗？当西方快餐市场日趋饱和的时候，一些快餐公司却在加大努力开发新的国外市场。向那些保有天然更健康饮食习惯的人们推销含高脂肪的汉堡包是一种负责任的做法吗？假如部分是因为害怕打官司，快餐公司为美国市场开发低脂肪汉堡包，同时却在法律与客户对健康问题的意识都比较松懈的一些欠发达国家销售高脂肪汉堡包，这样的做法是否道德？快餐公司的辩护人指出的一个事实是：它们正在提供对健康有益的食品，这些食品的加工条件可能远远优于许多发展中国家的标准条件。它们为许多人提供就业岗位，这些就业者备受同辈群体的羡慕。更多地以健康饮食教育客户而非更多地规制会是一个解决办法吗？在快餐已经成为一个文化符号的文化当中，更多的教育是现实的指望吗？

人口统计学环境

研究国外市场的人口结构也十分重要。在欧盟国家，近些时间的总人口自然增长率大约是千分之一（即每 1000 例死亡对应 1001 例出生）。不过，这并不全面反映所有方面的增长率，从极端来看，爱尔兰有特别高的出生率，而德国的出生率却特别低。这对未来的年龄结构和消费模式来说都有一定意蕴。到 2030 年，德国的成年人中会有近一半的人年龄在 65 岁以上，而在 2000 年这一比例只有五分之一。除非这个国家的出生率能从目前每个妇女生育 1.3 人有所上升，否则，在同一时期，其 35 岁以下人口减少的速度将会是老年人增长速度的两倍。结果将是总人口从目前的 8200 万下降至 7000 万到 7300

图 14-4　对于许多发展中国家来说，如印度尼西亚，有由图中所示的小食摊提供快餐的悠久传统，小食摊所提供的都是一些传统的廉价食品。随着经济发展，沿街叫卖的小食摊倾向于减少，不过，越来越多的富有消费者们会选择在哪儿花钱呢？他们会去光顾新的西式快餐店吗？抑或他们会在能够储存食物、并能既快又好地烹制多种食物的家庭烹调设备上投资？引入快餐馆的努力在发展中国家并不总是能够立即获得成功，而且，即使是在如新加坡这样的发达经济中，文化传统也会让有组织的小食摊市场继续存在下去。

万，处在工作年龄段的人数将下降四分之一，从目前的 4000 万下降到 3000 万。在日本，其人口总数将在 2005 年达到顶峰，为 1.25 亿左右，到 2030 年左右，65 岁以上人口占成年人口的比例将增加到大约 50%（《经济学人》[*Economist*]，2001）。在非洲和拉丁美洲，可望有更高的人口增长速度。

此外，国外市场的人口地理分布和家庭单元结构也许会与那些促成国内市场成功的情况大不相同。例如，最近的欧盟统计给出了其成员国之间的一些让人感兴趣的地理人口统计特征对比，这对服务营销也许有一定意义：

- 住房拥有模式存在非常显著的差异，这对于多种与住房有关的服务需求来说有其意义。在租赁的住处生活的家庭比例从西班牙的 21%到德国的 53%；而抵押贷款的比例从西班牙的 8%到英国的 44%。
- 生活在大都市区的总人口比例从意大利的 13%到法国的 44%。由此导致的生活方式差异对于汽车修理服务、娱乐和零售等服务活动来说将有其意义。
- 自雇者的比例在荷兰高到 45%，在意大利低至 17%，这对个人养老金计划的销售等来说有一定意义。
- 平均家庭规模在丹麦低至 2.26 人，在爱尔兰高到 4.16 人，这对由家庭购买的服务类型和数量来说有一定意义。

技术环境

对于那些需要使用发达的技术基础设施和能够运用技术的劳动力的服务组织来说，分析技术环境是非常重要的。通信设施是技术基础设施中的重要成分——举例来说,电话和邮政通信的不发达也许会抑制普及信用卡使用的努力。

主题思考:给疯子住的酒店?

希尔顿国际酒店集团——许多世界知名酒店的所有者——加入了在月球上兴建第一所酒店的比赛。它制定了一个称为“月球希尔顿”的包含5千个房间的项目。这个度假地由两个巨大的太阳能电池板提供电力,它不仅有自己的工作农场,还有海洋和沙滩。专家们对在月球上生活的实用性意见不一;但随着新发现的到来,一些障碍似乎在逐渐消失。

2001年4月，当亿万富翁丹尼斯·铁托花2千万美元购票去国际空间站打了个来回之后,“太空旅游”人气大振。人们对发展月球旅游如此兴趣盎然，甚至成立了太空旅游协会(Space Tourism Association)，许多国家的自豪感也在面临考验。俄国人将第一个人送入太空，现在又将第一位游客送入太空。在日本，近畿日本国际旅行社（Kinki Nippon Tourist, KNT)——日本第二大旅游批发商——在2002年成立了太空旅行俱乐部。此前,在1998年,KNT曾帮助日本百事公司的特许商发起一场抽奖活动，中奖者有机会体验一次亚轨道飞行。公司收到65万份对五张票的申请,每张值9.8万美元。公司相信,短程太空飞船将为21世纪的旅游业提供驱动力。

三家日本公司已经为开发其月球项目花费了2500万英镑。与此相比,希尔顿目前花去的10万英镑只不过是小巫见大巫。这家公司是不是疯了,居然相信人们想造访月球?抑或这恰恰是一种许多企业所缺乏的长期战略思维？随着世界变得越来越小、为各种商品和服务所充斥,月球是否会为人类的扩张行动提供独一无二的机会呢?

14.7 国外市场的信息来源

研究潜在国外市场所使用的方法从原理上来看与研究国内市场所使用的方法相似。公司一般首先使用可在国内获得的与潜在国外市场相关的二手数据。可以方便地通过专业化图书馆、在线服务机构、各政府组织以及专家型研究组织获得的信息来源包括英国商业、企业及改革管理部面向出口商提供的信息，一些如经济合作与发展组织(OECD)之类的国际机构发布的各种报告,各家商会或私人来源提供的信息(如各家银行提供的信息)。图14-5给出了某些具体信息来源的详细资料。

在国内所做的最初案头研究将识别那些表现出最大发展潜力的市场。公司然后会循着这一路径对几个备选市场当地获得的一些材料做进一步案头研究，研究作业通常由指定的当地研究机构承担。这也许包括对目标市场的国内政府以及当地市场研究机构的专家发布的报告进行评价。

与国内市场的一样，二手数据在评价市场吸引力方面有其局限性。尽管在线信息服务的发展会有所帮助，但数据的更加难于获得会使得国外市场上的问题更加复杂。也有可能存在语言方面的差异以及定义上的问题，这些也许不同于组织所熟悉的语言和定义。如果服务在国外市场上还只是一个新概念，与服务的当前使用以及客户态度相关的信息也许完全缺乏。由于这一原因，也许很难使用二手数据来评价某些东欧国家的客户对远郊大型超级商场的可能反应。互联网现在允许一些公司通过设在办公室的计算机从事许多针对国外市场的初步评估。

第一手研究用来补救二手数据中的某些不足之处。它的最重要用途是识别某些可能要求修改或全然放弃某种服务模式的文化因素。寻求对拟议的国外市场从事基础研究的公司几乎肯定会使用某个当地的专家研究机构。除了克服可能的语言障碍之外，当地机构会更了解客户对隐私的态度以及当地的识字率水平，而这些都有可能影响不同研究的受众反应率。不过，在市场之间仍然存在可比性问题。例如，一位接受调查的日本人口称“喜欢”某个产品的时候，其结果与德国消费者口称“相当喜欢”该产品是可比的。以这一研究为基础假定产品更为日本消费者而非德国消费者所喜爱将是错误的。

当公司开始对一般市场潜力感到乐观、但对一些攸关成败的因素——例如，中介机构是否愿意和能够处理新的服务，或传统的文化态度是否会成为某项先前在该市场上

政府机构
商业、企业及改革管理部发布的市场报告
国外政府——如美国商务部
国外的国家或地方发展机构

国际机构
欧盟(欧盟统计局等)
经济合作与发展组织
世界贸易组织
联合国
国际货币基金
万国邮政联盟
世界卫生组织

研究组织
经济学人智库
邓白氏国际
敏特
市场调查企业

出版物
《金融时报》国别调查
《国际商务》
《国际贸易报道》
银行的出口评估

贸易协会
商会
特定行业协会，如 IATA

在线资源
欧盟统计局：http://epp/eurostat.ex.europa.eu
敏特在线：www.mintel.com
《金融时报》在线：www.ft.com

图 14-5 国外市场二级信息来源的一些例子

不可获得的服务来说不可逾越的障碍——感到没有把握的时候，一般会在海外从事第一手研究。在开始自己的具体研究之前，公司也许要通过多项调查来找出低成本的、但又不那么有专向性的研究路径。这些也许包括在国外市场选定一组客户进行定期调查(例如，盖洛普欧洲综合调查)，它们可以反映出一些组织提出的问题。

14.8 国际服务营销管理

决定进入新的国外市场之后，公司必须研究在该市场最有效地管理其营销努力的方式。定义组织使命、分析各种机会、设定可量化的目标、实施和监测结果的过程在国外运作中与国内同等重要，如果不是更重要的话。

必须明确地描述每一个国外市场的目标，最好是量化的形式。目标的设置必须适当地考虑当地条件，目标必须是可实现的。在一个局部竞争的市场上，服务公司若想通过建立市场存在来巩固其国际范围的经营活动、进而发展与有利可图的客户的广泛关系，设置全球范围的投资回报目标也许是不合适的。出于这一理由，连锁酒店也许会在一个受人欢迎的区域发展以满足其常客的需要，并保有其国际客户的忠诚——即使酒店不能实现正常利润目标。

与任何新的冒险事业一样，如果要对绩效进行监督并能够采取修正性的行动，目标的设定是必不可少的。由于国外市场一般比国内市场更不确定，因此重要的一点是：迅速分析影响目标的任何变动，并采取相应的修正行动。应该明确规定这样一个过程，通过它可以对有问题的服务进行评估，看看它是否有长期生存的前景，或是否需要从国外市场撤出。例如，市场进入决策的基础假设也许会被证明是不成立的，因而不可能生成一个当地服务量使组织实现盈亏平衡。

国际服务营销管理中的一个主要问题涉及组织的总部应该在国外子公司经营管理中涉入的程度。从后者的营销经理们那里通常听到的一个抱怨是：他们被授予的自由度不够，因而不能对当地的市场条件做出响应。与这一说法形成对照的另一个说法是：总部的涉入对于以有计划的方式制定一致的服务产出标准至关重要。如果服务对一个国家的市场来说相当专业化、且国际品牌建设相对不那么重要(如市政清洁服务承包)，有很强的理由支持以地域为基础委派管理责任。另一方面，在服务对国际受众有吸引力的情形，有更强的理由引入产品或市场管理架构，以便让国外经理为之承担责任。

14.9 国外市场营销计划的精炼

国外营销管理的一项关键任务是设计对当地需要具有敏感性的营销计划。以下各节将考察营销组合根据当地需要进行调整可取或可能的程度。尤其是，公司应该寻求发展一个在全球范围内具有一致性的服务要约，还是使之在所服务的每一个国外市场有所不同?

考虑到服务的更大易变性，一项服务要约的全球化过程相当不同于有形商品的情形。服务除了高度可变之外,还是极灵活的——相对于商品来说,它们的设计更有可能运用一些常用公式围绕小型客户群体的特定要求来进行。服务企业是选择在全球范围标准化其产品还是针对当地市场的需要改造产品取决于它们所提供服务的性质。例如,有些快餐馆会在改造其菜单、建筑设计以及员工培训方法以适应当地需要的同时,在世界范围内保持一个共同的生产模式。通过在保有其基本管理方法的同时改造其产品以满足当地需要,服务组织通常可以在两个世界都做到最好,从而保持其竞争优势。

将服务全球化的一个方法是通过以机器替代员工以及通过系统的管理方法将服务过程“工业化”。列维特(Levitt,1976)发现,对麦当劳的世界性成功的一个解释在于其使用“相同的分析、设计、组织和控制的系统性模式,这在制造业是司空见惯的”。这一过程不仅见于餐饮部门,也见于建筑、酒店、专业和技术服务部门。标准化往往伴随着高度的集权化,当地方经理被指示牺牲其地方自主性,以便使组织在全球受益的时候,这一做法有时会导致进一步的管理问题。

产品和促销决策

产品和促销决策处于国际营销组合战略的中心。以服务要约及促销努力的配置有别于全球标准的程度为基础,我们可以识别五个通用战略。

在全球范围保持产品和促销的一致性

这一方法考虑的是有效地发展一个全球促销战略，它将整个世界当做一个单一体来看待。这一方法的好处不少。客户从一个市场走到另一个市场依然可以立刻辨认出某个服务提供商及其全球品牌所代表的价值。不过,如果服务模式在国外市场有所不同,一位造访国外服务网点的旅行者也许会对该服务品牌的品质感到大惑不解。例如,在国内市场经营一个新式车队的老牌租车公司如果在国外市场上追求经营旧式车的战略,也许会使其国内形象受到损害。服务要约的标准化也可能产生因规模经济而来的利益,包括市场研究以及建筑和服装设计等方面,尽管与制成品的情形相比,服务所具有的更大可改造性往往会使这些利益变得更少。在国外市场使用共同的品牌名称——无论是服务提供商的品牌还是服务本身的品牌——也可以收获由规模经济而来的利益。由于在国内市场促销的结果,国外市场的旅行者们已经对品牌的价值很了解。不过,在选择品牌名称方面必须谨慎行事:品牌名称在国外市场不可以有不吉利的涵义——以“巨无霸”(Big Mac)为例,将它翻译成法语之后,它的涵义就变成了“拉皮条者”(big pimp)。在法律禁止使用国际性广告语的情形,也会出现一些问题。例如,在魁北克,一些公司因为使用标准的英式广告材料而不按该省的法律要求将其转换为法语而被罚款。

在多个不同市场经营交通服务的情形，针对所服务的每一个地方市场调整服务要约殊不可行，要么采取某种折中做法，要么优先考虑最重要的市场。在两个国家之间飞行的航班也许会发现，空中飞行服务的定价、飞机的装饰以及餐饮服务必须能够满足航线两端非常不同的市场需要。

保持一致的服务模式，但调整促销方式

这一战略将产生基本上一致的全球服务，但促销努力会有所调整，以适应当地市场不同的敏感性。品牌价值在广告中传递的方式是一个社会文化价值观的反映。出于这一原因，航空公司也许在美国市场使用直截了当的、硬性推销的方式，在英国市场使用富于幽默的促销方式，在法国市场使用有诱惑性的促销方式——即使服务要约在每一个市场上都是完全相同的。类似地，用来为服务促销的一定物件和符号在国外产生的效果也许与国内可以期望获得的效果恰恰相反。在英国，动物通常被用来促销多种以家庭为基础的产品和服务，因为它们所代表的形象有着关爱和舒适的寓意；但在某些市场——如在日本——动物会被看做是肮脏的、让人生厌的东西。

爱尔兰式纺纱?

你如何在国外市场促进旅游目的地的形象？旅游目的地本身不能自我调整以适应各个不同市场的需要。无论旅游者来自曼彻斯特、马德拉斯还是墨尔本，对于他们来说伦敦塔什么时候都没有两样。不过，促销信息依然可以微调，以强调不同市场所高度重视的一些方面。以北爱尔兰旅游委员会和爱尔兰旅游委员会联合举办的旨在增加来南、北爱尔兰旅游的游客数量的“品牌爱尔兰”宣传活动为例：长达数小时的介绍爱尔兰旅游景点的胶片被拍摄下来。拍摄内容又被剪辑为一系列 15 秒和 30 秒的电视广告；不过，宣传活动所指向的每一个主要市场所用剪辑片断各不相同。在德国使用的剪辑片断强调乡村的苍茫、粗犷的原生态；在意大利使用的剪辑片断强调岛国的浪漫；在美国使用的剪辑片断强调爱尔兰的历史；在英国使用的剪辑片断强调爱尔兰是如此邻近，却又如此不同。诠释性广告语“体验另一种生活”在大多数市场上的效果都很不错，但在美国，它却需要做一些改变，因为焦点小组发现这句话与“易装癖”有着不适当的联系。

只调整服务要约

这样做也许是为了满足当地的特定需要或法律要求，它可以同时保留全球形象所具有的好处。出于这一原因，租车公司也许会在平均旅程比较短的地区（如海峡群岛

[Channel islands])主要提供多种紧凑型汽车，而在美国这样驾车成本较低、且驾驶距离一般要远得多的地区提供吉普车和房车。

产品和促销方式同时调整

实际上，为满足不同的当地需要和适应当地市场对广告所表现出的不同敏感性，有必要同时对服务和促销做少许调整。

> **向小型身材的人提供小型化旅馆？**
>
> 大型美国连锁酒店会如何针对日本市场调整其服务要约呢？美国的希尔顿国际经营的酒店提供的卧室之大，会让许多海外游客大吃一惊。但一个美国人想象中的典型日本酒店会是怎样的呢？在美国，主城区之外的土地价格一般相当低，因此，酒店提供的设施相对来说都比较宽敞。但在日本，空间都很珍贵，这就使得各种小型化旅馆大行其道，其目的是使价格保持在可承受的水平。那么，希尔顿国际如何在保持可承受价格的同时保有其总体品牌价值呢？通过广泛研究，该公司创造了一种适合日本市场的酒店模式。为了避免出现空间相对狭窄的酒店吓坏从美国来的客人这一问题，希尔顿国际开发了一个单独的 Wa No Kutsurogi 品牌形式，提供日本式的舒适与服务。

开发新服务

国外也有可能形成这样的市场——国内公司拿不出能够容易地改造的产品。在金融服务领域，一些关键的福利性服务在一些外国不存在国家供应，这也许会为一些与保险相关的产品（如牙科护理保险）创造出市场，这类产品在福利条件相对比较完善的英国国内市场一般已不存在。类似地，一个国家的社会和经济结构会要求有相当不同的产品满足人们的要求。例如，马来西亚的财产所有权模式导致一种新型的两代人所有的财产抵押贷款出现，这在西欧市场一般是见不到的。

定价决策

服务要约是全球化还是地方化的问题在定价决策方面也会碰到。一方面，组织能够对服务适用标准的收费水平而不管服务是在世界上的哪个地方消费——将会是一件很有吸引力的事情——客户马上就能知道一项服务需要花多少钱，这也有助于发展客户与公司之间的长期关系。不过，在现实中，有多种因素导致全球服务经营者在他们经营的不同市场收取不同的价格。通常没有理由假定国内市场采取的定价政策在国外市场也会同样有效。此外，对于那些在国外生产的主要由当地人消费的服务，保持不同市场之间的可比性是非常重要的。

有多种因素影响在国外的定价决策：

- 竞争压力依市场而不同，它既要反映服务所达到的市场发展阶段，又要反映规制对反竞争行为的影响力。
- 生产服务的成本在不同的国外市场也许存在显著差异。对于使用人力密集型生产方法的服务来说，国与国之间的工资水平变动也许会对总成本有重大影响。人员成本也许受雇主按要求必须提供的各项福利的差异的影响。不同市场之间通常会表现出差异的其他重要成本成分包括资产价格或租金水平——例如，在英国，为服务门店购买营业空间的成本通常大大高于在南欧或东欧的成本。
- 不同市场的税收不同，例如，增值税率（或与之相当的销售税率）在意大利高达38%，而在英国只有17.5%。不同市场之间，销售税的表达方式也会有所不同——在许多市场，它们是完全进入价目表的；尽管在其他一些情形（如在美国），将税收排除在服务定价之外会是更加常见的事情。
- 当地习俗会影响购买者对向他们收取服务费用的方式的预期。在国内市场，客户也许期望为捆绑在一起的服务付费；然而，在国外市场，客户也许期望将捆绑在一起的服务分拆开来单项付费；或者相反。此外，在某些国家，通常期望客户向提供服务的一线员工支付小费；而其他不同的文化会期望支付一个包含了一切项目的价格，从而免掉后来付小费这道手续。在某些市场，人们也许期望提供正式的服务价格单；而在其他市场，一手交钱、一手交货的盛行也许会让死抱着固定价格单不放的经营者处于竞争劣势地位。
- 政府规制也许会限制国外市场上的定价自由。许多政府不仅控制公共事业部门收取的价格，还对多种服务——例如，与旅游相关的服务——提出了收取“公平”价格以及明码标价的要求。
- 对一项服务索要的价格反映了该服务在市场上所处的发展阶段。对于一类已经在某个国外市场发展起来的服务，新进入该市场的服务提供商只能通过提供足够的价格激励才能够获得市场份额。在早期阶段，也许需要使用折扣来吸引客户试用服务，直到品牌足够强大、公司可以索要高价格为止。例如，一些国际航空公司在其航线的国内一端（它们在那里的品牌很有名气）索要的价格通常高于国外一端（在那里品牌相对没有名气）索要的价格。

与制成品的出口商相比，服务组织一般更能够在不同国家之间实行差别性定价政策。如果不同国家之间存在很大的商品税前价格差异，则企业家可以选择在低价格的市场购买商品，再在高价格的市场销售（大量的香烟和酒类被从低价格的法国市场进口到高价格的英国市场就是证明）。生产和销售的不可分性一般会防止这种情形在服务上发生——一个低价格的酒店房间不能从相对廉价的西班牙市场上搬走，再在伦敦市场上销售。

可及性决策

在服务组织向新的国外市场推出一项服务的情形，中间商在使服务为消费者可获得的过程中起着至关重要的作用。稍后将详细考察选择中间商以促进服务向新的国外市场推出。这里仅仅对提供服务的地点和方式进行扼要讨论。

第 5 章介绍过的区位决策分析同样可以应用于国外市场。不过，服务提供商应该避免假定在一个市场奏效的区位决策在国外市场也会同样奏效。考虑到国外市场地理环境上的差异、客户期望的差异、当前提供服务的方法上的差异以及法律限制上的差异，可及性策略也许需要有所修改：

- 当国外目标市场上的土地利用模式存在很大不同的时候，地理上的差异就会非常重要。例如，美国许多城市地区的辽阔导致一系列郊外商业区而非清晰界定的中央商务区的存在。一家有着城市中央服务格局、在国内市场运作良好的欧洲零售银行要想成功地实现其拟议的在美国市场的业务扩张，也许只能按远郊分布模式建立分支机构。
- 国外市场的消费者行为也许大不相同。在一个国家被普遍接受的门店经营模式在其他地方可能会让人怀疑。在英国，在书店内的小卖部用点心是很平常的事情；但在更为传统的市场上，这有可能遭到人们的抵制。此外，门店网络的密集程度也会受客户对区位可及性——比方说，泊车设施的可获得性——的期望以及客户愿意行走的距离的影响。
- 社会、经济和技术环境的差异将通过不同类型中间商的存在反映出来。比方说，在日本，批发商和零售商之间的紧密联系使得外国零售商进入该市场比进入其他外国市场要难得多。在某些市场，你找不到在国内市场见得着的那一类中间商的直接对等形式——英国式的房地产代理商在许多市场上找不到，因为在这些市场上转移财产的作业完全由律师办理。技术环境也会影响可及性决策——许多欠发达国家相对有限而又不可靠的邮政和电信服务使得向客户直接提供某些服务会相对困难。
- 在国内市场合法的服务分销方法在国外可能是与法律相抵触的。与国内市场的情形相比，金融服务、度假和博彩服务以及其他一些服务的销售对象在一些国家可能会被限制在一个狭窄得多的可能的中间商集合当中。

人员决策

我们已经讲过，与商品情形相比，营销组合中的人员因素在服务情形下更为重要。因此，这项因素的恰当配备对于国外市场来说非常重要。在海外服务交付涉及直接生产者—消费者互动的情形，需要就“雇用当地人还是外派员工”这一问题进行决策。在服务高度专业化、且增加服务要约的全球一致性很有用的情形，后一选项会更为可取。在某些情形，外派服务员工在一线岗位的出现可以增加服务项目的吸引力；例如，设在欧洲大陆的传统爱尔兰小酒馆连锁店若雇用真正的爱尔兰员工，也许会增加它的吸引力。对于相对简单的服务来说，大部分员工会从当地招聘，只有高级管理职位由外派员工充任。有时候，可能要求使用大范围的员工发展计划来保证在当地招聘的员工的服务表现与公司的全球形象完全相称。这在某些情形下会是一项相当困难的任务——在生活节奏相对缓慢的一些国家，快餐店的经营者想在其员工当中培育速度和效率的价值观将是很困难的。

在员工为本地招聘的情形，就业法规会影响短期和长期服务要约的灵活性。这将影响企业让员工下岗甚至解雇员工的难易程度——例如，在德国，《解雇保护法》给予已经在其职位上工作了六个月以上的领取月薪或半月薪的员工以相当多的保护，只允许在存在“社会合理”理由的情形下解雇员工。至于雇主可以在多大程度上防止员工带着有价值的商业机密离开公司、转而投奔公司的竞争对手，国与国之间也存在很大的差别。在德国，可以订立终止雇用后最高两年的“无竞争”条款，但只在几种情况下可行。

14.10 市场进入策略

新的国外市场带给组织的既有潜在的机遇，又有潜在的风险。公司的市场进入策略必须在机遇和风险这两项因素之间找到平衡。发展国外市场风险最小的方法是通过国内基地向国外市场提供服务，这在服务要约可以分割的情形下是可能的。许多金融服务和信息服务都可以通过邮件或电话向国外市场提供，这就避免了建立当地服务网点的成本和风险。

在服务的生产和消费不可分、且生产者必须到客户那里去的情形，就需要在当地建立店面了。通过逐渐向市场提供更多的资源和积累自身的经验，企业可以使风险最小化。在启动成本和关门成本比较低、且主要的物质资产和人力资本可以向另一个区位转移的情形，可以尝试建立临时服务设施。东、西德统一之后德国东部的零售业发展模式为我们提供了一个使用临时服务设施降低风险的好范例。最初，大批进入东德的西德零售商不太愿意在这个地区的某些特定区位开设商店，因为这些地方的经济仍然不稳定，土地利用模式也在快速变化。许多零售商采取的解决问题的办法是在临时大帐篷或流动的交通工具上设立其连锁业务的分支机构。尽管零售网点所在的区位仍处在风险之中，但这一做法却不需要零售商建立配送仓库网络，它对变化的客户支出模式做出反应的方式也被认为更具灵活性。

降低市场进入风险的策略也有其时间维度。成为第一家在一个国外市场发展一类新服务的公司既有长期利益，也有风险。如果在尚不能保证服务质量达到组织制定的国际标准的情形下草率发展，公司的长期形象不仅会在新的国外市场、而且会在范围更广的世界市场受到损害。20 世纪 80 年代末，在急剧变化的东欧营销环境中，世界快餐零售商中的两大巨头——麦当劳和汉堡王——采用了两种大不相同的市场进入策略。前者一直等到政治、经济、社会和技术条件允许它建立能够达到其全球标准的餐馆；而汉堡王一心想做市场老大的欲望导致它提供低标准的服务，其形象因此而受到损害，以至于它在后来需要持续竭力补救形象。

在服务要约的不可分性总体上使得组织不可能从其国内基地向国外市场提供服务的情形，组织就必须进行风险评估：只身进入国外市场还是与其他组织联手进入国外市场。前一选项可以最大化组织对国外经营活动的战略与运作控制力，但如果对国外市场没有相对好的了解，这也会使组织经受最大的风险。下面将对一系列市场进入的可能性展开讨论。

直接投资设立国外子公司

这一选项使服务组织握有对其国外经营活动的最大控制权，但由于组织也许没有很好地了解国外市场，此举也会使它暴露在高水平的风险之中。公司要么从无到有建立自己的国外子公司（许多英国酒店企业在国外发展酒店业务所做的那样），要么收购一家业已上市的公司的控制权（如德国公司 Sixt 收购英国肯宁公司的租车业务）。

如果服务要约的性质在不同国家市场相对而言没有太大的差别、或服务要约对国际市场有吸引力（如酒店业），建立新子公司的风险会有所减小。在存在进入壁垒且服务基本上是指向文化不同于国内市场的当地市场的情形，收购一家既有的子公司也许是更可取的行动路线。

即使采取后一项行动也是不无风险的，英国公共汽车公司 Stagecoach 在收购美国公共汽车公司 Coach USA 之后所遇到的问题就说明了这一点，前者在 2004 年又将后者卖了出去，卖价低于它在 6 年前为收购该公司所支付的水平。Stagecoach 没有认识到改变雇佣做法的困难，而它从前在英国做这样的改变却很成功，结果招致惨重的经营损失。

直接投资建立国外子公司也许会因为法律限制外国人对特定服务实体的所有权而变得困难——民用航空服务就是一例，许多国家会阻止外国公司持有国内航空公司的控股权。

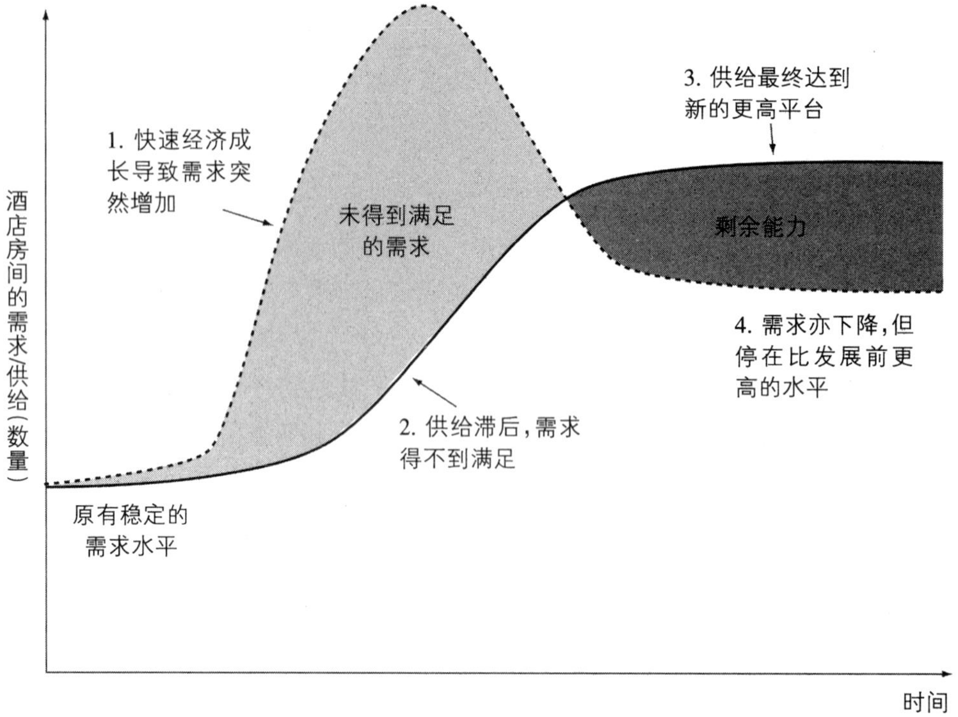

图 14–6 在新兴服务市场,时机的把握对于经营活动的成功至关重要。过去 20 年来,随着中国、印度、东欧以及拉丁美洲经济的迅速成长,各种重大的机遇出现在酒店经营者面前。当这些经济体作为经济增长中心跻身世界舞台的时候,其最紧迫的要求之一是要有酒店来接待大批来这些国家建立新基础设施和贸易联系的建筑师、工程师和商人们。结果,在快速成长的早期阶段,由于酒店非常稀缺,经营者可以索要高价。举例来说,中国和东欧的劳动力成本很低,许多制造商和服务商因此将其经营活动向这些地区转移,以充分攫取低成本而来的利益。不过,这些国家的首都城市通常有一些世界上价格最高的酒店,这也反映出酒店在快速经济成长期间的稀缺性。对于许多连锁酒店来说,这应该是一个通知它们向这些市场转移的信号;不过,经济繁荣最终会失去其推动力,也许恰恰就在经济体中出现过剩酒店能力的时候。结果,价格水平会受到更大的冲击,与那些早期到达者所获得的机会相比,此时的海外投资机会对于新到来的公司来说也许已经不那么有吸引力了。当然,通过后视镜捕捉正确的投资机会是一件很容易的事情,不过,要预测哪一些经济体会成长、什么时候成长以及成长多少可就困难得多了。

管理承包

在服务领域有可查证记录的公司也许并不选择建立自己的海外服务组织,而是选择为其他公司管理业务。寻求发展新业务的外国组织也许会通过签订合同聘请一个团队建立和运营其服务设施,并向该团队支付费用。在某些情形下,这种安排会期望管理团队首先启动项目,然后逐步将服务设施的经营移交给当地人管理。在所要求的管理和服务技能很难在当地获得的情形,这种安排对于海外组织的扩张会很有用处。有些国家的教育基础设施能够提供的管理和技术培训机会很少,在这种情形下,公司(在许多情形下是外国政府)可以购买最新的管理技能。

对于在这类合约安排下提供管理技术的公司来说,它所获得的好处是多方面的。由于该公司一般并不需要在项目中投入自己的资本,风险因此被控制在最低程度。公司还可以获得关于国外市场的知识,如果公司计划在其他国家发展自己的风险项目,这些知识对它会很有用。对于公司所雇用的员工来说,参与海外项目作业所经历的挑战可以使他们获得不同于主流国内管理路径的职业机会。

管理承包模式在服务部门应用得很多。在东欧,许多公共服务的私有化导致各种各样的协议出现,通过这些协议,一些西欧公司获得管理供水、道路等之类公共设施的合约,并按照其管理绩效取得报酬。

许可/特许经营

尽管制成品出口商通常许可国外生产商制造和销售它们的产品，但发展海外服务的公司更可能与国外生产商建立特许经营关系。服务要约的不可分性也使得服务生产者成为服务的组成部分,要求对海外业务运作的整个过程行使更大程度的控制。

在国外市场的特许经营可以采取多种形式。在一个极端情形,寻求海外发展的组织可以与每一家被特许商直接建立特许经营关系。这种做法存在的问题是很难监督和控制处在一个远离本土的国家的可能为数众多的被特许商。为了从某种程度上缓解这类问题,特许商通常会在外国领土上建立自己的子公司,由子公司与各家被特许商谈判并监督其运作过程;或者采取另一种做法:在一家被特许商在某个外国已经成为实质上的特许商的情形,向该被特许商授予一项区域性总特许。在这些选项之间会存在多种策略的排列组织——例如,也可以与当地公司建立合资型子公司,并在此基础上发展特许经营网络。

与发展国内特许经营服务网络的情形一样，建立特许经营也可以使组织以相对低的资本投入在海外迅速扩张。尽管明确规定的业务模式和运作方法对于国外特许经营的成功至关重要,但由于多方面的原因,事情还是会有出错的时候。服务形式在国内市场也许表现欠佳,这就使得在海外的扩张尤其困难。对需要投入国外特许经营中的人力和经济资源抱有的期望也许不切实际。此外,在特许商与被特许商之间因解释合约性协议的要义和文字而碰到的问题有可能导致误解。

合　资

国际合资企业是国内公司与外国公司或政府之间建立的伙伴关系形式。合资企业可以在公司的控制欲望与风险最小化的要求之间进行平衡，因而在许多情形下具有吸引力：

- 与拟议的国外市场中的一家组织建立合资企业可以使得搜集市场信息、对信息灵敏反应的任务相对容易。
- 在初始资本投入要求的门槛值很高的情形,建立合资企业可以分散风险。
- 在外国政府限制外国公司独立建立开展业务的情形，与当地公司建立合伙关系——尽管只能拥有少数股份——也许是进入市场的唯一途径。
- 客户也许不太情愿与看上去是外国公司的企业打交道。合资企业可以使业务经营由客户所熟悉的国内生产商在前面打点，同时由外国合伙人提供资本和管理技术。例如,英国抵押贷款市场一直是银行和建房互助协会的天下,这些组织主要销售自己的抵押贷款;一些国外银行认为,对于它们来说,最好的市场进入策略是与一家较小的建房互助协会建立合伙关系,向它提供资金,使它们通过业已建立的分支网络在它们自己的名下销售贷款。
- 公司利润税收政策也许对合资企业而非全资国外子公司施有优惠。

可以对权益型合资企业与非权益型合资企业做一个区别。前者涉及两个或多个组

合资伙伴	合资企业的目标
高盛集团(英国) 日本 SBI 控股	建立向日本中型企业提供发展资金的合资企业。高盛——一家具有强大资本实力和可跟踪的全球投资记录的领先投资银行——同意收购 SBI 资本 40%的权益，后者为 SBI 控股公司的子公司,SBI 控股是日本最成功的风险资本集团之一，拥有广泛的客户基础和丰富的当地投资经验。合资企业的目标是在三年之内管理 1000 亿日元(8.25 亿美元)的资产。
荷兰全球保险集团 瑞士银行集团	荷兰保险商和瑞士银行集团在 2007 年组建一家合资企业,帮助英国公司管理其养老金债务。这项服务设定的目标是帮助英国养老金计划管理 3 亿英镑以上的债务。
西班牙曼弗雷保险集团 意大利 Cattolica 公司	2007 年,西班牙曼弗雷保险集团和意大利保险商 Cattolica 以 2.85 亿欧元收购土耳其保险公司 Genel Sigorta,从而建立在土耳其销售汽车保险的合资企业。
百慕大银行(百慕大) 联合海外银行(新加坡)	两家银行于 2002 年各出资一半建立一家合资公司,向新加坡的基金经理们提供自动化的、量身定制的单位信托证券持有者注册服务。此项业务最终将扩展到亚洲的其他地区。
巴克莱银行 (英国) 东京信托(日本)	此项协议授予巴克莱银行从事银行业务的许可，巴克莱银行可以与合伙人合作在日本提供信托管理和证券交易业务。

图 14–7 金融服务组织建立国外合资企业的例子

织联合投资于一个有独立身份的“子”组织。非权益型合资企业只要求伙伴之间签订与市场研究、新服务开发、促进和分销等事宜相关的协议，并不要求签约方为新的组织提供资本。

对于能够获得上述好处的许多服务部门来说，合资企业是一项重要特征。在酒店业、航空运输业与金融服务部门，合资经营尤为重要——图 14-7 提供了一些最新的例子。

战略联盟——无论是否要求共同出资——在服务部门已经变得越来越重要了。这些是在两家或多家组织之间达成的协议，联盟中的每个伙伴寻求通过将自己的资源与其他伙伴的资源相结合来增强自身的实力。战略联盟一般涉及伙伴之间的合作，并不寻求建立共同拥有的、为特定目的服务的子公司，尽管它也许会在协议中提出各合作方购买联盟中其他成员企业股份的要求。

战略联盟在服务部门内部表现出强大的力量。它们通常用来允许各家公司销售不由它们自己生产、而由联盟中其他成员生产的服务，如此，各家公司都可以从它们与客

图 14-8　随着市场的全球化，战略联盟作为获得竞争优势的手段正在变得越来越重要。在航空运输业，寰宇一家这样的联盟可以使一家航空公司的服务有所有其他成员航空公司为之营销。对于客户来说，英国航空公司能够借助伙伴成员航空公司的服务要约“无缝对接”环球旅行。对于公司来说，它有机会使其在外国的运营更加合理。不过，尽管全球性的航空公司联盟看上去很风光，但不要忘记，近年来民用航空领域增长最快的部门却是建立在低成本、“无虚饰”模式的基础上的，如此一来，战略联盟的成员已被视为成本高昂的负担，而不是一项能够增加竞争优势的利益。（重印经寰宇一家联盟许可）

户建立起来的关系中得到好处。这一安排在联盟的成员之间是对等的。战略联盟在航空运输业内部已经变得越来越重要,在那里,运营商通过“代码共享”机制分享它们的航线网络,从而使得一张通票能够提供的“始发地——目的地”范围大大增加。

国际战略联盟也可以涉及委托商指定相关服务领域的供应商作为其世界范围门店的优选供应商。一些租车公司使用这一策略紧紧抓住其他运输委托商不放,向后者提供它们所认为的增值服务。有一项协议可以作为例子:英国航空公司与赫兹租车公司签订协议,前者指定后者为其世界范围的优选供应商。在这一协议下,乘客可以在预订机票的同时预订一辆赫兹租车公司的汽车;而且,在某些情形下,赫兹租车公司还会保证派一辆汽车在目的地机场等候乘客,即使乘客事先没有预订。通过这一安排,赫兹租车公司为其租车业务获得了额外的客户,而英国航空公司能够增加其服务要约的价值。

全球电子商务

互联网给国际服务贸易提供了新机会。在企业对企业层次,许多诸如开具发票、数据录入和软件开发之类的后台服务处理都可以在世界上的一些地方执行——这些地方存在大量低成本的、技术娴熟的劳动力供应,处理结果可以通过数据链接反馈给客户(参见案例研究)。在客户层次,许多服务提供商现在可以通过互联网面向全球受众进行推广。例如,英国的客户可以通过在线方式在澳大利亚找到酒店和预订房间。

服务部门在电子商务的发展中一直起着先锋作用,这也得益于这样一个事实:只有很少的有形内容——如果真有的话——必须以物理手段交付给客户。电子商务在与旅游相关的服务和金融服务领域有重大发展。不过,我们也要看到,向海外市场扩张时互联网的局限性。对于许多私人客户来说,通过互联网购买会被认为是很有风险的事情,如果供应商的基地是在海外的话,风险程度就会更高。以英国在海外提供的网上银行服务为例,客户也许会发现,保护以英国为基地的银行的客户的法律却不对他们提供保护。为了保持其差别定价的传统做法,一些服务供应商对于如何通过互联网使其服务为全球范围的客户可获得表现得非常谨慎。我们应该记得,不可分的服务的提供商能够向不同的客户群体索要不同的价格,无须担心低价客户群向高价客户群转售服务。出于这一原因,一些航空公司往往对通过互联网向一国的当地市场销售机票的做法加以限制,不给客户在最便宜的全球市场购票的机会。

最后需要记住的是,随着各类网站的层出不穷,互联网也变得越来越嘈杂,服务“出口商”仅有一个网站是不够的。其中最大的挑战之一是如何将潜在客户吸引到公司的网站上来。在许多消费者服务中,唯一合理的解决问题的办法是向多家信息中间商付费,后者的作用有如存在于买家和卖家(往往分散在不同地域)之间的网络交易所。诸如expedia.com 和 ebookers.com 之类的在线服务中间商本身已经变成重要的服务部门。对于许多进入外国市场的服务公司来说,由这些中间商代理业务而非独自行动会更加安全，也更成本有效。毫无疑问，互联网为服务公司进入国外市场提供了新的机会，但国外市场进入的基本规则仍然在起作用，全球电子商务的许多成功应用都少不了以合资企业和战略联盟为基础的更传统方法。

本章总结及与其他章的联系

本章着重强调服务市场越来越鲜明的竞争性和全球性。与商品相比，服务的不可分性将通过开发国外市场所碰到的相当不同的挑战的形式反映出来。服务组织通常只会通过处在海外市场来发展海外市场。了解海外市场至关重要，而可供企业评估一项服务在国外市场的文化、经济和政治可接受性的技术多种多样。对服务组成进行细微的调整事关成败，许多在国内获得成功的服务所以会失败，是因为对拟议国外市场的需要所做的假设不正确。合资伙伴的涉入可以减轻进入未知市场的风险，但必须将这一做法与失去的控制权放在一起权衡。

在前述各章置于国内市场环境中讨论的服务营销原理亦适用于国外市场。不过，它们的应用范围也许有所不同。因此，服务要约的特点以及在服务际遇中涉及的诸多过程也许需要有所改造(第 1 章和第 2 章)。购买者也许会以相当不同的方式评价一项服务，它们或多或少会买关系营销理念的账(第 6 章和第 7 章)。在国外经营环境下的服务人员管理会大不相同，它有可能阻碍普遍适用的品牌和服务标准的发展(第 10 章和第 13 章)。可及性、定价以及促销问题都需要悉心地管理(第 5 章、第 11 章和第 13 章)。

复习题

1. 从宏观和微观层次讨论以英国为基地的一般保险公司可能会寻求向欧洲大陆扩展业务的原因。

2. 评价一家银行研究某个外国市场商业发展贷款业务的潜力时可能会使用的方法。

3. 评价一家咨询工程师公司在最小化其拟议的对外扩张行动的风险时可能使用的方法。

实践活动

1. 从以下部门——酒店、航空运输、快餐、租车和会计服务——挑选出两家或三家国际服务提供商。进入它们的网站，点击浏览一遍它们在各个国家选择的营业场所，这些国家的社会经济概貌与你自己的国家会有所不同。分析不同的国家(公司的经营活动在这些不同的国家中展开)之间服务要约与促销信息上存在的共同之处。然后尝试找出各种方法修正服务要约以适应当地条件。

2. 进入希尔顿或假日酒店这样的国际连锁酒店的网站，查看某个特定日期公司在不同的首都城市开设的酒店的标准间定价。你观察到基本上相似的房间的价格在不同的城市之间有什么差异吗?什么因素可能解释你所观察到的价格差异?你认为这样的价格差异有可能长期持续下去吗?

案例研究：印度呼叫中心创造新的国际贸易模式

在英国拨打 0800 客户求助电话，接听你电话的人可能不在布拉德福德或伯明翰，却很可能在班加罗尔或孟买。对于先前与生产廉价的服装和电子产品相联系的某些欠发达国家来说，为西方客户管理呼叫中心已经成为国际贸易重要的新来源。2007 年 9 月，来自世界各地的 250 多家呼叫中心提供商在英国呼叫中心博览会上参展，试图推销它们的服务。据数据监测公司（Datamonitor）估计，2004 年，光是在印度这一个国家，处理海外客户电话呼叫的服务价值已经高达 46.4 亿美元，另外还有 11.6 亿美元产生于数据处理作业，如清算账单、传递发票、修正客户对账单中的错误等等。这样的国际贸易在 20 年前几乎是不可想象的。

处理客户服务要求这一行当还是在 20 世纪 90 年代出现的新国际贸易部门。各种各样的组织都发现，将信息录入计算机化的数据库——如客户销售记录、提供的服务、铁路机车车辆运行详情等等——的需要在不断增加。早期，许多公司认为这些都不过是一些后台作业职能，在企业所在地使用自己的员工就可能以最为划算的方式把这些事情处理好。随着时间的发展，要分析的数据量不断增加，客户电话支持服务越来越流行，数据分析系统越来越复杂，许多服务公司应运而生，开始从一些公司客户手头接过数据处理的任务。

最初，大多数数据处理和呼叫处理公司都在离客户很近的地方运营。然而，到了 20 世纪 80 年代末期，这类活动开始进入国际贸易，由成本比较低、对公司运营的监管比较宽松且工会活动往往不存在的一些外国公司处理。为国际贸易的这一发展提供解释的一个重要因素是技术的迅速发展。使用卫星和光纤连接线路，经过处理的数据和语音电话信息可以迅速地、低成本地传递。

数据处理和客户电话支持作为可出口的服务在诸如印度、加勒比和菲律宾之类的国家和地区已经有了坚实的基础。这些国家或地区的特点是工资水平相对较低，员工的技能至少与许多更发达国家的员工的技能一样高。

从 20 世纪 90 年代开始，呼叫中心产业在印度一直在以两位数的速度增长。根据数据监测公司的估计，2004 年到 2005 年期间，该部门的增长率高达 44%，总收入接近 58 亿美元。此外，2000 年至 2005 年期间，该部门的复合年增长率高达 56.4%，比印度任何其他产业的增长率都要高。

Grecis 的发展展示了国际贸易能够以怎样的方式发展。1997 年，Grecis 作为以美国为基地的通用电气公司的客户支持中心起步。通用电气公司当时正在寻找各种途径削减客户支持和后台运作成本。2004 年，Grecis 公司在世界范围内雇用了 18,000 人，其中包括在印度的 12,500 人，并在中国、匈牙利、墨西哥和罗马尼亚设有客户联络中心。尽管通用电气公司的业务占了 Grecis 销售额的 93%，但 Grecis 还是制定了旨在扩大它正在从事的第三方客户作业份额的扩张战略。

如 Grecis 所经营的印度呼叫中心的工资比在英国的低很多。据报道，许多员工 2004 年每天挣得的收入低到 2.9 英镑，为一个 8 小时的工作班次支付的工资总额低于英国为 1 个小时的工作规定的最低工资。处理呼叫往往要求员工在不合社会常规的时间段工作，上夜班对做这份工作的人们来说是常有的事情。为英国和美国的客户工作的呼叫中心公司通常不把国庆节这样的国家假日以及排灯节和泼水节这样的宗教节日当回事。至于工会活动，那可是很稀罕的事情。

虽然工资水平按西方的标准来衡量已经很低，但在呼叫中心工作在许多人看来却是一件很有面子的事情。据报道，呼叫中心的工资一般是当地教师能够挣到的 2 倍，这可以使个人购买先前可望而不可即的奢侈品。

尽管印度的呼叫中心发展很快，但许多挑战也接踵而至。最重要的是，成本水平在不断上升，这似乎遵循许多发展中国家的发展模式，竞争力的逐渐丧失使得印度开始不敌那些成本更低的国家。员工跳槽成为一个大问题，报道的年员工流失率有的竟然高达 60%。英国金融服务管理局(Financial Services Authority ，FSA)2005 年的一项研究发现，印度呼叫中心行业的员工流失率正在朝英国的水平靠近，经理人员也在要求与其英国同行可比的薪金。而且，让妇女们在婚后依然留下来工作不仅仅是在英国才遭遇到的问题。有些员工甚至被他们所面对的那些呼叫者们的叫骂声给吓坏了，因为这些呼叫者们也许把他们当做要为其计算机得不到及时修理或为其保险索赔得不到及时受理而承担责任的人。

FSA 也警告，海外呼叫中心给其遏止金融犯罪、保护客户和提振客户对英国金融市场的信心的目标带来了“实质性风险”。2006 年，汇丰银行的一名印度籍呼叫中心员工因被指控窃取客户资料并将其转手卖给第三方而锒铛入狱，这对整个行业来说可不是好事。消除这类担心不可避免地要求更多的监管，这又会在进一步提升印度呼叫中心的经营成本的同时损及其国际竞争优势。

有些英国公司——如保险商诺威治联合公司(Norwich Union)——一个劲地在印度扩展其支持性业务活动。但极化效应似乎在显现，高德纳咨询公司(Gartner Research)在 2005 年指出，尽管 2/3 到 3/4 已经使用海外呼叫中心的公司却计划扩大其使用，但大部分公司不会考虑把它们的任何业务转移到海外去。有些公司，如国民西敏寺银行，甚至在其广告中骄傲地宣称银行是在英国本土应答电话呼叫。

印度与大多数发展中国家一样，在成为主要以服务业为基础而非以农业或制造业为基础的经济之前，还有很长的路要走。同时，印度国内经济的发展也导致对呼叫中心服务的国内需求日益增长。印度呼叫中心已经自成气候，NASSCOM 咨询公司的研究表明，

2004 年至 2005 年期间，呼叫中心在印度国内市场生成的收入超过 6 亿美元(NASSCOM,2005)。

当印度公司开始以其服务打入海外市场的时候，印度已经成为成熟的呼叫中心提供国这一断言得到进一步证明。在一个“运煤到纽卡斯尔”(纽卡斯尔本为英国最早的煤炭出口地,此处有将呼叫服务带回其老家之意——译者注)式的故事中,主要的印度呼叫中心运营商之一 ICICI OneSource 在 2007 年宣布,它将在北爱尔兰建立两个新的呼叫中心。在获得为欧洲客户处理电话呼叫的专门技术之后，这家公司正在跟着客户往回走——客户更愿意呼叫电话在哪里被接听，公司就到哪里去——并针对欧洲和印度比较成本优势的变化做出反应。

问　题

1. 为什么数据处理和呼叫中心业务会作为世界贸易中主要的新活动而出现?
2. 以西欧为基地的保险公司将其呼叫中心业务外包给印度的供应商有什么利弊?
3. 印度经济发展呼叫中心产业有什么有利条件可言? 存在不利条件吗?

第 *15* 章

案例研究——CD 营销服务公司

15.1 引　言

五十年前，很少有人会想到大量的客户分析数据可以通过公司买卖。但在今天，市场信息的收集、分析和散布已经导致全新服务部门的出现。服务组织一直既是主要的信息服务消费者，也是越来越复杂的服务的生产者。对于尝试捕捉新客户和跟踪现有客户的公司来说，信息变得越来越重要。信息技术以及公司捕捉个体而非群体客户的欲望已经为服务供应商带来新的机会。无数组织发展的信息服务的范围是人们先前所不可想象的，这些服务帮助公司客户以比其竞争对手更成本有效的方式将信息传递给客户。

15.2 案例研究

循环配送有限公司（Circular Distributors Ltd）是一家踏着信息波涛而行的公司。自1952年以来，它就一直作为针对性信息的供应商在运营，为众多产品和服务供应商服务。如服务部门的大多数公司一样，它发现营销环境在以越来越快的速度变化。公司深受技术发展的影响，后者通过客户的期望和竞争对手的活动影响公司运行的方式。针对最近的营销活动所做的分析表明，服务组织必须如何不断地审视其营销环境和响应变化。

这家公司基本上是向商业组织提供直销服务。作为所有公司促销支出的一部分，直销的份额一直在稳步增长；据英国直销协会（Direct Marketing Association，DMA）估计，直销的总支出已经从2001年的100亿英镑上升到2005年的170亿英镑。这给那些积累了充足在一对一基础上与客户打交道的技术知识的公司带来了令人鼓舞的机会。不过，在这一总数字当中，也存在支出从传统的印刷媒体向新兴的互联网和多频道电视媒体转移。广告协会的数字表明（图15-1），直到2003年，在达到增长平台、然后开始下降之前，直邮业务依价值而论都在稳步地增长。与此形成对照的是，互联网支出从无到有，2005年一下子就达到了13亿英镑。DMA的年度普查提供了更多的分析细节，普查项目将直销支出划分为14个类别，其中包括挨门挨户散发的传单、户外招贴广告以及消费者杂志等等（图15-2）。归并到直销活动上的销售额每年高达1070亿英镑，其中有670亿英镑来自对消费者的销售，400亿英镑来自企业对企业直销（DMA，2006）。不过，企业对消费者成分比企业对企业成分增长得更快。

循环配送有限公司当时在人们看来是一家低技术的、挨门挨户散发传单的公司。其早期的成就之一是在其首次挨门挨户式的配送活动中为利弗兄弟公司派发了 1000 万份免费肥皂样品。从这种散射炮式的做法改换到配送，公司逐渐精炼了派发促销传单和产品样品的技术，产品样品一般包括洗发水、袋茶和肥皂。五十年前，许多快速消费品制造商对该公司的这种做法会满意得不得了，尽管按今天的标准来衡量，这种做法未免有些简单化。它主要涉及将相当一般性的产品送到一个相当同质的市场，以鼓励试用和可能的后续购买。随着时间的推移，各种生活方式截然不同的群体如潮而至，市场变得越来越细分化。为响应这一趋势，许多公司寻求细分其产品，从而吸引越来越小的利基市场。循环配送有限公司所销售的相当一般化的、低附加值的服务在快速消费品企业眼中已经成为一种过于粗钝的工具，因为这些企业现在可以获得非常广泛的增值营销服务，这可以使它们以更为成本有效的方式捕捉客户。尽管如此，挨门挨户的配送仍然是一宗大生意。在 2005 年的年度普查中，DMA 估计有 51.34 亿份物件通过注明收件人地址的邮件邮寄给个人，估计还有另外 3 百万份物件没有注明收件人地址。DMA 的一项调查表明，80%的接受调查者会因为收到一份未注明收件人地址的、投放到他们信箱中的广告传单而采取某种行动。这与针对一般广告活动所采取的相对无所谓的态度形成对比。从总体来看，52%的接受调查者认同这样的陈述：他们并不太在意电视上播出什么广告；由于直邮，这一数字上升到 56%。

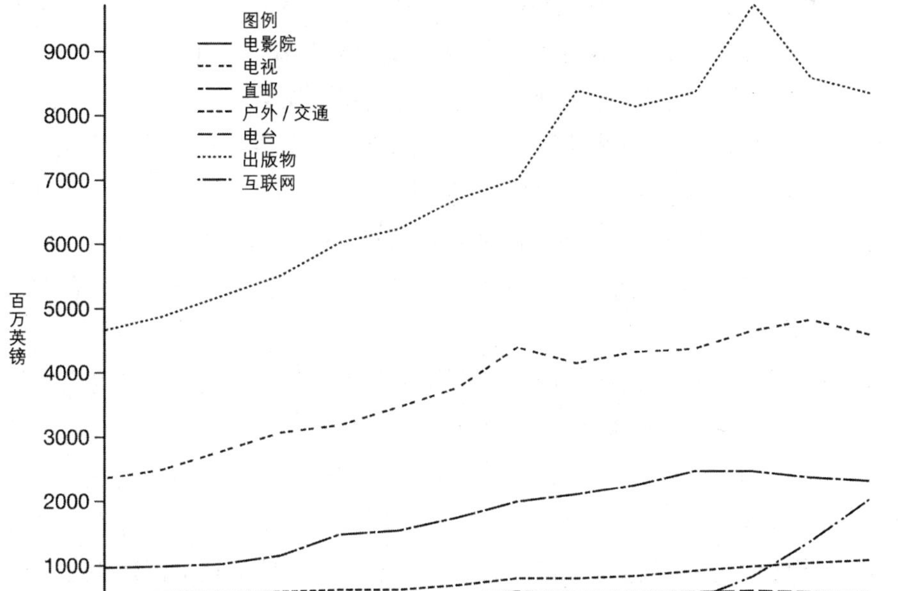

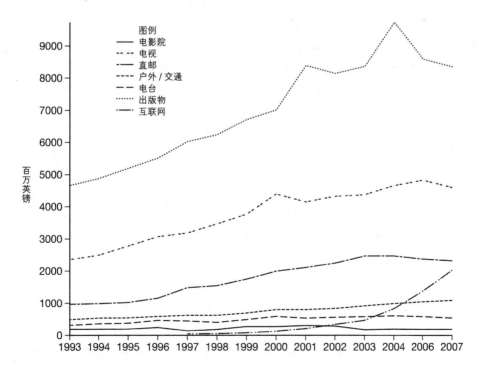

图 15-1　不同媒体上的广告支出，2005 年（改编自广告协会的数据）

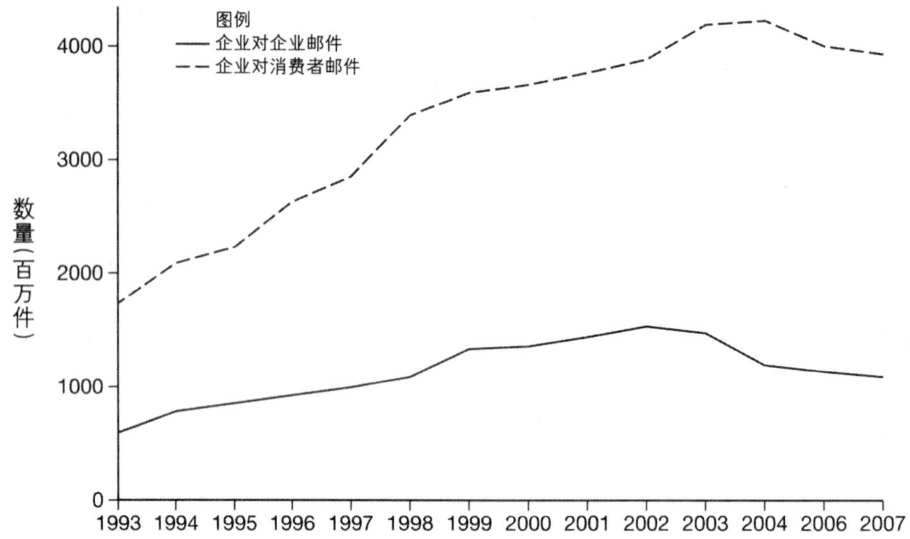

图 15-2 直销媒体支出构成，2005 年（改编自直销协会年度普查数据）

由尼克·威尔斯和三位董事所领导的循环配送有限公司的管理团队于 1991 年通过一项 110 万英镑的管理层收购，取得了公司的控制权。新管理团队在 20 世纪 90 年代的业务发展计划的一个重要部分是集中力量发展那些以较小的消费者群体为目标的服务。处在生活中的转折点的这些群体代表着特别有希望的机会，因为这类群体可能更乐于接受那些对他们来说仍然是新的一类购买项目的信息。那些即将做母亲的人们——她们要面对许多新的购买决策——被认为是公司战略所指向的很有吸引力的目标。这一战略的一个重要部分在后来建立在一份名为《艾玛日记》的出版物的基础上。这份刊物于 1992 年首刊，由循环配送有限公司与皇家全科医师学院合作出版。这本 132 页的小书为孕妇们提供一周周的孕期指导，当怀孕得到证实的时候，全科医生和助产士会将此书送给孕妇们。公司的研究宣称，78%的待产妇和 81%的初产妇会阅读这本刊物，《艾玛日记》因此而拥有比所有与之竞争的 13 家育儿杂志的读者群总数还要多的读者群数。

与婴儿有关的产品的生产商在这份一年出版两次的刊物上刊出的广告为《艾玛日记》带来的收入占了其总收入的大约 1/3。接下来的 1/3 收入来自为母亲礼包中的产品样品的配送付费的公司，母亲礼包是通过选定的商店免费发放给读者的，它是一个很有效的营销媒介，1999 年，72 万名待产妇中领取母亲礼包的有 40 万人。其余的 1/3 收入来自客户信息的销售，这些信息是在待产妇登记母亲礼包领取资格的时候由公司记录下来的。

直到 1999 年，公司似乎都在以不紧不慢的速度向前发展。在这个信息时代，公司似乎用了太多的精力封装包裹，在营销信息的收集、分析和销售方面用的精力太少。《艾玛日记》通过数据销售获得其收入的三分之一已经凸显出公司的潜力，但与通过客户信息销售快速成长的其他公司相比，如 Claritis 和 Experian，循环配送有限公司似乎在以慢得多的步伐行进。1999 年 6 月的《星期日泰晤士报》刊登了一篇关于公司的文章，不过，接受访谈的专家评论员们对公司并没有太深的印象。皇家特许营销学院的雷·佩里将循环配送有限公司描述为“一家不景气的、停滞不前的公司”，需要获得“新的活力和新的形象认同”。毕马威会计师事务所（KPMG）的约翰·埃格尔斯顿说，公司经理“需要迅速采取行动，认识到成长需要一些冒险，务必制定切实可行的计划”以抓住成长机遇。公司经理们因为过分关注内部问题、缺乏响应市场变化的动力而遭到批评。文章的结束语是这样说的：“如果循环配送有限公司要继续盈利，它需要提供具有更高价值的逐户上门服务。实现形象的转换，从一家只知道向信箱里塞东西的公司转换为配送营销材料和服务的公司。最终它也许需要改变其名称，以吸引正确的客户。”

《星期日泰晤士报》的文章中隐含的批评激励着公司踏上一条更加大胆的经营之道。作为开始的一步，公司将其名字从循环配送有限公司改为 CD 营销服务公司（CD Marketing Services），并开发了有自身价值的“生命周期营销”品牌，使之有别于价值相对低的信箱配送服务。循环配送的名称仍然为逐户上门配送服务保留着。这一部分业务仍然非常大，光是在 1999 年，公司在全英国范围内递送的物品就超过了 15 亿件。在其服务组合中，客户信息销售也许已经成为明星型或成长型服务，而逐户上门配送却有从“现金牛”滑向“瘦狗”的危险。

1999 年，公司在新技术上投入大量资金，以图在增长着的数据分析领域取得竞争优势。这一投资的直接影响是利润下降约 40 万英镑，但在两年的时间内，这一支出却促成年销售额增长到 3300 万英镑，利润增加到 240 万英镑。CD 公司花大钱发展远非向信箱塞入促销材料和产品样本可比的更高级服务。CD 微定位技术（CD Microtargeting）允许客户以 700 个家庭为一个单位精确地识别他们的目标市场所在的位置。

CD 新闻共享（CD Newshare）提供高速的“与报纸同步”配送，赋予客户收到的信息以真正的新闻魅力，信息都在短短三天之内送达。在与本地免费报纸（其中有 300 万份由 CD 公司每周递送）一道使用的情形下，广告传单可以在星期三、星期四或星期五达到目标客户手中，这正好赶上周末做购买决定的时候。

在新客户中，维珍假日公司使用循环配送的 Solus 计划实施在英国的挨门挨户宣传。50 多万份广告传单的递送从 1 月底就开始。广告传单向销售维珍度假产品的 Co-op 旅行社和 Travelcare 旅行社的门店所覆盖的地区派发，广告内容依店铺的名称而个性化。上门派发活动与整合媒体宣传活动——包括电台、新媒体和销售点——同步进行。

开发这些更具针对性的产品导致公司微妙地改变了核心业务。现在的业务重点同等地放在客户信息收集与产品样品配送上。公司服务要约的核心已经从配送向信息管理转移。

公司新战略最重要的任务是收集客户在其生命周期关键阶段的数据。到 1999 年，CD 已经建立起有 350 万个家庭的数据库，其中 110 万个家庭的数据是在过去两年中收集到的。现在，它每年收集 60 万个家庭的数据，其中有 10 万个家庭的数据被“清洗”一次，移除那些改变了的地址。公司的目标是建立英国最大的有年幼儿童的家庭的数据库。

公司的生命周期营销部门提供的服务的性质是什么呢？公司创建的细分消费者清单可以向一些组织出租，供其一次性使用。公司也销售许可证，其他组织凭此将 CD 公司的数据纳入自己的数据库中。作为一项进一步服务，CD 向客户提供在公司的出版物中嵌入一些具体问题的机会，客户对由此生成的数据享有独家使用权。鉴于请客户回答调查问卷越来越困难以及 CD 的定向出版物的高回应率，这项服务本身就是非常有价值的。

谁是 CD 公司信息服务的客户呢？两个最重要的客户群体是金融服务群体和家庭购物企业群体，每一个群体占了数据销售的 30%。其余的销售额分散在婴儿产品、儿童书友会和其他类型的企业中间。所有这些客户被吸引过来是因为这样一个事实：公司出版物的读者们正在经历生活中的某种形式的改变，比如就要成为父母亲或者结婚，或者有孩子就要开始上学。每一个这样的生活变化一般都会与新的支出优先顺序相联系，在缺乏关于这些新购买事项的现成知识的情况下，广告邮件可能特别受个人的欢迎。公司客户尤其看重目标市场的高覆盖率以及清单内容的低浪费率。

直到 2003 年，公司生命周期营销部门生成的收入的增长比传统配送业务的增长都要快得多。但一头扎进信息服务对公司来说是不是既意味着机遇，也意味着危险呢？

公司对逐户上门业务的里里外外知道得一清二楚，并且已经开辟出一块宝贵的利基市场，可以为这块市场提供无人匹敌的业务覆盖、业务灵活性和规模经济。但现在，它正在向信息服务供应领域进军，在一块已经被比它大得多的竞争对手抢占的领地上竞争。诸如 Claritas 和 Experian 之类的公司已经建立了庞大的客户信息数据库，其中所包含的不止是关于新妈妈们的信息。它们还可以在客户营业的许多海外市场提供服务。CD 声明它对几个利基细分市场有过人的了解还远远不够，因为比它更大的竞争对手们已经稳步建立了甚至更为复杂的客户利基市场数据库。公司发现，要说服客户从比它更大的竞争对手们那里叛逃、转而使用它的数据服务已经成为一个大问题。CD 会永远被人们看作低价值的、只会向信箱塞东西的公司吗？或者它可以利用与许多快速消费品公司的久经考验的关系向它的服务要约增添信息服务成分？公司需要在从未使用过它的服务或只将公司视为低价值逐户上门配送服务的提供者的客户当中建立信任和信心。

与此同时，公司也意识到，它不可以忽视作为其业务核心的信箱市场，这仍然是一个有利可图的市场。公司尝试采取一系列举措——如提供周末配送服务——提升向客户提供的服务的价值。此前，公司只经营工作日配送服务；但它后来发现，如果在客户最有时间阅读信息的日子里将信息速递给客户,客户的信息会有更好的使用效果。也有新的客户要求获得上门服务，如一些互联网服务提供商就要求将免费光盘配送到目标家庭。公司亦通过上门送礼包扩展了原来的礼包概念,收件人再不需要从指定的零售门店取礼包了。

CD 还寻求向欧洲大陆挺进。它与几家属于欧洲信箱营销协会成员的公司建立了战略联盟,如此,它现在可以向其英国客户提供"一站式"配送服务,服务可达法国、德国、西班牙和意大利的 1.4 亿个家庭。为了证明它向欧洲扩张并不是闹着玩的,公司招聘了三位讲多种语言的销售人员管理欧洲的销售。通过建立在全欧洲范围提供配送服务的能力,公司希望它能够为欧莱雅、金伯利—克拉克和吉列之类的客户提供服务,后者拥有泛欧洲的业务运作。

公司还涉足一些它从前知之甚少的专业技能领域,因而也冒了很大的风险。但在迅速变化的信息服务市场，它不能承受停滞不前。向目标客户传递信息的新方法层出不穷,最近的一些例子就是互联网、数字电视和 3G 移动电话。CD 应该在多大范围内分布其资源呢？什么新媒体值得它去投资,哪些媒体也许来得快去得也快？它有能力涉足由第三代移动电话支持的营销吗？公司的品牌能延伸多远？存在的一个大危险便是,任何在新兴媒体上的投资也许会因为太少而见不到效果。结果很可能出现这样的情形:在所有的媒体都有存在,但没有在任何一个媒体收到实效。公司通过建立《艾玛日记》网站也开始了互联网运作,并且获得了更多关于网站访问者的信息。公司也从访问者对网站广告的"点击"获得收益。但要真正在这一行做下去,公司还需要投入更多的时间和资源。随着越来越多的互联网服务提供商提供旨在吸引用户和广告商的门户网站,CD 将成为在一个拥堵不堪的市场上奋斗着的许多家公司之一。

循环配送有限公司已经从在一个缓慢增长的市场上提供低价值服务转向在一个迅速扩张的市场上提供价值更高的服务。尽管信息时代产生了许多机会,但它也在扩张得太快、不能向客户提供可信价值主张的公司当中产生了许多殉葬者。2000 年初,.com 热似乎达到高峰,大量资金被注入寻求获得更多客户信息的新冒险事业。CD 公司应该采取更加胆大的行动,还是应该谨慎为佳？逐户上门配送——CD 公司业务中的面包和黄油——又该怎样做呢——公司不应该集中精力去做它最擅长的事情吗？谈到未来,公司面对的主要问题之一是要知道对其业务活动的下一个威胁会来自何方。例如,第三代移动电话对消费者信息服务的长期影响是什么？公司应该投资于哪些新技术？它应该寻求提供什么新的服务？传统的逐户上门配送服务应该置于其服务组合中的什么位置？

有如此之多的项目要求公司投入资本,而且,欧洲大陆的各种机会在频频招手,似乎需要有某种形式的、远远超出欧洲信箱营销协会规模的联盟来保证未来的繁荣。在考察了几个替代战略之后,公司在 2001 年同意由 TNT 邮政集团接管,该集团成员包括荷兰邮政局和 TNT。这笔带给 TNT 90%权益的交易,将为 TNT 提供一个英国市场上的强有力据点,它也属于该集团成为邮件相关服务领域的主要欧洲供应商战略的一部分。

2006年1月,英国邮政部门实现自由化,TNT获得授权,可以提供先前由英国皇家邮政所垄断的一些邮政服务。没过多久,CD被改名为TNT邮政。作为一家大型邮政组织的一个部门单位,CD是在重拾其低价值的信件递送业务吗?抑或CD公司所具有的客户知识与TNT的全球覆盖能力相结合可以为增加服务价值创造新的机会?

资料来源:以下述为基础:

- 循环配送有限公司网站,www.cdltd.co.uk 和 www.Emmasdiary.co.uk
- 直邮信息服务,www.dmis/keystats/html
- 《星期日泰晤士报》企业网络,2000-05-21(3):17

问 题

1. CD营销服务公司是经营什么业务的企业?它应该从事什么业务?

2. 绘制一个产品/市场扩展矩阵,识别CD营销服务公司的成长选项。你将如何评估所识别的每个成长选项的风险程度?

3. CD可以在什么基础上确定自身相对于其竞争对手的位置?你会建议它采取什么定位?你认为什么是CD公司的可持续竞争优势之源?

4. CD公司应该使用什么方法仔细考察其环境中新的机会/威胁?它应该如何评估它们?

5. 存在这样一种观点:信息技术将越来越让CD的客户们能够自己去做许多目前需要花钱请CD公司去做的数据分析。在这样的情景下,CD可以如何向其服务要约增添价值?

6. 评价CD面临的海外扩张机会。什么因素会影响公司的海外扩张战略?

延伸阅读

第 1 章

以下参考资料都是一些经典文章，它们出自早期的有关服务营销本身是否应作为独立课题而展开的辩论。它们对于识别服务的关键特征仍然非常有用。

Bateson, J.(1977)'Do we need service marketing?', in *Marketing Consumer Services: New Insights*, Report 77–115, Marketing Science Institute, Boston.

Berry, L.L.(1980) 'Services marketing is different', *Business*, Vol.30(3), 24–9.

Levitt, T.(1981) 'Marketing intangible products and product tangibles', *Harvard Business Review*, 59(3), 95–102.

Shostack, G.L(1977)'Breaking free from product marketing', *Journal of Marketing*, Vol. 41(2), 73–80.

以下文章中提出了这一辩论的最新版本：

Lovelock, C. and Gummesson, E.(2004)'Whither services marketing? In search of a new paradigm and fresh perspectives', *Journal of Service Research*, 7(1), 20–41.

Vargo, S.L. and Lusch, R.F.(2004)'Evolving to a new dominant logic for marketing', *Journal of Marketing*, 68(1), 1–17.

评论公共部门营销与非盈利部门营销的区别性特征以及它们如何影响营销，下面的文章很有用：

Sargeant, A.(2004) Marketing *Management for Not-for-Profit Organisations*, Oxford University Press, Oxford.

关于营销原理的一般性介绍，许多教科书可以参用，包括以下几本：

Baker, M.(2003) *The Marketing Book*, 5th edn, Butterworth–Heinemann, Oxford.

Kotler, P.G., Armstrong, G., Saunders, J. and Wong, V.(2004) *Principles of Marketing*, 4th European edn, FT Prentice Hall, London.

通过考察具有类似营销需要的其他部门，某服务行业可以学习到很多营销知识。以下文章讨论服务分类所依据的各类基础：

Clemes, M., Mollenkopf, D. and Burn, D.(2000)'An investigation of marketing problems across service typologies', *Journal of Services Marketing*; 14(7), 573–94.

Lovelock, C.H.(1983) 'Classifying services to gain strategic marketing insights', *Journal of Marketing*, 47(3), 9–20.

第 2 章

以下文献就服务行业的小型企业的作用及其营销优势与挑战提出了有益的见解：

Bridge, S., O'Neill, K. and Cromie, S.(2003) *Understanding Enterprise, Entrepreneurship and Small Business*, 2nd edn, Palgrave Macmillan, Basingstoke.

许多著者寻求制订成功的盈利成长战略。以下是这一领域的经典论文：

Ansoff, I.A.(1957)'Strategies for diversification', *Harvard Business Review*, 35(5), 113–24.

Levitt, T.(1960) 'Marketing myopia', *Harvard Business Review*, 38(4), 45–56.

Porter, M.E.(1980) *Competitive Strategy: Techniques for Analyzing Industries and Competitors*, Free Press, New York.

以下书籍就品牌打造的相关原则提供了一般性和权威性的介绍：

de Chernatony, L. and McDonald, M.(2003) *Creating Powerful Brands*, 3rd edn, Butterworth–Heinemann, Oxford.

关于品牌打造的一般性原则在服务行业的应用，进一步的讨论参见以下文献：

Brady, M.K., Bourdeau, B.L. and Heskel, J.(2005) 'The importance of brand cues in intangible service industries: an application to investment services', *Journal of Services Marketing*, 19(6), 401–10.

de Chernatony, L. and Cottam, S.(2006) 'Why are all financial services brands not great?', *Journal of Product and Brand Management*, 15(2), 88–97.

Pina, J.M., Martinez, E., Chernatony, L. de and Drury, S.(2006) 'The effect of service brand extensions on corporate image: an empirical model', *European Journal of Marketing*, 40(1/2), 174–97.

Stride, H. and Lee, S.(2007) 'No logo? No way: branding in the not-for-profit sector', *Journal of Marketing Management*, 23(1/2), 107–22.

关于品牌在激励服务组织的内部员工方面所起的作用,在以下文献中有探讨:

Chernatony, L. de and Cottam, S.(2006) 'Internal brand factors driving successful financial services brands', *European Journal of Marketing*, 40 (5/6), 611–33.

第 3 章

组织的员工与客户之间际遇的中心角色产生了大量定义服务际遇和指出改善服务际遇质量的方法的文献。以下是在该文献潮发展过程中一些重要的早期论文:

Bitner, M.J., Booms, B.H. and Tetreault, M.S.(1990) 'The service encounter: diagnosing favourable and unfavourable incidents', *Journal of Marketing*, 54(1), 71–84.

Shostack, G.L.(1984) 'Designing services that deliver', *Harvard Business Review*, 62(1), 133–39.

服务场景在下列文章中更详细地讨论:

Bitner, M.J.(1990) 'Evaluating service encounters: the effects of physical surroundings and employee responses', *Journal of Marketing*, 54(2), 69–82.

Reimer, A. and Kuehn, R.(2005) 'The impact of servicescape on quality perception', *European Journal of Marketing*, 39(7/8), 785–808.

下列文章进一步讨论了角色扮演和脚本,二者属于服务际遇的重要方面:

Goodwin, C.(1996) 'Moving the drama into the factory: the contribution of metaphors to services research', *European Journal of Marketing*, 30(9),13–36.

Harris R., Harris K. and Baron, S.(2003) 'Theatrical service experiences: dramatic script development with employees', *International Journal of Service Industry Management*, 14(2), 184–99.

Parker, C. and Ward, P.(2000) 'An analysis of role adaptations and scripts during customer-to-customer encounters', *European Journal of Marketing*, 34(3/4), 341–58.

Williams, J.A. and Anderson, H.H.(2005) 'Engaging customers in service creation: a theatre perspective', *Journal of Services Marketing*, 19(1), 13–23.

服务体验管理课题在下列文章中讨论:

Arnould, E. and Price, L.(1993) 'River magic: extraordinary experience and the extended service encounter', *Journal of Consumer Research*, 20(1), 24–45.

Meyer, C. and Schwager, A.(2007) 'Understanding customer experience', *Harvard Business Review*, 85(2), 116–26, 157.

Pine, B.J., and Gilmore, J.H.(1999) *The Experience Economy: Work is Theatre and Every Business a Stage*, Harvard Business School Press, Boston, MA.

Price, L., Arnould, E. and Tierney P.(1995) 'Going to extremes: managing service experiences and assessing provider performance', *Journal of Marketing*, 59(2), 83–97.

讨论失败的服务际遇以及公司补救服务失败的文献近来一直在增长。以下是一些相关文章:

Hocutt, M.A., Bowers, M.R. and Donavan, D.T.(2006) 'The art of service recovery: fact or fiction?', *Journal of Services Marketing*, 20(3), 199–207.

Mattila, A.S.(2001) 'The effectiveness of service recovery in a multi industry setting', *Journal of Services Marketing*, 15(7), 583–96.

Maxham, J.G. and Netemeyer, R.G.(2002) 'A longitudinal study of complaining customers' evaluations of multiple service failures and recovery efforts', *Journal of Marketing*, 66(4), 57–71.

McColl-Kennedy, J.R., and Sparks, B.A. (2003) 'Application of fairness theory to service failures and service recovery', *Journal of Service Research*, 5(3), 251–66.

Zeelenberg, M. and Pieters, F.G.M. (2004) 'Beyond valence in customer dissatisfaction: a review and new findings on behavioral responses to regret and disappointment in failed services', *Journal of Business Research*, 57(4), 445–55.

第4章

生产力以及服务际遇工业化的一般过程在以下文献中有讨论：

Grönroos, C. and Ojasalo, K. (2004) 'Service productivity: towards a conceptualization of the transformation of inputs into economic results in services', *Journal of Business Research*, 57(4), 414–23.

Gummesson, E. (1998) 'Productivity, quality and relationship marketing in service operations', *International Journal of Contemporary Hospitality Management*, 10(1), 4–15.

McLaughlin, Curtis P. and Coffey, S. (1990) 'Measuring productivity in services', *International Journal of Service Industry Management*, 1(1), 46–64.

以下文献讨论了与鼓励使用更多在线服务相关的问题：

Matthing, J., Kristensson, P., Gustafsson, A. and Parasuraman, A. (2006) 'Developing successful technology-based services: the issue of identifying and involving innovative users', *Journal of Services Marketing*, 20(5), 288–97.

Prins, R.O. and Verhoef, P.C. (2007) 'Marketing communication drivers of adoption timing of a new e-service among existing customers', *Journal of Marketing*, 71(2), 169–83.

有几篇文章通过与第3章中所介绍的分析框架进行类比，寻求建立框架来分析在线服务环境：

Rosenbaum, M.S. (2005) 'Meet the cyberscape', *Marketing Intelligence & Planning*, 23(7), 636–47.

Williams, R. and Dargel, M. (2004) 'From Servicescape to "Cyberscape"', *Marketing Intelligence & Planning*, 22(3), 310–20.

以下几篇文章探讨在线环境中的消费者—生产者边界问题：

Harrison, T., Waite, K. and Hunter, G.L. (2006) 'The internet, information and empowerment', *European Journal of Marketing*, 40(9/10), 972–93.

Newholm, T., Laing, A. and Hogg, G. (2006) 'Assumed empowerment: consuming professional services in the knowledge economy', *European Journal of Marketing*, 40(9/10), 994–1012.

在线服务际遇中也有可能发生服务失败，以下文章探讨了这类失败的原因和后果：

Forbes, L.P., Kelley, S.W. and Hoffman, D. (2005) 'Typologies of e-commerce retail failures and recovery strategies', *Journal of Services Marketing*, 19(5), 280–92.

Harris, K.E., Mohr, L.A. and Bernhardt, K.L. (2006) 'Online service failure, consumer attributions and expectations', *Journal of Services Marketing*, 20(7), 453–8.

第5章

使服务为社会弱势群体可及的主题在以下文章讨论：

Carbo, S., Gardener, E.P.M. and Molyneux, P. (2007) 'Financial exclusion in Europe', *Public and Money Management*, 27(1), 21–7.

24/7 文化对于服务公司的可及性策略所具有的意义在以下文章讨论：

Groucutt, J. (2005) 'Radical strategies may be required in today's 24/7 society', *Handbook of Business Strategy*, 6(1), 241–5.

讨论与服务组织使用中介相关的问题，以下文章提供有用的见解：

Doherty, A.M. and Alexander, N. (2006) 'Power and control in international retail franchising', *European Journal of Marketing*, 40(11/12), 1292–316.

Hughes, T. (2006) 'New channels/old channels: customer management and multichannels', *European Journal of Marketing*, 40(1/2), 113–29.

Löning, H. and Besson, M. (2002) 'Can distribution channels explain differences in marketing and sales performance measurement systems?', *European Management Journal*, 20(6), 597-609.

互联网对服务分销渠道的影响在以下文章讨论：

Fernandez, Z. and Nieto, M.J.(2006) 'The internet: competitive strategy and boundaries of the firm', *International Journal of Technology Management*, 35(1-4), 182-95.

Law, R., Leung, K. and Wong, R.(2004) 'The impact of the internet on travel agencies', *International Journal of Contemporary Hospitality Management*, 16(2), 100-7.

Malhotra, R. and Malhotra, D.K.(2006) 'The impact of internet and e-commerce on the evolving business models in the financial services industry', *International Journal of Electronic Business*, 4(1), 56-82.

Porter, M.E.(2001) 'Strategy and the internet', *Harvard Business Review*, 79(3), 63-78.

服务特许经营在以下文章讨论：

Altinay, L.(2004)'Implementing international franchising: the role of intrapreneurship', *International Journal of Service Industry Management*, 15(5), 426-43.

Combs, J.G., Michael, S.C. and Castrogiovanni, G. J.(2004) 'Franchising: a review and avenues to greater theoretical diversity', *Journal of Management*, 30(6), 907-31.

Watson, A. and Kirby, D.A.(2004) 'Public perceptions of franchising in Britain: releasing the potential', *Journal of Small Business and Enterprise Development*, 11(1), 75-83.

本章仅仅简要地讨论了有形配送管理的某些原理，因为它们会影响到服务要约的有形成分。以下参考文献提供有关原理的进一步讨论：

Baker, P.(2006) 'Designing distribution centres for agile supply chains', *International Journal of Logistics*, 9(3), 207-21.

Christopher, M. and Peck, H.(2003) *Marketing Logistics*, Butterworth-Heinemann, Oxford.

Gripsrud, G., Jahre, M. and Persson, G.(2006) 'Supply chain management - back to the future?', *International Journal of Physical Distribution & Logistics Management*, 36(8), 643-59.

第 6 章

有很多讨论一般性产品的书籍提供了对购买者行为的一般评述，其中包括：

Blackwell, R.D., Miniard, P.W. and Engel, J.F.(2005) *Consumer Behavior*, 10th edn, Thomson Learning, Mason, OH.

Evans, M., Jamal, A. and Foxal, G.(2006) *Consumer Behaviour*, John Wiley, Chichester.

Solomon, M., Bamossy, G., Askegaard, S. and Hogg, M.(2006) *Consumer Behaviour: A European Perspective*, 2nd edn, FT Prentice Hall, Harlow.

以下两篇经典文章以消费者的购买决策方式为基础评述了商品与服务之间的一般差异：

Gabbott, M. and Hogg, G.(1994) 'Consumer behaviour and services: a review', *Journal of Marketing Management*, 10(4), 311-24.

Zeithaml, V.A.(1981) 'How consumers evaluation processes differ between goods and services', in J.H. Donnelly and W.R. George (eds), *Marketing of Services*, American Marketing Association, Chicago, IL, 186-90.

关于在互联网环境下的服务购买行为的最新研究，参见以下文献：

Walker, R.H. and Johnson, L. W.(2006) 'Why consumers use and do not use technologyenabled services', *Journal of Services Marketing*, 20(2), 126-35.

Barnes, S.J., Bauer, H.H., Neumann, M.M. and Huber, F.(2007) 'Segmenting cyberspace: a customer typology for the internet', *European Journal of Marketing*, 41(1/2), 71-93.

Walker, R.H., Craig-Lees, M., Hecker, R. and Francis, H.(2002) 'Technology-enabled service delivery: an investigation of reasons affecting customer adoption and rejection', *The International Journal of Service Industry Management*, 13(1), 91-106.

以下文献提供了关于市场细分方法的综述：

Ehrenberg, A.(2002)'More on modeling and segmentation', *Marketing Research*, 14(3), 42.

Gonzalez, A.M. and Bello, L.(2002) 'The construct 'lifestyle' in market segmentation: the behaviour of tourist consumers', *European Journal of Marketing*, 36(1/2), 51–85.

McDonald, M. and Dunbar, I. (2004) *Market Segmentation*, Palgrave, Basingstoke.

第 7 章

对关系营销的一般原理及其在将购买者转化为常客的过程中所起作用的介绍，以下文献很有用：

Christopher, M., Payne, A. and Ballantyne, D. (2001) *Relationship Marketing: Creating Stakeholder Value*, Butterworth–Heinemann, London.

Sheth, J.N. and Parvatiyar, A. (2000) *Handbook of Relationship Marketing*, Sage Publications, Thousand Oaks, CA.

Varey, R.J. (2002) *Relationship Marketing: Dialogue and Networks in the e–Commerce Era*, John Wiley & Sons, Chichester.

以下文献对于更全面地理解买方—卖方关系的理论基础会很有用处：

Duncan, T. and Moriarty, S.E. (1998) 'A communication–based marketing model for managing relationships', *Journal of Marketing*, 62(2), 1–14.

Healy, M., Hastings, K., Brown, L. and Gardiner, M. (2001) 'The old, the new and the complicated: a trilogy of marketing relationships', *European Journal of Marketing*, 35(1/2), 182–93.

Morgan, R. M. and Hunt, S.D. (1994) 'The commitment–trust theory of relationship marketing', *Journal of Marketing*, 58(3), 20–38.

Palmer, A. (2000) 'Relationship marketing: a Darwinian synthesis', *European Journal of Marketing*, 35(5), 687–704.

Rizal, A. and Buttle, F. (2002) 'Customer retention management: a reflection of theory and practice', *Marketing Intelligence & Planning*, 20(3), 149–61.

以下文献探讨了企业对企业关系和网络：

Batonda, G. and Perry, C. (2003) 'Approaches to relationship development processes in inter–firm networks', *European Journal of Marketing*, 37(10), 1457–84.

Laing, A.W. and Lian, P.C.S. (2005) 'Inter–organisational relationships in professional services: towards a typology of service relationships', *Journal of Services Marketing*, 19(2), 114–28.

Mattsson, L.–G. and Johanson, J. (2006) 'Discovering market networks', *European Journal of Marketing*, 40(3/4), 259–74.

Prenkert, F. and Hallén, L. (2006) 'Conceptualising, delineating and analysing business networks', *European Journal of Marketing*, 40(3/4), 384–407.

Rocks, S., Gilmore, A. and Carson, D. (2005) 'Developing strategic marketing through the use of marketing networks', *Journal of Strategic Marketing*, 13(2), 81–92.

以下文献讨论了取得成功外部关系所需的内部组织进程：

Gummesson, E. (2001) *Total Relationship Marketing*, Butterworth Heinemann, London.

Malhotra, N. (2002) 'A stakeholder perspective on relationship marketing: framework and propositions', *Journal of Relationship Marketing*, 1(2), 3–37.

Ryals, L. and Knox, S. (2001) 'Cross–functional issues in the implementation of relationship marketing through customer relationship management', *European Management Journal*, 19(5), 534–42.

以下文献讨论了通过客户关系管理实现关系营销的可操作性：

Boulding, W., Staelin, R., Ehret, M. and Johnston, W.J. (2005) 'A customer relationship management roadmap: what is known, potential pitfalls, and where to go', *Journal of Marketing*, 69(4), 155–66.

Mitussi, D., O'Malley, L. and Patterson, M. (2006) 'Mapping the re–engagement of CRM with relationship marketing', *European Journal of Marketing*, 40 (5/6), 572–89.

Payne, A. and Frow, P. (2005) 'A strategic framework for customer relationship management', *Journal of Marketing*, 69(4), 167–76.

以下文献讨论了正在萌生的客户关系管理向客户体验管理转移的趋势：

O'Loughlin, D., Szmigin, I. and Turnbull, P. (2004) 'From relationships to experiences in retail financial services', *International Journal of Bank Marketing*, 22(7), 522–39.

一些评论文章寻求揭示关系营销概念的局限性，并强调这样一个事实：许多公司恰恰是在关系质量恶化的同时启用关系营销的。

O'Malley, L. and Tynan, C. (2000) 'Relationship marketing in consumer markets: rhetoric or reality?', *European Journal of Marketing*, 34(7), 797–815.

Zolkiewski, J. (2004) 'Relationships are not ubiquitous in marketing', *European Journal of Marketing*, 38(1), 24–9.

最后，客户忠诚是关系营销的重要结果；以下文献不仅提供了有用的参考，而且给我们一个告诫：对服务提供商的忠诚涉及的远不止是反复购买。

Ang, L. and Buttle, F. (2006) 'Customer retention management process: a quantitative study', *European Journal of Marketing*, 40(1/2), 83–99.

Dick, A.S. and Basu, K. (1994) 'Customer loyalty: toward an integrated conceptual framework', *Journal of the Academy of Marketing Science*, 22(2), 99–113.

Jones, T. and Taylor, S.F. (2007) 'The conceptual domain of service loyalty: how many dimensions?', *Journal of Services Marketing*, 21(1), 36–51.

O'Malley, L. (1998) 'Can loyalty schemes really build loyalty?', *Marketing Intelligence and Planning*, 6(1), 47–56.

Reichheld, F. (2006) *The Ultimate Question: Driving Good Profits and True Growth*, Harvard Business School Press, Cambridge, MA.

第 8 章

以下文献讨论了服务组织用来搜寻新服务理念的方法：

Matthing, J., Sandén, B. and Edvardsson, B. (2004) 'New service development: learning from and with customers', *International Journal of Service Industry Management*, 15(5), 479–98.

Olsen, N.V. and Sallis, J. (2006) 'Market scanning for new service development', *European Journal of Marketing*, 40(5/6), 466–84.

下面的文章进一步探讨了新服务开发过程的管理：

Smith, A.M. and Fischbacher, M. (2005) 'New service development: a stakeholder perspective', *European Journal of Marketing*, 39(9/10), 1025–48.

Stevens, E. and Dimitriadis, S. (2005) 'Managing the new service development process: toward a systematic model', *European Journal of Marketing*, 39(1/2), 175–98.

Syson, F. and Perks, H. (2004) 'New service development: a network perspective', *Journal of Services Marketing*, 18(4), 255–66.

下面的文章讨论了服务的淘汰：

Argouslidis, P.C. (2007) 'The evaluation stage in the service elimination decision-making process: evidence from the UK financial services sector', *Journal of Services Marketing*, 21(2), 122–36.

Argouslidis, P.C. and McLean, F. (2004) 'Service elimination decision-making: the identification of financial services as candidates for elimination', *European Journal of Marketing*, 38(11/12), 1355–81.

Gounaris, S.P., Avlonitis, G.J. and Papastathopoulou, P.G. (2006) 'Uncovering the keys to successful service elimination: "Project ServDrop"', *Journal of Services Marketing*, 20(1), 24–36.

第 9 章

以下文章提供了关于质量和满意度以及服务无形性的背景讨论：

Bebko, C.P. (2000) 'Service intangibility and its impact on consumer expectations of service quality', *Journal of Services Marketing*, 14(1), 9–26.

Brady, M.K. and Cronin, J.J. (2001) 'Some new thoughts on conceptualizing perceived service quality: a hierarchical approach', *Journal of Marketing*, 65(3), 34–49.

Grace, D. and O'Cass, A. (2004) 'Examining service experiences and post-consumption evaluations', *Journal of Services Marketing*, 18(6), 450–61.

Grönroos, C. (2001) 'Guru's view: the perceived service quality concept – a mistake?', *Managing Service Quality*, 11(3), 150–2.

Iacobucci, D., Ostrom, A. and Grayson, K. (1995)

'Distinguishing service quality and customer satisfaction: the voice of the consumer', *Journal of Consumer Psychology*, 4(3), 277–303.

以下文章对服务质量、客户忠诚度与盈利能力之间的联系进行探讨：

Bates, K., Bates, H. and Johnston, R. (2003) 'Linking service to profit: the business case for service excellence', *International Journal of Service Industry Management*, 14(2), 173–83.

Gruca, T.S. and Rego, L.L. (2005) 'Customer satisfaction, cash flow and shareholder value', *Journal of Marketing*, 69(3), 115–30.

Rust, R.R., Lemon, K.N. and Zeithaml, V.A. (2004) 'Return on marketing: using customer equity to focus marketing strategy', *Journal of Marketing*, 68 (1), 109–27.

Vilares, M.J. and Coelho, P.S. (2003) 'The employee-customer satisfaction chain in the ECSI model', *European Journal of Marketing*, 37(11), 1703–22.

下面的一篇被广为引用的文章描述了杰出的服务质量失验模型——SERVQUAL：

Parasuraman, A., Zeithaml, V.A. and Berry, L.L. (1988) 'SERVQUAL: a multiple-item scale for measuring consumer perceptions of service quality', *Journal of Retailing*, 64(1), 12–40.

以下文章进一步探讨了期望在客户评价服务质量的过程中扮演的复杂角色：

Boulding, W., Kalra, A., Staelin, R. and Zeithaml, V.A. (1993) 'A dynamic process model of service quality: from expectations to behavioural intentions', *Journal of Marketing Research*, 30(1), 7–27.

Cowley, E., Farrell, C. and Edwardson, M. (2005) 'The role of affective expectations in memory for a service encounter', *Journal of Business Research*, 58(10), 1419–25.

Yap, K.B. and Sweeney, J.C. (2007) 'Zone-of-tolerance moderates the service quality-outcome relationship', *Journal of Services Marketing*, 21(2), 137–48.

下面的文章提供了对重要性—表现分析的综述：

Bacon, D.R. (2003) 'A comparison of approaches to importance-performance analysis', *International Journal of Market Research*, 45(1), 55–71.

以下文章讨论了电子渠道的服务质量：

McMellon, C. and Long, M. (2004) 'Exploring the determinants of retail service quality on the internet', *Journal of Services Marketing*, 18(1), 76–90.

Parasuraman, A., Zeithaml, V.A. and Malhotra, A. (2005) 'E—S-Qual: a multiple-item scale for assessing electronic service quality', *Journal of Service Research*, 7(3), 213–33.

Zeithaml, V.A., Parasuraman, A. and Malhotra, A. (2002) 'Service quality delivery through web sites: a critical review of extant knowledge', *Academy of Marketing Science Journal*, 30(4), 362–74.

第 10 章

本章非常简要地讨论了适用于服务组织的人力资源管理的某些基本原理。推荐阅读以下的教科书，了解围绕这些原理展开的更充分讨论：

Beardwell, I., Claydon, T. and Beardwell, J. (2007) *Human Resource Management: A Contemporary Approach*, FT Prentice Hall, Harlow.

Bratton, J. and Gold, J. (2007) *Human Resource Management: Theory and Practice*, 4th edn, Palgrave Macmillan, Basingstoke.

以下参考书提供了服务组织内部营销的进一步见解：

Ahmed, P. and Rafiq, M. (2003) 'Internal marketing issues and challenges', *European Journal of Marketing*, 37(9), 1177–86.

Ballantyne, D. (2003) 'A relationship-mediated theory of internal marketing', *European Journal of Marketing*, 37(9), 1242–60.

Naudé, P., Desai, J. and Murphy, J. (2003) 'Identifying the determinants of internal marketing orientation', *European Journal of Marketing*, 37(9), 1205–20.

以下文章探讨了一线员工的营销角色：

Bowers, M.R. and Martin, C.L. (2007) 'Trading places: employees as customers, customers as employees', *Journal of Services Marketing*, 21(2), 88–98.

Gummesson, E. (1991) 'Marketing-orientation revisited: the crucial role of the part-time marketer', *Eu-*

ropean Journal of Marketing,25(2),60—75.

Papasolomou-Doukakis,I.(2002) 'The role of employee development in customer relations: the case of UK retail banks',*Corporate Communications*,7(1),62-76.

以下文献讨论了服务业环境下的领导力和授权：

Lashley,C.(2000)'Empowerment through involvement: a case study of TGI Friday's restaurants',*Personnel Review*,29(6),791-815.

Melhem,Y.(2003) 'The antecedents of customer-contact employees' empowerment', *Employee Relations*,26(1),72-93.

Prabhu,V. and Robson,A.(2000) 'Achieving service excellence - measuring the impact of leadership and senior management commitment',*Managing Service Quality*,10(5), 307-17.

第 11 章

关于服务部门应用的定价原理的一般概述，以下文献提供了有用的介绍：

Avlonitis,G.J. and Indounas,K. A.(2005) 'Pricing objectives and pricing methods in the services sector',*Journal of Services Marketing*,19(1),47-57.

Docters,R.,Reopel,M.,Sun,J.-M. and Tanny,S.(2004) 'Capturing the unique value of services: why pricing of services is different',*Journal of Business Strategy*,25(2),23-8.

Gourville,J. and Soman,D.(2002) 'Pricing and the psychology of consumption',*Harvard Business Review*,80(9),90-6.

以下文献对服务部门使用的战术性定价进行了讨论：

Jeffery,P.B. and Harris,C.(2006)'The effect of 9-ending prices on retail sales: a quantitative UK based field study',*Journal of Marketing Management*,22(5/6),601-7.

Naylor,G. and Frank,K.E.(2001) 'The effect of price bundling on consumer perceptions of value',*Journal of Services Marketing*,15(4),270-81.

Yelkur,R.,DaCosta,M.M.N.(2001) 'Differential pricing and segmentation on the internet: the case of hotels',*Management Decision*,39(4),252-62.

下面的文章对不断发展的买方—卖方关系环境中的定价进行了探讨：

Ryals,L.(2006) 'Profitable relationships with key customers: how suppliers manage pricing and customer risk',*Journal of Strategic Marketing*,14(2),101-13.

第 12 章

某些通过收益管理技术将服务能力与需求相匹配的基本原理在以下文献中有讨论：

McMahon-Beattie,U. and Yeoman,I.(2004) *Revenue Management and Pricing*,Thomson Learning,London.

Sfodera,F.(2005) *The Spread of Yield Management Practices: The Need for Systematic Approaches*,Physica-Verlag Heidelberg,New York.

Tallury,K.T. and Van Ryzin,G.J.(2004) *The Theory and Practice of Revenue Management*, Springer Science+Business Multimedia Inc.,New York.

应对排队情形的各种方法在以下文献中有讨论：

Sheu,C.,McHaney,R. and Babbar,S.(2003) 'Service process design flexibility and customer waiting time',*International Journal of Operations & Production Management*, 23(8),901-17.

作为可变需求模式响应手段的劳动力与服务过程的灵活性在以下文献中有讨论：

Michie,J. and Sheehan,M.(2005) 'Business strategy,human resources,labour market flexibility and competitive advantage',*International Journal of Human Resource Management*,16(3),445-64.

Sheu,C.,McHaney,R. and Babbar,S.(2003) 'Service process design flexibility and customer waiting time',*International Journal of Operations & Production Management*, 23(8),901-17.

第 13 章

关于促销的一般原理的更充分讨论，以下教科书对促销组合的主要组成部分做了介绍：

Fill,C.(2006) *Marketing Communications: Engagement,Strategies and Practice*,FT Prentice Hall,London.

Pickton, D. and Broderick, A. (2004) *Integrated Marketing Communications*, 2nd edn, FT Prentice Hall, London.

Smith, P. and Taylor, J. (2004) *Marketing Communications: An Integrated Approach*, Kogan Page, London.

在早期的服务营销文献中，一些文章寻求界定服务促销与商品促销的不同之处。下面给出的是一些早期文献以及新近的讨论：

Firestone, S.H. (1983) 'Why advertising a service is different', in L.L. Berry, G.L. Shostack and G.D. Upah (eds), *Emerging Perspectives in Services Marketing*, American Marketing Association, Chicago, IL.

George, W.R. and Berry, L.L. (1981) 'Guidelines for the advertising of services', *Business Horizons*, 24 (4), 52–6.

George, W.R., Kelly, J.P. and Marshall, C.E. (1983) 'Personal selling of services', in L.L. Berry, G.L. Shostack and G.D. Upah (eds), *Emerging Perspectives in Services Marketing*, American Marketing Association, Chicago, IL.

Mortimer, K. (2000) 'Are services advertised differently? An analysis of the relationship between product and service types and their information content', *Journal of Marketing Communications*, 6(2), 121–34.

以下文献就直销和在线媒体做了有用的综述：

Scoble, R. and Israel, S. (2006) *Naked Conversations: How Blogs are Changing the Way Businesses Talk with Customers*, *John Wiley*, Hoboken, NJ.

Spencer, C. and Giles, N. (2001) 'The planning, implementation and evaluation of an online marketing campaign', *Journal of Communication Management*, 5 (3), 287–99.

Tapp, A. (2004) *Principles of Direct and Database Marketing*, 3rd edn, FT Prentice Hall, London.

Zinkhan, G.M. (2002) 'Promoting services via the internet: new opportunities and challenges', *Journal of Services Marketing*, 16(5), 412–23.

以下文献就整合媒体渠道这一挑战进行了讨论：

Duffy, D.L. (2004) 'Multi-channel marketing in the retail environment', *Journal of Consumer Marketing*, 21(5), 356–9.

第 14 章

下列参考书提供了影响企业对外扩张决策的因素的一般性综述：

Bradley, F. (2004) *International Marketing Strategy*, 5th edn, Pearson, London.

Keegan, W.J. and Green, M.C. (2006) *Global Marketing*, 4th edn., Prentice Hall, Upper Saddle River, NJ.

Lee, K. and Carter, S. (2005) *Global Marketing Management: Changes, Challenges and New Strategies*, Oxford University Press, Oxford.

有越来越多的文献具体地讨论服务组织的国外市场进入决策：

Burt, S.L., Dawson, J.A. and Sparks, L. (2003) *Failure in International Retailing: Research Propositions*, Institute of Retail Studies, University of Sterling.

Javalgi, R.G. and White, S.D. (2002) 'Strategic challenges for the marketing of services internationally', *International Marketing Review*, 19(6), 563–81.

Kanso, A. and Kitchen, P.J. (2004) 'Marketing consumer services internationally: localisation and standardisation revisited', *Marketing Intelligence & Planning*, 22(2), 201–15.

Mellahi, K., Jackson, T.P. and Sparks, L. (2002) 'An exploratory study into failure of successful organizations: the case of Marks and Spencer', *British Journal of Management*, 13(1), 15–29.

关于国际商务的一般趋势，参见以下文献：

Economic Trends, a monthly publication of the UK Office for National Statistics, which includes statistics relating to international trade performance.

Gielens, K. and Dekimpe, M.G. (2007) 'The entry strategy of retail firms into transition economies', *Journal of Marketing*, 71(2), 196–212.

Overseas Direct Investment, a detailed breakdown of UK overseas direct investment activity, outward and inward, by component, country, and industry (Office for National Statistics).

Overseas Trade, a DBERR—FCO magazine for exporters published ten times per year by Brass Tacks Publishing Co., London.

Steenkamp, J. -B.E.M. and Geyskens, I. (2006) 'How country characteristics affect the perceived value of web sites', *Journal of Marketing*, 70(3), 136–150.

World Trade Organization, *Annual Report and Trade Policy Review* (serial).

重要词汇

A

adoption process 采用过程 个人开始购买某项产品的速度。

advertising 广告 广告商通过付费信息与目标受众沟通的过程。

AIDA（Attention, Interest, Desire, Action）注意、兴趣、欲望和行动 一个用来描述沟通一系列信息的过程的缩略语。

B

banner ads 旗帜广告 一种付费网站广告，它通常是为预定的网站访问者群体专门设计的。

benchmark 标杆 通过参照其他地方的最佳做法来制定行为标准。

blueprinting 蓝图绘制 绘制服务生产过程中涉及的流程和参与者时采用的一种方法。

bottleneck 瓶颈 在一个进程当中存在的、可能导致整个进程减缓或停滞的某个阶段。

brand 品牌 由名称、标识、广告语和/或设计方案所组成的某种区别性识别物，它将一项服务与其他服务相区别，并且传达出某些服务期望。

business environment 商业环境 外在于某组织且有可能对其活动产生直接或间接影响的社会、技术、经济和政治因素。

C

channel of communication 沟通渠道 用来将信息从发送者传递到接收者的媒介。

channel of distribution 分销渠道 负责将产品流由生产者导向消费者的个人和组织。

codes of conduct 行为准则 列出个人或组织的责任或最佳做法的成文准则。

cognitive dissonance 认知失谐 一种发生于购买决策之后精神上的不舒适感，表现在购买者可能后来相信自己做了一个糟糕的决策。

competitive advantage 竞争优势 一家企业所具有的营销组合，在目标市场看来，该组合比竞争对手的营销组合能够更好地满足其需要。

consumer surplus 消费者剩余 消费者愿意支付的价格与实际支付的价格之差。

cookie 信息记录程序 网络服务器向网络浏览器提供的一项信息，由浏览器以文本文件的形式储存下来。浏览器每次向服务器请求一个页面的时候，该信息就会发回给服务器。

co-producer 共同生产者 一起从事作业生产最终产品或最终服务事项的客户和供应商。

co-production 共同生产 一项服务利益只有当不止一个当事人对其生产作贡献时才能实现，即消费者—生产者意义上的共同生产意味着客户要在生产服务利益时承担一个角色。

core worker 核心员工 在职能上很灵活、并且从事对组织而言为极其重要的活动的员工。

cost-plus pricing 成本加成定价 一种将一定百分比的加成添加到生产一项服务的成本当中的定价方法。

critical incident 关键事件 在客户与服务生产者之间的某些可能特别让人满意、也可能特别让人不满意的际遇。

cross-selling 交叉销售 向已经从经销商处购买了（或打算购买）某个产品的客户销售其他产品的策略。

cultural convergence 文化趋同 原本不同的人群的态度和价值观逐渐变得更加相似的倾向。

culture 文化 为某一群体所共同拥有的信念、态度和习俗的完整集合。

customer charter 客户章程 由服务组织就其宣称要达到的服务标准向客户做出的声明。

customer delight 客户欣喜 一项服务表现超出客户的期望。

customer lifetime pricing 客户终身定价 一种以发展有利可图的与客户长期关系为基础的定价方法。

customer loyalty 客户忠诚度 客户选择某企业或一种产品而非选择另一家企业或另一种产品来满足特定需要的倾向。它表明客户所具有的更经常地从某企业购买或更经常地造访该企业的偏好。忠诚度通过消费者行为来表明，并由客户态度所定义。

Customer Relationship Management（CRM）客户关系管理 一种了解客户需求并使公司能够建立更好关系和增加销售的运作程序。它通过分析由每一次客户交易所获得的信息来绘制客户需求、期望和行为的综合图景。CRM 产生发展客户关系所必需的客户情报。

contribution 盈利 销售收入与可变成本之差，为在付清可变成本之后剩下的可用来支付固定成本以及提供利润的可获得金额。

D

data mining 数据挖掘 一个分析过程，设计这一过程的目的是探索各种数据（通常是大量数据——一般与企业或市场相联系）以寻找存在于变量之间的一致模式和/或系统性关系，然后将所发现的模式应用于新的数据子集，从而为发现的有效性提供证明。

demand forecasting 需求预测 一种尝试，旨在获得未来某个时间能够且愿意购买某项新产品人数的最好估计。

diffusion model 扩散模型 新理念或新产品被市场接受的过程。

direct marketing 直销 使用面对面销售以外的销售促进方法在销售者与个人客户之间进行的直接沟通。

disconfirmation model 失验模型 客户对服务的先验期望被/不被后续的服务交付表现所证实。

diseconomies of scale 规模不经济 长期平均成本随产量/生产能力的扩大而递增。

disintermediation 去中介化 将中介从供应链中去除，从而直接向最终客户销售产品。

diversification 多元化 企业进入与其当前活动没有密切关联的新市场和/或新产品领域。

E

e-commerce 电子商务 使用诸如互联网之类的电子系统分销、购买、销售、营销和维护产品的活动。

economies of scale 规模经济 当厂商规模增加导致每一生产单位的长期平均成本下降时所形成的生产力的增进。

elasticity of demand 需求弹性 客户需求对价格变化或其他某些变量变化的响应程度。

empowerment 授权 授予员工按照自己的主观能动性采取行动而无需找高级管理者汇报的权利。

ethics 伦理 以道德判断为基础而形成的一套原则。

expectation 期望 服务的标准，对照该标准可以评价实际的服务交付。

extended marketing mix 扩展的营销组合 4P 营销组合框架的扩展，这一扩展使得该框架对服务也有实用价值，通常包括人、过程和有形证据。

extended promotion mix 扩展的促销组合 在传统产品促销组合的基础上加上与可见的服务过程相联系的成分，即形成扩展的促销组合。

F

fixed costs 固定成本 并不随总产出增加而增加的成本。

flow 流 个人全神贯注于某种活动且感觉到一种对

环境的控制感的体验模式。

focus group 焦点小组 一种定性研究形式，在这类研究当中，一组人群被问及他们对产品、服务、概念、广告或创意的态度。

franchising 特许经营 一种持续的关系，在该关系中，特许方提供从事特许业务的权利，外加在组织培训、商品采购和管理上的帮助，以交换被特许方的回报。

functional quality 功能质量 客户对服务交付质量的主观判断。

G

gaps model 缺口模型 对客户期望与客户所得之间差异的原因的分析。

geodemographic analysis 地理人口统计分析 使用地理和人口统计信息组合对市场进行分析。

guerrilla marketing 游击营销 目标受众意料不到的非传统促销战术的使用。

H

high-contact services 高接触型服务 生产过程需要组织员工与客户有高水平接触的服务。

hub and spoke system 中心和外围系统 用来解释处在中央区位的生产中心和与该中心相连接的地理上散布的业务网点的模型。

Human Resource Management(HRM) 人力资源管理 各种增进组织人力资源的效能和效率的战略和做法。

human-computer interaction 人机互动 对人与计算机如何以物理的、心理的和社会的方式相互作用进行的研究。

I

industrialization of services 服务工业化 去技能化和简化服务生产过程的过程，其目的是减少结果和过程的易变性。

industrialization 工业化 通过大量生产、使用标准化生产过程和获得一致的产出而使生产方法简化。

inseparability 不可分性 大多数服务的生产在时间上或空间上都不能与其消费相分离。

intangibility 无形性 纯粹的服务不呈现出可由人类视觉、嗅觉、听觉、味觉和触觉评估的有形线索。

integrated marketing communications 整合营销传播 设计来确保客户或潜在客户接收到的对一项服务或组织的所有品牌沟通都相关的、一致的促销计划。

intermediary 中间人 为某个人或某家企业，他(它)作为第三方在两个交易方之间进行调停，并作为流通管道方便供应商向客户提供商品或服务。

internal marketing 内部营销 营销原理和做法在组织与员工互动过程中的应用。

J

joint venture 合资企业 共担风险和共享技能的两方或多方之间形成的一种伙伴关系，关系中的每一方都分享收益、分担费用和分享对企业的控制权。

Just-in-time(JIT) 准时制 在要求使用产品和服务或要求将它们投入进一步生产过程中的时候交付产品和服务的一种策略。

K

key account manager 关键客户经理 组织中负责协调和管理与重要客户的交易的个人。

L

loyalty programme 忠诚计划 各种结构化的回报和鼓励忠诚购买行为的营销努力。

M

Management by Walking About(MBWA) 走动管理 组织中的关键决策者在服务生产和交付地点跟踪各种问题的过程。

marginal cost pricing 边际成本定价 因生产一个额外单位的产出而形成的总成本的增加量。

market segmentation 市场细分 在一个宽泛的产品市场范围内识别消费者群体的过程,这些消费者有着相似的需要,并会对既定的营销组合做出相似的响应。

market 市场 一群具有类似需求的潜在客户，他们愿意与提供满足其需求的产品的卖者交换某些有价值的东西。

marketing mix 营销组合 为了获得相对于竞争对手的竞争优势,营销管理所运用的营销战略和战术的各个方面。一个适用于服务的概念性营销组合框架通常包含产品要约、价格、促销、可及性、人员、有形证据和过程等元素。

marketing 营销 以有效的和有利可图的方式识别、预见和提供客户所要求的东西的管理过程。

mass customization 大规模定制 使用大规模生产技术生产,针对个别客户的偏好定制产出。

mission statement 使命陈述 向组织内的每一个人提示组织根本目的的一种手段。

multinational companies 跨国公司 在多个国家展开业务的公司。

multiplier effect 乘数效应 某个地区由初始支出注入导致的总收入和总支出的增加。

multi-tasking 多任务作业 同时执行两项或多项任务的能力。

mystery customer 神秘客户 组织雇用来系统性地记录其服务交付标准的个人。

N

needs 需求 驱动个人购买从而满足个人需要的基本力量。

new service 新服务 由某公司提供的又一项服务,它既可以是与先前在市场上提供的任何服务项目不同的全新服务,也可以是现有服务的小修改。

"noise" factor "干扰"因素 导致沟通者发出的信息与接收者感受到的信息之间失真的各种原因。

O

organizational life cycle 组织生命周期 组织从最初创立到成长、成熟、衰退以及可能的倒闭的各个阶段。

organizational objectives 组织目标 有关组织想在未来某个时间处于什么位置的陈述。

outsource 外包 将内部生产过程中的非核心业务委托给专业化管理这类业务的外部实体的做法。

P

peaks in demand 需求高峰 对一种商品或服务的最大需求。

peer-to-peer sites 点对点网站 内容由使用者定义、而非由商业发起人集中决定的网站。

perishability 易朽性 指服务能力不能被储存以便在未来销售。如果服务能力不在生产的时候出售,其销售时机就会永远消失。

position in the market 市场定位 服务依据与客户导向相关的重要标准在市场上与竞争对手相比照。

positioning decisions 定位决策 一家公司的服务要约配备的营销组合与竞争服务的营销组合相比应该如何发展的决策。

post-purchase dissonance 购后失谐 购买者在购买之后的感受与现实之间的不一致。

price bundling 价格捆绑 对几项服务成分合并收取一项总价格、而非为每一服务成分单独定价的做法。

price discrimination 差别定价 以两个或多个不同价格销售产品、而价格差异却并不以成本差异为基础的做法。

price points 价位 一些特定的价格，在这样的价格水平上需求可能突然增加/减少。

price skimming 撇脂定价 一种定价策略,营销人员先为一项产品或服务设定相对高的价格，然后，随着时间的推移逐渐降低价格。

Private Finance Initiative(PFI) 私人融资计划 由英国政府首创的一种为公共部门与私人部门之间的公私伙伴关系提供资金支持的方法。

productivity 生产力 投入转换为产出的效率。对于服务而言的效率很难测度,因为不可分性意味着生产投入的变化往往影响客户对服务结果的价值感知。

profiling 客户描绘 一种从大群体中生成潜在客户的方法;它要求先从过去的经历推断一类特定人群的特征集合,然后在数据库中搜寻与该特征集合紧密匹配的个人。

promotion mix 促销组合 广告、人员销售、销售促进和公共关系活动的组合。

Public Private Partnerships(PPP) 公私伙伴关系 通过政府和一家或多家私人部门公司之间的伙伴关系为公共服务融通资金以及运作公共服务的一种方法。

public relations 公共关系 旨在建立和维护组织与公众之间相互了解的有意识的、有计划的和持续的努力。

pure services 纯粹服务 不存在任何与(有形)商品相联系的特征的服务,即具有无形性、不可分性、易朽性、不可拥有性的服务。

push and pull channels 推动型与拉动型渠道 要么生产者经由分销渠道将产品和服务"推"向最终客户,要么客户经由分销渠道通过中介将产品和服务从生产者那里"拉"出来。

Q

Quality Circles(QC) 质量管理小组 公司内部形成的各种员工小组,其作用是讨论更好地满足客户对质量的期望的方法。

queuing system 排队系统 一种处理临时超出生产能力的需求的系统。

R

relationship marketing 关系营销 一种营销方法,它所考虑的重点不是单个交易,而是建立与客户的长期关系。它要求理解客户在其整个生命周期中的需要,并根据现有客户的需要提供大量的产品或服务。

reservation system 预约系统 将顾客对服务的特定需求与实际服务能力相匹配的系统。

role-playing 角色扮演 一个人所处某种社会状况的结果的个人行为,与天生的习性有区别。

S

sales promotion 销售促进 为增加短期销售所使用的各种技术和激励。

scenario 场景 一幅在未来也许和组织有关系的外部环境的可能图画。

scripting 脚本 依另一方严格规定的行为模式行事。

service agents 服务代理 帮助服务委托人使服务利益为客户可获得的中介。一个代理通常是服务的共同生产者,并代表服务委托人行事,客户与服务委托人形成某种法律关系。

service encounters 服务际遇 组织的人力和物质资源与客户相互作用以创造服务利益的一个特定期间。

service failure 服务失败 在满足客户对服务交付标准的期望方面的失败。

service image 服务形象 客户以其信念集合以及先前的服务体验为基础描绘服务要约的方式。

Service Level Agreement(SLA) 服务水平协议 一种经过双方之间的正式谈判形成的协议,协议对要提供的服务的期望水平加以规定。

service life cycle 服务生命周期 对服务从发展到淘汰所经过的各个阶段的假设性描述。

service offer 服务要约 有形与无形利益的复合体,构成服务的全部功能的、心理的和社会的利益。

service portfolio 服务组合 组织提供的所有服务。

service principal 服务委托人 服务的主要生产者,它也许会通过中介使其部分服务为客户可获得。

service recovery 服务补救 公司补救服务失败的过程。

service-profits chain 服务利润链 服务生产过程、

客户所看到的价值创造以及组织达到的盈利能力水平之间的联系。

servicescope 服务场景 对服务交付所发生的环境的描述。

SERVPERF 单单使用行为表现衡量指标来衡量服务质量的一种方法。

SERVQUAL 一种以客户期望与客户实际服务交付感知之间的缺口为基础衡量服务质量的方法。

servuction 服务生产 对生产者—消费者服务生产体系的描述。

spatial location-allocation models 空间区位配置模型 为确定多个中心的区位选择并将其需求范围同时配置于一个由点和线构成的网络空间而开发出来的各种模型。

sponsorship 赞助 公司为特定的事件或活动出资、以期与之建立联系的行为。

stakeholder 利益相关方 在某个项目或实体中拥有利益的个人或组织。

strategic alliances 战略联盟 在保持组织独立性的同时追逐一组共同目标或寻求满足某种商业需要的两方或多方之间形成的一种正式关系。

structural bonds 结构性关联 通过增加向其他伙伴转移的交易成本而将两个或多个商业单位关联在一起的各种经济上的、法律上的或社会性的做法。

T

tactical pricing 战术性定价 为化解竞争或为进入市场而施行的短期价格变化。

Tangible cues 有形线索 服务要约、手册和广告中的有形元素，它们提供购买决策过程中的有形刺激。

technical quality 技术质量 质量的客观性衡量指标，不必是客户认为最重要的衡量指标。

Technology Acceptance Model(TAM) 技术接受模型 将使用者如何接受和使用新技术模型化的理论。模型表明，技术接受程度受感受到的有用性和易用性的影响。

telemarketing 电话营销 一种主要通过电话的使用来建立与现有或潜在客户的双向对话的销售活动。

Theory of Reasoned Action 理性行为理论 该理论表明，个人的行为意向既依赖于个人对行为的态度，亦依赖于一套主观标准。

Total Quality Management (TQM) 全面质量管理 一种旨在将质量意识嵌入所有组织过程的管理策略。

trade barriers 贸易壁垒 一个用来描述限制国际贸易的各种政府政策或政府监管的一般性术语。

trading bloc 贸易集团 多个国家之间形成的自由贸易区。

V

variability 易变性 服务过程或际遇偏离某项标准的程度。

variable costs 可变成本 与业务活动成比例地变化的成本。

W

Web 2.0 网络 2.0 该术语用来描述这样的互联网环境，在该环境中，点对点沟通与企业对客户(B2C)沟通具有同等的重要性。

word of mouth 口碑 通过口头手段、尤其是口头推荐实现的信息传递；亦指以非正式的、个人对个人的方式传递一般信息。

World Trade Organization(WTO) 世界贸易组织 负责处理国家之间的贸易规则的全球性国际组织。

Y

Yield Management(YM) 收益管理 一种用来最大化每一单位的有限而又易朽的资源所能产生的收益的方法，也称收入管理。

Z

zone of tolerance 允差区域 可接受的最低质量水平与所欲求的质量水平之间的区域。

出版后记

这本《服务营销原理》,承接我们前面出版的《市场营销》,阐述服务企业和服务产品的一般营销原理,有别于传统的以 4P 营销组合为核心的市场营销原理。“服务营销”是从“市场营销”中分化出来的学科。服务营销理论和实践的发展,有三个主要原因:首先,服务业在国民经济中的比重越来越大,服务企业的营销需要体现出有别于产品制造企业的独特性;其次,随着现代企业更多地将资源集中于自身的核心业务,而将其他业务外包,几乎所有的产品都包含了或多或少的服务成分,所有企业在某种程度上都是服务企业,服务的营销也日益成为企业的关注点;再次,服务有很多区别于一般制成品的独有特点,这使一般的市场营销原理在应用于服务时会出现很多问题,必须发展适合于服务的营销理论。

本书分为五个部分,以服务区别于制成品的特点为核心,构建了一套理解服务和营销服务的框架。第一部分介绍服务的环境并定义服务;第二部分以服务机遇为基础,界定各种各样的服务,分析服务的特征对营销活动的影响;第三部分论述服务的消费中各方的行为,并介绍新服务的开发;第四部分关注营销战略的制订,将服务的营销中质量、员工、价格、需求、沟通等因素融合为一个整体;第五部分分析服务企业在走向全球的过程中面临的各种问题和机遇。如作者所说,服务营销活动是多种多样的,这种划分未必适合所有的活动,需要在实际应用中根据各项活动之间的内在关联来调整。

在内容的编排上,本书以生动和易读的写作风格,反映了服务营销领域最新的理论和实践,非常适合这一乍看上去稍显枯燥的学科的教学和学习。在每一章的开头,列出该章的学习目标,用引言部分使读者对该章的内容有一个整体认识。在每一章的结尾,“本章总结及与其他章的关联”回顾该章的主要话题,引导读者思考整本书的构思和逻辑;“复习题”鼓励读者运用从该章习得的知识,这也可以被导师用作课外作业;“实践活动”给检验学习效果提供了好机会,它们可能要求读者做进一步的网上研究,或思考该章出现的理念,并得出自己对相关营销概念的看法和见解;“案例研究”则展示主要的营销理念或想法如何在实践中应用。延伸阅读和重要词汇也在书的末尾给出。除此之外,书中随处可见的图表、海报、照片和主题思考,向读者介绍了在理论的实际运用中可能会遇到的挑战。

值得一提的是，这是国内引进的首部以“服务营销原理”为题的译著，译者刘安国和谢献芬丰富的翻译经验和专业的英语水平为中文版的品质提供了有力保障。欢迎采用本书做教材的老师与我们联系，以便得到我们提供的相关教学资料和服务。

服务热线：133-6631-2326　139-1140-1220
服务信箱：reader@hinabook.com

后浪出版咨询(北京)有限责任公司
2012 年 1 月

图书在版编目(CIP)数据

服务营销原理/(英)帕尔默著;刘安国等译.—北京:世界图书出版公司北京公司,2011.9
(大学堂)
书名原文:Principles of Services Marketing, 5e
ISBN 978-7-5100-3935-5
Ⅰ.①服… Ⅱ.①帕… ②刘… Ⅲ.①服务营销 Ⅳ.①F713.50
中国版本图书馆CIP数据核字(2011)第180672号

Adrian Palmer
Principles of Services Marketing, 5e
ISBN: 978-0-07-711627-9

服务营销原理(第5版)

著　　者:(英)艾德里安·帕尔默(Adrian Palmer)　**译　　者:**刘安国　谢献芬　**丛 书 名:**大学堂
筹划出版:银杏树下　**出版统筹:**吴兴元　**责任编辑:**徐　樟　金存惠
营销推广:ONEBOOK　**装帧制造:**墨白空间

出　　版:世界图书出版公司北京公司
出 版 人:张跃明
发　　行:世界图书出版公司北京公司(北京朝内大街137号　邮编100010)
销　　售:各地新华书店
印　　刷:北京盛兰兄弟印刷装订有限公司(北京市大兴区黄村镇西芦城　邮编102612)

开　　本:787×1092毫米 1/16
印　　张:34.5　插页4
字　　数:712千
版　　次:2012年6月第1版
印　　次:2012年6月第1次印刷

读者服务:reader@hinabook.com　139-1140-1220
投稿服务:onebook@hinabook.com　133-6631-2326
购书服务:buy@hinabook.com　133-6657-3072
网上订购:www.hinabook.com　(后浪官网)

ISBN 978-7-5100-3935-5/C·172　**定价:**78.00元

大学堂 029

市场营销

（插图第9版）

著　　者：罗杰·A·凯林　史蒂文·W·哈特利
　　　　　威廉·鲁迪里尔斯
译　　者：董伊人　史有春　何健 等
推　　荐：郭国庆　韩顺平
书　　号：978-7-5100-3285-1
定　　价：128.00元（精装）　2011年11月出版

超越菲利普·科特勒《市场营销原理》
当今世界最畅销的市场营销学教科书

凯林等教授的《市场营销》按照营销进程的顺序，分五个部分全面分析整个营销过程。运用独特、创新和有效的教学方法，综合地展现当代以顾客关系管理为核心的营销理念，并从多个视角分析最新的虚拟营销、互动营销和多渠道营销等课题，与同类型的市场营销学教材相比可谓出类拔萃。同时，在严密的逻辑构架下，引入大量对企业、营销专家和企业家生动、准确的描述案例，帮助读者更深入地理解和掌握市场营销。

作为市场营销教材，本书已被翻译成11种语言，使世界上超过100万名学生从中受益。现代社会的个人，学习、工作和生活中都离不开营销，非营销专业的学生和从业者，也有必要获得这方面的知识和洞察力。本书写作风格易于阅读和理解，是学习营销知识的最佳选择。

凯林等的《市场营销》以反应当前管理顾客关系为核心的市场营销理念为指导思想，在内容上囊括顾客体验管理、聚焦市场多元化、使用营销仪表盘，整体综合地展现了现代营销概念，与同类型的市场营销学教材相比可谓出类拔萃。

——郭国庆，中国人民大学商学院教授

本书概念的完整性、工具的实用性、事例的代表性以及背景的时效性可保证其成为目前同类著作中的佼佼者，相信也会成为营销学知识宝库中的经典。

——韩顺平，南京大学商学院市场营销系教授

经过南京大学商学院市场营销课程的教学使用，该书受到了师生们的普遍欢迎。我们感到，与同类教材相比较，该教材紧跟时代、契合当代教学技术的发展和师生的教学需要，内容安排合理，概念清楚，注重体验式学习。

——译者